LA CONTROVERSIA DEL ESEQUIBO

LA CONTROVERSIA DEL ESEQUIBO

Coordinadores:

Héctor Faúndez Ledesma

Rafael Badell Madrid

Serie Eventos

34

Academia de Ciencias Políticas y Sociales

editorial jurídica venezolana

Academia de Ciencias Políticas y Sociales

Editorial Jurídica Venezolana

Caracas / 2022

A12

Academia de Ciencias Políticas y Sociales

La controversia del Esequibo / Héctor Faúndez Ledesma; Rafael Badell Madrid (coordinadores) Héctor Faúndez Ledesma (presentación). -- Caracas: Academia de Ciencias Políticas y Sociales; Editorial Jurídica Venezolana, 2022.
746 p.
Serie Eventos, 34

ISBN: 978-980-416-047-9

1. CONTROVERSIA DEL ESEQUIBO 2. DERECHO INTERNACIONAL
3. RELACIONES INTERNACIONALES I Título

ISBN 978-980-416-047-9

Editado por: Editorial Jurídica Venezolana
Avda. Francisco Solano López, Torre Oasis, P.B.,
Local 4, Sabana Grande,
Apartado 17.598 - Caracas, 1015, Venezuela
Teléfonos: (058) (02) 762-25-53/762-38-42
Fax: (058) (02) 763-5239
http://www.editorialjuridicavenezolana.com.ve
Email fejv@cantv.net

Academia de Ciencias Políticas y Sociales
Avenida Universidad, Bolsa a San Francisco
Palacio de las Academias
Caracas 1010-Venezuela
Teléfonos: (058) (02) 483-2674/482-8634
Fax: (058) (02) 482-8845/481-6035
www.acienpoli@cantv.net
academiadecienciaspoliticas@gmail.com

Impreso por: Lightning Source, an INGRAM Content company
para: Editorial Jurídica Venezolana International Inc.
Panamá, República de Panamá.
Email: ejvinternational@gmail.com

Diagramación, composición y montaje
por: Mirna Pinto, en letra Times New Roman, 12,
Interlineado: 13, Mancha 11.5 x 18

CONTENIDO

2do. ENCUENTRO
LA FORMACIÓN DE LA REPÚBLICA Y
EL TERRITORIO VENEZOLANO EN
LAS CONSTITUCIONES DE VENEZUELA
20 DE MAYO DE 2021

3er. ENCUENTRO
LOS ANTECEDENTES DE LA
CONTROVERSIA DEL ESEQUIBO
17 DE JUNIO DE 2021

4to. ENCUENTRO
LAS REGLAS DEL TRATADO DE WASHINGTON DE 1897 Y LOS TÍTULOS HISTÓRICOS SOBRE EL TERRITORIO DEL ESEQUIBO
15 DE JULIO DE 2021

5to. ENCUENTRO
"EL LAUDO ARBITRAL DEL 3 DE OCTUBRE DE 1899 Y EL MEMORÁNDUM MALLET-PREVOST"
19 DE AGOSTO DE 2021

6$^{to.}$ ENCUENTRO
EL ACUERDO DE GINEBRA Y
LA CONTROVERSIA DEL ESEQUIBO
16 DE SEPTIEMBRE DE 2021

7mo. ENCUENTRO
LA DEMANDA DE GUYANA, LA COMPETENCIA DE LA CORTE INTERNACIONAL DE JUSTICIA Y LAS OPCIONES DE VENEZUELA
21 DE OCTUBRE DE 2021

8vo. ENCUENTRO
EL CASO GUYANA CON VENEZUELA Y UNA EVENTUAL SOLICITUD DE MEDIDAS PROVISIONALES ANTE LA CIJ
18 DE NOVIEMBRE DE 2021

9no. ENCUENTRO
LA COMPETENCIA DE LA CIJ Y LA CUESTIÓN RELACIONADA CON LA DETERMINACIÓN DE LA FRONTERA TERRESTRE ENTRE GUYANA Y VENEZUELA
20 DE ENERO DE 2022

11° ENCUENTRO
LA NULIDAD O VALIDEZ DEL LAUDO DE PARÍS
17 DE MARZO DE 2022

12° ENCUENTRO
ASPECTOS ECONÓMICOS, POLÍTICOS Y ESTRATÉGICOS DE LA CONTROVERSIA DEL ESEQUIBO
21 DE ABRIL DE 2022

CONCLUSIONES

CLAUSURA

PRESENTACIÓN

En Derecho Internacional, cuando un nuevo Estado hereda un territorio en disputa, también hereda la disputa que está pendiente; pero ese no es un asunto sencillo de resolver, recurriendo simplemente a las reglas sobre sucesión. Albrecht-Carrié ha observado que, en las relaciones entre los Estados, las fronteras son el asunto más difícil de ser alterado, hasta el punto de que es difícil encontrar ejemplos de cambio pacífico de las fronteras de un Estado.[1] La controversia sobre el territorio Esequibo es un ejemplo de lo difícil que ha sido determinar, por medios pacíficos, la línea fronteriza que -según el Derecho y la justicia- separa a Guyana y Venezuela.

Mediante un compromiso arbitral suscrito el 2 de febrero de 1897,[2] las partes quisieron poner fin a esta controversia; pero, con el laudo arbitral del 3 de octubre de 1899, ella no hizo más que comenzar de nuevo, y con nuevos bríos. La dimensión de lo que, en el Laudo de París, se adjudicó a Gran Bretaña es de 159.542 kilómetros cuadrados. Ese territorio es mayor que la superficie conjunta de Suiza, Bélgica y los Países Bajos, e incluso mayor que la superficie conjunta de toda Inglaterra y Gales. Junto a sus inmensos bosques tropicales, situados en el pulmón de la humanidad, como parte de Guayana[3] -expresión indígena que significa "tierra de aguas"- el territorio del Esequibo está surcada por numerosos ríos, y su tierra es regada por lluvias torrenciales la mayor parte del año.

---

1 Cfr. René Albrecht-Carrié, *A Diplomatic History of Europe since the Congress of Vienna*, revised edition, Harper & Row, Publishers, New York / Evanston / San Francisco / London, 1973, p. 22.

2 Ratificado por las partes el 14 de junio del mismo año.

3 Guayana, o Guyana, es el nombre genérico que se ha dado a todo el territorio ubicado entre los ríos Orinoco y Amazonas, incluyendo todo el territorio en disputa, el cual está situado al oeste del río Esequibo.

Algunas de sus cascadas son cuatro veces más altas que el Niágara. Los ríos de la región, con su curso común de sur a norte, debido a sus raudales y caídas de agua, más que vías de acceso, son barreras de penetración que cierran el paso incluso a embarcaciones pequeñas.[4] Ésta es una tierra fértil, abundante en oro, diamantes, bauxita, coltán, manganeso y otros minerales. Sin embargo, González Oropeza advierte que "La fragilidad de la capa vegetal hace que la ruptura del delicado equilibrio ecológico, debido a talas indiscriminadas, pueda ocasionar la desaparición de la selva y el surgimiento de áreas desérticas."[5] Sus bosques son densos, pero de precaria conservación.[6] En fin, además de su exuberante biodiversidad, con el descubrimiento de grandes reservas de gas y petróleo, tanto en el territorio en disputa como en su proyección marítima, el Esequibo es un territorio rico en recursos de todo tipo e inmensamente apetecidos.

Surgida, prácticamente, con el nacimiento de las nuevas repúblicas americanas, y con las exploraciones de Robert Schomburgk en lo que hoy es el territorio en disputa, la controversia del Esequibo ya está cercana a cumplir dos siglos. Por sus características, se le ha señalado como la historia de un despojo, que hizo de Venezuela la víctima propiciatoria de la potencia imperial más grande de su época, dueña de los mares, y asentada en los cinco continentes.

A mediados del siglo diecinueve, las relaciones de poder favorecían claramente a Inglaterra, el amo de unos tiempos convulsos, en que prevalecía la *Pax Britannica*,[7] mientras Venezuela se desan-

---

4 Cfr. Hermann González Oropeza, *Atlas de la Historia Cartográfica de Venezuela* (publicación auspiciada por el Ministerio de Relaciones Exteriores de Venezuela), Editorial Papi, Caracas, 1982, p. 49.

5 Hermann González Oropeza, nota sobre *El territorio del Esequibo*, en *Diccionario de Historia de Venezuela*, Fundación Polar, Caracas, 1988, Tomo II, p. 100.

6 Cfr. Ibidem.

7 Cfr. Robert K. Webb, *The Great Powers to the Verge of War*, en *The Columbia History of the World*, edited by John A Garraty and Peter Gay, Harper & Row, Publishers, New York / Evanston / San Francisco / London, 1972 (Fifth Dorset Press Printing, 1985), p. 966. Cfr., también, René Albrecht-Carrié, *A Diplomatic History of Europe since the Congress of Vienna*, revised edition, Harper & Row, Publishers, New York /

graba en medio de luchas intestinas. Finalizando el siglo XIX, el día en que se dictó el laudo de París, uno de los abogados de Gran Bretaña podía declarar a la prensa que, a partir de ese momento, "todas las plantaciones valiosas y depósitos de oro estaban ahora indiscutiblemente en territorio británico."[8] Pero, por las razones que fueron objeto de debate durante este ciclo de coloquios, ese laudo nunca ha sido aceptado por Venezuela.

El 29 de marzo de 2018, Guyana introdujo ante la Corte Internacional de Justicia una demanda en contra de Venezuela, para que dicho Tribunal confirme la validez y el carácter vinculante del laudo arbitral del 3 de octubre de 1899, relativo a la frontera entre la colonia de Guyana Británica y Venezuela. Una vez notificada de dicha demanda, Venezuela alegó que la Corte carecía de competencia para conocer de dicho asunto, y no compareció en la fase de jurisdicción, que concluyó el 18 de diciembre de 2020, con la sentencia de la Corte en la que ésta se declara competente para conocer de la validez del laudo arbitral antes referido y de la cuestión relacionada con la determinación de la frontera definitiva entre Guyana y Venezuela. La Corte fijó los plazos para que las partes entregaran sus respectivas memorias y contra memoria, lo cual Guyana hizo el 8 de marzo de 2022. Estando corriendo el plazo para que Venezuela entregara su contra memoria, el 8 de junio de 2022, el gobierno de Venezuela presentó ante la Corte un escrito de excepciones preliminares, en el cual se objeta la admisibilidad de la demanda introducida por Guyana, el cual tendrá que ser resuelto por la Corte antes de que ésta pueda entrar en el examen del fondo de la controversia. Con este paso, Venezuela se ha hecho parte en el procedimiento, nombrando a sus agentes, y reconociendo la competencia de la Corte. Mediante este acto, Venezuela ha abando-

---

Evanston / San Francisco / London, 1973, p. 20. También, Pierre Renouvin, *Historia de las Relaciones Internacionales: Siglos XIX y XX* (Título original, *Histoire des Relations Internationales*, Librairie Hachette, París, 1955), traducción de Justo Fernández Buján, Isabel Gil de Ramales, Manuel Suárez, y Felix Caballero Robredo, Akal Editor, Madrid, 1982, pp. 476 y ss.

8 Cfr. *New York Daily Tribune*, 4 de octubre de 1899, p. 6. https://www.loc.gov/resource/sn83030214/1899-10-04/ed-1/?sp=6&r=-0.041,0.059, 0.415,0.183,0

nado su tradicional negativa a reconocer la competencia de la Corte, ha acatado la sentencia sobre jurisdicción dictada por ella, y ha adoptado lo que, en las circunstancias del caso, era, probablemente, la única opción razonable para hacer valer los derechos e intereses de Venezuela.

Comparecer ante la Corte es una opción que no está exenta de riesgos pues, como en todo juicio, inexorablemente, una de las dos partes va a perder. Pero, si se hubiera decidido no comparecer, al renunciar a defender la tesis de Venezuela, difícilmente podíamos ser otra cosa que la parte perdedora. El no comparecer ante la Corte no iba a detener el procedimiento, ni iba a evitar una sentencia adversa. De no comparecer, Venezuela hubiera perdido la oportunidad de hacer valer sus sólidos argumentos ante el Tribunal, y habría desperdiciado la oportunidad de presentar pruebas, de participar en las audiencias, y de desvirtuar los argumentos y pruebas de la parte demandante, haciendo que surja la verdad y se restablezca la justicia. Con o sin la participación de Venezuela en el procedimiento, el juicio iba a concluir con una sentencia que será obligatoria y que no admite ningún recurso. Si esa sentencia fuera contraria a los intereses de Venezuela, insistir en que la Corte Internacional de Justicia carecía de competencia para conocer de este caso no serviría ningún propósito útil pues, entre otras cosas, el territorio en disputa está en posesión de Guyana.

En el estado actual del procedimiento ante la Corte (julio de 2022), el Tribunal debe entrar a decidir la excepción preliminar de inadmisibilidad de la demanda planteada por Venezuela. Una vez que eso ocurra, si la excepción preliminar es desestimada, sigue el procedimiento en el estado en que se encontraba, y a Venezuela le restarán 9 meses para presentar su contramemoria. Excepcionalmente, si la Corte considera que no tiene ante ella todos los hechos necesarios para decidir la cuestión planteada, o que, al hacerlo, esté decidiendo la controversia, o algunos de sus elementos, podría posponer su decisión hasta después de la consideración de los méritos del caso,[9] antes de entrar a decidir sobre el fondo.

En los términos señalados por la sentencia de la Corte en cuanto a su competencia, la cuestión de fondo que deben abordar las partes es, en primer lugar, la relativa a la nulidad o validez del laudo. Si se determina que el laudo es válido, ese es el fin del asunto, y sólo queda ejecutarlo. Si, por el contrario, se determina que el laudo es nulo, la Corte deberá entrar a pronunciarse sobre la frontera terrestre definitiva entre Guyana y Venezuela. La Corte no ha dicho cómo abordaría esta segunda cuestión, estando de por medio el compromiso arbitral de 1897 y, sobre todo, el Acuerdo de Ginebra, que es en el que la Corte ha fundado su competencia para conocer del caso. En principio, las alternativas que el Tribunal tendría ante sí serían las siguientes: 1) entrar directamente a determinar la frontera terrestre entre ambos países, 2) remitir el caso a las partes en la controversia para que, en los términos del compromiso arbitral de 1897, designen un nuevo tribunal arbitral, 3) reenviar el caso al Secretario General de la ONU para que -de acuerdo a sus atribuciones- éste escoja otro medio de solución pacífica, puesto que el Derecho aplicable es el previsto en el Acuerdo de Ginebra, y puesto que el arreglo judicial no es el medio idóneo para buscar un "arreglo práctico" y "mutuamente satisfactorio" para las partes, y 4) reenviar el caso a las partes, para que sean éstas las que, en los términos del Acuerdo de Ginebra, determinen la frontera terrestre definitiva entra ambos países.

Para emitir cualquier juicio sobre el fondo de la casi bicentenaria controversia territorial existente sobre la Guayana Esequiba, la determinación de los títulos históricos que pueda exhibir una u otra parte son de crucial importancia para la solución de la misma. Los antecedentes más lejanos de esta disputa territorial, que se remontan a la conquista de América, a la ocupación de las tierras en disputa por parte de los españoles o los holandeses, a la porción de esos territorios efectivamente ocupados por los holandeses, a las cesiones

---

9 Cfr. International Court of Justice, *Case Concerning the Territorial and Maritime Dispute*, Nicaragua v. Colombia, Preliminary objections, judgment of 13 December 2007, párrafo 51.

territoriales acordadas en el Tratado de Münster, suscrito en 1648, a los territorios que, mediante el Protocolo de Londres, de 1814, los holandeses habrían cedido -o estaban en capacidad de ceder- a Gran Bretaña, y a los territorios que, una vez obtenida su independencia, Venezuela podía reclamar como legítima sucesora de los antiguos derechos de la corona española en las tierras en disputa.

Desde su fundación, la Academia de Ciencias Políticas y Sociales, creada por Ley del 16 de junio de 1915, ha estado pendiente de la controversia del Esequibo, y ha reivindicado los derechos e intereses de Venezuela en la zona en disputa. Fue Carlos Álamo Ybarra quien, en 1938, en su trabajo de incorporación como miembro de número de la Academia, puso en la agenda de esta corporación un minucioso estudio sobre las *Fronteras de Venezuela con la Guayana Británica*, subrayando los aspectos históricos más resaltantes de esta controversia. En 1981, junto con la Academia de la Historia, la Academia de Ciencias Políticas y Sociales organizó un ciclo de conferencias sobre la controversia del Esequibo. En 1981, el ex canciller Dr. Efraín Schacht Aristiguieta inauguró esta serie de conferencias, con una disertación sobre los *Aspectos jurídicos y políticos del Tratado de Ginebra*. A continuación, durante ese mismo año, correspondió el turno a otro ex Ministro de Relaciones Exteriores, Ignacio Iribarren Borges, exponer sus comentarios sobre *El Tratado de Ginebra*. Seguidamente, también en 1981, Marcos Falcón Briceño hizo una exposición sobre *Los orígenes de la actual reclamación de la Guayana Esequiba*. Tampoco faltó la mano diestra del historiador Hermann González Oropeza, quien ocupó la tribuna de la Academia en 1981, para exponer lo que él tituló *Dos Aspectos del Reclamo Esequibo*. El 16 de julio de ese mismo año, Carlos Sosa Rodríguez disertó sobre *El Acta de Washington y el Laudo de París*. El 30 de julio, el académico Pedro José Lara Peña dictó una conferencia titulada a *Controversia sobre la Guayana Esequiba*, en la que se refirió a la necesidad de denunciar la validez del Tratado de Arbitraje del 2 de febrero de 1897. El 5 de noviembre de ese mismo año, el académico René de Sola expuso su *Valuación actualizada del Acuerdo de Ginebra*. En 1983, Isidro Morales Paul hizo un *Análisis crítico del problema fronterizo Venezuela – Gran Bretaña*. En 1983, el historiador Rafel Armando Rojas dictó una conferencia sobre *La reclamación de la Guayana Esequiba y las gestiones diplomáticas realizadas por Venezuela durante el siglo XIX*, centrando su exposición en las gestiones realizadas por Alejo Fortique -en su condición de Ministro de Venezuela en Londres- en torno a la cuestión de límites de Venezuela con Gran Bretaña. Una segunda exposición de Rafael Armando Rojas, también durante 1983, se refiere a *Las gestiones realizadas por Guzmán Blanco en Londres*, en relación con la reclamación del Esequibo. De nuevo, el 28 de septiembre de 1999, con motivo de cumplirse cien años del Laudo arbitral del 3 de octubre de 1899, el Dr. Isidro Morales Paul disertó sobre *El juicio arbitral sobre la Guayana Esequiba de 1899 y la violación de los principios del debido proceso en perjuicio de Venezuela.*

Dicho ciclo de conferencias fue el punto de partida de un amplio debate nacional sobre uno de los asuntos más persistentes y más dolorosos durante nuestra existencia como Estado independiente. En 1983, bajo la coordinación del Académico Tomás Enrique Carrillo Batalla, la Academia de Ciencias Políticas recopiló todas esas conferencias, a veces elaboradas en forma de un trabajo más extenso -incluyendo mapas y documentos-, y las publicó, en formato de libro, con el título *La reclamación venezolana sobre la Guayana Esequiba*, del cual ha habido dos reimpresiones.

A través de comunicados públicos, sistemáticamente, la Academia de Ciencias Políticas y Sociales ha manifestado su posición respecto de la reclamación del Esequibo, su convicción de que Venezuela debía comparecer en el procedimiento incoado ante la Corte Internacional de Justicia, representada por un equipo de profesionales -venezolanos y extranjeros- altamente calificados, convencidos de que nos asisten la razón y la justicia, y preparados para hacer valer, en forma adecuada, los argumentos de Venezuela en cuanto al objeto de la controversia: la nulidad del laudo de París, y los títulos de Venezuela que le permiten reclamar la plena soberanía sobre el territorio en disputa.

Una vez interpuesta la demanda de Guyana, fiel a su compromiso con Venezuela y la defensa de sus intereses, particularmente cuando éstos se refieren a la integridad territorial de la Nación, la Academia de Ciencias Políticas y Sociales ha seguido pendiente de esta controversia, advirtiendo de los peligros que nos acechan, destacando las oportunidades que tenemos por delante, y aportando lealmente sus conocimientos y sus capacidades en un asunto que le concierne a todos los venezolanos. Con ese propósito, entre el 6 de mayo de 2021 y el 21 de abril de 2022, la Academia de Ciencias Políticas y Sociales organizó un ciclo de coloquios sobre la controversia del Esequibo. En doce jornadas, de la mano de profesionales altamente calificados, venezolanos y extranjeros, se analizó los distintos ángulos y particularidades de esta controversia.

Entre los juristas extranjeros, tuvimos la suerte de contar con el generoso aporte intelectual de Ricardo Abello (Colombia), Antonio Remiro Brotóns (España), Jorge Cardona Llorens (España), Allan Estrada Morales (Guatemala), Luis García-Corrochano (Perú), Silvina González Napolitano (Argentina), Orlando Guerrero Mayorga (Nicaragua), Salvador Herencia Carrasco (Canadá), Carlos Jiménez Piernas (España), y Mónica Pinto (Argentina). Es oportuno recordar que el profesor Brotóns es uno de los asesores de Venezuela en esta controversia.

Entre los venezolanos, además de juristas, contamos con el aporte inapreciable de historiadores, diplomáticos, internacionalistas, politólogos, economistas, ingenieros, geógrafos, un capitán de navío, y representantes de organizaciones de la sociedad civil. Entre los juristas, además de especialistas en Derecho Internacional, también participaron destacados expertos en Derecho Constitucional y un profesor de Derecho privado. Entre los expertos en Derecho Internacional, deseo destacar el nombre del Embajador Víctor Rodríguez Cedeño, que durante largos años fue miembro de la Comisión de Derecho Internacional de las Naciones Unidas, y que participó activamente a lo largo de todas estas jornadas. Todos ellos, cada uno dentro de su especialidad, hicieron gala de un razonamiento riguroso, que se ocupó de cada uno de los aspectos de esta controversia. No hubo espacio para el diletantismo o para la improvisación.

En la primera jornada, celebrada el 6 de mayo de 2021, luego de unas palabras de apertura de Julio Rodríguez Berrizbeitia, en su condición de presidente de la Academia de Ciencias Políticas y Sociales, intervinieron los académicos Luis Cova Arria, Gabriel Ruan Santos, Humberto Romero Muci, Eugenio Hernández Bretón y Carlos Ayala Corao, para referirse al papel que le ha correspondido jugar a la Academia en la defensa del territorio en disputa.

La segunda jornada, tuvo lugar el 20 de mayo de 2021 y estuvo dedicada a la formación de la República y al territorio venezolano en las distintas constituciones de Venezuela, poniendo de relieve que, hasta el momento en que se dictó el laudo de París, la región situada al oeste del río Esequibo siempre formó parte de Venezuela. El panel de expertos estuvo conformado por los destacados constitucionalistas y académicos Allan Brewer Carías, Carlos Ayala Corao, Cecilia Sosa Gómez, y Jesús María Casal.

El tercer coloquio, realizado el 17 de junio de 2021, se ocupó de analizar los antecedentes de esta controversia. Para ello, se contó con la valiosa participación de los historiadores Manuel Donís y Edgardo Mondolfi Gudat, además de las intervenciones del profesor Eloy Torres (diplomático de carrera), y del internacionalista Rajivh Morillo Dáger, siempre bien provisto de sus mapas.

La cuarta jornada, celebrada el 15 de julio de 2021, estuvo dedicada al examen del compromiso arbitral de 1897, de las reglas estipuladas por las partes, y de los títulos históricos respecto del territorio en disputa a que allí se hace referencia, y que debían ser considerados por el Tribunal arbitral. En esta ocasión, intervinieron Luis García-Corrochano (Perú), presidente del Comité Jurídico Interamericano, quien se refirió a algunos aspectos teóricos del arbitraje, Allan Estrada Morales (Guatemala), quien expuso sobre la disputa por el territorio de Belice, y los venezolanos Gabriel Ruan Santos, Asdrúbal Aguiar, y Claudio Briceño, quienes disertaron sobre distintos aspectos de los títulos alegados por Venezuela respecto del territorio del Esequibo.

El laudo arbitral del 3 de octubre de 1899 y el memorándum Mallet-Prevost fueron el tema a tratar en el quinto coloquio, realizado el 19 de agosto de 2021. Para ello, se contó con la inestimable participación de los académicos Rafael Badell Madrid y Carlos Ayala Corao, y la profesora Milagros Betancourt. Hace cuarenta años, siendo profesor de Derecho Internacional Público en la UCAB, el Dr. Badell fue el impulsor de un juicio simulado sobre la controversia del Esequibo, al que tuvo la generosidad de invitarme a participar. Carlos Ayala, a sus dotes de constitucionalista, une la circunstancia de que, en las postrimerías del siglo pasado, durante cuatro años, le correspondió ser el facilitador de Venezuela ante el Buen Oficiante designado por el Secretario General de las Naciones Unidas en el caso del Esequibo. Milagros Betancourt, hoy profesora de Derecho Internacional Público, durante muchos años, fue parte del servicio exterior de Venezuela. Las certeras exposiciones de estos tres panelistas entraron de lleno en uno de los puntos medulares de esta controversia.

La sexta jornada de esta serie de conferencias, que tuvo lugar el 16 de septiembre de 2021, versó sobre el Acuerdo de Ginebra y la demanda de Guyana. En dicha ocasión, el panel de expositores estuvo conformado por el profesor español Antonio Remiro Brotóns y los venezolanos Emilio Figueredo, Sadio Garavini, Carlos Romero, y Juan Carlos Sainz. El Acuerdo de Ginebra es el instrumento jurídico del que se ha aferrado la Corte para sostener que tiene competencia para conocer de este caso; siendo así, el Derecho aplicable a esta controversia tendrá que ser el que se deriva de dicho tratado. Para ello, nada mejor que las reflexiones de dos juristas (Brotóns y Sainz Borgo), un diplomático que sirvió como Embajador de Venezuela en Guyana (Garavini), y un politólogo (Romero).

La demanda de Guyana, la competencia de la Corte Internacional de Justicia para conocer de ella, y las opciones de Venezuela, fueron el objeto del séptimo ciclo de controversias, realizado el 21 de octubre de 2021. Los expositores fueron el jurista español Jorge Cardona Llorens, quien abordó los aspectos teóricos de la competencia de la Corte, el jurista venezolano Víctor Rodríguez Cedeño, el Embajador Sadio Garavini, y el internacionalista Kenneth Ramírez.

La competencia de la Corte Internacional de Justicia para dictar medidas provisionales fue abordada el 18 de noviembre de 2021, en la octava jornada de este ciclo de conferencias. Silvina González Napolitano, de Argentina, desarrolló el marco teórico, Carlos Jiménez Piernas, de España, se ocupó de la práctica de la CIJ en materia de medidas provisionales, Salvador Herencia Carrasco, de la Universidad de Ottawa, se refirió a las medidas provisionales adoptadas por la Corte en el caso de *Gambia c. Myanmar*, Mónica Pinto, de Argentina, comentó el caso de las papeleras que se había proyectado construir en el margen oriental del río Uruguay, en el caso *Argentina c. Uruguay*, Jorge Luis Fuguett se refirió a la explotación económica y a los daños ecológicos causados en el territorio del Esequibo, y Héctor Faúndez Ledesma disertó sobre la pertinencia de medidas provisionales en el caso *Guyana c. Venezuela*.

La competencia de la Corte Internacional de Justicia respecto de lo que ella llama "la cuestión conexa" con el arreglo definitivo de la controversia sobre la frontera entre Guyana y Venezuela fue el tema de la novena jornada de esta serie de coloquios, realizado el 20 de enero de 2022. En ella participaron como expositores los juristas Asdrúbal Aguiar Aranguren, Víctor Rodríguez Cedeño, y Héctor Faúndez Ledesma.

Si bien la Corte Internacional de Justicia ha excluido referirse a la frontera marítima, siendo evidente que cualquier sentencia que dicte la Corte tendrá un efecto directo en la proyección de la frontera terrestre en los espacios marinos y submarinos adyacentes al territorio en disputa, la décima jornada, celebrada el 17 de febrero de 2022, abordó el tema de la plataforma continental y la frontera marítima entre Guyana y Venezuela. Los expositores fueron la geógrafa Josmar Fernández, el jurista Jesús Ollarves, y el Capitán de Navío Pablo Cohen.

Puesto que el objeto de la demanda es que la CIJ declare la validez del laudo, y puesto que éste es el primer punto que tendrá que abordar la Corte, la penúltima jornada de este ciclo de conferencias, realizada el 17 de marzo de 2022, estuvo dedicada a la nulidad o validez del laudo de París. Los expositores fueron el jurista nicaragüense Orlando Guerrero Mayorga, que disertó sobre la aquiescencia de Nicaragua en el caso del laudo arbitral del rey de España, el jurista colombiano Ricardo Abello, que se ocupó de los aspectos teóricos de la nulidad de un laudo arbitral en el Derecho Internacional, y los juristas venezolanos Víctor Rodríguez Cedeño y Héctor Faúndez Ledesma, que se refirieron a las razones por las que el laudo de París es nulo.

El último coloquio de esta serie de conferencias, celebrado el 31 de marzo de 2022, estuvo dedicado a examinar los aspectos económicos, políticos y estratégicos que plantea esta controversia. Para ello, se contó con la valiosa participación del economista y experto petrolero José Toro Hardy, el ingeniero Eduardo Páez Pumar, y el politólogo Ricardo De Toma. Concluidas sus exposiciones, correspondió al académico Allan R. Brewer Carías -uno de los juristas más notables de Venezuela e Iberoamérica, y un profundo conocedor de la formación de la República y su territorio- presentar las conclusiones generales del evento, que, en lo sustancial, ponen de relieve los títulos históricos de Venezuela sobre el territorio en disputa, señalan las irregularidades cometidas por el Tribunal arbitral, y las razones por las que el laudo es nulo.

Durante estas jornadas, no hubo chauvinismo ni afirmaciones fantasiosas, carentes de fundamento, sino una reflexión seria sobre el objeto de la controversia. Hubo una argumentación lógica, que el lector sabrá valorar, y que la Corte Internacional de Justicia tendrá que tener en cuenta.

Sirva la ocasión para agradecer, una vez más, a todos los expositores que hicieron posible la realización de este ciclo de coloquios, aportando generosamente su tiempo y sus conocimientos. Nuestro agradecimiento es extensivo a todos los académicos, a la Junta Directiva, a Julio Rodríguez Berrizbeitia, el presidente de la Academia de Ciencias Políticas y Sociales, a la Dra. Cecilia Sosa Gómez, secretario de la Academia, a su Directora Ejecutiva, Evelyn Barbosa, a Universitas Fundación, y a todo el personal administrativo y técnico, que nos brindó su apoyo constante para que estas jornadas concluyeran en forma exitosa.

En lo inmediato, está pendiente que la Corte decida sobre la excepción preliminar de inadmisibilidad de la demanda, planteada por Venezuela. Si ésta es desestimada, Venezuela deberá presentar su contra-memoria con los argumentos que le asisten en este caso. Ocurrido lo anterior, la Corte convocará a las partes a una audiencia pública, para que cada una de las partes presente su caso. Probablemente, dentro de 3 o 4 años habrá una sentencia sobre los méritos de esta controversia. El tiempo está corriendo para que los abogados de Venezuela hagan su tarea.

Según un viejo proverbio español, tres cosas son necesarias para justicia alcanzar: tener la razón, saberla pedir, y que la quieran dar. La razón está de nuestra parte. Sería lamentable que, por torpeza o ignorancia de quienes tienen la misión de defender los intereses de Venezuela, éstos no supieran reclamar lo que son nuestros derechos, y que la Corte Internacional de Justicia fallara de una manera distinta a la que en justicia corresponde. No habrá una nueva oportunidad para que se enmiende una aberración jurídica e histórica, cometida mediante un acto absolutamente arbitrario y contrario al Derecho Internacional.

Héctor Faúndez Ledesma

1er. ENCUENTRO
ACADEMIA DE CIENCIAS POLÍTICAS Y SOCIALES
Y LA DEFENSA DEL TERRITORIO ESEQUIBO
06 DE MAYO DE 2021

PALABRAS DE APERTURA AL COLOQUIO A CARGO DEL PROF. JULIO RODRÍGUEZ BERRIZBEITIA, PRESIDENTE DE LA ACADEMIA DE CIENCIAS POLÍTICAS Y SOCIALES

PALABRAS DE APERTURA AL COLOQUIO A CARGO DEL PROF. JULIO RODRÍGUEZ BERRIZBEITIA, PRESIDENTE DE LA ACADEMIA DE CIENCIAS POLÍTICAS Y SOCIALES

*Julio Rodríguez Berrizbeitia**

El Esequibo representa para los venezolanos una vieja reivindicación territorial ligada a valores, sentimientos y anhelos vinculados con la venezolanidad. Desde esta perspectiva en la que confluyen creencias y realidades "el territorio es un espacio en tanto que él es portador de identidad" (Jean F. Staszak).

En un evento como el que nos ocupa en el día de hoy, pretendemos explicar nuestra relación con el Esequibo, no solo desde el punto de vista de las ciencias de la naturaleza con lo cual hablamos de los hechos a partir de sus causas, sino también desde la óptica de las ciencias del espíritu (como el Derecho), lo cual nos obliga a comprender las acciones a partir de razones. El esfuerzo que hoy realizamos, a cuya cabeza está el Dr. Héctor Faúndez Ledesma, retoma un tema constante en la agenda de la Academia de Ciencias Políticas y Sociales. En efecto, el académico Tomás Enrique Carrillo Batalla, al cual rendimos merecido homenaje este año, señalaba en la nota introductoria a la segunda edición del libro acerca del Ciclo de

---

* Presidente de la Academia de Ciencias Políticas y Sociales. Maestría en Filosofía en el Instituto Independiente de Investigaciones Filosóficas en Toulouse Francia, en el año 1977. Doctor en derecho por la Universidad de Salamanca. Maestría en Administración Pública y Gerencia en Países en Vías de Desarrollo en la Universidad de Harvard. Actualmente es Profesor de Derecho Mercantil Parte General en la Universidad Católica Andrés Bello y Profesor de Filosofía Jurídica en la Universidad Monteávila.

conferencias de la Academia Nacional de la Historia y la de Ciencias Políticas y Sociales que lleva por título *La reclamación venezolana sobre la Guayana Esequiba* lo siguiente:

> *"La controversia con respecto al tema de la reclamación venezolana sobre Guayana Esequiba no ha perdido actualidad desde la fecha en que las Academias Nacionales de Ciencias Políticas y Sociales y de la Historia, realizaron bajo mi coordinación este ciclo de conferencias".*[1]

Con gran clarividencia añadió el Dr. Carrillo en la presentación de la obra comentada:

> *"Si miramos al problema en su estado actual, cabe afirmar que, pese a las limitaciones y defectos del Tratado de Ginebra, al país no le queda otra vía que continuar buscando la salida que ofrece ese instrumento legal. Si se agotan sus posibilidades; sin que se haya alcanzado la solución, habría que pensar entonces, en otras fórmulas, pues lo que sí es cierto, es que el pueblo venezolano no aceptará nunca conformarse con un despojo, contrario a la tradición histórica, a toda norma de justicia y a los principios fundamentales del Derecho internacional cuya base es el libre consenso de los pueblos, y jamás la fuerza y la violencia".*[2]

En la misma obra que comentamos el ex canciller Dr. Ignacio Iribarren Borges realizó el siguiente comentario:

> *"En muchas oportunidades me han preguntado lo que pienso sobre el futuro de nuestra reclamación de tierras en la Guayana Esequiba. Invariablemente he respondido que creo con firmeza en la posibilidad de un acuerdo que satisfaga el interés nacional.*

---

1 Tomás Enrique Carrillo Batalla, "Nota introductoria" en la *Reclamación venezolana sobre la Guayana Esequiba. Ciclo de Conferencias de la Academia Nacional de la Historia y de Ciencias Políticas y Sociales, Academia de Ciencias Políticas y Sociales*, Serie Eventos, N° 2, Segunda reimpresión, Caracas, 2008. p. 9.

2 Tomás Enrique Carrillo Batalla, "Nota introductoria" en la *Reclamación venezolana sobre la Guayana Esequiba, ob. cit.*, p. 14.

Pero para alcanzarlo es menester que la voluntad de toda la Nación respalde el esfuerzo continuado e inteligente de los que dirijan la gestión. No me atrevo a vaticinar el tiempo que se requerirá: depende de multitud de circunstancias, muchas de ellas determinadas por la coyuntura internacional y el porvenir e importancia relativa de nuestra región".[3]

El tema coyuntural referido por el Dr. Iribarren cobró sentido, entre otros momentos, con el afianzamiento de la relación Venezuela-Guyana como parte de todo un esfuerzo de la diplomacia venezolana en el Caribe. Tal situación fue mencionada en el Pronunciamiento de la Academia de 22 de octubre de 2013.[4]

Por su parte, el Dr. Hermann González Oropeza, s.j. refiriéndose al Laudo de 1899 resaltó que el mismo está rodeado de "una abrumadora evidencia de que fue un compromiso y no una decisión legal". Más adelante señala que: "me voy a detener en las razones políticas que explican que el Laudo sea una componenda de intereses políticos de las potencias".[5]

Ciertamente que el manejo del Esequibo ha originado profundas frustraciones en la sociedad venezolana. Pareciera que los eventos siempre pasan por encima de nosotros. Con algún grado de frustración señaló el académico Isidro Morales Paúl: ¿Por qué Venezuela cada vez que tiene un problema tiene que inventar las soluciones? Se llama a un negociador y se le dice: "Diseñe la solución, discútala, aplíquela, que si tiene la razón, Ud., interpretó debidamente el pensamiento del Presidente de la República".[6]

Pareciera que en este tema no hay nunca un final, por lo menos para ver un resultado, como le señalaba el Ministro Aranda a Fortique

---

3 Ignacio Iribarren Borges, "El Tratado de Ginebra" en la *Reclamación venezolana sobre la Guayana Esequiba*, ob. cit., p. 58.

4 *Boletín de la Academia de Ciencias Políticas y Sociales*, N° 152, enero-diciembre 2013, pp. 41 a 45.

5 Hermann González Oropeza, s.j., "Dos aspectos del reclamo Esequibo" en la *Reclamación venezolana sobre la Guayana Esequiba, ob. cit.*, p. 107.

6 Isidro Morales Paúl, "Análisis crítico del problema fronterizo 'Venezuela-Gran Bretaña'" en la *Reclamación venezolana sobre la Guayana Esequiba, ob. cit.*, p. 204.

en 1847.[7] Si quisiéramos tener un resumen del tema pudiéramos recurrir a las treinta y siete conclusiones formuladas por el Dr. Isidro Morales Paúl en la Conferencia pronunciada en la Academia el 28 de septiembre de 1999, con motivo de cumplirse 100 años del Laudo Arbitral de 3 de octubre de 1899.[8] Pero la historia no se detiene ahí. Los problemas con Guyana han venido generando a lo largo de los años y hasta el día de hoy sendas respuestas de la Academia ante lo que se ha considerado actitudes del gobierno de Guyana contrarias a los intereses venezolanos.

Así como los académicos del pasado se ocuparon del tema, los de hoy lo vienen haciendo con el mismo vigor y sentimiento nacional. Sin ir muy lejos el coordinador del Ciclo de Coloquios que hoy iniciamos, Dr. Héctor Faúndez Ledesma, en un libro reciente de la Serie Estudios de la Academia, aborda con un enfoque científico e impregnado de un profundo realismo, la situación frente a la cual se encuentra Venezuela a raíz de la demanda de Guyana contra Venezuela. El siguiente párrafo refleja la motivación que mueve al autor:

> *"Mi intención es analizar los hechos y el Derecho en forma tan desapasionada como sea posible; pero, desde ya, pido la indulgencia y la comprensión del lector si no siempre soy capaz de lograrlo, y si, a veces, incluso sin quererlo, cruzo la línea para ponerme al lado de mi segunda patria, una de las partes de esta controversia".*[9]

---

7 Armando José Rojas, "La reclamación de la Guayana Esequiba. Gestiones diplomáticas realizadas por Venezuela durante el siglo XIX" en la *Reclamación venezolana sobre la Guayana Esequiba, ob. cit.*, p. 223.

8 Isidro Morales Paúl, "El juicio arbitral sobre la Guayana Esequiba de 1899 y la violación de los principios del debido proceso en perjuicio de Venezuela" en la *Reclamación venezolana sobre la Guayana Esequiba, ob. cit.*, p. 404.

9 Héctor Faúndez Ledezma, *La competencia contenciosa de la Corte Internacional de Justicia y el Caso Venezuela*, Editorial Jurídica Venezolana, Academia de Ciencias Políticas y Sociales, Serie Estudios N° 126, Caracas, 2020. p. 17.

El académico Faúndez está claro del rompecabezas frente al cual nos encontramos. En tal sentido expresa:

> *"En este rompecabezas, en que la competencia de la Corte puede estar sujeta a muchas reglas, distintas para cada Estado, habrá que encontrar cuál es el lugar que corresponde a la disputa por el Esequibo. Pero, en esa interrelación de distintos elementos que se mezclan en este conflicto, se puede constatar que el arreglo judicial no es, necesariamente el recurso adecuado para resolver cualquier controversia, y que, a veces, es una fuerza que sobra".*[10]

En lo que la obra citada resalta con palmaria claridad es el elemento territorial. En tal sentido señala el académico cuya obra comentamos:

> *"La presente disputa entre Guyana y Venezuela no es una controversia jurídica, sobre si la Corte tiene o no competencia, sino una controversia territorial, que las partes han acordado que debe ser resuelta mediante un arreglo amigable buscando soluciones satisfactorias para el arreglo práctico de la misma".*[11]

Frente a la pregunta que nos hacemos todos los venezolanos con respecto a cuál debe ser la posición frente a la demanda de Guyana, Faúndez adelanta una opinión que resume parte de lo que debe ser nuestro actuar futuro:

> *"No hacer honor a los compromisos internacionales no forma parte del ADN de los venezolanos. A menos que alguien tenga otra solución, lo patriótico será seguir defendiendo los derechos de Venezuela, si es necesario, inclusive en la fase de fondo ante la Corte Internacional de Justicia, respetando las reglas del juego, y aceptando que tal vez, no siempre tenemos la razón".*[12]

---

10 Héctor Faúndez Ledezma, *ob. cit.*, p. 40.

11 Héctor Faúndez Ledezma, *ob. cit.*, p. 330.

12 Héctor Faúndez Ledezma, *ob. cit.*, p. 333.

Michel Foucher refiriéndose a las fronteras y a los territorios señala:

> *"Se puede sostener que las fronteras han sido inventadas por los hombres de Estado y por los militares para oprimir a los pueblos. Aquellos que tienen una noción clara de la frontera no se dejarán encantar por tales manifestaciones de imaginación y pensamiento especulativo. Este señalamiento liminar de los geógrafos franceses Jean Brunhes y Camille Vallaux en la geografía de la historia, de la guerra y de la paz (1921) se refiere a los límites del Estado, que es el sentido primario y siempre pertinente del concepto de frontera".*[13]

Con el objeto de profundizar algo de lo señalado y las dudas que nos genera la relación con Guyana y la solución a un problema que nunca termina de definirse, hemos convocado a un grupo de expertos notables en el conocimiento del tema Esequibo.

En este sentido, la Corporación manifiesta su más profundo agradecimiento al coordinador del evento, a los expositores y a los moderadores. En general los problemas limítrofes son los mismos pero las circunstancias difieren radicalmente. No sabemos que nos depara el futuro, pero con Hannah Arendt podríamos decir que "las construcciones de los futurólogos solo se dan en un mundo donde nada importante sucede".

Muchas gracias.

BIBLIOGRAFÍA

ACADEMIA DE CIENCIAS POLÍTICAS Y SOCIALES, *Boletín de la Academia de Ciencias Políticas y Sociales*, N° 152, enero-diciembre 2013.

ACADEMIA DE CIENCIAS POLÍTICAS Y SOCIALES, *Reclamación venezolana sobre la Guayana Esequiba. Ciclo de Conferencias de la Academia Nacional de la Historia y de Ciencias*

---

[13] Michel Foucher, *Le Dictionnaire Des Sciences Humaines*, Puf, París, 2006. p. 459.

Políticas y Sociales, Academia de Ciencias Políticas y Sociales, Serie Eventos, N° 2, Segunda reimpresión, Caracas, 2008.

CARRILLO BATALLA, Tomás Enrique, "Nota introductoria" en la *Reclamación venezolana sobre la Guayana Esequiba. Ciclo de Conferencias de la Academia Nacional de la Historia y de Ciencias Políticas y Sociales*, Academia de Ciencias Políticas y Sociales, Serie Eventos, N° 2, Segunda reimpresión, Caracas, 2008.

FAÚNDEZ LEDEZMA, Héctor, *La competencia contenciosa de la Corte Internacional de Justicia y el Caso Venezuela*, Editorial Jurídica Venezolana, Academia de Ciencias Políticas y Sociales, Serie Estudios N° 126, Caracas, 2020.

FOUCHER, Michel, *Le Dictionnaire Des Sciences Humaines*, Puf, París, 2006.

GONZÁLEZ OROPEZA, Hermann s.j., "Dos aspectos del reclamo Esequibo" en la *Reclamación venezolana sobre la Guayana Esequiba. Ciclo de Conferencias de la Academia Nacional de la Historia y de Ciencias Políticas y Sociales*, Academia de Ciencias Políticas y Sociales, Serie Eventos, N° 2, Segunda reimpresión, Caracas, 2008.

IRIBARREN BORGES, Ignacio, "El Tratado de Ginebra" en la *Reclamación venezolana sobre la Guayana Esequiba. Ciclo de Conferencias de la Academia Nacional de la Historia y de Ciencias Políticas y Sociales*, Academia de Ciencias Políticas y Sociales, Serie Eventos, N° 2, Segunda reimpresión, Caracas, 2008.

MORALES PAÚL, Isidro, "Análisis crítico del problema fronterizo 'Venezuela-Gran Bretaña'" en la *Reclamación venezolana sobre la Guayana Esequiba. Ciclo de Conferencias de la Academia Nacional de la Historia y de Ciencias Políticas y Sociales*, Academia de Ciencias Políticas y Sociales, Serie Eventos, N° 2, Segunda reimpresión, Caracas, 2008.

____________, "El juicio arbitral sobre la Guayana Esequiba de 1899 y la violación de los principios del debido proceso en perjuicio de Venezuela" en la *Reclamación venezolana sobre la Guayana Esequiba. Ciclo de Conferencias de la Academia Nacional de la Historia y de Ciencias Políticas y Sociales*, Academia de Ciencias Políticas y Sociales, Serie Eventos, N° 2, Segunda reimpresión, Caracas, 2008.

ROJAS, Armando José, "La reclamación de la Guayana Esequiba. Gestiones diplomáticas realizadas por Venezuela durante el siglo XIX" en la *Reclamación venezolana sobre la Guayana Esequiba. Ciclo de Conferencias de la Academia Nacional de la Historia y de Ciencias Políticas y Sociales*, Academia de Ciencias Políticas y Sociales, Serie Eventos, N° 2, Segunda reimpresión, Caracas, 2008.

LA ACADEMIA DE CIENCIAS POLÍTICAS Y SOCIALES Y LA DEFENSA DEL TERRITORIO ESEQUIBO
LUIS COVA ARRIA

LA ACADEMIA DE CIENCIAS POLÍTICAS Y SOCIALES Y LA DEFENSA DEL TERRITORIO ESEQUIBO

Luis Cova Arria[*]

Señor Doctor Julio Rodríguez Berrizbeitia, presidente y demás Miembros de la Academia de Ciencias Políticas y Sociales, señores académicos de las otras academias nacionales, señores profesores y estudiantes de las diversas universidades nacionales, públicas y privadas, señores y señoras, presentes en este acto virtual, por el cual se inicia el ciclo de coloquios de la Academia de Ciencias Jurídicas y Políticas, sobre la controversia del Esequibo.

No voy a extenderme mucho en los antecedentes de este conflicto limítrofe entre la República Bolivariana de Venezuela y la República Cooperativa de Guyana, pues éste y otros tópicos serán tratados por otros expositores, limitándome a destacar algunas opiniones sobre este álgido tema del Esequibo, que, en numerosas ocasiones, nuestra Academia de Ciencias Políticas y Sociales y sus distinguidos miembros, individualmente, han pronunciado, sin comprometerla con sus opiniones personales, igual como expresamente hoy lo señalo al decir estas palabras.

---

* Miembro de Número y Expresidente de la Academia de Ciencias Políticas y Sociales (ACPS). Abogado y Doctor en Derecho de la Universidad Central de Venezuela. Master in Law de la Universidad de Nueva York, especializado en Derecho Marítimo. Coordinador de la Especialización en Derecho de la Navegación y Comercio Exterior de los cursos de posgrado de la Facultad de Ciencias Jurídicas y Políticas de la Universidad Central de Venezuela. Presidente Fundador de Asociación Venezolana de Derecho Marítimo (AVDM). Exconsejero ejecutivo del Comité Marítimo Internacional (CMI). Socio Principal de la firma de abogados marítimos Luis Cova Arria & Asociados.

Como bien sabemos, el territorio conocido como Guayana Esequiba, ubicado en el escudo guayanés entre el oeste del río Esequibo hasta el hito en la cima del monte Roraima, tiene una extensión de 159.500 Km2, fundándose la soberanía de Venezuela sobre el mismo en hechos históricos y geográficos, para lo cual ha invocado a su favor documentos y derechos históricos, como título legítimo de su dominio eminente.

Dicho conflicto fue decidido el 3 de octubre de 1899 por el llamado *Laudo Arbitral de París,* una decisión dictada a favor del Reino Unido y su colonia la Guayana Británica (actual Guyana), por un tribunal arbitral *ad hoc* constituido en París a raíz del Tratado Arbitral firmado entre Venezuela y el Reino Unido el 2 febrero de 1897 para resolver el problema limítrofe.

Con el fallecimiento del Severo Mallet-Prevost, en 1948, uno de los abogados estadounidenses defensores de Venezuela en el arbitraje, su albacea hizo público parte de sus disposiciones testamentarias, en la que testimoniaba sobre una negociación oculta -hasta entonces- que habría provocado la sentencia que despojaría a Venezuela de ese territorio de la Guayana Esequiba.

A raíz de este hallazgo, Venezuela denunció formalmente en 1962, como nulo e írrito el Laudo Arbitral de París ante la Organización de las Naciones Unidas (ONU). La demanda fue admitida y se reconoció la contención venezolana, lo que conllevó posteriormente a la firma del ***Acuerdo de Ginebra del 17 de febrero de 1966,*** entre Venezuela, el Reino Unido y su colonia de Guayana Británica (actual Guyana).

Dos meses después de firmarse ese ***Acuerdo de Ginebra, en abril de 1966***, el *Dr. Andrés Aguilar Mawdsley*, cuyo nombre se le ha dado a nuestra biblioteca, entregaba al *Dr. Rafael Caldera*, quien llegaría a la presidencia de la República, tres años después de su firma, ambos ilustres miembros de nuestra academia, un memorándum, en referencia a dicho Acuerdo. En ese memorándum, entre otras consideraciones proféticas, le señalaba el Dr. Aguilar al Dr. Caldera, lo siguiente:

"No hay que descartar la posibilidad de que sobre estos puntos o sobre otros, después de prolongadas y laboriosas discusiones, se llegue a la conclusión de que no es posible llegar a un compromiso arbitral aceptable para ambas partes. En tal caso, no quedaría otro recurso que el arreglo judicial. Según la interpretación oficial, el Acuerdo implica el reconocimiento por parte del Reino Unido y eventualmente del nuevo Estado de Guayana de la competencia de la Corte Internacional de Justicia. Aun cuando hay quienes piensan que esta interpretación es discutible, porque el Acuerdo no hace expresa referencia a la Corte Internacional de Justicia, supongamos que esta cuestión no se plantea o si se suscita, la Corte se declara en definitiva competente para conocer del litigio... En este supuesto, la Corte puede adoptar el punto de vista de que su competencia se limita exclusivamente a examinar...la controversia entre Venezuela y el Reino Unido surgida como consecuencia de la contención venezolana de que el Laudo Arbitral de 1899, sobre la frontera entre Venezuela y Guayana Británica es nulo e írrito según los términos del Artículo 1 del Acuerdo. En otras palabras, la Corte puede decidir solamente sobre la validez de dicho Laudo... Hay que admitir, en cambio, que el Acuerdo enerva dicho Laudo, no porque en él se reconoce de la existencia de la controversia - como han sostenido algunos-sino porque el Reino Unido ha convenido en un procedimiento que, teóricamente al menos, podría tener por consecuencia dejarlo sin efecto. Se mejora así, sin duda, la posición jurídica de Venezuela que antes no tenía ningún medio de obligar al Reino Unido a someter la cuestión a un tribunal arbitral o judicial. Este es sin duda el aspecto más positivo del Acuerdo de Ginebra, que sería mezquino silenciar o desconocer pero que sería imprudente exagerar. Por ello, es necesario subrayar que una interpretación objetiva del Acuerdo no permite afirmar que la cuestión va a ser resuelta necesariamente por los medios en el contemplados... Ahora bien, el Reino Unido y el nuevo Estado de Guayana pueden alegar ante la Corte Internacional de Justicia la autoridad de cosa juzgada del Laudo Arbitral de 1899 y la aquiescencia de Venezuela. En efecto, según lo dispuesto en el párrafo (1) del Artículo V del Acuerdo "...nada de lo contenido en este Acuerdo será interpretado como una renuncia

o disminución por parte de Venezuela, el Reino Unido o la Guayana Británica, de cualesquiera bases de reclamación de soberanía territorial en los Territorios de Venezuela o de Guayana Británica o de cualesquiera derechos que se hubiesen hecho valer previamente, o de reclamaciones de tal soberanía territorial o como prejuzgando su posición con respecto a su reconocimiento o no reconocimiento de un derecho a reclamo o base de reclamo por cualquiera de ellos sobre tal soberanía territorial. A estas excepciones y defensas podría oponer Venezuela el argumento de que la celebración misma del Acuerdo es un reconocimiento expreso o al menos tácito de que no ha habido tal aquiescencia y de que en todo caso el Reino Unido al aceptar el procedimiento en él previsto ha renunciado tácitamente a prevalerse de estos medios de defensa. Podría así mismo alegar que las condiciones internas e internacionales imperantes en 1899 y en los años siguientes, así como el descubrimiento muchos años más tarde de documentos que confirmaron las vehementes sospechas que tenía Venezuela de que había sido víctima de un arreglo entre dos grandes potencias, no le permitieron hacer valer antes su pretensión...Aun así y esto es necesario decirlo con toda claridad para evitar malos entendidos y decepciones, la Corte podría declarar con lugar las defensas del Reino Unido sin entrar siquiera al examen del mérito de nuestros argumentos para impugnar la validez misma del Laudo (falta de motivación, exceso de poder, ultrapetita). Es necesario examinar las decisiones que ha dictado este Alto Tribunal en casos similares para convencerse de que ésta es una hipótesis que puede ocurrir."

Por lo demás, no han sido pocos nuestros académicos que, en estos 55 años, transcurridos desde la firma del Acuerdo de Ginebra, han manifestado sus opiniones a través de artículos, foros y conferencias, todas las cuales han sido debidamente publicadas en nuestros boletines y publicaciones. Entre otras, debemos recordar las opiniones de los Drs. Tito Gutiérrez Alfaro, en su libro "*La Gran Bretaña, el Acuerdo de Ginebra y la Guayana Esequiba*"; Ignacio L. Iribarren, en su artículo sobre *"El tratado de Ginebra";* y, Carlos

Sosa Rodríguez, en su artículo sobre el "*Acta de Washington y el Laudo de París.*"

Asimismo, hay que destacar las claras y precisas opiniones, entre otros, de nuestros académicos Tomás Enrique Carrillo Batalla, René De Sola, Efraín Schacht Aristiguieta, Pedro José Lara Peña, Isidro Morales Paúl, Tomás Polanco Alcántara, Gustavo Planchart Manrique, Allan Brewer-Carías, Pedro Nikken, Eugenio Hernández-Breton, Gabriel Ruan Santos, Humberto Romero-Muci, Carlos Ayala Corao, Rafael Badell Madrid y Héctor Faúndez Ledesma, en numerosas conferencias y publicaciones.

Dentro de los eventos realizados por la Academia, no podemos dejar de mencionar, el ciclo de conferencias, organizado en 1983, conjuntamente con la Academia Nacional de la Historia, bajo la iniciativa de nuestro recordado académico, el Dr. Tomás Polanco Alcántara, con la coordinación de los Doctores Blas Bruni Celli y Tomás Enrique Carrillo Batalla, conferencias que fueron publicadas en nuestra serie eventos bajo el número 2, ya con dos reimpresiones, una cuando se cumplieron 100 años del Laudo Arbitral de París.

Una de las conferencias allí publicadas, es la que dictara, quien fuera presidente de esta Academia y gran conocedor del tema, el Doctor Isidro Morales Paúl. La misma es citada ampliamente por nuestro expresidente, Gabriel Ruan Santos, en su brillante trabajo, denominado "*La cláusula de prescripción en la controversia entre Venezuela y la Gran Bretaña por la Guayana Esequiba*", adhiriéndose a la tesis de Isidro Morales Paúl, contenida en su análisis crítico del problema fronterizo Venezuela-Gran Bretaña.

En efecto, tanto Morales Paúl, como Ruan Santos, han destacado la importancia negativa que para los intereses venezolanos, tiene la interpretación de la ***cláusula de prescripción*** fijada en cincuenta años y aplicable a todas las posesiones anteriores al compromiso arbitral –como si se tratara el territorio de *res nullius*- dejando de constatar la extensión de los territorios legítimamente adquiridos de España y de Holanda, de acuerdo con el derecho, para determinar la línea divisoria entre Venezuela y Guyana, haciendo prevalecer ***implícitamente*** el "***uti possidetis facti***" sobre el "***uti possidetis juris***", es decir, las situaciones de hecho sobre los títulos jurídicos.

Ya concluyendo, haré una breve referencia a los pronunciamientos y eventos de la Academia sobre el Esequibo, efectuados en los años 2013 al 2015, años en los cuales tuve el honor de presidir esta corporación.

En octubre del 2013, se suscribieron dos pronunciamientos, uno con el respaldo del Comité Interacadémico de las Academias Nacionales y, otro individual, de nuestra Academia.

En el primero, la Academia manifestaba su honda preocupación ante el inexplicable silencio del Gobierno Nacional frente a las acciones llevadas a cabo por Guyana en violación directa del *Acuerdo de Ginebra* y en detrimento de la soberanía territorial de Venezuela, especialmente al otorgar concesiones a terceros en la fachada atlántica de la exclusiva jurisdicción de Venezuela, fachada sobre la cual tiene derechos exclusivos de soberanía en los espacios de la proyección de su territorio continental en el mar territorial, la plataforma continental, la zona marítima contigua y la zona económica exclusiva, reconocidos, entre otros, por los tratados de delimitación de áreas marinas con Trinidad y Tobago.

Hicimos allí hincapié de que, según el Derecho Internacional, Venezuela, como todo Estado, tiene derecho no sólo al mar territorial de doce millas náuticas (20 kilómetros) sino además a una zona económica exclusiva de hasta 200 millas náuticas de la costa, para aprovechar con carácter exclusivo los recursos económicos de la superficie del fondo del mar y de las aguas que lo cubren, y de la plataforma continental, la cual se extiende más allá de las doscientas millas hasta el talud continental, en la cual tiene el derecho exclusivo de explotar los recursos del subsuelo.

En esa oportunidad, solicitamos asimismo al Gobierno nacional, elevar su más rotunda protesta ante el Gobierno de Guyana, por las violaciones a nuestra soberanía nacional por las concesiones otorgadas, en virtud de los irrenunciables derechos de Venezuela en todos los espacios geográficos.

En el comunicado individual de nuestra Academia, del 22 de octubre del mismo año 2013, esta manifestó su satisfacción por la interceptación por la Armada Nacional del buque *Teknik Perdana*, felicitándola por el cumplimiento del deber patriótico de defender los espacios geográficos del país. Sin embargo, no dejo de manifestar su preocupación al verificar que ese "*incidente*" no era el único, ni el primero, pues como lo asentaba el comunicado de la cancillería venezolana del 11 de octubre de 2013,

> *"La República Bolivariana de Venezuela expresa su profunda preocupación por la manera en que embarcaciones extranjeras autorizadas por el Gobierno de Guyana irrumpen sin la debida autorización en el mar territorial y zona económica exclusiva de Venezuela."*

Por otra parte, el 25 de junio de 2014, la Academia, bajo mi presidencia, celebró un foro que denominamos "*El problema de la Guayana Esequiba: pasado, presente y futuro*." Dicho foro contó con la presencia de dos miembros de la Academia Nacional de la Historia, Don Egdardo Mondolfi y Don Manuel Donís Ríos, así como del Vicealmirante Elías Daniels, quien fuera Jefe de la extinta Unidad Especial para Guyana del Ministerio del Poder Popular para las Relaciones Exteriores; del Coronel Pompeyo Torrealba Rivero, quien fue Jefe de la Unidad Especial para el Esequibo del Ministerio de Relaciones Exteriores; del Doctor Sadio Garavini di Turno, Ex Embajador de Venezuela en Guyana, y del Licenciado Rajihv Morillo Dager, quien había visitado la zona en reclamación, en días anteriores al de la celebración del foro. Las importantes ponencias y opiniones emitidas en ese foro han sido publicadas en el Boletín de la Academia.

En fin, como todos sabemos, la controversia, por solicitud del gobierno de Guyana, se encuentra en la Corte Internacional de Justicia, lo cual constituye una infracción al objeto y fin del Acuerdo de Ginebra que establece que las partes del mismo deben "*buscar soluciones satisfactorias para el arreglo práctico de la controversia*" de manera que ésta sea "*amistosamente resuelta en forma que resulte aceptable para ambas partes*".

Para concluir, manifiesto mi apoyo a las opiniones de los académicos Isidro Morales Paúl y Gabriel Ruan Santos, ya mencionadas, referentes a la *cláusula de prescripción*, contenida en el artículo IV del compromiso arbitral de 1897, de que la misma es la columna vertebral del problema de fondo del Laudo Arbitral de París de 1899, así citando al segundo:

"A pesar de que la falta de transparencia del proceso y la carencia de motivación formal del laudo no la reflejen expresamente, sino que ella haya sido el ***artilugio oculto*** *que guio reticentemente la conducta política de los gobiernos de Gran Bretaña y de Estados Unidos en la controversia y puso en manos del presidente del tribunal arbitral Federico De Martens y de los jueces ingleses la herramienta jurídica para desentenderse del uti possidetis juris e imponer un oscuro uti possidetis facti para suplir la falta de títulos de adquisición de Inglaterra sobre la zona en disputa".*

Señores, muchas gracias.

Caracas, 06 de mayo de 2021

LA ACADEMIA DE CIENCIAS POLÍTICAS Y SOCIALES Y LA RECLAMACIÓN DE VENEZUELA POR LA GUAYANA ESEQUIBA. ALGUNOS ANTECEDENTES

GABRIEL RUAN SANTOS

LA ACADEMIA DE CIENCIAS POLÍTICAS Y SOCIALES Y LA RECLAMACIÓN DE VENEZUELA POR LA GUAYANA ESEQUIBA. ALGUNOS ANTECEDENTES

*Gabriel Ruan Santos**

La Academia de Ciencias Políticas y Sociales ha estado unida activamente a la reclamación de Venezuela para recuperar el territorio de la Guayana Esequiba desde hace muchos años, tantos que podría decirse que el tema forma parte esencial de la doctrina de la institución y bandera de su actuación. Sin embargo, cabe decir que no siempre fue así, pues hubo etapas de su historia en las cuales guardó relativo silencio acerca de la reclamación. Refresquemos entonces los antecedentes.

Con posterioridad a la publicación del oprobioso Laudo de París del 3 de octubre de 1899, cuyo objeto fue resolver la controversia territorial y establecer la frontera entre Venezuela y la Guayana Británica, el gobierno venezolano, la opinión pública nacional, muchos gobiernos latinoamericanos y hasta buena parte de la opinión en los EE.UU, denunciaron el Laudo como nulo e írrito, por no haberse ajustado a los requerimientos del compromiso arbitral, por haber ignorado los derechos de Venezuela, por ser el producto de una componenda política a espaldas del gobierno venezolano y haber ejercido los gobiernos de EE.UU y la Gran Bretaña coacción sobre el gobierno venezolano y sobre los árbitros, por decisiones inconsultas

* Individuo de número de la Academia de Ciencias Políticas y Sociales. Profesor de Derecho Administrativo y Derecho Tributario en la Universidad Católica Andrés Bello (UCAB), en la Universidad Central de Venezuela (UCV) y en la Universidad Metropolitana (UNIMET). Abogado asesor y litigante. Ex-Presidente de la Asociación Venezolana de Derecho Tributario.

de los representantes de Venezuela en la disputa, por ser inmotivado el laudo, por evidencias de fraude procesal y violación del debido proceso durante el procedimiento arbitral y por haber incurrido en exceso de poder por *ultrapetita*. Hechos descritos con dramatismo por el doctor Rafael Seijas, jurista conocedor del derecho internacional público, exministro de Guzmán Blanco y consultor jurídico del ministerio de relaciones exteriores en el gobierno de Crespo y sobre todo testigo de los acontecimientos.

A pesar de haber sido denunciada públicamente la nulidad del laudo y rechazada la injusticia cometida por los árbitros, debido a presiones ejercidas desde el año 1900 por los gobiernos de la Gran Bretaña y de los Estados Unidos, el gobierno venezolano presidido por el general Cipriano Castro, desde el año 1900 y en particular, en el año 1905, se vio compelido a dar ejecución al Laudo de 1899 mediante la suscripción de un acuerdo y la operación conjunta en la demarcación física de los límites entre Venezuela y la Guayana Británica, habiendo mantenido el gobierno durante los años posteriores un comportamiento relativamente pasivo en su reclamación, aunque nunca desistió de ella realmente. No obstante esta apariencia de rendición, ella no dejó de ser parte del mismo drama de presión, amenaza y coacción sobre nuestro país de las potencias coloniales europeas, con la intervención mediadora del gobierno de los EE.UU, que vio bloqueadas las costas venezolanas con naves de guerra extranjeras, para el cobro forzoso de la deuda pública contraída desde la guerra de independencia, o mediante los préstamos y garantías para la construcción e implementación de los ferrocarriles, o con el refinanciamiento de la banca alemana o con otras contrataciones particulares, no siendo legítimos todos los reclamos y además, con adelanto abusivo -en algunos casos- al vencimiento de los plazos respectivos. Para el levantamiento del bloqueo se constituyeron una serie de comisiones mixtas derivadas del llamado Protocolo de Washington de 1903, para el pago de las deudas, cuya atención consumía las energías del gobierno y del país, ya de por sí disminuidas por la Revolución Libertadora, apoyada ésta por empresas extranjeras y ocurrida contemporáneamente. Es posible afirmar que Venezuela se encontraba en un *estado de necesidad* que la compelía a aceptar imposiciones con el objeto de evitar una invasión anglo-alemana y el desamparo de la potencia supuestamente protectora americana.

A partir de la asunción al poder del general Juan Vicente Gómez, como Presidente de la República, dado el apoyo recibido de los EE.UU en el golpe de estado que derribó al general Cipriano Castro, el gobierno de Venezuela consolidó su pasividad ante la reclamación y continuó con aparente resignación dando acatamiento al Laudo de París de 1899 y al Acuerdo de 1905, que estableció la demarcación de la frontera con la entonces Guayana Británica.

Así las cosas, en el año 1915 se dicta Ley que crea la Academia de Ciencias Políticas y Sociales, con base en proyecto de ley que había presentado el doctor José Gil Fortoul en el año 1912, pero la Academia se instaló efectivamente en el año 1917, en el cual celebró su primera sesión. Antes de esta fecha, no podía hablarse de conducta alguna de la institución frente a la reclamación de referencias, pues la Academia no existía.

A diferencia de otras instituciones académicas que la precedieron, cuyo objeto era el estudio y difusión del derecho para dar mayor erudición a los abogados, la Academia de Ciencias Políticas y Sociales nace como una institución asesora del poder legislativo nacional y de la administración pública, es decir, más cercana al poder político que al gremio jurídico. Es muy probable que este carácter con el que nació la Academia nuestra haya condicionado su actuación durante los largos años de la autocracia del general Juan Vicente Gómez y la haya confinado a una tarea meramente técnica y protocolar, situación que se prolongó por muchos años más.

El doctor Rogelio Pérez Perdomo, historiador y sociólogo del derecho venezolano, ha hecho un severo balance de la existencia de la Academia de Ciencias Políticas y Sociales, así: "... *a pesar de su papel de legitimación del régimen dictatorial, la Academia sobrevivió al gomecismo y continuó su labor propiamente académica. Fueron pocos los juristas académicos que quedaron marcados como colaboradores de la dictadura. En un país donde la continuidad institucional no ha sido la regla, es importante que la Academia lograra superar la difícil etapa inicial y se mantuviera como una institución que promueve el conocimiento y honra a quienes lo producen y difunden. No siempre lo ha hecho con acierto, pues toda institución es falible, pero la permanencia ha permitido transformaciones importantes y la Academia de hoy cumple mejor sus funciones de apoyo a la investigación y también defiende los valores del Estado de Derecho*".

El jurista e historiador venezolano José Gil Fortoul, funcionario importante del gobierno del general Gómez y fundador principal de nuestra Academia, tuvo una posición escéptica con respecto a la reclamación del territorio al oeste del Río Esequibo, pues señaló que se trataba de un territorio inexplorado y consideró ambiguos los límites de Venezuela con la Guayana Británica que se desprendían de los títulos jurídicos de Venezuela, y además juzgó como un gran error nacional haber abandonado las gestiones del ministro Alejo Fortique, con el auxilio del historiador Rafael María Baralt, que estuvieron muy cerca de lograr un acuerdo razonable –aunque no plenamente satisfactorio- con la Gran Bretaña, hasta la inesperada muerte de Fortique. Creemos que esta posición de quien fue el principal propulsor de la creación de la Academia de Ciencias Políticas y Sociales, presidente provisional de la República, ministro de instrucción y parlamentario, es muy representativa de la actitud pasiva del régimen gomecista y del silencio de la Academia en aquellos tiempos.

A partir de los años ochenta del siglo pasado, se da un cambio importante en la inercia institucional descrita, en el fragor de múltiples controversias jurídicas generadas por los hechos políticos y sociales de gran trascendencia nacional, la Academia entra en la opinión pública con muchos foros, acuerdos y pronunciamientos recogidos y publicados principalmente en la Doctrina Institucional 1980-2012 y en el Boletín de la Academia, y más recientemente en la brillante recopilación doctrinal dirigida por el doctor Humberto Romero-Muci, que abarca los acuerdos y pronunciamientos desde 2013 hasta el año 2019.

En vista de que los expositores que me acompañan, también tratarán el tema de la actuación de nuestra Academia en la evolución de la reclamación por la Guayana Esequiba, limitaré esta intervención a resaltar algunos aspectos del ciclo de conferencias organizado por esta Academia conjuntamente con la Academia Nacional de la Historia en el año 1981, las cuales marcan un hito en el estudio de la cuestión y fueron recogidas en dos publicaciones de nuestra Academia, bajo la coordinación del ilustre académico Tomás Enrique Carrillo Batalla.

Participaron como expositores en ese memorable ciclo de conferencias, que dieron origen a una fecunda discusión, los excancilleres de la república Marcos Falcón Briceño e Ignacio Iribarren Borges; los individuos de número de la Academia de Ciencias Políticas y Sociales Efraín Schacht Aristiguieta, René de Sola, Carlos Sosa Rodríguez, Isidro Morales Paúl y Pedro José Lara Peña; y los historiadores Hermann González S.J y Rafael Armando Rojas por la Academia Nacional de la Historia. Todos bajo la coordinación de los doctores Tomás Enrique Carrillo Batalla y Blas Bruni Celli, por ambas academias.

Las intervenciones de los excancilleres de los gobiernos democráticos de Rómulo Betancourt y de Raúl Leoni, Falcón Briceño e Iribarren Borges, respectivamente, sumaban al documentado conocimiento de los hechos la honda y emotiva experiencia vivida durante el proceso que condujo a la independencia de Guyana y a la celebración del Acuerdo de Ginebra. Falcón Briceño describió la evolución y reactivación de la reclamación con precisión y narró el momento en el cual –a su juicio- cambió negativamente para Venezuela el apoyo de EE.UU en la disputa con el surgimiento de una alianza anglo-norteamericana, surgida de los percances sufridos por Inglaterra en las guerras de Sur África y de la amenaza de fortalecimiento del imperio alemán, a pesar de la gran popularidad que llegó a tener nuestra posición en EE.UU y del apoyo del presidente Cleveland. Seguidamente, defendió con sabiduría y humildad el valor del Acuerdo de Ginebra como el mejor logro diplomático para Venezuela frente a la inevitable independencia de Guyana, como parte del proceso de descolonización global. Iribarren Borges, además de resaltar la utilidad del Acuerdo de Ginebra, defendió la legitimidad de las presiones diplomáticas y militares que ejerció el gobierno del presidente Leoni frente a la intransigencia del gobierno guyanés y su negativa a negociar en la Comisión Mixta, las cuales llevaron al gobierno de los EE.UU a amenazar al gobierno venezolano con retirarle todo apoyo al Acuerdo de Ginebra.

Los individuos de número de la Academia de Ciencias Políticas y Sociales agregaron profundidad y densidad jurídica a la posición de Venezuela en la reclamación. Los doctores Efraín Schacht y René de Sola criticaron el Acuerdo de Ginebra, porque no planteaba el conflicto preferentemente con Inglaterra, sino que daba prioridad a las relaciones con Guyana, ni iba al fondo de la reclamación, pero reconocieron sus aspectos diplomáticos positivos. Los doctores Carlos Sosa Rodríguez e Isidro Morales Paúl describieron con detalle toda la trama jurídica de la disputa territorial desde sus inicios e insistieron en la solidez de los títulos de Venezuela y en la nulidad del laudo de 1899, argumentos que podían ser defendidos en cualquier instancia judicial o extrajudicial internacional, sin por ello dejar de reconocer los méritos del Acuerdo de Ginebra y la urgencia de terminar la vigencia del Protocolo de Puerto España. De sus intervenciones, destaco ahora el rechazo de la idea de que hubiera habido aquiescencia de Venezuela frente al Laudo de 1899 y del valor jurídico primordial del Acuerdo de Ginebra de levantar el efecto de cosa juzgada del Laudo y la reapertura de la discusión sobre la frontera de los dos países. Del doctor Lara Peña y del padre jesuita Hermann González resalto su contundente ataque de la validez del compromiso arbitral y de las patrañas de la conjura de los gobiernos de Inglaterra, Rusia y EE.UU en el proceso arbitral. Ambos fueron muy duros al describir los vergonzosos acontecimientos de la negociación y del procedimiento, destinados a ocultar la carencia de validez jurídica de los títulos británicos sobre el territorio Esequibo y sobre todo de los intereses geopolíticos inconfesables que determinaron la resolución de la controversia. Con la lectura de todas estas ponencias pude conocer con profundidad, además, lo que al parecer fue el hilo conductor jurídico de las discusiones formales: la cláusula de prescripción del artículo IV del compromiso arbitral de 1897.

Dejo así cumplida mi tarea del día de hoy y paso el testigo a los académicos que completarán con sus exposiciones el valor de la actividad de la Academia de Ciencias Políticas y Sociales frente a la histórica reclamación venezolana por la Guayana Esequiba.

Muchas gracias.

PALABRAS DEL
DR. HUMBERTO ROMERO-MUCI
INDIVIDUO DE NÚMERO Y EXPRESIDENTE DE LA ACADEMIA DE CIENCIAS POLÍTICAS Y SOCIALES PARA EL COLOQUIO SOBRE LA ACADEMIA DE CIENCIAS POLÍTICAS Y SOCIALES EN LA DEFENSA DEL TERRITORIO ESEQUIBO

PALABRAS DEL DR. HUMBERTO ROMERO-MUCI INDIVIDUO DE NÚMERO Y EXPRESIDENTE DE LA ACADEMIA DE CIENCIAS POLÍTICAS Y SOCIALES PARA EL COLOQUIO SOBRE LA ACADEMIA DE CIENCIAS POLÍTICAS Y SOCIALES EN LA DEFENSA DEL TERRITORIO ESEQUIBO CELEBRADO EL 6 DE MAYO DE 2021

*Humberto Romero-Muci**

Agradezco la invitación de mis colegas numerarios para participar en esta conferencia sobre el protagonismo de la Academia de Ciencias Políticas y Sociales en la defensa del territorio Esequibo en el contexto del ciclo de coloquios previstos sobre el tema de la controversia República Cooperativa de Guyana (Guyana). Muy especialmente mi reconocimiento a los académicos Héctor Faúndez, Cecilia Sosa y Rafael Badell Madrid por la pertinencia, oportunidad y espléndida organización de este evento.

Comenzaré señalando que para la Academia ha sido una prioridad ética e histórica la defensa de la integridad territorial del país frente al despojo histórico perpetrado por el imperio británico durante el siglo XIX, ante la invalidez del Laudo Arbitral de 1899 y los continuos atropellos a la soberanía venezolana en violación de su espacio del territorio continental y marítimo incurrido por la Guayana, expresada en su abundante y consistente doctrina relativa a la reclamación del Esequibo, en sus conferencias, pronunciamientos y publicaciones.

---

* Doctor en Derecho, Profesor Titular de Derecho Financiero UCAB, Individuo de Número de la Academia de Ciencias Políticas y Sociales de Venezuela.

Generaciones de académicos de ciencias políticas y sociales han contribuido a la defensa institucional de nuestra integridad territorial. Es de justicia reconocer y agradecer a Marcos Falcón Briceño, Isidro Morales Paul, Carlos Sosa Rodríguez, René De Sola, Pedro José Lara Peña, Padre Hermann González, Gustavo Planchart Manrique, Pedro Nikken Bellshaw, Carlos Ayala Corao, Luis Cova Arria, Gabriel Ruan Santos, Rafael Badell Madrid, Eugenio Hernández-Bretón y Héctor Faúndez Ledesma, entre otros.

Definitivamente se trata de un tema muy sensible al interés nacional, dominado con frecuencia por posiciones sesgadas por las pasiones y opacadas por opiniones indoctas. Un asunto con connotaciones técnico-jurídicas complejas y consecuencias políticas trascendentes para todos los sectores sociales del país. Un asunto en el que todos los venezolanos se sienten legitimados (con razón o sin ella) a opinar sobre el curso de acción posible y a veces para deslegitimar *a priori* al que no piense igual, lo cual complica el dialogo, un consenso sobre el tema y en definitiva la fijación del curso de acción defensivo.

La Academia se ocupó de estudiar los títulos jurídicos de Venezuela con la Guayana Británica antes de la reclamación sobre la Guayana Esequiba. Destaca a este respecto el trabajo de incorporación del académico Carlos Álamo Ybarra. En esta obra se explican con lujo de detalles las vicisitudes de la situación venezolana y los esfuerzos que culminaron con el Laudo de París de 1899 para fijar la frontera planteada con lindes expresos ante las amenazas crecientes que por más de medio siglo conmovió al país, que contempló impotente las penetraciones que venían desde las orillas de Esequibo por el imperio británico. Como expresó Álamo Ybarra: **"el arbitraje preconizado como medio plausible de arreglar las desavenencias internacionales, fue la forma de ceder por las buenas lo que por la fuerza se nos quería arrebatar"[1].**

Planteada la reclamación venezolana sobre la Guayana Esequiba el tema se convirtió en máximo interés para la Corporación. Su

1 *Cfr*. Carlos Álamo Ybarra, *Fronteras de Venezuela con la Guayana británica*, Academia de Ciencias Políticas y Sociales, Editorial Elite, Caracas, 1938, p. 97. *Ibid*., p. 87

antecedente más remoto es el ciclo de conferencias realizadas juntamente con la Academia Nacional de la Historia realizado en 1983[2]. Destaca la participación del académico Isidro Morales Paul en la cual recoge todas las inquietudes y proposiciones de arreglo práctico para la reivindicación territorial de Venezuela.

Más recientemente en los últimos ocho años desde 2013 hasta la fecha, la Academia de Ciencias Políticas y Sociales emitió trece pronunciamientos procurando defender activamente la soberanía del país frente a la dejación y el abandono irresponsable del ***régimen y partido de gobierno*** respecto de la reclamación por los límites territoriales de la República en la Guayana Esequiba y la proyección de la fachada atlántica del Delta del Orinoco. Del mismo modo emitió 4 comunicaciones enviadas a la vicepresidencia y a la Cancillería de la Republica enfatizando la necesidad de que quienes ejercen el poder político en el país, se apersonen en la defensa de los derechos de Venezuela en el proceso que Guyana ahora sigue ante la CIJ para determinar la nulidad o invalidez del laudo arbitral de París de 1899 que despojó al país del territorio Esequibo

Por eso, este ciclo de coloquios sobre la controversia del Esequibo que promueve la Academia de Ciencias Políticas y Sociales, es una oportunidad estelar que nos permite resaltar los aspectos más importantes, fijar opinión y recomendaciones jurídicas en el delicado asunto de la reclamación territorial de Venezuela sobre el territorio Esequibo, pero, por sobre todo, evidenciar el liderazgo institucional que la academia ejerce en este tema sobre la opinión pública, en Venezuela y fuera del país, y también frente a quienes ejercen el poder político en Venezuela para generar conciencia ciudadana sobre la materia.

En esta materia la Corporación ha actuado con firmeza, sin evadir situaciones delicadas, ni omitir tomar posiciones iluminadoras, como le corresponde, como la conciencia jurídica y política del país.

---

2 *Cfr. La reclamación de Venezuela sobre la Guayana Esequiba* (Ciclo de conferencias de las Academias Nacional de la Historia y de Ciencias Políticas y Sociales), Serie Eventos No. 2, Academia de Ciencias Políticas y Sociales, Caracas 1983, p. 234

Voy a hacer una breve referencia a esos pronunciamientos históricos de la corporación y de las exhortaciones a los ministros de relaciones exteriores que estuvieron en funciones en su día, para detenerme en el pronunciamiento, quizás, mas importante por su actualidad y gravedad en esta coyuntura. Me refiero al pronunciamiento de fecha 13 de enero de 2021 y a la misiva enviada al Ministro de Relaciones Exteriores de fecha 25 de febrero de 2021, que tuve el honor de suscribir en representación de la corporación como presidente de esta.

Con esos pronunciamientos y misivas se alertó a quienes ejercen la representación jurídica de la República de las consecuencias adversas para el Estado venezolano de no comparecer para la contestación de la demanda planteada por Guyana contra Venezuela por la declaratoria de la pretendida validez del Laudo de París de 1899 que despojó al país del territorio Esequibo.

En definitiva, esta compilación de pronunciamientos son un testimonio especializado, una memoria viva de la pequeña historia reciente de la situación sobre la reclamación del territorio Esequibo. Su principal característica es su componente reflexivo y critico frente al poder y a su pesar en las circunstancias de degradación institucional que vive el país en los últimos 21 años.

Concretamente

1. La Academia denunció el 26 de octubre de 2011 la pretensión de Guyana de delimitar, sin la participación de Venezuela, sus áreas marítimas en perjuicio de los claros derechos que a esta corresponden de proyección marítima de su territorio con acceso al océano Atlántico, así como su pretensión de extender el límite exterior de la plataforma continental hasta las 350 millas marítimas sin tomar en cuenta ni los derechos actuales ni los derechos reclamados por Venezuela

   La Academia denunció en esa oportunidad las flagrantes violaciones y ofensivas declaraciones del Gobierno de Guyana solicitando a Venezuela abandonar su reclamación como única solución del problema limítrofe planteado, frente al cual Venezuela mantuvo una política de cooperación y ayuda económica al Gobierno de Guyana que permitieron la consolidación de actos de ocupación del territorio en reclamación, sin que se dejara expresa salvedad de que esos actos menoscaban los derechos sujetos a reclamación por Venezuela con base en el acuerdo de Ginebra[3].

2. La Academia expresó el 1 de octubre de 2013 su honda preocupación por la negativa de Guyana en la búsqueda de una solución satisfactoria para el arreglo práctico de la controversia a lo largo de las etapas establecidas en el acuerdo de Ginebra, traspasando los límites de la tolerancia y la buena fe al llegar a otorgar concesiones a terceros en la fachada atlántica de la exclusiva jurisdicción de Venezuela, así como de la inacción del Estado venezolano en protestar ante estos atropellos a la soberanía nacional por parte del Gobierno de Guyana, advirtiendo que esta actitud tiene consecuencias negativas bajo el derecho internacional[4].

3. Con el pronunciamiento de fecha 22 de octubre de 2013[5] la ACPS (i) registró con satisfacción la intercepción del buque ***Teknik Perdana*** por el patrullero oceánico de vigilancia de la Armada bolivariana ***Yecuana*** PO-13 y felicitó a la Armada por el cumplimiento del deber patriótico de defender los espacios gráficos del país. La Academia (ii) aplaudió también la enérgica protesta del Gobierno de la República Bolivariana de Venezuela por las actividades de

---

3 Pronunciamiento de fecha 26 de octubre de 2011, en Duque Corredor, Román José, *Doctrina Académica Institucional <pronunciamientos 1983 2011>*, Academia de Ciencias Políticas y Sociales, Caracas 2013, p. 177

4 Declaración de las Academias Nacionales sobre el nuevo atropello a la soberanía nacional por el Gobierno de la República cooperativa de Guyana por violación del espacio marítimo y de soberanía territorial en los espacios del territorio del mar continental de fecha 1 de octubre de 2013, *Doctrina académica institucional <instrumento de reinstitucionalización democrática>,* Pronunciamientos años 20212-2019, Academia de Ciencias Políticas y Sociales, Editorial Jurídica Venezolana, Caracas 2019, p. 279

5 *Ibid*., p. 283

prospección científica y exploración de las plataformas continentales del lecho marítimo venezolano realizada por el buque ***Teknik Perdana***. La Academia (iii) resaltó que ese incidente no es el único ni el primero. La Academia estimó que el Gobierno de la República Bolivariana de Venezuela no puede contentarse con el acto aislado y plausible de interceptación del buque ***Teknik Perdana*** sino que está obligado constitucionalmente a conminar al Gobierno Guyana a revocar las concesiones otorgadas en zonas de la exclusiva soberanía de Venezuela y expresarle formalmente que Venezuela desconoce cualquier acto jurídico y toda situación de hecho de cualquier país que contradiga su soberanía sobre sus espacios marítimos. De esta manera la Academia instó al Gobierno de Venezuela a (i) intensificar el patrullaje de la fachada atlántica del territorio de Venezuela incluido su mar territorial y su zona económica exclusiva, (ii) a revisar su política de cooperación con Guyana en detrimento de los derechos de Venezuela y, sobre todo, (iii) a reconsiderar el enfoque antihistórico dado a los últimos años a la reclamación del territorio Esequibo.

4. La Academia se pronunció el 22 de octubre de 2013 sobre (i) la intolerable ambigüedad en que quedan las cuestiones pendientes entre Venezuela y Guyana por la inadecuada actuación del Canciller de Venezuela en la reunión del 17 de octubre de 2013 en Puerto España reflejada en el comunicado conjunto de esa fecha en contradicción con el interés nacional, además de (ii) exhortar al gobierno para que planifique organice y ejecute en el corto plazo una política integral de presencia en la frontera en los ámbitos políticos, económico, social, cultural, educativo, de servicios públicos, de salud, comunicaciones, seguridad y defensa, vigilancia y control de tráfico de sustancias y materiales ilegales y contrabando, así como la dotación

equipamiento adecuado de nuestros puestos estratégicos de frontera[6].

5. La Academia exhortó al Gobierno de Venezuela el 29 de julio de 2015 a (i) intensificar el patrullaje de la fachada atlántica del territorio de Venezuela incluido su mar territorial y su zona económica exclusiva, a revisar su política de cooperación con Guyana en detrimento de los derechos de Venezuela y sobre todo a (ii) reconsiderar el enfoque anti histórico dado en los últimos años a la reclamación del territorio Esequibo y la intolerable ambigüedad en que quedan las cuestiones pendientes entre Venezuela y Guyana por la inadecuada actuación de la cancillería reflejada en comunicados conjuntos que son contrarios al interés nacional[7].

6. La Academia advirtió en fecha 7 de febrero de 2017 de que la pretensión del Gobierno de Guyana de judicializar el diferendo territorial ante la CIJ es contraria y desnaturaliza el acuerdo de Ginebra, cuyo propósito explícito consiste en la búsqueda de una solución satisfactoria para el arreglo práctico de la controversia en forma aceptable para ambas partes[8].

7. La Academia también envió 2 misivas al Ministro para las Relaciones Exteriores de la República, la primera en fecha 20 de marzo de 2017 y segundo en fecha 25 de octubre de 2017, (i) alertó sobre la necesidad de rechazar la pretensión de judicialización de la controversia ante la Corte Internacional de Justicia por el Secretario General de la ONU, no sólo por ser contraria a los intereses de Venezuela, sino por ser violatorio del acuerdo de Ginebra, siendo enviada de manera unilateral a dicho Tribunal internacional

---

6 Pronunciamiento de fecha 22 de octubre de 2013, en *Doctrina académica institucional* ..., p. 282

7 Pronunciamiento de fecha 29 de julio de 2015, en *Doctrina académica institucional* ..., p. 291

8 Pronunciamiento de fecha 7 de febrero de 2017, en *Doctrina académica institucional* ..., p. 297

y sin el consentimiento de nuestro país. Se (ii) advirtió de que en derecho internacional los silencios de los Estados tienen consecuencias jurídicas y pueden ser usados en su contra, que la decisión unilateral del Secretario General de la ONU es violatoria del acuerdo de Ginebra cuyo objeto y propósito explícito consiste en la búsqueda de una solución satisfactoria para el arreglo práctico de la controversia en forma aceptable para ambas partes, por lo cual someter la controversia un procedimiento judicial desnaturaliza el acuerdo de Ginebra ya que impide a las partes a través de un mecanismo de negociación que logren un acuerdo práctico a la controversia que sea mutuamente aceptable para ellas[9].

8. Cuando lamentablemente se produjo el anuncio oficial del Secretario General de la ONU de enviar la controversia con Guyana a la CIJ, la corporación se pronunció en conjunto con las demás academias nacionales en fecha 14 de febrero de 2018, señalando que ni Venezuela ni Guyana han reconocido la competencia obligatoria de la CIJ. Se explicó que ninguno de estos dos Estados involucrados ha ratificado el Estatuto de dicha CIJ, siendo que la decisión es violatoria del acuerdo de Ginebra el cual no figura ni nunca ha figurado en los documentos oficiales considerados por la propia CIJ como uno de los tratados o acuerdos internacionales que estipulan su jurisdicción contenciosa, aparte de oponerse al objeto y propósitos explícitos del acuerdo de Ginebra, cuál es la búsqueda de una solución satisfactoria para el arreglo práctico de la controversia que resulte aceptable para ambas partes en diligencias que no han sido agotadas[10].

9. En fecha 7 de diciembre de 2018 tuvo lugar en la sede de la ACPS una reunión de trabajo entre la Academia y la subcomisión especial mixta designada por la Asamblea

---

9 Misivas dirigidas a Delcy Rodríguez ministra del Poder Popular para las Relaciones Exteriores de la República bolivariana de Venezuela (i) el día 20 de marzo de 2017 y (ii) de fecha 25 de octubre de 2017,

10 Pronunciamiento de fecha 14 de febrero de 2018, en *Doctrina académica institucional ...*, p. 311

Nacional para la defensa de la soberanía sobre el territorio Esequibo y su fachada atlántica en la cual los académicos expusieron y compartieron la posición de la Academia con relación tanto a la demanda interpuesta contra Guyana contra Venezuela ante la CIJ como la situación presentada por la violación de la soberanía marítima de Venezuela en virtud de las actividades de explotación llevadas a cabo por empresas concesionarias del Estado guyanés en zonas de indubitable jurisdicción venezolana.

10. Cuando Guyana presentó ante la CJI su demanda para que esta reconozca la validez del laudo de Paris de 1899, también la Academia en fecha 11 de abril de 2019 exhortó al gobierno que Venezuela a que hiciera valer sus argumentos ante la CIJ[11] para que esa Corte reconozca su falta de competencia utilizando todas las vías a su alcance conforme al derecho internacional, así como también alertó sobre las consecuencias de no oponer de manera oportuna y expresa la excepción de falta de competencia ante la CIJ.

    Frente a esta circunstancia conocemos que, quienes representan jurídicamente a la República omitieron presentarse en la fase preliminar relativa a la admisibilidad de tal demanda ante la CIJ, siendo que esta declaró su competencia en fecha 18 de diciembre de 2020[12].

---

11 Pronunciamiento de fecha 11 de abril de 2019, en *Doctrina académica institucional ...,* p. 314.

12 Ver lo dicho en la Orden de la Corte Internacional de Justicia, 8 de marzo de 2021, Lista General No. 171. https://www.icj-cij.org/public/files/case-related/171/171-20210308-ORD-01-00-EN.pdf

"Having regard to the fact that, on 18 June 2018, at a meeting held by the President of the Court with the representatives of the Parties, the Vice-President of Venezuela, H.E. Ms. Delcy Rodríguez Gómez, stated that her Government considered that the Court manifestly lacked jurisdiction to hear the case and that Venezuela had decided not to participate in the proceedings, and handed to the President of the Court a letter dated 18 June 2018 from the President of Venezuela, H.E. Mr. Nicolás Maduro Moros, communicating the position of Venezuela,...", p. 2

11. Frente a este nuevo hecho la Academia se pronunció en fecha 13 de enero de 2021[13].

    1. Lamentó la decisión de la CIJ por cuanto el objeto de la controversia que le fue remitida es sobre la aplicación del Acuerdo de Ginebra para la búsqueda de soluciones satisfactorias, mutuamente aceptables, para el arreglo práctico de la controversia entre ambos países y no sobre la determinación de la nulidad o validez del Laudo Arbitral. Se trata de una controversia que, por su naturaleza no justiciable, escapa a la competencia material de la CIJ. Por estas razones, la Academia no comparte la decisión de la CIJ, pero la respeta.

    2. No obstante, en virtud de la afirmación de la competencia de la CIJ y la continuación del juicio ante la CIJ, la Academia exhortó a quienes ejercen el poder político en el país, como responsables de la defensa de los derechos de Venezuela ante esa instancia internacional, para ejercer responsablemente la tutela de los derechos de Venezuela sobre el Esequibo por todos los medios legítimos a su alcance. La Academia considera que, Venezuela debe participar activamente en el proceso -así sea bajo protesta- para desplegar en plenitud todos los derechos procesales que le asisten para fundamentar y probar la invalidez e injusticia del Laudo Arbitral de 1899.

    3. Advirtió la Academia que, el juicio no se paralizará si Venezuela opta por no asumir su defensa, el proceso seguirá su curso y tendrá decisión. La sola opción de no

[13] Disponible en https://www.acienpol.org.ve/pronunciamientos/pronunciamien-to-sobre-la-necesaria-defensa-de-los-intereses-de-venezuela-ante-la-decision -de-la-corte-internacional-de-justicia-que-declaro-su-competencia-para-conocer-parcialmente-la-demanda-plantead/; ver https://www.analitica.com/actua-lidad/actualidad-nacional/academia-de-ciencias-politicas-y-sociales-exhor-ta-al-oficialismo-a-aplicar-estrategia-diplomatica-para-caso-del-esequibo/

comparecer en juicio no ofrece solución de cómo recuperar el territorio Esequibo.

No hay opciones militares y mucho menos este sería medio aceptable por la comunidad internacional.

4. La decisión de la CIJ es un hecho institucional internacional que debe y puede atenderse. La posición de Venezuela sobre la nulidad del Laudo Arbitral es suficientemente fundada y es defendible con holgura. La validez del Laudo Arbitral es insostenible en Derecho. Por ello, la Academia considera que no comparecer es una posición equivocada que puede tener un alto costo para Venezuela.

5. El riesgo de que la CIJ declare con lugar la pretensión de Guyana sobre la validez del Laudo Arbitral afectará internacionalmente la reclamación de Venezuela, particularmente, si ésta no se defiende haciendo valer apropiadamente las argumentaciones que nos asisten sobre la invalidez del Laudo Arbitral. La opción de no comparecer y no presentar los argumentos y pruebas solo le hace más fácil las cosas al demandante.

6. Siendo éste un asunto de Estado, como se dijo, les concierne a todos los venezolanos la elección del camino más adecuado para la defensa de los derechos de Venezuela. Ello debe hacerse mediante el estudio, la evaluación estratégica, el diálogo y la concertación entre todos los sectores nacionales sin exclusiones y sin vetos. El país debe unirse en torno a la defensa de su territorio, pero para ello es necesario que quienes ejercen el poder político en el país, y que por tanto tienen esa responsabilidad histórica, convoquen de manera responsable, transparente y despolitizada a toda la sociedad.

7. A pesar del tiempo perdido, debe convocarse a los mejores expertos nacionales e internacionales para formar el mejor equipo de defensa para participar activamente en la defensa de los derechos de Venezuela

en el Esequibo, fijar la estrategia procesal, diplomática y comunicacional más conveniente a los intereses del país, incluida la selección del agente que represente al país, la designación del juez ad-hoc y la actuación diplomática ante la ONU, Guyana, América Latina y el Caribe, Europa y el resto de la comunidad internacional. Esto no debe ser visto como una amenaza, sino como una oportunidad para recuperar nuestro territorio que está en posesión de la contraparte.

12. En fecha 25 de febrero de 2021[14] la ACPS envió misiva al ministro de Relaciones Exteriores exhortando al Gobierno nacional a evaluar la posición de la comisión especial designada por la Asamblea Nacional para la defensa del Esequibo en fecha 23 de febrero de 2021, quien después de reunirse con el Alto Mando Militar, insinuó como si ésta fuera una cuestión ya decidida, que la reclamación con Guyana debe afrontarse mediante el uso de la fuerza armada. La Academia recordó que actualmente la zona en reclamación está en posesión de Guyana y no de Venezuela, que es Guyana la que ha otorgado concesiones para la explotación de recursos naturales de la zona en reclamación y quién está usufructuando esos recursos. La recuperación del territorio Esequibo no se logrará con declaraciones ni con reformas constitucionales o con informes clasificados. La recuperación efectiva del territorio Esequibo se logrará haciendo valer el derecho que asiste a Venezuela a través de los medios del derecho internacional y con estrategia diplomática.

Posiblemente la sólida articulación de estos planteamientos y el ***auctoritas*** institucional de la Academia estén dando sus frutos. Sirve como indicio la asistencia de los representantes de Venezuela a la reunión preliminar de las partes con la presidenta de la Corte en fecha 26 de febrero de 2021 para fijar los plazos del procedimiento y la concesión de la Corte del plazo de 12 meses para la presentación del

---

14 https://www.acienpol.org.ve/carta-de-la-academia-de-ciencias-politicas-sobre-el-esequibo/

contramemorial que debe rendir la demandada fijada para el día 8 de marzo de 2022[15].

En todo caso, el Acuerdo de Ginebra para resolver la controversia "fronteriza" entre Guyana y Venezuela sigue y seguirá vigente. Sin embargo, si -en esta fase- el objeto de la controversia es, como decidió la CIJ, la determinación de la nulidad o validez del Laudo de Paris de 1899, Venezuela tiene sólidos argumentos para demostrar que el laudo es nulo.

Si la Corte decide otra cosa, ella se encontrará en un callejón sin salida, pues no es la instancia apropiada para decidir sobre **"soluciones satisfactorias para el arreglo práctico de la controversia"**, pues esa no es la función de los tribunales de justicia. Así lo explica el académico Dr. Héctor Faúndez en su valioso libro sobre la materia[16]. De modo que no hay ninguna razón para negarse a exponer esos argumentos ante un tribunal independiente e imparcial.

Por último, además de lo que se haga para defender los derechos de Venezuela en el proceso que se sigue ante la CIJ para determinar la nulidad del laudo de Paris de 1899, la Academia de Ciencias Políticas y Sociales exhortó, una vez más, a las autoridades a continuar defendiendo la soberanía de Venezuela en los espacios marinos, submarinos y la plataforma continental que forman parte del territorio venezolano y que están sometidos a su soberanía, conforme a los principios de derecho internacional. El otorgamiento de concesiones petroleras por parte del gobierno guyanés en áreas marinas y submarinas que son de indiscutible proyección del territorio continental venezolano desde Punta de Playa (Estado Delta Amacuro), hace necesario las acciones de afirmación y salvaguarda

---

15 Ver lo dicho en la Orden de la Corte Internacional de Justicia, 8 de marzo de 2021, Lista General No. 171. https://www.icj-cij.org/public/files/case-related/171/171-20210308-ORD-01-00-EN.pdf, p. 2.

16 Héctor Faúndez, *La competencia contenciosa de la Corte internacional de Justicia y el caso Guyana vs. Venezuela*, Academia de Ciencias Políticas y Sociales, Serie Estudios 126, Editorial Jurídica Venezolana, Caracas, 2020, p. 43

de esas áreas, así como otras acciones diplomáticas y jurídicas en defensa de nuestra soberanía.

Finalmente, como lo advirtió el propio Secretario General de la ONU en la ocasión de anunciar la remisión del asunto a la CIJ y lo mencionó el propio fallo de la CIJ, el Acuerdo de Ginebra está vigente y continúa obligando a las partes a buscar soluciones satisfactorias, mutuamente aceptables, para el arreglo práctico de la controversia. Por ello, es deber de quienes ejercen el poder político en Venezuela de velar porque, al igual que las sentencias de la CIJ, ese tratado también sea debidamente acatado por las partes y se tomen las iniciativas diplomáticas necesarias ante el Secretario General de la ONU.

"**La experiencia lleva demostrado que a los países no les basta tener todo el derecho de su parte para salir adelante en sus conflictos pues además de saberlos reclamar, necesitan contar el apoyo coordinado de otros muchos factores de vital importancia: fuerza, vinculaciones provechosas e intereses creados hábilmente**"[17]. Hacemos votos para que Venezuela pueda enrumbar institucional, racional y eficientemente la defensa de la reclamación del territorio Esequibo en esta instancia y momento crítico de su historia. "**La defensa de nuestro territorio es un legado que nos dejaron los (padres de la patria) y que los venezolanos no debemos dejar de cumplir**". La Academia es fiel a este mandamiento con especial uso de la razón, el derecho y la historia que nos asiste.

Muchísimas gracias a todos.

Fort Lauderdale, 6 de mayo de 2021

---

[17] Contestación del Dr. Julio Blanco Ustáriz al discurso de incorporación del Dr. Carlos Álamo Ybarra, titulado *Fronteras de Venezuela con la Guayana británica*, Academia de Ciencias Políticas y Sociales, Editorial Elite, Caracas 1938, p. 97.

LA NECESARIA DEFENSA DEL TERRITORIO ESEQUIBO
EUGENIO HERNÁNDEZ-BRETÓN

LA NECESARIA DEFENSA DEL TERRITORIO ESEQUIBO**

*Eugenio Hernández-Breton**

Quiero en primer lugar felicitar esta iniciativa tan importante para el país en este momento crítico. Quiero también agradecer la invitación que se me hizo a participar y a exponer en esta primera sesión de esta serie de coloquios.

Mi intención es, primero, recordar o mencionar muy brevemente cuál fue mi responsabilidad durante mi gestión como Presidente de la Academia de Ciencias Políticas y Sociales para el período 2015-2017 y, después, hacer unos comentarios particulares en cuanto a mi preocupación personal, como venezolano, como profesor universitario y como abogado, en cuanto a la situación que actualmente enfrenta Venezuela relativa a la controversia ante la Corte Internacional de Justicia.

Durante mi Presidencia me correspondió colocar mi firma a tres pronunciamientos de la Academia de Ciencias Políticas y Sociales, a saber, el 21 de abril de 2015, el 29 de julio de 2015 y el 7 de febrero de 2017 y suscribir también una comunicación dirigida a la Ministra

---

** Palabras del doctor Eugenio Hernández-Bretón en la primera sesión del ciclo de conferencias "La Academia de Ciencias Políticas y Sociales y la defensa del territorio Esequibo", realizada el 6 de mayo de 2021.

* Doctor iuris utriusque (summa cum laude) de la Ruprecht-Karls Universität, Heidelberg; LL.M. (magna cum laude) de la Eberhard-Karls Universität, Tübingen; Master of Laws de la Columbia University, New York; Abogado (summa cum laude) de la Universidad Católica Andrés Bello, Caracas; Jefe de la Cátedra de Derecho Internacional Privado de la UCV; Individuo de número de la Academia de Ciencias Políticas y Sociales.

de Relaciones Exteriores de aquel momento, fechada 20 de marzo de 2017. En todas esas comunicaciones adelantamos lo que terminó siendo la realidad: Que Guyana presentaría eventualmente su reclamación ante la Corte Internacional de Justicia, judicializando una reclamación que ha debido continuar por otros derroteros.

Como es sabido por todos, la Corte Internacional de Justicia rindió decisión en cuanto a su jurisdicción para conocer de este caso el 18 de diciembre de 2020. La sentencia contó con doce votos a favor y cuatro votos en contra y así la Corte Internacional de Justicia determinó que tiene jurisdicción para conocer de la solicitud presentada por la República Cooperativa de Guyana el 29 de marzo de 2018 en tanto ella concierne a la validez del laudo arbitral de tres de octubre de 1899 y la cuestión relativa al arreglo definitivo de la disputa territorial entre la República Cooperativa de Guyana y la República Bolivariana de Venezuela.

Si leen los cuatro votos disidentes, los cuatro votos salvados, se puede encontrar en ese respecto que hay dudas más que razonables en cuanto al consentimiento de Venezuela, más bien, en esos votos salvados hay elementos que justifican la afirmación acerca de la ausencia total de consentimiento por parte de Venezuela de someterse a la jurisdicción de la Corte Internacional de Justicia, al haber interpretado la Corte la parte final del artículo 4 párrafo 2 del Acuerdo de Ginebra en contradicción con las propias reglas interpretación de los tratados internacionales. En particular llamo la atención a la lectura del voto salvado del juez Gevorgian, ruso, quien por lo demás ilustra suficientemente las deficiencias de la sentencia de diciembre del año 2020, la cual además de incluir párrafos verdaderamente difíciles de comprender, más que dar una explicación jurídica lo que parece es brindar justificaciones para asumir jurisdicción y llamo la atención en particular al párrafo 86 de la sentencia en cuestión. El Acuerdo de Ginebra no menciona ni una vez a la Corte Internacional de Justicia. El Acuerdo de Ginebra cita, ciertamente, el artículo 33 de la Carta de las Naciones Unidas, pero nunca el Acuerdo de Ginebra menciona o excluye o incluye la referencia a la Corte Internacional de Justicia. No obstante, cualquier discrepancia con el contenido de la sentencia de diciembre de 2020, ella coloca a Venezuela ante el dilema de qué hacer ahora y ese qué hacer ahora es la tarea a la cual debe la Academia de Ciencias Políticas y Sociales brindar todo su apoyo.

El 26 de febrero de este año 2021, Venezuela a través de su representante participó en una reunión convocada por la Corte Internacional de Justicia en cuanto al futuro del procedimiento. Venezuela expresó que está considerando su participación en el procedimiento pero que no lo ha decidido, ya que constitucionalmente su participación requiere de consultas populares y que ellas tomarán tiempo, así como otros asuntos que, en definitiva, van a demorar la decisión venezolana. El 8 de marzo de 2021 mediante una orden procesal la Corte Internacional de Justicia fijó el 8 de marzo de 2022 como fecha para que Guyana presente su memorial de demanda y fijó el 8 de marzo de 2023 para que Venezuela presente su memorial de respuesta. Esas son las tareas inmediatas en lo tocante al procedimiento pendiente ante la Corte Internacional de Justicia. Con esto, sin embargo, no quiero desconocer que haya otros frentes abiertos de necesaria y urgente atención, pero en lo que respecta al procedimiento, esto es lo que enfrenta Venezuela de manera inmediata.

Ahora, ¿Qué asuntos debemos considerar en lo relativo a la continuación el procedimiento ante la Corte Internacional de Justicia? Esta sentencia de diciembre de 2020 puede ser vista como enteramente favorable a Venezuela o desfavorable a Venezuela y favorable o desfavorable a Guyana, dependiendo de muchas variables. En Guyana, en diciembre de 2020, por ejemplo, el Presidente de la República Cooperativa de Guyana alabó la sentencia de la Corte Internacional de Justicia, pero muy rápidamente en la propia Guyana hubo críticas interesantes a esta decisión por parte de respetables juristas, sobre todo porque hay dos asuntos principales respecto de los cuales se mantiene la discusión bajo la jurisdicción de la Corte Internacional de Justicia que son 1) la cuestión de la validez del laudo arbitral de 1899, por una parte, y 2) la cuestión relacionada con el límite territorial entre Venezuela y Guyana, por la otra. Son dos asuntos jurídicos clave, pero esos dos asuntos no pueden ser o no deberían ser discutidos por la Corte Internacional de Justicia simultáneamente. Aquí llamo a la atención a lo que fue destacado en particular en una declaración -no bajo la forma de un voto disidente sino una declaración- del juez Tomka, eslovaco.

El juez Tomka en su voto señala que ahora se ha abierto la oportunidad para la parte demandada (es decir, para Venezuela) de sustanciar su contención de que el laudo arbitral de 1899 es nulo e írrito, que es lo que ha sostenido Venezuela. Eso está también recogido en la última parte del párrafo 86 de la sentencia de diciembre de 2020 y allí se dice que es suficiente para la Corte Internacional de Justicia observar que en este caso una decisión judicial que declare que el laudo de 1899 es nulo e írrito, sin que se delimite la frontera entre las partes, no conduciría a una definitiva resolución de la controversia, lo cual sería contrario al objeto y propósito del Acuerdo de Ginebra. Esto hay que tenerlo en particular consideración porque este es el futuro que enfrenta Venezuela en el trámite judicial ante la Corte Internacional de Justicia.

En el mismo voto el juez Tomka, en el párrafo 7 de su voto, dice que es importante que las partes entiendan que si el laudo arbitral de 1899 fuera declarado nulo e írrito por la Corte, como sostiene Venezuela, la Corte estará en la necesidad de nuevas presentaciones o alegaciones en la forma de pruebas y argumentos acerca del curso del límite territorial para así poder resolver definitivamente la controversia. Sin estas presentaciones la Corte no estará en posición de determinar el curso de la disputada frontera entre los dos países. En tal evento, el Secretario General de las Naciones Unidas podría ser llamado, una vez más, a ejercer su autoridad bajo el artículo 4 párrafo 2 del Acuerdo de Ginebra para escoger otro de los medios de solución de controversias establecido en el artículo 33 de la Carta de las Naciones Unidas.

Eso mismo lo repite el juez Bennouna, marroquí, quien dijo que aun cuando la Corte determinara que el laudo arbitral de 1899 es inválido les correspondería a las partes, en cualquier caso, presentar las conclusiones necesarias en lo relativo a su límite territorial y a la disputa que todavía existiría entre ellos. Es por ello que para tal fin sería necesario escoger otro de los medios pacíficos de solución de controversias.

Ahora, ante la pregunta de si participar o no participar en el procedimiento ante la Corte Internacional de Justicia, la respuesta que se impone es que Venezuela tiene que participar. Si uno lee el voto disidente del juez Gevorgian, uno va a encontrar que no fueron considerados suficientemente la evidencia ni los alegatos presentados por Venezuela, que sí los presentó, pero al margen del procedimiento regular. Esos alegatos y esas pruebas no fueron considerados ni fueron valorados debidamente las pruebas o los documentos que apoyan la posición venezolana. Venezuela perdió entonces la oportunidad de defenderse. Venezuela no puede volver a perder la oportunidad de defenderse. Tiene un deber el Gobierno Venezolano, tiene el deber histórico de hacerle frente a la reclamación y de formular sus alegatos y de formular la defensa de Venezuela.

Sin embargo, no es tarea fácil, pues estamos cortos de tiempo. Tenemos hasta el 8 de marzo de 2023 para preparar el escrito, para preparar la defensa venezolana, para enterarnos en marzo del año que viene de los alegatos que hará valer Guyana y de sus pruebas. No es mucho el tiempo, no es mucho el tiempo porque hay que construir el equipo de defensa. Un equipo que debe estar integrado por historiadores, politólogos, por internacionalistas, por abogados, en definitivas cuentas, por conocedores del procedimiento ante la Corte Internacional de Justicia. Que conozcan los secretos, que conozcan los vericuetos del manejo del procedimiento ante la Corte Internacional de Justicia. Hay que definir una estrategia jurídica para discutir la nulidad del laudo. Es que nos hemos preguntado, acaso, acerca de las causales de nulidad que puede invocar Venezuela, ¿Cuál es el derecho que regula la nulidad de los tratados? Eso no está escrito en ninguna parte, eso deviene de la doctrina y de la jurisprudencia. Pero esto es un caso particular que tiene Venezuela, ¿Quién tiene o quién tendrá la carga de la prueba de los alegatos que se hagan valer? ¿Hay una presunción de validez que ampara al laudo de 1899? Si la hubiere, ¿A quién le corresponde destruirla? ¿Qué pruebas tenemos? ¿Qué alegatos vamos a hacer? ¿Vamos alegar corrupción? ¿Vamos a alegar vicios en el consentimiento? ¿Vamos a alegar falta de motivación? ¿Vamos a alegar exceso de poder y, en consecuencia, falta de jurisdicción? ¿Vamos a alegar fraude procesal? ¿Vamos a atacar la validez del Tratado de Washington de 1897? Tenemos que pensar en eso para el caso de ganar el tema de la nulidad del laudo arbitral de 1899. Tenemos que pensar que entonces el tema del límite o de la frontera quedaría abierto a la discusión. ¿Volveríamos entonces al sistema del Tratado de Washington de 1897, con un panel arbitral integrado por dos árbitros estadounidenses, dos árbitros ingleses o británicos y un tercero neutral o un quinto neutral? Tenemos que anticipar las defensas de Guyana. Tenemos que hacer frente a las defensas de Guyana, por ejemplo, que la conducta venezolana va a ser la defensa de Guyana.

No contribuyamos a darle herramientas a Guyana. Hay que examinar con cuidado la aplicación del Estatuto a la Corte Internacional de Justicia a nuestro caso particular. Hay que examinar el tema de la frontera venezolana con Trinidad y Tobago, hay que examinar el tema de la frontera venezolana con Brasil, hay que examinar el tema de la frontera venezolana con esos países y la de esos países con Surinam, incluida la frontera Guyana-Surinam. Ya Surinam sometió a controversia su problema limítrofe con Guyana y cómo impacta eso en nuestra posición. Hay un estudio y quiero recordar aquí un estudio importante, porque la Cancillería se llegó a preocupar tiempo atrás de lo relativo a la nulidad del laudo. Hay un estudio importante de un gran internacionalista venezolano muy poco recordado, olvidado, que fue siempre funcionario de la Cancillería. Se trata del Dr. Ramón Carmona. El doctor Carmona se dedicó a estudiar el tema de la nulidad de laudos internacionales. Eso tiene que estar entre los papeles de la Cancillería. Eso hay que rescatarlo, allá hay un archivo y hay un material bibliográfico muy importante para fijar la posición venezolana al respecto.

Quiero cerrar leyendo una declaración periodística publicada por *El Nacional* el 17 de febrero de 1966, por un hombre que desde muy joven se dedicó a estudiar el tema limítrofe, a estudiar el problema de Guyana o de la Guayana Esequiba, como a él le gustaba llamarlo y que murió estudiando estos problemas, murió rodeado de sus mapas, de sus estudios y de sus colores con los que marcaba esos mapas, voy a leerlo.

"*Los únicos hombres que responden a la hora crítica son aquellos que han tomado para sí ya sea por circunstancias políticas o de carácter personal el dominio del problema grave y trascendental como lo es la recuperación del Esequibo*".[1]

Esa es la misma tarea que le corresponde a esta Academia ahora; ayudar para hacer que esto sea realidad.

¡Muchas gracias!

---

[1] Declaraciones del doctor Armando Hernández-Bretón al periodista Néstor Mora, "El litigio sobre Guayana Esequiba. Historiadores y Juristas Proclaman la Justicia de la Reclamación Venezolana", *El Nacional*, Caracas, No. 8.070, Año XXIII, jueves 17 de febrero de 1966, p. D-5.

2do. ENCUENTRO
LA FORMACIÓN DE LA REPÚBLICA Y EL TERRITORIO VENEZOLANO EN LAS CONSTITUCIONES DE VENEZUELA 20 DE MAYO DE 2021

LA FORMACIÓN DE LA REPÚBLICA Y DE SU TERRITORIO EN LAS CONSTITUCIONES DE VENEZUELA DEL SIGLO XIX UN LEGADO DEL PROCESO CONSTITUCIONAL QUE COMENZÓ CON LA "LEY FUNDAMENTAL DE LA REPÚBLICA DE COLOMBIA" PROMULGADA POR SIMÓN BOLÍVAR, EN ANGOSTURA, EL 17 DE DICIEMBRE DE 1819

ALLAN R. BREWER-CARÍAS

LA FORMACIÓN DE LA REPÚBLICA Y DE SU TERRITORIO EN LAS CONSTITUCIONES DE VENEZUELA DEL SIGLO XIX UN LEGADO DEL PROCESO CONSTITUCIONAL QUE COMENZÓ CON LA "LEY FUNDAMENTAL DE LA REPÚBLICA DE COLOMBIA" PROMULGADA POR SIMÓN BOLÍVAR, EN ANGOSTURA, EL 17 DE DICIEMBRE DE 1819

Allan R. Brewer-Carías[*]

I. LA FORMACIÓN JURÍDICO-POLÍTICA DEL TERRITORIO DE LAS PROVINCIAS DE VENEZUELA DURANTE LA COLONIA (1528-1810)

El territorio de lo que comenzó a ser el Estado de Venezuela a partir de 1811 se conformó durante un largo período de 260 años de ocupación territorial por la Corona española de la Tierra Firme, es decir, de la parte septentrional de Sur América, donde con base en Capitulaciones que fueron otorgadas a diversos conquistadores o Adelantados, entre 1525 y 1786 se fueron conformando las Provincias de Margarita, Venezuela (o Caracas), Nueva Andalucía (o Cumaná), Guayana, Maracaibo y Barinas.

Esas Provincias, como demarcaciones territoriales, respondieron a la estructura territorial básica para lo militar, la administración y el gobierno y la administración de justicia que la monarquía española desarrolló especialmente para el gobierno y la administración de los

---

* Profesor emérito, Universidad Central de Venezuela. Individuo de Número de la Academia de Ciencias Políticas y Sociales.

territorios de América, no existiendo en la Península una institución territorial similar; no teniendo el término mismo en la Metrópoli ni siquiera un significado definido. La provincia en España para la organización uniforme del territorio en realidad solo se creó después de sancionarse la Constitución de Cádiz de 1812.

Esta unidad territorial básica de la Provincia en la América, en cambio, fue la circunscripción territorial donde ejercía su autoridad un adelantado al inicio de la labor descubridora y de conquista, y luego un gobernador, que ejercía el poder militar como capitán general, que tenía a su cargo las funciones administrativas, de gobierno y de administración de justicia en el ámbito de la Provincia.

La organización territorial, además llevó a la creación de Virreinatos que se conformaron por agrupación de Provincias en determinados territorios, o a los cuales otras fuera de sus límites inmediatos se les asignaban; y de la creación de Reales Audiencias para la administración de justicia, a las cuales se asignaban igualmente diversas provincias. También, en ciertas partes, de Provincias menos importantes, las mismas se organizaron en Capitanías Generales para lo militar.

En el caso de las Provincias del territorio de lo que hoy es Venezuela, entre 1525 y 1777 se desarrollaron en forma aislada, sin tener ningún tipo de integración entre sí, en buena parte del territorio de Tierra Firme, al norte de la cuenca del río Amazonas, desarrollado por los conquistadores españoles con base en Capitulaciones o licencias que les fueron otorgadas sucesivamente por la Corona, mediante la fundación de ciudades, de pueblos tanto de españoles como de indios, de pueblos de encomienda, de pueblos doctrina y de Misiones.[1]

---

1 Véase Allan R. Brewer-Carías, *La Ciudad Ordenada. Estudio sobre "el orden que se ha de tener en descubrir y poblar" o sobre el trazado regular de la ciudad hispanoamericana) (Una historia del poblamiento de la América colonial a través de la fundación ordenada de ciudades)*, Segunda edición (Con Presentación de Tomás Ramón Fernández y Prólogos de Graziano Gasparini, Carlos Gómez de Llarena, Federico Vegas y Tony Brewer-Carías), Editorial Jurídica venezolana, Caracas / New York, 2017.

Esas Provincias que formaron lo que desde 1811 es Venezuela,[2] fueron las siguientes:

1. *Provincia de Margarita (1525)*

La Isla de Margarita fue concedida a Marcelo de Villalobos mediante Capitulaciones de poblamiento otorgadas en Madrid el 18 de marzo de 1525, quedando la misma dependiente política, militar y judicialmente de la recién creada Real Audiencia de Santo Domingo de la Isla Española, y del Virreinato de Nueva España (México).[3]

La Isla, sin embargo, para ese momento ya había sido poblada como soporte al funcionamiento y existencia de la ciudad de Nueva Cádiz, que desde 1508 era el centro de la explotación de perlas más importante del Caribe, situada en la isla de Cubagua.[4]

En 1739, la Isla de Margarita comenzó a estar bajo la jurisdicción del Virreinato de Nueva Granada que había sido restablecido el 20 de agosto de ese año. En lo judicial, sin embargo, continuó bajo la jurisdicción de la Real Audiencia de Santo Domingo, hasta 1786 cuando se creó la Real Audiencia de Caracas. Además, a partir de 1777, la Provincia de Margarita fue integrada con las otras provincias de Venezuela, en la Capitanía General de Venezuela, como unidad político militar separada del Virreinato de Nueva Granada.

---

2 Véase Allan R. Brewer-Carías, "La formación de Venezuela a través del proceso de poblamiento de las Provincias que dieron origen a su territorio," en Enrique Viloria (Coordinador), *Los Ruidos de la Calle. Homenaje a Guillermo Morón*, Ediciones Pavilo, 2020, pp. 37-112. Disponible en http://www.crearensalamanca.com/wp-content/uploads /2020/12/Los-Ruidos-de-la-Calle.-Homenaje-Guillermo-Morón.pdf

3 Así se indicó en la *Recopilación de Leyes de los Reynos de Indias*, Madrid 1943, Tomo II, p. 115.

4 Para un estudio detallado de la historia de la Provincia de Margarita véase Guillermo Morón, *Historia de Venezuela, op. cit.,* tomo I, pp. 265 y ss., y tomo II, pp. 7 a 110.

2. *Provincia de Venezuela (1528)*

La provincia de Venezuela se creó mediante Capitulaciones firmadas el 27 de marzo de 1528 entre el Rey Carlos V, Enrique Einguer y Gerónimo Sailler, en las cuales se le otorgó a ellos o en su defecto, a Ambrosio de Alfinger y Jorge Einger, el privilegio de descubrir, conquistar, pacificar y poblar a su "costo e misión" las tierras adentro de las costas situadas al oriente de Santa Marta, "que es el Cabo de la Vela y Golfo de Venezuela y el Cabo de San Román y otras tierras hasta el Cabo de Marcapaná."[5] Tuvo como capital la ciudad de Coro fundada en 1527, hasta que la capital se trasladó a Caracas que había sido fundada años después (1567). La ciudad de Maracaibo formó parte de la Provincia de Venezuela hasta 1676 cuando se creó la Provincia de Maracaibo que abarcó el Corregimiento de Mérida y La Grita.

La Provincia de Venezuela o Caracas estuvo sometida al Virreinato de Nueva España y en lo judicial a la Real Audiencia de Santo Domingo[6] hasta 1717, cuando pasó a formar parte del Virreinato de Nueva Granada y de la Real Audiencia de Santa Fe. En 1731 de nuevo pasó a la jurisdicción de la Audiencia de Santo Domingo, pero por pocos años pues al reorganizarse el Virreinato de Santa Fe en 1739, se le agregó de nuevo la Provincia de Venezuela, que quedó sometida a la jurisdicción de la Audiencia de Santa Fe.

En 1742, por Real Cédula de 12 de febrero se decidió "relevar y eximir al Gobierno y Capitanía General de la Provincia de Venezuela," de toda dependencia del Virreinato de Nueva Granada, con lo cual se ordenó y mandó "que la anunciada Provincia de Venezuela quede desde ahora en adelante con total independencia de ese Virreinato." La Real Cédula atribuyó, además, a los Gobernadores de la Provincia de Venezuela "el velar sobre el cumplimiento de la obligación de las de Maracaibo, Cumaná, Margarita, La Trinidad y la Guayana en lo respectivo al ilícito

---

5 Véase el texto de las Capitulaciones en G. Morón, *Historia...*, tomo III, pp. 23 a 28; *Cfr.* J. F. Blanco y R. Azpúrua, *op. cit.*, tomo I, p. 36

6 Así se indicó en la *Recopilación de Leyes de los Reynos de Indias*, Madrid 1943, Tomo II, p. 115

comercio."[7] Mediante esta Real Cédula se ordenó pasar de nuevo la Provincia de Venezuela a la jurisdicción de la Real Audiencia de Santo Domingo, a la que quedó vinculada hasta 1786, cuando se creó la Real Audiencia de Caracas. Antes, sin embargo, a partir de 1777, la Provincia de Caracas fue integrada con las otras provincias de Venezuela, en la Capitanía General de Venezuela, como unidad político militar separada del Virreinato de Nueva Granada con capital precisamente en la ciudad de Caracas.

Posteriormente, en 1786, la ciudad de Trujillo se separó del gobierno de Caracas y se la agregó a la Provincia de Maracaibo; y en 1811, Coro quedó separada de la Provincia.

Para 1810, el territorio de la provincia de Caracas abarcaba aproximadamente el territorio de los actuales Estado Falcón, Lara, Portuguesa, Yaracuy, Cojedes, Carabobo, Aragua, Guárico, Miranda y del Distrito Capital.

3. *Provincia de la Nueva Andalucía o Cumaná (1568)*

La provincia de Nueva Andalucía o Cumaná se estableció formalmente mediante las Capitulaciones otorgadas por Felipe II a Diego Fernández de Serpa el 5 de mayo de 1568, por Real Cédula de 27 de mayo de 1568, quedando como Gobernador y Capitán General de la provincia,[8] dependiente de la Real Audiencia de Santo Domingo a la cual estuvo siempre sometida[9] hasta 1786, cuando se creó la Real Audiencia de Caracas.

Esta provincia fue la más importante del oriente de Venezuela y comprendió en diversas ocasiones las provincias de Trinidad y Guayana. Desde 1591 hasta 1731, la Isla de Trinidad había formado parte de una Provincia de Guayana, bajo la jurisdicción de la Audiencia de Santa Fe, la cual a partir de 1731 y hasta 1762, se unió

---

7 Véase el texto de las Capitulaciones en G. Morón, *Historia...*, tomo III, pp. 23 a 28; *Cfr.* J. F. Blanco y R. Azpúrua, *op. cit.*, tomo I, p. 36

8 Véase el texto en G. Morón, *op.cit.*, tomo II, pp. 357 y 358.

9 Así se indicó en la *Recopilación de Leyes de los Reynos de Indias*, Madrid 1943, Tomo II, p. 115

a la de Nueva Andalucía.[10] La Provincia de la Trinidad de la Guayana continuó, sin embargo, separada a cargo de un Gobernador y Capitán General,[11] integrada desde 1739 al Virreinato de Nueva Granada y luego en 1777, a la Capitanía General de Venezuela. Pero ello sólo por dos años, pues en 1797 fue tomada por Inglaterra, perdiendo España este dominio.[12]

El territorio de la provincia de Nueva Andalucía o Cumaná para 1810 abarcaba aproximadamente el territorio de los actuales Estados Anzoátegui, Sucre y Monagas y parte del actual Estado Delta Amacuro. Ese año de 1810, la Provincia de Barcelona se constituyó en forma separada.

4. *Provincia de Guayana (1568)*

La provincia de Guayana se estableció por Real Cédula de 18 de noviembre de 1568 mediante la cual se ordenó a la Audiencia de Santa Fe que se otorgase Capitulación a Gonzalo Jiménez de Quesada para descubrir y poblar los llanos, provincias y tierras al oriente del Nuevo Reyno de Granada desde el Orinoco hasta el Amazonas,[13] lo cual se hizo efectivo en 1569, y ejecutó su sobrino político, Antonio de Berrío[14] quien a partir de 1582 heredó de aquél la Gobernación de Guayana. La provincia quedó bajo la jurisdicción del Virreinato de Nueva España y de la Audiencia de Santa Fe, [15] llegando por el extremo oriente hasta Trinidad, Isla que le quedó integrada (Provincia de Trinidad y la Guayana) hasta 1731, pasando a formar

---

10 *Cfr*. G. Morón, *op. cit.,* tomo II, p. 113.

11 *Idem.,* p. 66.

12 *Cfr*. J. F. Blanco y R. Azpúrua, *op. cit.,* tomo II, p. 177.

13 Como lo indica José del Rey Fajardo S.J, "desde el Pauto del Orinoco-Meta-Candelaria hasta el Papamene del Amazonas y de su complejo hidrográfico naciente." Véase José del Rey Fajardo, *La República de las letras en la babel Étnica de la Orinoquia*, Academia Venezolana de la Lengua, Caracas 2015, p. 38.

14 Véase el texto de la capitulación en G. Morón, *op. cit.,* tomo II, pp. 215-216.

15 Así se indicó en la *Recopilación de Leyes de los Reynos de Indias*, Madrid 1943, Tomo II, p. 115.

parte entre 1733 y 1762 de la Provincia de Nueva Andalucía. El territorio de la provincia llegaba hasta el Amazonas, pues desde la decisión del Consejo de Indias de 12 de octubre de 1595, la Corona había entregado a Berrío todas las capitulaciones amazónicas realizadas hasta esa fecha, es decir "todas las Provincias inclusas y comprendidas entre los Ríos Orinoco y Marañón."[16]

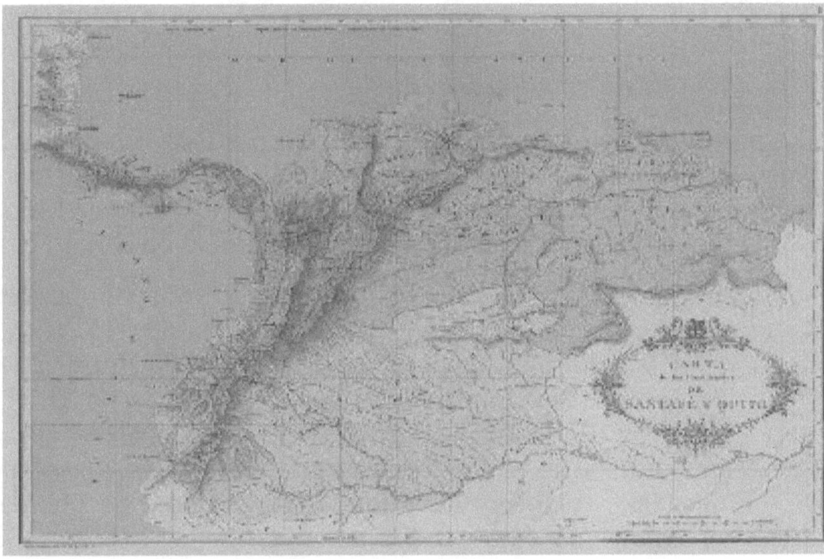

Carta de las Presidencias de Santa Fe y Quito 1564

En 1762 la Provincia adquirió autonomía, y pasó de estar bajo la jurisdicción de la Audiencia de Santa Fe. Esta situación duró hasta 1776, cuando pasó a depender nuevamente de la Audiencia de Santo Domingo a través de la jurisdicción militar que sobre ella se había otorgado a la Gobernación de la Provincia de Venezuela. En 1768 se agregó a la Provincia la Comandancia General del Orinoco y Río Negro, cuyos linderos llegaban por el sur hasta el Amazonas. En 1771, por Real Cédula de 28 de octubre, se ordenó el cese de la sujeción de la Provincia de Guayana a las órdenes del Gobernador y Capitán General de la de Venezuela, y la subsiguiente subordinación

---

[16] Véase la referencia en José del Rey Fajardo S.J., *Los hombres de los ríos. Jesuitas en Guayana*, Editorial Jurídica Venezolana, Caracas 2019, p. 63.

al virreinato de Nueva Granada y su Real Audiencia. Ello duró seis años, hasta 1777, cuando se sometió en lo militar a la Capitanía General de Venezuela y hasta 1786, en lo judicial, cuando pasó a la jurisdicción de la Real Audiencia de Caracas.[17]

La provincia de Guayana para 1810 abarcaba aproximadamente el territorio de los actuales Estados Bolívar, Amazonas y el territorio hasta el río Esequibo.[18]

5. *Provincia de Maracaibo (1676)*

La provincia de Maracaibo se estableció por Real Cédula de 31 de diciembre de 1676, cuando se ordenó la anexión de la ciudad de la Nueva Zamora de la Laguna de Maracaibo al Gobierno de Mérida y la Grita, y consiguientemente, a la Real Audiencia de Santa Fe.[19]

En esta forma, la Provincia de Maracaibo se formó, por una parte, a expensas del territorio occidental de la Provincia de Venezuela o Caracas, y por la otra, integrando dicho territorio a la Provincia de Mérida y La Grita. Ésta última había tenido su origen en la labor efectuada por el Gobernador Francisco de Cáceres, de la Gobernación del Espíritu Santo cuya capital fue La Grita, fundada en 1576, y el posterior establecimiento del Corregimiento de Mérida y La Grita en 1607, que comprendía, además, San Cristóbal y San Antonio.

---

17 *Cfr*. G. Morón, *op. cit.,* tomo II, pp. 230-231; J. F. Blanco y R. Azpúrua, *op. cit.,* tomo I, pp. 105-107.

18 Mediante Decreto de 15 de octubre de 1817, luego de la conquista de la provincia de Guayana, la misma se incorporó formalmente a la Republica, delimitándose su territorio y fijando la casi totalidad de su lindero hacia el este en el río Esequibo. Véase el texto en: http://www.archivodel libertador.gob.ve /escritos/buscador/spip.php?article2283.

19 *Cfr*. G. Morón, *op. cit.,* tomo III, p. 400.

La Provincia de Mérida y La Grita,[20] con rango de Gobernación y Capitanía General, fue creada en 1622, con capital en Mérida, sometida a la Real Audiencia de Santa Fe.[21]

A partir de 1678, la capital de la Provincia de Mérida, La Grita y Maracaibo, pasó a la ciudad de Maracaibo; en 1777 la Provincia fue integrada a la Capitanía General de Venezuela y a partir de 1786, pasó a la jurisdicción de la Real Audiencia de Caracas. En esa misma fecha, en virtud de la Real Cédula de 15 de febrero de 1786, la ciudad de Trujillo, que desde su fundación había pertenecido a la Provincia de Venezuela o Caracas, fue agregada a la Provincia de Maracaibo, y en la misma Real Cédula se segregó de la Provincia el territorio de la Comandancia de Barinas para formar una nueva Provincia, la de Barinas.[22]

El territorio de la provincia de Maracaibo para 1810 abarcaba aproximadamente el territorio de los actuales Estados Zulia, Mérida, Táchira y Trujillo. Ese mismo año, se constituyeron como Provincias separadas, las de Mérida (comprendida La Grita y San Cristóbal) y la de Trujillo.

6. *Provincia de Barinas (1786)*

La provincia de Barinas fue creada por Real Cédula de 15 de febrero de 1786[23] cuyo territorio quedó dentro de la Capitanía General de Venezuela y en la jurisdicción de la Real Audiencia de Caracas, que se había creado ese mismo año. El territorio de la misma comprendió, aproximadamente lo que hoy son los territorios de los Estados Barinas y Apure que fueron segregados de la Provincia de Maracaibo a la que pertenecían.

---

20 Así se indicó en la *Recopilación de Leyes de los Reynos de Indias*, Madrid 1943, Tomo II, p. 115.

21 Véase el documento respectivo en G. Morón, *op. cit.,* vol. 3, p. 380.

22 Véase el texto en J. F. Blanco y R. Azpúrua, *op. cit.,* tomo I. pp. 210-212.

23 *Idem*.

II. LA INTEGRACIÓN DE LAS PROVINCIAS DE VENEZUELA, POR PRIMERA VEZ, EN LA CAPITANÍA GENERAL DE VENEZUELA (1777- 1793)

Como antes dijimos, las anteriores seis provincias fueron desarrollándose durante un período de más de 260 años, como entidades aisladas y autónomas, sujetas en cuanto a su gobierno, a un Gobernador y capitán general, que tenía sujeción a la Corona. A diferencia de lo que ocurrió en otras partes de América, donde por ejemplo se crearon Virreinatos que integraban diversas provincias (el caso, por ejemplo, del Virreinato de Nueva España o del Virreinato del Perú), las establecidas en la Tierra Firme no tenían ningún vínculo entre sí. Incluso, algunas de ellas estaban sujetas en lo gubernativo a diferentes Virreinatos (las Provincias de Margarita, Venezuela y Nueva Andalucía, por ejemplo, al Virreinato de Nueva España; y las Provincias de Guayana y Maracaibo, Mérida la Grita al Virreinato de la Nueva Granada) y en lo legislativo y judicial a diferentes Audiencias (las Provincias de Margarita, Venezuela y Nueva Andalucía, por ejemplo, a la Audiencia de Santo Domingo; y las Provincias de Guayana y Maracaibo, Mérida la Grita a la Audiencia de Santa Fe).

La integración de los territorios de esas provincias en una sola entidad gubernativa fue un proceso tardío en la historia americana, que comenzó con la creación por Real Orden de Carlos III de 8 de diciembre de 1776 de la Intendencia del Ejército y Real Hacienda formada por las provincias de Venezuela, Maracaibo. Guayana, Cumaná e Islas de Margarita y Trinidad, para el manejo de la administración fiscal, y para la política y fomento de la vida económica de las provincias, a cargo de un Intendente.

A ello le siguió la creación de la Capitanía General de Venezuela establecida mediante Real Cédula de 8 de septiembre de 1777,[24] para

---

24 Véase el texto en J. F. Blanco y R. Azpúrua, *Documentos para la historia de la vida pública del Libertador*, Caracas, Ediciones de la Presidencia de la República, 1876, Tomo I, p. 129. Véase F. González Guinán, *Historia Contemporánea de Venezu*ela, Tomo I, Caracas, 1954, p. 11. Véase, además, el texto en *La Capitanía General de Venezuela 1777,* Edición de la Presidencia y del Concejo Municipal del Distrito Federal, Caracas, 1977.

unir desde el punto de vista gubernativo y militar bajo el mando de un Capitán General con sede en Caracas, un conjunto de provincias dispersas que hasta entonces habían estado bajo la jurisdicción de dos Virreinatos distintos (Nueva España y Nueva Granada) y dos Audiencias distintas (Santo Domingo y la del Nuevo Reyno de Granada), lo que "por la distancia en que se hallaban de su capital Santa Fe, provocaba el retardo en las providencias, con graves perjuicios para el Real servicio."

Por ello en 1777 se resolvió "la absoluta separación de las Provincias de Cumaná, Guayana y Maracaibo e Islas de Trinidad y Margarita del Virreinato y Capitanía General del Nuevo Reyno de Granada y agregarlas en lo gubernativo y militar a la Capitanía General de Venezuela, del mismo modo que lo están, en lo respectivo al manejo de mi Real Audiencia, a la nueva Intendencia erigida en dicha Provincia, y ciudad de Caracas, su capital."[25]

Con ello, las provincias de Venezuela, Cumaná, Guayana, Maracaibo, Islas de Margarita y Trinidad quedaron bajo una sola unidad gubernativa militar al mando de un Capital General con sede en Caracas, capital de la Provincia de Venezuela, a quien los diversos gobernadores debían obedecer en lo militar, conservando ellos su mando político en cada una de sus provincias. La integración de debía por supuesto a los inconvenientes que resultaban de la distancia entre dichas Provincias y Santa Fe donde se encontraba la sede del Virreinato de Nueva Granada. Por ello en la Real Cédula se integraron también todos los asuntos y apelaciones judiciales por ante la Real Audiencia de Santo Domingo, cesando así las funciones que habían sido asignadas a la Audiencia de Santa Fe.

Posteriormente, en 1786 se creó la Real Audiencia de Caracas, como máxima autoridad judicial de las provincias, cesando las funciones de la Audiencia de Santo Domingo; y en 1793 se creó el Real Consulado de Caracas a cargo de la justicia mercantil, y además, del fomento industrial comercial, obras públicas, y de lo concerniente a la navegación y vialidad, con jurisdicción en todas las mismas

25 Véase en J. F. Blanco y R. Azpurua, *op cit.,* p. 129.

provincias de la capitanía General.[26] Todo debe tenerse, como lo observo Caracciolo Parra León, "histórica y jurídicamente, como el fundamento territorial y político del Estado venezolano."[27]

Esa Capitanía General de Venezuela tuvo a partir de entonces un ámbito territorial extensísimo, que por el oriente llegaba hasta el río Amazonas, aun cuando en la costa atlántica, desde 1648, con ocasión de los Tratados de la Paz de Münster y de Westfalia, España hubiera reconocido la independencia de los Países Bajos y la existencia de una colonia holandesa de naturaleza comercial al este del río Esequibo.

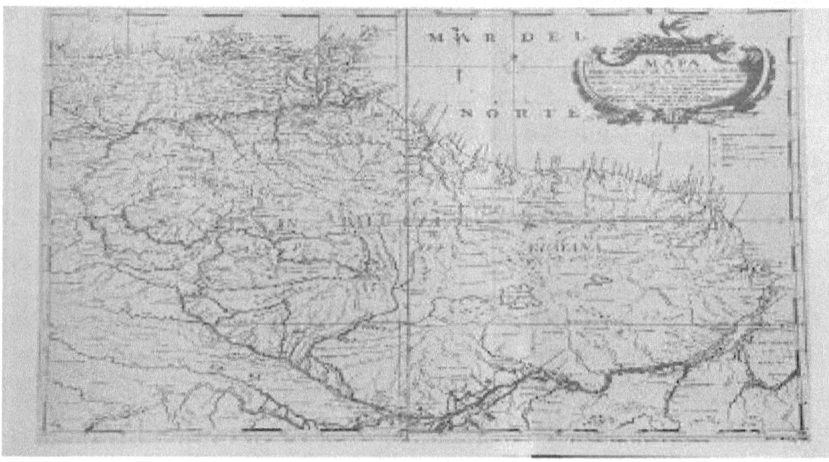

Mapa corográfico de la Nueva Andalucía, Provincias de Cumaná y Guayana, vertientes del Orinoco Su origen cierto, comunicación con el Amazonas, situación de la Laguna de Parine y nuevas poblaciones, por Luis de Surville, 1778

---

26 Véase el texto de las reales Cédulas en el libro: *La capitanía General de Venezuela 1777 - 8 de septiembre -1977*, Presidencia de la República, Concejo Municipal del Distrito federal, Caracas, 1977. Véase las referencias en Tulio Chiossone, *Formación Jurídica de Venezuela en la Colonia y la República,* Caracas 1980, p. 89; Guillermo Morón, "El proceso de Integración", *El Nacional*, 26-8-76, p. A-4.

27 Véase Caracciolo Parra León, en el Preliminar del libro: *La Constitución federal de 1811 y documentos afines*, Academia Nacional de la Historia, Caracas 1959, p. 23-24.

III. EL TERRITORIO DE LA CONFEDERACIÓN DE LAS PROVINCIAS DE VENEZUELA DEFINIDO CON SU ENUMERACIÓN EN LAS CONSTITUCIONES DE 21 DE DICIEMBRE DE 1811 Y DE 11 DE AGOSTO DE 1819

Al momento de la constitución de la Junta Conservadora de los Derechos de Fernando VII en Caracas, el 19 de abril de 1810,[28] y del inicio del proceso de Independencia de Venezuela, el esquema territorial que existía conforme a las previsiones de la Capitanía General de Venezuela de 1777 era el siguiente comparado en líneas generales con los Estados actuales de la federación:

La *Provincia de Margarita*, el territorio del Estado Nueva Esparta;

La *Provincia de Venezuela o Caracas*, los territorios de los Estados Falcón, Lara, Portuguesa, Yaracuy, Cojedes, Carabobo, Aragua, Guárico, Miranda, y el Distrito Capital;

La *Provincia de Cumaná o Nueva Andalucía,* los territorios de los Estados Anzoátegui, Sucre, Monagas y parte del territorio del Estado Delta Amacuro;

La *Provincia de Guayana*, los territorios de los Estados Bolívar, Amazonas y parte del Delta Amacuro;

La *Provincia de Maracaibo*, los territorios de los Estados Zulia, Mérida, Táchira y Trujillo; y

La *Provincia de Barinas*, los territorios de los Estados Barinas y Apure.

En los meses subsiguientes al 19 de abril de 1810, se establecieron tres nuevas provincias: el 27 de abril, se constituyó una Junta Provincial en Barcelona, dando origen a la *Provincia de Barcelona*, con parte del territorio de la que era la Provincia de Nueva Andalucía o Cumaná;[29] el 16 de septiembre de 1810, en la ciudad de

---

28 Véase en Allan R. Brewer-Carías, *Las Constituciones de Venezuela*, Academia de Ciencias Políticas y Sociales, Caracas 2008, Tomo I, pp. 531-533.

29 Véase en J. F. Blanco y R. Azpúrua, *op. cit.*, tomo II, p. 411.

Mérida se constituyó una Junta que asumió la autoridad soberana, constituyéndose la *Provincia de Mérida* con parte del territorio de la Provincia de Maracaibo, a la que se sumaron las ciudades de La Grita (11-10-1810) y San Cristóbal (28-10-1810); y el 9 de octubre de 1810, al constituirse una Junta se estableció la *Provincia de Trujillo*, con parte del territorio que correspondía a la Provincia de Maracaibo.[30]

En consecuencia, para finales de 1810, el territorio de Venezuela estaba integrado por las siguientes nueve Provincias: *Margarita, Caracas, Cumaná, Guayana, Maracaibo, Barinas, Barcelona, Mérida y Trujillo*.

La declaración solemne de la Independencia el 5 de julio de 1811[31] se adoptó por los representantes de las Provincias de Caracas, Cumaná, Barinas, Margarita, Barcelona, Mérida y Trujillo. Igualmente, fueron esos mismos representantes de las mismas provincias reunidos en Congreso General, los que sancionaron la Constitución federal de las provincias Unidas de Venezuela del 21 de diciembre de 1811.[32] Como no habían participado en esos actos los representantes de las Provincias de Guayana y Maracaibo, así como tampoco de Coro que, si bien pertenecían a la Provincia de Caracas, no se sumaron a la declaración de independencia y quedaron sometidas a la Corona, en el artículo 128 de la Constitución quedó declarado que:

> *"...luego que libres de la opresión que sufren las provincias de Coro, Maracaibo y Guayana puedan y quieran unirse a la Confederación, serán admitidas a ella, sin que la violenta separación en que a su pesar y el nuestro han permanecido, pueda alterar para con ellas los principios de igualdad, justicia, fraternidad de que gozarán, desde luego, como todas las demás provincias de la Unión."*

---

30 Véase los textos en el libro *Las Constituciones Provinciales*, Biblioteca de la Academia Nacional de la Historia, Caracas 1959, pp. 341 a 350.

31 Véase en Allan R. Brewer-Carías, *Las Constituciones de Venezuela*, *op. cit.,* Tomo I, pp. 545-548.

32 *Ídem*, Tomo I, pp. 553-579.

Con base en esta previsión, una vez conquistada la provincia de Guayana, en virtud de que con ello, la misma quedaba "por primera vez" "bajo la protección de las armas y leyes de la República," Bolívar emitió un Decreto el 15 de octubre de 1817, declarando formalmente que ducha provincia "en toda su extensión queda reunida al territorio de Venezuela, y formará desde hoy una parte integrante de la República" (art. 1), dividiéndola en tres departamentos: el Departamento del Alto Orinoco, el Departamento del Centro, y el Departamento del Bajo Orinoco; identificando éste último con los siguientes linderos:

> "Al Norte: las corrientes de Orinoco desde la boca del Caroní hasta la embocadura al mar por río grande, y la costa del mar hasta el fuerte Muruca exclusive. Al Oriente, y Sur: los límites con las posesiones extranjeras. Al Occidente: los que se han señalado al Departamento del centro por el Oriente." [33]

Ese límite oriental de la provincia "con las posesiones extranjeras" no era otro que el río Esequibo en cuya ribera oriental se había desarrollado la región conocida como "Esequibo" de la Guayana Neerlandesa; y por la costa atlántica seguía hasta el "fuerte Muruca" (Moroco), que se había establecido en 1726 en la desembocadura del río Moruco ubicado en la parte occidental de la desembocadura del río Pomeroon (Poumaron); que era el límite con la región conocida como Pomeroon de la Guayana Neerlandesa, donde se había ubicado la población de *Nieuw Middelburg* y la fortaleza llamada *Nieuw Zeeland* (1658).

Esa demarcación territorial, en todo caso, fue la única que se hizo en la República, antes de la sanción de la Constitución de Angostura de 10 de agosto de 1819,[34] la cual en la misma orientación de la Constitución de 1811, fue decretada "por nuestros representantes, diputados al efecto por las provincias *de nuestro territorio que se han*

---

33 Véase "Decreto del Libertador Simón Bolívar fechado en Angostura el 15 de octubre de 1817, por el cual incorpora la Provincia de Guayana a la República de Venezuela y señala sus departamentos." Disponible en: http://www.archivodellibertador.gob.ve/escritos/buscador/spip.php?article2283.

34 *Ídem*, Tomo I, pp. 619-641.

liberado ya del despotismo español," definiendo el ámbito del mismo en el Título II, Sección Primera, artículo 2, mediante la enumeración de las 10 provincias en las cuales se dividió, así:

> "el territorio de la República de Venezuela se divide en diez Provincias que son: *Barcelona, Barinas, Caracas, Coro, Cumaná, Guayana, Maracaibo, Margarita, Mérida y Trujillo.* Sus límites y demarcaciones se fijarán por el Congreso".

IV. EL DEFINICIÓN DEL TERRITORIO DEL ESTADO EN LA LEY FUNDAMENTAL DE LA REPÚBLICA DE COLOMBIA COMO EL FORMADO POR LA ANTIGUA CAPITANÍA GENERAL DE VENEZUELA DE 1777

Cuatro meses después de sancionarse la Constitución de 1819, el mismo Congreso de Angostura a propuesta del Libertador Simón Bolívar, quién regresaba de la Nueva Granada después de haber librado las batallas de Pantano de Vargas y Boyacá, sancionó la Ley Fundamental de la República de Colombia el 17 de diciembre de 1819,[35] disponiendo en su artículo 2 que el territorio de la nueva "República de Colombia" que se creaba, era con la reunión de "las Repúblicas de Venezuela y la Nueva Granada" (art. 1), y comprendía:

> "la antigua *Capitanía General de Venezuela* y el Virreinato del Nuevo Reino de Granada, abrazando una extensión de 115.000 leguas cuadradas, cuyos términos precisos se fijarán en mejores condiciones."

Con esta Ley Fundamental, comenzó en el constitucionalismo venezolano a definirse el territorio, no ya mediante la enumeración de las provincias que lo habían conformado, sino con referencia al territorio que había sido de la Capitanía General de Venezuela creada en 1777 como unidad política.

Con esta fórmula constitucional, por tanto, se produjo la derogación tácita del decreto del Libertador de 15 de octubre de 1817 que como se dijo, al fijar la frontera este de la provincia de Guayana

---

35 *Ídem*, Tomo I, pp. 643-644.

en el río Esequibo, había dejado fuera una pequeña porción en la línea de la playa del mar Atlántico al oeste de la desembocadura del río Esequibo hasta el rio Moruco, que no era conforme con los límites de la Provincia de Guayana en el ámbito de la Capitanía General de Venezuela, que corría a todo lo largo el rio Esequibo.

Con la sanción de la Ley Fundamental de 1819, el Congreso de Angostura se declaró para convocar un Congreso General a reunirse en la Villa de Nuestra Señora del Rosario en los valles de Cúcuta, el cual una vez reunido, esta vez con representantes no solo de las provincias de Venezuela sino de la Nueva Granada, sancionó su propia Ley Fundamental de la Unión de los pueblos de Colombia de fecha 12 de julio de 1821,[36] en la cual, en el mismo sentido de la ley Fundamental de 1919, sobre el territorio se dispuso:

> "Art. 5. El territorio de la República de Colombia será comprendido dentro de los límites de la antigua *Capitanía General de Venezuela* y el Virreinato y Capitanía del Nuevo Reino de Granada. Pero la asignación de sus términos precisos queda reservada para tiempo más oportuno".

Posteriormente, en la Constitución de la República de Colombia de 30 de agosto de 1821 sancionada por el Congreso de Cúcuta, y conforme a la orientación de las Leyes Fundamentales de 1819 y 1821, el territorio de la República, igualmente se definió así:

> "Art. 6. El territorio de Colombia es el mismo que comprendían el antiguo Virreinato de la Nueva Granada y *Capitanía General de Venezuela*."

En esta forma, como se ha dicho, en la demarcación del territorio se siguió el principio del derecho internacional público americano conocido como el *uti possidetis juris*, según el cual la República de Colombia tenía derechos sobre los territorios que correspondían, en 1810 a la Capitanía General de Venezuela y al Virreinato de Nueva Granada, de tal manera que los límites territoriales de Venezuela eran

---

36 *Ídem*, Tomo I, pp. 645-646.

los mismos que correspondían en ese año a dichas entidades coloniales.[37]

Esos territorios, por lo que se refiere a la Provincia de Guayana se extendían hasta el río Esequibo, como se expresó, por ejemplo, en la *Carta* de las provincias que fueron del Virreinato de Nueva Granada y de la Capitanía General de Venezuela como eran en 1742.

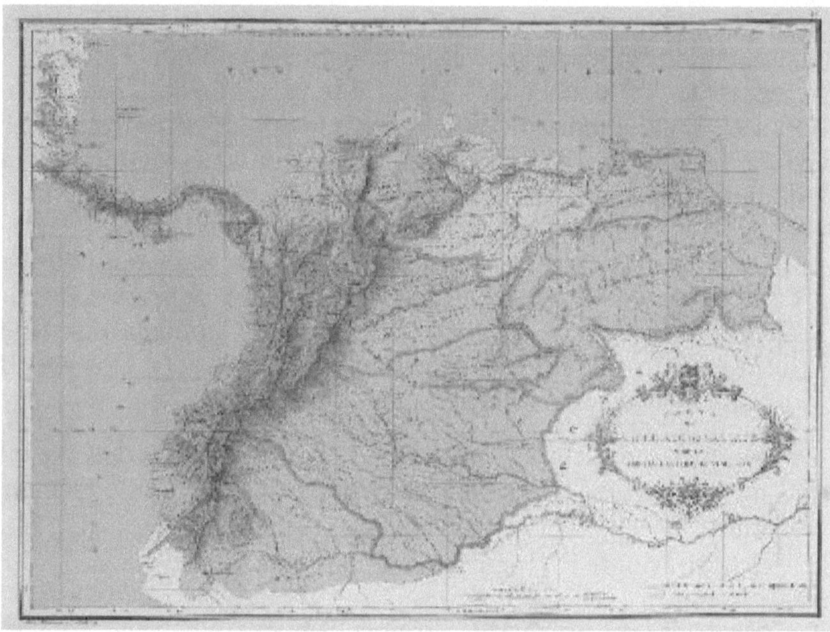

Carta del Virreinato de Santa Fe y de la Capitanía General de Venezuela

[37] Véase Ernesto Wolf, *Tratado de Derecho Constitucional Venezolano*, Tomo I, Caracas, 1945, p. 40.

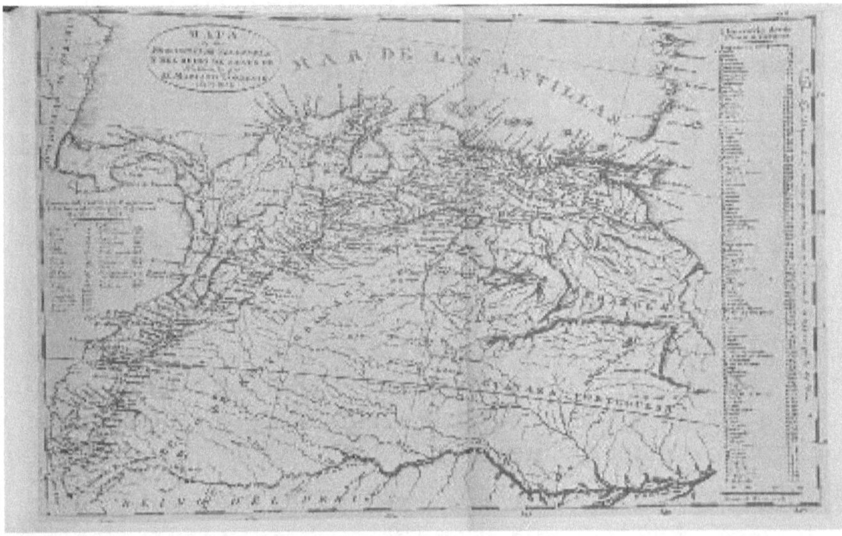

Mapa de las Provincias de Venezuela y del Reino de Santa Fe, por Mariano Torrente 1831

Mapa de Venezuela, la Guayana Británica (Guayana Inglesa), la Guayana Holandesa (Hoy Surinam) y la Guayana Francesa, publicado en Boston, 1821 (Cummings & Hilliard). Muestra el Río Esequibo como el Límite oriental de Venezuela

V. LA DELIMITACIÓN DEL TERRITORIO DE LOS DEPARTAMENTOS DE LO QUE HABÍA SIDO EL TERRITORIO DEL ESTADO DE VENEZUELA, CONFORME A LAS LEYES DE DIVISIÓN TERRITORIAL DE LA REPÚBLICA DE COLOMBIA DE 1821 Y 1824

Conforme al criterio adoptado en la Constitución de la República de Colombia de 30 de agosto de 1821, por lo que se refiere a los territorios de las provincias de las antiguos Capitanía general de Venezuela y del Nuevo Reino de Granada, los mismos se comenzaron a definir legalmente, al mes siguiente, mediante la "Ley sobre la organización y régimen político de los departamentos, provincias y cantones en que se divide la República" de 2 de octubre de 1821.[38]

En dicha Ley, por lo que se refiere al territorio de Venezuela, entre los siete Departamentos en que se dividió la República, se identificaron los siguientes tres, integrando diez provincias:

Departamento del Orinoco, que incluyó las provincias de Guayana, Cumaná. Barcelona y Margarita;

Departamento de Venezuela, que incluyó las provincias de Caracas y Barinas; y

Departamento del Zulia, que incluyó las provincias de Coro, Trujillo, Mérida y Maracaibo.

Posteriormente, el Congreso dictó la primera Ley sobre división territorial de la República de Colombia del 25 junio de 1824,[39] disponiendo la división del territorio de esta, identificándose entre los doce Departamentos de la República, los cuatro ubicados en lo que había sido el territorio de Venezuela, integrando doce provincias:

---

[38] Véase el texto en *Cuerpo de Leyes de la República de Colombia 1821-1827,* (Introducción: J.M. Siso Martínez), Consejo de Desarrollo Científico y Humanístico, Universidad Central de Venezuela, Caracas 1961, pp. 76-81.

[39] Véase el texto en Cuerpo de Leyes de la República de Colombia 1821-1827, op. cit, Caracas 1961, pp. 191-195.

Departamento del Orinoco, incluyendo las provincias de Cumaná, Guayana, Barcelona y Margarita;

Departamento de Venezuela, incluyendo las provincias de Caracas y Carabobo;

Departamento de Apure, incluyendo las provincias de Barinas y Apure; y

Departamento del Zulia, incluyendo las provincias de Maracaibo, Coro, Mérida y Trujillo.

La Ley de división territorial de 1824 fue muy detallista en cuanto a las subdivisiones del territorio de las provincias de cada departamento, definiendo los cantones.

Por lo que se refiere a las doce provincias de los territorios de Venezuela (*Cumaná, Guayana, Barcelona, Margarita, Caracas, Carabobo, Barinas, Apure, Maracaibo, Coro, Mérida y Trujillo*), agrupadas en cuatro Departamentos, se especificó su composición en Cantones en la forma siguiente:

Departamento del Orinoco (cuatro provincias)

Provincia de Cumaná: con capital Cumaná, y los siguientes ocho Cantones: Cumaná, Cumanacoa, Aragua cumanés, Maturín, Cariaco, Carúpano, Río Caribe y Güiria.

Provincia de Guayana: con capital Santo Tomé de Angostura, y los siguientes nueve Cantones: Santo Tomé de Angostura, Río Negro (cabecera Atabapo), Alto Orinoco (cabecera Caicara), Caura (cabecera Moitaco), Guayana vieja, Caroní, Upata (cuya frontera oriental era el río Esequibo), La Pastora, y La Barceloneta.

Provincia de Barcelona: con capital Barcelona, y los siguientes seis Cantones: Barcelona, Píritu, Pilar, Aragua, Pao y San Diego.

Provincia de Margarita: con capital La Asunción, y los siguientes dos Cantones: La Asunción y El Norte.

Departamento de Venezuela (dos provincias)

Provincia de Caracas: con capital Caracas, y los siguientes doce Cantones: Caracas, Guira, Caucagua, Rio Chico, Sabana de Ocumare, La Victoria, Maracay, Cura, San Sebastián, Santa María de Ipire, Chaguaramas y Calabozo.

Provincia de Carabobo: con capital Valencia, y los siguientes nueve cantones: Valencia, Puerto Cabello, Nirgua, San Carlos, San Felipe, Barquisimeto, Carora, Tocuyo y Quíbor.

Departamento de Apure (dos provincias)

Provincia de Barinas: con capital Barinas, y los siguientes diez cantones: Barinas, Obispos, Mijagual, Guanarito, Nutrias, San Jaime, Guanare, Ospino, Araure y Pedraza.

Provincia de Apure: con capital Achaguas, y los siguientes cuatro cantones: Achaguas, san Fernando Mantecal y Guadualito.

Departamento del Zulia (cuatro provincias)

Provincia de Maracaibo: con capital Maracaibo y los siguientes cinco cantones: Maracaibo, Perijá, San Carlos del Zulia, Jibraltar y Puerto de Altagracia.

Provincia de Coro: con capital Coro y los siguientes cinco cantones: Coro, San Luis, Paraguaná (cabecera Pueblo Nuevo), Casigua y Cumarebo.

Provincia de Mérida: con capital Mérida y los siguientes siete cantones: Mérida, Mucuchíes, Ejido, Bailadores, La Grita, San Cristóbal y San Antonio del Táchira

Provincia de Trujillo: con capital Trujillo y los siguientes cuatro cantones: Trujillo, Escuque, Boconó y Carache.

Posteriormente, la "Ley Adicional a la del año 14 sobre división territorial de la República" de 18 de abril de 1826[40] decretó el siguiente reacomodo respecto de los Departamentos del territorio de Venezuela:

---

40 Véase en el Cuerpo de Leyes de la República de Colombia 1821-1827, op. cit. pp. 440 y 441.

Art. 1. El departamento de Apure se denominará en lo sucesivo *departamento del Orinoco*, comprenderá la provincia de Guayana, a más de las de Barinas y Apure en que se divide por el artículo 4 de la ley de 23 de junio de 1824, año 14 sobre división territorial de la República.

Art. 2. Las provincias de Cumaná, Barcelona y Margarita, formarán un Departamento con el nombre de departamento de Maturín.

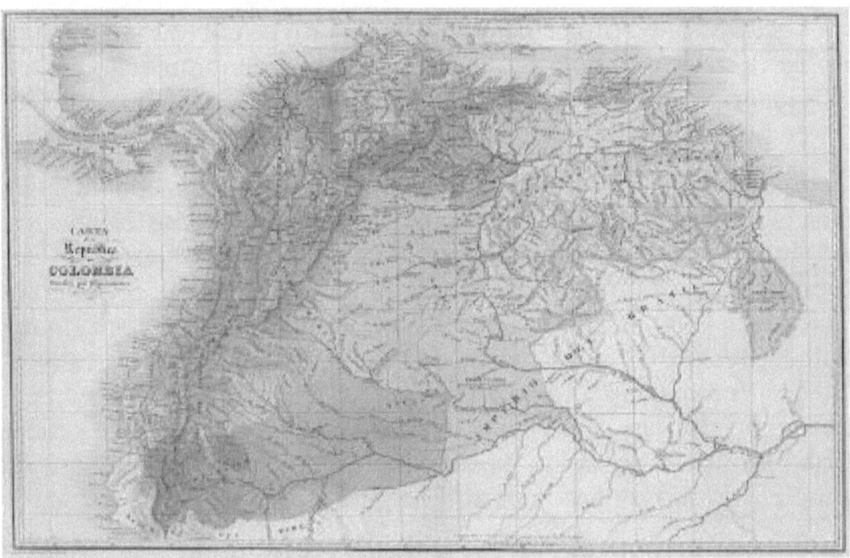

Carta de la República de Colombia dividida en 12 departamentos en 1824. Por Agustín Codazzi, Tomado del Atlas físico y político de la República de Venezuela, 1840

I. LA DELIMITACIÓN DEL TERRITORIO DE LA REPÚBLICA DE VENEZUELA EN LA CONSTITUCIÓN DEL ESTADO DE VENEZUELA 1830, DEFINIDA EN EL *ATLAS* OFICIAL DE AGUSTÍN CODAZZI

Al producirse la separación de Venezuela de la República de Colombia, en la Constitución de Venezuela de 1830,[41] conforme a los principios sentados desde 1819, se definió el territorio de Venezuela en la siguiente forma:

> Art. 5. El territorio de Venezuela comprende todo lo que antes de la transformación política de 1810 se denominaba Capitanía General de Venezuela. Para su mejor administración se dividirá en provincias, cantones y parroquias, cuyos límites fijará la Ley.

Esta norma de la Constitución de 1830 quedó con la misma redacción básica en las Constituciones venezolanas posteriores, pero con un agregado importante en el sentido de que el territorio de la República no solo era el mismo de la antigua Capitanía General de Venezuela, sino el mismo que existía "antes de la transformación política de 1810," con lo cual, de nuevo, y por lo que se refiere al Estado Venezolano quedaba derogado, de nuevo tácitamente, el decreto de Bolívar de 15 de octubre de 1817 por lo que se refiere a parte del límite este de la provincia de Guayana que quedaba completo a todo lo largo del río Esequibo.

En esa forma, el nuevo Estado reconstituido de Venezuela comenzó su existencia en 1830 con la división territorial que se había establecido en la Ley de división territorial de la República de Colombia de 25 de junio de 1824 para las doce provincias de los Departamentos de *Orinoco, Venezuela, Apure y Zulia* de la anterior República de Colombia.

La evidencia gráfica de la división territorial de Venezuela para 1840 quedó plasmada en el *Atlas Físico y Político de la República de Venezuela dedicado por su autor, el coronel de Ingenieros, Agustín*

---

41 Véase en Allan R. Brewer-Carías, *Las Constituciones de Venezuela*, *op. cit.*, Tomo I, pp. 707-730.

Codazzi al Congreso Constituyente de 1830,[42] que el Poder Ejecutivo le encomendó en forma oficial y expresa a Codazzi en cumplimiento del decreto del propio Congreso de 13 de octubre de 1830, sobre "formación de los planos de las provincias de Venezuela, que reúnan noticias de geografía, física y estadística" (art. 1).[43]

Detalle de la Portada del Atlas de Agustín Codazzi
La "Viñeta", obra de Carmelo Fernández, como se explica en el Atlas, "representa a Venezuela sentada sobre una roca a la sombra del plátano: corre a sus pies el majestuoso Orinoco cerca de una gran peña en que están toscamente grabados los días de la regeneración venezolana y los nombres de las más célebres batallas de la guerra de la independencia. Mas ni los fastos y trofeos militares que están a su lado, ni esas armas que rompieron sus cadenas, llaman exclusivamente la atención. El código de sus derechos es su fuerza y su esperanza:

---

42 La reproducción íntegra del *Atlas* con todas sus Cartas está disponible en: http://www.cervantesvirtual.com/obra-visor/atlas-fisico-y-politico-de-la-republica-de-venezuela--0/html/ff6060ac-82b1-11df-acc7-002185ce6064_19.html

43 Véase Agustín Codazzi, Atlas Físico y Político de la República de Venezuela dedicado por su autor, el Coronel de Ingenieros, Agustín Codazzi al Congreso Constituyente de 1830, Caracas 1840.

apoyada sobre él, busca en otra parte la fuente más pura de su gloria y de su felicidad. El tigre, el caimán y la tortuga, caracterizan el Orinoco. La gran seiba, las palmas, las lianas, las pantas parásitas y otras muchas, indican la copia y variedad de riqueza que ostenta el reino vegetal en las tierras intertropicales. En las llanuras se ve el caballo cerril, símbolo de la independencia: la piragua que atraviesa el Orinoco, indica la paz que reina con las tribus indígenas que viven sobre aquel gran río, y el fondo de la perspectiva manifiesta nuestras grandes montañas y las nieves perpetuas que coronan la elevada sierra de Mérida."

En dicho *Atlas* está publicado el *Mapa Político de la República de Venezuela en 1840*, en el cual aparece la República dividida en once provincias:

Mapa político de la República de Venezuela en 1840, Tomado del Atlas físico y político de la República de Venezuela, Agustín Codazzi, 1840

1. Provincia de Maracaibo

2. Provincia de Coro

3. Provincia de Mérida

4. Provincia de Trujillo

5. Provincia de Barinas

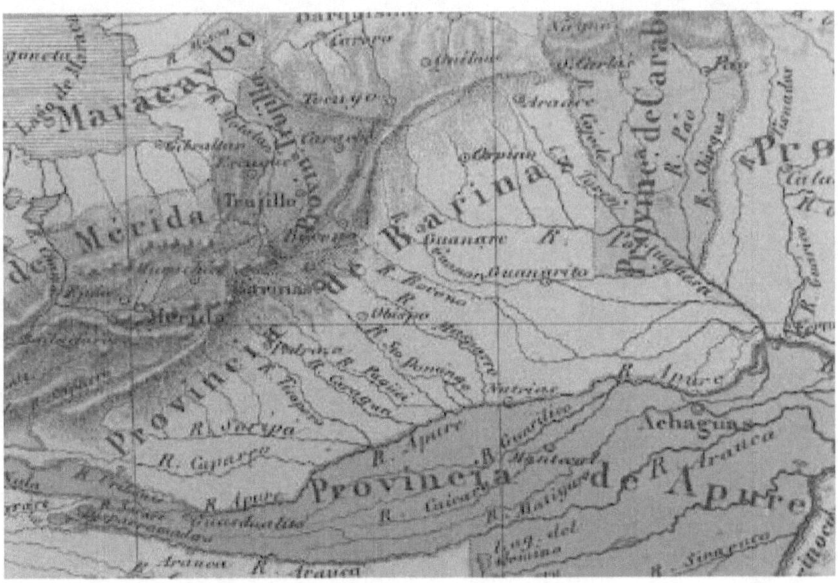

6. Provincia de Apure

7. Provincia de Caracas

8. Provincia de Barcelona

9. Provincia de Margarita

10. Provincia de Cumana

11. Provincia de Guayana

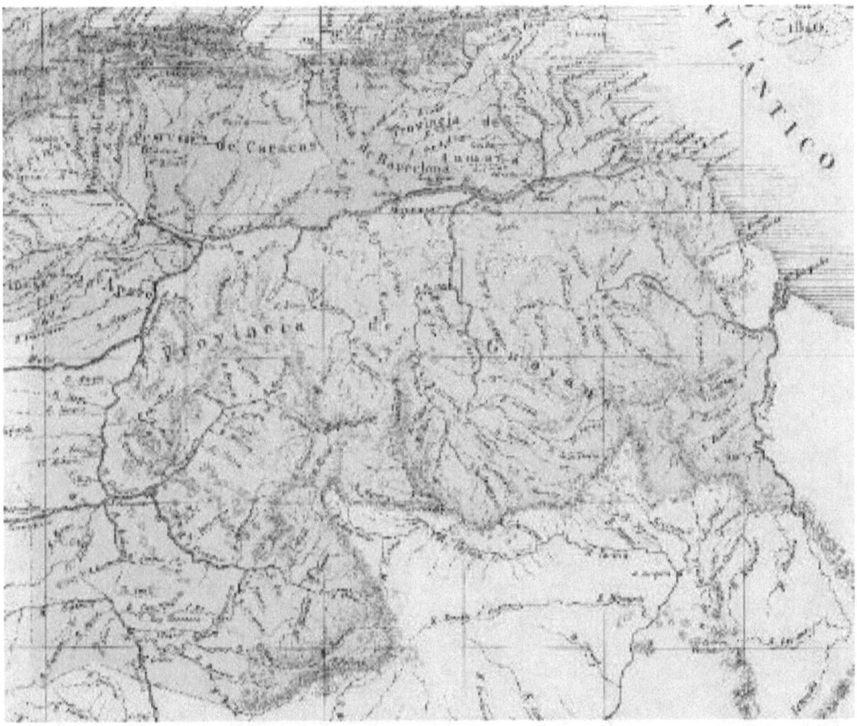

Debe notarse que en la Carta de la República de Colombia dividida en 12 departamentos en 1824, publicada por Agustín Codazzi, en el Atlas físico y político de la República de Venezuela, en 1840, a la cual ya hemos hecho referencia, el territorio de Cantón de Upata de la Provincia de Guayana se extiende hasta el río Esequibo, con exclusión de la zona entre la desembocadura del río Moruco y el río Esequibo, que aparece en este caso con la indicación de: "TERRITORIO QUE SE CONSIDERA USURPADO POR LOS INGLESES," lo que se repite en la zona de la ribera Oeste de las nacientes del río Esequibo.

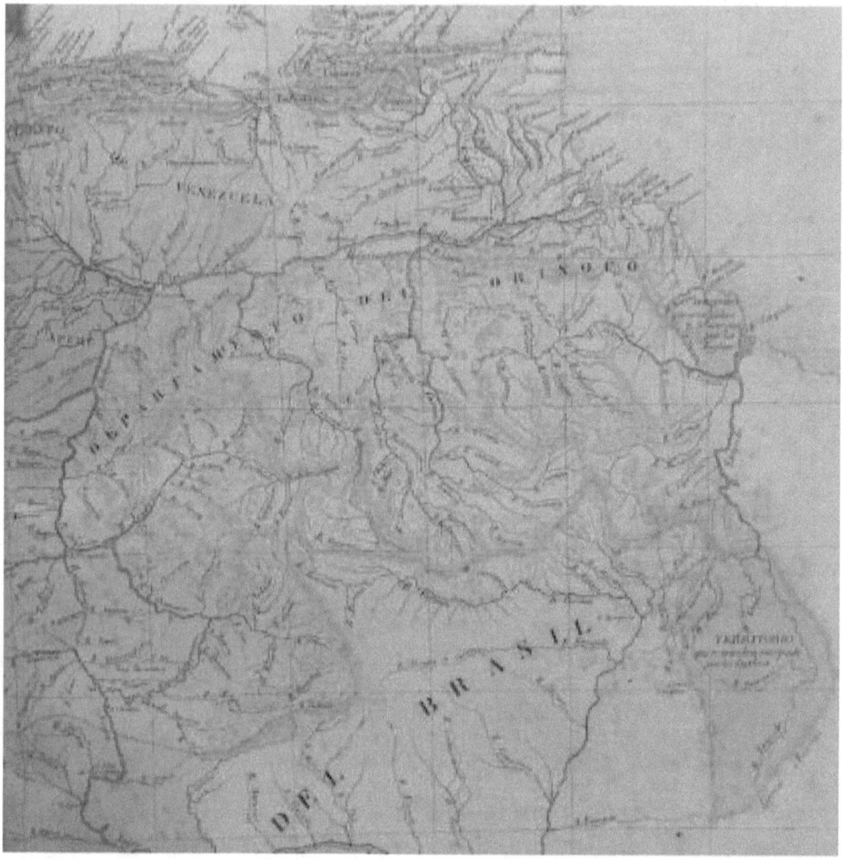

Detalle del Mapa de la Republica de Colombia de Codazzi (1824), con la indicación de las zonas ocupadas por los ingleses en el Cantón Upata de la Provincia de Guayana. Tomado del Atlas físico y político de la República de Venezuela, Agustín Codazzi, 1840

VII. LA DELIMITACIÓN DEL TERRITORIO DE LA REPÚBLICA DE VENEZUELA EN LA LEY DE DIVISIÓN TERRITORIAL DE 1856

La división territorial plasmada en los Mapas del *Atlas* de Codazzi de 1840 fue la que existió hasta que el Congreso de Venezuela sancionó la Ley de división territorial de 28 de abril de 1856 mediante la cual se alteró totalmente la división del territorio,[44] disponiéndose su división, no en las doce provincias que se habían establecido en la Ley de la República de Colombia de 1824, sino en veintiuna Provincias (*Cumaná, Maturín, Margarita, Barcelona, Guayana, Amazonas, Apure, Caracas, Guárico, Aragua, Carabobo, Cojedes, Portuguesa, Barinas, Barquisimeto, Yaracuy, Coro, Trujillo, Maracaibo, Mérida y Táchira*) (art. 1).

Como ocurrió con la Ley de 1826, la de 1856 también fue detallista y exhaustiva en la indicación precisa de todos los cantones en los cuales se dividió cada provincia, y en la de las parroquias en las cuales se dividió cada cantón. Esta fue la división en cantones de las provincias conforme a la ley de 1856:

Provincia de Cumaná: capital Cumaná, con seis cantones: *Cumaná*, Cumanacoa, Cariaco, Carúpano, Río Caribe y Güiria (art. 2).

Provincia de Maturín: capital Maturín, con cuatro cantones: Maturín, Aragua, Bermúdez y Montes (art. 3).

Provincia de Margarita: capital Asunción, con dos cantones: Sur y Norte (art. 4).

Provincia de Barcelona: capital Barcelona, con ocho cantones: Barcelona, Píritu, Onoto, Freites, Aragua, Pao, San Diego y Soledad (art. 5).

Provincia de Guayana: capital Ciudad Bolívar, con tres cantones: Héres, Upata (cuya frontera oriental era el río Esequibo)

---

[44] Véase en Leyes y Decretos Reglamentarios de los Estados Unidos de Venezuela, Tomo X, Ministerio de Relaciones Exteriores, Caracas 1943, pp. 69-75.

y Alto Orinoco (art. 7) que comprendía todas las islas del Delta del Orinoco (art. 8).

Provincia Amazonas: capital San Fernando de Atabapo, con un cantón: Río Negro (art. 9).

Provincia de Apure: capital San Fernando, con cuatro cantones: San Fernando, Achaguas, Mantecal y Guasdualito (art. 10).

Provincia de Apure: corresponde al territorio comprendido entre los ríos Apure y Apurito (art. 11).

Provincia de Caracas: capital Caracas, con once cantones: Caracas, Guaicaipuro, Guaira, Maiquetía, Curiepe, Río Chico, Caucagua, Ocumare del Tuy, Guarenas, Petare y Santa Lucía (art. 12).

Provincia del Guárico: capital Calabozo, con seis cantones: Calabozo, Sombrero, Chaguaramas, Unare, Orituco y Ortiz (art. 13).

Provincia de Aragua: capital La Victoria, con seis cantones: Victoria, Turmero, Maracay, San Sebastián, Cura y Mariño (art. 14).

Provincia de Carabobo: su capital Valencia, con cuatro *cantones*: Valencia, Puerto Cabello, Montalbán y Ocumare (art. 16).

Provincia de Cojedes: capital San Carlos, con cuatro cantones: San Carlos, Tinaco, Pao y Giraldot (art. 18).

Provincia de la Portuguesa: capital Guanare, con cuatro *cantones*: Guanare, Ospino, Araure y Guanarito (art. 19).

Provincia de Barinas: capital Barinas, con cinco cantones: *Barinas*, Pedraza, Obispos, Libertad y Nutrias (art. 20).

Provincia de Barquisimeto: capital Barquisimeto, con cinco cantones: de Barquisimeto, Cabudare, Quíbor, Tocuyo y Carora (art. 22).

Provincia del Yaracuy: capital San Felipe, con cinco cantones: San Felipe, Yaritagua, Nirgua, Urachiche y Sucre (art. 23).

Provincia de Coro: su capital Coro, con seis cantones: Coro, San Luis, Casigua, Costa Arriba, Cumarebo y Paraguaná (art. 24).

Provincia de Trujillo: capital Trujillo, con cuatro cantones: Trujillo, Escuque, Boconó y Carache (art. 25)

Provincia de Maracaibo: capital Maracaibo, con cinco cantones: Maracaibo, Zulia, Perijá, Gibraltar y Altagracia (art. 27).

Provincia de Mérida: capital Mérida, con cinco cantones: Mérida, Mucuchíes, Egido, Timotes y Bailadores (art. 28).

Provincia de Táchira: capital San Cristóbal, con cuatro cantones: San Cristóbal, Táchira, La Grita y Lovatera (art. 20).

Esas Provincias, con posterioridad a las guerras federales, luego del triunfo de la Federación, dieron origen a los Estados que declararon unirse con la Constitución de los Estados Unidos de Venezuela de 28 de marzo de 1864,[45] la cual comenzó su articulado identificando el territorio, dividido en diecinueve Estados, así:

> Artículo 1. Las provincias de Apure, Aragua, Barcelona, Barinas, Barquisimeto, Carabobo, Caracas, Coro, Cumaná, Guárico, Guayana, Maracaibo, Maturín, Mérida, Margarita, Portuguesa, Táchira, Trujillo y Yaracuy, se declaran Estados independientes y se unen para formar una Nación libre y soberana, con el nombre de ESTADOS UNIDOS DE VENEZUELA."

El artículo 2 de la Constitución, además, precisó que los límites de cada uno de esos Estados serían los que se habían señalado a las provincias en "la Ley de 28 de abril de 1856, que fijó la última división territorial."

---

45 Véase en Allan R. Brewer-Carías, *Las Constituciones de Venezuela*, *op. cit.*, Tomo I, pp. 787.

VIII. ESPECIAL REFERENCIA A LA OCUPACIÓN TERRITORIAL DE LA PARTE ORIENTAL DE LA PROVINCIA DE GUAYANA (CANTÓN DE UPATA Y CANTÓN DE PICAROA)

Tanto en *Carta de la República de Colombia dividida en 12 departamentos en 1824, como en el Mapa Político de la República de Venezuela en 1840*, incluidos por Agustín Codazzi en su Atlas físico y político de la República de Venezuela, 1840, la Provincia de Guayana, que comprendía toda la zona del Delta del Orinoco, como hemos dicho, en su límite oriental, tenía la mayor parte de su frontera oriental lindaba con el río Esequibo, como quedó demarcado específicamente en las Cartas el Mapa del Cantón Upata de la misma, que también está en el Atlas de Codazzi.

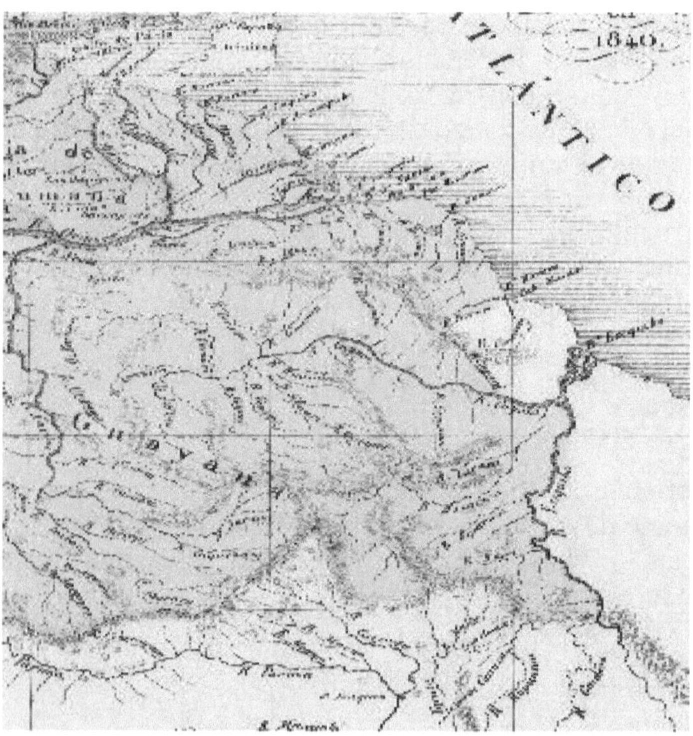

Detalle del límite Este de la Provincia de Guayana en el río Esequibo

Específicamente, el límite oriental de la Provincia de Guayana en el mismo Atlas de Codazzi, quedó representado en dos Cartas detalladas de los Cantones de Picaroa y de Upata, en la siguiente forma:

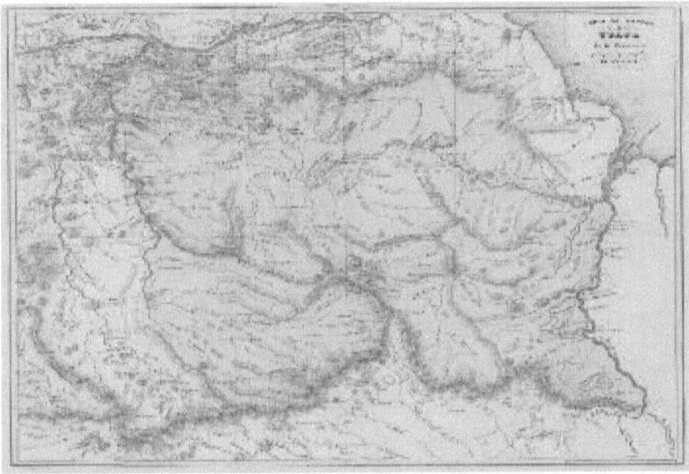

Carta del Cantón de Upata de la Provincia de Guayana, Tomado del Atlas físico y político de la República de Venezuela, Agustín Codazzi, 1840

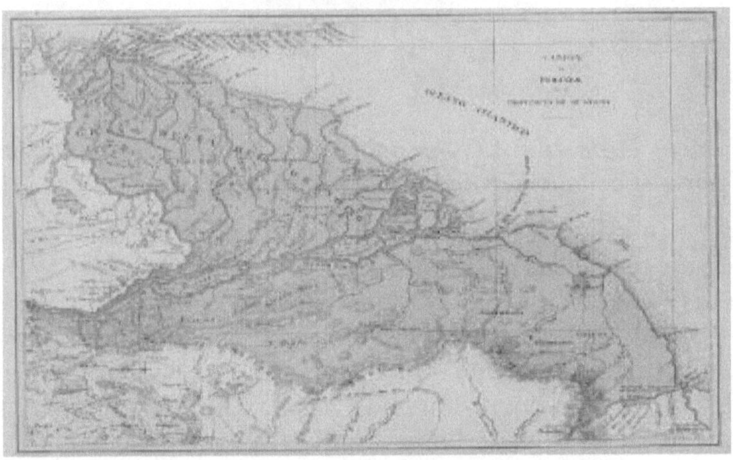

Carta del Cantón de Upata de la Provincia de Guayana, Tomado del Atlas físico y político de la República de Venezuela, Agustín Codazzi, 1840

Esa situación se reflejó también, por ejemplo, en el *Carte Géographique, Statistique et Historique de la Republicque Colombienne (J. Carez, Paris, 1825)*, que fijaba, conforme al Decreto del Libertador, el límite entre la Provincia de Guayana y las posesiones de los Países Bajos se ubica a lo largo del curso del río Esequibo, excepto en el norte en la zona de la costa entre el río Moruco y la desembocadura del río Esequibo, que se atribuye a la *Guyane Hollandaise:*

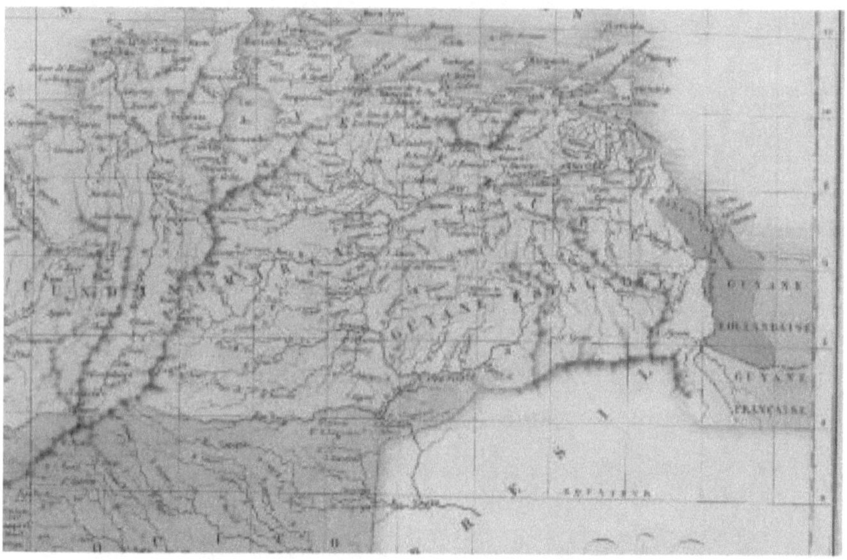

Detalle de la Carta de J.A.C Buchon, Carte Géographique, Statistique et Historique de la Republicque Colombienne, J. Carez, Paris, 1825

Por otra parte, esa situación, como antes se dijo, se reflejó también en las *Cartas del Cantón de Upata* y del *Cantón de Picaroa* de la Provincia de Guayana contenidos en el *Atlas físico y político de la República de Venezuela* de 1840, de Agustín Codazzi, en la cual se muestra la provincia de Guayana en una extensión que llega hasta el río Esequibo, con exclusión en la misma línea de la costa Atlántica hacia al este de la zona de Pomeroon, entre la desembocadura del río Moruco y la desembocadura del río Esequibo.

Ello se debió no sólo a que ese fue el límite general entre las posesiones de España y de los Países Bajos en la parte septentrional de Tierra Firme desde el siglo XVIII (Paz de Münster), sino al proceso de ocupación territorial desarrollado en esa zona por los españoles, con la ubicación de uno que otro fuerte y, principalmente, por la labor de las Misiones religiosas.

En efecto, dentro de los sistemas del proceso de conquista y poblamiento del territorio americano durante la Colonia, además de la fundación de ciudades y pueblos, de españoles y de indios, estuvo el de reducción y atracción de las tribus y parcialidades indígenas a la vida ciudadana que se efectuó mediante el establecimiento de Misiones, que fueron asignadas por la Corona española a determinadas comunidades religiosas, como fue el caso, en las provincias de la Orinoquia de Venezuela, de los Jesuitas y los Capuchinos.

Fue así como el ámbito geográfico de las Provincias coloniales en las áreas remotas de sus territorios se fue demarcando; y así ocurrió, precisamente, con la Provincia de Guayana. La misma, como se ha dicho, fue establecida en 1568 en la Capitulación dada a Gonzalo Jiménez de Quesada con extensión desde el Orinoco hasta el Amazonas, habiendo sin embargo llegado su territorio hasta el río Esequibo, precisamente por la ubicación sucesiva de fuertes españoles y fundamentalmente de Misiones capuchinas (por ejemplo: *Cura, Tumeremo, Wenamu, Mutanambo, Curumo, at Mawakken, in Queribura*), aun cuando muchos de sus asentamientos hubieran sido destruidos por los ataques de los indios Caribes.[46]

Una referencia a esos sitios se encuentra en el siguiente Mapa de la colección sobre la Región Orinoco-Esequibo que formó parte del

---

46 Sobre la existencia de esos asentamientos misionales y su significación como signo de ocupación territorial, véase la argumentación de Severo Mallet Prevost, en *British Guyana Venezuelan Boundary, Arbitration Between the Government of her Britannic Majesty and the United States of Venezuela, Proceedings*. Volume 6, Speeches of S. Mallet Prevost for Venezuela (August 1899), Paris, Typography Chamerot et Rornouafd, 1899, p. 1548 ss. Disponible en: https://books.google.com/books?id=cHMtAQAAMAAJ&pg=PA1565&lpg=PA1565&dq=mission+in+queribura&source=bl&ots=s0QiCYVfCy&sig=ACfU3U0by-F05bWlEv_gq 12 -XOVEc3UeuA&hl=es-419&sa=X&ved=2ahUKEwi_kYS5tsLwAhWhg-AKHRpABGUQ6AEwAHoECAQQAw#v=onepage&q=mission%20in%20queribura&f=false

Informe de la Comisión designada por el Presidente de los Estados Unidos para investigar e informar sobre la verdadera división de la frontera entre la República de Venezuela y la Guyana Británica de 1897:

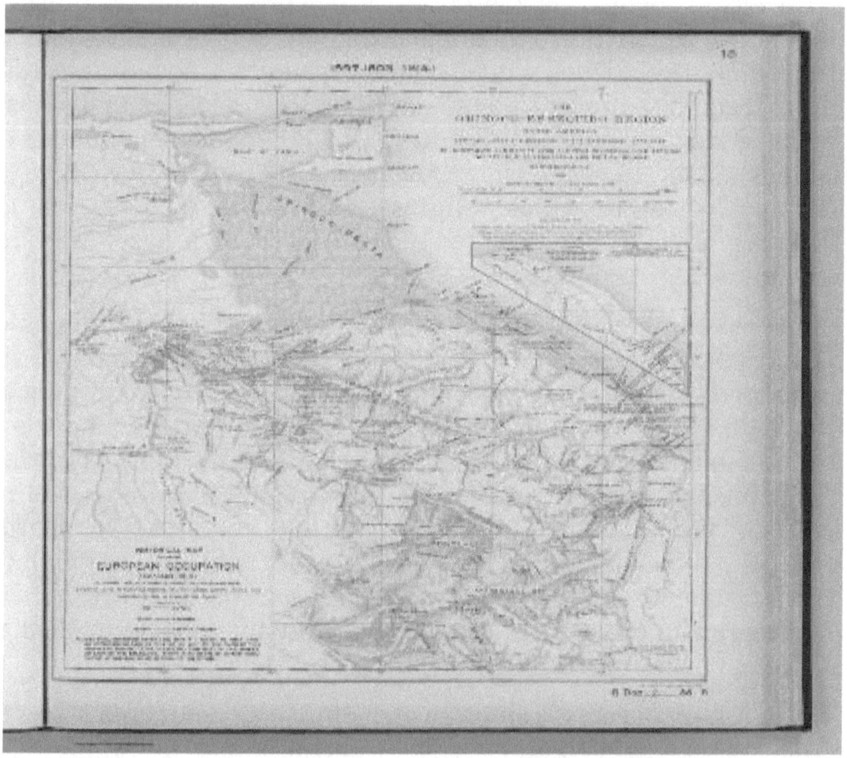

Historical map showing European Occupation 1597-1803 (1814) (A general View with dates of occupation and abandonment), por George Lincoln Burr, en el volume: Maps of the Orinoco-Essequibo Region, South America, Compiled for the Commission Appointed by the President of the United States to Investigate and report upon the True divisional Line between the Republic of Venezuela and British Guyana, (Commissioners: David J. Brewer, Richard H Alvet, Frederic R. Coudert, Andrew D. White, Daniel C., Gilman; Secretary: Severo Mallet-Prevost) Washington, February 1897

En aquel proceso de ocupación territorial y poblamiento, a los Capuchinos le fue asignada la "Provincia de Guayana," cuyos límites se le fijaron de manera definitiva el 24 de marzo de 1734 en la denominada "Concordia de Guayana," ratificada por Real Cédula el 16 de septiembre de 1736, cuya jurisdicción, como lo explica José del Rey Fajardo S.J.:

> "partía de la Angostura y siguiendo el curso del río Orinoco por la banda derecha hasta el mar. Por el poniente su frontera era artificial y se trazaba una línea imaginaria entre Angostura y las posesiones portuguesas. El resto de su territorio lo configuraban las posesiones de la Guyana francesa y la Guyana holandesa." [47]

Esta delimitación de los confines de la jurisdicción misional respondía como se dijo, a la demarcación territorial que se había establecido desde 1648 en la Paz de Münster, que formó parte de la Paz de Westfalia del mismo año, que puso fin a la guerra de los Treinta Años y a la guerra de los Ochenta Años, en cuyo tratado España reconoció la independencia de los Países Bajos, y por lo que se refería a las posesiones territoriales en la parte septentrional de América del Sur, se estableció que el límite entre las posesiones españolas y neerlandesas era el río Esequibo.

Respecto de esa Provincia de Guayana, en todo caso, el factor fundamental para su configuración territorial, como se ha dicho, fue la ocupación del territorio por las Misiones capuchinas, las cuales con los años lograron establecer importantes empresas agropecuarias integradas por hatos y muchos pueblos de indios. Por ello, el territorio de la misma por lo que se refiere al Cantón de Upata, se extendió hasta el río Esequibo; y así fue a pesar de que, como se dijo, muchos de los asentamientos de pueblos de indios y misiones no lograsen sobrevivir los ataques de los Caribes.

Fue por la importancia que tuvieron las Misiones en la Provincia de Guayana para la conformación de su vasto territorio, que Simón Bolívar, durante la campaña militar de la liberación de la provincia de Guayana en 1817, que comandó con la ayuda del general Manuel Piar, la comenzó precisamente con la ocupación militar y el control del territorio misional, lo que les permitió "avanzar en el cerco a

---

47 Véase en José del Rey Fajardo S.J., *La República de las letras en la Babel Étnica de la Orinoquia*, Academia Nacional de la Lengua, Caracas 2015, p. 56.

Angostura, la capital, y a Guayana La Vieja, e ir ganando espacios en Guayana hasta su total ocupación y liberación."[48] Por la importancia que tenían las Misiones, Bolívar incluso designó al Vicario General del Ejército, presbítero José Félix Blanco, como Comisionado General de las Misiones del Caroní, con extensas facultades en cuanto al régimen político y económico de éstas.

En cuanto a las Misiones, las mismas no sólo continuaron funcionando en la era republicana, sino que fueron institucionalizadas por el Estado como un factor fundamental para la reducción y poblamiento, habiendo sido reguladas en una Ley de Misiones de 1 de mayo de 1841, reformada por la Ley de Misiones de 1915,[49] la cual fue reglamentada, por lo que se refiere a la provincia de Guayana, mediante el "Reglamento Orgánico para la Reducción y Civilización de indígenas en la Provincia de Guayana" de 15 de octubre de 1842[50].

En este Reglamento, no sólo se identificó con precisión el Distrito misional de Upata, que abarcaba el Cantón de Upata, sino la labor de los misioneros, de los Capitanes pobladores y de los Doctrineros para atraer a población a las tribus indígenas. Además, mediante Resoluciones del Ministerio del Interior y Justicia de 9 de febrero de 1893 y de 12 de mayo de 1894, se definió específicamente en el cantón Upata el ámbito de las Misiones de los Religiosos Capuchinos con capital en Upata, Guasipati y Tumeremo.[51]

---

48 Véase Hildelisa Cabello Requena, "Contribución de la Campaña Libertadora de Guayana a la consolidación de la guerra e instauración de la República, Venezuela, 1817-1824," en Procesos Históricos, No. 36, Universidad de los Andes, Mérida 2019, pp. 114-134.

49 Véase en Leyes y Decretos Reglamentarios de los Estados Unidos de Venezuela, Tomo XIV, Ministerio de Relaciones Exteriores, Caracas 1943, p, 479.

50 *Idem*, Tomo XIV, pp. 488-495.

51 *Idem*, Tomo XIV, pp. 484-485.

IX. LA CONTRIBUCIÓN DE LA CREACIÓN DE TERRITORIOS FEDERALES A PARTIR DE LA CONSTITUCIÓN DE 1864 EN LA CONFIGURACIÓN TERRITORIAL DE LA GUAYANA VENEZOLANA

En la Constitución Federal de 1864, siguiendo una pauta que había sido incorporada en la Constitución de 1858 sobre "territorios despoblados que se destinen a colonias y los ocupados por tribus indígenas" (art. 4),[52] se previó expresamente como atribución de la Legislatura Nacional, la de "establecer con la denominación de *territorios* el régimen especial con que deben existir temporalmente regiones despobladas o habitadas por indígenas no civilizados," los cuales dependían "inmediatamente del Ejecutivo de la Unión" (art. 44.21)[53].

Con base en esa norma se dio inicio a la creación sucesiva de territorios federales,[54] comenzando con el *Territorio Amazonas*, que se creó el 27 de julio de 1864 y se organizó mediante Ley de 21 de octubre de 1873,[55] reformada luego por Decreto de 11 de febrero de 1876.[56] Estos instrumentos se reformaron posteriormente por el Código Orgánico de los Territorios Alto Orinoco y Amazonas de 10 de diciembre de 1880, con motivo de la división en dos del Territorio Amazonas.[57]

---

52 Véase Allan R. Brewer-Carías, "El régimen de los Territorios Dependencias Federales," en *Revista de Derecho Público*, No. 18, Editorial Jurídica Venezolana, Caracas 1984, pp. 85 ss.

53 Véase sobre esto: Mario Valero Martínez, "Territorios Federales en Venezuela en el siglo XIX," en: Jadson Luís Rebelo orto y Alejandro; SCHWEITZER, *Estrategias territoriales para la ocupación del continente sudamericano: inserción de la periferia e institucionalización espacial*. Macapá/ Rio Gallegos, UNIFAP/UNPA-UARG, 2018. p. 12-54.

54 Véase en Allan R. Brewer-Carías, *Las Constituciones de Venezuela*, *op. cit.*, Tomo I, pp. 757.

55 Véase el texto en la *Recopilación de Leyes y Decretos de Venezuela*, tomo VIII (1878–1880), Caracas, 1884 pp. 185 y 182.

56 Ibídem; Tomo VIII, p. 176.

57 *Ibídem,* pp. 146 y ss.

Luego, bajo la vigencia de las Constituciones de 1871 y de 1874, se organizaron otros Territorios Federales (*Territorio Colón*, que abarcó las Islas del Mar Caribe; *Territorio Federal Mariño*; *Territorio Goagira*; *Territorio Federal Tucacas*; *Territorio Federal Maracay*),[58] y posteriormente, bajo la vigencia de la Constitución de 1881, por Decreto de 3 de septiembre de ese mismo año 1881, con parte de lo que fue la antigua Provincia de Guayana se creó el *Territorio Federal Yuruary* que comprendió toda la zona este de dicha Provincia deslindada así: por el oeste, el curso del río Caroní en toda su extensión, y por el este, con un límite más extendido hacia el sur, a lo largo de todo el curso del río Esequibo.[59]

Al año siguiente se creó el Territorio Federal Caura[60] y el 23 de agosto de 1882 se dictó el *Código Orgánico de los Territorios Federales Yuruary, El Caura, La Goagira, Colón, Alto Orinoco y Amazonas*.[61] Asimismo, bajo la vigencia de la Constitución de 1881 se creó, en 1882, el *Territorio Federal Armisticio* en el Táchira, en la frontera con Colombia.[62] Los Territorios *Colón* y *Amazonas* se regularon posteriormente en el texto de la Constitución de 1893 (art. 44.21), habiéndose organizado, el primero, por Decreto de 4 de julio de 1895,[63] y el segundo, por Decreto de 10 de octubre de 1893, refundiéndose de nuevo, en uno, los antiguos Territorios Alto Orinoco y Amazonas.[64]

---

58 Territorio Colón: Decreto de 22-8-71, *Ídem*, p. 209; Territorio Federal Mariño: Decreto de 3-9-72, *Ibídem*, p. 327; Territorio Goagira: Decreto de 25-8-74, *Ibídem*, p. 305.; Territorio Federal Tucacas Decreto de 24–3–79, *Ibídem*, p. 331 Territorio Federal Maracay Decreto de 12–3–79, *Ibídem*, p. 309.

59 Decreto de 3-9-81, *Ibídem*, p. 367.

60 Decreto de 9-2-82, *Ibídem*, p. 203.

61 Que incorporó y reformó los respectivos Decretos de creación de los Territorios *Ibídem*, pp. 97 y ss.

62 *Ibídem*, p. 196.

63 Decreto 4-7-1895, el texto en la *Recopilación de Leyes y Decretos de Venezuela*, tomo VIII (1878-1880), Caracas, 1884, p. 210.

64 Decreto 23-10-93, *Ibídem*, p. 91.

El 27 de febrero de 1884 se creó el *Territorio Federal Delta*,[65] el cual fue organizado mediante el Código Orgánico del Territorio Federal Delta de 23 de julio de 1884,[66] indicándose para el mismo los siguientes límites:

> "Al Norte y al Este, el Golfo de Paria y el Océano Atlántico; al Oeste, la línea divisoria entre los que fueron Estados Guayana y Maturín; al Sur el Territorio Yuruari, y al Sureste la Guayana Inglesa."

Mapa de los Estados Unidos de Venezuela, por L. Robelín, representando los Territorios Federales creados hasta 1884

En esta forma, para 1884 en todo el Territorio de Venezuela existían los siguientes seis Territorios Federales: *Armisticio, Caura, Alto Orinoco, Amazonas, Yuruari y Delta*; y por lo que se refiere a

---

65 Decreto 27-2-84, *Ibídem,* p. 913.

66 Véase Decreto 23 de julio de 1884, en *Recopilación de Leyes y decretos de Venezuela, reimpresa por orden del Gobierno Nacional*, Tomo XI, Segunda Edición, Imprenta de la Patria Caracas, 1891, pp. 211 ss.

los Territorios *Yuruani y Delta*, se extendían hacia el Este hasta el rio Esequibo, en cuya ribera Este comenzaba el territorio de la Guayana Británica, que antes había sido el de la Guayana Neerlandesa.

Esa era la situación constitucional o de derecho interno de Venezuela a finales del siglo XIX sobre su territorio en la zona de Guayana, cuando en 1895 se inició un conflicto internacional entre Venezuela y el Reino Unido por reclamaciones sobre ocupaciones británicas ilegítima de la zona venezolana al oeste del río Esequibo, que llevó incluso a la ruptura de relaciones diplomáticas. Todo ello originó la intervención de los Estados Unidos de Norteamérica invocando la Doctrina Monroe en protección de los intereses venezolanos, concluyéndose el conflicto internacional con la celebración en Washington, el 2 de febrero de 1897, de un Tratado de Arbitraje entre los Estados Unidos de Venezuela y Su Majestad la Reina del Reino Unido de la Gran Bretaña e Irlanda, para que un Tribunal arbitral determinara "la línea divisoria entre los Estados Unidos de Venezuela y la Colonia de la Guayana Británica."

Nueva York, mayo 2021

FORMACIÓN DE LA REPÚBLICA Y EL TERRITORIO VENEZOLANO EN LAS CONSTITUCIONES DE VENEZUELA

CECILIA SOSA GÓMEZ

FORMACIÓN DE LA REPÚBLICA Y EL TERRITORIO VENEZOLANO EN LAS CONSTITUCIONES DE VENEZUELA

Cecilia Sosa Gómez[*]

SUMARIO: I. EL TIEMPO Y LAS CONSTITUCIONES. II. IMPACTO DE LAS INSTITUCIONES COLONIALES EN EL TERRITORIO. III. QUÉ DICEN LAS CONSTITUCIONES DE VENEZUELA SOBRE SU TERRITORIO. CONCLUSIÓN

I. EL TIEMPO Y LAS CONSTITUCIONES

Se dice que el pasado no es historia solamente, puede ser presente desde el momento que nos situemos en el tiempo que queramos y en el contexto que lo rodea. Esa visión desafiante de lo que ha pasado en nuestra historia territorial nos permite conocer mejor lo que somos como Nación y de donde nos viene el interés de prepararnos para lo que pasará y lo que nos espera.

Esa es la razón de la importancia de las Constituciones de Venezuela en la formación de la República y de allí que comience por algunas consideraciones del impacto del tiempo en el derecho y en el procedimiento constitucional que nos llevó a la formación de la República, una de cuyas bases es el territorio.

---

* Doctora en Ciencias Administrativas, por la Universidad de la Sorbonne. Profesora de pregrado y de postgrado de la Cátedra de Derecho Administrativo de la Universidad Católica Andrés Bello y de la Universidad Central de Venezuela y de Derecho Constitucional, en el área de postgrado en la UCAB, UCV y UAM. Profesor invitado en la Cátedra Andrés Bello (Visiting Fellow) en Saint Antony's College en 1977-1978, Universidad de Oxford, Inglaterra.

.Me pregunto qué significa el tiempo y que tiene que ver con el derecho, en particular, cómo está inmerso en el proceso social y político. Si partimos de la base que el tiempo significa cada uno de los actos sucesivos en que se divide la ejecución de una cosa; en un flujo sucesivo de micro sucesos que permite ordenarlos en consecuencias, estableciendo un pasado, un futuro y un tercer conjunto de eventos ni pasados ni futuros respecto a otro.

El tiempo está lleno de procesos y procedimientos, y si aplicamos un criterio popular de lo que significa proceso diríamos que es avanzar, seguir caminando y aplicado al proceso político venezolano, lo cual nos permite comprender aquellos que estuvieron asociados a nuestras múltiples Constituciones.

Definitivamente las Constituciones fijan términos, por tanto, el tiempo y la Constitución están unidos. La Constitución convive siempre con el pasado, inclusive para renunciar a su repetición. Si se examina con detenimiento, es más que una aspiración, es una utopía concreta (Haberman) o más simple una carta de navegación (Carlos Nino). En este sentido, la Constitución tiene orientación de futuro, todo debe ser mejor que lo actual siempre que atienda a la idiosincrasia y a los valores de la población quien la asume como suya.

Como se ha señalado la Constitución fija los términos; es un texto abierto; sus fundamentos son los principios, mientras la rigidez son las competencias del Poder Público, los mecanismos de control del ejercicio del poder y los engranajes para reformarla.

Para el Derecho el tiempo es esencial. Sea para cumplir un proceso o un procedimiento. Por eso las relaciones entre Constitución y tiempo se expresan en la relación entre poder y derecho, lo que es igual a Estado Democrático y Estado de Derecho, y a su vez igual a la relación entre la continuidad jurídica del Estado y el ordenamiento jurídico.

Para entender las Constituciones de Venezuela tenemos que situarlas en el Caribe y de esa manera evaluar el tiempo de su elaboración y evaluar cómo se dejó de atender la necesidad de un proceso de descolonización para un nuevo orden de conducta social.

¿Qué significa esto?

Situar el proceso de formación de la República de Venezuela y del territorio en el tiempo. Es decir, cómo lograr la descolonización para un nuevo orden de conducta social.

II. IMPACTO DE LAS INSTITUCIONES COLONIALES EN EL TERRITORIO

Venezuela forma parte de la cuenca del Caribe, luego somos diversidad y unidad, territorialmente se caracteriza por tener lugares ilimitados y sin centro, una imprevisibilidad permanente de la naturaleza, prevalece la oralidad, la palabra y la memoria. Es una biblioteca invisible, siempre predomina la negación de la historia oficial, ya que está ligada a los vencedores. Entonces el conflicto se sitúa en que una historia oficial, en las que entran las Constituciones, las que parecen ignorar la visión problemática de la plantación y de la encomienda. La cultura dominante es mezcla de la americana y la europea, la dependencia colonial plantea el arraigo y el desarraigo. El proceso de reconstrucción está marcado por la violencia estructural y diferencias étnicas.

La teoría socio histórica de Venezuela es el Estado de derecho monárquico que toma cuerpo y se asienta durante 300 años. En Venezuela se prolonga hasta 1821 cuando cesa en sus funciones de administración de justicia y de acción política la Real Audiencia de Caracas establecida en 1786. Por tanto, el modelo de autoridad colonial, a quien se derrotó en la independencia no dejó de atender ese modelo fundacional; de ahí que prevaleciera que no somos monárquicos, pero si presidencialistas y no colonialistas, pero sí centralistas.

De manera que la legalidad post colonial se expresó en una débil institucionalidad republicana que nació en la Capilla de la Universidad, reunidos letrados, y la desviación fue luego sustituir el concepto de ciudadano para identificarlo con el de soldado. El poder en manos de quien controlara las armas, por eso el dilema en nuestra historia es vencer no convencer. A los autócratas del siglo XIX y XX les ha importado poco o nada el orden legal e institucional como no sea para dominarlo.

La pregunta es quien detentaba la representación de la comunidad natural que era tan heterogénea en el Caribe y cuáles grupos con la oligarquía que los comanda, cuando en teoría la idea de derecho se funda en las exigencias del interés social y de la autonomía de la persona humana.

Si aplicamos estos elementos a la realidad de la historia de las Constituciones venezolanas tenemos[1]:

La Constitución de **1811** fue obra de Roscio e Isnardi (ideario federal de los principios norteamericanos).

Bolívar imprime su voluntad en el texto de **1819** (reacciona frente al federalismo y va al centralismo).

La Constitución de **1830** trata de conciliar las dos posturas (vigencia 27 años).

El texto de 1857 (Monagas) impone su voluntad.

1864 triunfo federal. Federación de estados con autonomía. Elimina la pena de muerte

Imposición de Guzmán Blanco en Constituciones de **1874 y 1881**.

Crespo vuelve al espíritu democrático **1893.**

Las de Castro y Gómez, el poder en sus manos para conservarlo.

Constitución de **1947** poca vigencia.

La de **1953** a la medida de Pérez Jiménez.

La Constitución de 1961 estuvo acompañada de un pacto político (vigencia 38 años).

La vigente **1999** se elaboró por una Asamblea Nacional Constituyente (cuestionado el método de elección de sus integrantes) votada por el pueblo mediante referendo: participación del 44,37 %; aprobaron 71,78 % dijeron No

---

1 Tomado de Rafael Arráiz Lucca, *Las Constituciones de Venezuela (1811-1999)*, Editorial Alfa, Caracas, 2012 pp. 76-79.

28,22%, abstención de 55,63%. (Transición realizada por un Congresillo espurio). Este texto está desaplicado de facto. Se la llama Constitución fachada.

Estas reflexiones referidas al tiempo, la transculturalidad y la ley, nos llevan a examinar cómo las Constituciones de la República trataron el asunto territorial y qué importancia tiene ante la realidad objetiva de un juicio que cursa ante la Corte Internacional de justicia donde se va a decidir la nulidad o no del laudo que arrebató a Venezuela parte de su territorio.

III. QUÉ DICEN LAS CONSTITUCIONES DE VENEZUELA SOBRE SU TERRITORIO

Hemos dado una entrada socio cultural para determinar lo que dicen las Constituciones de Venezuela de su territorio, en particular para conocer cuál fue el tratamiento del territorio Esequibo, por cierto, cuyo nombre no aparece en ninguna Constitución, aunque forma parte de la Provincia de Guayana.

La situación del Esequibo para los venezolanos es un dibujo en nuestros mapas de un inmenso pedazo de tierra con unas franjas que dicen "en reclamación", diría que ese calificativo hace que resulte difícil que un venezolano lo considere suyo, más cuando la República Federativa de Guyana dibuja su mapa y lo considera parte de su territorio[2].

La República Cooperativa de Guyana detenta un territorio que con fundamento en el Laudo de París de 1899 lo ha usufructuado, sin atender a que es un territorio en reclamación. Venezuela lo ha

---

2 "*The territory of the State comprises the areas that immediately before the commencement of this Constitution were comprised in the area of Guyana together with such other areas as may be declared by Act of Parliament to form part of the territory of the State.*" (The territory. 2. Constitution of the Co-operative Republic of Guyana Act 1980).

Traducción libre: "El territorio del Estado comprende las áreas inmediatamente antes de la entrada en vigencia de esta Constitución que estaban comprendidas en el área de Guyana junto con otras áreas que así pueden ser declaradas por el Parlamento para formar parte del Estado".

declarado de esa forma por cuanto considera que tiene derecho sobre ese territorio, y tanto es así que el Acuerdo de Ginebra es la prueba del conflicto territorial, que contiene el reconocimiento de Guyana de que es un territorio en disputa, y por eso el caso está presentado y admitido en la Corte Internacional de Justicia.

Mientras Guyana se fundamenta en el laudo de París para sostener que el territorio del Esequibo le pertenece, con fundamento en un laudo que considera válido, lo cierto es que el territorio le pertenece a Venezuela por cuanto pertenecía a la Capitanía General de Venezuela, aun cuando una sentencia arbitral dictada en el siglo XIX diga lo contrario.

El desafío que se le presenta a Venezuela es probarlo, y hacerlo entender calificadamente a los Jueces de la Corte Internacional de justicia. Demostrar cómo y porqué es nulo el laudo de París y obtener una sentencia que permita a Venezuela recuperar el territorio que formó parte de la Provincia de Guayana integrante de la Capitanía General de Venezuela, y demostrar que ese territorio nos fue arrebatado por Inglaterra. Sin embargo, ahora es Guyana que al obtener su independencia pasó a constituirse en nuestra contraparte, sin que estuviera involucrada en aquel proceso arbitral que ahora, la Corte Internacional de Justicia decide que va a conocer de la nulidad de ese Laudo.

El tema que nos agrupa en este segundo encuentro del Ciclo de Coloquios sobre la Controversia del Esequibo, organizado por el Académico Héctor Faúndez Ledesma, está referido al tema territorial en las Constituciones de Venezuela, lo que nos obliga a precisar que el ámbito de aplicación del texto fundamental de la República regula las relaciones entre el Estado venezolano, los que habitan esta Nación y los nacionales fuera del país. Ahora bien, conocer y revisar la postura constitucional, conocer los precedentes que rigieron el territorio de Venezuela, constituye una referencia interna fundamental, dado que ello marca una postura de la Nación antes y después de 1899 (año del laudo) que debería darle impulso y eficacia al apoyo del juicio en proceso ante la Corte Internacional de Justicia.

Por tanto, la importancia de las consideraciones de territorio en la formación de la República de Venezuela y cómo se consagra en las distintas Constituciones en el que se asienta la Nación venezolana, nos asegura la convicción y el compromiso de cada venezolano de lo que significa la defensa territorial de la patria desde que logró su independencia.

Cada época tiene su lenguaje y prioridades, sobre todo cuando se trata de declararse independiente, como ocurrió con Venezuela. Por eso es que en el Acta de la Independencia de 5 de julio de 1811 se señala expresamente que: para no distraer el objetivo que se fijó el documento "*No queremos,... empezar alegando los derechos que tiene todo país conquistado,* ***para recuperar su estado de propiedad e independencia.***"

Agregó la Declaración "*Es contrario al orden, imposible al gobierno de España, y funesto a la América, el que, teniendo ésta un territorio infinitamente más extenso, y una población incomparablemente más numerosa, dependa y esté sujeta a un ángulo peninsular del continente europeo.*"

Por tanto, "*...se declara solemnemente al mundo que* ***sus Provincias Unidas son, y deben ser desde hoy, de hecho y de derecho, Estados libres, soberanos e independientes*** *y que están absueltos de toda sumisión y dependencia de la Corona de España o de los que se dicen o dijeren sus apoderados o representantes, y que* ***como tal Estado libre e independiente tiene un pleno poder para darse la forma de gobierno que sea conforme a la voluntad general de sus pueblos, declarar la guerra, hacer la paz, formar alianzas, arreglar tratados de comercio, límite y navegación, hacer y ejecutar todos los demás actos que hacen y ejecutan las naciones libres e independientes.***"

El mismo año de 1811, la República naciente dicta la primera Constitución en la que se consagra el régimen del **Aumento sucesivo de la Confederación**, señalándose en el artículo 128 que luego de que estén libres de la opresión que sufren las Provincias de Coro, Maracaibo y **Guayana**, puedan y quieran unirse a la Confederación, serán admitidas a ella sin que la violenta separación pueda alterar para con ellas los principios de igualdad, justicia y fraternidad, de que gozarán luego, como todas las demás Provincias de la Unión.[3]

El 15 de agosto de 1919, una nueva Constitución Política del Estado de Venezuela declara que la República es una e indivisible, y que el territorio se divide en diez **Provincias** que son: Barcelona, Barinas, Caracas, Coro, Cumaná, **Guayana**, Maracaibo. Margarita, Mérida y Trujillo, y sus límites y demarcaciones se fijarán por el Congreso; observándose entre tanto los conocidos al tiempo de la Constitución Federal.[4]

El 30 de agosto de 1821 los representantes de los pueblos de Colombia, reunidos en Congreso General[5] fijan las reglas fundamentales de su unión de una Nación que "*comienza su carrera política y que todavía lucha por su independencia...*"

En el Título II de esta Constitución se consagra cuál es el territorio de Colombia y expresamente se señala que es "***...el mismo que comprendía el antiguo Virreinato de Nueva Granada y de la Capitanía General de Venezuela***" (artículo 6).

Agrega en cuanto a "*Los pueblos de la extensión expresada que están aún bajo el yugo español, en cualquier tiempo en que se*

---

3 En la Alocución de la Constitución de 1811 se expresa: "*Ni las revoluciones del otro hemisferio, ni las convulsiones de los grandes imperios que lo dividen, ni los intereses opuestos de la política europea, han venido a detener la marcha pacífica y moderada que emprendisteis el memorable 19 de abril, de 1810.*"

4 Título 2. De la República y división de su territorio. Sección 1. De la República. Artículo 1 y 2.

5 "*El Congreso General en sus deliberaciones no ha tenido otras miras que el bien común y el engrandecimiento de la nación. Los agentes principales del Gobierno dependen de vuestra elección: considerad, meditad bien que del acierto en ellas pende vuestra dicha; que la intriga o la facción jamás dirijan vuestro juicio; mientras las luces, la virtud y el valor, prudentemente escogidos y elevados por nosotros, sean las firmes columnas que perpetúen la duración del edificio. Villa del Rosario de Cúcuta, treinta de agosto de mil ochocientos veintiuno, undécimo de la Independencia. El presidente del Congreso, Doctor Miguel Peña. El vicepresidente del Congreso, Rafael, Obispo de Mérida, de Maracaibo. El diputado secretario, Francisco Soto. El diputado secretario, Miguel Santamaría. El diputado secretario, Antonio José Caro.*"

liberen, harán parte de la República, con derechos y representación iguales a todos los demás que la componen" (artículo 7).

A la Constitución de **1830**, dada en Valencia el 22 de septiembre de 1830, del año 1° de la ley y 20 de la independencia[6], se le denomina: "*Constitución del Estado de Venezuela, formada por las provincias de Cumaná, Barcelona, Margarita, Caracas, Carabobo, Coro, Maracaibo, Mérida. Barinas, Apure y Guyana*".[7] Se precisa que la nación venezolana es la reunión de todos los venezolanos bajo un mismo pacto de asociación política para su común utilidad. Marcando que el territorio de Venezuela "...***comprende todo lo que antes de la transformación política de 1810 se denominaba capitanía general de Venezuela***.[8] *Y para...su mejor administración se dividirá en provincias, cantones y parroquias, cuyos límites fijará la ley*" (destacado nuestro).[9]

Luego de 27 años se dicta otra Constitución, la de **1857** (deroga expresamente la de 1830) y repite exactamente la misma determinación en cuanto al territorio: "***El territorio de Venezuela comprende todo el que antes de la transformación política de 1810 se denominó***

---

6 Suscrita por El Presidente, Carlos Soublette y el Secretario, Rafael Acevedo.

7 Nosotros los representantes del Pueblo de Venezuela reunidos en Congreso, a fin de formar la más perfecta unión, establecer la justicia, asegurar la tranquilidad doméstica, proveer a la defensa común, promover la felicidad general, y asegurar el don precioso de la libertad, para nosotros y para nuestros descendientes, ordenamos y establecemos la presente Constitución.

8 El diputado por Guayana A.J. Soublette firma la Constitución.

9 Esta Constitución deja constancia que fue dada en el Salón del Congreso Constituyente y firmada con *general* asentimiento por todos los diputados presentes en la Ciudad de Valencia por el Presidente del Congreso, Dr. Miguel Peña, diputado por la provincia de Carabobo, el Vicepresidente, J. de Dios Picón, diputado por Mérida, el Secretario Rafael Acevedo. El 24 de setiembre de 1830 se le puso el Cúmplase, publíquese y circúlese como lo previene el decreto del soberano Congreso. El presidente del Estado. José A. Páez y el secretario interino del despacho del Interior. Antonio L. Guzmán. El Secretario de Estado en los despachos de Guerra y Marina. Santiago Mariño. El Secretario de Estado en los despachos de Hacienda y Relaciones Exteriores. Santos Michelena.

***Capitanía General de Venezuela**, y para su mejor administración se dividirá en provincias, cantones y parroquias.*"[10] -[11]

Un año después, el 31 de diciembre de **1858** se dicta la Constitución que repite la norma que y de seguida declara que los territorios despoblados que se destinen a colonias, y los ocupados por tribus indígenas, no podrán ser separados de las provincias a que pertenezcan por los congresos constitucionales, y regidos por leyes especiales; consagrando que ninguna parte del territorio podrá pasar por enajenación al dominio de otra potencia; más esta disposición no servirá de obstáculo a las transacciones que sean indispensables para fijar los límites de la República con naciones vecinas, siempre que por aquella no pierda su nacionalidad algún vecindario" (artículos 3, 4, y 5).

Es la Constitución de **1864** la que declara que ésta rige a los Estados Unidos de Venezuela, en ella se establece que las **provincias** de Apure, Aragua, Barcelona, Barinas, Barquisimeto, Carabobo, Caracas, Cojedes, Coro, Cumaná, Guárico, Guayana, Maracaibo, Maturín, Mérida, Margarita, Portuguesa, Táchira, Trujillo y Yaracuy, **se declaran Estados independientes y se unen para formar una Nación libre y soberana**, con el nombre de «ESTADOS UNIDOS DE VENEZUELA».

Se repite nuevamente la norma que viene de Constituciones anteriores de que "*...Los límites de los Estados Unidos que componen la Federación Venezolana, son los mismos que en el año de 1810 correspondían a la antigua Capitanía General de Venezuela.*"

---

10 Caracas, 18 de abril de 1857, año cuarenta y siete de la Independencia. Cúmplase, publíquese y circúlese. - José T. Monagas.- L. S.- El S. de E. en los DD. del Interior y Justicia, Francisco Aranda.- El S. de E. en los D. D. de Hacienda y R. E., Jacinto Gutiérrez.- El S. de E. en los D. D. de G. y M., Carlos L. Castelli.

11 Artículo 131.- El Congreso queda autorizado para dictar las providencias conducentes a la Confederación de los Estados de Colombia, y para hacer en este caso las reformas de la Constitución que fueren necesarias pudiendo discutir las en las sesiones del mismo año en que se propusieren, y observándose los demás requisitos establecidos en el Título anterior; conservando siempre la Soberanía del Estado en todo lo que se refiera a su régimen interior. (De la Reforma de la Constitución)

La Constitución del año **1874** la dicta el Congreso de los Estados Unidos de Venezuela, la declara una reforma de la Constitución de 1864 y lo manifiesta en su Prólogo. Las normas que se refieren al territorio establecen reiteradamente que los límites de los Estados Unidos que componen la Federación venezolana son los mismos que en el año 1810 correspondían a la antigua Capitanía General de Venezuela.

La Constitución de los Estados Unidos de Venezuela fue reformada en **1881**, a solicitud de los veinte estados, y a éstos se les agrupó en nueve grandes entidades políticas, una de las cuales es el **Estado Bolívar, compuesto por Guayana y Apure**.

El artículo 3 mantiene el territorio en los términos que se viene ratificando señalando que "*Los límites de los Estados Unidos de la Federación Venezolana son los mismos que en el año de 1810 correspondían a la antigua Capitanía General de Venezuela.*"

En **1891** a petición de nueve estados de la Federación entre los cuales suscribe el estado Bolívar, solicitan la reforma del texto de1881, pero nada agregan a lo establecido en cuanto al territorio establecido en la Constitución de 1881. Dos años después en **1893** se dicta otra Constitución con el mismo nombre: los Estados Unidos de Venezuela, de los nueve estados que se unen; el estado Bolívar (antes Guayana) se cuenta entre ellos. Se ratifica una vez más que "*El territorio de los Estados Unidos de Venezuela es el mismo que en el año de 1810 correspondía a la Capitanía General de Venezuela.*"

Por autoridad del pueblo el 13 de abril de **1901** se dicta la Constitución que sigue llamándose Constitución de los Estados Unidos de Venezuela y de nuevo establece "*El territorio es el mismo que en el año 1810 correspondía a la Capitanía General de Venezuela,* ***con las modificaciones que resulten de los tratados públicos***".

Ahora bien, las Constituciones de **1901** y **1904** no contienen ningún cambio fundamental con respecto a las anteriores, salvo que se acentuó la decadencia del federalismo, se aumentaron y detallaron las competencias del Congreso Nacional y del presidente de la República. En ambas, **el territorio de Venezuela comprende todo lo que antes de la transformación política de 1810 se denominaba**

Capitanía General de Venezuela, con las modificaciones que resulten de Tratados Públicos. En la de 1901 se modificó en el caso del Estado Bolívar, constituido por el antiguo Estado Guayana, sin los Territorios Amazonas y Delta Amacuro.

En **1909**, el Congreso de los Estados Unidos de Venezuela, después de haber escrutado y encontrado conformes los votos de las Asambleas Legislativas, decreta la Constitución en la que se mantiene idéntica la afirmación de que el territorio de Venezuela comprende todo lo que antes de la transformación política de 1810 se denominaba Capitanía General de Venezuela, con las modificaciones que resulten de Tratados Públicos, repitiendo también que al estado Bolívar corresponde al antiguo Estado Guayana sin los Territorios Amazonas y Delta Amacuro. Incorpora una norma de Constituciones anteriores en la que ordena: "*El territorio de la Nación no puede ser enajenado, ni arrendado, ni cedido de modo alguno a potencia extranjera.*"

El Estatuto Constitucional Provisorio de los Estados Unidos de Venezuela acordado el 19 de abril de **1914**, dictado por el Congreso de Diputados Plenipotenciarios de los Estados Soberanos retomó en el artículo 1, el cual dispone que "*La Nación venezolana es la reunión de todos los venezolanos en un pacto de asociación política con el nombre de Estados Unidos de Venezuela y bajo un Gobierno republicano, federal, electivo, representativo, responsable y alternativo.*" En cuanto al territorio el artículo 2 repite que "*El territorio de Venezuela comprende todo lo que antes de la transformación política de 1810 se denominaba Capitanía General de Venezuela, con las modificaciones que resulten de Tratados Públicos.*"

El Congreso de los Estados Unidos de Venezuela decreta la Constitución de **1922** en la que reitera en su artículo primero que "El territorio de Venezuela comprende todo lo que antes de la transformación política de 1810 se denominaba Capitanía General de Venezuela, con las modificaciones que resulten de los Tratados Públicos, y lo forman los territorios de los Estados, el del Distrito Federal, el de los Territorios Federales Amazonas y Delta Amacuro y **el de las Islas venezolanas en el mar de las Antillas.**"

En **1925** el Congreso de los Estados Unidos de Venezuela acuerda declarar sancionada la Constitución, en la cual nuevamente se establece que el territorio de los Estados Unidos de Venezuela es el que antes de la transformación política de 1810 correspondía a la Capitanía General de Venezuela, con las modificaciones que resulten de los tratados celebrados por la República.

En el año **1928** nuevamente se dicta una Constitución calificada como los Estados Unidos de Venezuela; la decreta el Congreso; en ella se mantiene en vigencia la norma que establece que el territorio es el que antes de la transformación política de 1810 correspondía a la Capitanía General de Venezuela, con las modificaciones que resulten de los tratados celebrados por la República. Este territorio no podrá jamás ser cedido, traspasado, arrendado ni en ninguna forma enajenado a potencia extranjera, ni aún por tiempo limitado. Luego en **1929** otro texto constitucional decreta el Congreso que mantiene el mismo nombre que la de 1928 y en cuanto al territorio se mantiene idéntica redacción. La Constitución de **1931** repite en cuanto al territorio que es el que correspondía a la Capitanía General de Venezuela con las modificaciones que resulten de los tratados celebrados por la República. La Constitución de **1936,** que son 18 enmiendas a la misma ratificadas por el Congreso de los estados Unidos de Venezuela, no modificó el artículo referido al territorio.

La Constitución de los Estados Unidos de Venezuela de **1945** es una reforma parcial aprobada por las Cámaras legislativas y ratificada un año después por las Asambleas Legislativas de los Estados, tampoco tuvo ningún cambio del artículo que establece el territorio.

Con el mismo nombre en **1947** la Asamblea Nacional Constituyente en representación del pueblo soberano de Venezuela, dicta una Constitución a que precede una declaración preliminar a manera de prólogo, y en cuanto al territorio consagra que "*...**es el que antes de la transformación política de 1810 correspondía a la Capitanía General de Venezuela, con las modificaciones resultantes de los tratados celebrados por la República**...*"

Se repite en la Constitución de los Estados Unidos de Venezuela de **1953** y se agrega por primera vez sujetos a su autoridad y jurisdicción, el lecho del mar y el subsuelo de las áreas que constituyen su plataforma continental, así como las islas que se formen o aparezcan en esta zona. El de extensión del mar territorial, la zona marítima contigua y el espacio aéreo en los cuales el Estado ejerce su vigilancia, se determinarán por la ley. Ni el territorio ni las zonas sujetas a la autoridad y jurisdicción de Venezuela podrán enajenarse, cederse o arrendarse en forma alguna a Estado o Estados extranjeros ni a quien sus derechos haya, represente o gestione. Los Estados extranjeros sólo podrán adquirir, de conformidad con la ley, los inmuebles necesarios para sede de sus representaciones diplomáticas en el área metropolitana de la Capital de la República, a título de reciprocidad y quedando siempre a salvo la soberanía nacional sobre el suelo.

En **1961**, el Congreso de la República con el voto de las Asambleas legislativas decreta la Constitución de la República de Venezuela. El artículo 7 establece que:

> *"El territorio nacional es el que correspondía a la Capitanía General de Venezuela antes de la transformación política iniciada en 1810, con las modificaciones resultantes de los tratados celebrados* ***válidamente*** *por la República.*
>
> *La soberanía, autoridad y vigilancia sobre el mar territorial, la zona marítima contigua, la plataforma continental y el espacio aéreo, así como el dominio y explotación de los bienes y recursos en ellos contenidos, se ejercerán en la extensión y condiciones que determine la ley."*

La Constitución de la República Bolivariana de Venezuela de **1999**, aprobada mediante referendo, hace norma el principio de integridad territorial (artículo 4) y al regular el territorio y demás espacios geográficos establece:

> *"El territorio y demás espacios geográficos de la República* ***son los que correspondían a la Capitanía General de Venezuela antes de la transformación política iniciada el 19 de abril de 1810, con las modificaciones resultantes de los tratados y laudos arbitrales no viciados de nulidad*** *(artículo 10).*

Luego establece que "La soberanía plena de la República se ejerce en los espacios continental e insular, lacustre y fluvial, mar territorial, áreas marinas interiores, históricas y vitales y las comprendidas dentro de las líneas de base recta que ha adoptado o adopte la República; el suelo y subsuelo de éstos; el espacio aéreo continental, insular y marítimo y los recursos que en ellos se encuentran, incluidos los genéticos, los de las especies migratorias, sus productos derivados y los componentes intangibles que por causas naturales allí se encuentren. El espacio insular de la República comprende el archipiélago de Los Monjes, archipiélago de Las Aves, archipiélago de Los Roques, archipiélago de La Orchila, isla La Tortuga, isla La Blanquilla, archipiélago Los Hermanos, islas de Margarita, Cubagua y Coche, archipiélago de Los Frailes, isla La Sola, archipiélago de Los Testigos, isla de Patos e isla de Aves; y, además, las islas, islotes, cayos y bancos situados o que emerjan dentro del mar territorial, en el que cubre la plataforma continental o dentro de los límites de la zona económica exclusiva. Sobre los espacios acuáticos constituidos por la zona marítima contigua, la plataforma continental y la zona económica exclusiva, la República ejerce derechos exclusivos de soberanía y jurisdicción en los términos, extensión y condiciones que determinen el derecho internacional público y la ley. Corresponden a la República derechos en el espacio ultraterrestre suprayacente y en las áreas que son o puedan ser patrimonio común de la humanidad, en los términos, extensión y condiciones que determinen los acuerdos internacionales y la legislación nacional" (Artículo 11).

Igualmente ordena que "*Los yacimientos mineros y de hidrocarburos, cualquiera que sea su naturaleza, existentes en el territorio nacional, bajo el lecho del mar territorial, en la zona económica exclusiva y en la plataforma continental, pertenecen a la República, son bienes del dominio público y, por tanto, inalienables e imprescriptibles. Las costas marinas son bienes del dominio público*" (Artículo 12).

Además, agrega que "*El territorio no podrá ser jamás cedido, traspasado, arrendado, ni en forma alguna enajenado, ni aun temporal o parcialmente, a Estados extranjeros u otros sujetos de derecho internacional. El espacio geográfico venezolano es una zona de paz. No se podrán establecer en él bases militares extranjeras o instalaciones que tengan de alguna manera propósitos militares, por parte de ninguna potencia o coalición de potencias. Los Estados extranjeros u otros sujetos de derecho internacional sólo podrán adquirir inmuebles para sedes de sus representaciones diplomáticas o consulares dentro del área que se determine y mediante garantías de reciprocidad, con las limitaciones que establezca la ley. En dicho caso quedará siempre a salvo la soberanía nacional. Las tierras baldías existentes en las dependencias federales y en las islas fluviales o lacustres no podrán enajenarse, y su aprovechamiento sólo podrá concederse en forma que no implique, directa ni indirectamente, la transferencia de la propiedad de la tierra*" (Artículo 13).

"*La ley establecerá un régimen jurídico especial para aquellos territorios que por libre determinación de sus habitantes y con aceptación de la Asamblea Nacional, se incorporen al de la República*" (Artículo 14).

Por último, en referencia al espacio geográfico otorga al Estado

> *"... la responsabilidad de establecer* ***una política integral en los espacios fronterizos terrestres, insulares y marítimos, preservando la integridad territorial,*** *la soberanía, la seguridad, la defensa, la identidad nacional, la diversidad y el ambiente, de acuerdo con el desarrollo cultural, económico, social y la integración.*
>
> *Atendiendo la naturaleza propia de cada región fronteriza a través de asignaciones económicas especiales, una* ***ley orgánica de fronteras*** *determinará las obligaciones y objetivos de esta responsabilidad" (Artículo 15).*

CONCLUSIÓN

Concluimos preguntándonos ¿de dónde viene la constancia en establecer el territorio de Venezuela en los términos tantas veces repetido en todas las Constituciones de Venezuela sobre cuál era su territorio?

Debemos reconocer que la marca la impuso el Congreso General en sus deliberaciones el 30 de agosto de 1821 en Villa del Rosario de Cúcuta, el cual declara que no ha tenido otras miras que el bien común y el engrandecimiento de la nación, de allí que, reunidos los representantes de los pueblos de Colombia fijan las reglas fundamentales de su unión de una Nación que "*comienza su carrera política y que todavía lucha por su independencia...*"

En el Título II de esta Constitución se consagra cuál es el territorio de Colombia y expresamente se señala que es "***...el mismo que comprendía el antiguo Virreinato de Nueva Granada y de la Capitanía General de Venezuela***" (artículo 6).

Desde ese momento se estableció con determinación que el territorio y demás espacios geográficos de la República **son los que correspondían a la Capitanía General de Venezuela antes de la transformación política iniciada el 19 de abril de 1810**.

Luego, la Constitución de **1830**, llamada "Constitución del Estado de Venezuela", formada por las provincias de Cumaná, Barcelona, Margarita, Caracas, Carabobo, Coro, Maracaibo, Mérida. Barinas, Apure y Guyana[12], precisa que la nación venezolana es la reunión de todos los venezolanos bajo un mismo pacto de asociación política para su común utilidad, enfatizando que el territorio de Venezuela "...**comprende todo lo que antes de la transformación política de 1810 se denominaba Capitanía General de Venezuela.**

Esta afirmación cobra toda su fuerza y se concreta cuando el 30 de mayo de 1843 el eminente republicano Don Alejo Fortique, plenipotenciario al efecto y el excelentísimo general Francisco Martínez de la Rosa, Ministro de Estado Español, firmaron en Madrid, el tratado de reconocimiento.

"Su Majestad Católica reza en su artículo 1 usando de la facultad que le compete por Decreto de las Cortes generales del Reyno de 4 de diciembre de 1836, renuncia para sí, sus herederos y sucesores, la soberanía, derechos y acciones que le corresponden

---

12 Nosotros los representantes del Pueblo de Venezuela reunidos en Congreso, a fin de formar la más perfecta unión, establecer la justicia, asegurar la tranquilidad doméstica, proveer a la defensa común, promover la felicidad general, y asegurar el don precioso de la libertad, para nosotros y para nuestros descendientes, ordenamos y establecemos la presente Constitución.

sobre el territorio americano, conocido bajo el antiguo nombre de Capitanía General de Venezuela, hoy República de Venezuela."

"A consecuencia de esta renuncia, quedaron reconocidas la soberanía e independencia absolutas de la República, e incorporado en su patrimonio, en forma definitiva, cuanto le correspondía o pudiera corresponder a la renunciante, desvaneciéndose así los infundados escrúpulos de Inglaterra."[13]

Tenemos que reconocer en cuanto al territorio de la República, la constancia constitucional en establecer en todas las Constituciones desde 1821 que el mismo es el que le correspondía a la Capitanía General de Venezuela **antes de la transformación política iniciada el 19 de abril de 1810**, lo cual debe despertar los sentidos y los sentimientos en cada uno de los venezolanos y para lograrlo, despertemos al oír su texto. Tenemos que lograr la conversión de todos los ciudadanos a los valores y principios constitucionales por cuanto la Constitución termina siendo la historia de una conversión de colonizado a venezolano, de conquistado a libre, de excluido a integrado.

---

13 Carlos Álamo Ybarra. *Fronteras de Venezuela con la Guayana Británica*, Discurso pronunciado en su recepción académica, Academia de Ciencias Políticas y Sociales, 1938, pp. 19-20.

CINCO VERTIENTES CONSTITUCIONALES DE LA RECLAMACIÓN DEL ESEQUIBO
JESÚS MARÍA CASAL

CINCO VERTIENTES CONSTITUCIONALES DE LA RECLAMACIÓN DEL ESEQUIBO

*Jesús María Casal**

"Por una contradicción muy digna de notarse, pretenden las autoridades de la Guayana Británica sostener en el hecho un acto que ellas mismas han declarado ser de ningún valor en el derecho"

Alejo Fortique (1841)

Con motivo del ciclo de coloquios sobre la controversia del Esequibo, organizado por la Academia de Ciencias Políticas y Sociales, tuve la oportunidad de aludir someramente a cinco asuntos de significación constitucional relacionados con los criterios de delimitación del territorio venezolano y la controversia mencionada. Seguidamente recojo las ideas principales expuestas.

I. LAS PROVINCIAS DE LA CAPITANÍA GENERAL DE VENEZUELA Y LA FORMACIÓN DE LA REPÚBLICA

El acta de la Independencia del 5 de julio de 1811 señalaba claramente que fue adoptada por "los representantes de las Provincias

---

* Abogado Summa Cum Laude de la Universidad Católica Andrés Bello, Especialista en Derecho Administrativo por la Universidad Central de Venezuela y Doctor en Derecho por la Universidad Complutense de Madrid, con estancia de investigación postdoctoral en Alemania, en el Instituto Max Planck de Derecho Internacional y Derecho Público Comparado de la ciudad de Heidelberg, como becario de la Fundación Alexander von Humboldt. Profesor de Derecho Constitucional y ex Decano de la Facultad de Derecho de la Universidad Católica Andrés Bello.

Unidas de Caracas, Cumaná, Barinas, Margarita, Barcelona, Mérida y Trujillo, que forman la Confederación Americana de Venezuela en el continente meridional"[1]. Esta alusión a la Confederación Americana de Venezuela traslucía la idea de la inserción del movimiento emancipador venezolano en un contexto americano y, a la vez, de la búsqueda de un camino propio hacia la nacionalidad.

La República se originó en esta Unión de Provincias, las mismas que habían respondido al llamado del Cabildo de Caracas para sumarse al nuevo gobierno y luego a la elección de representantes ante el Congreso General de las Provincias de Venezuela. El Reglamento elaborado por Roscio para las elecciones correspondientes se refería justamente a la "elección y reunión de diputados que han de componer el Cuerpo Conservador de los Derechos del Sr. D. Fernando VII en las Provincias de Venezuela"[2]. Este pacto fundacional, que ha sido calificado por Brewer-Carías como una "federación de provincias", se estructuró, como él afirma, "sobre la base de la división provincial que nos había legado el régimen político de la Monarquía española"[3].

La provincia de Guayana, la más extensa de las pertenecientes a la Capitanía General de Venezuela, con pujanza económica y de gran importancia estratégica, estaba evidentemente entre las llamadas a integrarse a esta federación de provincias, y de hecho creó, en mayo de 1810, una Junta Suprema de la Provincia de Guayana, con miembros criollos y peninsulares, que respondía al llamado de la junta caraqueña, pero esa junta provincial sería disuelta rápidamente

---

1 Acta de la Independencia, en Pedro Grases, *Pensamiento Político de la Emancipación Venezolana,* Caracas, Biblioteca Ayacucho, 1988, p. 134.

2 Reglamento para la elección y reunión de diputados que han de componer el Cuerpo Conservador de los Derechos del Sr. D. Fernando VII en las Provincias de Venezuela, en Textos Oficiales de la Primera República, II, Caracas, Academia Nacional de la Historia, 1959, pp. 61 y ss.

3 Allan Brewer-Carías, *Historia Constitucional de Venezuela*, Tomo I., Caracas, Alfa, 2008, p. 98.

y sus integrantes encarcelados. Se erigiría una nueva junta leal a la regencia y al orden monárquico[4].

Al igual que la Provincia de Maracaibo y que Coro, no participaría en el Congreso General de Venezuela, pero de los pronunciamientos de la Junta Suprema caraqueña y del reglamento de elecciones de Roscio se desprende que la convocatoria a la emancipación comprendía a todas las Provincias de la Capitanía General.

Así lo reflejaría nítidamente la Constitución de 1811, que sin referirse expresamente al principio de significación territorial sobre el cual se pretendía levantar la estructura estatal, sentaba las bases para la invocación del *uti possidetis iuris*. Su artículo 128 daba cuenta de que la federación estaba incompleta, porque se esperaba la incorporación de Maracaibo, Guayana y Coro, una vez que obtuvieran su liberación. La conquista de Guayana era esencial para la causa patriota. Después de haberla conseguido, Bolívar escribiría a Martín Tovar Ponte, el 6 de agosto de 1817: "Por fin tenemos a Guayana libre e independiente". En esa correspondencia aludió también Bolívar a los cambios políticos operados desde 1810: "Las circunstancias no son las mismas que el 19 de abril; entonces el derecho tenía algún valor, pero ahora la fuerza y la maña es la que manda…"[5]. Era acaso un augurio de la suerte que correría la República y, años después, la parte oriental de esa provincia, en el laudo de 1899.

II. EL *UTI POSSIDETIS* DE 1810

Ya durante la Primera República se había suscrito el tratado de alianza y confederación entre Cundinamarca y Venezuela, del 28 de mayo de 1811, pieza fundacional del derecho internacional público hispanoamericano, conocido como tratado Lozano-Cortés, por los nombres de quienes representaron a Cundinamarca y Venezuela en

---

4 Manuel Donís Ríos, *El Esequibo. Una reclamación histórica*, Caracas, UCAB, 2016, pp. 44 y ss.

5 Simón Bolívar, *Obras Completas*, T. I, Caracas, Ministerio de Educación Nacional, 1977, pp. 254-255.

su suscripción, Jorge Tadeo Lozano y José Cortés de Madariaga, respectivamente. Fue un antecedente de la Unión entre las provincias de Venezuela y las de la Nueva Granada y, por tanto, del *uti possidetis iuris* hispanoamericano.

Madariaga suscribió este tratado conforme a una comisión firmada por el entonces Presidente de la Junta en Caracas, Martín Tovar Ponte. Como señala Arráiz Lucca: "Pero más interesante aún es la misiva que llega firmada por Miranda el 22 de enero de 1811 y dirigida a la Junta Suprema del Nuevo Reino de Granada. En ella se lee: "El canónigo doctor D. José Cortés de Madariaga, que hace poco tiempo salió de esta ciudad para esa capital, y va encargado de una importantísima comisión, dirá a V.A. cuanto yo podría sugerir en ésta, acerca de una reunión política entre el reino de Santa Fe de Bogotá y la Provincia de Venezuela, a fin de que, formándose juntas un solo cuerpo social, gozásemos ahora de mayor seguridad y respeto, y en lo venidero de gloria y permanente felicidad"[6].

La Constitución de 1819 reflejó la inclusión de Guayana en la nueva República y la Ley Fundamental de la República de Colombia del 17 de diciembre de 1819, al igual que la Ley Fundamental de la Unión de los Pueblos de Colombia de 1821 y la Constitución de Cúcuta de 1821, establecieron expresamente que el territorio de Venezuela, como parte de la naciente Colombia, era el que había correspondido a la Capitanía General de Venezuela, que se sumaba al comprendido por el antiguo Virreinato de la Nueva Granada. De esta forma se adoptó el *uti possidetis iuris*, que se ha mantenido hasta el presente en nuestras Constituciones, con cambios en la formulación. A partir de la Constitución de 1830 se diría expresamente que la transformación política operada en 1810 era el punto de referencia temporal para la aplicación del *uti possidetis*, aunque el *uti possidetis* de 1810 se había perfilado antes. De acuerdo con este principio los límites territoriales de Venezuela debían ser los mismos que en 1810 tenía la Capitanía General de Venezuela con el Virreinato de la Nueva Granada, el Brasil y la Guayana Holandesa.

---

[6] Rafael Arráiz Lucca, "Madariaga, un cura liberal", consultado en Civiles: Madariaga, un cura liberal - Efecto Cocuyo.

Como afirmó Zambrano Velasco, "lo que poseía la Capitanía General de Venezuela, a nombre del Rey de España, lo posee desde 1810 el Estado soberano de Venezuela"[7]. Bolívar tuvo un papel fundamental en la consolidación de este principio del derecho público e internacional hispanoamericano. Tomó al afecto como referencia las grandes circunscripciones administrativas españolas, Virreinatos y Capitanías Generales, no solo a las provincias, con lo cual buscaba evitar una suerte de balcanización en la región, como ha sostenido Donís Ríos[8].

Las instrucciones dadas por Bolívar a Joaquín Mosquera y Miguel Santa María en 1821, enviados el primero a Perú, Chile y Buenos Aires y el segundo a México, son consideradas otro paso decisivo en la consolidación del *uti possidetis* de 1810. En ellas se pedía a tales gobiernos no entrar en negociación alguna con España que comprometiera la integridad de sus respectivos territorios tal como estaban conformados en 1810. Bolívar aplicaría igualmente este criterio con ocasión de la creación de la República de Bolivia, antigua Audiencia de Charcas. Fue además principio relevante en el Congreso Anfictiónico de Panamá, al haber sido planteado por Colombia, para que los límites territoriales entre los nuevos Estados se fijaran según el *uti possidetis* correspondiente al comienzo de la revolución[9].

En lo que concierne al Esequibo, Bolívar ordenó en 1822 que se realizaran gestiones diplomáticas dirigidas a reclamar ante Gran Bretaña por la presencia de colonos ingleses que se hallaban en la orilla izquierda del río Esequibo, hacia el oeste de la Guayana ya británica, lo cual daría lugar a lo que ha sido considerado un reconocimiento, en palabras de Donís Ríos[10], o un reconocimiento

---

7 José Zambrano Velasco, *El Uti Possidetis*, Maracaibo/San Cristóbal, CORPOZULIA/UCAT, 1983, p. 84.

8 Manuel Donís Ríos, *op. cit.*, p. 52.

9 João De Oliveira Gusmão, *Bolívar e o principio do "Uti Possidetis"*, San Pablo, 1958, pp. 225 y ss.

10 Manuel Donís Ríos, *op. cit.*, pp. 51 y ss.

tácito, según Schacht Aristiguieta[11], por Gran Bretaña de la frontera del Esequibo, que Venezuela había hecho valer con apoyo en el *uti possidetis*. El tratado entre Colombia y Gran Bretaña de 1825 fue suscrito sin que esta formulara objeción o reserva alguna respecto de la Memoria descriptiva sobre los territorios de Colombia, cuya autoría se atribuye a Andrés Bello, entonces Secretario de Colombia en Londres. Según esta Memoria, la República de Colombia se extendía "por la Mar del Norte desde el río Esequibo, o confines de la provincia de Guayana hasta el río de las culebras que la separa de Guatemala"[12]. Estos confines de la provincia de Guayana, hasta el río Esequibo, marcaban, pues, claramente, la frontera oriental de Colombia.

III. INTENTOS FALLIDOS DE SOLUCIÓN DIPLOMÁTICA EN 1844

Después de las dos líneas trazadas en mapas por Robert Schomburgk y de la ulterior fijación de postes por los británicos, se produjeron protestas de Venezuela formuladas por medio de la diligente actuación de Alejo Fortique, asesorado por Rafael María Baralt, que serían atendidas parcialmente por Gran Bretaña. Se logró la remoción de los postes fronterizos, aunque sin abandono de las pretensiones británicas. A partir de 1844 se desarrollaron además negociaciones para resolver la delimitación fronteriza, que si bien no concluyeron exitosamente, condujeron a una propuesta británica que ha sido valorada positivamente, desde la perspectiva venezolana, como lo hizo el propio Fortique[13].

En estas líneas interesa solo aludir a los comentarios de Gil Fortoul sobre consideraciones constitucionales que influyeron en las decisiones venezolanas. Gran Bretaña accedería a una línea

---

11 Efraín Schacht Aristeguieta, "Aspectos jurídicos y políticos del tratado de Ginebra", en Carrillo Batalla, Tomás E. (Coord.), *La reclamación venezolana sobre la Guayana Esequiba,* Caracas, Academia de Ciencias Políticas y Sociales, 2008, p. 27.

12 Manuel Donís Ríos, *op. cit.,* pp. 56-57.

13 Enrique Bernardo Núñez, *Tres momentos en la controversia de límites de Guayana*, Caracas, Ministerio de Educación, 1967, pp. 13 y ss.

fronteriza según la cual las posesiones de Gran Bretaña se extenderían, por la costa, hasta el río Guaima como límite occidental, y en el interior se trazaría una línea desde la boca del río Moroco, con la obligación para Venezuela de no enajenar jamás a gobierno extranjero determinada franja territorial y de proteger a las tribus indígenas que habitaban dicho territorio[14]. Luego Fortique requeriría ajustar la propuesta, para adoptar a la boca del Moroco como punto de la delimitación, lo cual fue aceptado por lord Aberdeen[15]. Pero la prohibición de enajenación fue considerada lesiva de la soberanía nacional por el Consejo de Gobierno venezolano, que en todo caso estimó que para ser aceptable debía asumir Gran Bretaña una obligación similar respecto de las tierras lindantes entre la línea propuesta y el Esequibo. Tenía razón Gil Fortoul al sostener que, si bien el artículo 87 de la Constitución de 1830 permitía al Congreso decretar la enajenación de territorio, siendo esta la facultad que supuestamente hubiera sido menoscabada por tal prohibición, la disposición constitucional no se refería a un territorio en disputa, por lo que no era un impedimento constitucional para haber avanzado en aquellas negociaciones[16]. Prueba de que la objeción no era propiamente constitucional, al menos no con base en el artículo 87, se encuentra en que el gobierno manifestó disposición a evaluar la prohibición de enajenación si había reciprocidad, pues de serlo la inconstitucionalidad no hubiera quedado subsanada por una prohibición de enajenación por parte británica.

En todo caso, conviene notar que desde la Constitución de 1858 desapareció de nuestras Constituciones la posibilidad de enajenar parte del territorio nacional a otros Estados. En la de 1858 se previó más bien la prohibición de enajenación de parte del territorio a otra potencia, aunque se dejaban a salvo las "transacciones que sean indispensables para fijar los límites de la República", en los términos contemplados en el artículo 5 de esta Constitución.

---

14 Ibídem.

15 Ídem, pp. 32-33.

16 José Gil Fortoul, *Historia Constitucional de Venezuela*, T. II, Caracas, Las Novedades, 1942, pp. 115-116.

Es discutible la valoración general de Gil Fortoul sobre el manejo posterior de la controversia limítrofe con la Guayana Británica, pero apuntó certeramente que el fallecimiento de Fortique y, en particular, el haber retirado antes, por fútiles pretextos económicos, el nombramiento de Baralt como su Secretario, impidieron que se diera continuidad a una gestión diplomática que tan hábilmente se estaba llevando a cabo[17].

IV. EL LAUDO DE PARÍS DE 1899 Y EL *UTI POSSIDETIS* DE 1810

La postura venezolana en tiempos del tratado de Washington seguía siendo la de invocar el *uti possidetis iuris*, aplicado a los derechos territoriales que podían haberse transferido a Gran Bretaña en 1814, complementada con otros elementos de derecho internacional e instrumentos como el Acuerdo suscrito en 1850 entre Gran Bretaña y Venezuela, por el cual ambas se comprometían a no ocupar el territorio en disputa.

A lo largo de este proceso las acciones unilaterales y abusos fronterizos de Gran Bretaña no cesaron. La posición venezolana se decantó en el sentido de sostener que la controversia debía resolverse conforme a derecho, no por medio de avenimientos. Gran Bretaña prefería las soluciones negociadas, diplomáticas o políticas, consciente de su condición de potencia internacional y de la minusvalía de Venezuela y seguramente también del débil respaldo jurídico de sus propias pretensiones.

En la postura venezolana, tal como la expuso Guzmán Blanco en 1884, pesaba la prohibición constitucional de enajenar o ceder territorio a potencia extranjera, prevista ahora en las Constituciones. Si la controversia limítrofe era resuelta por un tribunal de estricto derecho, decía Guzmán en el Memorándum correspondiente, no podría alegarse que la Constitución había sido infringida[18]. En realidad, cabría aducir aquí un argumento semejante al antes apuntado de Gil Fortoul, con la adaptación correspondiente: la

---

17 Ibídem.

18 Enrique Bernardo Núñez, *op. cit.*, pp. 55 y ss.

prohibición de enajenación no se aplicaba a un territorio en disputa, siempre que la controversia se dirimiera conforme a medios legítimos del derecho internacional, aunque no fueran un arbitraje de estricto derecho, tal como este era entendido en el citado Memorándum. El artículo 5 de la Constitución de 1858 admitía esta posibilidad para la fijación de los límites de la República, y la omisión de esta salvedad en textos constitucionales posteriores no obstaba a la aplicación de este criterio a fin de resolver controversias territoriales. El propio gobierno británico, dicho sea de paso, sugirió esta interpretación, acudiendo al concepto de "rectificación" de frontera mediante tratado[19].

En cualquier caso, buscando Venezuela legítimamente una solución arbitral basada en derecho, obtuvo como sabemos un laudo arbitrario y fraudulento, basado en un tratado negociado prácticamente a sus espaldas y precedido de coerción y engaños que le llevaron en parte a debilitar su posición jurídica, a tenor del tratado de Washington, en virtud de la cláusula de la posesión adversa o prescripción de 50 años. Sin embargo, fue tal la arbitrariedad del laudo, que no radicó en esta debilidad la delimitación fijada, sino en un mero arreglo político con colusión judicial, que se reflejó en la ausencia de motivación y en el cúmulo de vicios referidos a la composición del tribunal arbitral, al proceso y a los aspectos de fondo que determinan la nulidad del laudo[20].

Sus vicios son conocidos. El laudo no abordó las cuestiones ligadas al *uti possidetis iuris* planteadas por Venezuela ni esclareció el alcance que había atribuido a la cláusula sobre la prescripción, si es que fue aplicada. El Padre Hermann González Oropeza presentó razones por las cuales la tesis venezolana del *uti possidetis* conservaba vigencia para la solución jurídica de esta disputa, aun con la aprobación del tratado de Washington, que y hay ciertamente fundamentos jurídicos que respaldan sus argumentos[21].

---

19 Ídem, p. 53.

20 Manuel Donís Ríos, *op. cit.*, pp. 87 y ss.

21 Hermann González Oropeza, "Dos aspectos del Reclamo Esequibo", en Carrillo Batalla, Tomás E. (Coord.), *op. cit.*, pp. 107 y ss. En particular, es

El laudo incurrió asimismo en *ultra petita*. Se ha denunciado además el arreglo anglo-ruso que tras bastidores movía a la mayoría de los integrantes del tribunal arbitral y que les llevó a coaccionar a los demás. Protagonistas de aquel írrito procedimiento confesaron su visión sobre el manejo político que requerían estas controversias o dejaron evidencias acerca de la farsa que el laudo representó. No sería pertinente ahondar en estos y otros aspectos de su ilicitud. Buscando el derecho, Venezuela fue víctima de un tratamiento indigno y de una expoliación revestida de ciertas formas legales. Fue un despojo territorial fraguado con la intervención de grandes potencias[22], violatorio del derecho internacional e incompatible con la Constitución. En palabras de Mallet-Prevost, la decisión arbitral no tuvo la menor sombra de derecho.

V. LOS TRATADOS VÁLIDAMENTE CELEBRADOS POR VENEZUELA

Con un largo paréntesis sobre las objeciones y revisiones venezolanas sobre el laudo, paso a comentar el quinto asunto constitucional que quería tocar, referido a la Constitución de 1961 y la modificación que desde entonces sufrió la formulación tradicional de la norma sobre el *uti possidetis* de 1810, tal como se venía plasmando desde la Constitución de 1901.

La Carta de 1901 completó la fórmula habitual del *uti possidetis* con la alusión a las modificaciones resultantes de tratados públicos. Desde la Constitución de 1925 se haría mención a los tratados celebrados por la República. Pero en la Constitución de 1961 se añadió el adverbio válidamente. Es decir, se dejaban a salvo las modificaciones resultantes de los tratados válidamente celebrados

---

fundada su tesis de que la cláusula de prescripción -obtenida mediante presión y engaño y que, en todo caso, debió evitarse- no implicaba una renuncia al principio del *uti possidetis* de 1810 y de que el Acuerdo celebrado entre Venezuela y Gran Bretaña en 1850 restaba o reducía al mínimo los eventuales efectos prácticos de dicha cláusula.

22 Ver Federico Martens, *Rusia e Inglaterra en Asia Central*, Caracas, Ediciones de la Presidencia de la República, 1981; Núñez, *op. cit.*, pp. 149 y ss.

por la República. De esta forma el texto constitucional se hacía eco de los crecientes reclamos de Venezuela sobre el despojo de que había sido víctima. Rafael Caldera lo explicó de esta forma en sesión de la de octubre de 1960:

> Consideramos que al incorporar el adverbio "válidamente" a este artículo, se admite la posibilidad de asegurar derechos territoriales de Venezuela. Para citar sino el caso de la Guayana Británica, sabemos que el país tiene ahí derecho a una reivindicación de gran importancia. Al colocarse, pues, este adverbio se señala que no ha habido en forma alguna en el constituyente el propósito de validar aquellos documentos que fueron arrancados por la violencia y en los cuales el consentimiento de nuestro país no llegó nunca de manera definitiva a consolidar derechos válidos para otras potencias"[23].

Se trataba, por tanto, de ratificar las reservas o reclamos que Venezuela venía formulando a este respecto. Agregaba Caldera que ese criterio había sido expuesto ante una delegación parlamentaria del Reino Unido que había visitado la Cámara en ese mismo año, oportunidad en la cual la misma posición había sido expresada por la Cancillería venezolana, según relata Donís Ríos[24].

Todo esto era la antesala de la formalización de la reclamación venezolana sobre el Esequibo ante la ONU, en 1962. Luego vendría el Acuerdo de Ginebra y una sucesión de episodios que no intentaré resumir.

VI. REFLEXIÓN FINAL

Quisiera, por último, destacar la importancia de que el tema del Esequibo sea asumido con la mayor seriedad y espíritu elevado, en estos momentos cruciales en que la causa se encuentra ante la Corte Internacional de Justicia. No será mediante estrategias distraccionistas o propuestas demagógicas que Venezuela conseguirá

---

23 Ver Mariano Arcaya, *Constitución de la República de Venezuela,* T. I, Caracas, El Cojo, 1971, pp. 101-102.

24 Manuel Donís Ríos, *op. cit.*, p. 109.

hacer valer con éxito sus derechos en la escena internacional. Tampoco por medio de enmiendas constitucionales que pretendan plasmar en la Constitución una ilusión de triunfo territorial, mientras no se está dispuesto a defender los derechos territoriales de Venezuela en las instancias competentes para dirimir una disputa cuya existencia no podemos desconocer.

Esta Academia se ha dedicado a crear conciencia en esta materia y este ciclo de foros y los pronunciamientos que ha emitido en torno al tema son parte de esos esfuerzos. Como ha indicado esta Academia certeramente, *«La recuperación efectiva del territorio Esequibo se logrará haciendo valer el derecho que asiste a Venezuela a través de los medios del derecho internacional y con estrategia diplomática»*[25]. Ojalá que se den pasos para sumar experticias y visiones en aras de la recuperación de la integridad de nuestro territorio.

---

25 Ver Carta-ACPS-sobre-Esequibo-v.-ff.pdf (acienpol.org.ve)

3er. ENCUENTRO
LOS ANTECEDENTES DE LA CONTROVERSIA DEL ESEQUIBO 17 DE JUNIO DE 2021

ANTECEDENTES DE LA RECLAMACIÓN VENEZOLANA DEL TERRITORIO ESEQUIBO
MANUEL ALBERTO DONÍS RÍOS

ANTECEDENTES DE LA RECLAMACIÓN VENEZOLANA DEL TERRITORIO ESEQUIBO

Manuel Alberto Donís Ríos

En su *Solicitud de procedimientos institucionales en el Tribunal Internacional de Justicia, República Cooperativa de Guyana v. República Bolivariana de Venezuela*, elevada a esta instancia internacional el 29 de marzo de 2018, Guyana pretende demostrar que "entre 1899 y 1962 Venezuela consistente y repetidamente expresó su aceptación incondicional de la validez legal y la fuerza vinculante del Laudo de 1899 y el Acuerdo de 1905, y respetó el límite con la Guayana Británica que se arregló de este modo".[1]

La documentación existente demuestra lo contrario. El Gobierno venezolano tuvo inmediato conocimiento de la forma irregular de cómo se había producido el Laudo de París de 3 de octubre de 1899 y así lo declaró el presidente Ignacio Andrade a la prensa.

Venezuela pensó en rechazarla, tras el informe hecho por el consultor de la Cancillería, Lic. Rafael Seijas. El documento permite constatar que el Gobierno venezolano se había enterado de algunos pormenores entre el 4 y el 7 de octubre, aunque desconocía los entretelones de la componenda, el engaño en que se había mantenido

---

* Investigador y Profesor a Tiempo Completo de pregrado y postgrado. Doctor en Historia por la Universidad Católica Andrés Bello. Especialista en Historia Territorial e Historia de la Iglesia en Venezuela. Individuo de Número de la Academia Nacional de la Historia.

1 Manuel Alberto Donís Ríos, *El Esequibo es nuestro. Contestación a Guyana*, Abediciones-Konrad Adenauer Stiftung, Caracas, 2018, 17.

a nuestro país, la manera como se había llegado a la decisión y las circunstancias en que había sido dictada la sentencia.[2]

Venezuela tenía el derecho de desconocer la sentencia arbitral pero no pudo hacerlo. Pero el presidente Ignacio Andrade pocos días después tuvo que abandonar el poder y exilarse ante la entrada triunfante en Caracas del general Cipriano Castro al frente de la *Revolución Liberal Restauradora.* Castro se encontró con un hecho consumado y la situación interna del país ameritaba inmediata atención.

En julio de 1900 la Legación Británica en Caracas notificó que, si antes del 3 de octubre no enviaba su comisión demarcadora, Gran Bretaña procedería a la demarcación unilateral. El día 19 los comisarios británicos ya habían erigido el hito de Punta Playa y Venezuela, ante esta presión política y diplomática no tuvo otra opción que enviar al sitio la comisión demarcadora.

No obstante, la injusticia del Laudo de 1899 vino a tener expresión oficial en 1903 cuando los abogados venezolanos lo denunciaron en el seno del Tribunal de La Haya: "El curso de las sesiones arbitrales y el consiguiente Laudo logrado por un compromiso, necesariamente dejaron detrás un sentimiento de profunda injusticia en una Nación demasiado débil para asegurarse igualdad de trato".[3]

Durante los 27 años del general Juan Vicente Gómez en el poder (1908-1935) su diplomacia, "pacata y europeizante (...), apegada en demasía a las formas y tan temerosa del poder europeo, dejó pasar todas las oportunidades de expresar su desacuerdo con el Laudo".[4]

---

2 Pablo Ojer, *Sumario histórico de la Guayana Esequiba*, Biblioteca Corpozulia, Universidad Católica del Táchira-Fondo Editorial del Estado Táchira, Maracaibo-San Cristóbal, 1982, 84. Véase: MRE, Informe que los expertos venezolanos para la cuestión de límites con Guayana Británica presentan al Gobierno nacional, Apéndice 11, Caracas, 1967, s/n° de páginas.

3 Antonio de Pedro Fernández, *La Historia y el Derecho en la Reclamación venezolana de la Guayana esequiba*, Caracas-Madrid. 1969, p. 143.

4 Hermann González Oropeza, SJ, "Los problemas de las fronteras venezolanas". En: *Revista Montalbán*, N° 32, UCAB, Caracas, 1999, p. 58.

Oportunidades hubo. Para 1914 los ingleses tenían en Venezuela a "una hija mimada de Su Majestad Británica, nutrida de libras esterlinas de origen estatal: la British Controlled Oilfield".[5] En 1932 la British poseía concesiones sobre un área de 15 mil millas cuadradas en el Delta del Orinoco...Pero dentro de este contexto geopolítico con fuertes intereses económicos para ambas partes, el Gobierno gomecista no se atrevió a activar un reclamo territorial.

No obstante, el general Gómez actuó con firmeza en 1930 cuando se conoció la presencia de extranjeros en la Gran Sabana, estado Bolívar. Provenientes de Guayana Británica penetraron misioneros adventistas en la región y se establecieron con casa, capilla y escuelas elementales de inglés en diversos lugares. En palabras de fray Cesáreo de Armellada: "Representó un verdadero peligro para la integridad territorial, pues además de enseñar el idioma inglés, timbraban sus documentos con el membrete de "British Guiana", como pudimos ver en varios papeles, abandonados al ser expulsados de la región al instalarse nuestras misiones capuchinas".[6]

Por lo general se afirma que la revisión y revocación del Laudo de París de 1899 comenzó a exigirse bajo el gobierno del general Isaías Medina Angarita en 1944. Ese año el Embajador de Venezuela en Washington, Dr. Diógenes Escalante (1879-1964), durante la visita oficial del Presidente venezolano a los EE.UU lo puso de manifiesto "invocando el nuevo espíritu de equidad entre las naciones" y solicitó "la reparación amistosa" de la injusticia cometida en 1899.[7]

No obstante, la revisión del Laudo y los trabajos en pro de su revocación pudieron haberse iniciado bajo el gobierno del general Eleazar López Contreras, con el discurso leído por Carlos Álamo

---

5 Rómulo Betancourt, *Venezuela, política y petróleo*, Editorial Senderos, Caracas, 1969, p. 47.

6 Fray Cesáreo de Armellada, "Notas Históricas, Geográficas y Etnográficas (La Gran Sabana o Alto Caroní)". En: *Venezuela Misionera*, N°s 130 y 131, p. 448.

7 Archivo personal del P. Hermann González, Carpeta Caso Venezolano, *ob. cit*, p. 39.

Ibarra en la Academia de Ciencias Políticas y Sociales, cuando "en las esferas oficiales, se dejan sentir síntomas de esta intención".[8]

Al promulgarse en 1945 la Carta de las Naciones Unidas con este espíritu de equidad internacional, se abrió un abanico de posibilidades para Venezuela. Así lo hizo Rómulo Betancourt, jefe de la Delegación venezolana en la IX Conferencia Interamericana (Bogotá, 1948): "no negamos en forma alguna el derecho de ciertas naciones de América a obtener determinadas porciones de territorio hemisférico que en justicia les pueda corresponder, ni renunciamos a lo que los venezolanos, llegado el caso de una serena y cordial revalorización histórica y geográfica de lo americano, pudieran valer en pro de sus aspiraciones territoriales sobre zonas hoy en tutelaje colonial y que antes estuvieron dentro de nuestro propio ámbito".[9]

En 1949 Venezuela conoció el Memorándum de Severo Mallet-Prevost que reveló las intimidades del Laudo de 1899. De inmediato el Gobierno venezolano decidió iniciar la búsqueda de los documentos probatorios de esta farsa.[10]

La publicación del Memorándum coincidió con la apertura de los archivos públicos británicos, una vez cumplidos 50 años de la decisión arbitral. La búsqueda incluyó los archivos privados estadounidenses; Aprovechando que se encontraban en Londres dos jóvenes historiadores jesuitas: Hermann González Oropeza y Pablo Ojer Celigueta, se les encomendó la tarea. Autorizados por la Compañía de Jesús iniciaron su trabajo para la Cancillería como investigadores durante los años cincuenta y sesenta. Ambos se convirtieron en

---

8 Antonio de Pedro Fernández, *ob cit*, p. 143.

9 MRE, *Informe que los Expertos Venezolanos para la Cuestión de Límites con Guayana Británica presentan al Gobierno Nacional* [folleto], *ob. cit*, sin número de página.

10 El Memorándum fue publicado en la prestigiosa revista estadounidense *The American Journal of International Law* (vol. 43, N° 3 de julio de 1949). Mallet Prevost no dictó el texto por iniciativa propia sino a ruego de su amigo el juez Otto Schoenrich. Lo hizo el 8 de febrero de 1944, cuatro años antes de su muerte y su amigo conservó cuidadosamente el papel. Severo Mallet Prevost había sido condecorado con la Orden del Libertador en 1944 por el presidente Isaías Medina Angarita.

expertos y fueron posteriormente Asesores del Ministerio de Relaciones Exteriores durante muchos años.

Dos años después el canciller, Dr. Luis Emilio Gómez Ruíz, exigió en la IV Reunión de Consulta de los Ministros de Relaciones Exteriores Americanos celebrada en Washington (1951) "la rectificación equitativa" de la injusticia cometida en 1899: "Es criterio del Gobierno de Venezuela, que ninguno de los cambios de status que puedan ocurrir en la Guayana Británica como consecuencia de la situación internacional, o de las medidas que fueren adoptadas en el futuro o como el resultado del progreso de los habitantes de dicho territorio hacia la determinación de sus propios destinos, será obstáculo para que Venezuela, en vista de las peculiares circunstancias que prevalecieron cuando fue señalada su línea fronteriza con la mencionada colonia, haga valer sus justas aspiraciones de que se reparen, conforme a una rectificación equitativa, los perjuicios sufridos por la Nación en dicha oportunidad".[11]

Al reunirse en Caracas en marzo de 1954 la X Conferencia Interamericana la Delegación venezolana aprobó la Resolución N° 46, que "ratifica y proclama la solidaridad de las Repúblicas americanas, "con las justas reclamaciones territoriales de los pueblos de América, en relación con los territorios ocupados por países extra-continentales". Asimismo, y por petición venezolana la Resolución N° 47, que reza así:

> "(...) respecto del problema general del coloniaje en América, el Gobierno de Venezuela considera que hoy, más que nunca, se hacen impropios en el ámbito del Nuevo Mundo, la existencia de países vasallos y el mantenimiento del régimen colonial, y en cuanto al caso concreto de la Guayana Británica, el Gobierno de Venezuela declara que ninguno de los cambios de status que puedan ocurrir en el país vecino, puede ser obstáculo para que el Gobierno Nacional, interpretando el sentimiento unánime del

---

[11] Efraín Schacht Aristeguieta, "Aspectos Jurídicos y Políticos del Tratado de Ginebra", En: *"La Reclamación Venezolana sobre la Guayana Esequiba* (Coordinador) Tomás Carrillo Batalla), Academia de Ciencias Políticas y Sociales, Serie Eventos, 2, Caracas, 2008, p. 30.

pueblo venezolano y en vista de las peculiares circunstancias que prevalecieron en relación con el señalamiento de la línea fronteriza con la mencionada Guayana Británica, haga valer su justa aspiración de que se reparen conforme a una justa rectificación equitativa, los perjuicios sufridos por la Nación en esa oportunidad".[12] Y se añadió lo siguiente: "(...) Conforme a lo que antecede, ninguna decisión que en materia de coloniaje se adopte en la presente Conferencia, podrá menoscabar los derechos que a Venezuela corresponden por este respecto, sin ser interpretada, en ningún caso, como una renuncia a los mismos".[13]

La reclamación del Territorio Esequibo se formalizó bajo el mandato de Rómulo Betancourt. A raíz del anuncio de la Guayana Británica de que adelantaba conversaciones para proceder a su Independencia de Gran Bretaña, Betancourt autorizó una activa ofensiva ante la Organización de las Naciones Unidas para exigir la restitución del Territorio Esequibo. La coyuntura internacional se visualizaba como favorable a raíz del giro hacia la descolonización y autodeterminación de los pueblos, cuyo foro era la ONU.

En febrero de 1962 el Dr. Carlos Sosa Rodríguez, una vez que Venezuela estuvo en posesión de una copiosa documentación que substanciaba su criterio tradicional sobre la nulidad del Laudo, volvió a dejar constancia del mismo ante la Comisión de Administración Fiduciaria y Territorios no Autónomos, en las Naciones Unidas.[14]

Y de nuevo el 12 de noviembre de ese año el doctor Sosa Rodríguez planteó la cuestión de límites con la Guayana Británica en la Comisión Política Especial de la XVI Asamblea General de las Naciones Unidas, dando a conocer las interioridades del Laudo de 1899: "(...) reviste particular importancia para Venezuela el proceso de evolución política, mediante el cual, pacíficamente, habrá de

---

12 Ibídem, p. 31-32.

13 Idem. Se recogió así lo expresado por el consultor jurídico de la cancillería, Ramón Carmona, en la Conferencia. En 1956 la Cancillería venezolana ratificó su criterio y de nuevo en 1960, en la Cámara de Diputados y ante una delegación parlamentaria del Reino Unido.

14 Archivo personal del P. Hermann González, Carpeta Caso Venezolano, *ob. cit*, p. 40.

adquirir su independencia el pueblo de la Guayana Británica, que comparte fronteras con el nuestro y cuyo destino de nación soberana, incorporada en el plan de igualdad al concierto de los demás Estados del continente, propiciamos con genuino sentimiento americano, en esta oportunidad, en que apoyamos plenamente el conocimiento de los derechos que corresponden a la población de la Guayana Británica, no podríamos, sin embargo, sin traicionar a nuestro propio pueblo venezolano, olvidarnos de sus derechos, de sus reivindicaciones de fronteras, y silenciar en este foro mundial su legítimo reclamo de que se rectifique una injusticia histórica".[15]

En su Mensaje Anual al Congreso Nacional (12 de marzo de 1962) el Presidente Betancourt manifestó: "El planteamiento hecho ante las Naciones Unidas por nuestra Delegación fue categórico en el sentido de que fieles como somos a nuestra tradición y vocación anticolonialista propiciamos para la Guayana Británica la aplicación del principio de la autodeterminación y de su propia independencia. Pero activamente seguiremos gestionando, a través de negociaciones con el gobierno amigo del Reino Unido, la reintegración a Venezuela de una faja extensa del territorio nacional a nosotros arrebatada y que ahora adquiere singular valor y significación por estar alinderada con el previsto emporio industrial de nuestra Guayana. El Soberano Congreso y el país pueden estar seguros de que, sin desplantes publicitarios, a través de serena y firme gestión diplomática, el gobierno de Venezuela reclamará que por fin se le haga justicia a un soterrado y profundo anhelo nacional de que para la Nación se rescate lo que otrora se le usurpó".[16]

El 12 de noviembre de ese mismo año el canciller Marcos Falcón Briceño planteó la cuestión de límites con la Guayana Británica en la Comisión Política Especial de la XVII Asamblea General de las Naciones Unidas, dando a conocer las interioridades del Laudo de 1899 y concluyendo con estas palabras:

---

15 Efraín Schacht Aristeguieta, Aspectos Jurídicos y Políticos del Tratado de Ginebra, *ob. cit*, p. 32.

16 Rómulo Betancourt, *Tres Años de Gobierno Democrático 1959-1962*, T. II, Imprenta Nacional, Caracas, 1962, p. 328.

En vista de todo lo que he informado y de lo mucho que se podría seguir informando sobre el particular-he tratado más bien de resumir-pretender que Venezuela está obligada a considerar los resultados del Tribunal de Arbitraje como un arreglo pleno, perfecto y definitivo de todas las cuestiones sometidas a los árbitros, sería absurdo. Eso hubiera sido así si los árbitros hubieran conformado su actuación a lo dispuesto en el Convenio Arbitral. La sentencia de arbitraje tenía, necesariamente, que ajustarse a las reglas o normas de derecho establecidas en el Convenio Arbitral de 1897, y ése no fue el caso. Es suficientemente claro que ello no ocurrió así.

Por eso, deseosa de resolver amistosa y definitivamente esta cuestión espinosa, Venezuela ha considerado oportuno explicar las razones por las cuales no puede reconocer la validez de un Laudo dictado a espaldas del derecho y en las condiciones y circunstancias que ustedes ya conocen. Todo esto que estoy diciendo se ajusta a la doctrina internacional que no reconoce validez a decisiones arbitrales adoptadas en circunstancias como las que he descrito".[17]

Al año siguiente Venezuela logró mediante acuerdo que Gran Bretaña accediera a una revisión de los documentos referentes al litigio. Los contactos preliminares entre los expertos se iniciaron el 30 de julio. Y el 1° de octubre el canciller Falcón Briceño se dirigió de nuevo a la Asamblea General de la ONU a fin de informar sobre las conversaciones y la mecánica del proceso, dando cumplimiento al Pedido de la Comisión Política Especial. A partir del 7 de noviembre continuaron las conversaciones en Londres, pero sin arrojar resultados positivos para Venezuela. Se acordó celebrar nuevas conversaciones y el envío de un experto británico a Caracas para verificar la documentación venezolana. El estudio se efectuó entre el 3 y el 11 de diciembre.[18]

Los expertos venezolanos Pablo Ojer, Hermann González y el asesor Melchor Monteverde celebraron 15 reuniones en Londres entre el 18 de febrero y el 20 de mayo de 1964. Presentaron como

---

17 MRE, *Reclamación de la Guayana Esequiba*. Documentos 1962-1981, Caracas, 1981, p. 21.

18 Véase: Rafael Sureda Delgado, *Venezuela y Gran Bretaña. Historia de una Usurpación*, UCV, Caracas, 1980, p. 73-93.

referencia un documento titulado “Exposición Preliminar de los expertos venezolanos para servir de base a la presentación de los documentos relativos a la cuestión de límites entre Venezuela y Guayana Británica”. Del 10 al 17 de octubre se reunieron con el internacionalista Paúl Guggenhem, de nacionalidad suiza y especialmente invitado por el Gobierno nacional. Para finales de año, el 8 de diciembre, el canciller Ignacio Iribarren Borges informó a los delegados de la ONU sobre la marcha de las conversaciones el día 8 de diciembre.

Con la finalidad de ampliar el número de expertos y asesorar a la Cancillería, se decidió la creación de la “Comisión Consultiva de Guayana”, integrada por representantes de once Ministerios, la Oficina de Coordinación y Planificación de la República y la Corporación Venezolana de Guayana. Para darle mayor importancia a las investigaciones se elevó en 1965 al rango de Dirección la Oficina para la Cuestión de Límites con la Guayana Esequiba.

Conocedor el Gobierno venezolano de las intenciones británicas de concederle la Independencia a Guayana Británica y “desligarse de la controversia”, trató de convencer a su homólogo estadounidense para que lo apoyara sirviendo de buen oficiante o mediador en su propósito de revisar el Laudo de 1899. El 15 de diciembre de 1964 se celebró en Washington una audiencia entre el canciller Ignacio Iribarren Borges y el embajador en Estados Unidos y el secretario de Estado Adjunto, George W. Ball y altos funcionarios de la Dirección de Asuntos Internos de Venezuela y Colombia. La iniciativa fracasó y los Estados Unidos se desligaron formal y jurídicamente de la controversia.[19]

Al mismo tiempo se tomaron decisiones a fin de publicitar a nivel interno y externo la controversia limítrofe. El 2 de febrero de 1965 se dio a conocer un nuevo mapa oficial de Venezuela incluyendo la zona en reclamación. Y el 5 de noviembre la Dirección de Renta Interna del Ministerio de Hacienda lanzó a la circulación una emisión de

---

19 Véase: Lesbia Arocha Rivas, *Guyana: Un capítulo en la historia de la gestión del canciller Zambrano Velasco, 1982-1983*. Trabajo de Grado para optar al título de Magíster en Historia de las Américas, UCAB, Caracas, 2004, p. 33 y ss.

estampillas reproduciendo el nuevo mapa y con lemas alusivos al asunto. Se ordenó la reproducción de varios mapas históricos en estampillas para apoyar y promover la reclamación. La Oficina Central de Información (OCI) publicó un número especial de su "Carta de Venezuela" con el título "Venezuela limita al Este con el Esequibo", cuyo autor fue el embajador Armando Rojas.[20]

El 2 de agosto de 1965 el Secretario Parlamentario del Foreign Office informó al Parlamento sobre el proceso de conversaciones con Venezuela e indicó que se estaban revisando los documentos a fin de que los gobiernos pudieran examinarlos de nuevo. Pero hizo hincapié en que "todo el asunto fue solucionado de una vez por todas, por medio del Tribunal Arbitral de 1899".[21]

Al día siguiente se produjo un nuevo intercambio de informes elaborados por los expertos venezolanos y británicos. Venezuela rechazó la Nota N° AV 1081/75 entregada por los ingleses porque en el último párrafo expresaba que la actitud asumida por su gobierno "no implica[ba] deseo de entrar en conversaciones que afecten[aran] el fondo del asunto de los límites entre Venezuela y la Guayana Británica".[22]

Del relato que venimos desarrollando Rafael Sureda Delgado concluye que "los británicos consideraron que la revisión de la documentación no significaba, bajo ningún aspecto, que se estuviera aceptando la posibilidad de una revisión de fondo de la sentencia arbitral, por el contrario, la revisión se hacía para demostrar que Venezuela no tenía razón". Venezuela por su parte no insistía en el

---

[20] Entre los mapas publicados en estampillas, elaboradas por la Casa Brüder Rosenbaum, de Viena, Austria, figuran los siguientes: Mapa Geográfico de la América Meridional, de Juan de la Cruz Cano y Olmedilla (1775); Mapa Corográfico de la Nueva Andalucía, de Luís de Surville (1778); Carta del Departamento del Orinoco o de Maturín, de J. M. Restrepo (1827); Carta de la República de Colombia, de Agustín Codazzi (1840); Mapa de la emisión de estampillas de 1896; Mapa con las líneas Schomburgk, publicado por la Cancillería en 1964.

[21] MRE, *Libro Amarillo de 1966,* p. 29. En: Rafael Sureda Delgado, *Venezuela y Gran Bretaña. Historia de una Usurpación, ob. cit*, p. 87.

[22] MRE, *Reclamación de la Guayana Esequiba*. Documentos 1962-1981, *ob. cit*, p. 49.

punto de que "revisar la documentación, era de por sí, poner en duda el Laudo de París".[23]

Con la finalidad de continuar a nivel ministerial las conversaciones gubernativas referidas a la controversia planteada por Venezuela y dar cumplimiento al Comunicado Conjunto de 7 de noviembre de 1963, Ignacio Iribarren Borges, Michael Stewart y Forbes Burnham se reunieron en Londres los días 9 y 10 de diciembre. En esta ocasión el canciller venezolano propuso tres vías para resolver el conflicto: Fijación de la frontera "legítima" con la Guayana Británica, la administración conjunta de dicho territorio y una solución en tres fases: Comisión Mixta, Mediación y Arbitraje Internacional. Todas las ofertas fueron rechazadas por los británicos y por el representante de la Guayana Británica. Los ingleses ofrecieron a su vez el desarrollo económico a ambos lados de la frontera fijada por el Laudo de 1899 y la congelación de la reclamación por 30 años. Venezuela rechazó la propuesta.

En esta Conferencia Ministerial el canciller Iribarren Borges declaró sobre las razones por las que para Venezuela resultaban totalmente inaceptables las conclusiones del informe de los Y expresó: "Lejos de haber persuadido a mi Gobierno de que su reclamación carece de fundamento, el informe de los expertos británicos le ha convencido de la firmeza inconmovible de su posición". Y concluyó de esta manera: "El Gobierno de Venezuela está convencido que la solución satisfactoria del problema fronterizo con Guayana Británica consiste en la devolución del Territorio que en derecho le pertenece. En consecuencia, considera que debe acordarse la fijación de la frontera legítima entre Venezuela y Guayana Británica".[24]

En el Comunicado Conjunto firmado el 10 de diciembre se fijó la Agenda para la continuación de las conversaciones a nivel

---

[23] Rafael Sureda Delgado, *Venezuela y Gran Bretaña. Historia de una Usurpación*, *ob. cit*, p. 88.

[24] MRE, *Reclamación de la Guayana Esequiba.* Documentos 1962-1981, *ob. cit*, p. 65.

ministerial, de conformidad con el Comunicado Conjunto de 7 de noviembre de 1963:

1- Intercambio de puntos de vista acerca de los informes de los Expertos sobre el examen de los documentos y discusión de las consecuencias que de ellos se deriva. Necesidad de resolver la disputa.

2- Buscar soluciones satisfactorias para el arreglo práctico de la controversia que ha surgido como resultado de la contención venezolana de que el Laudo de 1899 es nulo e írrito.

3- Planes concretos de colaboración en el desarrollo de la Guayana Británica.

4- Determinación de plazos para el cumplimiento de lo que se acuerde respecto de los puntos 1, 2 y 3 anteriores.

5- Comunicado conjunto sobre las presentes conversaciones.

Las partes declaran haber considerado los informes de los expertos sobre el material documentado relativo al Laudo de 1899; la discusión de vías y procedimientos para poner fin a la controversia "que amenaza quebrantar las tradicionalmente cordiales relaciones entre Venezuela, por una parte, y el Reino Unido y la Guayana Británica, por la otra".

Se intercambiaron ideas y propuestas para un arreglo práctico de la controversia. Algunas de ellas deberían someterse a ulterior consideración. Para este fin los Ministros debían continuar las discusiones durante la semana que comenzaba el 13 de febrero de 1966, en Ginebra, así como otras propuestas que pudieran sugerirse de acuerdo a la Agenda.

Por no aceptarse las conclusiones de los expertos el punto 1 no fue considerado para la próxima reunión. Finalmente se convino en llevar a conocimiento del Secretario General de las Naciones Unidas el texto de este Comunicado[25]

El año 1966 comenzó mal para la cancillería venezolana, enfrascada en los preparativos para la reunión ministerial a celebrarse

---

25 Ibídem, p. 66-67.

en Ginebra el 16 y 17 de febrero. Un funcionario del Foreign Office británico, Lord Walston, declaró en una conferencia de prensa en Washington el 28 de enero, que en Ginebra "no se discutirá el reclamo venezolano". La cancillería reaccionó de inmediato y presentó el 4 de febrero un Aide-Memoire a la Embajada británica en Caracas en la que hizo ver su preocupación por estas declaraciones, contradictorias con el compromiso contraído en Londres. Así mismo, estimó necesario solicitar una explicación de Su Majestad. De lo contrario el gobierno venezolano se vería obligado a reconsiderar su asistencia a dicha reunión los días 16 y 17 de febrero.[26]

La prensa nacional reaccionó ante el hecho y sus páginas reflejaron la opinión de representantes del mundo político e intelectual. Guillermo José Schael escribió: Venezuela tiene razón al exigir a Londres una declaración previa para asistir a Ginebra. Haría falta una acción conjunta de Argentina (Malvinas), Guatemala (Belice) y España (Gibraltar) "[para] que por lo menos tome en serio las aspiraciones que legítimamente venimos expresando a fin de que sean reintegrados los territorios usurpados en el pasado por aquel reino".[27]

El 8 de febrero la Embajada británica notificó a la cancillería que ni Lord Walston ni ningún otro representante de Su Majestad habían formulado la declaración citada. Y agregó que por lo que respecta a su gobierno la agenda para la reunión de Ginebra permanecía igual de acuerdo a lo convenido en el Comunicado Conjunto de 10 de diciembre.[28]

Este mismo día la Cancillería emitió un comunicado de prensa en relación con la visita de Sir Anthony Lincoln al canciller Iribarren Borges. El Embajador británico le comunicó que las declaraciones de Lord Walston, Subsecretario de Estado para Asuntos Extranjeros, "habían sido mal transcritas" y aseguró que ningún otro representante de Su Majestad había declarado que en Ginebra "no se discutirá el

---

26 Ibid., p. 68.

27 Guillermo José Schael, *Brújula. La Reunión de Ginebra*, El Universal, Caracas, 6 de febrero de 1966, p. 26.

28 MRE, *Reclamación de la Guayana Esequiba*. Documentos 1962-1981, *ob. cit*, p. 69.

reclamo venezolano" sobre la Guayana Esequiba. Finalmente ratificó la Agenda acordada para la reunión en Suiza de 10 de diciembre pasado.[29]

Como hemos dicho, el Gobierno venezolano reconsideró su asistencia a Ginebra en virtud de las declaraciones de Walston. Al final decidió ir. Seguramente las explicaciones británicas influyeron en ello al igual que la consulta realizada a los partidos políticos.

La prensa recogió las declaraciones de Jóvito Villalba (URD), quien planteó la tesis de que ante una reclamación tan trascendente para el país "no se podía estar pensando mucho la asistencia por cuanto es más positivo aprovechar todas las oportunidades que dentro de las conversaciones al respecto [que] se presenten".[30]

Otro comentario: 100 años tienen los argentinos tratando de que los ingleses se sienten a conversar sobre Las Malvinas. Más o menos el mismo tiempo tiene España por Gibraltar. "Ya había sido visto como una gran cosa lograr convencer a los ingleses de que son razonables los argumentos de Venezuela". "Error grave del Foreign Office sería dejar a estas alturas como "válidas" las intemperantes declaraciones de Lord Walston. Son muchos los intereses que tiene que defender su país en América Latina".[31]

El presidente Raúl Leoni se reunió con los Ministros de Relaciones Interiores y Exteriores; y con el Comité Ejecutivo Nacional de su partido, Acción Democrática, a fin de discutir la actitud que asumiría Venezuela en Ginebra.[32] El doctor Luís Beltrán Prieto Figueroa, Presidente de la Comisión Delegada del Congreso Nacional confiaba en que habría de encontrarse "una salida honorable y que ésta no podrá ser otra que, la de poner bajo la soberanía nacional ese territorio que es venezolano por derecho y por

---

29 Ibídem, p. 69-71.

30 El Nacional, 1 de febrero de 1966.

31 Brújula. *A propósito de la Política del "Foreign Office"*. El Universal, Caracas, 7 de febrero de 1966.

32 La Esfera, Caracas, 10 de febrero de 1966.

justicia".[33] En otras palabras: Venezuela debía recuperar la totalidad del Territorio Esequibo.

La Cancillería se preparó concienzudamente para acudir a Ginebra con toda la documentación necesaria. Es de suponer que se elaboró un Proyecto de ruptura para el caso de que las conversaciones fueran infructuosas. De esta manera, agotadas todas las diligencias por la vía diplomática, Venezuela podía acudir, con entera libertad, a cualquier medio más efectivo que tuviera a su alcance para obtener el pleno reconocimiento de su soberanía sobre el Territorio Esequibo.

El clima que se vivió fue de tensión y la prensa lo reflejó con profusión. Las expectativas eran grandes. Veamos algunos ejemplos: El día 15 salió publicado que Gran Bretaña aplazaría las conversaciones hasta mayo, mes en el que tenía pensado otorgarle la Independencia a su colonia Guayana Británica. Se dijo que el ministro Stewart había recibido instrucciones para forzar a Venezuela a posponer la reclamación por dos años.[34]

Y el mismo día 15 en un cable de UPI: Todo listo en Ginebra para la Conferencia de mañana. "No obstante, la razón fundamental por la que se cree que Gran Bretaña no accederá a la pretensión venezolana consiste en que una alteración de la frontera de la Guayana, según las fuentes, abriría el camino para que otras repúblicas latinoamericanas planteen nuevamente viejos pleitos de límites territoriales, causando así intranquilidad en la parte Sur del Hemisferio Occidental".[35]

El 17 de febrero de 1966 se firmó en Ginebra, Suiza el "Acuerdo para resolver la controversia entre Venezuela y el Reino Unido de Gran Bretaña e Irlanda del Norte sobre la frontera entre Venezuela y la Guayana Británica".

Otra historia se iniciaba.

Ha quedado demostrado que Venezuela no cambió su posición en 1962, como expresa Guyana en el Punto 6 de su Demanda contra

---

33 Idem.

34 El Universal, Caracas, 15 de febrero de 1966.

35 La Esfera, Caracas, 15 de febrero de 1966.

Venezuela ante la Corte Internacional de Justicia, ya que el Reino Unido estaba haciendo los preparativos finales para otorgarle a la Guayana Británica su Independencia.

La realidad fue que Venezuela nunca aceptó la decisión arbitral de 1899. Y no la aceptará nunca. El Territorio Esequibo es nuestro.

LOS ANTECEDENTES DE LA CONTROVERSIA DEL ESEQUIBO ELOY TORRES ROMÁN

LOS ANTECEDENTES DE LA CONTROVERSIA DEL ESEQUIBO

*Eloy Torres Roman**

Estamos ante un antecedente histórico que muestra la inminente pérdida de nuestra salida al Atlántico. Es un momento similar al experimentado en 1899, cuando a Venezuela, ese territorio, le fue arrebatado, por Inglaterra, la pérfida Albión.

Ahora bien, la narrativa de estos antecedentes, podrían verse cual "Precuela"; en inglés "prequel", que apunta a explicar cómo se hizo una novela, pieza teatral o, un film, al enfocarse en los acontecimientos que la produjeron. Por lo que no es necesario extenderse demasiado en ciertas consideraciones históricas. Nuestra narrativa buscará explicar, que no es justificar, los errores, mediante la ampliación de los aciertos y desaciertos de la política exterior de Venezuela, primero, frente a Inglaterra y luego ante Guyana.

Primero, Inglaterra, atrapada por sus conflictos internos no puede decirse que descubrió, como tampoco conquistó o colonizó territorio alguno en América del Sur. En cambio, en sus momentos de tensión, con España y Portugal, la pérfida Albión, realizó actos de pillaje, bandidaje y piratería, con la ayuda de sus corsarios (personajes, magnificados por su literatura y por la filmografía hollywoodense) éstos, ayudaron a fortalecer la corona inglesa a fin de aumentar su

* Lic. en Filosofía e Historia, Universidad Babes-Bolyai, Cluj-Napoca, Rumania (1980). Estudios: especialidad en Derecho y Política internacional, Facultad de Ciencias Jurídicas y Políticas, UCV; Diplomado en el ISRI, Raúl Roa de Cuba; maestría en Relaciones exteriores en ADPG del MRE; Miembro directivo del COVRI; profesor UCV y USM; analista de temas internacionales, locutor, egresado de UCV; ha publicado ensayos históricos - geopolíticos y una novela.

dominio en los territorios en esta zona hemisférica. Ahora bien, aunque, epistemológicamente hablando, la geopolítica, no existía, como disciplina científica; no menos cierto es que ella se expresaba en los esfuerzos de estos corsarios para dominar el mar a fin de agrandar sus territorios.

Los ingleses destacaron en su rivalidad con Portugal y España y viceversa. Fueron muchos los escenarios mostrando las disputas territoriales. Como es sabido, éstas, ocurrieron después del tratado de Tordesillas, el famoso reparto de las zonas de navegación, como de conquistas de territorios y afianzar en éstos, los factores dominantes de la época. Este tratado firmado en 1494, por los reyes de Portugal y Castilla fue lo más parecido a un acuerdo para dividir el mundo, por cierto, un mundo que se desconocía en su totalidad. Tordesillas, fue una división entre Portugal y España, mediante trazados de fronteras que, a vuelo de pájaro, se dio arbitrariamente. Ello ocurrió a sólo dos años de descubrirse el continente americano en 1492.

Los ingleses, reiteramos, estaban ocupados en sus problemas internos; ausentes de ese imaginario reparto del mundo. Sin embargo, hay que decirlo: la consolidación del evidente e inmenso poder territorial de España les preocupó. Ello aumentó la conflictividad con Inglaterra por el dominio de las rutas de marítimas y la búsqueda de mayores ventajas ultramarinos. Basta citar a Chile, Argentina, Guatemala y las Antillas. La posterior apropiación de Belice, las Malvinas, Falkland y Jamaica. Ésta última marcó la realidad de la cual nuestro país no escapó a las actividades de los filibusteros ingleses. Gran Bretaña, con sus aspiraciones de posesionarse de los citados territorios, aplicó, con el tiempo, como todos sabemos, su política de poder en áreas determinadas, cuya motivación era muy clara: control de las rutas marítimas, de las vías fluviales, obtención de materias primas, e imposición del poderío imperial británico sobre los pueblos "bárbaros" de la región, para lo cual, la corona británica no escatimó esfuerzos al apoyar a sus "corsarios".

El Esequibo, Demerara y Berbice, pasaron a ser controladas por Inglaterra. Holanda las había cedido, tras firmar la Convención de Paris en 1814. El evidente proceso de colonización iniciaba un nuevo rumbo, esta vez en el idioma de Shakespeare. El Esequibo era su punto de partida para extender sus pretensiones expansionistas y anexionistas, en desfavor de esa "Venezuela, atrapada por la "barbarie".

El investigador, Manuel Alberto Donís Ríos, en su obra "El Esequibo, una reclamación histórica" sentenció: "En 1822, el Libertador en aplicación del principio jurídico- para algunos doctrina - del "Uti Possidetis Juris" de 1810, ordenó a José Rafael Revenga que gestionara en Londres el desalojo de los colonos ingleses que se hallaban en la zona del Moruco-Pomerón, es decir en la orilla izquierda del río Esequibo"...La doctrina que se conoce con el nombre de "Uti Possidetis de 1810" se fundamenta en el reconocimiento de los límites administrativos coloniales, partiendo de una tácita aceptación de este principio por todas las colonias. En el caso venezolano, es la concepción de que nos corresponde en estricto derecho como país el territorio de la Capitanía General de Venezuela anterior a 1810"[1].

Ello fue una actitud firme y contundente. Venezuela, protestó efectivamente el plan inglés de penetrar en nuestro territorio. Luego, en 1824, cuando, José Manuel Hurtado, el nuevo enviado; el de la Gran Colombia, ante las autoridades británicas, presentó sus Cartas Credenciales, entregó una Memoria, con la que explicó los límites, territorio, la actividad comercial, población y otros elementos conexos de la región que representaba. En esa memoria se describió la geografía de la Gran Colombia, la cual partía desde el río Esequibo "o confines de la provincia de Guayana". El caso es que ni durante ni después del acto protocolar, hubo reparo o respuesta alguna por parte de la corona británica. Nos apoyamos en la citada exposición que destaca Manuel Alberto Donís Ríos, para quien "En 1825 Gran Bretaña reconoció la frontera entre la República de Colombia y la Guayana Británica en el río Esequibo. Existen razones para suponer que el autor intelectual de la Memoria presentada por el Ministro plenipotenciario de la República de Colombia, José Manuel Hurtado, documento de suma importancia puesto que la referencia limítrofe del país que reconoció Gran Bretaña a partir de 1825, no fue otro que

---

1 Manuel Alberto Donís Ríos, *El Esequibo. Una reclamación histórica.* Konrad Adenauer Stiftung. UCAB editores, Caracas, 2016, p. 51.

nuestro gran humanista Andrés Bello, entonces Secretario de Colombia en Londres"[2].

Luego, Venezuela mantuvo una reiteración al describir perfectamente la línea del Esequibo como frontera oriental de nuestro país, para ese entonces, La Gran Colombia. Lo confirma Agustín Codazzi al publicar su Atlas físico y político de Venezuela en 1840. En ese documento destacó que el Esequibo es la frontera oriental de nuestro país.

Sin embargo, el explorador prusiano Robert Schomburgk, comisionado por los ingleses (La Sociedad cartográfica de Londres) en el año 1835 realizó un estudio en la región. Ya había levantado un mapa, y le otorgó a Inglaterra un territorio de 4.920 kilómetros cuadrados. Esta se llamaría desde entonces "la primera línea Schomburgk". Para el año 1840, el mismo explorador fue más allá y extendió su respectiva línea en favor del imperio británico a niveles alarmantes: 142.000 kilómetros cuadrados. El General Páez protestó y su Ministro plenipotenciario, Alejandro Fortique, papeles en mano, mostró la urgencia de reiterar ese acto de señalar esa zona como territorio británico.

Venezuela logró su cometido, pero, como siempre la "Pérfida Albión", utilizó sus acostumbradas tácticas dilatorias (técnicas que heredaron sus esclavos traídos a la región y que hoy dirigen a esa minúscula nación, construida con retazos de esclavos africanos y de trabajadores hindúes y chinos) para posesionarse de una mayor cantidad territorial. Años más tarde, la debilidad venezolana en el manejo diplomático llevó a Caracas a firmar un compromiso de no ocupar ni usurpar ese territorio disputado.

Durante el año 1876, Guzmán Blanco se dirigió a Londres para denunciar su práctica política anexionista. Se mostró con lujo de detalles y se enumeraron los títulos que respaldaban nuestro reclamo. El Esequibo fue y es nuestro. Londres jamás contestó. El Conde Derby y su silencio alimentaron el empoderamiento colonial de los británicos en esa región.

---

2 Ibídem, p. 55.

Venezuela durante todo ese tiempo, consciente de sus debilidades estructurales motivó su accionar diplomáticamente. Siempre buscó una negociación con el gobierno británico; el cual reiteradamente, marcaba, con su silencio, su negativa a aceptar un arbitraje con Caracas.

Recientemente la Corte Internacional de Justicia le propinó un mazazo a la venezolanidad, al decidir la pertinencia de conocer la solicitud de Guyana para validar el Laudo de Paris de 1899. Nuestra opinión, se inscribe en un clamor nacional, al considerar esta decisión violatoria de su propia naturaleza; toda vez que ya existía el Acuerdo de Ginebra de 1966, suscrito por Venezuela con el gobierno de Gran Bretaña y con la participación de Guyana.

Decide la pertinencia de conocer la solicitud de Guyana para validar el Laudo de Paris de 1899. Nuestra opinión, se inscribe en un clamor nacional, al considerar esta decisión violatoria de su propia naturaleza; toda vez que ya existía el Acuerdo de Ginebra de 1966, suscrito por Venezuela con el gobierno de Gran Bretaña y con la participación de Guyana. A pesar del buen paso dado con ese Acuerdo de Ginebra, creemos que hemos podido ir más allá. En ese entonces, perdimos la oportunidad abierta de hablar del proceso de descolonización, puesto que ese territorio, nos fue arrebatado.

Desde 1899, mantuvimos un rítmico y relativamente constante reclamo por el Esequibo. Territorio arrebatado por Inglaterra que gracias a sus corsarios, bandidos, a su servicio, durante un buen tiempo edulcorados por su literatura y después desde Hollywood. Éstos, sirvieron, en calidad de tropas sanguinarias de asalto, para conquistar territorios y apuntalar su dominio geopolítico globalmente hablando, al mismo tiempo que confiscaban riquezas en oro, diamantes y perlas.

Los ingleses actuaron cual delincuentes, como vanguardia de aquellos especialistas en hurgar y abastecerse de riquezas de ciertos territorios. Para lo cual implementaron su "derecho de conquista" en nombre de la corona británica y lo impusieron en algunas zonas de la América española, por ejemplo, Belice en Centroamérica, todas las islas de El Caribe, hoy angloparlantes, y las islas Malvinas. En nuestro caso, Santo José de Oruña (en Trinidad) fue asaltado e incendiado por Walter Raleigh en 1595 y luego Santo Tomé de

Guyana en 1618 por sus lugartenientes, por lo cual éste, fue convertido en "Sir" por la "Reina Virgen". Empero, la oposición de los varones castellanos le impidieron hacer conquistas permanentes, manteniendo a su vez a los piratas holandeses más allá del Río Esequibo.

No obstante, Gran Bretaña se aprovechó de las circunstancias que rodearon las disputas en el marco de las Guerras Revolucionarias causadas por Francia, y los "casacas rojas" incursionaron en toda esta zona, robando Trinidad a la Capitanía General de Venezuela en 1797 y expulsando a los holandeses de puestos ilegales que tenían entre el Río Esequibo y el Río Moroco, que el Rey Carlos III había ordenado destruir en 1780, para luego fundar "San Carlos de la Frontera" como bastión para mantenerlos a raya, aunque lamentablemente sus órdenes no fueron llevadas a cabo en años posteriores debido a la coyuntura geopolítica compleja que desencadenó la Revolución Francesa. Toda esa zona sería adjudicada luego a la pérfida Albión a través del "derecho imperialista", mediante el tratado anglo-holandés de 1814, el cual fue ratificado en el Congreso de Viena en 1815, tras la derrota del huracán napoleónico.

La usurpación británica de territorios en la margen occidental del Río Esequibo ocasionó las primeras protestas diplomáticas ordenadas por el Libertador Simón Bolívar. Luego, desde 1831, se inició, en esa región, la cual comenzó a ser llamada Guayana Británica, la usurpación británica más allá del Río Esequibo, que ha sido siempre nuestra frontera natural. Miles de esclavos africanos fueron traídos a la zona, en calidad trabajadores, junto a otros de la India y de China. Todo con el fin de poblar esos territorios y continuar avanzando hacia el oeste en su proceso de despojo de tierras a una Venezuela debilitada a consecuencia de la Guerra de Independencia y la Guerra Federal, como también, hay que decirlo, gracias a la megalomanía de tantos caudillos nimbados de la idea de ser "la expresión del pueblo" con derecho al "trono de Bolívar".

Para ello, la pérfida Albión se valió de otro corsario, esta vez un no un hombre de acción, sino de un estudioso; se trata del citado "naturalista" prusiano Robert Schomburgk, quien luego fue exaltado por la Reina Victoria con el respectivo "Sir" por sus servicios de latrocinio prestados. A tiros los detuvo el General Domingo Antonio

Sifontes y sus hombres en 1895, cuando pretendían avanzar hacia el corazón de nuestro hoy estado Bolívar.

Guyana fue y es un enclave colonial británico. Cuando decimos "es" un enclave, nos referimos a que, a pesar de haber alcanzado su independencia en 1966, ella comparte la misma espiritualidad "westminstereana". Sus artimañas son copias al carbón de las empleadas por la pérfida Albión. Hoy, lo vemos con la manipulación que hicieron, para introducir una demanda ante la Corte Internacional de Justicia para validar el llamado Laudo Arbitral de Paris de 1899, aprovechando la debilidad de Venezuela. Laudo que, por cierto, fue una componenda extorsiva entre Londres y el quinto árbitro ruso Frédéric (Fyodor) de Martens, que les fue impuesta a los cándidos representantes norteamericanos, quienes actuaron en calidad de árbitros y abogados de nuestra nominal República; toda vez que los nuestros, no pudieron presentarse como enviados de Venezuela, pues fueron rechazados por los británicos. No querían sentarse con los venezolanos, por su piel morena y "olor a plátano". Nos consideraban unos bárbaros y salvajes.

Inglaterra, se apoyó en las condiciones que emanaban de nuestro país. Una verdadera retahíla de presidentes de corta duración e innumerables revoluciones que tuvimos desde 1830, amén de la violenta Guerra Federal. Los británicos, aceptaron a los abogados norteamericanos, porque el entonces Presidente de EEUU, Grover Cleveland, presionó a los ingleses para dirimir la cuestión límites con Venezuela en un tribunal arbitral y la palabra "guerra" atemorizaba a Londres, que a su vez veía, cómo sus disputas, con Berlín se agudizaban. Los ingleses aceptaron y pusieron, repetimos, como condición la utilización de árbitros y abogados que no fueran venezolanos. Hay que reconocer que, esa fue una victoria de la diplomacia de Cleveland, enmarcada en la Doctrina Monroe: EEUU ya era una potencia emergente que reclamaba dominio efectivo sobre lo que siempre consideró su área de influencia, y logró detener el avance británico que quería apoderarse desde El Callao hasta las bocas del Río Orinoco.

Otra cosa fue el resultado final del llamado Laudo de 1899, que otorgó, sin evaluar títulos y derechos históricos, mediante un compromiso diplomático y no una sentencia ajustada a derecho.

Nuestra Guayana Esequiba fue confiscada por los jueces a los británicos. Mientras los abogados norteamericanos expresaban su sorpresa ante aquel fallo, el Presidente de EEUU, William McKinley, vio hacia otro lado, ya que Washington y Londres se encontraban en plena reaproximación, sentando las bases de lo que hoy se conoce como la *special relationship.*

Esta decisión de diciembre de 2020, muestra nuestra orfandad jurídica y debilidad política, como geopolítica. Si bien el año 1899 fue una desgracia; hoy, ya en 2021, todo se nos antoja más grave aún que en aquel entonces. Es como si estuviéramos condenados a repetir la historia; poniendo en evidencia la tradicional miopía, lenidad e irresponsabilidad de las élites gobernantes; hoy, agravado durante las dos últimas décadas.

Venezuela ha actuado frente a Guyana erróneamente. Ahora bien, no quisiéramos colocar el dedo en el mapa de la historia de Venezuela para señalar sólo a los últimos años, de la diplomacia bolivariana; sino, a toda la cadena de errores que han estado presente en nuestra diplomacia y que se acrecentaron desde 1969. La diplomacia venezolana y sus ejecutantes directos siempre respondieron con un criterio "juridicista" frente al tema del despojo británico. Jamás pensaron más allá; es decir, en una acción de presión directa con todos los medios disponibles de los que dispone la política, para recuperar nuestra Guayana Esequiba, como tampoco tuvieron presente lo que significa ese vasto territorio y la importancia geopolítica del mismo. Aparte de no creer en nosotros mismos, se dejaron llevar por la muy conocida y fatal idea del venezolano de que lo urgente mata lo importante.

Ha privado el idealismo político y la reiterada falta de audacia; lo que nos conduce a un nuevo desastre. Con ello, no queremos decir que quienes dirigieron al país a lo largo de todos esos años, hasta 1999, actuaron de mala fe; lo cierto es, que basaron sus expectativas en la *bona fide* de los actores internacionales y que éstos, especialmente los británicos y guyaneses, respetarían los principios de la justicia internacional. Craso error. Guyana, una heredera, alimentada por la axiología y espiritualidad británica, siempre ha mostrado, hacia Venezuela, una inquina, como si Venezuela fuere la culpable de su condición subdesarrollada; obviamente, ello le ha servido para insuflar nacionalismo e intentar aglutinar su heterogénea población. Sus élites gobernantes aprendieron e internalizaron las técnicas y artimañas de sus antiguos amos.

Razón que nos obliga, como venezolanos, a redimensionar nuestra memoria para mantener fijos, no sólo el cúmulo de actos inamistosos, por parte de Gran Bretaña y Guyana contra nuestro país; sino también los yerros cometidos por nosotros mismos. Por ejemplo, el abandono de los revolucionarios del Rupununi, fundamentalmente indígenas que querían regresar al seno de la Patria, y que luego fueron sometidos a un genocidio en nuestras narices por los mandingas de Forbes Burnham. Luego, el Protocolo de Puerto España de 1970, y el dato de engavetar el Decreto del Mar Territorial de Leoni, todos los cuales apuntan al primer gobierno del Presidente Rafael Caldera y a su Canciller Arístides Calvani.

Por lo que decimos, el Protocolo de Puerto España fue un absurdo, pues le "regaló" a Guyana 12 años, para fortalecer, por la vía de los hechos, su permanencia en el territorio que nos fue arrebatado por Gran Bretaña. Ese quizá fue el acto más inexplicable desde el punto de vista de la diplomacia y de la geopolítica.

Muchos, tras 50 años, todavía creen acertado ese Protocolo, cuando en realidad fue un despropósito. Se buscó conceptuarlo, como una jugada maestra para "ganarnos el apoyo de El Caribe", lo cual nunca sucedió realmente. Todas esas islas del Caribe, responden a una misma axiología. Se obvió ese detalle, el cual es fundamental en el estudio de la política internacional. No hay hermandad sino intereses en la política internacional. La firma de ese Protocolo, nos llevó inexorablemente a este laberinto de actual. E incluso ese instrumento se pretendió vender como una punta de lanza un para nada atinado empeño en desplazar de su centro gravitacional bilateral nuestro reclamo y extenderlo a toda la comunidad de caribeña.

Observamos, ciertamente que se ablandaron parcialmente, algunas posiciones a punta de petróleo, pero nunca se convenció realmente acerca de la justicia de nuestra reclamación a los países caribeños. No podíamos ni podemos hacerlo. Éstos, siempre acompañarán a Guyana, un país -repito- equivalente al populoso barrio caraqueño de Petare, que sigue "tomándole el pelo" y "sacándole la lengua" a la diplomacia en general y a nosotros en particular.

En este sentido, reiteramos, que la cadena de errores se acrecentó desde 1969. Podríamos hablar también el absurdo gesto de maximizar nuestras peticiones en el proceso de negociación al sabotear "mediáticamente" un posible acuerdo que lograría alcanzar una devolución territorial parcial y una consolidación de nuestra salida al Atlántico, durante el primer gobierno de Carlos Andrés Pérez, específicamente a finales del año 1978, gracias al liderazgo presidencial y al talento de quien, quizás, ha sido, el mejor negociador que hemos tenido en materia territorial: Isidro Morales Paúl y quien siendo Ministro de Relaciones Exteriores del gobierno del Dr. Jaime Lusinchi, su gestión "...se vio entorpecida por una serie de hechos que en su conjunto provocan su cambio de la Casa Amarilla"[3].

Todo esto, nos está costando mucho. La sentencia de la Corte Internacional de Justicia del 18 de diciembre de 2020 lo confirma. Estamos de nuevo, en la situación de tener que "subir nuestra cuesta" en la reafirmación de nuestro reclamo por el Esequibo; esto es, cargar nuestra roca al hombro, tal como lo señala el mito de Sísifo, con el agregado que hoy, somos más débiles y desprovistos de aquellos instrumentos (recursos económicos y militares como prestigio internacionales) No tenemos una política exterior a la altura como la que desplegaron Betancourt, Leoni y CAP, la cual, por lo menos, nos hubiera garantizado la salida segura al Atlántico. Hoy, estamos en peligro de vernos encerrados geopolíticamente y rodeados de actores que son potenciales enemigos ante cualquier posibilidad de conflicto.

Venezuela ha debido, a lo largo de todo este tiempo, colocar su mirada sobre Guyana y dinamizar mecanismos eficientes y eficaces para conquistar la Guayana Esequiba. Nuestro empresariado ha debido adentrarse en ese territorio; las Fuerzas Armadas han debido estar presentes en las zonas adyacentes, especialmente, cuando Venezuela tenía las capacidades y posicionamiento necesarios.

---

3 Rafael Sureda Delgado. *La Guyana Esequiba. Dos etapas en la aplicación del Acuerdo de Ginebra*. Co- edición con FACES de la UCV. Estudios, monografías y ensayos. Caracas 1990. Biblioteca de la Academia Nacional de la Historia.

Ciertamente, se hizo un gran esfuerzo. Repito, se actuó con criterio de racionalidad exclusivamente diplomática para lograr una negociación con Guyana que no logró alcanzar un resarcimiento del despojo que sufrimos y la seguridad de nuestra salida al Océano Atlántico. Hoy, todo eso está, en apariencia, perdido. Acompaño este dato con la inexplicable "ligereza" con la que Venezuela "toleró" hasta el final de la Guerra Fría, la presencia de tropas cubanas dirigiéndose a Angola en el marco de la "Operación Carlota". Es algo inexplicable desde el punto de vista no sólo diplomático, sino geopolítico y de seguridad nacional.

En tal sentido, es obligatorio no solo protestar esa decisión de la Corte Internacional de Justicia; sino evaluar nuestra nueva realidad. ¿Dónde estamos y qué podemos hacer ahora? Hugo Chávez desaprovechó una segunda bonanza petrolera con la cual hubiera podido apalancar la consecución de una solución práctica y mutuamente satisfactoria en el marco del Acuerdo de Ginebra. Hoy, Nicolás Maduro hundió al país y envalentonó a Guyana, la cual, ahora se frota las manos por los hallazgos petroleros en áreas marinas y submarinas que corresponden al Esequibo. Creemos urgente abandonar, para el futuro, tanto la vieja diplomacia de oropel y burlesque, como la improvisada diplomacia propagandista de los últimos 22 años, y en lugar de ello, diseñar una estrategia geopolítica a largo plazo, en la cual participemos todos, y en cuyo marco, más allá de lo que ocurra, más adelante en la Corte Internacional de Justicia, Venezuela se decida a manejar, con firmeza, nuestra reclamación hasta obtener un resarcimiento, territorial, moral y material sustantivo frente al despojo que sufrimos en el siglo XIX.

Siempre invocamos a André Gide, para quien, *Todas las cosas ya fueron dichas, pero como nadie escucha es preciso comenzar de nuevo*. Nos referimos a cuán importante es destacar que para cada actor internacional, su posición geopolítica, en buena medida, es determinada por su geografía. Por lo menos, todo actor debe tener presente su interés nacional y no perderse en divagaciones idealistas. Su desempeño en las relaciones internacionales debe promover su orientación en función fortalecer los elementos generadores de vitalidad existencial.

A finales del siglo XIX se impuso el paradigma, según el cual el dato geográfico cobraba importancia para los actores internacionales. Es así como surge, epistemológicamente hablando, la geopolítica. Hoy, ésta, como disciplina, no se reduce exclusivamente a la conjunción de geografía con la política; sino que también describe una forma de percibir las relaciones internacionales, la política y la historia. La geopolítica asume que es fundamental para el interés nacional, el control sobre áreas geográficas claves (ya sean áreas ricas en recursos naturales, como las aptas para la agricultura o la minería, o puntos estratégicos, como el Estrecho de Malaca, Cabo de Hornos, Canal de Suez, el Esequibo, y Crimea, entre tantos ejemplos) Entonces, geopolíticamente, las cosas, en la "política del poder" se reducen a identificar y luego dominar las áreas vitales.

La geopolítica, por lo tanto, da por sentado que la supervivencia y el progreso nacionales requieren tanto el mantenimiento de su seguridad, como el uso de la fuerza militar para controlar los objetivos estratégicos de su territorialidad. Éste, no es sino la puesta en práctica de un poder duro, a diferencia del poder blando: persuasión, cooperación, actividades culturales, cuidado de la reputación nacional, etc. Al mirar el Mundo a través de la geopolítica, el estadista puede evaluar si decide usar el poder pacífico si éste, ayuda a su país a dominar regiones vitales, pero la geopolítica tiende a dar prioridad al ejercicio del poder militar.

Todo esto viene a cuanto, pues, como quiera que este año se celebró el 55° Aniversario del Acuerdo de Ginebra. Éste, fue una victoria diplomática del Estado venezolano, es verdad, pero lo que vino después de 1969, fueron fracasos tras fracasos. La ausencia de una visión geopolítica para vitalizar al país ha sido nula. El mejor ejemplo lo encontramos nuestra realidad actual. Desde 1969, Venezuela ha bailado al son de Guyana y nunca Guyana ha bailado al son nuestro. Una vez celebrado el Aniversario del Acuerdo de Ginebra; me permito preguntar: ¿qué se hizo después? La respuesta es dolorosa: ¡muy poco! Ciertamente, actuamos con diplomacia, desplegamos todas nuestras artes y habilidades, pero el resultado es nulo.

Nosotros, vivimos una debilidad institucional. Hoy, somos ahora las víctimas de la política de hechos consumados que impone

Guyana. Ésta, se comporta igual que la potencia que los trajo en calidad de esclavos a fin de poblar ese territorio; hoy, se aprovecha de nuestras debilidades internas y de la reiterada inercia, excesivamente "diplomática" de nuestros decisores en materia de política exterior, para avanzar en procura de desconocer el Acuerdo de Ginebra, y en consecuencia, "legitimar y legalizar" el despojo que hiciera la Gran Bretaña. Actualmente, sus antiguos esclavos, son dueños, circunstancialmente, de un territorio que no les pertenece, se burlan de nosotros y del derecho internacional.

Venezuela en 1966, reconoció su independencia, con un insólito desprendimiento geopolítico. El Acuerdo de Ginebra buscó enderezar los entuertos para favorecer al país. Confiamos en la *bona fide* inglesa y luego guyanesa. Tiempo perdido. Pocos años después se retrocedió aún más, cuando se firmó el Protocolo de Puerto España. Desde entonces, Venezuela ha marchado al compás de Guyana, en lugar que ellos fueren los que marchasen al ritmo nuestro: ¡Falta de pensamiento geopolítico! Lamentablemente nunca hubo, ni hay, planes para fortalecer el elemento clave en toda geopolítica, el cual daría por sentado que nuestra supervivencia y el progreso nacional requieren del fortalecimiento de su seguridad, para lo cual es válido el uso del instrumento militar a fin de controlar los objetivos estratégicos de nuestra territorialidad. Hay un temor, un pavor invocar una salida distinta, o bien, no prevista por el derecho internacional. Los juristas venezolanos, insertos en la cosmovisión oficial, como los insertos en la visión opositora, coinciden en el rechazo a una salida, no inscrita en los cánones del Derecho internacional. Vale decir, hay que seguir manejando el tema en términos de la diplomacia. Muy bien, nos preguntamos ¿Y si perdemos, en los tribunales internacionales, como está previsto, acaso aceptaremos, tranquilamente, la pérdida de nuestra salida al océano Atlántico?

Hay una ausencia de visión geopolítica y nos conformamos, lamentablemente, con la archiconocida idea, según la cual, en toda negociación, no se gana todo. Algo hay que hacer. No insistir en esa práctica, dañina, por demás, de reconocer derechos a Guyana. Ellos han mostrado mala fe (y es natural) con esa Venezuela, la cual, con un criterio magnánimo, les reconoció su independencia. Nuestro país se ha conformado con exigir "jurídica y diplomáticamente" el resarcimiento con la devolución de 159.500 kilómetros cuadrados de todo ese territorio. Jamás se maximizó un plan para ampliar los objetivos geopolíticos. Es verdad, se sentaron las bases jurídicas para recuperar parte de ese territorio y se creyó ciegamente, que esa devolución sería suficiente para garantizarnos una cómoda salida al Atlántico. Craso error. Venezuela, desplegó una diplomacia, exageradamente ponderada. Creyó apasionadamente que teníamos la posibilidad de obtener una solución pacífica y amistosa. Tarde piamos, para comprender que Guyana se burlaba de Venezuela. Ella, siempre ha actuado, de conformidad a sus intereses, sin importarle la opinión de la comunidad internacional.

Celebramos el 55° Aniversario del Acuerdo de Ginebra, hasta allí todo bien, pero ¿y después qué? Vino la crisis del Rupununi y no se actuó como todo actor que busca maximizar sus objetivos. "Matamos el tigre y luego, le tuvimos miedo al cuero", como quien dice. Por el contrario, en 1970, se firmó el Protocolo de Puerto España, mediante el cual se congeló el reclamo venezolano y se le dio tiempo precioso a Guyana para consolidar su posesión *de facto* del territorio. Luego vino el proceso de los Buenos Oficios. Se ha intentado negociar infructuosamente frente a la indiferencia y cinismo de Guyana, y en ello, se nos ha ido la vida.

Venezuela, hoy, está atrapada, entre su crisis multidimensional y polarización interna. Hoy, Guyana se aprovecha de ello para lanzar su ofensiva. Venezuela se encuentra sola y desguarnecida por culpa de ella misma, y por el idealismo tradicional de sus dirigentes y su Cancillería. ¿Negociar? Sí. Guyana tiene incrustado, en su manera de negociar, la paciencia y el carácter flemático inglés. Actúan al estilo inglés: aprovecharse de cualquier debilidad del contrincante para llevárselo todo. Esta política pone en peligro a la República. Venezuela, jamás ha ponderado los pasos de los guyaneses quienes avanzan, cada vez más. Mañana, no nos extrañemos si otros actores se aprovechan de determinadas circunstancias y nos colocan contra la pared del Golfo.

Sun Tzu, a quien parafraseamos, decía, palabras más, palabras menos: "lo más importante es atacar la estrategia del enemigo". También sostenía: "atacar, con todo, los puntos débiles del enemigo"; luego, "el enemigo no debe saber dónde atacaré, ya que así deberá estar preparado para la batalla en muchos puntos. Esto lo hará dividir sus efectivos y hará que sean poco numerosos en el lugar donde yo decida atacar".

Venezuela ha sido ambivalente frente a Guyana. Desde finales del siglo XIX, el país se ha visto débil, primero frente a Inglaterra y luego, hoy, ante ese minúsculo país. Inexplicablemente, el grado de ausencia de amor, por Venezuela, de parte de los diversos gobiernos que ha tenido el país; salvo los 40 años de dominio civilista e institucional. El daño ha sido inmenso. Todos, han actuado mayoritariamente, con lenidad e irresponsabilidad que nos enfrentamos a una debacle y a un catastrófico fracaso geopolítico.

Por lo que, ante tanto despropósito, surge la pregunta: ¿Cuál gobierno debe dirigir los destinos de un país y con qué tipo de política exterior? En todo caso, el dilema sobre la política exterior siempre se expresa de conformidad con un paradigma en específico, cuya esencia se resume en el idealismo o el realismo político. Uno expresa optimismo puro, el otro la visión trágica de la existencia humana. Para los primeros, la naturaleza del hombre siempre es buena; ella lo induce a actuar para ayudar a sus semejantes. Por lo que los valores morales como la libertad, igualdad, justicia, felicidad y la cooperación son importantes. Su tendencia dominante es la de acercarse a la idea de la permanencia del bien común. Lo encontramos en los estudios filosóficos de Kant y en la postura política de un hombre como Woodrow Wilson quien murió aferrado a esa concepción de la vida política. Él, trató de substituir el eterno principio del realismo político por el que comenzó a dominar las relaciones internacionales desde finales de la Primera Guerra Mundial: el idealismo político. Este paradigma ha fundamentado nuestra política exterior, hoy, tras 22 años es más grave aún, por no tener claro el elemento teleológico. No sabemos qué es lo que queremos.

Guyana es el gran examen con el cual el país se enfrenta. Estamos a punto de perder ese territorio definitivamente. Geopolíticamente estamos perdidos y creemos que el peligro no termina con el Esequibo. Puede ser mucho más grave. Lo cual resulta de una cadena de errores cometidos en estos últimos años. ¿Venezuela perderá el Esequibo? Es la gran pregunta que nos hacemos los venezolanos ante los errores señalados.

En 1895, Venezuela solicitó ayuda a EEUU a fin de invocar la Doctrina Monroe y el Presidente estadounidense Cleveland decidió intervenir en el conflicto entre Venezuela y Gran Bretaña, potencia extra-continental que había usurpado nuestro territorio. Esto es muy bien explicado por el Dr. y Embajador Demetrio Boersner para quien "La discusión fronteriza entre Venezuela y Gran Bretaña constituyó un acontecimiento importante en esa lucha por la hegemonía estadounidense. Desde 1850 en adelante, los ingleses habían extendido los límites entre Venezuela y Guyana Británica hacia el oeste, penetrando cada vez más en territorio históricamente venezolano, sin hacer caso a las quejas de los gobiernos de Caracas. A partir de 1890, el conflicto se tornó más grave, con ribetes de violencia contenida. Venezuela, demasiado débil para defenderse con las armas contra el imperio británico, pidió ayuda, y Estados Unidos, bajo la segunda presidencia de Cleveland (1892-1896), acudió en defensa de la república sudamericana agredida"[4].

Evidentemente que la presencia británica en territorios usurpados a Venezuela fue vista cual amenaza para los propios EEUU; estos es, la agresión de una potencia europea sobre cualquier país del continente americano que entendía era su esfera de influencia. De este modo, presionaron a Gran Bretaña a dirimir el conflicto en un Arbitraje, y en caso de negarse los estadounidenses estarían dispuestos a ir a la guerra, ante estos hechos los británicos aceptaron iniciar conversaciones con éstos para resolver la disputa territorial por medio de un Tratado Arbitral.

En 1897 se firmó el Tratado Arbitral en la capital estadounidense; el mismo se lleva con un tribunal compuesto por varios jueces nombrado por las partes en conflicto donde se trata el tema fronterizo. Hay que acotar que Gran Bretaña no aceptaba que venezolanos estuviesen representándose directamente. Para los ingleses éramos unos "indios" incultos y bárbaros. No podían negociar con nuestros representantes. Por lo que la defensa de nuestra postura fue conducida por el Ex-Presidente de EEUU, Benjamín Harrison y dos abogados también norteamericanos.

---

4 Demetrio Boersner. *Relaciones Internacionales de América Latina. Breve historia*. Cuarta edición. Editorial Nueva Sociedad, 1990. p. 188.

El tribunal estuvo compuesto por dos británicos, dos estadounidenses y el presidente del tribunal, un jurista ruso llamado Friedrich de Martens, quien lejos de ser imparcial, tuvo un marcado sesgo favorable a Gran Bretaña. Era amigo personal de la Reina Victoria, ejercía la docencia en dos universidades británicas y en un libro de su autoría afirmaba, "...la suerte futura de sus posiciones obligan a Rusia e Inglaterra a no perder jamás de vista el papel sublime que la Providencia les ha impuesto para el bien de las naciones semisalvajes y bárbaras de esta parte del mundo"[5].

Venezuela sin duda, fue considerada, por éste, como uno de esos países. Estos árbitros se reunieron en la capital francesa en 1899 y el 3 de octubre de ese año, emitieron su decisión que jurídica e historiográficamente se conoce como el Laudo Arbitral de París.

Era el año 1899, cuando se alzó Cipriano Castro quien llegó a Caracas, con sus "chácharos" e impuso su Revolución "Liberal Restauradora" al derrocar al Presidente Ignacio Andrade, por lo que fue un año caótico hasta el punto de que prácticamente no había gobierno en Venezuela al momento de dictarse sentencia en París sobre la disputa fronteriza con los británicos; situación aprovechada por éstos, para reforzar sus criterios colonialistas y racistas con la idea de obtener mayor cantidad de territorio. Una Venezuela destrozada por la guerra civil no tenía la capacidad política, económica, social, ni militar para oponerse al Laudo, aunque protestó varias veces ésta decisión por considerarla injusta y arbitraria.

Durante muchos años, los venezolanos, nos percibimos, a nosotros mismos, como impotentes para enfrentar a la pérfida Albión. E incluso durante el gobierno de Juan Vicente Gómez, hemos podido aprovechar la circunstancia de ser el segundo productor de petróleo del mundo, para imponer realidades que nos favorecieran frente Londres.

No obstante, nuestro desempeño diplomático fue tímido e inseguro. Tal como destaca Hermann González Oropeza, S.J. ella fue el símbolo de una diplomacia "...pacata y europeizante de los

---

5 Friedrich de Martens, *Rusia e Inglaterra en Asia Central*, Traducción y Estudio Preliminar de Héctor Gros Espiell, Ediciones de la Presidencia de la República. Caracas, 1981, p. 87.

prohombres del gomecismo, apegada en demasía a las formas y tan temerosa del poder europeo, dejó pasar todas las oportunidades de expresar su desacuerdo con el Laudo"[6].

El caso es que aún se mantiene ese mismo espíritu de la diplomacia. Ella como señala el Dr., y también Embajador, "Si la diplomacia consiste en el arte de levantar un bosque de palabras para encubrir crudas razones y fríos propósitos, creo que la diplomacia venezolana, en este aspecto, ha sobre salido sólo en lo primero"[7].

A lo largo de todo el siglo XX no hicimos nada distinto. Fijamos nuestro norte en el dato jurídico-diplomático. Somos reiterativos en buscar en la magia de las palabras bañadas por el oropel cortesano y fatalmente caemos en el error de no aprovechar nuestras circunstanciales fortalezas. Siempre botamos por la borda nuestro sentido reivindicador, para perdernos en intríngulis "jurídicos-diplomáticos o, como ha ocurrido, durante estos 22 años de Revolución Bolivariana, al ideologizar nuestra política exterior. Hoy, se percibe un tufo de urgencia por demostrar lo contrario. Como se señala en la fraseología popular: "Tarde hemos piado".

No obstante, hay que señalar, que a veces, la suerte, nos acompaña, para permitirnos demostrar la ilegalidad del Laudo. En 1949, fue publicado el Memorándum de Severo Mallet-Prevost, un documento que reveló todo lo ocurrido sobre la componenda entre el Presidente del tribunal y los jueces de Gran Bretaña, a espaldas del Derecho Internacional. Mallet Prevost fue uno de los abogados estadounidenses que defendió a Venezuela, y ordenó publicarlo sólo, después de su muerte. Con la publicación del Memorándum se retoma con mayor ímpetu el estudio de lo ocurrido en 1899 y en general del litigio por la Guayana Esequiba, lo que llevó al Canciller Marcos Falcón Briceño, en 1962 hiciere una exposición en la Organización de Naciones Unidas (ONU), para anular el Laudo Arbitral de París. Él alegó sobre la existencia de vicios de forma y de fondo para justificar un robo. Por tanto, Venezuela considera nulo,

---

6 Hermann González Oropeza, SJ, "Los problemas de las fronteras venezolanas". *Revista Montalbán*, número 32, UCAB, Caracas, 1999, p. 58.

7 German Carrera Damas, *Una Nación llamada Venezuela*, Monte Ávila Editores Latinoamericana, 2006. p. 213.

írrito e ilegal dicho Laudo. Esto conllevó a iniciar conversaciones con el gobierno británico para buscar reparar el daño cometido a nuestro país, a raíz de la independencia de Guyana, cuestión que nos condujo a la firma en 1966 del Acuerdo de Ginebra (aún vigente) en el que se establecen una serie de pasos para solucionar el conflicto de forma negociada y pacífica. Hoy Venezuela debe asumirlo como un asunto prioritario del Estado el tema del Esequibo. No podemos dejar que esa burla se imponga.

Las consecuencias de esta inacción serán catastróficas para el futuro del país. Un periodista preguntó en una ocasión: "¿Ese territorio, de verdad, le interesa al venezolano medio? Cuando, éste, está más interesado en el azúcar, el café y la gasolina. Grave, pues así piensan los del gobierno. Ello traduce la incomprensión del asunto. No terminamos de asumir que el Esequibo, es nuestro. Es una región por la cual Venezuela mantiene, o mantenía una disputa limítrofe, primero con Inglaterra; luego, con la República de Guyana; una región rica en cuatro grandes recursos naturales estratégicos: hidrocarburos, agua, minerales y biodiversidad; luego, en algo que es muy importante: nuestra salida natural al Atlántico.

Luego, si se observa, en detalle, Venezuela está rodeada por un arco semilunar estratégico, el cual nos puede colocar ante una situación muy peligrosa. Nos veremos encerrados en ese arco semilunar. Del lado izquierdo también, como quien dice, hay actores que buscan "arrimar la canoa a su orilla". Viene a cuento una expresión del Ex-Presidente Clinton durante su primera campaña electoral. El gustaba mostrar el verdadero tema para los EEUU con una expresión: "¡es la economía, estúpido, la economía!". Bueno, hoy debemos decirle a los que conducen la política exterior desde hace 22 años, pero también a los factores de la oposición: "¡es la geopolítica, estúpido, la geopolítica!".

El Esequibo es un asunto vital. Nuestro análisis parte de la consideración que estamos ante una situación cuya naturaleza es, mayoritariamente política, y en menor medida, sin dejar de ser importante, jurídica. La controversia hay que resolverla políticamente, con todas sus implicaciones, sin descartar ningún instrumento, entre ellos el de la guerra. Para lo cual hay que asumir con paciencia el dominio de los objetivos planteados. Nos apoyamos en lo expresado por el Dr. Juan Carlos Rey quien señaló la pertinencia de observar con seriedad "…lo largo, difícil e incierto del camino que tenemos que recorrer para lograr nuestros objetivos nacionales en relación con el Esequibo. Con esto no pretendo crear desanimo sino, por el contrario, aspiro a que nos preparemos adecuadamente para emprenderlo. Si efectivamente el camino es largo, difícil e incierto, necesitamos de perseverancia, valor, e inteligencia. Pero, muchas veces parecería que carecemos de la capacidad o de la voluntad para el esfuerzo sostenido, continuo, perseverante y con metas a largo plazo y nos caracteriza en cambio, una peligrosa tendencia a sustituirlo por "operativos" o declaraciones de "emergencia ". Sólo se encaran los problemas en el último momento, cuando los hechos han tomado ya tal magnitud que a corto plazo es poco menos que imposible resolverlos"[8].

Venezuela debe asumir con valor e inteligencia una política exterior acorde con nuestras posibilidades. Los que discuten el tema por parte del oficialismo, como de los factores de la oposición, deben aceptar que se trata de recalcar y evidenciar dos aspectos fundamentales: una cuestión procesal relativa al Laudo de Paris de 1899 y otra es la cuestión sustantiva de índole territorial, por demás de naturaleza política.

Con respecto a la primera cuestión, Venezuela afirma, como siempre lo ha hecho: el Laudo de Paris de 1899 es irrito y nulo. Guyana insiste en su validez, por lo que nos ha llevado a la CIJ. Este movimiento guyanés nos debe obligar a fundamentar una política agresiva, para lo cual debemos enfocarnos, sin abandonar el primer aspecto y afincarnos en el segundo, es decir, obligar a ese actor internacional, enclave inglés, a una salida de compromiso que satisfaga a ambas partes, especialmente a nosotros, puesto que fuimos los despojados. Pero, para ello debemos tener una política exterior acorde con el interés nacional y no una, enferma de enajenación a otros factores internacionales, como ha ocurrido en estos últimos años con Cuba. Ambas cuestiones: la procesal y la

---

8 Juan Carlos Rey. "Del Golfo de Venezuela al Esequibo: una exploración de alternativas". *Revista de Estudios Políticos*, número 0, Editorial jurídica venezolana, Caracas, 1981. p. 38.

sustantiva, a pesar de estar ligadas, hay que manejarlas con maña y astucia.

Venezuela, repetimos, debe afincarse, política y geopolíticamente, en la salida al Atlántico y presionar con todas los instrumentos que ofrece la política. Ello, debe ser expresado en términos vitales para nosotros. Hay que insistir en el arreglo práctico-político. Es vital, puesto que nos encontraremos ante la pérdida definitiva de ese territorio y en consecuencia geopolíticamente quedaríamos encerrados y eso no lo podemos aceptar.

Es urgente ejercer presión con todos los medios que ofrece la política. No fijarse sólo en el elemento jurídico-diplomático; sino que hay que ponderar muy bien y poner la mirada en una salida que nos garantice nuestra salida al Atlántico. Para lo cual debemos internalizar lo señalado por el citado Dr. Rey: "En política internacional más importante que ser amado es ser respetado. Ser respetado no es ser temido; no significa desarrollar una política de prepotencia o de agresión, pero, si poner bien en claro ante los otros cuales son nuestros intereses nacionales y llevar a su convicción que estamos dispuestos a defenderlos"[9].

Otros actores no lo han aceptado y han resuelto el problema sin desdeñar ni prescindir de ningún instrumento político. Para nosotros, está claro: debemos actuar con audacia. Es vital retomar el camino de la negociación directa por una salida al Atlántico. No caer en la bizantina discusión jurídica de si la realidad histórica, nos asiste o no, cuando, de hecho, fuimos despojados, por los ingleses de ese territorio.

Debemos insistir, como axioma e impulsar una agresiva política exterior frente a Guyana para garantizar nuestra salida al Atlántico. El país siempre estará aquí y nosotros somos más grandes y tenemos más recursos. Luego, las fronteras se mueven en función del poder de la fuerza del interés nacional de los actores. Hay que apoyarse en lo sentenciado por el Embajador y Dr. Germán Carrera Damas: "Las

---

9 Ibídem, p. 39.

fronteras no se ganan ni se pierden en el pasado, sino en el presente"[10].

Por último, no quisiéramos terminar nuestra narrativa sin expresar algo que -pienso yo- debemos tener presente: La política exterior venezolana y su diplomacia, así como su visión del derecho internacional, deben amoldarse al interés nacional y no éste, a ellas. ¡Urge hacer algo ya!

BIBLIOGRAFÍA CONSULTADA

BOERSNER Demetrio. *Relaciones Internacionales de América Latina. Breve historia*, Cuarta edición, Editorial Nueva Sociedad, 1990.

CARRERA DAMAS, Germán. *Una Nación llamada Venezuela*, Monte Ávila Editores Latinoamericana, 2006.

DONIS RÍOS, Manuel Alberto, *El Esequibo. Una reclamación histórica*, Konrad Adenauer Stiftung, UCAB editores, Caracas, 2016.

GONZÁLEZ OROPEZA, Hermann S.J., "Los problemas de las fronteras venezolanas". *Revista Montalbán*, número 32. UCAB, Caracas, 1999.

DE MARTENS, Friederich, *Rusia e Inglaterra en Asia Central*, Traducción y Estudio preliminar de Héctor Gros Espiell, Ediciones de la Presidencia de la República, Caracas, 1981.

SUREDA DELGADO, Rafael, *La Guyana Esequiba. Dos etapas en la aplicación del Acuerdo de Ginebra*, Co- edición con FACES de la UCV, Estudios, monografías y ensayos, Biblioteca de la Academia Nacional de la Historia, Caracas, 1990.

REY, Juan Carlos, "Del Golfo de Venezuela al Esequibo: una exploración de alternativas", *Revista de Estudios* número 0, Editorial Jurídica Venezolana, 1981.

---

10 Ibídem, p. 213.

4[to.] ENCUENTRO
LAS REGLAS DEL TRATADO DE WASHINGTON DE 1897 Y LOS TÍTULOS HISTÓRICOS SOBRE EL TERRITORIO DEL ESEQUIBO 15 DE JULIO DE 2021

PALABRAS DE APERTURA A CARGO DE JULIO RODRÍGUEZ BERRIZBEITIA, PRESIDENTE DE LA ACADEMIA DE CIENCIAS POLÍTICAS Y SOCIALES EN EL CUARTO ENCUENTRO SOBRE EL ESEQUIBO LAS REGLAS DEL TRATADO DE WASHINGTON DE 1897 Y LOS TÍTULOS HISTÓRICOS DEL TERRITORIO DEL ESEQUIBO

PALABRAS DE APERTURA A CARGO DE JULIO RODRÍGUEZ BERRIZBEITIA, PRESIDENTE DE LA ACADEMIA DE CIENCIAS POLÍTICAS Y SOCIALES EN EL CUARTO ENCUENTRO SOBRE EL ESEQUIBO LAS REGLAS DEL TRATADO DE WASHINGTON DE 1897 Y LOS TÍTULOS HISTÓRICOS DEL TERRITORIO DEL ESEQUIBO

*Julio Rodríguez Berrizbeitia**

Tal como mencionamos en el evento inaugural de este ciclo: El Esequibo representa para los venezolanos, una vieja reivindicación territorial ligada a valores, sentimientos y anhelos vinculados con la venezolanidad. Desde esta perspectiva, en la que confluyen creencias y realidades, el territorio es un espacio en tanto que es portador de identidad. Tal como señala Claudio Alberto Briceño Monzón en un artículo publicado el 10 de julio de 2020:

> El 3 de octubre de 1899, en un tribunal en el cual no existía representación de Venezuela le fueron traspasados a Gran Bretaña 159.500 kilómetros cuadrados de territorio que para entonces formaban parte de nuestro país. Si la reflexión histórica tuviera alguna beligerancia, no cabe duda que a los venezolanos de hoy les interesaría o debería interesarles conocer lo que

---

* Presidente de la Academia de Ciencias Políticas y Sociales. Maestría en Filosofía en el Instituto Independiente de Investigaciones Filosóficas en Toulouse Francia, en el año 1977. Doctor en derecho por la Universidad de Salamanca. Maestría en Administración Pública y Gerencia en Países en Vías de Desarrollo en la Universidad de Harvard. Actualmente es Profesor de Derecho Mercantil Parte General en la Universidad Católica Andrés Bello y Profesor de Filosofía Jurídica en la Universidad Monteávila.

sucedió en el país en aquel 3 de octubre de 1899, cuando un tribunal arbitral, en París, integrado solo por jueces estadounidenses e ingleses y un miembro neutro de nacionalidad rusa -que terminó siendo un subordinado a los intereses británicos-, dictó sentencia sobre un asunto vital para la nación: la suerte y el destino del extenso territorio de la Guyana Esequiba.[1]

Lo señalado por el profesor Claudio Briceño sobre el laudo arbitral de París de 1899 tuvo su origen en el Tratado de Washington de dos de febrero de 1897, el cual fue objeto de un exhaustivo análisis por parte del académico Dr. Carlos Sosa Rodríguez quien calificó la composición del tribunal arbitral, al cual ya se hizo referencia, como "algo insólito". De hecho, el académico Sosa Rodríguez, comentando el artículo dos del Tratado de Washington, que se refiere a la composición del Tribunal señala:

> Desde este mismo artículo dos se pone pues de relieve la forma insolente y humillante como fue tratada Venezuela, país para ese entonces débil e indefenso. Se nombra un tribunal arbitral como si se tratada de una controversia entre Inglaterra y los Estados Unidos, no de una controversia entre Inglaterra y Venezuela.[2]

Con el objeto de profundizar algunos de los temas planteados por el Dr. Sosa Rodríguez, incluyendo lo histórico, se ha convocado en el día de hoy a un grupo valioso de expertos sobre el tema de la controversia acerca del territorio Esequibo. Sus planteamientos, sin lugar a duda, constituirán un aporte valioso para iluminar el entendimiento de un tema que, con toda razón, debe ocupar el interés de todos los venezolanos. Es para ello que la Academia de Ciencias Políticas y Sociales reitera su más profundo reconocimiento al coordinador de este evento, a los expositores, al moderador y a Universitas por su siempre invaluable soporte técnico.

Muchas gracias

---

1 Claudio Alberto Briceño Monzón, "La reclamación del Esequibo ante la Corte Internacional de Justicia", Prodavinci, 10-07-2020.

2 Carlos Sosa Rodríguez, "El Acta de Washington y el Laudo de París" en *La reclamación venezolana sobre la Guayana Esequiba*, Academia de Ciencias Políticas y Sociales, Serie Eventos, Número dos, Caracas, 2008, pp. 145 y 146.

BIBLIOGRAFÍA

BRICEÑO MONZÓN, Claudio Alberto, "La reclamación del Esequibo ante la Corte Internacional de Justicia", Prodavinci, 10-07-2020.

SOSA RODRÍGUEZ, Carlos "El Acta de Washington y el Laudo de París" en *La reclamación venezolana sobre la Guayana Esequiba*, Academia de Ciencias Políticas y Sociales, Serie Eventos, Número dos, Caracas, 2008.

DIFERENDO TERRITORIAL ENTRE GUATEMALA VS. BELICE

ALLAN AMILKAR ESTRADA MORALES

DIFERENDO TERRITORIAL ENTRE GUATEMALA VS. BELICE

*Allan Amilkar Estrada Morales**

SUMARIO: RESUMEN. INTRODUCCIÓN. I. EL CONFLICTO EN LA ÉPOCA COLONIAL. II. INDEPENDENCIA DE GUATEMALA DE ESPAÑA. III. TRATADO DE AYCINENA WAYKE. IV. INDEPENDENCIA DE BELICE DE GRAN BRETAÑA. V. ACUERDO DE WASHINGTON DEL AÑO 2008. VI. DEL RECLAMO QUE GUATEMALA PRESENTA EN CONTRA DE BELICE. CONCLUSIONES

RESUMEN

La presente ponencia presentada en el cuarto encuentro sobre el tratamiento de las Reglas del Tratado de Washington de 1897 y los títulos históricos sobre el territorio del Esequibo, obedece a la participación que se me concedió para presentar la disputa internacional que Guatemala tiene hasta la presente fecha con Belice por una extensión territorial y marítima, además insular, sobre un territorio que históricamente Guatemala ha reclamado como propio frente a la comunidad internacional y principalmente ante Gran Bretaña, y que a partir de la independencia de Belice en 1981, el litigio se dirigió a esta última nación.

Se presenta como objetivo de la misma, dar a conocer el devenir histórico del problema y la incidencia de la nación europea, en el

* Licenciado en Ciencias Jurídicas y Sociales Universidad Rafael Landivar de Guatemala; Magister en Derecho Constitucional Universidad de San Carlos de Guatemala; Profesor del curso Derecho Internacional Público Universidad Rafael Landivar de Guatemala.

detrimento del ejercicio de Guatemala sobre sus derechos en el territorio de Belice, y como un tratado que no entró en vigencia, es el punto de discusión jurídica, pero de la mano con la posición política que la Corte Internacional de Justicia puede asumir por el poderío internacional de Gran Bretaña, que aún le otorga el respaldo a Belice por ser parte del *Commonwealth*. La ponencia resalta ciertos aspectos del conflicto, que son comunes al conflicto que Venezuela posee con Guyana, y que ponen en contexto del lector ciertas similitudes que los dos litigios poseen.

INTRODUCCIÓN

América al ser descubierta por la Corona Española, significó una fuente de problemas con otras naciones europeas, para ejercer un dominio sobre los territorios conquistados, problemas que fueron trasladados a las naciones que se formaron tras los procesos independentistas.

Tanto Venezuela como Guatemala, tienen en común un problema sobre la delimitación territorial, ocasionada por el intento de Gran Bretaña de apoderarse de territorios, que históricamente fueron reconocidos a las naciones de américa. Casualmente, ambos conflictos se encuentran actualmente en la Corte Internacional de Justicia, en una disputa legal internacional. Aunque las circunstancias procesales ante la referida Corte son distintas, resalta que los antecedentes históricos presentan ciertas similitudes, como tratados internacionales comprometidos en favor de Gran Bretaña, que en los mecanismos para encontrar una solución amistosa, se han visto mala fe en el actuar del gobierno británico, y que la controversia surgida desde la colonia, aún se encuentra pendiente de resolver. Las colonias que hoy día heredaron las disputas son, del lado de Guatemala, Belice, y en el caso de Venezuela es Guyana, ambos países a pesar de su independencia, pertenecen a la *Commonwealth.* Tras la independencia de estas naciones, tanto Guatemala como Venezuela reconocieron la misma, pero se reservaron la disputa territorial sobre cierto espacio, que reclaman como propio, en base a antecedentes históricos y títulos justificativos del dominio que les asiste, y que aún se encuentra pendiente de resolver, ello genera un limbo para los cuatro Estados, en cuanto a la extensión del territorio, fronteras y límites que abarca cada nación, y que es necesario resolver por mecanismos transparentes y en igualdad de derechos.

El presentar el caso de Guatemala vs Belice, dentro de este proyecto académico, es plantear justamente estos aspectos que se tienen en común con el conflicto del Esequibo, y presentar el contexto histórico de la problemática que Guatemala heredó de España, inicialmente frente a Gran Bretaña y hoy día frente a Belice, y encontrar los puntos en común que respalden, que tanto Venezuela como Guatemala, les asiste el derecho por el tratamiento del derecho internacional sobre los derechos históricos sobre territorios, como principio y fundamento para la solución de conflictos territoriales.

I. EL CONFLICTO DURANTE LA ÉPOCA COLONIAL

La posesión y propiedad de las tierras en América, tiene su antecedente en la *Bula Intercaetera* del papa Alejandro VI de 1493[1], en donde se reconoció a España como la detentadora de las tierras descubiertas, este es el título de propiedad con el que el Rey de España ejerció posesión y propiedad sobre lo conquistado.

Durante la colonia, España se enfrentó en guerras con diversas naciones para mantener el dominio de los territorios adquiridos, *inter alia,* con Holanda, Francia y principalmente con Inglaterra. El proceso de colonización incluía la explotación y la detentación política y social de las tierras sobre las que se ejercía el dominio.

En el caso del territorio que actualmente ocupa el estado de Guatemala, fue ocupado desde 1524 por la Corona española[2], desde ese entonces hasta el año 1821 se ejerció un control político,

---

1 Biblioteca Tv, "Primera Bula Intercaetera 3 de mayo de 1493", disponible en: http://www.biblioteca.tv/artman2/publish/1493258/Primera_Bula_ Inter_caetera_de_Donaci_n_del_Papa_Al_443.shtml Consultado en fecha 10 de noviembre de 2021

2 Fernando Mollinedo, "La verdadera Conquista", Diario la Hora, publicación de fecha 27 de agosto 2011, Guatemala, en Disponible en: https://laho-ra.gt/la-verdadera-conquista-de-guatemala/ Consultado en fecha 10 de noviembre de 2021.

colocando autoridades que administraban el territorio, y era España quien ejercía el *uti possidetis*, sobre los territorios.

A raíz de la extensión y principalmente por situaciones de desinterés por la lejanía, España no tenía un control absoluto sobre las tierras, así surgieron en el siglo XVI, grupos de vándalos que buscaban robar barcos españoles con bienes que se extraían y se dirigían a Europa, quienes se asentaron en Puerto Valiz (el actual Belice), con tal de asediar las naves españolas. Sin embargo, con el tiempo estos grupos se establecieron en este sector del territorio español, inclusive empezaron a llevar esclavos africanos para explotar plantaciones que se encontraban en el sector.

Llegado el siglo XVII, y debido a la guerra entre Inglaterra y España, al finalizar la misma se firmó el tratado de paz en París en el año de 1763, en el que entre otros acuerdos se acordó lo siguiente: "*Su Majestad Británica demolería todas las fortificaciones que sus súbditos hubieren construido en la Bahía de Honduras (actual Belice) y en otros lugares del territorio de España en esa parte del mundo y se permitió a Inglaterra mantener en paz a sus trabajadores en la ocupación de cortar el palo de tinte o de Campeche*" [3]

Dos acuerdos más se firmaron entre España y Gran Bretaña en 1783 y en 1786, en los que España cedió a favor de Gran Bretaña, en el primer acuerdo 1482 kilómetros cuadrados y en el segundo 4323 kilómetros cuadrados, para que esta nación gozara en usufructo el territorio de la Bahía de Honduras, con exclusividad para que pudieran cortar palo de tinte. Y al ratificar el tratado de 1786, el Parlamento inglés determinó que Belice no formaba parte de los territorios de Gran Bretaña.

---

3 DIPUPLICO.ORG, "Tratado definitivo de paz entre los reyes de España y Francia por una parte y el de la Gran Bretaña por otra; firmado el 10 de febrero de 1763; en cuya fecha accedió al mismo tratado Su Majestad Fidelísima" Derecho Internacional, publicado el 7 de enero de 2020, disponible en: https://www.dipublico.org/118045/tratado-definitivo-de-paz-entre-los-reyes-de-espana-y-francia-por-una-parte-y-el-de-la-gran-bretana-por-otra-firmado-el-10-de-febrero-de-1763-en-cuya-fecha-accedio-al-mismo -tratado-su-majestad-fidel/ Consultado fecha 10 de noviembre 2021.

II. INDEPENDENCIA DE GUATEMALA DE ESPAÑA

En 1821 se llevó a cabo la independencia de Guatemala de España, lo que significó la separación política de la totalidad territorial de lo que hasta ese año era el Reino de Guatemala, que abarcaba territorios desde Chiapas y Soconusco, hasta lo que hoy día es Costa Rica, y que incluía lo que hoy día es Belice.

El contexto de la independencia de 1821, no significó un dominio pleno del Estado de Guatemala sobre el territorio que abarca la Honduras Británica (hoy día Belice), ya que al ser parte de un país Federal, era a la Federación quien le competía ejercer la soberanía a nivel internacional y no a Guatemala como parte de la nación centroamericana, lo cual no sucedió, y la situación internacional del territorio que hoy día ocupa Belice, continuó en la misma forma que se encontraba antes de la independencia de 1821.

En 1847 se declaró la separación de la Federación y es cuando Guatemala se constituye en un República, siendo el primer Presidente de la nación guatemalteca, el General Rafael Carrera, quien al ejercer como primer mandatario de la República, decidió resolver el problema y reclamó a Gran Bretaña la desocupación del territorio que hoy día ocupa Belice, y con ello inició una disputa directa entre Guatemala y Gran Bretaña.

En 1850, en base a la Doctrina Monroe, Estados Unidos y Gran Bretaña firmaron un acuerdo denominado de Clayton Bulwer[4], en el que pactaron un respeto por parte de la monarquía británica para no colonizar territorios en Centroamérica. Este tratado propició que la solución al problema de Belice, se buscara alcanzar por la vía diplomática, y Estados Unidos propició el acercamiento entre las cancillerías de ambos países en disputa.

---

4 Organización de Estados Americanos, "Tratado de Clayton Bulwer", Disponible en: https://www.oas.org/sap/peacefund/belizeandguatemala/timelinedocuments/April%2019%201850%20Clayton-Bulwer%20Treaty%20copy.pdf. Consultado en fecha 10 de noviembre de 2021

III. TRATADO DE AYCINENA WAYKE

En 1859, se firmó entre Guatemala y Gran Bretaña un acuerdo sujeto a ratificación por parte de los órganos legislativo de cada nación, el acuerdo fue denominado Aycinena Wayke en honor al apellido de los cancilleres de ambas naciones que fueron los firmantes del mismo, y su tema era: "*La Convención de límites de la República de Guatemala y establecimiento Británico en la bahía de Honduras; donde cedió el territorio de Belice y delimito las fronteras*"[5]. El acuerdo contenía una condición establecida por Guatemala, que este entraría en vigencia cuando Gran Bretaña hiciera efectiva una suma de dinero de 50,000 libras esterlinas o la construcción de una vía interocéanica por parte del estado Británico. El territorio que se entregaba a Gran Bretaña, es el espacio territorial que actualmente abarca el territorio beliceño.

Ninguna de las condiciones se cumplió, inicialmente porque el Parlamento Británico no ratificó el tratado y en segundo porque no se cumplieron las condiciones fijadas por Guatemala.

Lo que cabe hacer notar es que en este acuerdo, se fijaban los límites de territoriales entre ambos países. Y justamente es el espacio territorial que Belice adoptó al momento de su independencia, es decir, Belice justifica el ejercicio del derecho sobre el territorio que Guatemala le reclama, en el tratado Aycinena Wayke, aseverando que dicho tratado cobró vigencia y constituye el título para ejercer dominio sobre ese espacio físico.

IV. INDEPENDENCIA DE BELICE DE GRAN BRETAÑA

En el año de 1981, Gran Bretaña firmó la independencia de Belice, dejando pendiente la delimitación territorial del nuevo Estado, y con ello trasladando la disputa territorial al nuevo Estado.

---

[5] Ministerio de Relaciones Exteriores, "Convención entre la República de Guatemala y su Majestad Británica, relativas a los límites de Honduras Británica", Disponible en: https://www.minex.gob.gt/ADMINPORTAL/Data/DOC/20101022110042458TratadoAycinena-Wykede1859.pdf. Consultado en fecha 10 de noviembre de 2021

La Constitución de Belice, vigente desde su independencia señala las fronteras, las cuales obedecen a las establecidas en el acuerdo Aycinena Wayke. En la independencia de Belice se invitó al Ministro de Relaciones Exteriores de Guatemala, quien participó, haciendo la manifestación expresa que Guatemala se reservaba el derecho de reclamar una parte del espacio territorial, marítimo e insular que señalaba le asistía el derecho por no reconocer la vigencia del acuerdo Aycinena Wayke.

En el año 1993, Guatemala reconoció a Belice como estado independiente, entablando relaciones diplomáticas, presentado a su embajador y recibiendo al embajador beliceño. A partir de ese año se inician las negociaciones para poner fin al conflicto territorial. Han sido varios los mecanismos intentados entre ellos arbitraje, conciliación y proposición de soluciones donde ambos estados cedan a sus intereses, sin que se haya podido llegar a un final de la disputa.

V. ACUERDO DE WASHINGTON DEL AÑO 2008

En el año 2008, con la intervención de la Organización de Estados Americanos, se firmó un acuerdo especial denominado: "Acuerdo Especial entre Guatemala y Belice para someter el Reclamo Territorial, Insular y Marítimo de Guatemala a la Corte Internacional de Justicia"[6] en el que ambos estados se comprometieron a realizar consultas populares antes sus habitantes, con el fin de determinar de acuerdo mutuo, el poder acudir a la Corte Internacional de Justicia, para resolver el diferendo. El acuerdo fue firmado en la sede de la Organización de Estados Americanos, y fue ratificado por ambos Estados en 2010, en dicho acuerdo se establecía una fecha para llevar a cabo las consultas populares, pero estas se fueron postergando hasta que en Guatemala se celebró la misma en

---

6 Organización de Estados Americanos, "ACUERDO ESPECIAL ENTRE GUATEMALA Y BELICE PARA SOMETER EL RECLAMO TERRITORIAL, INSULAR Y MARÍTIMO DE GUATEMALA A LA CORTE INTERNACIONAL DE JUSTICIA" Disponible en: https://www.oas.org /sap/peacefund/VirtualLibrary/Inter-StateDisputes/Belize-Guatemala/ Agreements/specialagreementSpanish.pdf. Consultado en fecha 10 de noviembre de 2021

el 2018 y en Belice en el 2019, ambos países votaron en base a la siguiente pregunta:

¿Está usted de acuerdo que cualquier reclamo legal de República de Guatemala en contra de Belice sobre territorios continentales e insulares y cualesquiera áreas marítimas correspondientes a dichos territorios sea sometido a la Corte Internacional de Justicia para su resolución definitiva y que ésta determine las fronteras de los respectivos territorios y áreas de las Partes?

En los dos países ganó el SI, para someter el caso ante la Corte Internacional de Justicia, y con ello se allanó el camino para que Guatemala presentara la demanda.

Y en efecto Guatemala, el 8 de diciembre del año 2020 sometió el caso a la Corte Internacional de Justicia, y actualmente la Corte concedió un plazo para que Belice conteste la demanda, plazo que venció el 8 de julio del presente año.

VI. DEL RECLAMO QUE GUATEMALA PRESENTA EN CONTRA DE BELICE

La disputa tiene una incidencia en tres aspectos, en el Territorio de Belice, siendo el reclamo de Guatemala sobre el territorio ocupado por pobladores beliceños actualmente, de 12,700 kilómetros cuadrados; además un reclamo sobre islas e islotes que se encuentra sobre el mar caribe en la bahía de Honduras adyacentes a los kilómetros de mar territorial; y finalmente, el reclamo sobre la extensión marítima que brinda acceso al mar atlántico, a Guatemala. En cuanto a este último aspecto, una de los acuerdos que Belice ha cumplido tras su independencia es el de permitir a Guatemala el paso libre y salida al mar Atlántico, lo cual quedó pactado en el acuerdo que el canciller guatemalteco acogió en el año que Belice se independizó. Sin embargo, el reclamo de Guatemala resulta legítimo ya que de conformidad con las reglas del derecho internacional y la costumbre, el tratado sobre el cual Belice sustenta sus derechos sobre el territorio en disputa, no entró en vigencia, y por ende carece de un título histórico que funde el uso sobre el espacio territorial objeto de la Litis.

CONCLUSIONES

El tratamiento del conflicto Guatemala vs Belice, será resuelto por la Corte Internacional de Justicia, siendo difícil señalar un pronóstico sobre la resolución que este alto órgano emitirá, debido a los intereses políticos que se manifestarán en el desarrollo del caso, tomando en cuenta la incidencia de Gran Bretaña a favor de Belice, y que jurídicamente los argumentos históricos que esta nación posee para justificar su derecho sobre el territorio en disputa se desvanecerían con el análisis de la nulidad del tratado que dio origen al ejercicio de posesión que hasta la presente fecha posee Belice en el espacio que Guatemala reclama.

La disputa histórica, tiene como principal actor en detrimento de los intereses de la nación guatemalteca, es Gran Bretaña, con la firma de un tratado incompleto en su cumplimiento, pero que ahora resulta ser la base de respaldo del derecho que se pretende ejercer por parte de Belice.

A diferencia del litigio que Venezuela tiene frente a Guyana, el litigio entre Guatemala y Belice tiene allanado el camino sobre la competencia de la Corte para conocer del caso, en virtud de la aquiescencia de ambas naciones de someter el caso ante el Tribunal de la Haya, circunstancia que no sucede en el caso del Esequibo. Pero el lector podrá establecer que existen diversas similitudes en el contexto de los reclamos, y que representan antecedentes para ambos casos de la lucha y el póder que naciones europeas, en ambos casos Gran Bretaña, aún pretenden ejercer sobre países que poseen justificaciones jurídicas fuertes para defender un derecho que les asiste a nivel internacional, y del cual se espera que el Tribunal Internacional actúe, justicia, más allá de la presión política que ambos casos suponen para la Corte Internacional de Justicia.

BIBLIOGRAFÍA

BIBLIOTECA TV, "Primera Bula Intercaetera 3 de mayo de 1493", disponible en: http://www.biblioteca.tv/artman2/publish/1493

_258/Primera_Bula_Inter_caetera_de_Donaci_n_del_Papa_A l_443.shtml

DIPUPLICO.ORG, "Tratado definitivo de paz entre los reyes de España y Francia por una parte y el de la Gran Bretaña por otra; firmado el 10 de febrero de 1763; en cuya fecha accedió al mismo tratado Su Majestad Fidelísima" **Derecho Internacional, publicado el 7 de enero de 2020, disponible en:** https://www.dipublico.org/118045/tratado-definitivo-de-paz-entre-los-reyes-de-espana-y-francia-por-una-parte-y-el-de-la-gran-bretana-por-otra-firmado-el-10-de-febrero-de-1763-en-cuya-fecha-accedio-al-mismo-tratado-su-majestad-fidel/

MINISTERIO DE RELACIONES EXTERIORES, "Convención entre la República de Guatemala y su Majestad Británica, relativas a los límites de Honduras Británica", Disponible en: https://www.minex.gob.gt/ADMINPORTAL/Data/DOC/2010 1022110042458TratadoAycinena-Wykede1859.pdf

MOLLINEDO, Fernando, "La verdadera Conquista", Diario la Hora, publicación de fecha 27 de agosto 2011, Guatemala, en Disponible en: https://lahora.gt/la-verdadera-conquista-de-guatemala/

ORGANIZACIÓN DE ESTADOS AMERICANOS, "Acuerdo especial entre Guatemala y Belice para someter el reclamo territorial, insular y marítimo de Guatemala a la Corte Internacional de Justicia" Disponible en: https://www.oas.org/sap/peacefund/VirtualLibrary/Inter-StateDisputes/Belize-Guatemala /Agreements/specialagreementSpanish.pdf

_______ "Tratado de Clayton Bulwer", Disponible en: https://www.oas.org/sap/peacefund/belizeandguatemala/timelinedocuments /April%2019%201850%20Clayton-Bulwer%20Treaty%20 copy. pdf

LOS TÍTULOS DE LA RECLAMACIÓN POR LA GUAYANA ESEQUIBA. ESPECIAL REFERENCIA A LA "CLÁUSULA DE PRESCRIPCIÓN"

GABRIEL RUAN SANTOS

LOS TÍTULOS DE LA RECLAMACIÓN POR LA GUAYANA ESEQUIBA. ESPECIAL REFERENCIA A LA "CLÁUSULA DE PRESCRIPCIÓN"

*Gabriel Ruan Santos**

En el marco del ciclo de conferencias patrocinado por la Academia de Ciencias Políticas y Sociales, coordinado por el honorable académico Héctor Faúndez Ledesma, me ha sido asignado el controversial tema de los títulos de Venezuela y de la Gran Bretaña sobre el territorio situado al oeste del Río Esequibo, con especial referencia a su tratamiento convencional en el Tratado de Arbitraje del 2 de febrero de 1897, entre los Estados Unidos de Venezuela y el Reino de Inglaterra e Irlanda, cuyo objeto fue el "arreglo amistoso" sobre la cuestión surgida de la controversia por los límites entre Venezuela y la Guayana Británica.

LOS TÍTULOS JURÍDICOS

Cuando se hace mención de los títulos jurídicos de la reclamación, se hace referencia a los medios de adquisición del territorio de los Estados en el derecho internacional y a los actos y hechos jurídicos que permiten establecer la soberanía sobre dicho territorio. Tradicionalmente, la doctrina del derecho internacional, con inspiración en el derecho civil, ha distinguido dichos medios de adquisición territorial en originarios y derivados, con base en el hecho de que los espacios hayan sido objeto o no de una adquisición anterior por parte de otro Estado, vale decir, si los mismos han tenido el carácter de *terra nullius* o de *terra alii,* en el momento de la

---

* Individuo de Número de la Academia de Ciencias Políticas y Sociales.

adquisición. Por ello, se suele decir que la ocupación y la accesión de territorios son medios originarios, en tanto que la sucesión, la cesión y la prescripción son medios derivados. Sin embargo, la concepción de dichos medios no ha sido invariable, sino que ha sido objeto de interpretaciones, adaptaciones y modificaciones, por parte de la jurisprudencia y doctrina internacionales; así, por ejemplo, toda ocupación violenta o conquista ha sido rechazada por el derecho internacional, y para ser válida una ocupación se ha requerido que haya sido consolidada por una posesión con *animus occupandi*, efectiva, pacífica y duradera del territorio, pero no necesariamente de buena fe.

Los títulos que dan fundamento a las pretensiones de soberanía de Venezuela y de Guyana sobre el territorio de la Guayana Esequiba están compuestos por una cadena de actos y hechos muy conocidos con inicio en los tiempos del descubrimiento, la conquista y la colonia de América por parte de los Reinos de España, Portugal, Holanda e Inglaterra, los cuales son continuados con otros hechos posteriores de ejercicio de soberanía territorial -además de aquéllos de mera naturaleza posesoria- durante la colonia y la época republicana venezolana y el período histórico colonial de la Guayana Británica, que refuerzan las pretensiones de las partes sobre el territorio e incrementan la disputa. De dicha cadena, tomaremos ahora sólo los hitos principales.

Por parte de Venezuela, como sucesora de España en la soberanía territorial, se destacan sucesivamente la Bula del Papa Alejandro VI de 1493, llamada "Inter Cétera", que dividió la América del Sur entre España y Portugal, a partir de los descubrimientos realizados por ambas potencias europeas católicas, reconocedoras de la autoridad papal, mediante el trazado de un meridiano entre polo y polo que pasaba a 100 leguas de las islas de Cabo Verde en África (Línea Alejandrina) el cual fue ajustado hacia el oeste hasta 370 leguas por el Tratado de Tordesillas entre España y Portugal, el 7 de junio del año siguiente, luego de una oportuna y efectiva negociación. A estos actos, siguieron varios tratados que afinaron y demarcaron límites entre España y Portugal, entre los cuales resaltan los celebrados en 1750, 1777 y 1801, que distribuyeron entre estos dos reinos la región de Guayana, ubicada entre los ríos Orinoco y Amazonas. A estos hitos originales, se agrega la creación de la Capitanía General de

Venezuela, mediante Real Cédula de Carlos III, Rey de España, en fecha 8 de septiembre de 1777, que segregó y unificó definitivamente el territorio propiamente venezolano entre las posesiones de España en América, incluyendo a la Provincia de Guayana en su territorio; a la cual siguieron con la independencia la Constitución Federal de Venezuela de 1811, que fijó como territorio de la nueva República el de esa Capitanía General; la Constitución de la República de Colombia de 1821, que integró ese territorio al de la Nueva Granada, conservando sus entidades respectivas, y finalmente la Constitución del Estado de Venezuela en 1830, que asentó la sucesión en la soberanía sobre el territorio de la Capitanía General. Como resultado de esta cadena de hitos, quedaba muy claro que la frontera oriental de la Guayana venezolana (Provincia de Guayana) estaba situada en el Río Esequibo, del cual se hace mención expresa o alusión, según el caso, en los actos nombrados y también en los mapas elaborados para describir los territorios españoles y colombianos, posteriormente venezolanos, e interpretar los confines de la Guayana perteneciente a Venezuela; sin perjuicio de que los mapas por sí solos no constituyen títulos sino prueba de las aspiraciones de las partes y especialmente hacen prueba contra aquél que los hubiera elaborado, por su carácter unilateral.

En relación también con los hitos principales, se advierte que los representantes de la República de Colombia, habían expresado por vía epistolar al gobierno inglés, en varias oportunidades, que la frontera de Colombia con la Guayana Británica estaba sobre el margen izquierdo del Río Esequibo, sin que hubiera habido protesta de ese gobierno en la ocasión.

Para consolidar los títulos de soberanía de la República de Venezuela, como sucesora de España, derivados como consecuencia de una guerra terrible de emancipación, el gobierno republicano obtuvo el reconocimiento del Estado venezolano por parte del Reino de España, el cual renunció –con gesto que enaltece a esa nación- a todos sus derechos sobre el territorio ocupado por la Capitanía General de Venezuela, mediante el Tratado de Paz y Reconocimiento de 1845, arduamente negociado por el plenipotenciario venezolano Alejo Fortique, con el auxilio del historiador Rafael María Baralt, instrumento que limpió el carácter bélico de la adquisición y además abortó el intento del gobierno inglés de adquirir por cesión de España el territorio de la Guayana Esequiba.

Por el otro lado, años después del descubrimiento y toma de posesión de la Guayana por los Reinos de España y Portugal, iniciaron las incursiones usualmente violentas de los holandeses en la costa atlántica guyanesa y más tarde ocurrirían las guerras de las Provincias Unidas de los Países Bajos contra España para obtener su independencia del Reino de España, las cuales culminaron con el Tratado de Paz de Münster-Westfalia, celebrado en 1648, mediante el cual España cedió a Holanda el territorio de los establecimientos holandeses de Berbice, Demerara, Surinam y Esequibo, situados en la costa atlántica de la Guayana, que constituye el título original de soberanía territorial de Holanda sobre esas posesiones, surgidas inicialmente de hecho. Por virtud de este título Holanda adquirió cerca de 20.000 Km2 de territorio, al este del Río Esequibo, nunca al oeste del mismo. Con posterioridad, los referidos establecimientos coloniales -con exclusión de Surinam- fueron cedidos a Inglaterra, junto con otras posesiones holandesas, mediante el Tratado de Londres del 13 de agosto de 1814, al final de las guerras napoleónicas. Según la documentada opinión del académico Carlos Álamo Ybarra, quien expresó: "El dominio que en el Esequibo adquirió Gran Bretaña en esta oportunidad, lo determina el hidrógrafo J.M Norse, en su derrotero de la costa guayanesa y de la Isla de Trinidad, publicado en Londres en 1828: La Guayana Británica se extiende desde el Río Cuarentin hacia el noroeste *hasta* el Esequibo..." A lo cual añade: "Al hacer dicha adquisición, gravitaba sobre la Gran Bretaña el formal compromiso contraído en Utrecht, el 13 de julio de 1713, de conformidad con el cual esta nación daría ayuda a los españoles para que los límites antiguos de sus dominios de América se restituyan como estaban en tiempos de Carlos II, el Rey raquítico de ánimo y de cuerpo, fallecido el año 1700". Compromiso que no fue honrado posteriormente por Inglaterra.[1]

---

1 Carlos Álamo Ybarra, *Fronteras de Venezuela con la Guayana Británica*, discurso de incorporación a la Academia de Ciencias Políticas y Sociales; Editorial Élite, Caracas, 1938, p. 25.

LOS TÍTULOS EN EL TRATADO DE ARBITRAJE DE 1897

Ahora bien, se hace necesario analizar cómo fue manejado el tema de los títulos de soberanía territorial de las partes contendientes, en el texto del Acta de Washington o Tratado de Arbitraje de 1897, para resolver amistosamente la controversia de frontera entre Venezuela y la Gran Bretaña, negociado efectivamente por los gobiernos de EE.UU y la Gran Bretaña.

Según el Artículo III del Tratado de Arbitraje, los árbitros debían investigar y cerciorar la extensión de los territorios pertenecientes a las Provincias de los Países Bajos y al Reino de España respectivamente, respecto del área en disputa, que pudieran ser legítimamente reclamados por aquéllas o éste, al tiempo de la adquisición de la colonia de la Guayana Británica, y determinar la línea divisoria entre los Estados Unidos de Venezuela y la colonia de la Guayana Británica.

Una simple interpretación gramatical del Artículo III citado lleva a establecer que los árbitros debían, a partir de los títulos jurídicos de cada una de las partes, declarar el territorio perteneciente a España y a Holanda, causantes de la soberanía territorial respectiva, que de acuerdo con el derecho pudieran ser reclamados por Venezuela y por Inglaterra, en su condición de sucesora y cesionaria, respectivamente, al tiempo de la adquisición –1814, no después- del territorio de la colonia por parte de la Gran Bretaña, con lo cual se fijaba claramente una *fecha crítica*, y luego determinar conforme a derecho, no adjudicar discrecionalmente, la línea divisoria entre Venezuela y la Guayana Británica.

No obstante, la precisa redacción anterior, el Artículo IV del mismo instrumento estipulaba unas "reglas" que debían aplicarse al caso, las cuales debían gobernar la conducta de las partes, además de los principios del derecho internacional, que no fueran incompatibles con dichas reglas. Dichas reglas eran las siguientes: en primer lugar, "una posesión adversa o prescripción por el término de cincuenta años constituirá un buen título"; seguidamente, "los árbitros podrán estimar que la dominación política exclusiva de un distrito, así como la efectiva colonización de él son suficientes para constituir una posesión adversa o crear títulos de prescripción". En segundo lugar, "los árbitros podrán reconocer cualquier fundamento válido conforme al derecho internacional...que los árbitros estimen aplicables al caso y que no contravengan las reglas precedentes". Finalmente, el Artículo IV dejaba a juicio de los árbitros los efectos de apreciar la ocupación de ciudadanos o súbditos de la otra parte, según el derecho, la razón, la justicia o la equidad, con ocasión de determinar la línea divisoria.

Esta redacción del Artículo IV, que provenía de una mano y de un propósito diferente, fue rechazada desde que se conoció por el gobierno venezolano, pero negociada y aceptada por el gobierno norteamericano, como condición impuesta por el gobierno inglés, indispensable para celebrar el Tratado de Arbitraje de 1897, llamado por algunos "anglo-norteamericano". Se observa en la comparación del texto de ambos artículos del compromiso arbitral de 1897 una contradicción importante y grave, pues mientras en el artículo III las partes disponen preventivamente una investigación y comprobación que deberá realizar el tribunal sobre la *legitimidad* de los títulos de adquisición sobre la zona en disputa entre Venezuela y la Gran Bretaña, a partir de las posesiones de sus causantes, es decir, el Reino de España y el de los Países Bajos, conducente a una decisión de la controversia territorial de acuerdo con los hechos jurídicamente relevantes y los principios del derecho internacional aplicables para la época, la cual tendría por objeto *la determinación de la línea divisoria entre los Estados Unidos de Venezuela y la Guayana Británica* y no la cultura de los árbitros; el artículo IV introduce unas "reglas" que parten de las posesiones de ambas partes sobre los respectivos territorios limítrofes, más allá de la adquisición original de los mismos, basadas en la *dominación política exclusiva* o en la *efectiva colonización*, erigiendo a la *posesión adversa* a los títulos y a la prescripción como medio de adquisición prevaleciente del dominio territorial, sin más requisitos que la duración mínima de cincuenta años, opacando o poniendo de lado los caracteres de la posesión adquisitiva configurados desde el derecho romano y perfilados por el Código Napoleón, al tiempo que se subordinaban los principios del derecho internacional a la condición de *no contradecir la regla* de la posesión adversa. Por este giro en la redacción del compromiso, el ilustre excanciller venezolano Isidro Morales Paúl afirmó: "Precisamente en la *cláusula de prescripción* radica la columna vertebral del problema", pues a su juicio, pretendía colocar el *uti possidetis facti* sobre el *uti possidetis juris*, o sea, las *efectividades* sobre los títulos históricos, con la finalidad de suplir los defectos de los títulos anglo-holandeses sobre el territorio disputado.

LA "CLÁUSULA DE PRESCRIPCIÓN"

Es muy probable que Inglaterra buscara imponer su propio derecho positivo en la redacción del Artículo IV del Tratado de Arbitraje, con la anuencia de otro país anglosajón como los EE.UU, el cual privilegiaba la llamada "posesión inmemorial" como el título al cual debía darse preferencia en la confrontación de los títulos, para lo cual debería haberse exigido una posesión centenaria y no la menor y acomodaticia posesión cincuentenaria, como ha opinado el académico Héctor Faúndez en su obra sobre esta controversia, lo cual revela además la intención de imponer una prescripción "ad hoc" en la redacción del tratado, hecha a la medida de las necesidades imperiales británicas, como afirmó el doctor Pedro J. Lara Peña, en el año 1981.[2]

A lo anterior se agrega que la llamada "cláusula de prescripción" del Artículo IV del compromiso arbitral, fue objeto de una doble interpretación. Una, la que fue negociada en secreto entre el secretario de estado Richard Olney y el gobierno inglés; y la otra, la que fue informada al gobierno de Venezuela por el señor Olney, a través de intermediarios. El doctor Isidro Morales Paúl resumió el entuerto relativo a la interpretación no escrita de la cláusula de prescripción así: "El texto del compromiso arbitral y especialmente la cláusula relativa a la prescripción fue explicada e interpretada en forma diferente a Gran Bretaña y a Venezuela por el secretario de estado Olney. Venezuela interpretaba la cláusula como no aplicable entre 1814 -fecha crítica- y la fecha del Tratado de Arbitraje (1897) en tanto que Gran Bretaña la consideraba aplicable inmediatamente antes de 1897, fecha del compromiso arbitral", o sea, que no prestaba atención a la fecha crítica convenida. De manera que Venezuela no

---

2 Pedro José Lara Peña, "Controversia sobre la Guayana Esequiba" en la *Reclamación Venezolana sobre la Guayana Esequiba*, Serie Eventos N° 2, Academia de Ciencias Políticas y Sociales, Caracas 2008, p. 284.

se enteró realmente del veneno oculto que contenía la cláusula en cuestión, conocida y rechazada sólo en su forma expresa. En opinión del mismo doctor Morales Paul, este hecho debía ser calificado como "falsa atestación sobre el contenido y alcance de la cláusula de prescripción...por parte del secretario de estado norteamericano Olney".[3] Además, la interpretación británica de la cláusula era contraria abiertamente al Tratado de Statu Quo celebrado en el mes de noviembre de 1850 entre ambos gobiernos, mediante canje de notas, con el fin de apaciguar la tensión surgida de las primeras anexiones británicas en el territorio Esequibo, en la década de 1840 en adelante. Según el *modus vivendi* allí establecido, los gobiernos de Venezuela y la Gran Bretaña se comprometían a abstenerse de agresiones y usurpaciones en el territorio en disputa y se privaba de efecto las que se hubieran hecho o se hicieran hasta la solución definitiva del conflicto. Es de advertir que este instrumento fue omitido tanto en el Tratado de Arbitraje de 1897 como en el Laudo de 1899 sobre el caso.

Se debe anotar que la aplicación de la institución de la prescripción adquisitiva entre Estados no ha sido unánime ni en la doctrina ni en la jurisprudencia del derecho internacional. Según la opinión del conocido autor francés Charles Rousseau: "La doctrina se haya dividida, ya que los autores de inspiración positivista suelen rechazar la extensión a las relaciones internacionales de esta institución, lo que por el contrario es preconizado por quienes se muestran partidarios de la transposición, por analogía, al derecho de gentes de los conceptos del derecho privado...(omissis) La jurisprudencia del derecho internacional se inclina a admitir la prescripción, en dos casos: 1. Cuando hay discusión acerca de si el territorio ha sido abandonado por *derelictio*, y en consecuencia, si al momento de su ocupación se había vuelto a convertir en *res nullius*; y 2. Cuando no ha habido notificación del establecimiento de la autoridad estatal. En estas hipótesis, la jurisprudencia internacional admite la prescripción, si hubo silencio por parte del primer soberano y posesión tranquila; es decir, ejercicio efectivo, continuo y sin

---

[3] Isidro Morales Paúl, "Análisis crítico del problema fronterizo Venezuela-Gran Bretaña"; en la *Reclamación Venezolana... ob. cit.*, p. 205.

interrupciones, de la soberanía territorial por parte del Estado adquirente”[4].

Ciertamente que la prescripción como modo de adquisición de soberanía territorial ha tenido una concepción propia y controversial en el derecho internacional, que no coincide totalmente con la del derecho interno, inspirada esta última en el derecho privado, aunque compartan elementos esenciales. Según la jurisprudencia internacional, como se desprende de Rousseau, la noción de prescripción requiere de una parte el silencio del soberano afectado y de la otra un ejercicio efectivo, pacífico, continuo y sin interrupción por parte del ocupante. Nótese que la doctrina del derecho internacional no exige la buena fe en la posesión. Pero en el caso de la controversia entre Venezuela y la Gran Bretaña por el Esequibo, según opinión de nuestro colega Faúndez, no ha habido de parte de Venezuela ni silencio ni asentimiento, y en el caso de Inglaterra, ésta habría tenido que haber probado el ejercicio efectivo e ininterrumpido respecto de un territorio abandonado (derelictio o res nullius) hechos que no sucedieron. Cabe insistir en que la jurisprudencia internacional, aunque no ha dejado de exigir el control efectivo y el “despliegue continuo y pacífico de la soberanía del Estado” en materia de prescripción (Isla de Palmas, 1928) ha sido especialmente exigente de la aquiescencia en el soberano original, lo cual se erige en un elemento sobresaliente.[5]

Las particularidades de la prescripción en el derecho internacional han llevado a sostener que “la esencia de la prescripción es la remoción de defectos de un título imperfecto, derivado de la usurpación de otro soberano y que se puede corregir con el consentimiento o la aquiescencia del anterior soberano”, como ha expresado el autor Ian Brownlie, citado por el profesor Faúndez.[6] Pero este concepto ciertamente no podía funcionar con respecto a las

---

4 Charles Rousseau, *Derecho internacional público*, traducción al español de Ediciones Ariel, Barcelona, 1960, pp. 242-243.

5 Ver: Héctor Faúndez Ledesma, *La competencia contenciosa de la corte internacional de justicia. El caso Guyana vs. Venezuela*; Colección Estudios N° 126, Academia de Ciencias Políticas y Sociales y Editorial Jurídica Venezolana, Caracas 2020, pp. 102 y ss.

6 Ibídem, p. 106.

usurpaciones holandesas y británicas al oeste del Río Esequibo, porque las autoridades venezolanas nunca prestaron aquiescencia frente a ellas, antes del Laudo de 1899; y después del referido Laudo, la aparente pasividad se debió a la amenaza de invasión anglo-holandesa-alemana en caso de desacato de la írrita decisión, también apoyada por la potencia protectora americana. En todo caso, la doctrina nacional ha considerado que la firma del Acuerdo de Ginebra en 1966 renovó la vigencia de la reclamación y eliminó la posibilidad de la aquiescencia venezolana.

OMISIÓN DE LOS TÍTULOS JURÍDICOS

Cabe comentar ahora qué hizo el Tribunal de Arbitraje, con ocasión de la redacción del Laudo de 1899, en relación con los títulos de soberanía invocados por ambas partes en el litigio, antes mencionados.

El Laudo de París expresa que el tribunal ha examinado imparcialmente los argumentos de las partes y que ha investigado y se ha cerciorado de la extensión legítima de los territorios pertenecientes al Reino de España y a las Provincias Unidas de los Países Bajos, al tiempo de la adquisición por la Gran Bretaña de la Guayana Británica, pero no expresa en modo alguno el resultado de esta tarea. No interpreta los títulos, no establece la extensión de los territorios respectivos, ni cómo lo hicieron, ni cómo esa extensión debe ser tomada en cuenta para determinar la línea divisoria entre los Estados Unidos de Venezuela y la Colonia de la Guayana Británica, como lo exigía el artículo III del compromiso arbitral. No era suficiente que el laudo dijera que los títulos fueron examinados, era indispensable que citara los títulos y juzgara expresamente su valor, para que pudiera considerarse motivado el laudo. *Nada dice el laudo acerca de cuáles territorios fueron adquiridos por sucesión, por cesión y por prescripción*. Lo cual era indispensable también para dar cumplimiento al artículo III del compromiso arbitral y motivar la determinación de la frontera.

En cuanto a la aplicación de la cláusula de prescripción, prevista en el artículo IV del tratado arbitral, nada dice el laudo. En este supuesto, era indispensable que el tribunal hubiera examinado la posesión adversa a los títulos y dijera cómo lo había hecho, las características de dicha posesión, su duración, si había o no utilizado los criterios de dominación política y colonización efectiva en relación con las áreas adquiridas supuestamente por prescripción. Era también indispensable que hubiera valorado expresamente la aplicabilidad de cualquier otro fundamento de derecho internacional que hubiera utilizado, para considerar satisfecho el requisito de motivación, tampoco lo hizo. Ninguna expresión contiene el laudo referente a la presunta ocupación de áreas por parte de ciudadanos o súbditos de cada parte. En fin, si acaso el artículo IV del tratado arbitral sirvió de fundamento a la determinación de la línea fronteriza, ello nunca se sabrá con certeza jurídica, porque no hay motivación alguna que permita establecer el silogismo jurídico, o sea el enlace entre los hechos del expediente, las reglas del arbitraje y las disposiciones del laudo. Esto configura una grotesca violación del Tratado de Arbitraje y del debido proceso, y sobre todo del derecho de defensa de las partes, las cuales tendrían que hacer una ardua pesquisa para conocer los motivos ciertos de la decisión.

Finalmente, opinamos que el Laudo Arbitral de París de 1899 no delimitó la frontera entre Venezuela y la Guayana Británica, de acuerdo con los títulos jurídicos que respaldaban las pretensiones de las partes, sino que simplemente *adjudicó* -sin poder alguno para ello- la soberanía territorial sobre la zona en disputa entre ambos países, de acuerdo con un arreglo geopolítico entre Inglaterra, Rusia y los Estados Unidos, con lo cual violó abiertamente el clausulado del Tratado de Arbitraje de 1897, que contenía la voluntad de las partes y los principios y reglas jurídicas para la solución de la controversia.

Muchas gracias por su atención.

Caracas, junio de 2021

EL COMPROMISO ARBITRAL DE WASHINGTON SOBRE LA RECLAMACIÓN ESEQUIBA Y EL DERECHO INTERNACIONAL

ASDRÚBAL AGUIAR A.

EL COMPROMISO ARBITRAL DE WASHINGTON SOBRE LA RECLAMACIÓN ESEQUIBA Y EL DERECHO INTERNACIONAL

Asdrúbal Aguiar A.[*]

Revisar desde la perspectiva del Derecho internacional los alcances del Tratado de Washington de 1897 e invocar los títulos que, aún hoy, avalan los derechos territoriales soberanos de Venezuela sobre la llamada Guayana Esequiba, exige tener presente el contexto temporal y normativo dentro del que surge dicho instrumento convencional.

Ello es más que indispensable, sea para sortear las inadecuadas extrapolaciones interpretativas a que puede dar lugar el Acuerdo de Ginebra de 1966, bajo cuyo paraguas se debate dicha cuestión ante la Corte Internacional de Justicia a partir de 2020, sea, todavía más si, de verse resuelto el primer asunto de fondo planteado -la nulidad o no del Laudo Arbitral de París de 1899- deba la Corte proceder, en subsidio, a la delimitación territorial venezolana con la República Cooperativa de Guyana.

No es el propósito de esta exposición abordar los desafíos que a buen seguro se plantearán en estrados para la final resolución de los aspectos señalados, atendiendo a las exigencias prescriptivas del Derecho «intertemporal». "En defecto de una indicación en sentido contrario, el ámbito de aplicación en el tiempo de una norma de Derecho internacional público está determinado conforme al

---

[*] Profesor Titular de Derecho Internacional (UCAB, Caracas y USAL, Buenos Aires). Miembro de la Real Academia Hispanoamericana de Ciencias, Artes y Letras de España. Expresidente encargado de Venezuela (1998).

principio general de Derecho según el cual todo hecho, todo acto o toda situación deben ser apreciadas a la luz de la reglas de Derecho que le son contemporáneas", observa con pertinencia Héctor Gros Espiell ("El Derecho intertemporal y las formas de adquisición del territorio en el Derecho internacional contemporáneo", 1ª. parte, *Jurídica*, N° 14, *Anuario del Departamento de Derecho*, Universidad Iberoamericana, 1982, pp. 147 y ss.). Y es cuanto reza, a fin de cuentas, el artículo 56 del proyecto de Convención de Viena sobre Derecho de los Tratados, no incluido en su texto final sin que por ello pierda su significación jurídica y su carácter vinculante: "Todo tratado deberá interpretarse a la luz del derecho vigente en el momento en que fue redactado".

El relator especial de la Comisión de Derecho Internacional sobre Derecho de los Tratados, Sir Humphrey Waldock, cita en su Tercer Informe (DOCUMENTO A/CN.4/167 y Add.l a 3, Comentarios al artículo 56) que en los arbitrajes relativos a los asuntos de *Grisbadarna* (1909) y de *Pesquerías de la Costa del Atlántico del Norte* (1910) se hallan ejemplos paradigmáticos de la aplicación del derecho intertemporal a los asuntos territoriales.

En el primero de ellos, en efecto, referido a la frontera territorial entre Noruega y Suecia que ya había sido delimitada por tratado en el siglo XVII, el tribunal, al conocer, se vio obligado a continuar la delimitación de la frontera establecida, pero ahora sobre el mar y hasta el límite de las aguas territoriales. Empero, "declinó aplicar los principios de la línea mediana o del *thalweg* para delimitar la frontera marítima en virtud del tratado, fundándose en que ninguno de estos principios estaba reconocido por el derecho internacional en el siglo XVII".

Teniendo en cuenta la enseñanza, resulta pertinente mencionar, como primera aproximación al tema que nos ocupa, que la concepción que del ordenamiento jurídico internacional se tiene hacia finales del siglo XIX es una y otra muy distinta la que nace y se forja luego de adoptado el Tratado de Washington mencionado al principio y de ser dictado el controvertido laudo de París de 1899. Sobre ese hito ha lugar a una escisión histórica en el mundo jurídico internacional.

Las reglas internacionales de poder, a cuyo tenor los sujetos reconocidos por el Derecho internacional moderno hacen o asignan a voluntad repartos de potencia e impotencia hasta finales del siglo XIX, luego cristalizados por normas consuetudinarias o convenciones, están en el origen de los territorios que adquiere España por descubrimiento y ocupación, y que luego concede a Holanda en el Este y en las costas del río Esequibo, como puntos de ignición de una controversia territorial aún no resuelta y que tiene como hito al mencionado Tratado.

Con el Tratado de Münster de 1648 quedan atrás las guerras de Treinta y de Ochenta años entre ambas potencias, y al paso se reconoce por la primera la independencia de las Provincias Unidas de los Países Bajos.

El sucesor de las posesiones holandesas, Inglaterra, a su vez adquiere los derechos sobre los establecimientos del Demerara, Esequibo y Berbice conforme al Tratado Anglo-neerlandés o Convención de Londres de 1814, que es igual consecuencia de la guerra, las napoleónicas, justificadoras en los hechos de las distribuciones territoriales que se hacen ambas naciones en el África, el sudeste asiático y América del Sur.

Así las cosas, partiendo de su poder arbitrario y confiscador hacia el Oeste del señalado río Esequibo, a costa de la soberanía territorial de Venezuela, Gran Bretaña sólo repite la *consuetudo*; considera natural, dados los antecedentes descritos, que la mera efectividad de la ocupación territorial confiere un título de Derecho capaz de fracturar la titularidad originaria de España y sus causahabientes, en el caso, Venezuela.

Lo anterior lo confirman, con meridiana claridad, los textos de Fiódor Fiódorovich Martens o Frédéric De Martens para los franceses. Este jurista de origen ruso-báltico, presidente del Tribunal arbitral que decidirá sobre la cuestión de los límites venezolanos con la Guayana inglesa en 1899 y quien ninguna relación tiene con el otro jurista y diplomático alemán del siglo XIX, Georg Friedrich de Martens (1756-1821), fijan como doctrina, entre otras dentro de su reconocida obra *Droit international* traducida del ruso y publicada en París en 1883, lo siguiente:

"D'une manière générale on peut dire que toutes les causes d'agrandissement d'un État sont autant de causes d'amoindrissement pour un autre État. Le plus souvent une nation est dépouillée de ses possessions en dehors de sa volonté et de son consentement. Les pertes de ce genre résultent des conquêtes ou de la séparation d'une partie des populations.

On rencontre infiniment plus rarement des exemples de cessions volontaires. Nous les avons déjà cités en énumérant les moyens d'acquérir des territoires. Il y a lieu aussi de mentionner ici le cas où un État laisse à l'abandon quelque partie de son domaine ou quelque île (derelictio). Les possessions abandonnées sont considérées comme perdues pour l'État. Elles restent ouvertes au premier occupant".

El Tratado de Washington de 1897, relativo a la materia y competencia del tribunal arbitral que de allí nace, dispone su objeto y las normas de Derecho por las que aquél ha de guiarse para su decisión. Ellas constan, precisamente, en sus artículos romanos II, III y IV, que les fija como regla general y límite para su competencia determinar "la línea divisoria entre Venezuela y la Colonia de la Guayana Británica". A renglón seguido, incluso suponiéndose en buena lid y de Buena Fe que se trata de delimitar posesiones territoriales indiscutibles, que sólo han de probarse, dicho tratado dispone como condiciones materiales y temporales específicas, una, no sólo la previa investigación por el tribunal de los territorios pertenecientes a las partes sino los "que pudieran ser legítimamente reclamados" por ambas; y dos, pertenecientes o reclamables "al tiempo de la adquisición" por los ingleses de los establecimientos holandeses del Demerara, Esequibo y Berbice, es decir, en 1814 (*Arbitramento sobre los Límites entre Venezuela y la Guayana Británica: Alegato y Contra-Alegato*, Colección Fronteras, 7, Caracas, Ministerio de Relaciones Exteriores, 1981, pp. 44 y ss; y *Arbitramento sobre los Límites entre Venezuela y la Guayana Británica: Argumento Impreso*, Colección Fronteras, 9, Caracas, Ministerio de Relaciones Exteriores, 1981, pp. 9 y ss.).

No huelga señalar que tales reglas, la general y, en lo particular, las especiales, fueron palmariamente omitidas por el laudo arbitral que se dictara bajo la presidencia del juez De Martens, explicando la ausencia de narrativa y motiva en aquél; obviamente para darle curso a la sentencia de conveniencia, de transacción de intereses entre potencias a costa de Venezuela que tuvo lugar.

Interesa subrayar, al caso y aquí sí, que las reglas convenidas por las Altas Partes Contratantes y que "como reglas [especiales] que han de considerarse aplicables" hasta 1814 – y que los ingleses, en sus debates en estrados, intentan aplicarlas para el tiempo sucesivo y hasta la fecha de la sentencia – son, a saber, tres:

(a) La regla de posesión adversa o prescripción por el término de 50 años, fundada ora en "la dominación política exclusiva", ora en "la efectiva colonización";

(b) cualquier "otro fundamento válido" aceptable para el Derecho internacional [de la época] y que no contradiga la anterior regla; y,

(c) sin que se pida su consistencia con las reglas anteriores, la ocupación "en la fecha de este Tratado [léase, 1897] por los ciudadanos o súbditos de la otra parte, y que en su opinión la considere el tribunal razonable, justa, equitativa, aceptada por los principios del Derecho internacional.

Pues bien, la obra de De Martens, de indiscutible peso doctrinario en una época en la que el Derecho internacional es el producto de traslaciones de normas de Derecho interno como asimismo de los logros fácticos obtenidos por actores reconocidos del Derecho internacional – no cuentan las "relaciones con pueblos salvajes o semisalvajes" – precisa lo siguiente:

1. Según el Derecho internacional no existe término en materia de prescripción como medio originario para la adquisición de territorios; pero por una razón de distinto peso y relevancia:

"un État es maitre d'un territoire tant qu'il peut et qu'il veut y maintenir son autorité".

2. Si bien admite el autor que en las relaciones internacionales -para dicha época se entiende- se le da importancia real a la antigüedad inmemorial y se silencian los atropellos que habrían mediado para el engrandecimiento de los territorios de un Estado

[tiene en mente los descubrimientos de España], lo que prepondera es "*le fait accompli*", aceptado como legítimo por el Derecho internacional.

3. Precisa De Martens, refiriéndose a los descubrimientos durante los siglos XV y XVI y observando que, de ordinario, lo fueron -en el caso de España, causante de Venezuela- de las costas americanas sin extenderse hacia el interior de sus países, afirma que siempre quedó bajo debate esa tesis extensiva e hispana de que tales descubrimientos comprendían a "todas las tierras aledañas desconocidas".

En palabras que son las suyas, dice el autor lo siguiente:

> *"si l'Etat qui l'a entreprise [l'occupation] est résolu de soumettre à sa puissance le territoire qu'il a découvert, occupé et annexé. Cette résolution (animus possidendi) se manifeste extérieurement par le drapeau national, par les armes et par d'autres symbolos, mais avant tout, par l'occupation matérielle de la terre nouvellement découverte, par l'introduction d'une administration, par l'envoi de troupes, par la construction de fortifications, etc.".*

La crítica o sojuzgamiento del proceso de descubrimiento, conquista y colonización española en América, en efecto, ocupa algunos párrafos emblemáticos de la obra del jurista, como este:

> *"l'histoire de la colonisation dans l'Amérique méridionale et septentrionale, les gouvernements européens, dans la plupart des cas, semblaient persuadés qu'il suffisait du débarquement d'un aventurier dans un pays habité par des sauvages, pour qu'ipso facto ce pays devînt la propriété de l'État au nom duquel le chercheur d'aventures avait jugé bon d'agir".*

No debe sorprender, por ende, que a tenor de una carta enviada por Gran Bretaña a los Estados Unidos el 23 de marzo de 1869, pasados casi cuatro siglos desde el descubrimiento de Venezuela, catorce años antes de publicarse en francés la obra de De Martens, y a treinta años de iniciarse las negociaciones del Tratado de Washington que nos ocupa, se dijese en aquella sin pudor alguno, que:

"Existe un llamado país de Venezuela, que actualmente se debate en medio de la mayor anarquía, y cuyas «autoridades menores» no pueden siquiera considerarse como sujetos de Derecho internacional".

A renglón seguido, sin ambages, Inglaterra hace constar su "interés de adquirir parte del territorio" venezolano."

Puede decirse, como resumen preliminar, que para el instante en que se negocia el "compromiso arbitral" entre Estados Unidos y Gran Bretaña, representando aquél a Venezuela, rige la percepción bidimensional sociológico-normativa del ordenamiento jurídico internacional. Era extraña a la misma la dimensión axio-dikelógica o la declinación de aquellas según los cánones de la Justicia. Sólo al concluir la Segunda Gran Guerra del siglo XX y hasta mediados de los años '60, la última dimensión logra hacerse valer, incluso de un modo incipiente, como cuestión de orden público internacional que se resume en el principio *pro homine et libertatis*. La democracia y el Estado de Derecho se abren espacio, tímidamente, como parte del Derecho internacional vigente hasta ayer.

Considérese, es lo que deseo subrayar y dejar como perspectiva distinta dentro de esta exposición sobre el delicado tema que nos ocupa, que el Tratado de Washington fue negociado dos años antes de que la comunidad internacional realice, a través de las Conferencias de La Haya, su primer esfuerzo de codificación y sujeción del Derecho internacional a parámetros cónsonos con la realización de esa dimensión mencionada de la Justicia, al menos la formal.

Varios datos aportan las crónicas históricas, jurídicas y políticas, que son de interés para su detenido estudio posterior en el tema que nos ocupa.

En primer lugar, está la apelación a los buenos oficios o la mediación de Estados Unidos como soporte inexcusable de poder sobre el que debe apuntalarse Venezuela para enfrentar la geofagia de Inglaterra. Era lo natural y lo esperable.

La negociación del tratado de arbitraje firmado en Washington y que en propiedad es un "compromiso arbitral" como cabe repetirlo, y lo comparte el jurista y diplomático Carlos Sosa Rodríguez que prefiere llamarlo Acta ("El Acta de Washington y el Laudo de Paris", Conferencia en la Academia de Ciencias Políticas y Sociales, 1981), sucesivamente quedó sobre los hombros de ambas potencias – la americana y la inglesa. Sin embargo, mal puede afirmarse que aquella no haya asumido su mandato o cometido con diligencia y absoluta lealtad. Venezuela era consciente de la significación que en esos años tenía la doctrina Monroe, era su arma y la usó, e Inglaterra la desafiaba y cuestionaba ante los ojos de sus constructores americanos, arguyendo que su debate territorial en nada involucraba el cambio del sistema político venezolano.

Una obra premiada por el Centro de Estudios Constitucionales 1812, sito en Cádiz, y elaborada por la jurista venezolana Mercedes Carrillo Zamora -*La impugnación internacional de la sentencia arbitral por fraude procesal: Estudio particularizado de la controversia limítrofe anglo-venezolana sobre el Territorio de la Guayana Esequiba*, Cádiz, Universidad de Cádiz, 2006- tiene referencias más que suficientes al respecto. Estados Unidos seguía con preocupación los incidentes provocados por Inglaterra sobre territorio venezolano y los intentos de esta por imponer fácticamente su arbitraria Línea Schomburgk extendida de 1887, que alcanzaba hasta Upata, a pocos kilómetros del río Orinoco, y estaba al tanto del rechazo de las ofertas de arbitraje que le hacía Venezuela a Inglaterra, sostenidamente.

La contención se inicia en 1840, cuando esta hace levantar una línea Schomburgk que elimina la original de 1835, elaborada por el mismo geógrafo prusiano Robert Hermann Schomburgk y bastante coincidente con el límite de Venezuela en el río Esequibo. Fija postes en Amacuro y Barima usurpando 141.930 km^2 del territorio heredado por esta de España, que más tarde hace aumentar a 167.830 km^2 en 1887, coincidiendo con el descubrimiento de oro en la región del Yuruari.

Rotas las relaciones diplomáticos entre ambos Estados, Venezuela decide invocar la doctrina Monroe en dicho año y los ministros británicos, reaccionando, le hacen saber a su gobierno que se habían negado antes a una solución por la inestabilidad política interna y sus revoluciones; pero que ahora la aceptarían bajo condición de que obvien la participación de terceros -se referían a

Estados Unidos- así como admitan que el debate de la abusiva línea procedía si, previamente, Venezuela validaba la usurpación inglesa de facto hasta las localidades del Cuyuní y Yuruari, integrantes del Territorio Federal venezolano. No se olvide que el gobierno del presidente Joaquín Crespo, en 1885, había otorgado concesiones mineras a la Compañía Manoa de Nueva York.

Es así como en 1894, ante el Congreso estadunidense declara el presidente Cleveland que, la Gran Bretaña se negaba al arbitraje venezolano propuesto además de acompañado por Estados Unidos y con pretensiones territoriales cuya aquiescencia "equivalía a un fracaso en la defensa y mantenimiento de un principio universalmente aceptado por el Gobierno y el pueblo norteamericanos como parte esencial de su integridad y bienestar".

Otro dato, en segundo lugar, es que Venezuela no llega al debate y la aceptación del Tratado de Washington huérfano de diplomáticos y juristas experimentados, admitiendo la realidad endeble de sus gobiernos.

Desde el nacimiento de la república paecista en 1830, lleva adelante el pacto el arbitraje con Holanda relativo a la soberanía venezolana sobre la Isla de Aves, de 1857; con Colombia, para la delimitación territorial en aplicación del *uti possidetis iuris*, mediante los tratados de 1882 y 1886; con Estados Unidos, en 1866, 1885 y 1888, para la reclamación de daños presentados por corporaciones, compañías y ciudadanos estadunidenses; con Francia, para el arbitramento relativo a la reclamación Fabiani, de 1891; con Estados Unidos, para la reclamación de la Compañía de Transporte por Vapor de Venezuela, en 1892.

Lo cierto es que, con sus defectos y reconocidos galimatías, el Tratado de Washington de 1897 aseguraba, teóricamente, que podía alcanzarse un laudo de derecho, como los otros que había conocido Venezuela y fueron motivados; que no lo fue, en modo alguno, el laudo arbitral de Paris de 1899. La extensión de su texto, por cierto, no es mayor a la del mismo convenio y se limita al *arbitrium*. Nada más. Allí priva la perspectiva del poder sobre el Derecho como medio para su cristalización, tal y como la describe la obra de De Martens.

Al cabo, las normas generales sobre arbitraje internacional que vienen a asegurar estándares mínimos procesales y de justicia, son conocidas por Venezuela tardíamente, al adherir a inicios del siglo XX, bajo el gobierno de Cipriano Castro, a la Convención de la Primera Conferencia de la Paz firmada en La Haya, justamente en 1899, para el arreglo pacífico de los conflictos internacionales.

El Instituto de Derecho Internacional, fundado en 1873 para el desarrollo y progreso de dicha disciplina, cuyos trabajos aún se mantienen en vigor, en su sesión de Ginebra del año siguiente, no obstante, se ocupó de codificar normas sobre el arbitraje internacional (James Brown Scott, L'Institut de Droit International (Tableau général des travaux 1873-1913, New York, Oxford University Press, 1920, pp. 4 y ss.) En lo particular, el artículo 23 de su adoptado *Projet de Règlement pour la procédure arbitrale internationale*, prescribe que *"[l]a sentence arbitrale doit être rédigée par écrit, et contenir un exposé des motifs, sauf dispense stipulée par le compromis"*. No fue el caso, obviamente, del laudo arbitral de Paris, el laudo del despojo venezolano de 1899.

Resulta ocioso a todas estas, como predicado de esta exposición, abordar en un plano jurídico normativo la realidad sociológica internacionalmente dominante al momento de convenirse sobre el arbitraje de la cuestión de la Guayana inglesa o Esequiba, ajena a los principios de la Justicia contemporánea y sus reglas de equidad.

La mayoría del tribunal era de jueces ingleses y uno ruso que lo presidía. Ante ella debían rendirse o encontrar alguna fórmula de transacción, tal y como ocurre, los jueces americanos, que deciden no salvar su voto para salvarle a Venezuela las bocas del Orinoco. Nada distinto hubiese acontecido de ser venezolanos los jueces y no norteamericanos.

La referencia de De Martens, contenida en celebérrimo ensayo que publica el mencionado Instituto de Derecho Internacional en 1879, en su *Revue de Droit International et Législation Comparée*, titulado "La Russie et l'Angleterre dans l'Asie centrale", es brutalmente aleccionadora:

"Cependant on doit se demander laquelle est la vraie de ces deux opinions, si divergentes dans leurs points de départs et si conformes dans leurs conclusions finales ? Est- il réellement vrai qu 'une lutte entre la Russie et l'Angleterre sur les bords de l'Indus est une nécessité absolue et une implacable fatalité ? Ces deux grandes puissances civilisées sont- elles vraiment et inévitablement forcées par une loi immuable de donner aux peuples sauvages de l'Asie le triste spectacle d 'une lutte acharnée , impitoyable ? Est-il digne de la civilisation européenne dont l'Angleterre et la Russie sont les seuls représentants dans l'Asie centrale, d' évoquer les instincts pervertis des hordes asiatiques et de profiter de la haine sauvageque ces barbares portent à toutes les nations chrétiennes et civilisées? A -t-on sérieusement réfléchi sur cette question : qui donc profitera, en dernière analyse, de cette lutte entre l'Angleterre et la Russie ; laquelle de ces deux puissances, restée victorieuse sur les champs de bataille , será en état de retenir sous sa domination toutes les nations asiatiques et toutes les tribus pillardes et sauvages au concours desquelles elle devra ses succès?"

La mejor radiografía de la circunstancia en que Venezuela sufre los embates de un Derecho internacional insensible a la soberanía de naciones "semi-salvajes" como la nuestra – así lo comparten como juicio de valor los jueces y abogados ingleses y el juez ruso dentro del tribunal arbitral de Paris – y la ruptura que del orden jurídico internacional imperante propulsa entonces Estados Unidos, la resume la intervención de nuestro abogado en estrados, el expresidente norteamericano Benjamin Harrison. La cita con detalles Carlos Álamo Ybarra, en su discurso de incorporación a la Academia de Ciencias Políticas en 1938, intitulada "Fronteras de Venezuela con la Guayana Inglesa".

Recordando las crueldades cometidas por los venezolanos en los indios del territorio disputado, arguyen los abogados de la Corona británica "la que podría llegar a ser aquella feraz comarca aislándola de una atmósfera de revoluciones y sometiéndola a la progresiva colonización inglesa". A lo que el expresidente norteamericano replicó con indignación:

"La primera consideración que saco de esto, señor presidente, es que no puede permitirse a uno de los reclamantes en una disputa territorial aducir que, por razón de su mayor fuerza, riqueza, población, industria y espíritu de empresa, es más capaz que otra Nación que apropiarse y usar un territorio. En otras palabras, señor presidente, que una Nación que, gracias a Dios, no vive ahora en una atmósfera de revolución, sino que al través de muchos siglos ha llegado hasta su presente noble estado como una de las grandes naciones de la tierra, después de centurias de internas disensiones y guerras revolucionarias como la Gran Bretaña insinúa, según lo hizo el Procurador General en su último argumento, que Venezuela ha vivido en una atmósfera de revolución; esas consideraciones, señor presidente, esa tentativa de formar juicio sobre el mérito comparativo de leyes y administración de Rusia, Estados Unidos, o de la Gran Bretaña, o de Venezuela, están completamente fuera de toda observación que pueda dirigirse a la inteligencia de un jurado internacional como medio de arreglar una disputa de límites".

A manera de colofón sólo me resta referir que el laudo al que diera lugar el Tratado de Washington, producto de un arreglo político y de poder entre Gran Bretaña y Rusia – la crónica de De Martens se basta y es suficiente al respecto, todavía más cuanto que este era el asesor legal de la Cancillería imperial rusa – en modo alguno atendió a los títulos de Derecho; esos que respaldan y afirman los derechos inmemoriales de Venezuela.

Los títulos de su causante, España, constan en la Bula de Alejandro VI de 1493 y en el Tratado de Tordesillas, de 1494, consagratorios de los dominios de España y Portugal en el Nuevo Mundo (Vid. conferencia de Sosa Rodríguez, cit.).

De seguidas a los establecimientos holandeses ya señalados y aceptados por el Tratado de Münster de 1648, siguieron intentos por éstos de avanzar con unos puestos hacia el oeste del río Esequibo, concretamente en la confluencia de los ríos Cuyuní y Mazaruni, y en la costa, donde desemboca el río Pomarón. Sin embargo, España los consideró violatorios del texto convencional anterior y los rechazó, incluso militarmente.

En cuanto a Venezuela, como causahabiente de España, ella hizo propios los territorios integrantes de la Capitanía General, que se extendía hasta el río Esequibo y la sierra Usassary, hacia el sur. Los mapas impresos en Londres – lo recuerda el mismo Sosa Rodríguez – antes de que Inglaterra adquiriese las posesiones holandesas confirman lo anterior. Incluso consta en el mapa de Cruz Cano de 1799, publicado por Francisco de Miranda, contando, casualmente, con el patrocinio británico. Las Constituciones de Cúcuta de 1821 y la de Venezuela de 1830 confirman dicha tradición.

En mi *Código de Derecho Internacional*, cuya tercera edición es del presente año (UCAB, 2021), textualmente refiero lo siguiente:

> "El ministro plenipotenciario Francisco Antonio Zea (1821), el plenipotenciario José Rafael Revenga (1822), Manuel José Hurtado (1824) y Pedro Gual (1825), en nombre de Simón Bolívar y la Gran Colombia, le hacen saber a la Corona sin que medie su rechazo que la frontera venezolana en la Guayana alcanza hasta el río Esequibo. Y el 16 de agosto de 1824, el ministro Hurtado le señala a la Corona británica, con motivo de reconocer ella a la Gran Colombia, que los límites de la Nueva Granada y de Venezuela expresan que ese «bello y rico país se extiende por la Mar del Norte desde el río Esequibo, o confines de la provincia de Guayana, hasta el río de las Culebras que la separa de Guatemala». Otro tanto ocurre en 1845, cuando Venezuela es reconocida por España mediante tratado y en el que se refiere la extensión de la Capitanía General, hacia el Este, hasta el lindero que fija el río Esequibo".

San Juan, Puerto Rico
Julio 12 de 2021

5[to.] ENCUENTRO
"EL LAUDO ARBITRAL DEL 3 DE OCTUBRE DE 1899 Y EL MEMORÁNDUM MALLET-PREVOST"
19 DE AGOSTO DE 2021

PALABRAS DE APERTURA AL QUINTO ENCUENTRO EL LAUDO ARBITRAL DEL 3 OCTUBRE DE 1899 Y EL MEMORÁNDUM MALLET-PREVOST, A CARGO DE JULIO RODRÍGUEZ BERRIZBEITIA, PRESIDENTE DE LA ACADEMIA DE CIENCIAS POLÍTICAS Y SOCIALES

PALABRAS DE APERTURA AL QUINTO ENCUENTRO EL LAUDO ARBITRAL DEL 3 OCTUBRE DE 1899 Y EL MEMORÁNDUM MALLET-PREVOST, A CARGO DE JULIO RODRÍGUEZ BERRIZBEITIA, PRESIDENTE DE LA ACADEMIA DE CIENCIAS POLÍTICAS Y SOCIALES

*Julio Rodríguez Berrizbeitia**

Es para la Academia de Ciencias Políticas y Sociales un deber para con el país el compromiso asumido en la realización de una serie de eventos acerca de la reclamación venezolana sobre la Guayana Esequiba. Hoy realizamos este quinto encuentro que lleva como tema "El laudo arbitral del 3 de octubre de 1899 y el memorándum Mallet-Prevost. Es conveniente mencionar, tal como fue señalado por el Académico Dr. Isidro Morales Paúl en 1999 que:

> No es la primera vez que las Academias Nacionales se ocupan del tema del famoso caso de la Guayana Esequiba. Ya en 1983, las Academias de Ciencias Políticas y Sociales y de la Historia, realizaron un ciclo de conferencias relativas a la reclamación venezolana sobre la Guayana Esequiba. En aquella oportunidad, realizamos una exposición crítica sobre el tema y tomamos la decisión de iniciar, a título personal, una investigación cuyos

---

* Presidente de la Academia de Ciencias Políticas y Sociales. Maestría en Filosofía en el Instituto Independiente de Investigaciones Filosóficas en Toulouse Francia, en el año 1977. Doctor en derecho por la Universidad de Salamanca. Maestría en Administración Pública y Gerencia en Países en Vías de Desarrollo en la Universidad de Harvard. Actualmente es Profesor de Derecho Mercantil Parte General en la Universidad Católica Andrés Bello y Profesor de Filosofía Jurídica en la Universidad Monteávila.

resultados nos sirven de base para la presente exposición. Esa investigación, enriquecida por novedosos elementos de juicio, reitera, de la manera más rotunda, la posición histórica de Venezuela, al denunciar ante el mundo la farsa histórico-política, que sirvió de justificación y respaldo al tristemente célebre, Laudo Arbitral de París.[1]

En un libro publicado este año por la Universidad Católica Andrés Bello el reputado historiador venezolano Manuel Alberto Donís Ríos señala:

> La iniquidad del Laudo de 1899 no durmió el sueño de los justos. Se mantuvo en la prensa nacional y en las aulas de clase. Los gobiernos venezolanos decidieron velar por el mantenimiento estricto de la frontera con Guayana Británica y, al mismo tiempo, no favorecer aún más las aspiraciones británicas que en diversas oportunidades intentaron modificar a su conveniencia la línea del Laudo… La revisión del Laudo de 1899 comenzó a exigirse en diversos escenarios internacionales a partir de la presidencia de Isaías Medina Angarita en 1944.[2]

El evento que hoy nos congrega tiene una especial importancia, por las argumentaciones que el mismo puede generar para la defensa de los intereses del país, ello constituye un elemento central que le da un significado capital a este acto de hoy. Estamos recurriendo al pasado para traer toda una valiosa defensa del país producida a lo largo de los años, por un sinfín de venezolanos, algunos de ellos valiosos académicos, con el objeto de reparar los efectos producidos por un Laudo Arbitral nulo e írrito. En este caso, es perfectamente aplicable lo señalado por Hannah Arendt: “El pasado no lleva hacia

---

1 Isidro Morales Paúl, “El juicio arbitral sobre la Guayana Esequiba de 1899 y la violación de los Principios del Debido Proceso en perjuicio de Venezuela” en *La reclamación venezolana sobre la Guayana Esequiba*, Serie Eventos, N° 2, Academia de Ciencias Políticas y Sociales, Caracas, 2008, p. 313.

2 Manuel Alberto Donís Ríos, “Presentación” en *El reclamo Esequibo. Un compromiso nacional vigente ante la historia y la justicia*, Abediciones, Universidad Católica Andrés Bello, Caracas, 2021, p. 8.

atrás, sino que impulsa hacia adelante, y, en contra de lo que se podría esperar, es el futuro el que nos conduce hacia el pasado".

Hoy el pasado se hace futuro con la valiosa intervención en este encuentro, de un grupo de expositores notables como son Rafael Badell Madrid, Carlos Ayala Corao y Milagros Betancourt. A ellos se suma la actividad moderadora del Académico Dr. Ramón Escovar León y la siempre valiosa colaboración y apoyo técnico de la Fundación Universitas. Especial mención debemos hacer al trabajo realizado por el Académico Héctor Faúndez en el diseño y coordinación de estos encuentros.

La Academia se siente hoy, más que nunca, comprometida con un tema que ha ocupado una parte muy importante de su reflexión a lo largo de su más que centenaria historia. Compartirla hoy con ustedes, es un honor que nos brindan los asistentes a este Acto.

BIBLIOGRAFÍA

DONIS RÍOS, Manuel Alberto, "Presentación" en *El reclamo Esequibo. Un compromiso nacional vigente ante la historia y la justicia*, Abediciones, Universidad Católica Andrés Bello, Caracas, 2021.

MORALES PAÚL, Isidro, "El juicio arbitral sobre la Guayana Esequiba de 1899 y la violación de los Principios del Debido Proceso en perjuicio de Venezuela" en *La reclamación venezolana sobre la Guayana Esequiba*, Serie Eventos, N° 2, Academia de Ciencias Políticas y Sociales, Caracas, 2008.

LA NULIDAD DEL LAUDO DE PARIS DEL 3 DE OCTUBRE DE 1899
RAFAEL BADELL MADRID

LA NULIDAD DEL LAUDO DE PARIS DEL 3 DE OCTUBRE DE 1899

*Rafael Badell Madrid**

Dentro del Ciclo de Foros organizados por la Academia de Ciencias Políticas y Sociales, coordinados por el académico Dr. Héctor Faúndez Ledesma, a quien agradecemos habernos invitado a participar, nos corresponde referirnos a la nulidad del laudo arbitral de París del 3 de octubre de 1899.

La controversia con Guyana ha sido un tema de importancia fundamental para esta Academia al que han dedicado especial atención sus académicos, tanto los de ayer como los de hoy. Tengamos en cuenta que en fecha de 14 de octubre de 1938 el académico Carlos Álamo Ybarra se incorporó al sillón Nro. 27 de esta Corporación con un trabajo sobre las "Fronteras de Venezuela con la Guayana Británica" el cual fue respondido por el académico Dr. Julio Blanco Ustáriz.

En ese estudio se analizaron por primera vez de forma sistemática los títulos históricos y de derecho que fundamentan la reclamación venezolana, las vicisitudes de la controversia durante el siglo XIX, los hechos ocurridos durante la existencia de la República de Colombia, la apelación a la doctrina Monroe por parte de los Estados Unidos, la constitución del tribunal arbitral, el laudo que hoy examinamos y, también, la ejecución de la injusta dicha decisión.

---

* Profesor titular de la Universidad Católica Andrés Bello. Jefe de la Cátedra Derecho Procesal Constitucional. Individuo de Número de la Academia de Ciencias Políticas y Sociales. Miembro Correspondiente Extranjero de la Academia Colombiana de Jurisprudencia. Socio fundador de Badell & Grau Despacho de Abogados.

Luego en 1949 se publicó en el volumen 14 del Boletín de la Corporación, el artículo titulado "Materia de excepcional importancia para la historia diplomática de Venezuela. La disputa de límites entre Venezuela y la Guayana Británica" de Otto Schoenrich que contenía sus consideraciones particulares y el sorprendente y luego famoso Memorándum póstumo de Severo Mallet-Prevost.

A lo anterior se suman los estudios y conferencias publicados en el Boletín número 91 de 1983, recogidos del ciclo de conferencias organizado por el Dr. Tomás Enrique Carillo Batalla, realizados conjuntamente entre esta Academia y la de la Historia, sobre la reclamación de nuestros derechos sobre el Esequibo. Allí se hallan publicados los estudios del académico Dr. Isidro Morales Paúl, quien ocupó el sillón Nro. 4 de esta Corporación, titulado "Análisis crítico del problema fronterizo Venezuela-Gran Bretaña".

En el mismo Boletín número 91, se incluyeron los trabajos del académico Dr. Carlos Sosa Rodríguez, quien ocupaba el sillón Nro. 35 titulado "El acta de Washington y el Laudo de París" y del académico Dr. René De Sola, que ocupaba el sillón Nro. 21, titulado "Valuación actualizada del Acuerdo de Ginebra".

Igualmente, en el mismo número, se publicó el estudio de Hermann González Oropeza, uno de los jesuitas que participó en la investigación de los archivos ingleses, titulado "Dos aspectos del reclamo Esequibo". También se encuentra el trabajo de Marcos Falcón Briceño, quien había servido como Ministro de Relaciones Exteriores de Venezuela, titulado "Orígenes de la actual reclamación de la Guayana Esequiba".

Más recientemente la Academia se ha pronunciado públicamente respecto a los hechos que han acontecido en los últimos años. En la obra Doctrina Académica Institucional, publicada en Caracas en el año 2019, impulsada por el presidente de la Corporación Dr. Humberto Romero-Muci bajo la edición de la Editorial Jurídica Venezolana, se incluyen los pronunciamientos que tuvieron lugar entre los años 2012 y 2019.

La sexta parte de esa obra es dedicada a la protección de la integridad territorial de la República. En treinta y cinco páginas se da cuenta de los diferentes pronunciamientos, comunicados, declaraciones y misivas que esta Corporación ha realizado con relación a la situación del Esequibo, estas son:

1. El 1° de octubre del año 2013: Declaración de la Academia de Ciencias Políticas y Sociales sobre el nuevo atropello a la soberanía nacional por el gobierno de la República Cooperativa de Guyana. (Violación del espacio marítimo y de la soberanía territorial en los espacios del territorio de mar continental por parte del Gobierno de la República Cooperativa de Guyana).

2. El 22 de octubre del año 2013: Pronunciamiento de la Academia ante las agresiones de la República Cooperativa de Guyana, el abandono de la reclamación territorial frente a Guyana y el incumplimiento del Acuerdo de Ginebra por parte de Venezuela. (Buque Teknik Perdana contratado por el Gobierno de la República Cooperativa de Guyana que se encontraba efectuando labores de investigación científica sin autorización de Venezuela; violación al acuerdo de Ginebra).

3. El 21 de abril del año 2015: Sobre la controversia limítrofe entre Venezuela y la República Cooperativa de Guyana. (Concesiones ilegales por parte de Guyana a empresas trasnacionales sobre el territorio en reclamación, son producto de las políticas de cooperación y ayuda económica que sostiene el gobierno venezolano).

4. El 29 de julio de 2015: La Academia de Ciencias Políticas y Sociales se pronunció ante la situación de la controversia con la República Cooperativa de Guyana. (La República Cooperativa de Guyana delimita su territorio sin participación de Venezuela sobre las áreas marinas y submarinas. Ocupación de la zona en Reclamación. Otorgamiento de concesiones ilegales. Violación al acuerdo de Ginebra).

5. El 7 de febrero de 2017: Pronunciamiento de la Academia de Ciencias Políticas y Sociales ante la actual situación de la controversia con la Republica Cooperativa de Guyana. (La Academia observa que, desde el año 2015, el nuevo Gobierno de la República Cooperativa de Guyana ha expresado públicamente su pretensión de que la disputa de la reclamación venezolana sobre el territorio Esequibo sea sometida a la Corte Internacional de Justicia).

6. El 20 de marzo de 2017: Comunicación dirigida a Delcy Rodríguez, Ministra del Poder Popular para las Relaciones Exteriores de la República Bolivariana de Venezuela. (La Academia de Ciencias Políticas y Sociales considera que Venezuela debe hacer valer de manera pública y a la mayor brevedad posible los términos del Acuerdo de Ginebra, tanto frente al Gobierno de Guyana como en sus gestiones ante el Secretario General de la ONU.)

7. El 25 de octubre de 2017: Comunicación dirigida a Jorge Arreaza, Ministro del Poder Popular para las Relaciones Exteriores de la República Bolivariana de Venezuela, con ocasión de los anuncios de la oficina del Secretario General de las Naciones Unidas (ONU) y del Gobierno de la República Cooperativa de Guyana sobre el envío de la controversia territorial sobre el territorio Esequibo entre Venezuela y dicho Estado a la Corte Internacional de Justicia.

8. El 14 de febrero de 2018: Comunicado de las Academias Nacionales a la opinión pública sobre el anuncio oficial del Secretario General de la Organización de Naciones Unidas (ONU) de enviar la controversia con Guyana a la Corte Internacional de Justicia.

9. El 11 de abril de 2019: Pronunciamiento de la Academia de Ciencias Políticas y Sociales sobre el rechazo a la demanda de Guyana contra Venezuela (Demanda contraria al Acuerdo de Ginebra que dispone la "resolución amistosa y aceptable para ambas partes" y el agotar los medios de solución pacíficas de controversias que estipula la Carta de las Naciones Unidas; someter la controversia a un procedimiento judicial desnaturalizaría dicho acuerdo, impidiendo que las partes logren un acuerdo práctico a través de la negociación o mediación).

10. Luego de la sentencia del 18 de diciembre de 2020 por medio del cual la Corte Internacional de Justicia declaró su competencia para conocer parcialmente la demanda planteada por la República Cooperativa de Guyana, la Academia de Ciencias Políticas y Sociales se pronunció el 13 de enero de este mismo año 2021 sobre la necesaria defensa de los intereses de Venezuela en esta instancia.

Otros académicos se han dedicado al asunto también. El académico Dr. Allan Brewer-Carías ha formulado consideraciones muy relevantes y valiosas sobre varios aspectos, entre ellos, los títulos jurídicos que posee Venezuela. También han contribuido con el tema los académicos Eugenio Hernández-Bretón, Luis Cova Arria, Gabriel Ruan Santos y Humberto Romero-Muci quienes, desde su posición de presidentes de la Corporación, han impulsado valiosos comunicados y pronunciamientos y también han realizado estudios sobre el tema. En el mismo sentido, los académicos Carlos Ayala Corao, Cecilia Sosa Gómez y Jesús María Casal han contribuido al estudio del tema.

El Dr. Héctor Faúndez Ledesma quien no sólo ha organizado este muy bien pensado ciclo de Foros, sino que ha publicado recientemente un valioso libro, que tuve el honor de prologar, sobre "*La Competencia Contenciosa de la Corte Internacional de Justicia y el Caso Guyana vs. Venezuela*" donde no sólo aborda los hechos históricos, títulos y particularidades del procedimiento arbitral de París y del laudo, sino que llega a nuestro tiempo haciendo referencia a la situación en la Corte Internacional de Justicia. El académico Dr. Ramón Escovar León también ha contribuido al estudio del tema a través de varios valiosos y muy bien desarrollados artículos publicados en el diario El Nacional.

Entonces, teniendo presente todo lo expresado a lo largo de todos estos años por mis colegas académicos, me voy a referir hoy a la nulidad del laudo arbitral de París de 3 de octubre de 1899, lo cual haré conforme el siguiente esquema:

I. EL LAUDO ARBITRAL DE PARÍS DE 1899

1. Consideraciones generales
2. Los árbitros

II. VICIOS DEL LAUDO ARBITRAL DE PARÍS

1. Violación del debido proceso
2. Exceso de poder
3. Ultra petita
4. Falta de motivación
5. Falta al deber de imparcialidad
    5.1. Memorandum Severo Mallet-Prevost

III. PALABRAS FINALES

BIBLIOGRAFÍA

I. EL LAUDO ARBITRAL DE PARÍS DE 1899

1. *Consideraciones generales*

El 2 de febrero de 1897 fue firmado el Tratado de Washington, por medio del cual se establecieron las normas del arbitraje con las que se resolvería la controversia territorial entre Venezuela y Gran Bretaña y, en ejecución de ello, el 25 de enero de 1899 se instaló el tribunal arbitral en la ciudad de París.

Ese tribunal arbitral celebró cincuenta y cuatro audiencias de cuatro horas de duración cada una en el Palacio de Orsay en París y el día martes 3 de octubre de 1899, a la una de la tarde se dictó el laudo arbitral de París. En sólo seis párrafos y apenas 844 palabras, y sin ninguna motivación, el tribunal arbitral decidió por unanimidad adjudicar a Gran Bretaña 159.500 kilómetros, más del noventa por ciento del territorio controvertido.

Ese laudo arbitral es nulo por múltiples violaciones al Tratado de Washington de 1897 y al derecho internacional vigente para el momento. En concreto el Laudo de Paris es nulo por haber violado el debido proceso; por haber incurrido en el vicio de exceso de poder; por haber decidido más allá de lo requerido al Tribunal Arbitral y, en consecuencia, haber incurrido en el vicio de ultra petita; por carecer de motivación y por falta al deber de imparcialidad de los árbitros.

2. *Los árbitros*

Cinco árbitros integraron el tribunal arbitral. Los árbitros por la parte venezolana fueron David Josiah Brewer y Melville Weston Fuller, ambos jueces de la Corte Suprema de los Estados Unidos de América. Por la parte británica, los árbitros fueron Sir Richard Henn Collins y el Barón Herschell, pero, en vista del fallecimiento de este último, se nombró al Barón Charles Russell of Killowen, miembro del consejo privado de la reina Victoria. Los cuatro árbitros designados, dos en nombre de la parte venezolana y, los otros dos, en nombre de Gran Bretaña, convinieron en la designación del ruso Federico de Martens, como presidente del tribunal arbitral.

Los abogados defensores de la parte venezolana fueron los estadounidenses Severo Mallet-Prevost, Benjamín Harrison (Expresidente de Estados Unidos), James Russell Soley, Benjamín F. Tracy (Exsecretario de Guerra de EEUU) y, el único venezolano, José María Rojas como agente del gobierno, acompañado de José Andrade (Embajador venezolano en Londres y Roma).

Mientras que los abogados defensores de la parte británica fueron los ingleses Sir Richard E. Webster (Procurador General), Sir Robert Reid (Exprocurador general), G. R. Askwith, S. A. Rowlatt y, como agente del gobierno, George Buchanan.

II. VICIOS DEL LAUDO

Hemos dicho ya que el laudo arbitral es nulo por múltiples violaciones al Tratado de Washington de 1897 y al derecho internacional vigente para el momento. En concreto el Laudo de Paris es nulo por haber violado el debido proceso; por haber incurrido en el vicio de exceso de poder; por haber decidido más allá de lo requerido al Tribunal Arbitral y, en consecuencia, haber incurrido en el vicio de ultra petita; por carecer de motivación y por falta al deber de imparcialidad de los árbitros.

1. *Violación del debido proceso*

El laudo arbitral de Paris es nulo por múltiples violaciones al Tratado de Washington de 1897 y al derecho internacional vigente para el momento. En primer lugar, es necesario enfatizar que conforme a los términos del Tratado de Washington y, en particular, a los artículos III y IV, se trataba claramente de un arbitraje de derecho y, como tal, los árbitros debían respetar la letra y espíritu del Tratado de Washington, estudiar, investigar y cerciorarse de los títulos de derecho de cada una de las partes y adminicularlo al derecho internacional del momento.

En efecto, el tribunal arbitral de París no investigó ni se cercioró de la legitimidad y legalidad de los títulos de Venezuela, todo lo contrario, los desechó en contravención del artículo III del tratado de arbitraje que estableció:

> ***"El Tribunal investigará y se cerciorará*** *de la extensión de los territorios respectivamente, o que pudieran ser* ***legalmente reclamados*** *por aquellas o éste, al tiempo de la adquisición de la Colonia de la Guayana Británica por la Gran Bretaña, y determinará la línea divisoria entre los Estados Unidos de Venezuela y la Colonia de la Guayana Británica".*[1] *(Resaltado añadido)*

La expresión *legalmente reclamados* suponía que para resolver la controversia, los árbitros debían atenerse sólo a los títulos que las partes pudieran demostrar en derecho y, a su vez, decidir conforme a los principios de derecho internacional vigentes para el momento.

Los árbitros tenían la obligación de analizar los títulos de las partes y considerar el derecho aplicable al momento de la controversia teniendo en cuenta que el alcance de la controversia se concretaba a los territorios *que pudieran ser legalmente reclamados* por las partes.

Por su parte, la obligación de *investigar y cerciorarse* suponía que los árbitros debían atender a los títulos de derecho de cada una de las partes y corroborar que efectivamente eran susceptibles de ser considerados como pruebas de sus pretensiones.

Esta obligación se desprende también del artículo V del tratado conforme al cual los árbitros debían *examinar y decidir imparcial y cuidadosamente las cuestiones que se les hayan sometido*. En efecto, el artículo V del Tratado de Washington establecía:

> *"Los Árbitros se reunirán en París dentro de los sesenta días después de la entrega de los argumentos impresos mencionados en el artículo VIII, y procederán a* ***examinar y decidir imparcial y cuidadosamente las cuestiones que se les hayan sometido o se les presentaren****, según aquí se estipula, por parte de los Gobiernos de los Estados Unidos de Venezuela y de Su Majestad Británica respectiva".*[2] *(Resaltado añadido)*

---

[1] Héctor Faúndez Ledesma, *La competencia contenciosa de la Corte Internacional de Justicia y el caso Guayana vs. Venezuela,* Academia de Ciencias Políticas y Sociales – Editorial Jurídica Venezolana, Caracas, 2020. p. 337.

[2] *Ibíd.*, p. 338.

De los artículos citados se desprenden dos obligaciones para los árbitros. En primer lugar, examinar las cuestiones que le hayan sido sometidas y, en segundo lugar, decidir sobre ellas, de manera imparcial y cuidadosa. Sin embargo, no fue así.

Los árbitros decidieron con total discrecionalidad y sin tomar en cuenta ninguno de los títulos válidos de Venezuela. De hecho, existen muchas fuentes documentales con las que queda claro que el tribunal no actuó conforme a derecho sino a inclinaciones políticas.

El tribunal violó sus obligaciones, cuando dejó de tomar en cuenta las pruebas más importantes de Venezuela, entre ellas, la carta de fecha 4 de marzo de 1842 de Henry Light, gobernador de la Colonia de Guayana Británica, dirigida a Lord Stanley, ministro de colonias.

Esta era una prueba fundamental en favor de las pretensiones de Venezuela por cuanto el gobernador expresó que no tenían reclamación alguna sobre el río Amacuro, al oeste del río Barima. Con la carta quedó claro que incluso el gobernador Henry Light tenía serias dudas sobre la legitimidad de la segunda línea Schomburgk cuando escribió "*Yo creo que el señor Schomburgk asume que el Amacuro es la frontera, solamente por razones de conveniencia*".[3]

Con este documento se puso de manifiesto, no solo la falta de interés de los ingleses en ocupar los territorios que abarcó la segunda línea Schomburgk, sino la inviabilidad de tales ocupaciones que, según el gobernador, "*sólo podrían ser ocupados a un costo de vidas y dinero que no lo haría conveniente*".[4]

Ese documento no fue tomado en cuenta por el tribunal arbitral. Venezuela sabía de la existencia de esta carta, pero desconocía su contenido. En su momento, los representantes de Venezuela pidieron al tribunal que exigiera a los británicos que la revelaran, sin embargo, la respuesta fue una negativa que se fundaba en *consideraciones de alta política*.

---

3 Cit. en Héctor Faúndez Ledesma, *ob. cit.*, pp. 166-167. Carta del 4 de marzo de 1842, de Henry Light, Gobernador de la colonia de Guyana Británica, a Lord Stanley, ministro de colonias inglés, Foreign Office, 80/108. Palabras traducidas por el autor citado.

4 *Ídem.*

Solo se tuvo conocimiento del documento luego de que se abrieron los archivos confidenciales ingleses, cuando se descubrieron ese y otros documentos de gran valor probatorio que los árbitros dejaron de tomar en cuenta a pesar del deber que tenían de acuerdo al artículo V del Tratado de Washington de *examinar y decidir imparcial y cuidadosamente las cuestiones que se les hayan sometido o se les presentaren.*

Otra violación grave de las obligaciones que el tratado imponía a los árbitros está relacionada con la denominada primera línea Schomburgk de 1835 que no fue tomada en cuenta por los jueces.

Esta primera línea de Schomburgk "*sólo se aparta de dicho río como a unas 45 millas aproximadamente de la costa, en la confluencia de los Ríos Mazaruni y Cuyuní con el Esequibo y desde ese punto forma una especie de bolsa, al oeste del Río Esequibo, hasta el punto de la costa donde desemboca el Río Moroco*".[5]

El tribunal arbitral, por el contrario, tomó en cuenta la línea expandida del mapa de Hebert de 1842 una línea sobre la cual existen importantes indicios de falsificación y alteración, a saber:

> "*Venezuela tiene pruebas de que el Foreign Office británico no conoció esa línea hasta junio de 1886. Ya esto es más que un grave indicio de que se trataba de una reciente corrupción del mapa original que reposaba desde 1842 en el Colonial Office*".[6]

De otra parte, tengamos en cuenta también la regla "c" del artículo IV, que precisa también la aplicación del derecho internacional.

---

[5] Carlos Sosa Rodríguez, "El acta de Washington y el laudo de París", *Boletín de la Academia de Ciencias Políticas y Sociales*, número 91, Caracas, 1983. p. 122.

[6] Hermann González Oropeza y Pablo Ojer, *Informe que los expertos venezolanos para la cuestión de límites con Guayana Británica presentan al gobierno nacional*, Ministerio de Relaciones Exteriores, Caracas, 1967. p. 13.

"Los Árbitros podrán reconocer y hacer efectivos derechos y reivindicaciones que se apoyen en cualquier otro fundamento válido conforme al derecho internacional y en cualesquiera principios de derecho internacional que los Árbitros estimen aplicables al caso..."[7]

De conformidad con lo establecido en los artículos citados el arbitraje sería de derecho y, como tal, los árbitros debían respetar la letra del Tratado de Washington de 1897, estudiar, investigar y cerciorarse de los títulos de derecho de cada una de las partes y adminicularlo al derecho internacional del momento.

Contrariamente a todo lo expuesto, los árbitros decidieron con total discrecionalidad, sin tomar en cuenta los títulos válidos de Venezuela y en abierta violación al debido proceso y al derecho aplicable para el momento.

Ese derecho internacional vigente al momento de resolver la controversia estuvo determinado por tres eventos de suma importancia que establecieron la modalidad y reglas de procedimiento del arbitraje internacional.

El primero fue el Tratado de Washington de 1871 que estableció las reglas para la solución del caso Alabama y determinó la transición del arbitraje discrecional al arbitraje de derecho.

Las reclamaciones de Alabama fueron una serie de demandas de Estados Unidos contra Gran Bretaña luego de la Guerra Civil Estadounidense. Gran Bretaña se habría declarado neutral, sin embargo, había violado esa neutralidad al proveer de buques a los confederados lo que ocasionó diversos daños en materias primas estadounidenses. Luego, en mayo de 1871, las partes suscribieron el Tratado de Washington, un acuerdo que resolvería la controversia entre ambos países. De acuerdo a ello crearon un reglamento diseñado especialmente para que el tribunal arbitral permaneciera neutral. El arbitraje tuvo lugar en 1872 y a Gran Bretaña se le condenó a pagar una indemnización.

---

7 Héctor Faúndez Ledesma, *ob. cit.*, p. 338.

A partir de este momento, el caso serviría de referencia para futuros arbitrajes y comenzó una nueva etapa de evolución para el medio alternativo.[8]

El caso Alabama supuso la evolución del arbitraje de reyes -que no desapareció, pero sí cambió sus reglas- a los arbitrajes que atendían exclusivamente a criterios jurídicos. La primera modalidad del arbitraje internacional fue el arbitraje de equidad o *ex aequo et bono*.

El arbitraje de reyes era muy común en la edad media. Las partes atendían al prestigio de la persona que elegirían como árbitro decisor de la controversia. Comúnmente se nombraban como decisores no solo a monarcas, sino también *"papas e instituciones de profunda raigambre científica y cultural como las Universidades de Bolonia y Pisa"*.[9]

Es cierto también que, históricamente, el arbitraje al principio funcionó como un medio político-diplomático de resolución de controversias. Sin embargo, el arbitraje se convirtió en un mecanismo más cercano al derecho que a la autoridad moral o científica que incidentalmente podría acompañar a los árbitros y evolucionó de medio político a una instancia jurídica de resolución de controversias.

Ya no se recurría a un personaje por las dotes de moralidad personal que tenía o por el sentir religioso de la comunidad internacional que estaba afectada en el conflicto, y que decidía a su libre criterio, sino más bien por normas jurídicas cada vez más exigentes.[10]

Las reglas establecidas en el Tratado de Washington de 1871 fueron los rudimentos de los principios de derecho internacional en materia de arbitraje vigentes. El artículo II de aquel tratado es especialmente importante, al establecer la obligación de los árbitros de examinar y decidir imparcial y cuidadosamente el asunto sometido a su conocimiento.

---

8 Sobre ello véase el apartado histórico de la web de la Corte Internacional de Justicia https://www.un.org/es/icj/origin.shtml

9 Daniel Guerra Iñiguez, *Derecho Internacional Público*, Tomo II, 2ª edición, Grafiunica, Caracas, 1976, p. 166.

10 Ibíd., pp. 166-167.

Las reglas del caso Alabama se convirtieron en principios generales en materia de arbitraje internacional obligantes para las partes, pero, lamentablemente, fueron ignoradas por el tribunal arbitral de París en 1899 cuando los árbitros hicieron de lado el precedente del artículo II del tratado del caso Alabama, que fue establecido también en el artículo III del Tratado de Washington con la obligación de *investigar y cerciorarse de la extensión de los territorios*.

El segundo evento que sirvió para configurar el derecho internacional que debían aplicar los árbitros fue el Proyecto de Reglamento sobre Procedimiento Arbitral Internacional elaborado por el Instituto de Derecho Internacional en 1875, que propuso normas para la promoción del arbitraje internacional en cuyo contenido estaban recogidos los principios del arbitraje para el momento.

Tengamos en cuenta, por ejemplo, el artículo 18 del proyecto que estableció: "*El tribunal arbitral juzgará según los principios del derecho internacional, a menos que el acuerdo le imponga normas diferentes o deje la decisión a la discreción de los árbitros*."[11] Es decir que, salvo pacto en contrario, no podrían desconocerse los principios del derecho internacional vigentes, que son obligantes para las partes.

En ninguna parte del Tratado de Washington se dispensó a los árbitros de la observancia de estos principios. Todo lo contrario, de la redacción del tratado se desprendió que debía analizarse el derecho, precisamente, el vigente para el momento y, dentro de ese derecho, los principios generales del derecho internacional.

---

[11] Instituto de Derecho Internacional, *Projet de règlement pour la procédure arbitrale internationale*, Session de La Haye, 1875, p. 5. Disponible en https://www.idi-iil.org/app/uploads/2017/06/1875_haye_01_fr.pdf. Texto original del artículo 18 del proyecto: "*Le tribunal arbitral juge selon les principes du droit international, à moins que le compromis ne lui impose des règles différentes ou ne remette la décision à la libre appréciation des arbitres.*" Traducción libre.

Finalmente, el tercer y último asunto importante para la evolución del arbitraje en la época fue la Conferencia de La Haya organizada por el Zar Nicolás II, celebrada desde el 15 de mayo al 3 de julio de 1899. Esta fue la primera instancia formal en la que se discutieron las reglas de arbitraje. En esta conferencia se discutieron aspectos importantes sobre el arbitraje que se concretaron en la Convención para el Arreglo Pacífico de las Controversias Internacionales, principal resultado de aquella reunión.[12]

La importancia de la convención radica en que en ella se recogieron los principios generales de derecho internacional, hasta el momento difusos, y se sistematizaron las reglas que todo arbitraje debía cumplir. El fin de la convención quedó claro en el artículo I que señalaba:

> *"Con el fin de evitar en cuanto sea posible que los Estados recurran a la fuerza en sus relaciones recíprocas, las Potencias signatarias convienen en hacer uso de todos sus esfuerzos para asegurar el arreglo pacífico de las desavenencias internacionales."*[13]

De allí que el arbitraje sea abordado por esta convención, por considerarse un mecanismo de derecho idóneo para la resolución de controversias internacionales. Esto quedó claro en el artículo 15 que estableció:

---

[12] A. Bascuñán Montes, *Tratados aprobados en la Conferencia Internacional de La Haya*, Garnier Hermanos, París, 1900, p. 11 y 18.

[13] James Brown Scott (dir.), *The proceedings of the Hague Peace Conference*, elaborado por la Carnegie Endowment for International Peace en Washington, Oxford University Press, Nueva York, 1920. p. 236. Disponible en https://www.loc.gov/rr/frd/Military_Law/pdf/Hague-Peace-Conference_1899.pdf. Texto original del artículo: *"With a view to obviating, as far as possible, recourse to force in the relations between States, the signatory Powers agree to use their best efforts to ensure the pacific settlement of international differences"*. Traducción libre.

> *"El arbitraje internacional tiene por objeto la solución de los litigios entre los Estados, por medio de jueces elegidos por los mismos y **fundada en el respeto al derecho**".*[14] *(Resaltado añadido)*

Toda solución proveniente del arbitraje, salvo pacto en contrario, debía estar fundada en el derecho y no en consideraciones políticas. Es lo ratificó luego el artículo 20:

> *"Con el fin de facilitar el uso inmediato del arbitraje para las controversias internacionales **que no hayan podido resolverse por la vía diplomática**, las Potencias signatarias se comprometen a organizar un Tribunal permanente de arbitraje, accesible en cualquier tiempo y qué funcione, salvo estipulación contraria de las Partes, conforme a las Reglas de procedimiento comprendido en la presente Convención".*[15] *(Resaltado añadido)*

Esta disposición establece una clara distinción entre la solución de controversias a través de la vía diplomática y el arbitraje, que constituye un arreglo de derecho, cuando señala *con el fin de facilitar el uso inmediato del arbitraje para las controversias internacionales que no hayan podido resolverse por la vía diplomática* diferenciando claramente ambas vías, una política y otra jurídica.

2. *Exceso de poder*

El laudo arbitral de París es nulo por haber incurrido en el vicio de exceso de poder cuando aplicó erróneamente la regla de prescripción en favor de Gran Bretaña, con lo que violó el artículo IV del tratado de arbitraje que estableció que:

---

14 Ibíd., p. 238. *"International arbitration has for its object the settlement of disputes between States by judges of their own choice and on the basis of respect for law".*

15 Ibíd., p. 239. *"With the object of facilitating an immediate recourse to arbitration for international differences which it has not been possible to settle by diplomacy, the signatory Powers undertake to organize a Permanent Court of Arbitration, accessible at all times and operating, unless otherwise stipulated by the parties, in accordance with the rules of procedure inserted in the present Convention".*

"Una posesión adversa o prescripción por el termino de cincuenta años constituirá un buen título, Los árbitros podrán estimar que la dominación política exclusiva de un Distrito, así como la efectiva colonización de él son suficientes para constituir una posesión adversa o crear títulos de prescripción".[16]

Dicha regla había sido negociada por Richard Olney y Julián Pauncefote, embajador de Inglaterra en Washington, a espaldas del Ministro José Andrade, que fue excluido poco a poco de las conversaciones para negociar los términos del tratado de Washington.

En efecto, se había hecho creer a Venezuela, a través del ministro José Andrade, por explicación de Secretario de Estado de los EEUU, Richard Olney, que la mencionada regla de prescripción sería aplicada solamente a ocupaciones efectivas anteriores a 1814 y que se refería solo a un territorio muy pequeño entre los ríos Pomaron, Moruco y Esequibo. De ser así ningún derecho tendría Gran Bretaña.

Sin embargo, para los ingleses, la cláusula de prescripción sería aplicable a todas las ocupaciones ocurridas cincuenta años antes de la fecha en la que se firmó el Tratado de Washington, es decir, de 1897 hacia atrás. Esta interpretación de la regla de prescripción fue la que se impuso. Además, no se trataba, como se había dicho, de un territorio pequeño.

Esta interpretación de la regla de prescripción era contraria a lo que las partes habían pactado mediante el tratado de noviembre de 1850, que tenía como finalidad que ambas partes no siguieran extendiendo sus pretensiones mediante la usurpación indebida de territorios controvertidos.

Es curioso -y también oportuno para Inglaterra- que se haya establecido una prescripción cincuentenaria que permitiría adquirir muchos más territorios en lugar de establecer, al menos, una prescripción centenaria que era más acorde con los principios del derecho internacional pero que, de otra parte, resultaba menos

---

[16] Héctor Faúndez Ledesma, *ob. cit.*, p. 337.

beneficiosa para los ingleses por cuanto les impediría obtener un territorio tan vasto.

Tengamos en cuenta también que, para aplicar esta regla, Inglaterra tenía que probar que ocupaba esos territorios en forma pacífica y permanente. Esto nunca sucedió y el tribunal arbitral nada dijo al respecto.

De acuerdo a esa errónea interpretación se impuso el principio del *uti possidetis facti* sobre el *uti possidetis iuris*, verdadero eje del problema[17]. Esto se hizo, bajo el argumento de que el *uti possidetis iuris*, por ser un principio de derecho internacional americano, solo era aplicable entre los Estados de la región bajo conquista. De manera que Gran Bretaña, al no ser parte de los estados bajo dominio colonial, sostuvo que este principio no tenía ninguna aplicación en el caso.

La aplicación del *uti possidetis iuris* habría beneficiado a Venezuela por cuanto había adquirido, según este principio, todos los territorios que pertenecían a la Capitanía General de Venezuela desde 1777.

Pero, incluso, asumiendo la regla de prescripción de esa forma incorrecta, de ella no se deduce la posibilidad de otorgar el enorme territorio que se adjudicó a Gran Bretaña. En efecto, está demostrado en el mapa incluido en el informe de los jesuitas Hermann González y Pablo Ojer, que el territorio que podía adquirir Inglaterra mediante la regla de prescripción era mucho menor al que el laudo le adjudicó finalmente.

El Laudo estableció que la línea de demarcación entre los Estados Unidos de Venezuela y la Guayana Británica es como sigue:

> *"Principiando en la Costa a la Punta Playa la línea de demarcación correrá por línea recta a la confluencia del Río Barima con el Río Mururuma, y continuará por el medio de la*

[17] Véase Isidro Morales Paúl, "Análisis crítico del problema fronterizo «Venezuela-Gran Bretaña»", *Boletín de la Academia de Ciencias Políticas y Sociales*, número 91, Academia de Ciencias Políticas y Sociales, Caracas, 1983. p. 192.

corriente de este Río hasta su fuente, y de este punto a la unión del Río Haiowa con el Amacuro, y continuará por el medio de la corriente del Amacuro hasta su fuente en la Sierra Imataca, y de allí al Sudoeste por la cima más alta del Espolón de la Sierra Imataca hasta el punto más elevado de la Cordillera Principal, al Sudeste, hasta la fuente del Acarabisi, y de este punto continuará por el medio de la corriente de este Río hasta el Cuyuní, y de allá correrá por la orilla septentrional del Río Cuyuní al Oeste hasta su confluencia en el Wenamu, y de este punto seguirá el medio de la corriente del Wenamu hasta su fuente más occidental, y de este punto por línea recta a la cumbre del Monte Roraima, y del Monte Roraima a la Fuente del Cotinga, y continuará por el medio de la corriente de este Río hasta su unión con el Takutu, y seguirá el medio de la corriente del Takutu hasta su fuente, y de este punto por línea recta al punto más occidental de la Sierra Akarai, continuará por la cúspide de la Sierra Akarai hasta la fuente del Corentín llamado Río Cutari. Queda siempre entendido que la línea de demarcación establecida por este fallo existe sin perjuicio y con reserva de cualquier cuestión que ahora exista o que ocurriese para determinación entre los Estados Unidos de Venezuela y la República del Brasil o entre esta República y el Gobierno de Su Majestad."[18]

En el siguiente mapa -extraído del informe que realizaron los jesuitas Hermann González y Pablo Ojer publicado en 1967- tomando como base los documentos confidenciales británicos, se observa claramente cuáles fueron los territorios ocupados por los ingleses para 1840 (negro), entre 1886 y 1890 (gris oscuro) y después de 1890 (gris claro).[19]

---

[18] Héctor Faúndez Ledesma, *La competencia contenciosa de la Corte Internacional de Justicia y el caso Guayana vs. Venezuela*, Academia de Ciencias Políticas y Sociales – Editorial Jurídica Venezolana, Caracas, 2020, pp. 342-343.

[19] Hermann González Oropeza y Pablo Ojer, *ob. cit.*, p. 15.

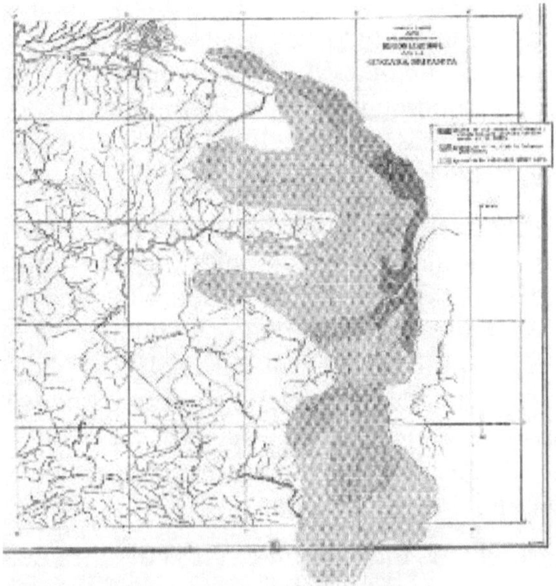

Nótese que el territorio reflejado en el mapa es considerablemente inferior al que se adjudicó a Inglaterra con el laudo, pues, incluso en la peor de las interpretaciones, eran estos los territorios a los que podía aplicarse la regla de la prescripción. Por ello el laudo arbitral de París aplicó erróneamente la regla de prescripción en favor de Gran Bretaña, con lo que violó el artículo IV del tratado de arbitraje y, en consecuencia, incurrió en el vicio de exceso de poder.

3. *Ultra petita*

Es claro que conforme al artículo I del Tratado de Washington el Tribunal arbitral tenía la sola misión de "*determinar la línea divisoria entre los Estados Unidos de Venezuela y la Colonia de la Guayana Británica*".[20]

---

[20] Héctor Faúndez Ledesma, *ob. cit.*, p. 336.

Asimismo, de acuerdo al artículo III, que ya hemos citado varias veces por cuanto fue violado de varias maneras, el tribunal debía *investigar y cerciorarse*, de la extensión de los territorios respectivamente, o que pudieran ser legalmente reclamados y debía determinar la línea divisoria entre los Estados Unidos de Venezuela y la Colonia de la Guayana Británica.

Es pertinente ratificar la consideración muy básica y elemental de que en los arbitrajes internacionales existen límites que deben observar los árbitros. El primero es el deber de atenerse al objeto de la controversia establecido en el tratado, lo cual limita la competencia del tribunal y, el segundo, que el tribunal no puede pronunciarse sobre aspectos que puedan involucrar a otros Estados no signatarios del compromiso. El laudo arbitral de París de 1899 es nulo por la inobservancia de estos límites y, en consecuencia, por haber incurrido en el vicio de ultra petita.

En primer lugar, se incurrió en el vicio de ultra petita por cuanto decidió sobre el régimen de navegación en los ríos Barima y Amacuro, que nada tenía que ver con el objeto de la controversia delimitado en el tratado.

De otra parte, se involucró y afectó con la decisión a Estados que no suscribieron el tratado de arbitraje, pronunciándose sobre cuestiones limítrofes que incluso eran discutidas en ese momento, como la frontera entre Guayana Británica y Brasil.

En efecto, el tribunal ignoró el límite objetivo cuando se pronunció sobre el régimen de vías fluviales, y dotó de carácter internacional las actividades de navegación en el río Barima y el río Amacuro, cuestión que no tenía cabida alguna en el tratado. Y, además, lo ignoró cuando se pronunció sobre las tasas aduaneras entre los Estados en disputa. A saber:

> *"Al fijar la mencionada línea de demarcación los Árbitros consideran y deciden que, en tiempo de paz, los ríos Amacuro y Barima quedarán abiertos a la navegación de los buques de comercio de todas las naciones, salvo todo justo reglamento y el pago de derecho de faro u otros análogos, a condición que los derechos exigidos por la República de Venezuela y por el Gobierno de la Colonia de la Guayana Británica con respecto*

del tránsito de buques por las partes de dichos ríos que respectivamente les pertenecen, se fijen a la misma tasa para los buques de Venezuela y los de la Gran Bretaña, la cual no excederá a la que se exija de cualquiera otra nación. Queda también entendido que ningún derecho de aduana podrá ser exigido, ya por la República de Venezuela, ya por la colonia de la Guayana Británica, con respecto de mercaderías transportadas en los buques, navíos o botes pasando por dichos ríos, pero los derechos de aduana serán exigibles solamente con respecto de las mercaderías desembarcadas respectivamente en el territorio de Venezuela y en el de la Gran Bretaña".[21]

Conforme con lo anterior, el laudo violó también el límite subjetivo al afectar Estados que no habían suscrito el tratado arbitral por cuanto definió los límites de Guayana con respecto a Brasil y Surinam.

El laudo de París afectó a Brasil cuando adjudicó a Inglaterra el límite de los ríos Cotinga y Takutu, territorios que eran objeto de disputa entre Gran Bretaña y Brasil. En efecto, el laudo señaló cuando determinó la frontera:

*"...y del Monte Roraima a la **Fuente del Cotinga**, y continuará por el medio de la corriente de este Río hasta su unión con el **Takutu**, y seguirá el medio de la corriente del **Takutu** hasta su fuente, y de este punto por línea recta al punto más occidental de la Sierra Akarai..."*[22] *(Resaltado añadido)*

De hecho, cuando se firmó el Tratado de Washington en 1897 Brasil anticipó los posibles efectos que podrían tener lugar con el laudo. Antes de ser dictado el laudo arbitral de Paris de 1899, el gobierno del Brasil presentó una protesta contra la redacción del Tratado de Arbitraje de 1897, específicamente sobre la generalidad del artículo III, tras considerar que su contenido era propenso a comprometer negativamente los derechos del Brasil en su litigio territorial con los británicos.

---

21 Ibíd., p. 343.

22 Ibíd., p. 342.

La protesta brasileña fue enviada al presidente del tribunal arbitral y también al gobierno británico y venezolano.

De forma que el laudo arbitral de París desmejoró la situación del Brasil al adjudicarle a la Gran Bretaña tierras que estas dos naciones discutían, lo cual ocasionó protestas formales de la Cancillería de Brasil.

En efecto, las consideraciones que Brasil hizo fueron correctas. Así lo corrobora el contenido de la Circular del Ministerio de Relaciones Exteriores de Brasil a las Misiones Diplomáticas brasileñas de fecha 7 de diciembre de 1899 en Río de Janeiro.

En aquel documento se expresaba claramente la afectación y perplejidad que causó el laudo a Brasil. Se trata de una decisión que fijó como frontera entre los Estados Unidos de Venezuela y Gran Bretaña el límite de los ríos Cotingo y Takutú, que eran objeto de litigio entre Inglaterra y Brasil.[23]

Esta violación de los límites de la controversia supuso que el territorio venezolano se extendiera hasta territorios brasileños, incluyendo las vertientes meridionales de la sierra Aracay objeto de litigio entre Brasil y Francia.[24]

Expresa la circular que con el laudo se violó el principio de derecho internacional según el cual las sentencias arbitrales solo pueden decidir sobre la base de lo que ha sido pactado en el tratado de arbitraje.

Tanto para Venezuela como para Inglaterra era imposible acordar que su frontera pasara por los ríos Cotingo y Takutú, menos por la sierra de Aracay. En efecto "*Venezuela no podría, porque su límite con Brasil está estipulado en el Tratado de 5 de mayo de 1859 y excluye aquellas regiones, Gran Bretaña no podría, porque aquel*

---

23 Elbano Provenzali Heredia, "Cronología de una solidaridad. Documentos brasileños revelan los derechos de Venezuela sobre la Guyana Esequiba", *Boletín de la Academia de Ciencias Políticas y Sociales*, número 93-94, Academia de Ciencias Políticas y Sociales, Caracas, 1983, pp. 76-77.

24 Ídem.

límite es el objeto del litigio que ella va a someter a arbitraje con Brasil." [25]

Finalmente, la circular señaló que el tribunal arbitral de París sentenció más allá de la jurisdicción que había sido fijada en el Tratado de Washington, incurriendo en el vicio de *ultra petita* cuando se pronunció sobre cuestiones *"no reclamadas ni por Venezuela ni por Gran Bretaña, atribuyendo a Venezuela la región amazónica que ella no disputa a Brasil y atribuyendo a la Guyana Británica aun contra Venezuela, solamente la línea Schomburgk en la parte reclamada contra Brasil".*[26]

Igualmente, en 1938 -hace más de ochenta años- el académico Dr. Carlos Álamo Ybarra señaló a este respecto que el laudo desmejoró *"la situación del Brasil al adjudicarle a la Gran Bretaña tierras que estas dos naciones discutían, lo cual engendró protestas de la Cancillería de Rio de Janeiro, significadas en París y Londres."*[27]

Además, al afectar con la decisión a Estados que no habían suscrito el compromiso arbitral violó un principio fundamental en materia de derecho arbitral internacional, la relatividad de los laudos. Dicho principio, derivado de la naturaleza contractual del arbitraje, es la traducción del principio de relatividad de los contratos, de origen civilista, al campo del arbitraje internacional.

Según este principio, además de los límites objetivos de la controversia -no ir más allá de la materia controvertida- existen límites subjetivos -no afectar con la decisión a sujetos no involucrados en el litigio- y con el laudo de París ambos límites fueron transgredidos.

El hecho de ignorar las reglas del Tratado de Washington decidiendo asuntos sobre los cuales no tenía competencia alguna, *"constituyen en sí mismos nuevas causas de nulidad de la*

---

25 Ídem.

26 Ídem.

27 Carlos Álamo Ybarra, *Fronteras de Venezuela con la Guayana Británica*, Academia de Ciencias Políticas y Sociales – Editorial Élite, Caracas, 1938. p. 87.

sentencia."[28] Por lo que, al incurrir en el vicio de exceso de poder y, concretamente, en el vicio de *ultra petita*, el laudo arbitral es un acto nulo.

4. *Falta de motivación*

El Tratado de Washington de 1897 y los principios generales del derecho internacional exigían, como presupuesto de validez del laudo, que este fuera dictado con arreglo a derecho. Esto suponía incluir en la decisión la necesaria y suficiente motivación que permitiera conocer a las partes la valoración de los árbitros respecto de cada uno de los títulos jurídicos presentados y la explicación razonada de por qué decidieron de la forma como lo hicieron.

El deber de motivación se desprende, en primer lugar, del artículo III del Tratado de Washington que estableció que el Tribunal *investigará y se cerciorará de la extensión de los territorios respectivamente, o que pudieran ser legalmente reclamados por las partes.*[29] Si el tribunal tenía la obligación de atender a los fundamentos legales de los títulos de cada una de las partes, entonces debía dar cuenta de cómo lo había hecho.

Además, para el momento de la decisión era ya un principio de derecho internacional que en los arbitrajes de derecho los laudos debían ser motivados. Así quedó plasmado con el precedente de las reclamaciones del Alabama, donde los árbitros elaboraron un laudo que explicó con detalles el razonamiento detrás de la decisión que tomaron.

Igualmente, el deber de motivación fue recogido en el Proyecto de Reglamento sobre Procedimiento Arbitral Internacional de 1875 elaborado por el Instituto de Derecho Internacional en su artículo 23, conforme al cual:

> *"El laudo arbitral será por escrito* ***y estará motivado****, salvo que el convenio arbitral disponga otra cosa. Deberá ser firmado por cada miembro del tribunal arbitral. Si una minoría se niega*

---

[28] Hermann González Oropeza y Pablo Ojer, *ob. cit.*, p. 16.

[29] Héctor Faúndez Ledesma, *ob. cit.*, p. 337.

> *a firmar, bastará la firma de la mayoría, junto con una declaración escrita de que la minoría se ha negado a firmar".*[30] *(Resaltado añadido)*

Esta disposición pone de manifiesto la importancia de la motivación según los principios del derecho internacional para el momento de la disputa, que solo era dispensable en los casos en que las partes así lo convinieran. Pero en el arbitraje de París, las partes jamás relevaron a los árbitros del deber de motivar.

Finalmente, también estaba claro que para el momento de la controversia la motivación era una exigencia de la costumbre -fuente de derecho internacional- cuando el artículo 52 de la Convención para el Arreglo Pacífico de los Conflictos Internacionales, principal resultado de la Convención de La Haya de 1899, estableció:

> *"La sentencia arbitral, aceptada por la mayoría de los votos, deberá estar motivada. Se redactará por escrito y la firmará cada uno de los miembros del Tribunal. Los miembros que hayan quedado en minoría pueden, al firmar, hacer constar su disentimiento".*[31]

De manera que la motivación era natural en las sentencias arbitrales que para el momento eran consideradas verdaderos arreglos de derecho. Aunque Federico de Martens -presidente del tribunal arbitral de París- intentó varias veces en la I Convención de la Haya imponer su tesis sobre que los laudos arbitrales no debían ser motivados, no lo logró.

---

30 Instituto de Derecho Internacional, *Projet de règlement pour la procédure arbitrale internationale*, Session de La Haye, 1875. p. 5. Texto original del artículo, *"La sentence arbitrale doit être rédigée par écrit et contenir un exposé des motifs sauf dispense stipulée par le compromis. Elle doit être signée par chacun des membres du tribunal arbitral. Si une minorité refuse de signer, la signature de la majorité suffit, avec déclaration écrite que la minorité a refusé de signer".*

31 James Brown Scott (dir.), *ob. cit.*, p. 244. Texto original del artículo: *"The award, given by a majority of votes, must state the reasons on which it is based. It is drawn up in writing and signed by each member of the tribunal. Those members who are in the minority may record their dissent when signing".*

En efecto, en las discusiones que tuvieron lugar en aquella convención, Federico de Martens esgrimió como una de las razones para prescindir de la motivación de los laudos arbitrales que:

> *"Exigirles (a los árbitros) que motiven sus decisiones sería imponerles una de las obligaciones más delicadas, y quizás y tal vez incluso avergonzarlos seriamente, si sus conciencias judiciales no se encuentran de acuerdo con las exigencias de sus gobiernos o de las sensibilidades de la opinión pública de sus países."*[32]

Para Federico de Martens, desde el punto de vista jurídico la motivación suponía una gran ventaja, pero, desde el punto de vista práctico, no era así. En este planteamiento el ruso solo fue apoyado por Mr. Holls, delegado de los Estados Unidos.

Sin embargo, otros representantes presentes en esa reunión, como el Dr. Phillip Zorn, consejero judicial privado, profesor de la Universidad de Königsberg, que asistió en calidad de delegado científico por Alemania; Chevalier Descamps, senador, en representación de Bélgica; y el delegado plenipotenciario y miembro del consejo de Estado de Holanda Tobias Michael Carel Asser, refutaron sus argumentos y sostuvieron la posición mayoritaria para el momento según la cual los laudos debían ser motivados. Esta posición fue la que efectivamente se impuso en el artículo 52 de la Convención para el Arreglo Pacífico de Controversias Internacionales emanada de la misma convención.

Los árbitros, que eran todos juristas reconocidos y de dilatada experiencia en materia de derecho internacional y, en especial, de arbitraje, sabían de la vigencia de esos principios de derecho internacional.

En efecto, si alguien conocía el derecho aplicable, era Federico de Martens. Quizá lo más contradictorio fue que asistió como representante de Rusia a la I Conferencia de La Haya mientras se desarrollaba el arbitraje de París y esto hizo que se suspendieran las audiencias en tres oportunidades, una a finales de junio y las otras dos en julio de 1899.

---

32 Ibíd., p. 740.

Como señaló Falcón Briceño, refiriéndose a Federico de Martens "*al mismo tiempo que es elegido Presidente del Tribunal Arbitral, está asistiendo como Delegado de Rusia a las sesiones de la Primera Conferencia Internacional de la Paz. Una conferencia importante porque allí se establecen reglas sobre el arbitraje.*"[33] De manera que conocía de primera mano todo lo que se discutía en la conferencia y la importancia de las ideas que allí se concertaron.

Federico de Martens conocía muy bien que el deber de motivación de los laudos era una obligación que se desprendía de los principios del derecho internacional. Esto quedó demostrado cuando participó como árbitro único en una controversia entre Inglaterra y Holanda, surgida por la detención arbitraria del capitán del ballenero *Costa Rica Packet*.

Ese laudo dictado el 25 de febrero de 1897 estuvo plenamente motivado. "*Primero, Federico de Martens señaló el monto de las indemnizaciones por daños causados a la tripulación del ballenero. Luego, reconoció el derecho aplicable al caso, el derecho de gentes. Expuso detalladamente el alcance de la soberanía territorial del Estado en el mar territorial, la naturaleza y régimen jurídico de las naves mercantes. Además, en este caso sí se consideraron las pruebas pues el laudo expresa como todos los documentos aportados evidencian la falta de fundamento de la detención. Federico de Martens obró de maneras completamente distintas en este caso y en el de Venezuela*".[34]

A lo anterior se suma el hecho de que todos los árbitros del tribunal sabían que estaban en la obligación de examinar detalladamente cada uno de los títulos y, sin embargo, no lo hicieron. Más grave aún es, que no lo hayan hecho cuando era obvio que tenían pleno conocimiento de cuál era el derecho aplicable.

Por todas estas razones, el laudo es nulo por no atender al derecho aplicable que se desprendía de los principios generales del derecho

---

33 Marcos Falcón Briceño, "Orígenes de la actual reclamación de la Guayana Esequiba", *Boletín de la Academia de Ciencias Políticas y Sociales*, número 91, Academia de Ciencias Políticas y Sociales, Caracas, 1983. p. 48.

34 Héctor Faúndez Ledesma, *ob. cit.*, pp. 123-124.

internacional. Estos principios vinculaban a las partes y hacían nacer en los árbitros la obligación de resolver la controversia con arreglo a derecho y no en forma discrecional.

Hoy, los representantes de Guyana en la Corte Internacional de Justicia tratan de justificar la inmotivación del laudo expresando que: *"A la luz de la publicación de voluminosas actas de las alegaciones de las partes y de las copiosas pruebas presentadas al Tribunal Arbitral, y de acuerdo con la práctica de la época, el propio laudo fue sucinto."*[35]

Pero que se hayan publicado *voluminosas actas* no libera a los jueces de la obligación de motivar la decisión en una materia de tanta trascendencia. Ni la obligación derivada del precitado artículo III del Tratado de Washington que implicaba tomar en cuenta todas las pruebas que constaban en el expediente.

Si el tribunal arbitral consideró como título la cesión de Holanda a Inglaterra mediante el Tratado de Londres de 1814, tuvo entonces que haber señalado cómo llegó a esa conclusión y exponer cuál fue la valoración de la prueba que realizó.

Como afirma Faúndez Ledesma, de conformidad con el artículo IV del tratado "*había tres opciones para adjudicar todo o parte del territorio en disputa a una de las partes en litigio, era natural y obvio que habría que indicar a partir de cuál de esas reglas se había llegado a esa decisión, y porqué*"[36].

La primera opción era mediante la aplicación de la regla a del artículo IV que estableció la posesión adversa o prescripción, que hemos analizado ya; la segunda posibilidad era mediante la aplicación de la regla "b" del artículo IV según la cual los árbitros podían *"reconocer y hacer efectivos derechos y reivindicaciones que se apoyen en cualquier otro fundamento válido conforme al derecho*

---

[35] International Court of Justice, *Memorial of Guyana*, Volume I, in the case concerning to the Arbitral Award of 3 October 1899, 19 de noviembre de 2018. *"In light of the publication of voluminous records of the arguments of the parties and the copious evidence presented to the Arbitral Tribunal, and in line with practice at the time, the Award itself was succinct."*, p. 9.

[36] Héctor Faúndez Ledesma, *ob. cit.*, p. 115.

internacional"[37] o principios del derecho internacional siempre que no contravinieran la regla de la prescripción; la tercera y última solo podía darse en caso de ocupación por parte de súbditos en el territorio de la otra parte, caso en el que se daría a tales ocupaciones *"el efecto que, en opinión del Tribunal, requieran la razón, la justicia, los principios del derecho internacional y la equidad del caso".*[38]

Sin embargo, a pesar de que estas reglas debían ser razonadas en el laudo para que las partes conocieran los verdaderos motivos de la decisión, los árbitros ignoraron este deber y dictaron una sentencia insuficiente en la que se establece el límite entre dos Estados sin justificación legal alguna; cuestión que vicia la decisión y la convierte en nula.

A este respecto tengamos en cuenta lo escrito en la *La Voce della Veritá* en fecha 29 de octubre de 1899, poco tiempo después de conocerse el contenido del laudo:

> *"La Comisión, de hecho no tomó en cuenta los argumentos de las dos partes. No juzgó sobre la base de los derechos, sino que arbitrariamente trazó lo que había de ser un compromiso, el cual, sin embargo, concede la mayor parte al más fuerte. En efecto, a Inglaterra le otorgaron cinco sextas partes y a Venezuela sólo una sexta parte, pero el tribunal no se tomó la molestia de explicar sobre qué bases jurídicas se apoyaba esa partición."*[39]

5. *Falta al deber de imparcialidad*

El laudo arbitral de París es nulo, además, porque violó principios de derecho internacional al haber faltado los árbitros al deber de neutralidad e imparcialidad, desde que al menos, el presidente del tribunal arbitral Federico de Martens actuó abiertamente de manera parcializada.

---

37 Ibíd., p. 337.

38 Ibíd., p. 338.

39 Véase en Hermann González Oropeza y Pablo Ojer, *ob. cit.*, p. 52.

Hay muchas pruebas que determinan que Federico de Martens manipuló y coaccionó a los demás árbitros para obtener una decisión unánime, convirtiendo un laudo de derecho en un arreglo político. Es un hecho que el ruso ejerció presiones indebidas sobre el resto de los árbitros.

Los principios del derecho internacional en materia de arbitraje, vinculantes todos, exigían que en la composición de los tribunales arbitrales se tomara en cuenta un elemento indispensable, la neutralidad de los árbitros.

En este sentido, el Tratado de Washington de 1897 en su artículo II, estableció la forma en la que se designarían los árbitros. El tribunal estaría compuesto por un total de cinco juristas, dos seleccionados "por Venezuela" que, de antemano, estableció el tratado que serían nombrados:

> *"...uno por el Presidente de los Estados Unidos de Venezuela, a saber, el Honorable Melville Weston Fuller, Justicia Mayor de los Estados Unidos de América, y uno por los Justicia de la Corte Suprema de los Estados Unidos de América, a saber, el Honorable David Josiah Brewer, Justicia de la Corte Suprema de los Estados Unidos de América"* [40]

Y otros dos seleccionados por los miembros de la comisión judicial del Consejo Privado de la reina Victoria que fueron finalmente los juristas Lord Russell of Killowen y Sir Richard Henn Collins. Finalmente, el presidente del tribunal arbitral sería un quinto jurista seleccionado por los otros cuatro árbitros.[41]

De conformidad con esta disposición del tratado, el presidente del tribunal arbitral, elegido por los árbitros ingleses y estadounidenses, fue el ruso Federico de Martens, reconocido jurista con amplia experiencia en materia de arbitraje.

---

40 Ibíd., pp. 336-337.

41 Ídem.

Por otra parte, debemos reiterar lo establecido en el artículo V del tratado de Washington por cuanto de allí es que se deriva el deber de imparcialidad según el cual, los árbitros *"procederán a examinar y decidir* ***imparcial y cuidadosamente*** *las cuestiones que se les hayan sometido o se les presentaren"*.[42] (Resaltado añadido)

Así se entendía también del artículo I del Tratado de Washington de 1871, relativo al caso Alabama, según el cual las partes elegirían un árbitro cada una, mientras que los otros tres serían árbitros extraños a la controversia lo que suponía una mayor garantía de imparcialidad. Además, el artículo II del mismo tratado de 1871 estableció la obligación de los árbitros de examinar y decidir *imparcial y cuidadosamente* el asunto objeto de la controversia.

Sin embargo, contrariamente a lo establecido en el Tratado de Washington de 1897 y de los principios vigentes en materia de arbitraje internacional, la imparcialidad del ruso Federico de Martens fue dudosa desde el comienzo. En efecto, era un funcionario activo de su país y ello asomaba la posibilidad de que estuviera influenciado por los intereses de su nación, más que por la idea la imparcialidad, como indica Falcón Briceño:

> *"...al mismo tiempo que es elegido Presidente del Tribunal Arbitral, está asistiendo como Delegado de Rusia a las sesiones de la Primera Conferencia Internacional de la Paz. Una conferencia importante porque allí se establecen reglas sobre el arbitraje."*[43]

Con esta cita se evidencian dos cosas. De una parte, Federico de Martens era representante de Rusia y actuaba movido por intereses políticos. Y, de otra parte, queda claro que había participado en la Conferencia de La Haya de 1899 y que conocía todo lo que allí se discutió.

En relación con lo anterior, Falcón Briceño observa también que *"en el fondo de De Martens había más que todo un hombre práctico, como él mismo decía, un político, de manera que, y es natural, siendo*

---

42 Ibíd., p. 338.

43 Ídem.

un funcionario del imperio ruso, su pensamiento político estuviera vinculado desde luego al pensamiento y a los intereses políticos de Rusia."[44]

Llama poderosamente la atención que, al ser una figura tan relevante en el foro arbitral internacional, se conocían no sólo sus visiones políticas sino también sus criterios sobre asuntos controversiales relacionados con el arbitraje, lo que pudo haber inclinado a los ingleses a elegirlo porque tenía una visión política del arbitraje y, además, sostenía la tesis de que los laudos no requerían ser motivados.

Esta perspectiva con respecto a la motivación de los laudos arbitrales sería reflejada en el laudo de París en 1899, dictado por unanimidad y que, por lo tanto, carece de motivación.

Por si fuera poco, Federico de Martens tenía también una visión colonialista de las relaciones internacionales. Para él, las potencias eran superiores a los pueblos salvajes o bárbaros, como le gustaba llamar a los países menos desarrollados. Esta perspectiva fue la que le llevó a favorecer a Inglaterra en el arbitraje de París. Esta posición supremacista quedó plasmada en una de sus obras:

> *"Sin embargo, cabe preguntarse cuál de estas dos opiniones, tan divergentes en sus puntos de partida y tan coherentes en sus conclusiones finales, es la verdadera. ¿Es realmente cierto que una lucha entre Rusia e Inglaterra a orillas del Indo es una necesidad absoluta y una fatalidad implacable? ¿Están estas dos grandes potencias civilizadas real e inevitablemente obligadas por alguna ley inmutable a dar a los pueblos salvajes de Asia el triste espectáculo de una lucha amarga y despiadada? ¿Es digno de la civilización europea, de la que Inglaterra y Rusia son los únicos representantes en Asia Central, evocar los instintos pervertidos de las hordas asiáticas y aprovecharse del odio salvaje que estos bárbaros sienten hacia todas las naciones cristianas y civilizadas? ¿Se ha reflexionado seriamente sobre esta cuestión?: quién se beneficiará, en última instancia, de esta lucha entre Inglaterra y Rusia; ¿cuál de estas dos potencias,*

44 Marcos Falcón Briceño, *ob. cit.*, p. 48.

victoriosas en los campos de batalla, estará en condiciones de mantener bajo su dominio a todas las naciones asiáticas y a todas las tribus salvajes y saqueadoras a cuya ayuda debe su éxito?"[45]

También es un hecho conocido que Federico de Martens tenía ciertas afinidades con Gran Bretaña, al margen de su visión de las relaciones internacionales. Ciertamente, tenía entre sus credenciales haber sido profesor emérito y L.L.D de las universidades de Cambridge y Edimburgo, además ejerció la docencia por 30 años en la Universidad de San Petersburgo.[46] Dichas credenciales constan no solo en la parte inicial del laudo arbitral de París, al que nos referimos con énfasis en este estudio, también están en el preámbulo del caso *Costa Rica Packet*, al que nos hemos referido en líneas anteriores.[47]

Cuando tuvo lugar el arbitraje, el anglófilo Federico de Martens no actuó como árbitro imparcial e independiente, todo lo contrario, el jurista ruso actuó en aquel arbitraje como funcionario. Es conocido que el ruso se desempañaba en la cancillería rusa como asesor legal, con este cargo difícilmente podría cumplir con el deber de imparcialidad e independencia del arbitraje internacional.

Esta no es una afirmación sin fundamento, de hecho, gracias a la labor investigativa de los jesuitas Hermann González Oropeza y Pablo Ojer, Venezuela posee documentos, comunicaciones y notas de presa que demuestran que se trató de una componenda Algunos extractos de estos documentos son:

1. La señora Caroline Harrison, esposa del presidente Benjamin Harrison en su diario, fechado del 3 de octubre de 1899, afirmaba, refiriéndose a Inglaterra:

---

[45] Véase Federico de Martens, "La Russie et l'Angleterre dans l'Asie centrale", *Revista de Derecho Internacional y Legislación Comparada*, Instituto de Derecho Internacional, 1879.

[46] Véase Héctor Faúndez Ledesma, *ob. cit.*, p. 97.

[47] *Ibíd.*, p. 342. *"Su Excelencia Frederic de Martens. Consejero Privado. Miembro Permanente del Consejo del Ministerio de Relaciones Exteriores de Rusia L. L. D. de la Universidad de Cambridge y Edimburgo."*

"Algo de lo que tomó ha concedido, pero en los alegatos se demostró que mucho no lo poseía legalmente. Todos nos hallamos más bien furiosos. Rusia era el quinto en el Tribunal, y es su diplomacia ponerse del lado de Inglaterra: la balanza de poder, etc..."[48]

2. En comunicación de Lord Rusell, árbitro principal de Inglaterra, a Lord Salisbury, fechada del 7 de octubre de 1899, refiriéndose a Federico de Martens, presidente del tribunal arbitral:

"...parecía que buscaba medios de llegar a líneas de compromiso, y pensaba que era su deber lograr a toda costa, a ser posible, una decisión unánime. Más aún, lamento verme en la obligación de decir que en entrevista privada intimó a Lord y Justicia Collins, en tanto que le urgía a reducir el reclamo británico, que si no lo hacíamos, él se podría ver obligado, con el objeto de obtener la adhesión de los Árbitros venezolanos a acordar una línea que podría no ser justa con Gran Bretaña. No me cabe duda de que habló en sentido contrario a los Árbitros venezolanos, y temo que posiblemente fue mucho peor el medio de incitarles a que aceptaran el laudo en su forma actual. Sea lo que sea, huelga decir que el Sr. de Martens revelaba un estado de espíritu muy intranquilo."[49]

3. Comunicación de Severo Mallet-Prevost de fecha 26 de octubre de 1899, trece días después de dictado el laudo, dirigida al profesor George L. Burr:

"Nuestros Árbitros fueron forzados a aceptar la decisión, y con estricto carácter confidencial, no dudo en asegurarle a usted que los Árbitros británicos no se rigieron por consideración alguna de Derecho o Justicia, y que el Árbitro ruso probablemente fue inducido a adoptar la posición que tomó por razones totalmente extrañas a la cuestión. Sé que esto sólo va a abrirle el apetito, pero al presente no puedo hacer otra cosa. El resultado, a mi juicio, es una bofetada al Arbitraje."[50]

---

48 Hermann González Oropeza y Pablo Ojer, *ob. cit.*, p. 42.

49 Ídem.

50 Ídem.

4. Richard Olney al presidente Grover Cleveland el 27 de diciembre de 1899:

> *"No lo he vuelto a ver a usted después de la sentencia en el asunto de los límites de Venezuela. A raíz de su regreso a Nueva York, el Sr. Mallet-Prevost, el abogado más joven de Venezuela estaba ansioso de contarme cómo habían pasado las cosas y por qué ocurrieron así. En una de mis visitas a Nueva York le invité a comer con el resultado de que habló más y comió menos, y de que el tiempo que duró la comida fue, más que de tomar alimentos y refrescos, de intensa ira y amargura de espíritu por el procedimiento y decisión del Tribunal de Arbitraje. Me abstengo de entrar en detalles, pues no me cabe duda de que usted se habrá enterado de ellos por otras fuentes. Lo peor de todo, por lo visto, no es tanto la pérdida de territorio por parte de Venezuela, cuanto el descrédito general del arbitraje. Según mi informante, tanto el Presidente de la Corte, como Brewer se muestran contrarios al arbitraje como fórmula de resolver controversias internacionales mientras no haya un procedimiento que garantice los derechos de las Partes. El exsecretario John W. Foster, con quien comí el otro día, dijo que Fuller y Brewer regresaron al país bastante enfermos de arbitraje."*[51]

Con esta carta queda claro que, lo ocurrido en el arbitraje y lo reflejado en el laudo arbitral de París de 1899, hizo que el medio de resolución de controversias perdiera credibilidad, como sabemos, uno de los principales fuertes del mecanismo es la seguridad y confianza generada en las partes, esto fue puesto en riesgo por el laudo.

El peligro fue tal que los árbitros que participaron en el procedimiento desarrollaron cierta aversión por el arbitraje, cuestión que deja mucho que pensar en cuanto a la verdadera dimensión del problema y la necesidad de que sea resuelto conforme a derecho.

---

[51] Ibíd., p. 44.

5. En el diario del secretario privado de Lord Rusell, J. R. Block, con fecha de 2 de octubre de 1899, un día antes del laudo, figura una afirmación lapidaria: *"Venezuela. La componenda de Martens nos ha dado la victoria. Archivos privados."*.[52]

De manera que, hoy con esta información y la recabada en la investigación de los jesuitas Hermann González Oropeza y Pablo Ojer:

> *"...se puede apreciar con más claridad es que el Laudo de 1899 no estuvo basado realmente en un análisis jurídico donde haya existido unanimidad de criterio sino que más bien fue la consecuencia de un pacto entre los integrantes del tribunal, quienes fueron fieles a sus intereses."*[53]

5.1. *Memorándum de Severo Mallet-Prevost*

Todo lo anterior quedó claro con el memorándum póstumo de Severo Mallet-Prevost, quien falleció el 10 de diciembre de 1948 en Nueva York. Severo Mallet-Prevost designó como albacea al abogado Otto Schoenrich, socio de la firma de abogados a la que pertenecía (*Curtis, Mallet-Prevost, Colt & Mosle*) y le encargó que publicara el documento luego de su muerte.

El memorándum fue finalmente publicado en julio de 1949 en el *American Journal of International Law* y publicado también ese mismo año en el Boletín de la Academia de Ciencias Políticas y Sociales, específicamente en el volumen 14, bajo el título de "Materia de excepcional importancia para la historia diplomática de Venezuela. La disputa de límites entre Venezuela y La Guayana Británica".

De acuerdo con memorándum, Mallet-Prevost reconoce que él y el presidente Benjamín Harrison tuvieron conocimiento de la confabulación que existió entre el presidente del tribunal arbitral Federico de Martens y los árbitros ingleses Lord Russell y Lord Collins designados por Inglaterra.

---

52 Ídem.

53 William Dávila Barrios (ed.), *Libro blanco: La reclamación venezolana del territorio Esequibo*, Asamblea Nacional, Caracas, 2020, p. 14.

Mallet-Prevost relata que Russell siempre tuvo una actitud reticente e inclinada en favor de Inglaterra, era del criterio de que los árbitros tienen una vinculación política y consideraba que no era necesario que los arbitrajes internacionales se ciñeran exclusivamente a fundamentos legales.

En una comida íntima organizada por Henry White, que ocupaba el cargo de encargado de negocios de los Estados Unidos, en la ciudad de Londres coincidieron Lord Russell, el juez Josiah Brewer y Severo Mallet-Prevost. Éste último expresa en su memorándum refiriéndose a Lord Russell:

"Me tocó sentarme a su lado, y en el curso de la conversación me aventuré a expresar la opinión de que los arbitramentos internacionales deberían basar sus decisiones únicamente sobre fundamentos legales. Lord Russell respondió inmediatamente: "Estoy enteramente en desacuerdo con usted. Pienso que los arbitrajes internacionales deberían ser conducidos por vías más amplias y que deberían tomar en consideración cuestiones de política internacional. Desde aquel momento comprendí que no podíamos contar con Lord Russell para decidir la cuestión fronteriza sobre la base del derecho estricto."[54]

Una percepción completamente distinta tuvo Mallet-Prevost de Lord Collins, a quien conoció el primero de junio de 1899. Collins se mostró mucho más animado, dispuesto a indagar y, sobre todo, a comprender y analizar la controversia y los títulos que fundamentaban las pretensiones de las partes. Sobre él, reseña Mallet-Prevost:

"Durante los discursos del Procurador General Sir Richard Webster y mío (los cuales duraron 26 días) era completamente obvio que Lord Collins estaba sinceramente interesado en darse cuenta totalmente ele los hechos del asunto y en determinar la

---

[54] Véase el Memorándum de Severo Mallet-Prevost en Otto Schoenrich, "Materia de excepcional importancia para la historia diplomática de Venezuela. La disputa de límites entre Venezuela y La Guayana Británica", *Boletín de la Academia de Ciencias Políticas y Sociales*, Vol. 14, No. 1-2-3-4, Academia de Ciencias Políticas y Sociales, Caracas, 1949, p. 32.

ley aplicable a tales hechos. El, por supuesto, no dio indicación acerca de cómo votaría en la cuestión; pero toda su actitud y las numerosas preguntas que formuló eran críticas de los alegatos británicos y daban la impresión de que se iba inclinando hacia el lado de Venezuela."[55]

Sin embargo, esas impresiones cambiaron radicalmente luego del receso de dos semanas, que tuvo lugar una vez concluidos los discursos mencionados. En ese momento los árbitros ingleses viajaron a Inglaterra, junto con el presidente del tribunal arbitral Federico de Martens.

Según consta en el memorándum, cuando Lord Collins volvió de Inglaterra a París luego de aquellas vacaciones, no era el mismo que se había marchado. Evidentemente ocurrieron en Inglaterra varios hechos que desconocemos pero que, probablemente, obedecían a intereses políticos de ambas potencias: Rusia e Inglaterra. Esto, por supuesto, no es una suposición nuestra, el mismo Severo Mallet-Prevost estaba convencido de que algo había ocurrido:

> *"El señor Mallet-Prevost afirmó que él estaba seguro de que la actitud de los miembros británicos y el miembro ruso del Tribunal Arbitral era el resultado de una negociación entre Gran Bretaña y Rusia por el cual las dos Potencias indujeron a sus representantes en el Tribunal a votar como lo hicieron, y Gran Bretaña probablemente dio a Rusia ventajas en otra parte del globo."*[56]

Curiosamente, el 31 de agosto de 1907, un par de años después de la ejecución coactiva del laudo de París, tuvo lugar un hecho que aumenta la posibilidad de que las sospechas de Mallet-Prevost sean verdaderas. En esa fecha, se firmó el Tratado Anglo-Ruso de Mutua Cordialidad que alivianó las tensiones entre Rusia e Inglaterra en Asia Central y mejoró las relaciones entre ambos países, con la convención tuvo lugar la independencia de Afganistán, de Persia y de Tíbet.

---

55 Ídem.

56 Ibíd. p. 30.

Retomando el contenido del memorándum, la componenda de la que sospechaba Mallet-Prevost se hace evidente cuando Federico de Martens se reunió con los árbitros americanos -Brewer y Fuller- para proponerles que, si aceptaban tomar una decisión unánime, Venezuela conservaría las Bocas del Orinoco, pero, si no lo hacían, el ruso se alinearía con los árbitros ingleses, cuestión que, supondría una peor situación para el Estado venezolano.

Guyana ha sostenido ante la Corte Internacional de Justicia que el memorándum de Severo Mallet-Prevost fue revelado muchos años después de dictarse el laudo y que, además, es dudoso por las estrechas relaciones del abogado con el Estado venezolano, que le premió incluso con la Orden del Libertador[57]. Todo esto para restar valor y credibilidad al documento.

Sin embargo, el memorándum no es el único documento que pone de manifiesto los vicios del laudo arbitral de parís y los abusos que tuvieron lugar en el arbitraje. Al contrario, las mayores protestas contra el laudo -como vimos- se dieron antes de conocerse el memorándum de Severo Mallet-Prevost.

De hecho, L. de la Chanonie comentó en el número 3° del tomo III de la *Revue d'Europe* publicada en marzo de 1900, lo mismo que contendría el memorándum de Mallet-Prevost. En efecto, L. de la Chanonie señaló que:

> *"...el Sr. De Martens propuso entonces a los árbitros americanos, conceder a Venezuela, en compensación por los territorios de la línea Schomburgk, la posesión absoluta del*

---

[57] *International Court of Justice, "Memorial of Guyana", Volume* I, p. 13. *"En la búsqueda de ese objetivo, Venezuela se propuso impugnar la validez del Laudo que hasta entonces había respetado, afirmado y sostenido durante más de seis décadas. Con este fin, Venezuela invocó un memorando secreto, supuestamente redactado en 1944 por Severo Mallet-Prevost, un miembro menor del equipo legal de Venezuela en el arbitraje de 1899, con supuestas instrucciones de que no se publicara hasta después de su muerte (que ocurrió en 1949). Se dice que el memorando fue redactado más de 45 años después de los acontecimientos que supuestamente describía, y en el mismo año en que Venezuela entregó al Sr. Mallet-Prevost la Orden del Libertador "en testimonio de la alta estima que el pueblo venezolano tiene y tendrá siempre de él."*

Orinoco, retirando la frontera inglesa a unas veinte leguas del río; añadió que si los árbitros de Venezuela no aceptaban este arreglo, votaría con los árbitros ingleses para acabar de una vez, lo que aseguraría a Inglaterra la posesión de uno de los lados del delta del Orinoco. La perplejidad de los árbitros americanos fue grande, y su turbación profunda; al cabo de algunas horas de reflexión, juzgaron que era necesario ante todo poner al gran río fuera de las garras de Inglaterra; prefirieron aceptar un arreglo enojoso a no obtener nada, y finalmente, constreñidos por una necesidad imperiosa, se adhirieron a la sentencia arbitral; he aquí la unanimidad de los jueces tan cacareada por la prensa inglesa la cual la ha interpretado como una prueba irrefutable de los indudables derechos de Gran Bretaña. La publicación dada aquí a los debates secretos pone las cosas en su punto.

Una simple pregunta: si la disputa, en vez de haberse planteado entre un pequeño Estado y una gran Potencia, hubiera enfrentado a Inglaterra, Rusia, Francia o Alemania, ¿habría terminado en tres días y con tanto desenfado, un conflicto que, en caso de necesidad, hallara en la fuerza su legítimo recurso? Pero Venezuela no tiene el poder marítimo y militar que permite hablar alto; no ha podido apoyar con las armas el rechazo de una decisión no tanto arbitral cuanto arbitraria, cuya injusticia resultaba notoria. El derecho internacional le abría el camino a una apelación platónica, herida de antemano de esterilidad. . . Pero eso se calló."[58]

En este comentario de la prensa francesa se afirmó -49 años antes de la publicación del memorándum de Severo Mallet-Prevost- que el presidente del tribunal arbitral faltó al deber de imparcialidad y fue el director de una componenda que perjudicó al más débil, que era obviamente Venezuela.

Era tan evidente el asunto que la naturaleza de arreglo político del laudo arbitral fue denunciada por la prensa en Inglaterra. El 11 de octubre de 1899, apenas ocho días después de conocerse el laudo, la

---

58 Hermann González Oropeza y Pablo Ojer, *ob. cit.*, pp. 50-51.

revista británica *Punch, or the London Charivari*, publicó una ilustración de *Lord Salisbury*. En la caricatura se observa a *Lord Salisbury*, un personaje de reconocida aversión hacia el arbitraje, escapando con varios documentos, incluida la línea Schomburgk y algunos otros mapas de minas y bosques que habían obtenido gracias al laudo.C

En la parte inferior de la imagen se lee: «Lord Salisbury (chuckling) "I like arbitration – in the Proper Place!"» es decir, "Lord Salisbury (riendo entre dientes) y diciendo: "Me gusta el arbitraje - ¡en el Lugar Apropiado!".[59]

El 18 de octubre de 1899, en el *Idaho Daily Statesman*, un diario de Estados Unidos, se criticó fuertemente el arbitraje:

"El plan consistió en asegurar el apoyo del Sr. de Martens, Presidente del tribunal. Esto se llevó a cabo por la intervención de los rusos quienes deseaban que él se pusiera de lado de Gran Bretaña con el objeto de obtener el apoyo inglés para los planes rusos en China. Todo esto se cumplió con el más absoluto

---

[59] Autor anónimo en "Peace and plenty", en *Punch, or the London Charivari* en fecha 11 de octubre de 1899. Ilustración extraída de Andrés Eloy Burgos Gutiérrez (ed.), *Memorias de Venezuela*, número 34 enero-febrero 2016, Ministerio del Poder Popular para la Cultura – Centro Nacional de la Historia, Caracas, 2016, p. 22.

secreto, sólo cuando los Árbitros y se reunieron para el laudo, se aclaró la situación a los miembros americanos del Tribunal. Vinieron a saber que la mayoría se había puesto de acuerdo sobre lo que se había de hacer: otorgar a Gran Bretaña todo lo que reclamaba".[60]

A ello siguió la carta escrita por César Zumeta, publicada en el diario caraqueño *El Tiempo* el 17 de octubre de 1899 con la que se dejó claro el efecto negativo que tuvo el laudo en el foro arbitral internacional, creando una suerte de aversión al mecanismo:

"La decisión del Tribunal de París, de la cual ya habrá tenido usted la pena de informar a sus lectores, parece haber asombrado a los amigos de Venezuela en el exterior como si fuese una novedad inesperada. El ex-Presidente de los Estados Unidos, Sr. Harrison, el Justicia Brewer, uno de los árbitros designados por Venezuela, el abogado Sr. MalletPrevost, el mundo diplomático y hasta la prensa inglesa, declaran que las naciones se cuidarán mucho en lo adelante de fiar la defensa de sus derechos a Tribunales del carácter de éste que acaba de condenarnos."[61]

De manera que no fue solo el memorándum de Severo Mallet-Prevost, sino muchos los documentos en los que se desvela que los árbitros faltaron al deber de neutralidad e imparcialidad y se convirtió un laudo de derecho en un arreglo político.

III. PALABRAS FINALES

El laudo arbitral de Paris es nulo por múltiples violaciones al Tratado de Washington de 1897 y al derecho internacional vigente para el momento.

1.- El laudo arbitral de Paris es nulo por haber violado el debido proceso; por haber incurrido en el vicio de exceso de poder; por haber decidido más allá de lo requerido al Tribunal Arbitral y, en

60 Ídem.

61 Ídem.

consecuencia, haber incurrido en el vicio de ultra petita; por carecer de motivación y por faltar los árbitros al deber de imparcialidad.

2.- Hay suficientes motivos para declarar, en buen derecho, la nulidad del laudo arbitral de París del 3 de octubre de 1899. Venezuela cuenta con suficientes pruebas para demostrar las causales de nulidad.

3.- La Corte Internacional de Justicia es, ahora, el único lugar y la única instancia para hacer esto. Sus sentencias son obligatorias para las partes y, de acuerdo a lo dispuesto en el artículo 94 de la Carta de la Organización de Naciones Unidas, los Estados miembros deben cumplir sus decisiones. De conformidad con el artículo 60 del Estatuto de la Corte Internacional de Justicia, del cual Venezuela es parte, sus sentencias son definitivas e inapelables.

4.- Según la Orden de esa alta Corte del 8 de marzo de 2021, se fijó el día 8 de marzo de 2022 para que la República Cooperativa de Guyana consigne su Memorial y el 8 de marzo de 2023 para que Venezuela consigne su Contramemorial.

BIBLIOGRAFÍA

ÁLAMO YBARRA, Carlos, *Fronteras de Venezuela con la Guayana Británica*, Academia de Ciencias Políticas y Sociales - Editorial Élite, Caracas, 1938.

BASCUÑÁN MONTES, Aurelio, *Tratados aprobados en la Conferencia Internacional de La Haya*, Garnier Hermanos, París, 1900.

BREWER-CARÍAS, Allan Randolph, intervención en la video conferencia titulada "La formación de la república y el territorio venezolano en las constituciones de Venezuela", pronunciada en el marco del ciclo de foros sobre la controversia del Esequibo organizado por la Academia de Ciencias Políticas y Sociales (*En proceso de publicación en el Boletín de la Academia de Ciencias Políticas y Sociales, número 163 abril-junio 2021*)

BROWN SCOTT, James (dir.), The proceedings of the Hague Peace Conference, elaborado por la Carnegie Endowment for International Peace en Washington, Oxford University Press, Nueva York, 1920. Disponible en https://www.loc.gov/rr/frd/Military_Law/pdf/Hague-Peace-Conference_1899.pdf.

BURGOS GUTIÉRREZ, Andrés Eloy (ed.), *Memorias de Venezuela*, número 34 enero-febrero 2016, Ministerio del Poder Popular para la Cultura – Centro Nacional de la Historia, Caracas, 2016.

DÁVILA BARRIOS, William (ed.), *Libro blanco: La reclamación venezolana del territorio Esequibo*, Asamblea Nacional, Caracas, 2020.

DE MARTENS, Federico, "La Russie et l'Angleterre dans l'Asie centrale", *Revista de Derecho Internacional y Legislación Comparada*, Instituto de Derecho Internacional, 1879.

FALCÓN BRICEÑO, Marcos, "Orígenes de la actual reclamación de la Guayana Esequiba", *Boletín de la Academia de Ciencias Políticas y Sociales*, número 91, Academia de Ciencias Políticas y Sociales, Caracas, 1983

FAÚNDEZ LEDESMA, Héctor, *La competencia contenciosa de la Corte Internacional de Justicia y el caso Guayana vs. Venezuela*, Academia de Ciencias Políticas y Sociales – Editorial Jurídica Venezolana, Caracas, 2020.

GONZÁLEZ OROPEZA, Hermann y OJER, Pablo, *Informe que los expertos venezolanos para la cuestión de límites con Guayana Británica presentan al gobierno nacional*, Ministerio de Relaciones Exteriores, Caracas, 1967.

GUERRA IÑIGUEZ, Daniel, *Derecho Internacional Público*, Tomo II, 2ª edición, Grafiunica, Caracas, 1976.

INSTITUTO DE DERECHO INTERNACIONAL, *Projet de règlement pour la procédure arbitrale internationale*, Session de La Haye, 1875. Disponible en https://www.idi-iil.org/app/uploads/2017/06/1875_haye_01_fr.pdf.

MORALES PAÚL, Isidro, "Análisis crítico del problema fronterizo «Venezuela-Gran Bretaña»", *Boletín de la Academia de*

Ciencias Políticas y Sociales, número 91, Academia de Ciencias Políticas y Sociales, Caracas, 1983

PROVENZALI HEREDIA, Elbano, "Cronología de una solidaridad. Documentos brasileños revelan los derechos de Venezuela sobre la Guyana Esequiba", *Boletín de la Academia de Ciencias Políticas y Sociales*, número 93-94, Academia de Ciencias Políticas y Sociales, Caracas, 1983.

SCHOENRICH, Otto, "Materia de excepcional importancia para la historia diplomática de Venezuela. La disputa de límites entre Venezuela y La Guayana Británica", *Boletín de la Academia de Ciencias Políticas y Sociales*, Vol. 14, No. 1-2-3-4, Academia de Ciencias Políticas y Sociales, Caracas, 1949.

SOSA RODRÍGUEZ, Carlos, "El acta de Washington y el laudo de París", *Boletín de la Academia de Ciencias Políticas y Sociales*, número 91, Caracas, 1983.

EL LAUDO ARBITRAL DEL 3 DE OCTUBRE DE 1899 A LA LUZ DE LA JURISPRUDENCIA DE LA CORTE INTERNACIONAL DE JUSTICIA

MILAGROS BETANCOURT C.

EL LAUDO ARBITRAL DEL 3 DE OCTUBRE DE 1899 A LA LUZ DE LA JURISPRUDENCIA DE LA CORTE INTERNACIONAL DE JUSTICIA

*Milagros Betancourt C.**

I. PRESENTACIÓN

Agradezco a la Academia de Ciencias Políticas y Sociales por la invitación a participar en este quinto encuentro del ciclo de foros sobre la controversia entre Venezuela y Guyana por el territorio Esequibo, en particular a su coordinador el Doctor Héctor Faúndez.

---

* Abogado egresado de la Universidad Católica Andrés Bello. Estudios de post grado en Derecho Administrativo en la Universidad de Alcalá de Henares en España y la Academia de Derecho Internacional de La Haya. Embajador retirado del Servicio Exterior de Venezuela. Ex Director de Tratados Internacionales y de Asuntos Multilaterales en el MRE. Ex Director Ejecutivo del Centro Empresarial de Conciliación Arbitraje CEDCA. Jefe de la Cátedra de Instituciones de Derecho Internacional de la Universidad Católica Andrés Bello.

Gracias al coordinador del foro, Doctor Ramón Escovar por sus amables palabras y a la abogada Mariana Scolaro por su apoyo en la traducción de la ponencia.

Centraré mi exposición en comentar el laudo del 3 de octubre de 1899 y la posición de Venezuela, a la luz de la jurisprudencia de la Corte Internacional de Justicia, ya que en este momento estamos enfrentando un proceso en esa instancia.

II. BREVE RESEÑA DEL LAUDO DEL 3 DE OCTUBRE DE 1899

Los expositores que me han precedido ya han comentado con detalle acerca del contenido del Laudo, y algunas otras consideraciones sobre el Memorándum póstumo de Severo Mallet Prevost, publicado muchos años después de la emisión del Laudo, en el que se revela la forma en que se condujo el arbitraje y las presiones realizadas por el presidente del Tribunal Arbitral a los otros miembros para "resolver" la controversia.

Es un Laudo simple, breve, sin motivación, totalmente desfavorable para Venezuela. Su contenido se limita a transcribir el Tratado Arbitral de 1899, a modo de introducción y a dos párrafos dispositivos: el primero para establecer la línea divisoria que determina la frontera entre Venezuela y la Guayana Británica, el segundo para declarar la libre navegación de los ríos Amacuro y Barima.

A pesar de las reiteradas expresiones de inconformidad y rechazo por parte de Venezuela desde el momento de la emisión del laudo, las partes adoptaron las medidas para su ejecución. Se establecieron las demarcaciones correspondientes, a través de diversas actas suscritas desde 1900, siendo la última de ellas la del 10 de enero de 1905, proceso que culmina el 3 de noviembre de 1932 con la firma del Acuerdo entre Brasil, Venezuela y el Reino Unido de Gran Bretaña e Irlanda del Norte para fijar el punto trifinio fronterizo del Roraima (Venezuela- Brasil- Guayana Británica),

La idea de su revisión comenzó a ventilarse formalmente, luego de un letargo de más de cuatro décadas, en el discurso pronunciado por el Embajador de Venezuela Diógenes Escalante el 26 de enero de 1944, con ocasión del agasajo ofrecido por la Pan American Society y la Cámara de Comercio Venezolana en los Estados Unidos, en la Ciudad de Nueva York.

> *"...Venezuela, víctima de sus disturbios internos y de su debilidad, estuvo prácticamente sola en su defensa. En aquel negro instante sólo una voz amiga, además de la suya propia, se alzó en su defensa: la de Severo Mallet-Prevost. Fue aquella una voz fuerte y docta, pero una sola en el proceso arbitral. Nombrado primero, por el Presidente Cleveland, Secretario de la Misión Americana designada para tomar parte en el Arbitraje, fue luego el Consejero Legal de Venezuela, cuando se presentó el caso al Tribunal de Arbitraje de París. Fue la suya una buena defensa, aunque infructuosa; pero nosotros jamás hemos olvidado su amistad y su interés por nuestra causa. Nosotros hemos aceptado el veredicto de ese arbitraje (03OCT1899) que tan persistentemente perdimos; pero en el corazón de cada venezolano hay una esperanza imperecedera de que algún día prevalecerá en el mundo el espíritu de la equidad y que éste nos traerá la reparación amistosa que en justicia y moralmente se nos debe ..."*[1]

A partir de 1962 se produjeron las denuncias en las Naciones Unidas, se suscribió el Acuerdo de Ginebra y todo el proceso posterior, hasta la demanda unilateral de Guyana contra Venezuela en la Corte Internacional de Justicia.

El paso del tiempo es un aspecto de particular relevancia considerado por la Corte Internacional de Justicia, como veremos más adelante.

---

1 Julio Alberto Peña Acevedo, "Del laudo de París al Acuerdo de Ginebra" https://elespacioacuaticovenezolano.com/2015/07/23/del-laudo-de-paris-al-acuerdo-de-ginebra-sectoracauatico-elesequiboesnuestro/

III. NATURALEZA JURÍDICA DEL LAUDO ARBITRAL:

1. *Aspectos teóricos*

Brevemente mencionaré los aspectos teóricos del laudo arbitral conforme al Derecho Internacional:

La sentencia arbitral, o Laudo, que en la actualidad ha de ser motivada, es obligatoria y definitiva para las partes en litigio y respecto del caso que ha sido decidido[2]. Es un acto decisorio que proporciona una solución definitiva a la controversia.

Es obligatorio y vinculante para las partes, lo que a veces es reiterado en el compromiso arbitral, tal como aparece en el artículo XIII del Tratado de 1897.

Las decisiones arbitrales, deben responder a lo planteado por las partes en la controversia y lo convenido en el tratado arbitral.

El laudo tiene carácter de cosa juzgada, pero hay que tener presente que la autoridad de *res judicata* se desprende de la misma voluntad de las partes en el arbitraje.

Los Estados están obligados a aceptar el laudo arbitral y, toda vez que conforme al Derecho Internacional no hay mecanismos para lograr una ejecución forzosa, los Estados deben ejecutarlo de buena fe. (arts. 37 Convención de La Haya sobre solución de controversias de 1907).

En el caso del laudo de 1899, debe reiterarse que el hecho de haberse producido la demarcación, no invalida la posición reiterada de Venezuela en cuanto la injusticia cometida y las presiones recibidas para "ejecutar" el laudo. Nuestro país no ha dejado de denunciar su inconformidad en cuanto al desarrollo de los hechos y ha mantenido una posición constante y reiterada de no reconocer el laudo por su naturaleza nula e írrita.

---

2 Antonio Remiro Brotons et al. *Derecho Internacional*, McGraw Hill, Madrid, 1998, p. 760.

2. *El laudo de 1899 y los alegatos de nulidad de Venezuela*

Son varias las razones que Venezuela alega para justificar la nulidad del laudo, que han sido muy bien explicadas por el doctor Rafael Badell, dentro de las que destaco, a los efectos de esta presentación:

A) La falta de motivación. A pesar que el artículo X del tratado arbitral no establece la obligación de motivar el laudo, éste es un requisito fundado en una norma de Derecho Internacional consuetudinario o general con base en la práctica y la doctrina y, en el artículo 79 de la Convención de La Haya sobre solución de controversias de 1899. La práctica arbitral era igualmente favorable entonces a la cristalización de una norma de Derecho Internacional general. En el arbitraje *Alabama* en 1872 se motivó la decisión de la sentencia e incluso en un arbitraje en el que el mismo De Martens, poco antes del laudo de París, había decidido como árbitro único, el relativo a la *Costa Rica Packet*.[3]

B) El Tribunal no decidió conforme a derecho ni a las reglas contenidas en el tratado arbitral, al no aplicar el principio de *uti possidetis iuris* conforme a la regla a) del artículo IV referida a la posesión adversa o prescripción por el termino de 50 años.[4]

C) El exceso de poder, el Tribunal incurrió en *ultra petita al ir más allá* de sus facultades, y decidir y regular una cuestión cuyo examen no estaba previsto en el compromiso arbitral, ni formaba parte del mandato del tribunal, como fue declarar la libertad de navegación de los ríos Barima y Amacuro.[5]

---

3 Víctor Rodríguez Cedeño, "La motivación de los laudos arbitrales internacionales". El Nacional. Opinión. 23 de febrero 2021. www.el-nacional.com

4 Reclamación de la Guayana Esequiba. Documentos 1962-1981. República de Venezuela. Ministerio de Relaciones Exteriores. Editorial Arte. Caracas, 1981. p. 46

5 Ídem.

3. *Algunos conceptos relevantes*

Antes de pasar a comentar la jurisprudencia de la Corte en materia de laudos arbitrales, relacionada con los alegatos de Venezuela sobre la nulidad del laudo de 1899, vale la pena repasar brevemente algunos conceptos en el derecho internacional que resultan relevantes.

A. *Protesta.* Se define como una declaración formal mediante la cual uno o varios sujetos de Derecho Internacional objetan una posición o una pretensión jurídica de otro sujeto de derecho internacional. Es una manifestación unilateral de voluntad consistente en no reconocer como legítima una pretensión o contestar el valor jurídico de una pretensión.[6]

B. *Aquiescencia.* Es el comportamiento unilateral de un Estado que implica su consentimiento y que puede producir determinados efectos jurídicos. El silencio o la falta de protesta (inacción) de un Estado en determinadas condiciones, cuando el Estado debía reaccionar, pueden significar aquiescencia o consentimiento tácito. El hecho o la situación jurídica aceptada por este comportamiento, le es oponible al Estado en cuestión.[7]

C. *Opinión separada*: Opinión individual expresada por uno o varios jueces o árbitros mediante la cual amplían o presentan una posición sobre una parte de la decisión o laudo, con la cual en general están de acuerdo[8]; y

D. *Opinión disidente*: Aquella mediante el cual un juez o un árbitro expresa su desacuerdo total o parcial con la decisión adoptada por el órgano de que se trate[9].

---

6 Víctor Rodríguez Cedeño, Milagros Betancourt, María Isabel Torres, *Diccionario de Derecho Internacional*, Segunda edición, Libros El Nacional, Caracas, 2012. p. 221

7 Ibid, p. 40.

8 Ibid, p. 196.

9 Ibid, p. 195.

En algunos fallos de la CIJ se aprecian también declaraciones de los jueces mediante las cuales presentan argumentos diferentes, coincidiendo, con las conclusiones de la Corte[10].

Tanto las declaraciones facilitan la solución de una controversia y contribuyen de manera muy importante al desarrollo del derecho internacional.

IV. ANÁLISIS DE LA JURISPRUDENCIA DE LA CORTE INTERNACIONAL DE JUSTICIA

Desde su constitución, la Corte Internacional de Justicia ha conocido y decidido dos casos referidos a la validez o nulidad de un laudo arbitral: 1) El asunto relativo al Laudo dictado por el Rey de España el 23 de diciembre de 1906 en relación con la controversia fronteriza entre Nicaragua y Honduras. Fallo del 8 de noviembre de 1960[11]; y 2) El asunto referente al Laudo arbitral de 1989 sobre la delimitación entre Senegal y Guinea Bissau. Fallo del 12 de noviembre de 1991.[12]

En ambos casos la Corte declaró la validez del Laudo.

1) **El caso entre Honduras vs. Nicaragua,** fue incoado casi sesenta (60) años después de emitido el laudo arbitral. Honduras pedía a la Corte que fallara y declarara que Nicaragua estaba obligada a cumplir el laudo. Nicaragua, por su parte solicitaba que la Corte declarara que la decisión del Rey de España no tenía el carácter de laudo arbitral obligatorio por la forma en que se designó al árbitro. Subsidiariamente declarara que el laudo era nulo en virtud de que 1) el Rey de España había excedido los límites de su competencia al no observar las reglas formuladas en el artículo II del Tratado arbitral; 2) Por **falta o insuficiencia de razones** (motivación) en apoyo de las conclusiones del árbitro; 3) Por haber incurrido el tribunal arbitral en error esencial; Finalmente, pedía que de ser válido el laudo, se

---

10 Víctor Rodríguez Cedeño, *Temas de Derecho Internacional. La Justicia Internacional*, Italgráfica, Caracas, 1996. p. 38.

11 https://www.icj-cij.org/en/case/39.

12 https://www.icj-cij.org/en/case/82.

declarase inaplicable, por contener omisiones, contradicciones y oscuridades.

Por catorce votos contra uno, la Corte decidió que el laudo era válido y que las partes estaban obligadas a su cumplimiento.

El primer punto resuelto por la Corte, antes de entrar al fondo, fue **el referente al tiempo transcurrido** entre la emisión del laudo y los alegatos de nulidad presentados por Nicaragua.

Al respecto sostuvo la corte que, a su juicio, "Nicaragua, por declaración expresa y por comportamiento, reconoció el laudo como válido y no está permitido a Nicaragua revertir ese reconocimiento e invocar la nulidad del laudo. La omisión de Nicaragua luego de muchos años de haberse conocido el laudo, en hacer cualquier reclamo con respecto a su validez, confirma la conclusión a la que la Corte ha llegado".[13]

Asimismo, la Corte, antes de entrar al fondo del asunto se pronunció sobre su función frente a la controversia. "La Corte observa que el laudo no es susceptible de apelación y la Corte no puede considerar las objeciones formuladas por Nicaragua sobre la validez del laudo como si fuera una Corte de apelación. La Corte no está llamada a pronunciarse sobre si la decisión arbitral es correcta o errada. Estas consideraciones no son relevantes para la función de la Corte en relación con este proceso, que es decidir si se ha probado que el laudo sería nulo y no tendría efectos".[14]

La Corte desechó todos y cada uno de los alegatos de nulidad presentados por Nicaragua.

Resulta de interés comentar brevemente, tanto la declaración como las opiniones individuales agregadas al fallo de la Corte, por tres de los jueces.

1) El Juez Moreno Quintana, acompañó una **Declaración** en los términos siguientes: "En cuanto a la aplicación por parte del árbitro del principio de *uti possidetis iuris* que por más de un siglo ha regido la situación territorial de los Estados de Hispano América, ha debido

---

13 https://www.icj-cij.org/en/case/39, p. 25.

14 Ibid, p. 26.

llamar la atención de la Corte por su importancia, por ser el fundamento del reclamo de Nicaragua sobre la nulidad del laudo, y por la falta del árbitro en aplicarlo."[15]

En cuanto a la forma en que la Corte adoptó la decisión declara el Juez "el caso esencialmente se refiere a la validez o invalidez de un acto legal internacional (laudo arbitral). La Decisión por lo tanto podría, haberse fundamentado en la legalidad intrínseca (fondo) y en la legalidad extrínseca de dicho acto, ambas analizadas por la corte, en lugar de basar la solución del caso, en la aquiescencia de las partes".[16]

2) La opinión separada del Juez Sir Percy Spender se refiere exclusivamente al asunto de la preclusión para Nicaragua por el paso del tiempo y a los fundamentos de esta supuesta preclusión. A su juicio, "No existe en el derecho internacional ninguna costumbre uniforme que permita afirmar que la inacción por parte de los Estados que puedan tener interés en invocar la nulidad implica una presunción de su renuncia al derecho a cuestionar la validez de un laudo".[17]

3) La opinión disidente del Juez *Ad hoc* Urrutia Holguín resulta interesante y de importancia, para la posición de Venezuela frente al laudo de 1899.

Acerca de la preclusión sostiene: "En el derecho privado en casi todos los sistemas legales hay reglas relativas a la prescripción, a excepción de los derechos de los Estados que perduran y no pueden ser conculcados por el paso del tiempo". Continua, "En las relaciones internacionales, en ciertos casos el cuestionar un laudo por un Estado interesado ha sido inmediato. En otros casos, han pasado algunos años. En el caso del Rio San Lorenzo, el laudo de 1814 fue protestado en una Nota de 1831 y la respuesta se produjo en 1842. En el caso entre Venezuela y Colombia, el Laudo de la Reina de España fue emitido en 1891. Venezuela originalmente aceptó el Laudo pero en 1917 suscribió un acuerdo con Colombia para someter a arbitraje al Consejo Federal Suizo, la cuestión de la validez del laudo. La

15 Ibid, p. 29.

16 Ibid, p. 29.

17 Ibid, p. 31.

protesta de Costa Rica al laudo del Presidente Loubet de 1897 no se produjo hasta 1910" [18]

En cuanto a la aplicación del principio del *uti possidetis iuris*, expresa: "Los países de América Latina cuyas constituciones han establecido sus fronteras sobre la base del *uti possidetis juris* existente al momento en que adquirieron su independencia presupone que se adopten decisiones de estricto derecho cuando someten a arbitraje la delimitación de sus fronteras". "Esta regla sobre la que las partes asientan sus recursos de arbitraje no es meramente académica, es una condición precedente *sine qua non* que tiene sus orígenes en las actuales constituciones de los Estados"[19].

En lo que respecta a la falta de motivación del laudo expresa el Juez Urrutia Holguín: "La mayoría de la Corte sostiene que un examen del laudo muestra que contiene un amplio razonamiento y explicaciones en respaldo a sus conclusiones. (Sin embargo) La gran parte de los considerandos del laudo simplemente reseñan uno por uno los argumentos que fueron expuestos por cada una de las partes". Concluye el juez "La inadecuada motivación es tan seria como la falta de motivación,"[20]

2) El caso Guinea Bissau vs. Senegal plantea la disputa sobre la existencia y validez del laudo arbitral del 31 de julio 1989 emitido por el tribunal arbitral conforme al Tratado Arbitral suscrito entre ambos Estados el 12 de marzo de 1985.

Guinea-Bissau, solicita a la Corte que decida que: 1) Que el llamado "laudo" es inexistente por cuanto uno de los dos jueces que votaron a favor, expresó posteriormente un punto de vista distinto; 2) Subsidiariamente, se declare que es nulo porque el Tribunal no respondió la segunda pregunta planteada en el Acuerdo Arbitral suscrito entre las partes; 3) Por falta de motivación, o razonamiento "totalmente insuficiente"; 4) Por haber incurrido el Tribunal en exceso de poder.

---

18 Ibid, p. 34.

19 Ibid, p. 38.

20 Ibid, p. 47.

La Corte, decidió de la siguiente manera: 1) Por unanimidad, "Rechazó la conclusión de la República de Guinea-Bissau de que el laudo arbitral es inexistente; 2) Por 11 votos contra 4, "Rechazó la conclusión de la República de Guinea-Bissau de que el laudo arbitral es absolutamente nulo y no tiene valor alguno; 3) Por 12 votos contra 3, *decide* que el laudo arbitral es válido y vinculante para la República del Senegal y la República de Guinea Bissau, que tienen la obligación de darle cumplimiento".[21]

A este Fallo se agregaron declaraciones del Juez Tarassov y del Juez *ad hoc* Mbaye. Opiniones separadas del Vicepresidente Oda y los Jueces Lachs, Ni y Shahabuddeen. Opinión disidente conjunta de los Jueces Aguilar Mawdsley y Ranjeva y opiniones disidentes del Juez Weeramantry y del Juez *ad hoc* Thierry, a las cuales, por su particular importancia, **nos referirnos de seguidas.**

a) La opinión disidente conjunta de los jueces Aguilar Mawdsley y Ranjeva, se centra fundamentalmente en una crítica epistemológica al enfoque adoptado por el Tribunal Arbitral. "El problema de la nulidad o invalidez de un laudo arbitral entraña algo más que una evaluación basada exclusivamente en los fundamentos axiomáticos del derecho. La autoridad de *res judicata* de que está investida cualquier decisión judicial actúa plenamente cuando esa decisión está suscrita por la *convictio juris"*.[22]

Sobre el abuso de poder: En contra de lo decidido por la Corte, los autores de la opinión disidente conjunta consideran que el Tribunal Arbitral, al rehusar responder a la segunda pregunta cometió un abuso de poder *infra petita* o por omisión, una hipótesis que casi nunca se encuentra en la jurisprudencia internacional. "El Tribunal debía haber tenido en cuenta simultáneamente los tres elementos constitutivos del Acuerdo de Arbitraje, a saber, la letra, el objeto y la

---

21 https://www.icj-cij.org/en/case/82, punto 69, pp. 26-27.

22 Informe de la CIJ del 1 de Agosto de 1991 a 31 de 1992, *Asamblea General Documentos Oficiales*, Cuadragésimo séptimo período de sesiones. Suplemento No. 4 (A/47/4). https://www.icj-cij.org/public/files/annual-reports/1991-1992-es.pdf. p. 286.

finalidad, a fin de interpretar ese Acuerdo de Arbitraje cuando llegó a resolver la controversia".[23]

En cuanto a las facultades de la Corte, a juicio de los jueces disidentes, ya que la "Corte no actuaba como tribunal de apelación o casación, tenía el deber de ser crítica respecto a cualquier laudo arbitral de que se ocupara. Entre las tareas incluidas en la misión de principal órgano judicial de la comunidad internacional figura· la de garantizar a un tiempo el respeto a los derechos de las partes y cierta calidad de razonamiento de otras cortes y tribunales internacionales. Los miembros de la comunidad internacional tienen derecho, sin duda, a beneficiarse de una administración correcta de la justicia internacional".[24]

b) La Opinión disidente del juez Weramantry, referida a la integridad del laudo arbitral y la discrepancia con el acuerdo arbitral, expresa: "Si bien es importante preservar la integridad de los laudos arbitrales, es también importante garantizar que el laudo cumpla los términos del Acuerdo de Arbitraje. Cuando hay una grave discrepancia entre el laudo y el Acuerdo, el principio de la *competencia -competencia* no protege al laudo".[25]

c) Finalmente en su Opinión disidente el Juez *Ad hoc* Thierry, en lo que respecta a la interpretación del acuerdo de arbitraje expone: "el Tribunal debió haber interpretado el artículo 2 del tratado arbitral, a la luz del objeto y la finalidad de dicho Acuerdo, de conformidad con las normas de derecho internacional aplicables a la interpretación de tratados".[26]

CONCLUSIONES

De lo comentado previamente podemos llegar a las conclusiones siguientes:

---

[23] Ídem.

[24] Ibid, p. 287.

[25] Ídem.

[26] Ídem.

1. La Corte, estudiará y analizará el laudo de 1899 en la demanda incoada por Guyana, conforme a las normas del Derecho Internacional y a la luz de su propia jurisprudencia.

2. La tendencia de la Corte ha sido pronunciarse a favor de la validez de los laudos.

3. La Corte tiene una posición muy clara en cuanto a que no puede ni debe actuar como corte de apelaciones y por tanto no debe pronunciarse sobre el contenido del laudo y si el laudo estuvo bien dictado o no.

4. En cuanto a las causales de nulidad que se han alegado en los casos comentados, la posición de la Corte pareciera haber sido muy laxa en la consideración de ciertos puntos, tales como la falta de motivación o la aplicación de ciertos principios del derecho como el *uti possidetis iuris*.

5. La consideración del paso del tiempo y la preclusión son aspectos que deben ser revisados con interés, a los efectos de la posición de Venezuela en cuanto a la nulidad del laudo de 1899.

6. Es necesario, imprescindible me atrevería a decir, que el Estado venezolano comparezca a la Corte para presentar y demostrar los fundamentos jurídicos de las razones de la invalidez del laudo.

MBC/19 agosto 2021

BIBLIOGRAFÍA

REMIRO BROTONS, Antonio y RIQUELME, Rosa; ORIHUELA, Esperanza; DIEZ-HOCHLEINER, Javier; PÉREZ-PRAT, Luis. Derecho Internacional. McGraw Hill, Madrid, 1998

RODRÍGUEZ CARRION, Alejandro. *Lecciones de Derecho Internacional Público*. Quinta Edición, Editorial Tecnos. Madrid, 2002

RODRÍGUEZ CEDEÑO, Víctor. *Temas de Derecho Internacional. La Justicia Internacional*. Italgráfica, Caracas, 1996

RODRÍGUEZ C., Víctor; BETANCOURT C., Milagros; TORRES C., María Isabel: *Diccionario de Derecho Internacional*. Segunda Edición Libros El Nacional. Caracas, 2012

PEÑA ACEVEDO, Alberto. *Del laudo de París al Acuerdo de Ginebra*. Disponible en:

https://elespacioacuaticovenezolano.com/2015/07/23/del-laudo-de-paris-al-acuerdo-de-ginebra-sectoracauatico-elesequiboes nuestro/

DOCUMENTOS OFICIALES:

REPUBLICA DE VENEZUELA MINISTERIO DE RELACIONES EXTERIORES. Reclamación de la Guayana esequiba. Documentos 1962-1981. Caracas, 1981

CORTE INTERNACIONAL DE JUSTICIA. Fallos: https://www.icj-cij.org/en/case/39; https://www.icj-cij.org/en/case/82; https://www.icj-cij.org/public/files/summaries/summaries-1948-1991-es.pdf

__________ Informe de la Corte Internacional de Justicia del 1 de agosto de 1991 a 31 de 1992 Asamblea General Documentos Oficiales, Cuadragésimo séptimo período de sesiones. Suplemento No. 4 (A/47/4). https://www.icj-cij.org/public/files/annual-reports/1991-1992-es.pdf.

6to. ENCUENTRO
EL ACUERDO DE GINEBRA Y LA CONTROVERSIA DEL ESEQUIBO 16 DE SEPTIEMBRE DE 2021

PALABRAS DE APERTURA A CARGO DEL PROF. JULIO RODRÍGUEZ BERRIZBEITIA, PRESIDENTE DE LA ACADEMIA DE CIENCIAS POLÍTICAS Y SOCIALES EN EL SEXTO FORO SOBRE EL ESEQUIBO EL ACUERDO DE GINEBRA Y LA CONTROVERSIA DEL ESEQUIBO

PALABRAS DE APERTURA A CARGO DEL PROF. JULIO RODRÍGUEZ BERRIZBEITIA, PRESIDENTE DE LA ACADEMIA DE CIENCIAS POLÍTICAS Y SOCIALES EN EL SEXTO FORO SOBRE EL ESEQUIBO EL ACUERDO DE GINEBRA Y LA CONTROVERSIA DEL ESEQUIBO

*Julio Rodríguez Berrizbeitia**

Es para la Academia de Ciencias Políticas y Sociales motivo de satisfacción y manifestación de responsabilidad frente al país continuar con este ciclo de coloquios sobre la controversia del Esequibo. En el día de hoy asumimos la tarea de realizar este sexto evento acerca de "El Acuerdo de Ginebra y la controversia del Esequibo". El tema ha sido objeto de minuciosa consideración a lo largo de la casi centenaria historia de nuestra Corporación. La necesidad de dar respuestas a los problemas centrales que componen la esencia de la venezolanidad ha comprometido, a lo largo de los años, el pensamiento y la acción de los integrantes de la Academia. En tal sentido podemos recordar un artículo del académico Dr. René de Sola, intitulado "Afirmaciones y realidades", en el cual señalaba, sobre el tema que ocupa nuestra atención en el día de hoy:

---

* Presidente de la Academia de Ciencias Políticas y Sociales. Maestría en Filosofía en el Instituto Independiente de Investigaciones Filosóficas en Toulouse Francia, en el año 1977. Doctor en derecho por la Universidad de Salamanca. Maestría en Administración Pública y Gerencia en Países en Vías de Desarrollo en la Universidad de Harvard. Actualmente es Profesor de Derecho Mercantil Parte General en la Universidad Católica Andrés Bello y Profesor de Filosofía Jurídica en la Universidad Monteávila.

Admitida como ha quedado en fin que el Acuerdo, en lo que respecta a la reclamación venezolana, sólo se limita a reconocer su existencia, no voy a negar que este simple reconocimiento no significa algo positivo. Aún más. No sólo me complace declararlo, sino que considero un crédito que debe anotarse al haber de nuestra Cancillería, que hubiera logrado que Gran Bretaña conviniera explícitamente en la existencia de la controversia y en la necesidad de buscarle una solución satisfactoria.[1]

En los comentarios del Dr. De Sola se evidencia esa necesidad que tuvo la diplomacia venezolana de convertir nuestras convicciones con respecto a la historia del manejo del Esequibo en una convención capaz de dar salida clara a lo que la mayoría de los venezolanos pensábamos acerca del problema. Todo ello independientemente de los medios a utilizar. En parte de esos instrumentos a asumir, cobra especial importancia lo señalado por el Dr. Ignacio Iribarren Borges:

> No es fácil entender que se acuse al Acuerdo de haber llevado el debate al terreno jurídico. El propio texto del Acuerdo y sus antecedentes conducen precisamente a la conclusión opuesta: que, para soslayar la estéril controversia, estrictamente jurídica, sobre la validez o invalidez del laudo de 1899, que los enfrentaba en una especie de callejón sin salida, las partes convienen en buscar soluciones satisfactorias para el arreglo práctico de la contención.[2]

Más cerca de los tiempos actuales, el embajador Sadio Garavini Di Turno, ex embajador de Venezuela en Guyana, en un foro celebrado en junio de 2014, citaba sobre el tema en análisis la opinión de un importante partido político guyanés (Working, People's Alliance) el cual indicaba que: "Para el gobierno guyanés decir que considera al Laudo de 1899 como una solución definitiva y después

1 René De Sola, "Valuación actualizada del Acuerdo de Ginebra" en *La reclamación venezolana sobre la Guayana Esequiba*, Academia de Ciencias Políticas y Sociales, Serie Eventos N° 2, Caracas, 2008, p. 90.

2 Ignacio Iribarren Borges, "El Tratado de Ginebra" en *La reclamación venezolana sobre la Guayana Esequiba*, *ob. cit.*, p. 51.

ofrecer, en el Acuerdo de Ginebra trabajar para una solución práctica aceptable, para ambas partes, fue muy poco inteligente". En opinión de embajador Garavini estos argumentos del fundador del Partido de gobierno y de la oposición de izquierda guyaneses deberían ser utilizados y recordados por Venezuela.[3]

Este sexto coloquio, que hoy nos congrega, tiene la suerte de poder ofrecer al país la opinión de un grupo de especialistas, que sin lugar a dudas enriquecerán la reflexión y la acción necesaria sobre el tema en análisis. En este sentido, la Academia quiere manifestar su agradecimiento a Antonio Remiro Brotóns, Emilio Figueredo, Sadio Garavini, Carlos Romero y Juan Carlos Sainz por el apoyo buscado para la realización de este evento. Igualmente, a la moderadora del mismo la académica Cecilia Sosa Gómez y al coordinador de este ciclo de conferencias el académico Héctor Faúndez. A lo anterior hay que añadir el siempre impecable soporte técnico de Universitas y el grupo de trabajo de ellos que facilita la realización y desarrollo de esta importante actividad.

Ciertamente, los eventos producidos en los últimos días en el país, han evidenciado la necesidad de darle a la reclamación venezolana sobre el territorio Esequibo un carácter de interés nacional. En realidad, no es el único, pero forma parte de esos elementos importantes para definir lo que va a ser el futuro de las próximas generaciones de nuestro país. En este sentido la Corporación quiere agradecer la presencia de todos ustedes en un asunto que nos compromete a todos con la misma intensidad.

Muchas gracias.

BIBLIOGRAFÍA

DE SOLA, René, "Valuación actualizada del Acuerdo de Ginebra" en *La reclamación venezolana sobre la Guayana Esequiba*,

3 Sadio Garavini di Turno, "El Acuerdo de Ginebra en la actualidad" en *Boletín de la Academia de Ciencias Políticas y Sociales*, enero-diciembre 2014, N° 153, Caracas, p. 95.

Academia de Ciencias Políticas y Sociales, Serie Eventos N° 2, Caracas, 2008.

GARAVINI DI TURNO, Sadio, "El Acuerdo de Ginebra en la actualidad" en *Boletín de la Academia de Ciencias Políticas y Sociales*, enero-diciembre 2014, N° 153, Caracas.

IRIBARREN BORGES, Ignacio, "El Tratado de Ginebra" en *La reclamación venezolana sobre la Guayana Esequiba*, Academia de Ciencias Políticas y Sociales, Serie Eventos N° 2, Caracas, 2008.

EL ACUERDO DE GINEBRA Y LA CONTROVERSIA DEL ESEQUIBO
ANTONIO REMIRO BROTÓNS

EL ACUERDO DE GINEBRA Y LA CONTROVERSIA DEL ESEQUIBO

Antonio Remiro Brotóns[*]

1. El 29 de marzo de 2018 la República Cooperativa de Guyana instó unilateralmente una acción contra Venezuela solicitando de la Corte Internacional de Justicia que se pronunciase sobre la "validez jurídica y efecto obligatorio de la sentencia arbitral de 3 de octubre de 1899", amén de otros extremos. Para fundamentar la competencia de la Corte invocó exclusivamente el artículo IV.2 del Acuerdo celebrado en Ginebra el 17 de febrero de 1966 y una decisión del Secretario General de las Naciones Unidas, de 30 de enero de 2018, sedicentemente amparada en el mencionado artículo.

2. La República Bolivariana de Venezuela y la República Cooperativa de Guyana coinciden en que el Acuerdo de Ginebra es el exclusivo marco normativo de solución de su contencioso sobre la Guayana Esequiba; pero difieren radicalmente en: 1) su objeto; y, 2) la interpretación de sus disposiciones.

3. Las tesis de Guyana sobre ambos puntos carecen de fundamento. Consideremos, en primer lugar, el *objeto* del Acuerdo. El objeto del Acuerdo de Ginebra no es, contra lo que Guyana sostiene, articular un procedimiento para decidir sobre la validez o nulidad de la sentencia arbitral de 3 de octubre de 1899, sino lograr un

---

* Catedrático Emérito de Derecho Internacional Público y Relaciones Internacionales de la Universidad Autónoma de Madrid. Miembro de l'*Institut de Droit International.* Miembro de la Corte Permanente de Arbitraje. Miembro del equipo de abogados de Venezuela en el asunto planteado ante la Corte Internacional de Justicia.

arreglo práctico, aceptable para ambas Partes, de la *controversia sobre la frontera terrestre* entre Venezuela y la (entonces) Guayana Británica, como se dice expresamente en la cabecera o título del Acuerdo.

4. Lamentablemente, y como un mal presagio, la Secretaría de la Corte Internacional de Justicia registró la demanda guyanesa en los términos sugeridos por el demandante, que hacía girar el asunto en torno a "la sentencia arbitral de 3 de octubre de 1899", cuestión ésta que las Partes en el Acuerdo habían dejado deliberadamente al margen, dada la insalvable divergencia de sus posiciones, para no hacer fracasar el objeto del Acuerdo -y el Acuerdo- en su mismo alumbramiento.

5. El título o rúbrica con que se registra un asunto en la agenda de la Corte no es inocuo; tampoco es inocente. Puede ser indiciario de un *parti-pris* favorable al objeto diseñado por el demandante -en nuestro caso, la República Cooperativa de Guyana- que no se corresponde con el objeto del Acuerdo de Ginebra, a saber, la solución de la controversia territorial o fronteriza sobre la Guayana Británica, mediante los medios acordados para lograr un arreglo práctico y satisfactorio. En otros términos, *el objeto del Acuerdo de Ginebra va por un lado y el objeto de la demanda de Guyana va por otro.*

6. Consideremos, ahora, la interpretación de las disposiciones del Acuerdo de Ginebra y, en particular, de su artículo IV.2. La República Cooperativa de Guyana sostuvo que esta disposición habilitaba al Secretario General de las Naciones Unidas para remitir a las Partes a la Corte Internacional de Justicia y permitía, en consecuencia, a cualquiera de ellas presentar, sin más trámite, una demanda unilateral. Guyana así lo hizo el 29 de marzo de 2018, fiando exclusivamente la competencia de la Corte a la decisión del Secretario General, Antonio Guterres, de 30 de enero del mismo año.

7. Venezuela se opuso clara, sistemática y rotundamente, a la interpretación guyanesa del artículo IV.2 y de las facultades del Secretario General con base en esta disposición. Lo hizo, primero, ante el propio Secretario General, Ban Ki-moon, y su

sucesor, Antonio Guterres, y luego, ante la Corte, enfatizando su discrepancia no compareciendo en el procedimiento abierto al efecto.

8. *A priori* se excluían las opciones extremas de echar al cesto de los papeles la demanda e ignorar absolutamente el curso judicial o entrar al trapo, dar por buena la competencia de la Corte y hacer directamente frente al fondo del asunto. Era pacífica la opinión de que había que contestar la jurisdicción de la Corte; también parecía asumirse que esa contestación debía ser inmediata. Teórica y reglamentariamente Venezuela podría haber reservado su posición hasta conocer la memoria de Guyana y plantear las excepciones preliminares en el término de los tres meses posteriores a su depósito, como han hecho otros Estados demandados. Sin embargo, políticamente hubiera sido insostenible esta calculada dilación. Así que era obligado oponerse a la jurisdicción de la Corte ya, desde el primer momento. Pero ¿cómo? ¿compareciendo o no compareciendo?

9. Se optó por la no comparecencia. No han faltado voces críticas por ello. Seguramente también las habría habido de haber comparecido. A nadie puede sorprender, tratándose de una cuestión estratégica abierta con pros y contras. La decisión política de no comparecer fue muy meditada y se trasladó a la Corte de manera extremadamente cortés.

10. Venezuela atendió la convocatoria del presidente de la Corte, sr. Abdulqawi Ahmed Yusuf, para ordenar el procedimiento, y el 18 de junio de 2018 asistió a la reunión celebrada en el Palacio de la Paz de La Haya, con una representación de alto nivel, presidida por la vicepresidente ejecutiva de la República, la señora Delcy Rodríguez, acompañada del Canciller, Jorge Arreaza. En esta ocasión, la vicepresidente entregó en mano al Presidente Yusuf una carta del Presidente de la República, sr. Nicolás Maduro Moros, informando respetuosamente de la no comparecencia en un procedimiento abierto de manera unilateral por Guyana sobre un asunto en que la Corte carecía manifiestamente de jurisdicción y la demanda no cumplía los requisitos requeridos para su admisibilidad.

11. Como consecuencia inmediata de la posición de Venezuela, la Corte decidió, mediante Orden adoptada al día siguiente, 19 de junio de 2018, iniciar una fase procesal escrita limitada al examen de la competencia de la Corte, fijando un calendario que disponía la presentación de una memoria de Guyana no más tarde del 19 de noviembre de 2018 y de una contra-memoria de Venezuela el 18 de abril de 2019.

12. Esto último no ha de extrañar. A pesar de haber anunciado públicamente su decisión de no comparecer en el procedimiento, los derechos procesales de las Partes debían ser escrupulosamente respetados; de manera que es este uno de los supuestos en que no se puede aplicar contra un Estado las consecuencias de la doctrina de los actos propios. Venezuela podría haber reconsiderado su posición y presentar una contra-memoria en la fecha límite señalada por la Corte o, incluso, después, de ser autorizada su solicitud en este sentido.

13. Por otro lado, la orden de la Corte imponía al demandante, Guyana, el deber de fundamentar la competencia de la Corte más allá de las referencias sumarias hechas en su demanda y daba al demandado la posibilidad de replicar, en lugar de obligarle a justificar en primer lugar la incompetencia, ofreciendo el turno de réplica al demandante, como se ha hecho en algunos casos.

14. Debe quedar claro que, si bien la condición de *parte* en el procedimiento se adquiere *ope legis* desde el momento en que la Corte registra oficialmente una demanda, o un compromiso, la condición de *compareciente* es un derecho de las partes, que pueden ejercer o no; no es una obligación y, por lo tanto, la *no comparecencia* del demandado podrá no gustar a los jueces, pero de ella no cabe deducir consecuencias que le sean perjudiciales. De hecho, en términos estadísticos, el número de casos en que una parte demandada *no compareciente* ha visto satisfecho su objetivo es similar al de casos en que lo ha visto frustrado. Y viceversa, la *comparecencia* no ha ofrecido guarismos más ventajosos a los comparecientes.

15. De darse la no comparecencia, el artículo 53.2 del Estatuto de la Corte dispone que ésta ha de asegurarse de que tiene competencia conforme a las reglas estatutarias y de que la demanda está bien

fundada en cuanto a los hechos y el derecho. En lo que ahora interesa, la Corte ha de verificar *de oficio* su propia competencia. Y esta es una tarea en la que la parte *no compareciente* puede brindar a la Corte su cooperación.

16. Venezuela lo hizo, transitando el camino recorrido antes por otros Estados partes no comparecientes. El 12 de abril de 2019, mediante carta del Canciller de la República, sr. Jorge Arreaza, se reiteró la decisión de no participar en el procedimiento escrito, comunicándose, al mismo tiempo, el propósito de asistir a la Corte en la evacuación del deber que le impone el artículo 53.2 del Estatuto, mediante una información pertinente. Así fue. En un *memorándum* de 28 de noviembre de 2019, acompañado de un extenso Anexo, Venezuela brindó a la Corte las razones que avalaban la falta de competencia frente a la demanda de Guyana. Estos documentos figuran en el procedimiento escrito reproducido en la página *web* de la Corte y fueron aparentemente considerados por ésta, pues se les menciona en la sentencia de 18 de diciembre de 2020.

17. Asimismo, cuando, cerrado el procedimiento escrito, se abrió el procedimiento oral, Venezuela comunicó a la Corte, mediante carta del Canciller Arreaza de 10 de febrero de 2020, que no participaría en las audiencias, entonces previstas para los días 23 a 27 de marzo, luego pospuestas como consecuencia de la *covid-19* y, finalmente, celebradas por video-conferencia el 30 de junio.

18. No obstante, el Canciller Arreaza dio respuesta, mediante una extensa carta del 24 de julio de 2020, a una pregunta formulada por el juez Bennouna en el curso de la audiencia de 30 de junio anterior, sobre la que Guyana se había pronunciado el 6 de julio. Estas misivas figuran bajo la rúbrica de “otros documentos” en la entrada del caso de la página *web* de la Corte.

19. De lo anterior se desprende que Venezuela ha sido un *no compareciente* muy activo en la defensa de sus derechos e intereses legítimos en el procedimiento abierto ante la Corte mediante demanda unilateral por Guyana. Y que su posición fue conocida por la Corte en tiempo útil.

20. Lamentablemente, en la sentencia de 18 de diciembre de 2020 una mayoría de jueces asumió la tesis de la República Cooperativa de Guyana sobre el fundamento de jurisdicción, al decidir que era competente para pronunciarse sobre la validez de la sentencia arbitral de 3 de octubre de 1899.

21. No es mi intención proceder ahora a una disección crítica de la sentencia de la Corte para señalar, uno por uno, los fallos del fallo. Remito a las opiniones disidentes de los jueces Abraham, Bennouna y Gevorgian y a la declaración del juez Gaja, todos los cuales votaron en contra de la sentencia, para dejar señalados los puntos que muestran la sinrazón de la mayoría. La mayoría vence, así está establecido en un órgano colegiado; pero no siempre convence, y este es uno de los casos que lo prueban.

22. Con esta sentencia la Corte procrea, si se me permite la ironía, un nuevo, espectacular, fundamento de jurisdicción basado, no en el consentimiento de las partes -piedra hasta ahora angular del sistema- sino en el *mutuo disentimiento.* En términos menos irónicos: el consentimiento se ha vendido *barato* en este asunto.

23. Un par de años antes, en la sentencia de 1 de octubre de 2018, tratándose de la *Obligación de negociar un acceso (soberano de Bolivia) al océano Pacífico,* asunto que enfrentaba a la República de mediterraneidad sobrevenida como consecuencia de una derrota con quien salió victoriosa de la guerra, las condiciones del mercado eran al parecer muy diferentes y el consentimiento de Chile se cifró tan caro que fue inalcanzable para Bolivia, a pesar del rimero de acuerdos y reiteradas declaraciones y promesas de negociación hechas durante decenios por los más altos representantes chilenos que Bolivia puso sobre la mesa de la Corte. Consentimiento en un caso (Venezuela) a la jurisdicción de la Corte, consentimiento en otro (Chile) a obligarse a una negociación con un objeto determinado, planteado como asunto de fondo; pero siempre consentimiento.

24. Reflexionar sobre estos cambios de humor conduce a la idea perturbadora de los *prejuicios,* esto es, los juicios que hacen de la conclusión premisa, para poner a continuación, a su servicio, la argumentación que le es útil, una actitud que es propia de abogados, no de jueces.

25. Cierto es que si llamamos *policies* a los prejuicios la musiquilla suena mejor. La interpretación de los tratados no es sólo una técnica, es un arte; las *miradas* del Derecho son múltiples; y el juez-intérprete, artista al fin, puede optar por la ejecución que mejor calza con el resultado que persigue. Cada *mirada* tiene su público, más o menos interesado.

26. El maltrato infligido a la antigua Yugoeslavia, aceptada como demandada y rechazada como demandante, en los diferentes asuntos sometidos a la Corte a partir de 1993, o la forma en que ésta se desembarazó en 2016 de las demandas interpuestas por las islas Marshall contra India, Paquistán y Reino Unido en 2014 sobre las obligaciones relativas a las negociaciones para la terminación de la carrera de armas nucleares y el desarme nuclear, pueden ser mencionados como ejemplos de otras conductas prejuiciosas de la Corte, dentro de una interpretación posible, aunque no plausible, de la ley.

27. ¿Dónde se fija la línea de vecindad entre la *policy* y el *prejuicio*? Me temo que hay una zona gris, escasamente explorada por los riesgos que implica adentrarse en ella, y no cartografiada.

28. Una cuestión que no ha sido contemplada en la fase procesal recién evacuada por la Corte afecta a las condiciones de admisibilidad de la demanda de Guyana. Los Estados que firmaron el Acuerdo de Ginebra el 17 de febrero de 1966 fueron Venezuela y Reino Unido. El Acuerdo entró en vigor en esa misma fecha, según lo dispuesto en su artículo VII. Era, pues, un acuerdo bilateral en que la condición de signatario, contratante y parte fue una y la misma para ambos.

29. Pero ¿no es la República Cooperativa de Guyana la que, invocando el Artículo IV.2 del Acuerdo de Ginebra, ha demandado unilateralmente a la República Bolivariana de Venezuela? El punto tiene su explicación y la explicación suscita una interrogante. El Acuerdo fue suscrito, junto con el ministro de relaciones exteriores de Venezuela, Ignacio Iribarren Borges, y el secretario de Estado de relaciones exteriores del Reino Unido, por el primer ministro del territorio no autónomo de la Guayana Británica, Forbes Burnham, previéndose en el artículo VIII del Acuerdo que "al obtener Guayana Británica su

independencia" -lo que ocurrió cien días después- "el Gobierno de Guyana será en adelante parte del presente Acuerdo, *además* del Gobierno de Venezuela y el Gobierno del Reino Unido de Gran Bretaña e Irlanda del Norte" (la cursiva es mía).

30. He puesto énfasis en el *además*. A partir de la fecha de independencia de Guyana el Acuerdo de Ginebra, un acuerdo bilateral *simple* en origen, se transformó e un acuerdo bilateral *compuesto* o *trilateral.* La nueva República nació llevando a la espalda el contencioso territorial existente entre Venezuela y Reino Unido y en esa misma fecha asumió las obligaciones del Acuerdo. Venezuela reconoció a Guyana el mismo día en que accedió a la independencia -el 26 de mayo de 1966- con expresa y solemne reserva de sus derechos sobre la Guayana Esequiba.

31. Pero, como anticipamos, esta explicación suscitaba una interrogante sobre el papel que, a partir de esa fecha, podía representar la antigua potencia colonial, administradora del territorio, firmante, contratante y parte del Acuerdo. La respuesta nos viene dada directamente por el propio Acuerdo, en el artículo VIII al que acabamos de referirnos, y se encuentra en ese *además* sobre el que he llamado la atención.

32. La República Cooperativa de Guyana no se obligó por el Acuerdo de Ginebra mediante la aplicación de las reglas relativas a una sucesión de Estados, heredando o subrogándose en las obligaciones del Reino Unido, sino que lo hizo por y para sí misma, en virtud de una cláusula del mismo Acuerdo, libremente consentida por su representante.

33. El Reino Unido sigue siendo parte del Acuerdo de Ginebra. Lo es a tiempo completo. Y cabe preguntarse por su papel en el contencioso planteado por Guyana ante la Corte, donde también se dirimen sus derechos y obligaciones. Aunque éste es un foro de debate académico, comprenderán que, siendo uno de los abogados de Venezuela, evite cualquier pronunciamiento, agradeciendo de antemano cualesquiera opiniones que puedan expresarse al respecto.

34. Hay que recordar, por otro lado, que el Acuerdo de Ginebra se inscribe en el marco de un proceso de descolonización animado

por las Naciones Unidas. No es casual que la cuestión del futuro de la Guayana Británica se inscribiera en el orden del día de la IV Comisión de la Asamblea General de la Organización, competente en estos temas, una vez que el Gobierno británico informó su intención de proceder a la descolonización de ese, como de otros, territorios no autónomos bajo su administración.

35. Fue esa la razón por la que Venezuela, al igual que otros países, como la República Argentina y España, acudió a Naciones Unidas a plantear su reclamación, una reclamación en clave descolonizadora, al margen de la validez o no del título en cuya virtud el Reino Unido, en su decimonónica expansión imperial, había ocupado los territorios cuya administración se proponía ahora a abandonar.

36. Venezuela, como la República Argentina y España, sostenían con fundamento que la libre determinación de los territorios que reclamaban, trátese de la Guayana Británica, las islas Malvinas y sus dependencias, o el Peñón de Gibraltar, estaría viciada en origen si no se atendían sus reclamaciones en el propio marco del proceso de descolonización.

37. Esta idea fue -y es- germen de notables consecuencias. España, por ejemplo, no discutía, ni discute, el título británico sobre la *Roca* de Gibraltar con base en la cesión convenida en el artículo X del tratado de paz y amistad con Gran Bretaña, de 13 de julio de 1713, conocido popularmente como el tratado de Utrecht, pero sostiene que, en términos de descolonización, cualquier cambio en la condición del territorio debe conducir a su reintegración a la corona española; expulsada en su día la población local, la población sobrevenida fue la consecuencia del asentamiento de la colonia.

38. En términos similares, la descolonización de la Guayana Británica no podía realizarse ignorando la legítima reivindicación venezolana, aun en el caso de que -por hipótesis- se considerara válida la sentencia arbitral de 3 de octubre de 1899. La validez o no de este laudo no era decisiva frente a una reclamación en clave descolonizadora.

39. El Reino Unido fue, en consecuencia, instado por la IV Comisión de la Asamblea General a negociar con Venezuela, igual que lo fue a hacer otro tanto con la República Argentina y España. Su objeto, expreso o subyacente, fue la retrocesión territorial. Y si de algo hay que *culpar* al Gobierno venezolano es del éxito que acompañó a esa negociación y se tradujo en el Acuerdo de Ginebra de 17 de febrero de 1966, lo que no ha sido el caso de la República Argentina ni de España, aburridas del reguero de resoluciones de la Asamblea General en que se ha venido invitando a negociar a un Reino Unido de oídos sordos. De ahí que la cuestión de la Guayana Británica fuera levantada a petición de las partes del orden del día de la IV Comisión.

40. El Acuerdo de Ginebra constata la contención venezolana del carácter írrito y nulo de la sentencia arbitral de 3 de octubre de 1899. Pudo haber hecho de esta afirmación, contestada por el Reino Unido y, a su rebufo, por Guyana, el eje de una controversia que debía solucionarse conforme a sus términos. Pero no lo hizo. Las partes dejaron al margen esta cuestión y se afanaron en negociar un procedimiento para llegar a un *arreglo práctico* y aceptable para ambas partes de la controversia "sobre la frontera", como reza su cabecera.

41. La Corte no debió declararse competente para conocer de una demanda planteada unilateralmente por Guyana y aún menos sobre el objeto pretendido por ésta. Aun en el caso de que la demanda guyanesa se hubiera ajustado al objeto del Acuerdo de Ginebra, lo más que podría concederse es que la aplicación del artículo IV.2 del Acuerdo *incoaba* a favor de la Corte, en virtud de la resolución del Secretario General de las Naciones Unidas, una competencia que debía ser ajustada por las partes negociando el obligado compromiso.

42. Consígnese en el haber de la Corte que en su desafortunada sentencia de 18 de diciembre de 2020 supo, al menos, excluir de su ámbito competencial todos los hechos posteriores al 17 de febrero de 1966, fecha de la firma del Acuerdo, hechos sobre los que, en *totum revolutum,* Guyana solicitaba su pronunciamiento.

43. Ahora bien, en la mencionada sentencia la Corte se declara competente para conocer, no sólo de la validez -o no- de la

sentencia arbitral de 3 de octubre de 1899, sino también de "la cuestión conexa del arreglo definitivo del contencioso sobre la frontera terrestre".

44. Desde nuestro punto de vista, ésta es algo más que una cuestión *conexa*; es, realmente, **la** cuestión que abordaba -y aborda- el Acuerdo de Ginebra para buscarle una solución. Pero, partiendo del planteamiento de la Corte, ¿tendrá ésta en cuenta, ahora sí, el *texto* y el *contexto* del Acuerdo, al decidir sobre el "arreglo definitivo del contencioso sobre la frontera terrestre", esto es, calibrará debidamente que ese arreglo *definitivo* ha de ser, según el Acuerdo, un arreglo *práctico, satisfactorio* y *aceptable* para las partes, o volverá a ignorar el Acuerdo en la fase de fondo?

45. No parece la Corte la institución más adecuada para alcanzar por sí misma el arreglo que busca el Acuerdo de Ginebra; pero dado que se ha declarado competente con base en este Acuerdo se verá abocada, si quiere respetarlo, a obligar a las partes a una negociación o a la formulación de propuestas de arreglo que puedan ser dirimidas judicialmente ajustándose en lo posible al objeto del Acuerdo.

46. Con otras palabras, la Corte puede declarar válida o nula la sentencia arbitral de 3 de octubre de 1899, cuestión en la que no debió entrar por quedar fuera del Acuerdo de Ginebra; a continuación, deberá ocuparse del genuino objeto de éste, sin que la decisión sobre el primer punto predetermine la respuesta al segundo. Si obra de otro modo la Corte será reincidente en la infracción del Acuerdo.

47. Por orden de 8 de marzo de 2021 la Corte dispuso que Guyana dispondría de doce meses para presentar una memoria de fondo sobre los puntos en que la Corte se había declarado competente y Venezuela dispondría a continuación de otros doce meses para el depósito de una contra-memoria sobre esos mismos puntos, lo que nos lleva hasta el 8 de marzo de 2023.

48. Debe señalarse que Venezuela participó en la persona de su vicepresidente, sra. Delcy Rodriguez, en la reunión convocada por la sra. Joan E. Donoghue, presidente de la Corte desde el 8 de febrero de 2021, y celebrada telemáticamente el 26 del mismo

mes, para organizar el curso del procedimiento tras la sentencia de 18 de diciembre de 2020. En dicha reunión, la vicepresidente de la República reiteró su desacuerdo con la sentencia, planteó una serie de reparos y dificultades objetivas para la participación de Venezuela, y dejó en el aire su comparecencia o no en la fase de fondo ahora abierta.

49. El dilema de la *comparecencia/no comparecencia* se plantea, pues, de nuevo. Se trata de una decisión estrictamente política, en que han de ponderarse no sólo elementos jurídicos, sobre los que cabe brindar asesoramiento, sino también extrajurídicos. No sería prudente, por mi parte, entrar en una especulación sobre este particular.

EL ACUERDO DE GINEBRA Y SU SIGNIFICADO EN LA CONTROVERSIA TERRITORIAL ENTRE VENEZUELA Y GUYANA

EMILIO FIGUEREDO

EL ACUERDO DE GINEBRA Y SU SIGNIFICADO EN LA CONTROVERSIA TERRITORIAL ENTRE VENEZUELA Y GUYANA

*Emilio Figueredo**

La cuestión que ahora nos interesa, en vista de las marchas y contramarchas que han surgido recientemente sobre la cuestión de la frontera oriental de Venezuela, es conocer y entender bien qué significó y significa el Acuerdo de Ginebra que se realizó el 10 de febrero de 1966, durante la presidencia de Raúl Leoni, y que fue suscrito por el entonces canciller de Venezuela, Ignacio Iribarren Borges; por el Secretario de Estado para Relaciones Exteriores por el Reino Unido, Michael Stewart, y por el primer ministro de Guyana, Forbes Burnham.

Aunque la historia es mucho más larga, desde que la corona española delimitó la entonces Gobernación de Venezuela, nuestra realidad limítrofe actual parte de ese -ya más que cincuentenario- Acuerdo de Ginebra. En primer lugar, es bueno hacer una breve explicación de los antecedentes que condujeron al previo y lamentable laudo de París de 1899.

Uno de los errores conceptuales más serios que ha tenido la reclamación del llamado "territorio Esequibo" ha sido insistir en que el límite está en el río Esequibo; digo esto porque al hacerlo, por las

---

* Exprofesor de Derecho Internacional y de Relaciones Internacionales en la Universidad Central de Venezuela; Doctor en Jurisprudencia de la Universidad de Roma la Sapienza; Ex-Embajador especial en las Naciones Unidas para la aplicación del Acuerdo de Ginebra; Miembro principal de la Delegación de Venezuela en la III Conferencia de las Naciones Unidas sobre los Derechos del Mar.

razones históricas que sean, se desconoce el Decreto del Libertador en Angostura el 15 de octubre de 1817, que fijó de manera inequívoca como límite la margen izquierda del río Moruco. Este hecho fundamental de nuestra vida republicana no puede ser desconocido por investigaciones históricas que se remontan a nuestra a veces imprecisa historia.

Pero si esto no fuera suficiente hay otro antecedente en 1830, cuando el ministro plenipotenciario venezolano, Alejo Fortique, negoció en Londres, con el entonces canciller británico, Lord Aberdeen, los límites entre la colonia inglesa y la República de Venezuela y llegó a un acuerdo con éste estableciendo que la línea divisoria estaría en el río Moruco.

Por supuesto, como siempre ha ocurrido en nuestra historia, el Congreso y la opinión pública venezolanos de la época rechazaron ese acuerdo, que se correspondía con lo fijado por el padre de la patria, porque insistieron que el límite debía estar en el río Esequibo y a partir de ese momento empieza la historia del despojo.

No me voy a extender en esta ocasión con las distintas líneas fronterizas que plasmó en diversos mapas el geógrafo prusiano Robert Hermann Schomburgk porque es obvio que estas respondían a los intereses británicos de extender sus límites hasta el río Orinoco, ya que en su visión geopolítica de la época su objetivo era poder controlar la desembocadura de los principales ríos para controlar el comercio. Vale la pena recordar el intento británico fracasado de controlar la desembocadura del Río de la Plata en 1806 y 1807.

Para no hacer demasiado larga esta introducción histórica es importante recalcar que la fragilidad política venezolana, producto de sus guerras y guerrillas intestinas, hizo que, en un acto de desesperación viendo que el Reino Unido pretendía anexarse Upata y llegar hasta el Orinoco, el Gobierno de Ignacio Andrade pidiera al gobierno de Estados Unidos que aplicara la Doctrina Monroe para detener el expansionismo europeo.

Esta solicitud inicia un largo proceso de negociaciones entre el gobierno de los Estados Unidos -representando los intereses de Venezuela- y la corona británica, que culmina con la firma del Tratado de Washington el 2 de febrero de 1897 en el que se fija el

Tratado Arbitral con el que se determinarán las fronteras entre Venezuela y la colonia británica.

Para los interesados en los prolegómenos de este importante hito en la disputa territorial, hay un magnífico ensayo que escribió Simón Alberto Consalvi sobre la materia y que realmente vale la pena leer, aunque muchos políticos e incluso gobernantes nuestros no lo hayan hecho.

Del Laudo de 1899 no es mucho lo que puedo decir hoy, salvo que le dio la razón a Inglaterra, y que en Caracas -qué tristeza- se celebró con champaña que no nos quitaran el Orinoco. Si bien hubo protestas con el tiempo, en particular durante el gobierno de Juan Vicente Gómez, se acató el laudo fijando el llamado "*punto trifinio*", que marca el punto de encuentro de los territorios de Brasil, Guyana y Venezuela. Lamentablemente ese no será el único acto del Estado venezolano con el cual se reconoció la injusta decisión arbitral.

La reclamación surge después que el gobierno venezolano conoce los papeles contenidos en el testamento de Severo Mallet-Prevost, quien había sido el abogado de Venezuela en el nefasto Laudo. Se trata del famoso memorándum dejado al juez Otto Schoenrich para que se publicase después de su muerte.

En el memorándum se explica la connivencia del presidente del tribunal arbitral con los árbitros británicos para otorgarle al Reino Unido la totalidad del territorio con la posibilidad de renunciar a las bocas del Orinoco si la decisión se tomaba por consenso. Los jueces americanos consideraron que aunque la sentencia era manifiestamente injusta por lo menos garantizaba para nuestro país el control de las bocas del Orinoco.

Por cierto, en el petitorio de Venezuela, según afirma Severo Mallet-Prevost, el límite que propuso nuestro país fue de nuevo el río Moruco y no el río Esequibo. El Moruco es el límite fronterizo permanentemente olvidado por muchos venezolanos, que deberían conocerlo mejor.

En los años sesenta, al conocerse el memorándum, el gobierno del Presidente Rómulo Betancourt activó por los canales diplomáticos venezolanos el tema de la reclamación del territorio Esequibo por considerar que el Laudo de 1899 era nulo e írrito. El primero que tocó el tema en Naciones Unidas fue el Embajador Carlos Sosa Rodríguez. Fueron él y el entonces canciller Marcos Falcón Briceño quienes, en la Asamblea General de las Naciones Unidas en su XVII período de sesiones, hicieron pública la denuncia: así se inicia el proceso formal de la reclamación.

Posteriormente, ya en el periodo presidencial de Raúl Leoni, comienzan las negociaciones con el gobierno del Reino Unido que culminarán con la firma del Tratado de Ginebra el 17 de febrero de 1966 en la ciudad de Ginebra, Suiza. Lo firmaron, por Venezuela el Canciller Ignacio Iribarren Borges, por el Reino Unido; Michael Stewart, Secretario de Estado de Relaciones Exteriores y Forbes Burnham, Primer Ministro de la Guyana Británica. En esta oportunidad Guyana ya era un país soberano.

Este tratado es uno de los grandes logros de la diplomacia venezolana ya que logró darle forma jurídica a la reclamación venezolana sobre el despojo del que fuimos víctimas por un arbitraje amañado. Sin embargo, hay que tener mucho cuidado en considerar que ese tratado es sólo favorable a Venezuela. Un análisis detallado del mismo nos lleva a concluir que puede ser interpretado por ambas partes como favorable a sus causas. Veamos bien a qué me refiero.

El preámbulo del texto es lo que más le ha servido a nuestro país para intentar resolver de manera positiva la controversia porque de manera expresa señala que: *"...convencidos de que cualquier controversia pendiente entre Venezuela, por una parte, y el Reino Unido y Guyana Británica por la otra, perjudicaría tal colaboración debe, por consiguiente, ser amistosamente resuelta en forma que resulte aceptable para ambas partes"*.

Esto es lo que Venezuela, durante el curso de los años, ha argumentado: ¿cómo va pretenderse resolver el conflicto discutiendo sobre la validez o invalidez del laudo, que es de naturaleza meramente jurídica, cuando en el tratado de habla de que la controversia debe resolverse con un acuerdo mutuamente satisfactorio? En la propia Guyana se le criticó a Burnham el hecho de haber firmado un tratado con esa cláusula que debilitaba la posición guyanesa, que era la de anteponer, como condición previa a toda negociación, que Venezuela pruebe que el laudo es nulo e irrito.

Pero si eso no fuese suficiente, el artículo 1 del Acuerdo establece "*una comisión mixta con el encargo de buscar soluciones satisfactorias para el arreglo práctico de la controversia entre Venezuela y el Reino Unido surgida como consecuencia de la contención venezolana de que el Laudo Arbitral de 1899 sobre la frontera entre Venezuela y la Guyana Británica es nulo e írrito*".

Esa Comisión Mixta se instaló, pero durante 4 años no logró ningún resultado porque los representantes de Guyana no se movieron ni un milímetro de su argumento de que lo único que debe hacer Venezuela es probar la nulidad del laudo y que, hasta tanto ello no ocurra, no hay ninguna negociación posible ya que el laudo determinó de manera incontrovertible las fronteras terrestres entre ambos países.

El tema que favorece a Guyana está establecido en el artículo 4 del Acuerdo de Ginebra, en el cual se señala que si las partes, en el lapso de los primeros cuatro años de la Comisión Mixta, no logran resolver el conflicto, entonces se aplicará lo dispuesto en el artículo 33 de la Carta de las Naciones Unidas, que señala los medios de solución pacífica para resolver controversias. Esta disposición pone la decisión en manos del Secretario General de las Naciones Unidas, en última instancia, en caso que Guyana y Venezuela no se hayan puesto de acuerdo en un método de solución pacífica. Eso, como veremos más adelante, puede llegar a ser perjudicial para Venezuela.

Habiendo concluido las labores de la Comisión Mixta sin ningún resultado, el Presidente Rafael Caldera decidió congelar las negociaciones el 18 de junio de 1970, suspendiendo por doce años, mediante el llamado Protocolo de Puerto España, la aplicación del artículo IV del Acuerdo de Ginebra. La razón que parece haber prevalecido para posponer en el tiempo la aplicación del Acuerdo de Ginebra fueron las negociaciones limítrofes de áreas marinas y submarinas en el Golfo de Venezuela para evitar así una lucha simultánea en dos frentes.

Al vencer el lapso del Protocolo de Puerto España el 18 de junio de 1982, el Secretario General de las Naciones Unidas designó un representante personal para que visitara a Guyana y Venezuela y le diera curso a lo previsto en el artículo IV del Acuerdo de Ginebra.

La persona designada para ejercer esa función fue el diplomático ecuatoriano Diego Cordovéz, subsecretario de la ONU. Este funcionario se tomó muy en serio su rol y elaboró una fórmula de solución pacífica de controversias que no era ninguna de las mencionadas en el artículo 33 de la Carta de la ONU, pero que si se podía admitir, dentro de lo que dice ese artículo, al permitir cualquier otra fórmula de solución pacífica.

La fórmula presentada por Diego Cordovéz era poco favorable a la posición venezolana ya que combinaba dos métodos: la conciliación y el arbitraje, lo que favorecía sin lugar a dudas a Guyana porque, de no aceptar las partes lo formulado por el ente conciliador, de inmediato se establecía un procedimiento jurídico vinculante como lo es el arbitraje.

Ante esa disyuntiva el Presidente Jaime Lusinchi designó un Embajador ante las Naciones Unidas para la aplicación del Acuerdo de Ginebra, cuya tarea fundamentalmente era la de convencer a la contraparte guyanesa de lo inconveniente que sería, para las relaciones pacíficas y armoniosas entre los dos países, la aplicación de la fórmula Cordovéz. Hubo largas negociaciones entre los representantes de Venezuela y Guyana que culminaron en el diseño por ambos negociadores del mecanismo de los buenos oficios, que no son otra cosa que una negociación asistida por un "*buen oficiante*".

Ante las resistencias de Diego Cordovéz a esa nueva fórmula, se requirió, después de años de negociaciones, que durante la Presidencia de Carlos Andrés Pérez los cancilleres de Guyana y Venezuela solicitasen una reunión conjunta con el Secretario General de Naciones Unidas y le informaran que las partes habían decidido que el método escogido sería el de los buenos oficios.

Lamentablemente, Venezuela no supo aprovechar las ventajas que le brindaba ese procedimiento y transcurrieron casi 27 años sin que se hubiese acordado ninguna fórmula aceptable para ambos países para resolver la controversia. En ese largo lapso hubo 3 buenos oficiantes, dos de ellos ya fallecidos, y varios negociadores tanto por Venezuela como por Guyana.

Hoy ese mecanismo se agotó, y fue un craso error seguir insistiendo en él ya que Guyana argumenta, no sin razón, que llevaba negociando con Venezuela durante 50 años sin que se haya alcanzado ningún acuerdo. El error cometido por el régimen en el poder fue que, en el marco del Acuerdo de Ginebra, debió insistir en que existían otros mecanismos distintos a la negociación, previstos en el artículo 33 y que no se habían agotado, por lo que no se justificaba la insistencia de Guyana en dar por concluido el procedimiento e ir, de una vez, a la Corte Internacional de Justicia, para que ésta emitiese una sentencia definitiva y vinculante que dé por terminado el conflicto.

Venezuela no puede seguir perdiendo el tiempo ya que, las condiciones internacionales hoy no le son favorables y seguir insistiendo en los argumentos históricos no pesa demasiado en un mundo en el que, la mayoría de los países del tercer mundo, tienen fronteras arbitrarias generadas en la época colonial, y que no desean abrir la Caja de Pandora de las rectificaciones fronterizas.

Esto no quiere decir que no debemos hacer nada, todo lo contario. Hay que prepararse jurídica y políticamente para poder enfrentar los argumentos de Guyana con argumentos sólidos, no sólo basados en la historia sino en materia económica, ecológica y fundamentalmente jurídica.

Para eso era necesario crear un equipo profesional y multidisciplinario apoyado por los mejores expertos internacionales para estar preparados a ir a la Corte. Es importante que este delicado y espinoso tema sea tratado con la mayor prudencia y como un asunto de Estado y no de la lucha política interna y apetencias erróneas y peligrosamente ingenuas, y que Venezuela logre la mayor protección a su fachada atlántica y no vea cercenado su libre e ininterrumpido acceso al Atlántico.

El Acuerdo de Ginebra fue sin dudas un gran logro de la diplomacia venezolana, pero de poco ha servido en estos 50 años por la falta de decisión, y hasta de habilidad política de nuestros distintos gobiernos, en explicarle al país que un acuerdo sólo era posible entendiendo que ni Guyana ni Venezuela podrían pretender, cada uno, obtener en la negociación la satisfacción del 100% de su pretensión; y que un acuerdo práctico y satisfactorio de la controversia requería ponderar los intereses en juego y determinar qué podía ser lo más conveniente para nuestro país.

El tiempo perdido se ha transformado en una verdadera espada de Damocles que reposa sobre nuestras cabezas y que está convirtiendo, políticamente hablando, a Guyana en víctima y a Venezuela en agresor, con el riesgo de que la solución del conflicto no sea ya un acuerdo práctico sino una sentencia judicial.

No podemos seguir lamentándonos del injusto despojo del que fuimos víctimas en el siglo XIX, sino que tenemos que prepararnos para poder, de la mejor manera posible, argumentar por qué el Laudo de 1899 es nulo, y si lo lográsemos probar quedaría por resolver la delimitación entre Venezuela y Guyana en la que estarían en juego las dos terceras partes del actual territorio guyanés. Como es fácil imaginarse, ambas tareas son hoy bastante cuesta arriba y nos lamentaremos de no haber resuelto la reclamación cuando el asunto estaba en manos de los dos países.

EL ACUERDO DE GINEBRA Y
LA CONTROVERSIA DEL ESEQUIBO
SADIO GARAVINI DI TURNO

EL ACUERDO DE GINEBRA Y LA CONTROVERSIA DEL ESEQUIBO

*Sadio Garavini di Turno**

En 1962, dada la anunciada inminencia de la independencia de Guyana, en el marco del proceso de descolonización británico en el Caribe, Venezuela reactiva su reclamación sobre el territorio despojado de la Guayana Esequiba. Después de 4 años de negociaciones el 17 de febrero de 1966, Venezuela, Gran Bretaña y Guayana Británica, que con la independencia adquirió el nombre de Guyana, firmaron el Acuerdo de Ginebra. A partir de esa fecha, la reclamación venezolana sobre el territorio Esequibo tiene como marco jurídico y político fundamental ese tratado.

En el preámbulo del Acuerdo de Ginebra, se afirma que cualquiera controversia entre las partes "debe ser amistosamente resuelta en forma que resulte aceptable para ambas partes". En el artículo I del mismo leemos: "Se establece una Comisión Mixta con el encargo de buscar soluciones satisfactorias para el arreglo práctico de la controversia entre Venezuela y el Reino Unido surgida como consecuencia de la contención venezolana de que el Laudo Arbitral de 1899 sobre la frontera entre Venezuela y Guayana Británica es nulo e irrito." Desde 1966, oficialmente, Venezuela y Guyana mantienen dos interpretaciones mutuamente excluyentes del Acuerdo de Ginebra. Guyana sostiene que el objeto del Acuerdo es,

---

* Sadio Garavini di Turno: Doctor en Ciencias Políticas (Universidad de Roma) y PhD en Ciencias Políticas (UCV). Fellow del Centro de Relaciones Internacionales de la Universidad de Harvard y Fullbright Scholar. Viceministro de Justicia y Embajador en Guyana, Guatemala y Suecia. Profesor en la USB y en la UCAB. Director de la Cámara de Comercio Venezolano-Italiana. Columnista.

en primer lugar, establecer la validez de la contención venezolana de que el Laudo es nulo e irrito. Se trataría, por tanto, de una disputa esencialmente jurídica y los posibles resultados de la controversia así definida serían o el de la afirmación de la validez del Laudo y con ello el cese de la reclamación venezolana y la consiguiente consagración del "status quo" existente o el del reconocimiento de la nulidad del Laudo y con ello la apertura de un nuevo proceso de delimitación. Tal nuevo proceso debería entonces, según Guyana, basarse en el Compromiso Arbitral originario, el Tratado de Washington de 1897.

Venezuela, por su parte, afirma que no tiene sentido proponer una solución "práctica y mutuamente satisfactoria" a una controversia estrictamente jurídica.

Además, una Comisión Mixta es una institución puramente política y difícilmente podría esperarse de ella un dictamen jurídico, sobre todo siendo las partes mismas los miembros de la Comisión. De ser jurídico su mandato los Comisionados se verían en la insostenible posición de ser juez y parte. Negociar la validez o nulidad de un Laudo, más aún en una Comisión Mixta paritaria, es inconcebible. La razón jurídica no es negociable: se tiene o no se tiene. Y difícilmente se confiaría a negociadores diplomáticos la función de adjudicar derechos. Por lo tanto, para Venezuela "el Acuerdo pone de lado el fraudulento Laudo de 1899" y su objeto es el arreglo práctico de la controversia.

Efectivamente si, como lo plantea la posición guyanesa, la controversia se limita a establecer la validez o nulidad del Laudo, a primera vista, no se entendería la razón por la cual Guyana aceptó firmar el Acuerdo de Ginebra, debería haber insistido en ir a la Corte Internacional de la Haya.

Es indudable que, jurídicamente, para Guyana, el acuerdo de Ginebra era innecesario y deletéreo. El propio Cheddi Jagan, el ya desaparecido ex Presidente de Guyana y fundador del actual partido de gobierno, se opuso a la firma del Acuerdo de Ginebra y, en su obra "The West on Trial", dice que, con el Acuerdo de Ginebra, Guyana "concedió reconocimiento a la espuria reclamación territorial venezolana y lo que era un caso cerrado desde 1899 fue reabierto." Rupert Roopnarine, líder del partido WPA y recientemente Ministro en el Gobierno de Granger, en un comunicado (1982) escribió lo siguiente: "La firma del Acuerdo de Ginebra, por parte de Guyana, pone a nuestro país en una situación que limita considerablemente nuestra libertad de acción. Para Guyana insistir ahora en interpretar el acuerdo como un mero instrumento para ratificar el Laudo de 1899, el cual fue puesto en duda en Ginebra, en 1966, probará severamente la paciencia de todos los interesados. Es tiempo ya de decirle al mundo que Guyana está llevando a cabo una enorme autodecepción al afirmar que su posición es la firme defensa del laudo Arbitral de 1899. El gobierno (Burnham) debe explicarle al pueblo guyanés y al mundo, especialmente al Caribe, qué intención tenía al acordar en 1966 que la disputa debería ser resuelta en una forma satisfactoria tanto para Venezuela como para Guyana. Ya que, en 1966, el Laudo de 1899 no satisfacía más a Venezuela y por la propia evidencia del Acuerdo de Ginebra eso era bien conocido por Guyana, es el gobierno guyanés que debe decir qué es lo que entendía por una solución práctica de la controversia. Para el gobierno guyanés decir que considera al Laudo de 1899 como una solución definitiva y después ofrecer, en el Acuerdo de Ginebra, de trabajar para una solución práctica aceptable para ambas partes fue muy poco inteligente. Ningún encubrimiento puede ocultar el hecho que el régimen cometió un serio error." Deberíamos preguntarnos si estos argumentos de un ex Presidente y líder fundador del partido de gobierno y de un ex Ministro de Granger fueron utilizados ante Ban Ki-Moon, Guterres y la propia CIJ.

Las razones de la firma del Acuerdo de Ginebra por parte de Burnham hay que buscarlas en el plano político. La Gran Bretaña, veía en el acuerdo de Ginebra una fórmula elegante para "lavarse las manos" y dejar a las partes más directamente involucradas la solución de la controversia. Por tanto, el gobierno británico ejerció una fuerte presión sobre Burnham, especialmente al vincular la concesión de la Independencia a la aceptación del Acuerdo de Ginebra por parte del gobierno guyanés. Recordemos a este respecto que la Gran Bretaña concedió la independencia a Jamaica, Trinidad y Barbados en 1962. Guyana, el cuarto de los considerados "grandes" del Caribe británico, la obtuvo sólo en mayo de 1966, unos meses después de la firma del Acuerdo de Ginebra. En efecto, Burnham percibía a la Independencia como un objetivo prioritario en función del mantenimiento del poder.

En primer lugar, lograr la Independencia era un objetivo que obviamente produciría jugosos dividendos políticos para su partido (PNC). En segundo lugar, Burnham, desde el primer momento, resintió la limitación a su autonomía de acción que implicaba la continuada presencia del gobierno británico en su papel de árbitro supremo de las "reglas del juego", en el sistema político guyanés. La desaparición, con la Independencia, de la Gran Bretaña del escenario, permitiría la modificación de esas "reglas del juego", especialmente las electorales, en un sentido "favorable" a los intereses de su partido. Recordemos que el PNC de Burnham se mantuvo en el poder hasta 1992, básicamente a través de fraudes electorales. Para Burnham, el "costo" político de la firma del Acuerdo de Ginebra era muy inferior a los "beneficios" de la Independencia.

Es importante también mencionar que, en 1970, se firmó entre los dos países un acuerdo llamado el Protocolo de Puerto España, que suspendía, por doce años, el funcionamiento del Artículo IV del Acuerdo de Ginebra que, después de cuatro años de negociaciones, en caso de no haber acuerdo sobre el arreglo definitivo de la controversia, y no haber acuerdo tampoco sobre la selección de uno de los medios de solución pacífica de controversias, previstos en el art. 33 de la Carta de la ONU, obligaba a las partes a acudir al Secretario General de la ONU, para que escogiera uno de esos medios. En ese año de 1970 se estaba recalentando la controversia de Venezuela con Colombia, sobre la delimitación de las aguas adyacentes al Golfo de Venezuela y el Gobierno venezolano consideró inconveniente tener que enfrentar con urgencia las dos controversias a la vez. Además, la suspensión del funcionamiento del Artículo IV, no significaba la congelación, como se ha afirmado erróneamente, de las negociaciones entre los dos países y en efecto, durante esos años, hubo conversaciones muy relevantes al respecto. En particular en 1977, en las negociaciones entre Isidro Morales Paúl y el Canciller Fred Wills, el gobierno Burnham aceptó , en privado, discutir la hipótesis de ceder a Venezuela un territorio entre 15.000 y 5.000 Km^2, con costa adyacente al estado Delta Amacuro, con relevante proyección en áreas marinas y submarinas, a cambio de ventajas económicas, como el apoyo venezolano para el proyecto hidroeléctrico del Alto Mazaruni, la interconexión eléctrica, la financiación de la factura petrolera y la compra de arroz a precios superiores a los que rigen en el mercado internacional. Muchas de estas ventajas, por cierto, durante las últimas décadas, se las hemos estamos dando de todas maneras y a cambio de nada. También en los años '80, durante el gobierno Lusinchi, hubo serias conversaciones al respecto.

El Acuerdo de Ginebra tuvo el mérito de reabrir el caso. Sin embargo, el Acuerdo dejó a Guyana la ocupación y el dominio del territorio en reclamación, con las consecuencias y ventajas que eso significa. Tomando en cuenta que la reclamación venezolana abarca las 2/3 partes del territorio que Guyana considera suyo, el dilema para Venezuela ha sido que cualquier "solución práctica" que Guyana pudo y pueda realistamente ofrecer será siempre una concesión muy reducida del territorio en reclamación. Aceptarla bilateralmente implicó e implicaría siempre costos políticos internos muy elevados. Lo cual ha sido la base para que la dilación indefinida de la controversia haya sido por mucho tiempo la opción tácita, pero preferida de los dos gobiernos hasta el 2013, cuando Guyana, debido al inicio de la explotación petrolera costa afuera, decidió que el "status quo" ya no era aceptable. Muchas gracias.

EL ACUERDO DE GINEBRA A LA LUZ DEL DERECHO DE LOS TRATADOS

JUAN CARLOS SAINZ BORGO

EL ACUERDO DE GINEBRA A LA LUZ DEL DERECHO DE LOS TRATADOS

*Juan Carlos Sainz Borgo**

Quisiera comenzar agradeciendo a la Academia de Ciencias Políticas y Sociales, especialmente a los académicos Héctor Faundez Ledezma y Cecilia Sosa Gómez por la oportunidad de participar en este importante esfuerzo de reflexión sobre la integridad territorial de nuestro país.

El Acuerdo de Ginebra es un tratado firmado entre dos sujetos de derecho internacionales, como son la República de Venezuela y el Reino Unido en 1962. El mismo llena los extremos establecidos en la Convención de Viena sobre Derecho de los Tratados de 1969, en artículo 2.a.

> *"a) se entiende por "tratado" un acuerdo internacional celebrado por escrito entre Estados y regido por el derecho internacional, ya conste en un instrumento único o en dos o más instrumentos conexos y cualquiera que sea su denominación particular;"*

La Convención de Viena sobre Derecho de los Tratados será la estructura y base de las breves reflexiones que presentaré hoy.

---

* Abogado, Especialista en Derecho Internacional Económico y Doctor en Derecho por la Universidad Central de Venezuela, Caracas. Magister por la Universidad de Oxford, Reino Unido. Investigador del Instituto de Derecho Público con rango de profesor asociado – UCV. Profesor y Decano Universidad para la Paz, Organización de las Naciones Unidas Costa Rica. Profesor invitado de la Universidad del Rosario y de la Universidad Javeriana en Colombia y de la American University y Universidad de Oregon en Estados Unidos.

Asimismo, quiero mencionar que el método para el análisis que usaré será estrictamente jurídico, específicamente, basado en el derecho internacional. Ya muchas décadas Venezuela ha debatido esta controversia a la luz de la historia, la geografía o la política, por mencionar algunas de las disciplinas que han abordado el tema. Mi intención es darle un análisis jurídico.

El Acuerdo de Ginebra ha sido un tratado lleno de controversia sobre todas sus partes. Es por ello, que esta primera decisión de la Corte Internacional de Justicia en la resolución del caso entre Guyana y Venezuela aporta una interpretación a las disposiciones del caso, que no habíamos tenido nunca hasta la fecha. En este sentido, quiero citar al Dr. Héctor Faundez en un reciente artículo en la prensa, cuando afirmaba en relación con el papel de la Corte Internacional de Justicia:

> *"Una vez que hay una sentencia definitiva (y, en relación con la competencia, ésta lo es), lo único que queda es acatarla. (...).*
>
> *Podremos seguir discutiendo, en las tertulias de café o en los salones de clases, si la Corte se equivocó o si tenía razón; pero, en términos prácticos, no sirve a ningún propósito útil insistir sobre un punto que ya está decidido, y que Venezuela no defendió ni explicó en los estrados judiciales, porque no compareció en el procedimiento ante dicho Tribunal".*[1]

Los tratados son una evolución del derecho de las obligaciones y se alimenta en su concepción y estructura de la teoría general de los contratos. Esta relación con el derecho interno es un hecho consustancial del derecho internacional, que como disciplina es mucho más joven que otras áreas del derecho y que se nutre de ellas para su crecimiento e interpretación, tal y como lo establece el Artículo 38.3 del Estatuto de la propia Corte Internacional de Justicia cuando menciona "los principios generales de derecho" como una fuente auxiliar de interpretación y no de los principios generales del derecho internacional.

---

1 Héctor Faúndez Ledesma, "Desde la patria de Cantinflas". Septiembre 10, 2021. El Nacional. Caracas. Disponible en: https://www.elnacional.com /opinion/desde-la-patria-de-cantinflas/

Podemos coincidir que las diversas teorías que sistematizan los elementos del contrato describen la presencia de 3 elementos: Subjetivo, que expresa la manifestación de la voluntad de los sujetos en el contrato; objetivo, que se refiere a la producción de una consecuencia jurídica y normativo, que se refiere al reconocimiento por parte del sistema legal al procedimiento de creación de la norma contractual.[2]

En cuanto al elemento normativo, podemos señalar que el acuerdo de Ginebra es una normal contractual reconocida por las partes en la controversia y por la comunidad internacional como un todo. Sin embargo, Antonio Remiro Brotóns señala en este sentido, que las "obligaciones en los tratados son relativas porque producen efectos solo entre las partes" y resume algunas de las máximas romanas que describen la misma: "el tratado es res inter alias acta".[3] Sin embargo, el caso del Acuerdo de Ginebra implica una multiplicidad de actores, donde no solo participan los sujetos del mismo, al cual me referiré más adelante, sino también la Organización de las Naciones Unidas y los diversos facilitadores que han participado en la búsqueda de una solución para las partes. Igualmente, el acuerdo in comento ha sido esgrimido por Venezuela en diversas ocasiones ante actores internacionales para advertir de la inconveniencia de realizar actividades en la zona en reclamación.

En segundo lugar, quisiera referirme al Objeto del acuerdo, o segundo elemento de la teoría de los contratos. En este caso, tenemos los primeros razonamientos que da la Corte en la decisión del caso Guyana-Venezuela. La sentencia hace un análisis cronológico de los diversos pasos en la conclusión y ejecución en la práctica del Acuerdo de Ginebra, analizando el término controversia (*controversy*) como sinónimo de disputa (*dispute*). A continuación, cita una sentencia del Tribunal Permanente de Justicia Internacional de 1924, predecesor

---

2 Tonatiuh García Castillo. Reflexiones en torno a la teoría general del contrato. *Revista de derecho privado. Nueva Época.* Año VII. Número 21-22. Septiembre 2008. Disponible: http://historico.juridicas.unam.mx/publica/librev/rev/derpriv/cont/21/dtr/dtr2.pdf

3 Antonio Remiro Brotons; Rosa Riquelme Cortado et al., *Derecho Internacional. Curso General.* Editorial Tirant Lo Blanch. Valencia 2010. p. 187.

de la Corte actual, para explicar: "*un desacuerdo sobre una cuestión de hecho o de derecho, un conflicto de opiniones legales o de intereses entre dos sujetos*"[4].

Luego la Corte concluye con la siguiente definición:

> "*66. En consecuencia, la Corte considera que la "controversia" que las partes acordaron resolver a través del mecanismo establecido en el Acuerdo de Ginebra se refiere a la cuestión de la validez del Laudo de 1899, así como a sus implicaciones jurídicas para la línea limítrofe entre Guyana y Venezuela.*"

La sentencia de admisión reconoce los dos elementos claves en la controversia: la nulidad del laudo y la necesidad de establecer los límites internacionales entre las partes. Este era el objeto de la controversia desde que Venezuela inició sus reclamaciones formales a partir de la década de los sesenta del siglo pasado. El Laudo debe considerarse nulo y volver a la mesa de negociaciones establecida en el Tratado de Washington de 1897 para que Venezuela y el Reino Unido puedan establecer una frontera en derecho entre los dos países.

Esta primera decisión en sí misma, representa un gran reconocimiento de los argumentos que históricamente ha presentado Venezuela. Es importante recordar que el Reino Unido y aún Guyana han mantenido que no existe tal controversia. La firma del Acuerdo de Ginebra en 1962 fue un éxito de la diplomacia de la democracia venezolana, que después de sucesivos rechazos por parte del Reino Unido aceptó la existencia de la controversia y un modus operandi para resolverlo.

Recordemos lo que afirmó el Canciller Iribarren Borges ante el Senado, con el objeto de la discusión de la aprobación de este Convenio de Ginebra:

> "*No voy a enumerar todos los incidentes de la discusión derivada del rechazo por Gran Bretaña de esa primera propuesta de solución formulada por Venezuela, a la que se*

---

4 Corte Permanente de Justicia Internacional. Sentencia No. 2, 1924, PCIJ, Serie A, No. 2, p. 11. Caso Mavrommatis Palestine Concessions.

contestó con una contrapropuesta para que Venezuela con un "acto de gran calidad de estadista y coraje", renunciara a su reclamación. Formulé una segunda propuesta venezolana en el sentido de convenir por un período que podría discutirse, en una administración conjunta del territorio reclamado por Venezuela, previo reconocimiento de nuestra soberanía sobre el mismo. También esta fórmula vino a ser rechazada. Por último, en un esfuerzo por buscar una salida honorable al problema, presenté como tercera propuesta venezolana una fórmula que preveía la solución del problema fronterizo a través de tres etapas consecutivas con sus respectivos plazos, con la particularidad de que el proceso había de tener un final: a) Comisión Mixta; b) Mediación; c) Arbitraje Internacional."

Para luego afirmar ante el Congreso de la República:

"El acuerdo de Ginebra lleva a una nueva situación las posiciones extremas de quienes exigen la devolución del territorio usurpado en virtud de un laudo nulo y la de quién argüía que no abrigando duda alguna sobre su soberanía acerca de este territorio, no estaba dispuesto a llevar la causa a Tribunal alguno".[5]

Además, si esta decisión se interpreta a la luz de la fecha critica determinada por la propia Corte para el conocimiento del caso, es decir, la fecha misma de la firma de Acuerdo de Ginebra, le permite a Venezuela una plataforma para presentar los argumentos de hecho y derecho para la determinación de una nueva frontera establecida bajo los argumentos del derecho.

Venezuela ha sido consistente en la forma como ha considerado el territorio Esequibo, especialmente en el momento del reconocimiento del Estado de Guyana y su extensión, en la siguiente forma:

"Venezuela reconoce como territorio del nuevo Estado el que se sitúa al Este de la margen derecha del Rio Esequibo y reitera ante el nuevo país y ante la Comunidad Internacional, que se

5 Subrayado nuestro.

reserva expresamente sus derechos de soberanía territorial sobre toda la zona que se encuentra a la margen izquierda del precitado rio; en consecuencia el territorio de la Guayana Esequiba sobre el cual Venezuela se reserva expresamente su derecho soberano, limita al Este con el nuevo Estado de Guyana, a través de la línea del Rio Esequibo, tomando este desde su nacimiento hasta su desemboca- dura en el Océano Atlántico."

Me referiré ahora al último de los elementos que he presentado hoy y que se refiere al elemento subjetivo. Como hemos señalado ya varias veces a lo largo de estos comentarios, el Acuerdo de Ginebra fue suscrito el 17 de febrero de 1966, entre el Reino Unido de la Gran Bretaña con la rúbrica de Michael Stewart, Ministro de Estado y Forbes Burnham, Primer Ministro de la Guayana Británica y por parte del Ministro de Relaciones Exteriores de Venezuela, Ignacio Iribarren Borges.

Para la fecha de la firma del mismo, Guyana no era un sujeto de derecho internacional, y la firma por parte del líder guyanés Forbes Burnham, se realiza como representante de una entidad subnacional dentro del imperio británico, la colonia denominada "Guayana británica".

La propia sentencia de la Corte, señala el hecho de forma clara en los siguientes términos:

"29. (...) En el momento en que surgió la presente disputa, Guyana todavía era una colonia británica, conocida como Guayana Británica. Se independizó del Reino Unido el 26 de mayo de 1966. La disputa entre Guyana y Venezuela se remonta a una serie de hechos ocurridos durante la segunda mitad del siglo xix."

Por otro lado, es importante reiterar que las obligaciones que se desprenden del Acuerdo de Ginebra tienen por objeto solucionar la controversia creada por un arbitraje que violó su mandato, y que se originó en un tratado, el Tratado de Washington, suscrito por los dos sujetos de derecho originales: el Reino Unido y Venezuela, el 2 de febrero de 1897.

Las partes en el Convenio de Ginebra incluyen al Reino Unido. Cuando la República de Guyana obtuvo su independencia, la nota de reconocimiento de Venezuela señalan las negociaciones que permitieron "accession" de ese nuevo sujeto de derecho al Acuerdo de Ginebra, según lo establecía ese tratado, en los siguientes términos:

> *"De conformidad con el Acuerdo suscrito en Ginebra el 17 de febrero de 1966, entre los Gobiernos de la República de Venezuela y del Reino Unido de Gran Bretaña e Irlanda del Norte, este último en consulta con el Gobierno de la Guayana Británica, y en virtud del artículo 8º del precitado Convenio, a partir de hoy 26 de mayo de 1966, el Gobierno de Vuestra Excelencia pasa a formar parte del Acuerdo en referencia."*

Asimismo, cuando las partes deciden establecer una moratoria para la búsqueda de una solución a la controversia con el Protocolo de Puerto España, el 18 de junio de 1970, las partes firmantes fueron: el Gobierno de Venezuela, el Gobierno de Guyana y el Gobierno del Reino Unido.

Asimismo, quisiera llamar la atención que la Corte Internacional de Justicia, en la segunda resolución que aborda en el *dictum* del 18 de diciembre del 2020, por unanimidad fue establecer una fecha crítica para la competencia del caso, en los siguientes términos:

> *"2) Por unanimidad, Decide que no es competente para conocer de las pretensiones de la República Cooperativa de Guyana fundadas en hechos acaecidos con posterioridad a la firma del Acuerdo de Ginebra."*

De esta manera, la Corte por unanimidad, incluyendo la jueza ad-hoc, designada por Guyana, la australiana Hilary Charlesworth establece una fecha a partir de la cual la Corte entrará a conocer del caso. Esta fecha podría representar un cambio importante en la estrategia del caso, porque la utilización de esta fecha podría dejar a la propia representación nacional de la República Cooperativa de Guyana en una situación difícil, al haber decidido la Corte, que no entraría a analizar hechos ocurridos después de la firma del Acuerdo, lo cual incluiría la propia independencia de la parte actora.

Este análisis desde la teoría de los contratos, dejando claros los sujetos y las obligaciones, nos permitiría identificar de forma más clara los elementos para una defensa clara de Venezuela en este caso ante la máxima corte internacional. De los elementos que podemos destacar, en esta breve reflexión, quisiera enfocarme en el tema de los sujetos.

Como hemos evidenciado previamente, los sucesivos acuerdos que han construido la plataforma que ha traído el caso de la Guayana Esequiba a la Haya, han contado con el Reino Unido como un actor fundamental, que sin embargo ha estado ausente desde el comienzo de las deliberaciones en esta fase del caso. De tal forma, que enfocaremos nuestra atención en esa línea.

El Reino Unido es uno de los sujetos de esta obligación establecida inicialmente de forma bilateral en el Tratado de Washington en 1892 y en el Acuerdo de Ginebra y que solo en la moratoria establecida en el Protocolo de Puerto España, la República de Guyana emerge en el escenario como un firmante en los tratados, pero sin sustituir o suceder al papel del Reino Unido. En ese sentido comparto con el Dr. Antonio Remiro Brotons, la necesidad de evaluar si se dio o no la sucesión del estado entre Guyana y el Reino Unido. Tema este complejo en el derecho internacional, y de la cual existe una Convención de Viena sobre sucesión de estados en Derecho de los Tratados.

El caso que analiza la Corte con la reciente sentencia es un tema de derecho de los tratados, el cumplimiento de la obligación primigenia establecida en un tratado bilateral firmado en 1892 y que acordaba lo siguiente:

> *"Los Estados Unidos de Venezuela y Su Majestad la Reina del Reino Unido de la Gran Bretaña e Irlanda, deseando estipular el arreglo amistoso de la cuestión que se ha suscitado entre sus respectivos Gobiernos acerca de limites de los Estados Unidos de Venezuela y la Colonia de la Guayana Británica, han resuelto someter dicha cuestión a arbitramento,*

"Articulo 1

Se nombrará inmediatamente un Tribunal arbitral para determinar la línea divisoria entre los Estados Unidos de Venezuela y la Colonia de la Guayana Británica."

Por lo tanto, el asunto de fondo a resolver es si ese Laudo fue ejecutado de acuerdo a las reglas previstas en ese tratado inicial y que según la sentencia de Diciembre del año 2020 parece ser la interpretación que se construyendo. De tal forma que, en mi criterio, sería imperativo que los actores originales en ese tratado formen parte del juicio.

En el derecho internacional procesal, esa aparición del Reino Unido en el caso podría darse de dos formas: la primera que el Reino Unido se presentara como parte interesada en el caso y la segunda, a través de una contrademanda presentada por Venezuela.

Revisemos brevemente estos dos escenarios.

El Estatuto de la Corte Internacional de Justicia de la Haya, en su artículo 62, establece de forma expresa la posibilidad de que un estado, que tenga un interés jurídico en el caso, pueda intervenir. El artículo reza como sigue:

"1. Si un Estado considerare que tiene un interés de orden jurídico que puede ser afectado por la decisión del litigio, podrá pedir a la Corte que le permita intervenir.

2. La Corte decidirá con respecto a dicha petición."

En el comentario sobre el Estatuto de la Corte Internacional de Justicia, preparado por Zimmermann y Tomuschat, señalan reiterados casos de delimitación y fronteras, en las cuales estados han solicitado su participación como terceros: Italia en el caso Libia-Malta; el Salvador en el caso Nicaragua -Estados Unidos y con Nicaragua en el caso del Golfo de Fonseca entre Honduras-El

Salvador, así como en los casos de Guinea Ecuatorial con el caso Camerún y Nigeria.[6]

Sin embargo, en este caso requeriría de la acción del Reino Unido para poder activar su intervención en el caso *motu proprio* o a solicitud de su antigua colonia.

En el segundo escenario, Venezuela puede tomar la iniciativa de contrademandar al Reino Unido para que en el marco del proceso, pueda presentar sus argumentos y establecer su responsabilidad jurídica e histórica en el caso.

La contrademanda está prevista en el Reglamento de la Corte, en su artículo 80, en los siguientes términos:

> *"1. Podrá presentarse una demanda reconvencional siempre que está tenga conexión directa con el objeto de la demanda de la otra parte y entre dentro de la competencia de la Corte.*
>
> *2. La demanda reconvencional se formulará en la contra memoria de la parte que la presente y figurará entre sus conclusiones.*
>
> *3. En caso de duda respecto a la relación de conexidad entre la cuestión presentada como demanda reconvencional y el objeto de la demanda de la otra parte, la Corte, oídas las partes, decidirá si procede o no unir la cuestión así presentada al procedimiento inicial."*

Al respecto de la naturaleza de la reconvención, la Corte en sus años más recientes se ha visto favorable a esta figura procesal.

El Juez Oda, explicó en opinión separada en el caso Inmunidad Jurisdiccional (2010), *"que el propósito de una contrademanda era, primero, la apropiada administración de justicia y la economía judicial que le permite a la Corte considerar todos o cualquiera de los reclamos conectados en un solo procedimiento y segundo, evitar*

---

6 Andreas Zimmermann; Christian Tomuschat, et al, *The Statute of the International Court of Justice. A Commentary,* Second Edition, Oxford University Press. Oxford, 2012. p. 164.

el inconveniente en el evento que otra parte o un tercer estado introduzca una nueva demanda sobre un tema que este directamente conectado con el caso".

Igualmente, el Juez Cançado Trindade, en ese mismo caso, expresó pero en otras opinión separada: "*el propósito de una contrademanda es en primer lugar la economía procesal; segundo, encontrar una forma de alcanzar una mayor consistencia en las decisiones de la Corte Internacional de Justicia y tercero, la realización de la justicia a nivel internacional*".

La presentación de una reconvención o contrademanda, ha sido considerada de gran relevancia en la práctica procesal, en especial ha sido utilizada por aquellos estados que han sido llevados al estrado de la Haya y que utilizan el recurso para asumir un papel más activo y no simplemente en una posición defensiva ante el país demandante.

El procedimiento que se iniciaría en este caso, podría plantearse perfectamente en la etapa procesal en que nos encontramos en el caso planteado por Guyana, ya que la reconvención obligaría a la Corte a darle curso y evaluar la forma en la cual le daría la oportunidad a la parte o las partes demandadas a responder al caso.

Esta opción no debería presentar ningún resquemor por parte de Venezuela, ya que la obligación de acudir a la Corte está presente en el Acuerdo de Ginebra suscrito por el Reino Unido, y las democracias del mundo miran con confianza la solución de los casos por parte de órganos internacionales, que resuelven de forma imparcial y bajo el imperio del derecho.

CONCLUSIONES

1. El Acuerdo de Ginebra fue la solución después de un largo proceso de negociación, que sin embargo, por razones que no vienen al caso discutir ahora, se alargaron más en el tiempo de lo previsto. En cualquier caso, las razones que explican la demora en el caso fueron más de índole política e histórica que de carácter jurídico.

2. La solución jurisdiccional, bien sea un arbitraje o la Corte Internacional de Justicia, estuvo en la estrategia negociadora venezolana. Un Laudo Arbitral cuyo resultado se produjo al violar

las reglas mismas pactadas por las partes podría solo ser anulado por un órgano jurisdiccional y en este caso, la Corte Internacional de Justicia es el foro más indicado.

3. Por último, llevar al Reino Unido al foro de la Corte Internacional de Justicia, a través de una contrademanda de Venezuela, sería la oportunidad jurídica e histórica de nuestro para clarificar lo ocurrido en el Laudo de Paris, que a mi juicio y para muchos especialistas fue la utilización del derecho como una fachada para la actuación del imperialismo del siglo XIX.

7mo. ENCUENTRO
LA DEMANDA DE GUYANA, LA COMPETENCIA DE LA CORTE INTERNACIONAL DE JUSTICIA Y LAS OPCIONES DE VENEZUELA
21 DE OCTUBRE DE 2021

PALABRAS DE APERTURA A CARGO DEL PROF. JULIO RODRÍGUEZ BERRIZBEITIA, PRESIDENTE DE LA ACADEMIA DE CIENCIAS POLÍTICAS Y SOCIALES EN EL SÉPTIMO ENCUENTRO SOBRE EL ESEQUIBO LA DEMANDA DE GUYANA, LA COMPETENCIA DE LA CORTE INTERNACIONAL DE JUSTICIA Y LAS OPCIONES DE VENEZUELA

PALABRAS DE APERTURA A CARGO DEL PROF. JULIO RODRÍGUEZ BERRIZBEITIA, PRESIDENTE DE LA ACADEMIA DE CIENCIAS POLÍTICAS Y SOCIALES EN EL SÉPTIMO ENCUENTRO SOBRE EL ESEQUIBO LA DEMANDA DE GUYANA, LA COMPETENCIA DE LA CORTE INTERNACIONAL DE JUSTICIA Y LAS OPCIONES DE VENEZUELA

*Julio Rodríguez Berrizbeitia**

Estimados organizadores, ponentes, moderador y participantes en este acto. Sin lugar a dudas que este Séptimo encuentro acerca de la controversia sobre el Esequibo marca un hito en la historia de nuestra Corporación. Creo que por primera vez dedicamos un período que cubre dos años (2021 y 2022) para referirnos a un tema transcendental en la consideración de nuestra unidad física como país. Este séptimo evento nos aproxima a cuestiones relacionadas con la controversia que tenemos en el presente con el gobierno de la Guayana Esequiba. A lo largo de los foros realizados en esta materia, durante el presente año, se ha ido reforzando la idea original de la Academia y de los organizadores de estos ciclos de ir escalando los temas de forma progresiva, contando con competentes especialistas en las áreas desarrolladas por cada uno de ellos, con el objeto de proporcionar al país el logro de un mayor entendimiento de los

---

* Presidente de la Academia de Ciencias Políticas y Sociales. Maestría en Filosofía en el Instituto Independiente de Investigaciones Filosóficas en Toulouse Francia, en el año 1977. Doctor en derecho por la Universidad de Salamanca. Maestría en Administración Pública y Gerencia en Países en Vías de Desarrollo en la Universidad de Harvard. Actualmente es Profesor de Derecho Mercantil Parte General en la Universidad Católica Andrés Bello y Profesor de Filosofía Jurídica en la Universidad Monteávila.

problemas que están en juego. En el día de hoy nos confrontamos con una triada crucial compuesta por demanda, competencia y opciones. De ellos nos van a hablar los ilustres ponentes que nos acompañan en este acto.

Tal como ha sido señalado ampliamente por los estudiosos de la materia, con la judicialización de esta controversia se plantean preguntas relativas a la competencia de la Corte para conocer el caso, a la admisibilidad de la demanda y a cuestiones procesales derivadas de la comparecencia de Venezuela ante la Corte Internacional de Justicia, a pesar de no reconocer su competencia.

Con gran acierto el organizador de este ciclo de encuentros, el académico Héctor Faúndez Ledezma, en un libro reciente señala:

> La competencia de la Corte Internacional de Justicia está basada en el consentimiento de los Estados. En el presente caso no hay un consentimiento expreso por parte de Venezuela aceptando la competencia de la Corte, no hay un compromiso entre Venezuela y Guyana para someter la controversia del Esequibo a dicho Tribunal. Todo lo que hay es un tratado, el Acuerdo de Ginebra suscrito por las partes con el convencimiento de "que cualquier controversia pendiente entre Venezuela, por una parte, y el Reino Unido y Guyana (sic) Británica, por la otra... debe... ser amistosamente resuelta en forma que resulte aceptable para ambas partes". No hay, en este Tratado, ninguna referencia a un arreglo judicial. Recurrir a la Corte Internacional de Justicia para que resuelva una controversia pendiente no es, necesariamente un gesto inamistoso, pero cuando ambas partes creen tener la razón, una sentencia, que obviamente no puede complacer al demandante y al demandado, no será aceptable para ambas partes, en el presente caso, será incompatible con un tratado en vigor, válidamente consentido y aceptado por las partes en esta controversia.[1]

---

1 Héctor Faúndez Ledezma, *La competencia contenciosa de la Corte Internacional de Justicia y el caso Guayana vs. Venezuela*, Colección Estudios N° 126, Academia de Ciencias Políticas y Sociales y Editorial Jurídica Venezolana Internacional, Caracas, 2020, pp. 273 y 329.

Tal como decía el académico Isidro Morales Paúl: "Venezuela debe tratar de utilizar el mecanismo de negociación directa para la búsqueda de una solución racional, justa y equilibrada". La misma, en opinión del académico mencionado debe ser viable en la práctica; políticamente aceptable; no implique la desaparición del Estado de Guyana ni lo lesione irreversiblemente; que implique una amplia salida marítima hacia el Atlántico y que contemple una razonable rectificación territorial.[2]

Probablemente nuestras dificultades, hoy en día, por razones que no viene aquí el caso mencionar, son mayores, pero los argumentos que soportan nuestra legítima reclamación son los mismos que han venido persistiendo en el tiempo.

Manuel Alberto Donís Ríos, que participó en uno de los encuentros de la Academia sobre el tema que venimos considerando, ha señalado que nos encontramos en una nueva etapa en la reclamación del Esequibo. En tal sentido acota: "De manera reiterada hemos alertado… sobre los pasos seguidos por la República Cooperativa de Guyana para llevar la controversia de Venezuela por el territorio Esequibo a la Corte Internacional de Justicia, dejando de lado el Acuerdo de Ginebra de 1966".[3]

De acuerdo con posiciones ya mencionadas como la de los académicos Faúndez y Donís Ríos, la existencia del Acuerdo de Ginebra parece poner límites, debemos en el manejo del problema ahondar en ellos, a la pretensión de Guyana sobre el tema Esequibo.

La Academia en su empeño ratificado a lo largo de una gran parte de su más que centenaria historia, ha producido comunicados en el sentido de crear conciencia nacional con respecto a un tema que

---

2 Isidro Morales Paúl, "Análisis crítico del problema fronterizo "Venezuela-Gran Bretaña" en *La Reclamación venezolana sobre la Guayana Esequiba*, Serie Eventos N° 2, Academia de Ciencias Políticas y Sociales, Caracas, 2008, p. 207.

3 Manuel Alberto Donís Ríos, "Una nueva etapa en la reclamación del Esequibo" en Manuel Alberto Donís Ríos (compilador) *El reclamo Esequibo, un compromiso nacional vigente ante la Historia y la Justicia*, Colección Letraviva, Abediciones, Universidad Católica Andrés Bello, Caracas, 2021, p. 117.

forma parte de nuestra identidad, como es el relativo al del territorio Esequibo. Como un ejemplo tenemos nuestro Pronunciamiento de 13 de septiembre de 2021, en donde en su numeral cuarto señalábamos:

> En virtud de la decisión de la Corte Internacional de Justicia en la cual afirma su competencia y la continuación del juicio ante dicha instancia, la Academia exhorta a quienes ejercen el poder político en el país como responsables de la defensa de los derechos de Venezuela, a ejercer efectiva y responsablemente la tutela de los derechos de Venezuela sobre el Esequibo por todos los medios a su alcance. La orden del presidente de la CIJ, de fecha 8 de marzo de 2021, fijó el 8 de marzo de 2023, para que Venezuela presente su contra-memorial en el juicio. En virtud de ello la Academia considera que Venezuela debe participar activamente en el proceso, así bajo protesta o reserva, a fin de desplegar en plenitud, todos los derechos procesales que le asisten en particular: a) rechazar los argumentos y pretensiones de Guyana; b) hacer valer los argumentos y pruebas sólidas que demuestran los justos títulos de Venezuela respecto al territorio en disputa y la nulidad del Laudo Arbitral de 1899; c) nombrar un juez ad-hoc; y d) estudiar la conveniencia de contra-demandar a Guyana, a fin de que sea condenada a cumplir de buena fe, sus obligaciones bajo el Acuerdo de Ginebra de negociar una solución práctica y mutuamente aceptable a la controversia".[4]

La Academia desea agradecer a todos los que han hecho posible la realización de este Séptimo Encuentro. Muy especialmente a los calificados ponentes que nos acompañan en el día de hoy: Jorge Cardona Llorens, Vicente Rodríguez Cedeño, Sadio Garavini di Turno y Kenneth Ramírez. Al académico Rafael Badell Madrid por actuar en la moderación del evento, así como también al académico Héctor Faúndez que ha realizado una extraordinaria labor como coordinador de este ciclo de encuentros.

---

4 Academia de Ciencias Políticas y Sociales, "Pronunciamiento sobre la necesidad imperiosa de defender judicialmente ante la CIJ, los derechos e intereses de Venezuela sobre el territorio Esequibo", Caracas, 13 de septiembre de 2021.

Nuestro reconocimiento especial a Universitas por poner a nuestra disposición los recursos tecnológicos con los que cuenta, para hacer posible nuestro acercamiento a todos ustedes que comparten con la Corporación el interés por una lucha que constituye factor de integración de todos.

Muchas gracias.

BIBLIOGRAFÍA

ACADEMIA DE CIENCIAS POLÍTICAS Y SOCIALES, "Pronunciamiento sobre la necesidad imperiosa de defender judicialmente ante la CIJ, los derechos e intereses de Venezuela sobre el territorio Esequibo", Caracas, 13 de septiembre de 2021.

DONÍS RÍOS, Manuel Alberto, "Una nueva etapa en la reclamación del Esequibo" en Manuel Alberto Donís Ríos (compilador), *El reclamo Esequibo, un compromiso nacional vigente ante la historia y la justicia*, Colección Letraviva, Abediciones, Universidad Católica Andrés Bello, Caracas, 2021.

FAÚNDEZ LEDEZMA, Héctor, *La competencia contenciosa de la Corte Internacional de Justicia y el caso Guayana vs. Venezuela*, Colección Estudios N° 126, Academia de Ciencias Políticas y Sociales y Editorial Jurídica Venezolana Internacional, Caracas, 2020.

MORALES PAÚL, Isidro, "Análisis crítico del problema fronterizo "Venezuela-Gran Bretaña" en *La Reclamación venezolana sobre la Guayana Esequiba*, Serie Eventos N° 2, Academia de Ciencias Políticas y Sociales, Caracas, 2008.

LA COMPETENCIA DE LA CORTE INTERNACIONAL DE JUSTICIA EN MATERIA CONTENCIOSA, EL PRINCIPIO DE LA COMPETENCIA SOBRE LA COMPETENCIA Y LA EJECUCIÓN DE LAS SENTENCIAS DE LA CORTE

JORGE CARDONA LLORENS

LA COMPETENCIA DE LA CORTE INTERNACIONAL DE JUSTICIA EN MATERIA CONTENCIOSA, EL PRINCIPIO DE LA COMPETENCIA SOBRE LA COMPETENCIA Y LA EJECUCIÓN DE LAS SENTENCIAS DE LA CORTE

*Jorge Cardona Llorens**

1. Permítanme que, en primer lugar, agradezca a la Academia de Ciencias Políticas y Sociales de Venezuela y, en particular a Dr. Héctor Faúndez, la invitación a participar en esta obra colectiva, lo que considero un honor.

Los organizadores me han pedido que trate la competencia de la Corte Internacional de Justicia en materia contenciosa, el principio de la competencia sobre la competencia y la ejecución de las Sentencias de la Corte. Todo ello, naturalmente, en el marco del contencioso sobre el Esequibo.

2. La competencia contenciosa *específica* de la Corte se extiende, *rationae materiae,* a todas las controversias de orden jurídico que le sean sometidas por los Estados Partes en las mismas.

Según la clásica jurisprudencia de la C.P.J.I. sentada en 1924 en el asunto de las *Concesiones Mavrommatis en Palestina*, una controversia es «un desacuerdo sobre un punto de derecho o de hecho, una contradicción, una oposición de tesis jurídicas o de intereses entre dos partes».[1] Reiterada por la Corte en el asunto sobre

---

* Catedrático de Derecho Internacional en la Universidad de Valencia (España). Miembro Asociado del Institut de Droit International. Doctor Honoris Causa de la Universitat Jaume I de Castellón (España). Antiguo miembro del Comité de Derechos del Niño de las Naciones Unidas.

1 C.P.J.I. Serie A, n. 2: p. 11.

Ciertos bienes entre Liechtenstein y Alemania[2], esta noción supone que la controversia tiene una existencia objetiva, independientemente del reconocimiento formal o la negativa de su existencia por una de las partes[3] y aunque una de las partes dé seguridades de que, por el momento, no adoptará medidas de ejecución de su pretensión.[4]

3. Pero para conocer de una controversia concreta, la Corte sólo puede hacerlo sobre la base del consentimiento de las partes. Se trata de una de las manifestaciones más típicas de la estructura paritaria de la Comunidad Internacional: según el Derecho Internacional, la iniciación de un procedimiento no es posible en base a la voluntad de uno solo de los contendientes. El consentimiento es pieza esencial del procedimiento internacional, pues, la justicia internacional es facultativa y la competencia de la Corte continúa fundada sobre el consentimiento de los Estados. En otras palabras, la Corte no puede pronunciarse en vía contenciosa sobre asuntos que las Partes no le hayan sometido bien directa o indirectamente. Ello lleva implícito que hayan aceptado las Partes la jurisdicción o competencia de la Corte.

4. Fruto del no formalismo típico del Derecho Internacional, ni el Estatuto ni el Reglamento de la Corte exigen que el consentimiento del Estado en someterse a la jurisdicción de la Corte «deba darse en una forma determinada».[5] Como la Corte Permanente de Justicia Internacional advirtió en el asunto de la *Fábrica de Chorzow*, debe constar la existencia de «actos concluyentes» que demuestren la «manifestación inequívoca de la voluntad del Estado en obtener una decisión sobre el fondo del asunto».[6] De ahí que para la aceptación de la jurisdicción de la Corte encontremos una diversidad de formas, que son, sintéticamente, las siguientes:

a') Por medio de un acuerdo especial, llamado generalmente *compromiso*. El compromiso se utiliza para un asunto determinado

---

2 C.I.J., *Rec. 2005*, pár. 24.

3 C.I.J., *Rec. 1950*: 74 y *Rec. 1962*: 328.

4 C.I.J., *Rec. 1988*: 30.

5 C.I.J. *Rec. 1948*: 27.

6 C.P.J.I., *Serie A,* n. 17: 37.

que ha nacido antes de que las Partes hayan decidido someterlo a la Corte mediante un acuerdo concreto entre ellas.

b') También se puede aceptar la jurisdicción por medio de *tratados o convenciones vigentes* en las que se prevé el sometimiento a la Corte para todos los casos que se presenten en el futuro. Existen numerosos tratados en los que se prevén esas *cláusulas compromisorias.* También encontramos estas cláusulas no sólo en tratados bilaterales sino en convenios multilaterales y en especial en los constitutivos de Organizaciones Internacionales.

c') Otra forma, en otros tiempos muy extendida, es la de aceptación del mecanismo de la jurisdicción obligatoria de la Corte mediante la aceptación de la llamada «*cláusula facultativa*», por la que un Estado declara que reconoce como obligatoria *ipso facto y* sin convenio especial, *respecto de cualquier otro Estado que acepte la misma obligación,* la jurisdicción de la Corte en todas las controversias de orden jurídico que surjan entre ellas.

Las declaraciones de los Estados adhiriéndose a la cláusula facultativa pueden hacerse «incondicionalmente o bajo condición de reciprocidad por parte de varios o determinados Estados o por determinado tiempo» (art. 36.3). La variedad de reservas es grande en el fondo y en la forma. Respecto a esta última, como ha dicho la Corte: «La forma y los términos precisos adoptados por los Estados para ello [se refiere a la aceptación de la competencia] son abandonados a su discreción y nada indica que una forma particular sea prescrita, ni que una declaración bajo otra forma sea nula».[7]

d') Finalmente, el principio del *forum prorogatum* aplicado a la jurisdicción internacional es otra de las formas de aceptación de la competencia de la Corte. Se trata de un concepto jurídico procesal construido dentro de la teoría procesal interna que ha sido recogido por el Derecho Internacional. Se trata de una forma implícita de aceptación de la jurisdicción de la Corte sobre el fondo del asunto a través de acciones concretas, como contestar a una demanda unilateral de otro Estado, realizar actos de procedimiento distintos a la presentación de la excepción de incompetencia de la Corte, etc.

---

[7] C.I.J., *Rec. 1961*: 31.

Estas formas de aceptación tácita o indirecta de la jurisdicción es lo que se conoce en el lenguaje jurídico como aplicación del principio del *forum prorogatum.*

La Corte ha hecho un amplio uso de este principio para aceptarla como en el caso del *Estrecho de Corfú*[8] o para rechazarlo como en el caso *Ambatielos*[9] o en el caso de la *Anglo Iranian Oil Co.*[10] Son ilustrativas al respecto las palabras de la Corte en el caso *Haya de la Torre* en su sentencia de 13 de junio de 1951. La Corte para declararse competente lo hizo sobre la base de los siguientes argumentos: «Las partes han aceptado en el presente asunto la jurisdicción de la Corte. Ellas han discutido el fondo de todas las cuestiones sometidas a él y no han objetado nada contra una decisión sobre el fondo. Esta actitud de las partes es suficiente para fundar la competencia de la Corte».[11]

Aunque habitualmente el *forum prorogatum* implica una aceptación implícita de la competencia de la Corte a través de actuaciones del demandado, nada obsta a que dicha aceptación se haga de forma explícita, como fue el caso de Francia quien, mediante una carta de 8 de abril de 2003, aceptó la competencia de la Corte para conocer de la demanda que la República Democrática del Congo había depositado ante la Corte en relación con *Ciertos procedimientos penales incoados en Francia.*[12]

5. Pero en el caso concreto de la controversia sobre el Esequibo entre Guyana y Venezuela no existe ni compromiso, ni clausula compromisoria contenida en un tratado, ni clausula facultativa, ni *fórum prorrogatum*, pues Venezuela ha negado siempre la competencia de la Corte y no se presentó siquiera ante la Corte cuando se presentó la demanda.

---

8 C.I.J., *Rec. 1947-48*: 28.

9 C.I.J., *Rec. 1952*: 39.

10 C.I.J., *Rec. 1952*: 114.

11 C.I.J., *Rec. 1951*: 78.

12 C.I.J., *Rec. 2003*, providencia de 11 de julio de 2003.

No obstante, la Corte se declaró competente en su sentencia de diciembre de 2020 alegando una nueva forma de otorgarle competencia: la delegación en un tercero para que decida otorgar competencia a la Corte. El argumento utilizado por Guyana era que Venezuela otorgó poderes al Secretario General para que pudiera decidir el medio de arreglo que considerara conveniente, incluido el sometimiento ante la Corte Internacional de Justicia y que, el otorgamiento de dicho poder implicaba el consentimiento de someterse a lo que el Secretario General decidiera.

6. ¿Es contraria a derecho esa fórmula? Tenemos que decir que no. El carácter no formalista del Derecho internacional permite, como hemos dicho, que el consentimiento se formule en cualquier forma, sin requisito formal alguno.

Lo que Venezuela viene impugnando desde el principio no es, pues, que pueda o no otorgarse el consentimiento de esa forma, sino que Venezuela efectivamente otorgara ese poder al Secretario General en el Acuerdo de Ginebra de 1966.

Por ello, Venezuela negó la competencia de la Corte y no compareció ante ella cuando Guyana presentó la demanda con esta argumentación.

7. Y ello nos lleva a plantearnos qué ocurre cuando un Estado niega la competencia de la Corte y ésta, por contra, se declara competente.

La respuesta es clara: la Corte tiene la facultad de decidir sobre su propia competencia. Su Estatuto en el art. 36.6 lo dice en términos nada equívocos: «En caso de disputa en cuanto a si la Corte tiene o no jurisdicción, la Corte decidirá.»

La Corte es dueña de su propia competencia en el ámbito tanto de su actividad contenciosa y como de la consultiva. Se trata de un derecho que fue enunciado por primera vez en el orden internacional en el Asunto Betsey y de Sally y que no ha sido discutido por los árbitros desde el siglo XIX. Como señaló Paul Reuter, «falto de este derecho, la competencia de la Corte sería puramente potestativa».[13]

8. Se trata, finalmente, de un derecho hoy indiscutido y que, como ha puesto de manifiesto la propia Corte: «no hace más que tomar para la Corte una regla que el Derecho Internacional Común ha consagrado en materia de arbitraje internacional».[14]

En efecto, este derecho se encuentra enunciado ya en el Tratado Anglo-Americano de 19 de noviembre de 1794 y se recogió expresamente en el Convenio de La Haya para el Arreglo pacífico de los Conflictos Internacionales de 18 de octubre de 1907, en cuyo art. 73 se dice textualmente: «La Corte estará autorizado para determinar su competencia interpretando el compromiso y las demás actas y documentos que puedan invocarse en la materia y aplicación de las reglas de derecho».

9. La pregunta que nos hacemos en consecuencia es: Si la Corte se ha declarado competente, ¿qué alternativas jurídicas le quedan a Venezuela?

Lo primero en lo que debemos detenernos es en el contenido del fallo de la Corte. Esta se ha declarado competente "para conocer de la demanda presentada por la República cooperativa de Guyana el 29 de marzo de 2018 en la medida en que ella se refiere a la validez de la sentencia arbitral de 3 de octubre de 1899 y a la cuestión conexa del arreglo definitivo de la diferencia concerniente a la frontera terrestre entre Guyana y Venezuela."

Ante ello, las alternativas son dos: bien comparecer para defenderse alegando, además de que la sentencia arbitral es nula, que, en todo caso el Acuerdo de Ginebra supuso un nuevo acuerdo que deroga formalmente el laudo arbitral estableciendo el compromiso de llegar a una nueva solución práctica y mutuamente aceptable; o bien no comparecer, manteniendo una posición política clara de no reconocimiento de la competencia de la Corte.

---

13 Paul Reuter: «Cour Internationale de Justice», *Répertoire de Droit International* (Encyclopédie Dalloz), T. I, Paris, 1968, p. 587.

14 C.I.J., *Rec. 1953*: 119.

10. Con independencia del desarrollo más extenso realizado que mi colega Víctor Rodríguez Cedeño en esta misma obra sobre las consecuencias de la *incomparecencia* de una de las partes, baste ahora señalar que esta situación se encuentra regulada en el art. 53 del Estatuto. Conforme con él, la incomparecencia no debe tener efecto sobre la continuación del proceso y no modifica la condición de parte del Estado incompareciente y tampoco le libera de la obligación de cumplir el fallo y de la cosa juzgada (*res iudicata*).

La incomparecencia tiene un efecto procesal especial que se concreta en el art. 53, número 2, del Estatuto y que consiste en que «antes de dictar su decisión la Corte deberá asegurarse no sólo de que la Corte tiene competencia conforme a los arts. 36 y 37 [del Estatuto], sino también de que la demanda está bien fundada en cuanto a los hechos y al derecho» (art. 53, n. 2, del Estatuto).

La incomparecencia es un posicionamiento más político que jurídico. Implica negar legitimidad a la Corte para conocer del caso. Es una opción que han seguido diversos estados como los Estados Unidos de América o Francia en algunos casos. En todos ellos, la Corte ha examinado el asunto planteando los argumentos que, en su opinión, habría presentado el Estado no compareciente en caso de haber comparecido.

11. La cuestión que se nos plantea, para terminar, es: y si la Corte dicta sentencia, ¿qué valor tendría para Venezuela haya o no comparecido, y cómo se ejecuta la misma?

12. Las decisiones de la Corte son «definitivas e inapelables», no existiendo un Tribunal superior a quien recurrir, por lo que el fallo tiene autoridad de cosa juzgada, es decir, una presunción de derecho que está ligada a un acto jurisdiccional y en virtud de la cual los hechos constatados y los derechos reconocidos por este acto no pueden ser discutidos nuevamente. La única posibilidad existente es presentar peticiones de interpretación o de revisión.

13. La *interpretación* se propone «esclarecer el sentido y el alcance de lo que ha sido decidido con fuerza obligatoria por la sentencia».[15] Para que la interpretación pueda darse, según el Estatuto

---

[15] C.I.J., *Rec. 1950*: 402.

de la Corte se requiere «un desacuerdo sobre el sentido o el alcance del fallo» (art. 60 del Estatuto), lo que implica que exista una discordancia sobre el sentido y alcance de la sentencia, que la petición tenga realmente por objeto una interpretación de la sentencia y que tienda únicamente a esclarecer el sentido y el alcance de lo que en ella se ha decidido con fuerza obligatoria y no a obtener la solución de puntos que no han sido decididos.[16]

Las demandas de interpretación tienen alcance limitado, pues no van contra el principio de cosa juzgada, ni tratan de obtener un nuevo fallo, sino sólo que éste sea esclarecido mediante la interpretación auténtica de la Corte y con el alcance y contenido querido por este último, posibilitando su cumplimiento por las partes. Como acertadamente ha sido dicho, «la interpretación a la que procede la Corte en virtud del art. 60 del Estatuto [se refiere al de la Corte] es una "interpretación jurídica", pero ella es además una "interpretación auténtica" en tanto que es dada por el órgano mismo del que emana el instrumento interpretado».[17]

14. La *revisión,* por el contrario, afecta al principio de cosa juzgada, y, como dice el art. 61 del Estatuto, podrá pedirse «cuando la solicitud se funde en el descubrimiento de un hecho de tal naturaleza que pueda ser factor decisivo y que, al pronunciarse el fallo, fuera desconocido de la Corte y de la parte que pide la revisión, siempre que su desconocimiento no se deba a negligencia». Para la apertura de un procedimiento de revisión se requiere:

1) que se trate de un hecho desconocido de la Corte y de la parte que lo alega;

2) que por su naturaleza justifique la revisión;

3) que no haya habido negligencia de la parte que alegue el hecho;

---

16 C.I.J., *Rec. 1950*: 402.

17 Santiago Torres Bernárdez: «À propos de l'interprétation et de la révision des arrêts de la Cour Internationale de Justice», en *Studi in Onore di Roberto Ago*, Milano, 1987, T. III, p. 495.

4) que se pida dentro de los seis meses del descubrimiento del hecho nuevo, y

5) que no hayan transcurrido más de diez años desde la fecha del fallo (art. 61 del Estatuto).

Como ha sido dicho por la Corte, estas condiciones son cumulativas y, en ausencia de una de ellas, «la demanda debe ser rechazada».[18] La Corte ha prestado una especial relevancia a la «influencia decisiva» del hecho cuyo descubrimiento es invocado como fundamento para la revisión.[19]

15. Sinceramente, no creo que ninguno de esos procedimientos permitiría cambiar el contenido de una eventual sentencia contraria a los intereses de Venezuela. Si la Corte dicta sentencia, ésta será definitiva e inapelable.

16. Finalmente, en relación a la *ejecución* de las sentencias debemos señalar que, en principio, las mismas deben ser ejecutadas por los propios litigantes. La obligación de hacerlo deriva de la propia aceptación de la competencia de la Corte, ya que sería un contrasentido aceptar el someter una diferencia ante un órgano jurisdiccional y luego negarse a pasar por la decisión del mismo.

La referida ejecución por los Estados partes en la controversia se basa además en el art. 94 de la Carta de Naciones Unidas, conforme con el cual «cada miembro de las N.U. se compromete a cumplir la decisión de la Corte Internacional de Justicia en todo litigio en que sea parte».

17. No obstante, el índice de incumplimiento o más exactamente la resistencia de los Estados para ejecutar las sentencias no deja de ser elevado. ¿Qué pasa en esos casos?

---

[18] C.I.J. *Rec. 2003*: párrafo 17, excepciones preliminares en la *Solicitud de revisión de la sentencia de 1996 relativa al asunto sobre el Genocidio* entre Yugoslavia y Bosnia-Herzegovina.

[19] C.I.J., *Rec. 1985*: 207 y C.I.J., *Rec. 2003*, párs. 36 y 49, en el asunto de la *Revisión de la Sentencia de 1996 sobre la controversia fronteriza terrestre, insular y marítima* entre El Salvador y Honduras.

En los casos de inejecución, cabe que la parte "ganadora" consiga la ejecución por diversos procedimientos: 1) mediante medidas unilaterales como son las presiones diplomáticas, la retorsión y las represalias, y 2) por medio de la intervención del Consejo de Seguridad de las Naciones Unidas. En efecto, según se dice en el art. 94.2 de la Carta, «si una de las Partes en un litigio dejare de cumplir las obligaciones que le imponga un fallo de la Corte, la otra Parte podrá recurrir al Consejo de Seguridad, el cual podrá, si lo cree necesario, hacer recomendaciones o dictar medidas con el objeto de que se lleve a efecto la ejecución del fallo». Las medidas que puede decidir el Consejo son en primer término aquellas que no implican el uso de la fuerza y que se enumeran en el art. 41 de la Carta y, caso de que fuera necesario, puede llegar a la aplicación de las medidas del art. 42 de la Carta, es decir, aquellas que implican el uso de la fuerza. No obstante, las referidas medidas pueden llegar a ser inoperantes en la práctica como consecuencia del derecho de veto a que puede estar sometida la adopción de decisiones por el Consejo de Seguridad. En otras palabras, no es imaginable que el Consejo de Seguridad actúe en contra de un miembro permanente con derecho de veto, o en contra de un estrecho aliado de un miembro permanente.

18. En todo caso, en el supuesto del territorio del Esequibo entre Guyana y Venezuela, las alternativas principales son tres: a) que la Corte declare válido el laudo de 1899 e irrelevante sobre el fondo el Acuerdo de Ginebra, confirmando, en consecuencia la situación de ocupación actual; b) que la Corte declare nulo el laudo de 1899 o, incluso declarándolo válido, considere que el Acuerdo de Ginebra supone un nuevo acuerdo entre las partes en el laudo arbitral por el que acuerdan encontrar una solución diferente practica y mutuamente aceptable para las dos partes y la Corte decida proponer esa solución diseñando una nueva frontera entre los dos Estados; y c) que la Corte llegue a esa misma conclusión sobre el Acuerdo de Ginebra, pero en lugar de realizar ella la propuesta de nueva delimitación territorial, les diga a las partes que tienen la obligación de negociar.

Las dos primeras alternativas implicarían la declaración por la Corte de una situación objetiva internacional, que se convertiría en oponible para todos los Estados.

Y en caso de que una de las partes no quisiera aceptarla se enfrentaría con la inoponibilidad de sus acciones en el territorio, lo que le impediría de facto ejercer sus competencias soberanas sobre el territorio reconocido a la otra parte.

La tercera alternativa, sin duda la más deseable para Venezuela, significaría que Guyana debe sentarse a negociar de buena fe un acuerdo mutuamente aceptable de reparto del territorio del Esequibo.

Pero, a los juristas no nos corresponde ser adivinos. Nos limitamos a planear los escenarios. Son los órganos de decisión política los que deben decidir qué opción tomar y cuál es la mejor forma de defender los intereses del Estado.

LAS IMPLICACIONES DE LA NO COMPARECENCIA EN EL PROCEDIMIENTO CONTENCIOSO ANTE LA CORTE INTERNACIONAL DE JUSTICIA: REGLAS Y PRINCIPIOS APLICABLES A LA LUZ DE LA PRÁCTICA DE LA CORTE

VÍCTOR RODRÍGUEZ CEDEÑO

LAS IMPLICACIONES DE LA NO COMPARECENCIA EN EL PROCEDIMIENTO CONTENCIOSO ANTE LA CORTE INTERNACIONAL DE JUSTICIA: REGLAS Y PRINCIPIOS APLICABLES A LA LUZ DE LA PRÁCTICA DE LA CORTE

*Víctor Rodríguez Cedeño**

Muchas gracias por esta oportunidad, a la Academia y al Académico profesor Héctor Faundez Ledezma quien con gran empeño y eficiencia ha organizado estos encuentros para tratar los distintos aspectos que envuelve el tema de la controversia con Guyana sobre el territorio Esequibo, hoy en la CIJ.

1. Quisiera referirme en esta oportunidad a la no comparecencia y a sus implicaciones en el marco de un proceso ante la Corte Internacional de Justicia, a los derechos y las obligaciones de los Estados, con especial referencia al citado Caso, a la luz de las normas que rigen el funcionamiento de la Corte: la Carta de las Naciones Unidas, su Estatuto y las demás reglas procesales, y tomando en cuenta la jurisprudencia y la práctica de la Corte.

I. LA NO COMPARECENCIA Y EL DERECHO Y LAS OBLIGACIONES DE LAS PARTES Y DE LA CORTE DE ACUERDO CON EL ARTÍCULO 53 DEL ESTATUTO DE LA CORTE

2. La no comparecencia podemos definirla como una situación en la que una parte en un proceso ejerce el derecho que le otorga el

---

* Abogado y diplomático. Fue representante permanente alterno de Venezuela ante la ONU. Ex presidente del Comité Ejecutivo del ACNUR.

artículo 53 del Estatuto de la Corte de no participar en una fase del proceso o en una de sus partes, escrita u oral. Una postura procesal que puede adoptar tanto en la fase preliminar, es decir, en la fase relativa a la competencia y la admisibilidad de la demanda, en la parte de fondo e incluso en una etapa ulterior o en un procedimiento incidental sobre medidas cautelares o provisionales.

3. El artículo 53 del Estatuto faculta al Estado demandado a no comparecer o a no participar en el proceso, dos situaciones diversas que cubre esta disposición; y, al Estado demandante, pedir a la Corte que decida a su favor.

4. El artículo 53 precisa en concreto que: "Cuando una de las partes **no comparezca** ante la Corte o **se abstenga de defender su caso**, la otra parte podrá pedir a la Corte que decida a su favor." Además, la misma disposición contempla la obligación clara a cargo de la Corte cuando establece que antes de dictar su decisión ella "deberá asegurarse no sólo que tiene competencia conforme a las disposiciones de los Artículos 36 y 37, sino también que la demanda está bien fundada en cuanto a los hechos y al derecho." La intención básica del art. 53 del Estatuto de la CIJ es garantizar la igualdad de las partes. La parte que compareció está habilitada para buscar justicia, mientras que la parte que no compareció está protegida contra reclamaciones injustificadas.[1] Es claro que solo podemos hablar de *defaut* o no comparecencia "cuando existe, a la carga del Estado que no comparece, una verdadera obligación de someter la controversia en cuestión a un juez, es decir, cuando ha aceptado en un momento dado recurrir a una jurisdicción"[2] sea por acuerdo mutuo o con base en una decisión judicial como sería la situación de Venezuela en Caso del *Laudo arbitral del 3 de octubre de 1899.*

5. La no comparecencia no significa asumir una posición rebelde ante la Corte, ni obstruir su función judicial, aunque los Estados, partes en el Estatuto e independientemente de si aceptan o no su jurisdicción, deben cooperar con ella para que cumpla con su función

---

1 M. Goldmann. International Courts and Tribunals, Non-appearance, EPIL, Oxford, 2006.

2 G. Guyomar. Le défaut des parties a un différend devant les juridictions internacionales, Pédone, Paris, 1960, p. 20.

que es resolver las controversias jurídicas que los Estados puedan plantearle con su consentimiento.

6. Si bien tal facultad de no comparecer está prevista en el Estatuto, la misma no es bien vista por la Corte la cual en varias de sus decisiones ha "lamentado" que el Estado demandado no haya comparecido en alguna parte del proceso o no haya actuado para defender sus intereses. La opinión general es también crítica de esta postura del demandado. El *Institut de Droit International* considera en su resolución de 1991 (Bale) que "la ausencia de una de las partes puede obstaculizar el curso natural del proceso y puede complicar por su naturaleza el desarrollo natural del procedimiento, lo que puede ser perjudicial para la adecuada administración de justicia."[3]

7. La no comparecencia o no participación en un proceso tiene un impacto importante en el proceso y en la decisión. Desde luego, es menos grave que un Estado rechace participar en un proceso incidental, como el de adopción de medidas cautelares o provisionales que la Corte considera en virtud del artículo 41 del Estatuto o que se abstenga de presentar documentos o piezas en la parte escrita o incluso no hacerse representar en la parte oral que no comparecer en la fase preliminar sobre la competencia y la admisibilidad o en la fase de fondo.

8. Venezuela, como sabemos, decidió no comparecer ni participar en la fase preliminar "en razón de la ausencia manifiesta de base jurisdiccional de la Corte (...) pero, sin embargo -dice el Estado- por respeto a la Corte, ... suministraría ulteriormente informaciones para ayudarla a cumplir con sus funciones en virtud del artículo 53-2 del Estatuto"[4] no habiendo depositado la Memoria que la habría correspondido presentar el 18 de abril de 2019, ni participado en las audiencias previstas para marzo del 2020.

9. El Estado demandante, por su parte, puede solicitar a la Corte que decida y adjudique sus conclusiones, lo que no supone una aceptación automática, directa y sin condiciones de las peticiones de la parte compareciente, ya que el Estatuto exige, previo a la emisión

---

3 Resolución del *Institut de Droit International,* session de Bale), 1991.

4 CIJ, Rec.2018, par. 8.

de una sentencia, que la Corte se convenza de los fundamentos factuales y legales que sustentan determinadas conclusiones o bien la carencia de ellos."[5]

10. Es esencial, como lo prevé el artículo 53-2 que el tribunal considere la posición del demandado no compareciente, por los medios que considere pertinentes y posibles. No puede la Corte ni debería adjudicar las conclusiones del demandante por ausencia del demandado. Si las conclusiones del demandante fueren adjudicadas de manera directa por la Corte, desconsiderando las posiciones jurídicas y los hechos vistos desde la perspectiva del demandado, se correría el riesgo, siempre presente en todas las circunstancias, que la sentencia no sea acatada, lo que afectaría sin duda la buena administración de justicia y la función de la Corte.

11. La Corte tiene pues la obligación, antes de dictar su decisión de "asegurarse de que no sólo que tiene competencia conforme a las disposiciones de los Artículos 36 y 37, sino también que la demanda está bien fundada en cuanto a los hechos y al derecho", para lo cual debe considerar toda la información a su alcance para poder adoptar una decisión.

12. El término "asegurarse" implica que "la Corte debe convencerse de que las conclusiones de la parte que comparece están fundadas en el derecho y (...) que los hechos sobre los cuales reposan son sostenidos por pruebas convincentes. El principio *jura novit curia* -precisa el tribunal en su decisión sobre las *Actividades militares y paramilitares*- significa que para considerar que las conclusiones están fundadas en el derecho, la Corte no debe apoyarse solamente en las exposiciones de las partes (...) de manera que la ausencia de una de ellas tiene solo consecuencias relativamente limitadas."[6]

13. Si bien no hay adjudicación automática de las conclusiones presentadas por el demandante, la parte que se abstiene de

---

5 M. Herdocia Sacasa. La no comparecencia: derechos y obligaciones de los Estados y de la Corte, en la Controversia entre Venezuela y Guyana en la Corte Internacional de Justicia: Fase preliminar, Ed. Jurídica Venezolana Internacional, Caracas, 2002, p. 56.

6 CIJ, *Rec. 1986*, par. 29.

comparecer no puede obtener ventajas de esta actitud.[7] La Corte debe respetar la igualdad de las partes, principio inherente a toda función judicial y recopilar y considerar la información necesaria y pertinente para fundamentar su decisión.

14. La Corte debe examinar los recaudos que reciba de la parte no compareciente, incluso de manera no oficiosa, como lo hizo Venezuela en el Caso del *Laudo arbitral del 3 de octubre de 1899*, en su fase preliminar, al presentar un Memorándum no oficial. Pero también la Corte debe *motu proprio* obtener la información pertinente, aunque como lo precisa en su decisión del 18 de diciembre de 2020, "**en la medida en que lo estime apropiado para cumplir con la obligación que le impone el artículo 53 de su Estatuto**.[8] (Ver también la decisión de la Corte en el Caso de la *Plataforma continental del mar Egeo* en la que reitera esta apreciación).[9]

15. Es una responsabilidad propia de la función judicial, esa responsabilidad es fortalecida en el artículo 53 del Estatuto, como lo dijo en su Decisión en el Caso de las *Pesquerías* y en el de las *Actividades militares y paramilitares*.[10]

16. En el Caso de las *Pruebas nucleares* la Corte precisa el alcance de la información cuando se refiere a "toda la documentación y prueba pertinentes."[11] En sus decisiones en relación con los Casos de la *Plataforma continental del Mar Egeo* y del *Personal diplomático y consular de los Estados Unidos en Teherán* la Corte hizo observaciones en el mismo sentido.[12] En este último asunto la Corte consideró informaciones de fuentes diversas sobre los hechos y las circunstancias del caso, incluidas declaraciones oficiales de autoridades de las dos partes, las noticias transmitidas por diarios, la

---

7 CIJ, *Rec. 1984*, pp: 142-143, par. 284.

8 CIJ, *Rec. 2020*, p. 24.

9 CIJ. *Rec. 1978*, p. 7, par. 14.

10 CIJ, *Rec. 1986*, par. 28.

11 CIJ, *Rec. 1974*, p. 257 (Australia/Francia) y p. 461 (Nueva Zelanda/Francia).

12 CIJ, *Rec. 1978*, pp: 7 y 8. Y, CIJ, Rec.1980, par. 18.

radio y la televisión que la Corte estimó fundadas en el sentido del artículo 53 del Estatuto.[13]

17. La Corte considera notas, declaraciones, informaciones en general que puedan determinar la posición jurídica y los hechos en el caso de que se trate. En el Caso de las *Pesquerías*, por ejemplo, Islandia no presentó ninguna pieza escrita ni participó en la fase oral. Sin embargo, la Corte considero que "la actitud del gobierno islandés en lo que respecta a la cuestión de la competencia de la Corte había sido definida en Nota del ministro de Relaciones Exteriores"[14]. Lo mismo en el Caso del *Personal diplomático y consular de los Estados Unidos en Teherán* en el que la Corte constató que Irán no había depositado ninguna pieza escrita ni se había hecho representar en el procedimiento oral, no habiendo presentado ninguna conclusión pero que sin embargo consideraba que la actitud del gobierno de Irán se definía en algunas comunicaciones de su Ministro de Relaciones Exteriores a la Corte, lo que demuestra en ambos casos que la Corte intenta siempre fundar su decisión en información pertinente, para utilizar una expresión genérica valida, recibida u obtenida en relación con la controversia.

18. Es claro que la Corte no va a sustituir a la parte demandada para defender sus intereses por su ausencia formal o informal. La Corte debe buscar y considerar toda información, pero ese ejercicio tiene ciertos límites como lo dijo en el Caso del *Personal diplomático y consular de los Estados Unidos en Teherán,* lo que había antes señalado en el Caso del *Estrecho de Corfú* en cuya decisión precisa que "el artículo 53 no tenía por efecto imponer la tarea de verificar la exactitud en todos sus detalles, tarea que en ciertos casos y en razón de la ausencia de contradicción podría hacerse prácticamente imposible." Es suficiente, agrega la Corte en esa misma decisión que "por las vías que estime apropiadas, ella adquiera la convicción de que sus conclusiones están bien fundadas[15]. En esta última decisión vale recordar que la Corte señaló que "no debe limitarse a los elementos que le someten formalmente las partes. Sin embargo -

---

13 CIJ, *Rec. 1980*, par. 13.

14 CIJ, *Rec. 1973*, par. 10.

15 CIJ. *Rec.1949*, p. 248. CIJ, Rec. 1980, p. 10, par. 11.

agrega- ella no puede asumir, por sus propias investigaciones, las consecuencias de la ausencia de una de las partes..."[16] Es decir, vemos que la Corte limita el esfuerzo por obtener información, lo que sin duda afecta al Estado no compareciente.

19. La Corte se ha mostrado siempre contraria a esta postura del Estado demandado por cuanto "ello conlleva consecuencias negativas para una buena administración de justicia" como lo dijo en su decisión preliminar en el Caso del *Laudo arbitral del 3 de octubre de 1899*,[17] ratificando lo expresado antes en el Caso de las *Actividades militares y paramilitares*[18], el de las *Pruebas nucleares*,[19] el de *Pesquerías*[20], entre otros. Además, para la Corte, la parte no compareciente "se priva de la oportunidad de presentar pruebas y argumentos en apoyo de su propia causa y de contestar los alegatos de la parte adversa"[21] (Ver decisión en el Caso de las *Actividades militares y paramilitares*, CIJ, Rec. 1984, p. 23, par. 27).

20. Los jueces de la Corte, como todos los jueces, deben ser y lo son, independientes e imparciales, lo que no significa que sus posiciones doctrinales y de análisis puedan sufrir alguna influencia al momento de considerar un caso en sus deliberaciones. Hay sin duda elementos subjetivos que pueden de alguna manera incidir en la posición de un juez, como podría ser la actitud de un Estado que haya decidido no comparecer y que pudiere ser considerado por algunos como rebelde. No se trata como dije, de rebeldía ni de obstrucción a la función judicial o de administración de la justicia, pero, como lo ha dicho la misma Corte, esa actitud podría ser considerada en forma crítica como una posición que altera el proceso y afecta la administración de justicia.

---

16 CIJ, *Rec. 1986*, par. 30.

17 CIJ, *Rec. 2020*, par. 24.

18 CIJ, *Rec. 1986*, p. 23, par. 27.

19 CIJ, *Rec. 1974*, p. 257, par. 15.

20 CIJ. *Rec. 1973*, p. 54, par. 13.

21 CIJ, *Rec. 2020*, p. 24.

II. LAS CONSECUENCIAS DE LA NO COMPARECENCIA Y LA NO PARTICIPACIÓN EN LA PRÁCTICA DE LA CORTE

21. La no participación de una de las partes en un procedimiento no es una práctica extraña en el funcionamiento de la Corte. Esta no comparecencia puede ser total, cuando no participa en ninguna de las fases, es decir, **no comparecencia en el sentido estricto de la expresión,** como lo dijo en los Casos de *Pesquerías, Pruebas Nucleares, Prisioneros de guerra pakistaníes, Plataforma continental del Mar Egeo y Personal diplomático y consular de Estados Unidos en Teherán*, o parcial, cuando no actúa en determinados momentos para defender sus intereses, es decir, **defaut de conclure,** como en los Casos del *Estrecho de Corfú, Anglo-iranian Oil Co., Actividades militares y paramilitares.*

22. La práctica del tribunal y de su predecesora la Corte Permanente de Justicia Internacional (CPJI) muestra que algunos Estados han decidido no participar en alguna parte del proceso o en el procedimiento incidental sobre medidas cautelares. Solo en dos casos ante la CPJI se planteó la no comparecencia de una de las partes. En el Caso de la *Denuncia del tratado chino-belga del 2 de noviembre de 1865* en el que no participa China y el Caso de la *Compañía de Electricidad de Sofía y de Bulgaria.*

23. En el marco de la CIJ la Corte ha debido enfrentar la no comparecencia del demandado en varios de los Casos que ha conocido, adoptando decisiones distintas, a veces favoreciendo al demandante, otras veces al demandado ausente o no compareciente.

24. El primer caso de no comparecencia en el periodo de la nueva Corte fue el del *Estrecho de Corfú* en el que Albania no participó en el procedimiento sobre las reparaciones[22] en diciembre de 1949, un tema que no había sido resuelto en la decisión sobre el fondo de abril de ese mismo año. En el Caso de la *Anglo-iranian Oil Co.*, que opuso a Reino Unido de Irán, éste no participó en el proceso incidental sobre medidas cautelares que la Corte decidió adoptar, aunque después de

---

[22] Decisión del 15 de diciembre de 1949.

esa decisión designó un agente que participaría en el proceso.[23] En este último Caso la Corte decidió a favor del demandado en ausencia al considerar que no era competente para conocer la demanda introducida por Reino Unido.

25. También en el Caso *Nottebohm* en el que Guatemala consideró que no había condiciones para que la Corte conociese el asunto planteado por Liechtenstein presentando excepciones en forma extrajudicial [24], sin designar el agente y sin respetar las reglas establecidas, aunque después participará en la segunda fase. La Corte finalmente rechazó la demanda de Liechtenstein y no conoció el fondo[25] favoreciendo al demandado. En el Caso de los *Prisioneros de guerra de Pakistán* el demandado, India en este caso, decidió no participar en la fase preliminar, pero la Corte no llegó a tomar una decisión por cuanto las partes llegaron a un acuerdo extrajudicial incluso antes de que se examinaran las medidas cautelares solicitadas por Pakistán.

26. En el Caso de las *Pesquerías* el demandado, Islandia en este caso, no compareció pues consideraba que la Corte no era competente para examinar las demandas del Reino Unido y de Alemania. Tampoco participó Islandia en el procedimiento incidental para establecer medidas cautelares o provisionales lo que no impidió que la Corte adoptara tales medidas el 17 de agosto de 1972.[26] La Corte finalmente adoptó su decisión y favoreció a los demandantes.

27. En el Caso del *Personal diplomático y consular de Estados Unidos en Teherán,* como vimos, Irán no compareció por considerar que no era competente para conocer la demanda introducida por los Estados Unidos, la Corte favoreció al demandante. En los Casos de las *Pruebas Nucleares* Francia no compareció en el procedimiento de indicación de medidas cautelares[27], ni en el procedimiento preliminar sobre competencia y admisibilidad. La Corte consideró en su

---

[23] Ordenanza del 5 de julio de 1951, CIJ, *Rec. 1951*, pp. 89 y ss.

[24] P.M. Eismann, Les effets de la non-comparution devant la Cour Internationale de Justice, AFDI, Paris, 1973, p. 354.

[25] CIJ, *Rec. 1953*, pp. 111 y ss.

[26] Ordenanza del 17 de agosto de 1972, par. 11.

[27] Ordenanza del 22 de junio de 1973.

decisión de 1974 que la demanda no tenía objeto por lo tanto decidió que no conocería el fondo de las demandas[28], favoreciendo al demandado en ausencia.

28. En el Caso de la *Plataforma Continental del Mar Egeo* Turquía decidió no comparecer en la fase preliminar, decidiendo la Corte en contra del demandante al rechazar la demanda y declarar que no tenía competencia para conocerla.[29] Y, en el Caso de las *Actividades militares y paramilitares* Estados Unidos participó en la primera fase en la que la Corte declaró su competencia y la admisibilidad de la demanda introducida por Nicaragua pero no lo hizo en la segunda fase que concluye con una decisión favorable a Nicaragua.

29. Como vemos la práctica es variada. No es una regla ni mucho menos que la Corte decida a favor del demandado.

III. LA NO COMPARECENCIA Y LA CONDICIÓN DE PARTE EN UN PROCESO Y LA OBLIGATORIEDAD Y LA EJECUCIÓN DE LAS SENTENCIAS DE LA CORTE

30. La no comparecencia no afecta la condición de parte del Estado en el proceso, al menos, después que la Corte haya decidido que es competente y que puede ejercer su jurisdicción en determinado caso, lo que tiene que ver como veremos enseguida con el carácter vinculante de la decisión y la obligación de los Estados partes en la controversia de respetarla y ejecutarla.

31. Las decisiones de la Corte son vinculantes y definitivas de conformidad con las reglas que rigen el funcionamiento de la Corte como la ha expresado ella misma en algunas de sus decisiones. El artículo 94-1 de la Carta establece que los Miembros de las Naciones Unidas se comprometen a cumplir la decisión de la Corte Internacional de Justicia "en todo litigio en que sea parte". Y, de no hacerlo, prevé la Carta en su artículo 94-2 "...la otra parte podrá recurrir al Consejo de Seguridad, el cual podrá, si lo cree necesario, hacer recomendaciones o dictar medidas con el objeto de que se lleve

28 CIJ, *Rec. 1974*.

29 CIJ, *Rec. 1978*.

a efecto la ejecución del fallo." Por su parte, el artículo 59 del Estatuto señala que "la decisión de la Corte no es obligatoria sino para las partes en litigio y respecto del caso que ha sido decidido" mientras que el artículo 60 precisa que es definitivo e inapelable.

32. Tal como lo dijo la Corte en su Decisión en el Caso de las *Actividades militares y paramilitares* "el Estado que decide no comparecer debe aceptar las consecuencias de su decisión, siendo la primera que el proceso continúa sin él; segundo, que ese Estado continúa siendo parte del proceso y tercero que la futura decisión le vincula de conformidad con el artículo 59 del Estatuto."[30]

33. El hecho de que un Estado decida no comparecer no afecta su condición de parte en un proceso como lo dice además el *Institut de Droit International* en su resolución de 1991 al señalar que: "Todo Estado facultado, en virtud del Estatuto, para comparecer ante la Corte y con respecto del cual tenga un caso, es *ipso facto*, en virtud del Estatuto, parte en el procedimiento, independientemente de si comparece o no."[31]

34. La condición de parte en el proceso, con las obligaciones que se derivan de ese carácter, obliga al Estado a respetar y ejecutar la decisión sobre el fondo, haya o no comparecido en el proceso. En el Caso del *Laudo del 3 de octubre de 1899* Venezuela ha rechazado la jurisdicción, no ha participado en el proceso, sin embargo, la Corte le considera parte en la controversia y ha determinado que tiene competencia para conocer el fondo.

35. En la Ordenanza del 8 de marzo de 2021, por ejemplo, la Corte se refiere en todo momento a las partes en la controversia. En los considerandos se hace referencia constantemente y esto después de haberse adoptado la decisión sobre la competencia y la admisibilidad a favor de Guyana y de que Venezuela hubiese rechazado dicha decisión por las razones que expuso en su oportunidad, a las "partes" en el proceso, lo que determina tal condición con las consecuencias que de ello se deriva en relación con el proceso y la decisión.

---

30 CIJ, *Rec.1986*, par. 28.

31 Resolucion del *Institut de Droit International*, Non-Appearance Before the International Court of Justice, Sesion de Basel, 1991.

36. La ejecución de la sentencia puede ser afectada por cuanto el no compareciente la cuestionaría, lo que generaría además tensiones entre las partes, más aún cuando se trata como en este caso de cuestiones territoriales y del rechazo constante de la jurisdicción de la Corte para conocer esta controversia lo que constituye en definitiva una debilidad importante que puede incidir en la efectividad de la decisión que adopte la Corte.

37. Si bien la no comparecencia de Venezuela en la primera fase, lo que habría comunicado respetuosamente y en relación con lo cual envío información oficiosa la Corte, podría ser aceptada como parte de una estrategia procesal, en la fase de fondo ya reconocida la competencia por la Corte en decisión de diciembre de 2020, la no comparecencia sería absolutamente inconveniente. Sin duda, una decisión en ese sentido en esta fase del procedimiento afectara sus derechos y pretensiones, aunque la Corte como dijimos y dentro de ciertos límites pueda obtener información de diversas fuentes, incluso, como dijimos, doctrinales y de cualquier naturaleza que fuera del proceso y de manera informal pueda recabar.

38. En primer lugar, Venezuela no podría designar un juez *ad hoc* como lo ha hecho Guyana, una decisión importante para equilibrar el proceso, conscientes, evidentemente, de que el juez *ad hoc* no es un representante del Estado, pero si una persona que puede transmitir más directamente y con peso suficiente durante las deliberaciones en la misma Corte elementos que favorecen la tesis de Venezuela en relación con la nulidad del laudo y con la delimitación del territorio.

39. En segundo lugar, la no comparecencia impediría presentar de manera directa y sólida los argumentos de Venezuela en relación con la soberanía sobre el territorio, los títulos jurídicos, la ocupación y las efectividades; las protestas y reacciones ante los atropellos e incursiones británicas en el territorio nacional; sobre el proceso arbitral y los vicios de nulidad del laudo y sobre la naturaleza y el alcance del Acuerdo de Ginebra cuya interpretación adecuada y bien sustentada mediante escritos y en la fase oral podría incluso permitir considerar la posibilidad de que la Corte pueda decidir, como lo autoriza el artículo 36-2 del Estatuto, en base al principio *ex aequo et bono*, distinto por su propia naturaleza a la aplicación equitativa del Derecho.

40. La comparecencia, por su parte, fortalecería la capacidad de negociación de Venezuela, en un ámbito extrajudicial que no debería descartarse, en aplicación del Acuerdo de Ginebra de 1966 que exige a las partes una "solución práctica y mutuamente satisfactoria", lo que no es extraño en los procesos ante la Corte, como lo vimos anteriormente.

Caracas, 21 de octubre de 2021

LA DEMANDA DE GUYANA, LA COMPETENCIA DE LA CIJ Y LAS OPCIONES DE VENEZUELA

SADIO GARAVINI DI TURNO

LA DEMANDA DE GUYANA, LA COMPETENCIA DE LA CIJ Y LAS OPCIONES DE VENEZUELA

*Sadio Garavini di Turno**

Mis palabras de hoy se referirán más a los aspectos políticos y diplomáticos del tema.

Desde la misma firma del Acuerdo de Ginebra (AG) en 1966 y de acuerdo a la tesis sostenida por el jurista guyanés Mohamed Shahabuddeen, Ministro de Justicia, Fiscal General y posteriormente Miembro de la misma Corte Internacional de Justicia (CIJ), la Corte (CIJ) ha sido el medio preferido por Guyana y rechazado por Venezuela.

La pregunta que deberíamos hacernos es: ¿Cómo es posible que dos Secretarios Generales de la ONU, Ban Ki-Moon y Antonio Guterres, de acuerdo con el último Buen Oficiante, el noruego Dag Nylander, decidieron escoger la Corte Internacional de Justicia (CIJ) como medio para solucionar la controversia? Los gobiernos de Chávez y Maduro han llevado al peor de los escenarios posibles para Venezuela. En el gobierno del presidente Chávez, con Maduro en la Cancillería por 6 años, la influencia de Fidel Castro, que siempre apoyó clara y públicamente a Guyana y el deseo de controlar los votos de los países caribeños, en la OEA y la ONU, acarrearon un marcado abandono de la reclamación.

---

* Sadio Garavini di Turno: Doctor en Ciencias Políticas (Universidad de Roma) y PhD en Ciencias Políticas (UCV). Fellow del Centro de Relaciones Internacionales de la Universidad de Harvard y Fullbright Scholar. Viceministro de Justicia y Embajador en Guyana, Guatemala y Suecia. Profesor en la USB y en la UCAB. Director de la Cámara de Comercio Venezolano-Italiana. Columnista.

El Acuerdo de Ginebra, mientras no se logre una solución de la controversia, deja a Guyana la ocupación y el dominio del territorio en reclamación, con las consecuencias y ventajas que eso significa. Sin embargo, a través del artículo V del Acuerdo, todos los gobiernos venezolanos se habían opuesto a que Guyana otorgara unilateralmente concesiones y contratos a transnacionales en la zona en reclamación. Obviamente, el mantenimiento del "status quo" es, para Guyana, una alternativa preferible a un acuerdo negociado, que implicaría necesariamente algún tipo de concesión territorial a Venezuela. Por tanto, la posibilidad de desestimular los proyectos de inversión foránea en el Esequibo era una de las escasas herramientas que Venezuela tenía, para deteriorar las ventajas que la posesión del territorio le concede a Guyana. Pero, en marzo del 2004, el presidente Chávez, en visita a Georgetown, al declarar no tener inconvenientes respecto a inversiones de transnacionales en el Esequibo, si esto favorecía el desarrollo de la región acabó con casi 40 años de diplomacia venezolana e hizo una fundamental concesión unilateral, a cambio de nada. Desde entonces Guyana tiene una poderosa razón más para no negociar. El "status quo" se volvió todavía más favorable para los intereses guyaneses. Para colmo, en febrero del 2007, el presidente Chávez afirmó que la reactivación de la reclamación venezolana sobre el territorio Esequibo en 1962, por parte del gobierno de Rómulo Betancourt, fue producto de la presión de los Estados Unidos, supuestamente interesados en desestabilizar el gobierno autónomo (pero todavía no independiente) del Primer Ministro izquierdista de la entonces Guayana Británica, Cheddi Jagan. Lo cual es una absoluta falsedad histórica. Al parecer, el presidente Chávez repitió una declaración similar del embajador guyanés en Caracas, Odeen Ismael, a un periódico de su país. El mismo embajador, en una entrevista concedida a El Nacional, (4-2-2007), sustentándose, en esa declaración presidencial y en la supuesta hermandad entre los dos gobiernos "socialistas y antiimperialistas", afirmó que el presidente Chávez debería "dar un paso al frente para retirar el reclamo venezolano".

El "status quo" fue aceptable para Guyana hasta el inicio de "era petrolera" en ese país. En particular, después de la detención, por parte de la Armada venezolana del barco de exploración sísmica, Teknik Perdana, en octubre del 2013. En efecto, el gobierno Ramotar manifestó a finales del 2014, que el proceso de los Buenos Oficios, a través de un representante del Secretario General, no había dado ningún resultado en 25 años (1989) de vigencia y propuso al Secretario General optar por la CIJ.

A partir de inicios del 2015, Guyana ha estado trabajando intensamente para convencer al Secretario General que la mejor opción para terminar la controversia era la CIJ y también de una vez empezó a prepararse para enfrentar el complejo proceso que implica defender su posición ante la CIJ. Para lo cual contrató al experto jurista internacional canadiense-iraní el Dr. Payam Akhavan y al muy respetado ex Canciller de Guyana y ex Secretario General del Commonwealth, Sir Sridath Ramphall, aprovechando también la presencia en la Secretaría General de la ONU de dos altas funcionarias guyanesas, Valerie Moss, Subsecretaria General para Asuntos Humanitarios y Catherine Pollard, Secretaria General Asistente para la Asamblea General. Mientras tanto Venezuela ni siquiera nombró un negociador a tiempo completo. El encargado oficial, el embajador Roy Chaderton, tuvo al mismo tiempo, por años, otros cuatro cargos que ejercer simultáneamente. En cuanto a la asesoría, sólo más recientemente y por tanto tardíamente, se ha contratado al jurista español Antonio Remiro Brotons, que ha asistido a Bolivia en su demanda contra Chile en la CIJ. El gobierno Maduro durante los dos años 2015 y 2016 insistió terca y negligentemente en continuar el proceso de los Buenos Oficios, en cambio de proponer otro de los medios de solución previstos en el art 33 de la Carta de la ONU, como la mediación, por ejemplo.

Es importante notar que, aunque Guyana oficialmente siempre ha mantenido la posición de que el objeto de la controversia es establecer la validez de la contención venezolana de que el laudo de 1899 es nulo e irrito, en diferentes ocasiones, extraoficialmente, ha aceptado explorar hipótesis de solución práctica de la controversia. Durante la misma vigencia del Protocolo de Puerto España, que no significó ninguna congelación de la controversia, como se ha afirmado erróneamente, se dieron los acercamientos más relevantes al respecto. En 1977, en las negociaciones entre Isidro Morales Paúl y el Canciller Fred Wills, el gobierno Burnham aceptó discutir la hipótesis de ceder a Venezuela un territorio entre 15.000 y 5.000 Km^2, con costa adyacente al estado Delta Amacuro, con relevante proyección en áreas marinas y submarinas, a cambio de ventajas económicas, como el apoyo venezolano para el proyecto hidroeléctrico del Alto Mazaruni, la interconexión eléctrica, la financiación de la factura petrolera y la compra de arroz a precios superiores a los que rigen en el mercado internacional. Muchas de estas ventajas, por cierto, durante las últimas décadas, se las hemos estamos dando de todas maneras y a cambio de nada. También en los años '80, durante el gobierno Lusinchi, hubo serias conversaciones sobre posibles soluciones prácticas. En particular, hay que recordar que el diplomático ecuatoriano Diego Cordobés, por encargo del Secretario General de la ONU, Javier Pérez de Cuellar, presentó en esos años una formula imaginativa que incluía, en primera instancia un Tribunal de Conciliación y en caso de no lograrse el acuerdo, la solución definitiva pasaba a un Arbitraje "ex aequo et bono". Las partes prefirieron escoger el medio de los Buenos Oficios, "id est", una negociación asistida. En relación a la negociación bilateral y la posible "solución práctica" que podría resultar de la misma creo necesario subrayar el siguiente dilema que ha tenido y tendrá cualquier gobierno venezolano. Tomando en cuenta que la reclamación venezolana abarca las 2/3 partes del territorio que Guyana considera suyo, cualquier solución práctica que Guyana pueda realistamente ofrecer será siempre una cesión reducida del territorio en reclamación. Aceptarla bilateralmente implicará siempre, para el gobierno venezolano, costos políticos internos muy elevados. Lo cual ha sido una de las razones más relevantes para que, desde 1989 hasta el 2014, parece que la dilación indefinida del "status quo", a través del proceso de los "buenos oficios" fue la opción tácita preferida por ambos gobiernos. Viendo lo acontecido, quizás hubiese sido mejor aceptar la fórmula Cordobés o algo parecido. En 1978 Argentina y Chile estuvieron a las puertas de una guerra por una controversia territorial que ni el Laudo británico (1977), ni las negociaciones directas habían podido resolver. La solución se dio por la Mediación del Papa Juan Pablo II. En efecto, la intervención de un tercero en buena fe y con "auctoritas" puede hacer "digeribles" soluciones difíciles de aceptar bilateralmente.

Ahora bien, la CIJ ha decidido, en contra de la posición venezolana, que no sólo tiene jurisdicción para dirimir la controversia, sino que el tema a dilucidar es la validez o invalidez del Laudo Arbitral de 1899 que, según Venezuela, había sido puesto de lado por el Acuerdo de Ginebra. Esta Academia y la mayor parte de los juristas especialistas en el tema afirman que, como miembros de la ONU, respetuosos de la Carta (ONU) y del Derecho Internacional, debemos, aunque sea bajo protesta, prepararnos con el apoyo de los mejores expertos nacionales e internacionales, para defender, en la Corte, nuestra posición de que el Laudo de 1899 es nulo e írrito. Pero la reacción del régimen ha sido acusar a los Magistrados de la CIJ, una de las instituciones internacionales más respetadas, de haber sucumbido a la presión de los EEUU y estar a "sueldo" de la EXXON. Me temo que las posibles simpatías hacia la posición de Venezuela, entre los Magistrados, no deben haber "aumentado" mucho.

Hay quien cree posible que Guyana acepte de nuevo retomar la negociación bilateral. En mi opinión, no veo ninguna posibilidad de negociación bilateral sustantiva hasta tanto la CIJ haya tomado su decisión. Además, la "correlación de fuerzas", económica y política, entre los dos países se ha modificado claramente, en estos últimos años, a favor de Guyana. Es necesario mencionar que Guyana presentó en el 2011 y reactivado en el 2015, su solicitud de ampliar la plataforma continental de 200 a 350 millas, incluyendo en la misma no sólo la fachada atlántica que proyecta la zona en reclamación sino la del estado venezolano del Delta Amacuro, cercenándonos, potencialmente, centenares de miles de kilómetros cuadrados de áreas marinas y submarinas, ricas en hidrocarburos y pesca, privando además a Venezuela de su salida libre al Atlántico. Las concesiones petroleras entregadas por Guyana no sólo se encuentran en la Zona Económica Exclusiva (ZEC) del Esequibo sino también en la ZEC que proyecta el estado Delta Amacuro. En relación a la más relevante de las mismas, la enorme concesión Stabroek, curiosamente, al gobierno Maduro se le olvida siempre mencionar que el socio de la EXXON, con el 25% de las acciones, es la China National Offshore Oil Corporation, la compañía estatal china, relevante socia de PDVSA.

Por tanto, independientemente de la reclamación del Esequibo y de la futura decisión de la Corte al respecto, hay que subrayar que la defensa de la fachada atlántica que proyecta el Delta del Orinoco y nuestra libre salida al Atlántico debe ser un "imperativo categórico" para todos los venezolanos.

Muchas gracias.

8vo. ENCUENTRO
EL CASO GUYANA CON VENEZUELA Y UNA EVENTUAL SOLICITUD DE MEDIDAS PROVISIONALES ANTE LA CIJ
18 DE NOVIEMBRE DE 2021

PALABRAS DEL ACADÉMICO CARLOS AYALA CORAO EN LA APERTURA DEL OCTAVO ENCUENTRO DE LOS FOROS "EL CASO GUYANA CONTRA VENEZUELA Y UNA EVENTUAL SOLICITUD DE MEDIDAS PROVISIONALES ANTE LA CIJ"

PALABRAS DEL ACADÉMICO CARLOS AYALA CORAO EN LA APERTURA DEL OCTAVO ENCUENTRO DE LOS FOROS "EL CASO GUYANA CONTRA VENEZUELA Y UNA EVENTUAL SOLICITUD DE MEDIDAS PROVISIONALES ANTE LA CIJ"

*Carlos Ayala Corao**

Como miembro de la Junta Directiva de la Academia de Ciencias Políticas y Sociales, es para mí un honor darles la bienvenida a este Octavo Encuentro de los foros que hemos organizado sobre el conflicto y la reclamación venezolana del Territorio Esequibo, titulado "***El caso Guyana contra Venezuela y una eventual solicitud de medidas provisionales ante la CIJ***".

Para ello contamos en el día de hoy, con un muy calificado grupo de expositores nacionales e internacionales, expertos en la materia.

---

* Abogado especialista en Derecho Público y en Derechos Humanos. Profesor de Derecho Constitucional y Derechos Humanos en la Universidad Católica "Andrés Bello", la Universidad Central de Venezuela, University of Oxford (UK); Georgetown University, American University Washington of College of Law (USA), y Universidad Iberoamericana (México).

Artículo V

[…] (2) Ningún acto o actividad que se lleve a cabo mientras se halle en vigencia este Acuerdo constituirá fundamento para hacer valer, apoyar o negar una reclamación de soberanía territorial en los Territorios de Venezuela o la Guayana Británica, ni para crear derechos de soberanía en dichos Territorios, excepto en cuanto tales actos o actividades sean resultado de cualquier convenio logrado por la Comisión Mixta y aceptado por escrito por el Gobierno de Venezuela y el Gobierno de Guyana.

El Acuerdo de Ginebra de 1966 establece en su artículo V (2), que ningún acto o actividad que se lleve a cabo mientras se halle en vigencia dicho Acuerdo, constituirá fundamento para hacer valer ni crear derechos de soberanía sobre el Territorio Esequibo.[1]

A pesar de ello, el otorgamiento de concesiones en el Territorio Esequibo es de vieja data, por parte de sus ocupantes con el precario título de un laudo viciado de nulidad absoluta. Desde la época colonial ya el gobierno británico comenzó el otorgamiento de concesiones mineras y petroleras en dicho territorio. Luego del Acuerdo de Ginebra y de la independencia de la antigua Guyana Británica el 26 de mayo de 1966, el nuevo Gobierno de la República Cooperativa de Guyana ha continuado, de manera incremental y expansiva, una política de concesiones para la explotación de los recursos en dicho territorio en reclamación. Esta política ejecutada de manera indiscriminada, conforme a las denuncias fundadas de las propias organizaciones de la sociedad civil de ese país y de organizaciones internacionales, ha causado y sigue causando daños irreversibles al medio ambiente, con efectos adversos en las comunidades indígenas que habitan ese territorio. Ese impacto ambiental nocivo evidentemente se extiende al delicado ecosistema guyanés del territorio continental y marítimo venezolano. Esa explotación irracional está causando, además, efectos adversos al equilibrio climático y ambiental, como un bien común de la humanidad.

No contento con ello, el gobierno guyanés ha otorgado concesiones para la exploración y explotación de hidrocarburos en áreas marinas y submarinas de indiscutible jurisdicción venezolana, conforme al Derecho internacional incluso bajo la actual delimitación del territorio continental. Se trata de concesiones otorgadas a

---

1 Artículo V

[…] (2) Ningún acto o actividad que se lleve a cabo mientras se halle en vigencia este Acuerdo constituirá fundamento para hacer valer, apoyar o negar una reclamación de soberanía territorial en los Territorios de Venezuela o la Guayana Británica, ni para crear derechos de soberanía en dichos Territorios, excepto en cuanto tales actos o actividades sean resultado de cualquier convenio logrado por la Comisión Mixta y aceptado por escrito por el Gobierno de Venezuela y el Gobierno de Guyana.

empresas transnacionales incluidas empresas chinas socias de PDVSA, en la fachada atlántica venezolana que proyectan los territorios continentales de los Estados Delta Amacuro y Sucre. Estas concesiones, además de constituir un irresponsable e inaceptable acto de agresión a la soberanía venezolana, conllevan igualmente daños ambientales en las áreas marinas y submarinas de ambos países e incluso en las áreas internacionales.

La jurisdicción afirmada el 18 de diciembre de 2020 por la Corte Internacional de Justicia, para conocer la demanda de la República Cooperativa de Guyana contra la República Bolivariana de Venezuela con relación a la validez (o nulidad) del Laudo Arbitral de 1899 y la delimitación definitiva entre ambos Estados, permite plantearse y explorar la hipótesis de la procedencia jurídica y la conveniencia estratégica de que dicho tribunal internacional intervenga para proteger el Territorio Esequibo en reclamación, a fin de preservar su integridad ambiental de daños ecológicos irreparables así como la integridad de sus recursos naturales.

El *Estatuto de la Corte Internacional de Justicia* establece en su artículo 41 la facultad de dicha Corte para indicar, si considera que las circunstancias así lo exigen, las ***medidas provisionales*** que deban tomarse para resguardar los derechos de cada una de las partes.[2] En ese sentido, conforme al *Reglamento de la Corte*[3], la solicitud escrita

---

[2] CAPITULO III
PROCEDIMIENTO
Artículo 41
1. La Corte tendrá facultad para indicar, si considera que las circunstancias así lo exigen, las medidas provisionales que deban tomarse para resguardar los derechos de cada una de las partes.
2. Mientras se pronuncia el fallo, se notificarán inmediatamente a las partes y al Consejo de Seguridad las medidas indicadas.

[3] Reglamento de la Corte (1978) SECCIÓN D. PROCEDIMIENTOS INCIDENTALES, *Subsección 1. Medidas provisionales:*
Artículo 73
1. Una demanda escrita solicitando que se indiquen medidas provisionales de resguardo puede ser presentada por una de las partes en cualquier

momento en el curso del procedimiento concerniente al asunto con relación al cual se formula tal demanda.

2. La demanda indicará los motivos en que se funda, las posibles consecuencias en caso de que se rechace y las medidas que se solicitan. El Secretario transmitirá inmediatamente a la otra parte copia certificada conforme de la demanda.

Artículo 74

1. La demanda de indicación de medidas provisionales tendrá prioridad con respecto a todos los demás asuntos.

2. Si la Corte no estuviese reunida cuando se presente la demanda, será convocada sin tardanza para que, con carácter de urgencia, tome una decisión sobre la demanda.

3. La Corte, o si no estuviese reunida el Presidente, fijará la fecha del procedimiento oral de manera tal que las partes tengan la oportunidad de estar representadas en el mismo. La Corte recibirá y tomará en consideración las observaciones que le puedan ser presentadas antes del cierre de ese procedimiento.

4. Mientras la Corte se reúne, el Presidente podrá invitar a las partes a actuar de manera que cualquier providencia de la Corte sobre la demanda de indicación de medidas provisionales pueda surtir los efectos deseados.

Artículo 75

1. La Corte podrá en todo momento decidir examinar de oficio si las circunstancias del asunto exigen la indicación de medidas provisionales que deban adoptar o cumplir las partes o una de ellas.

2. Cuando se le haya presentado una demanda de indicación de medidas provisionales, la Corte podrá indicar medidas total o parcialmente distintas de las solicitadas o medidas que deban ser tomadas o cumplidas por la misma parte que haya formulado la demanda.

3. El rechazo de una demanda de indicación de medidas provisionales no será obstáculo para que la parte que las haya solicitado pueda presentar en el mismo asunto una nueva demanda basada en hechos nuevos.

Artículo 76

1. La Corte, a instancia de parte, podrá revocar o modificar en todo momento antes del fallo definitivo en el asunto, cualquier decisión relativa a medidas provisionales si un cambio en la situación justifica, a su juicio, esa revocación o modificación.

2. Toda demanda de parte proponiendo tal revocación o modificación deberá indicar el cambio en la situación considerado como pertinente.

de medidas provisionales de resguardo puede ser presentada por una de las partes en cualquier momento en el curso del procedimiento, la cual tendrá prioridad con respecto a todos los demás asuntos. Y, asimismo, la Corte también podrá de oficio en todo momento, decidir examinar si las circunstancias del asunto así lo exigen, la indicación de medidas provisionales que deban adoptar o cumplir las partes o una de ellas. En todo caso, la Corte podrá indicar medidas total o parcialmente distintas de las solicitadas, o medidas que deban ser tomadas o cumplidas por la misma parte que haya formulado la demanda; y el rechazo de una demanda o solicitud de medidas provisionales no es obstáculo, para que la parte que las haya solicitado pueda presentar en el mismo asunto una nueva solicitud basada en hechos nuevos. Finalmente, cualquier medida provisional indicada por la Corte, será comunicada inmediatamente al Secretario General de las Naciones Unidas para su transmisión al Consejo de Seguridad.[4]

---

3. Antes de tomar una decisión de acuerdo con el párrafo 1 de este Artículo, la Corte dará a las partes la oportunidad de presentar sus observaciones al respecto.

Artículo 77

Cualquier medida indicada por la Corte de acuerdo con los Artículos 73 y 74 de este Reglamento, y cualquier decisión tomada por la Corte de acuerdo con el párrafo 1 del Artículo 76 de este Reglamento, serán comunicadas inmediatamente al Secretario General de las Naciones Unidas para su transmisión al Consejo de Seguridad, de acuerdo con el párrafo 2 del Artículo 41 del Estatuto.

Artículo 78

La Corte podrá solicitar información de las partes sobre cualquier cuestión relativa a la puesta en práctica de las medidas provisionales que haya indicado.

4 Además de ello, deben tomarse en cuenta las *Directivas Prácticas* de la Corte Internacional de Justicia (*Practice Directions*), en las cuales se establece:

Practice Direction XI

In the oral pleadings on requests for the indication of provisional measures parties should limit themselves to what is relevant to the criteria for the indication of provisional measures as stipulated in the Statute, Rules and jurisprudence of the Court. They should not enter into the merits of the case beyond what is strictly necessary for that purpose.

Para ilustrarnos sobre esta importante materia relativa a las medidas provisionales ante la Corte Internacional de Justicia y el análisis de una eventual solicitud de medidas provisionales ante dicha Corte en el caso Guyana contra Venezuela, la Academia ha convocado para el día de hoy a los ilustres juristas internacionales Silvina González Napolitano, Carlos Jiménez Piernas, Salvador Herencia Carrasco y Mónica Pinto; y a los juristas venezolanos Héctor Faúndez y Jorge Luis Fuguett. Estamos seguros de que con sus intervenciones se cumplirá con creces los objetivos que nos hemos fijado.

Con este octavo evento la Academia cierra su ciclo de foros sobre la actual controversia en el caso Guyana contra Venezuela ante la Corte Internacional de Justicia, los cuales ha llevado a cabo con toda responsabilidad y espíritu patrio, con la exclusiva intención de brindar a la opinión pública y a quienes detentan actualmente las responsabilidades públicas en el Estado venezolano, elementos de información y análisis jurídico que contribuyan a la mejor defensa de los derechos que le corresponden a Venezuela, ante el arbitrario e injusto despojo histórico que sufrió su territorio de manos del entonces imperio británico.

Washington, 18 de noviembre de 2021

LA NECESIDAD DE MEDIDAS PROVISIONALES EN EL CASO GUYANA C. VENEZUELA

HÉCTOR FAÚNDEZ LEDESMA

LA NECESIDAD DE MEDIDAS PROVISIONALES EN EL CASO GUYANA C. VENEZUELA

*Héctor Faúndez Ledesma**

Gracias, Dr. Salvador Yannuzzi:

Distinguidos académicos y panelistas, señoras, señores, y amigos todos:

Voy a referirme a la necesidad de que en el caso Guyana c. Venezuela, que cursa ante la Corte Internacional de Justicia, como consecuencia de la demanda introducida por Guyana solicitando se declare la validez del laudo de París, del 3 de octubre de 1899, la Corte proceda a dictar las medidas provisionales que se requiere para preservar los derechos de las partes, obligándolas a abstenerse de realizar actos que puedan agravar o extender esta controversia, o hacer más difícil su resolución. Es innecesario destacar que, en el presente caso, no está en duda la jurisdicción de la Corte para dictarlas, puesto que ella, mediante su sentencia de excepciones preliminares, ya determinó que es competente para conocer de este asunto.

En la práctica de la Corte, estas medidas han surgido en el contexto de casos en que se trataba de proteger los derechos de uno

---

* Abogado. Licenciado en Ciencias Jurídicas y Sociales, con 'distinción máxima', de la Universidad de Chile. Diplomado en Derecho Internacional y Comparado de los Derechos Humanos, Estrasburgo, Francia; Master en Leyes (LL.M.), Escuela de Derecho de la Universidad de Harvard; Doctor of Philosophy (PhD.), King's College, Universidad de Londres. Profesor titular de Derecho Internacional Público en la Universidad Central de Venezuela. Individuo de número de la Academia de Ciencias Políticas y Sociales.

de los nacionales de los Estados partes en la controversia o el derecho a la supervivencia de comunidades enteras. En los casos de que ha conocido la Corte, se ha solicitado medidas provisionales para proteger el medio ambiente o para garantizar el derecho de acceso a los recursos pesqueros; para garantizar el derecho de paso a través de los estrechos, o para obtener la liberación de quienes estaban privados de su libertad; para detener una agresión exterior o para garantizar los derechos de propiedad de uno de los nacionales de un Estado parte en la controversia; para impedir el procesamiento de uno de sus nacionales o, de manera más categórica, para defender la soberanía del Estado.

I. EL OBJETO DE LAS MEDIDAS PROVISIONALES

La razón de ser de las medidas provisionales es la necesidad de proteger los derechos de las partes mientras no se haya adoptado una decisión definitiva sobre el caso; esto es, para asegurar los derechos de las partes *pendente litis*; por eso, en su versión en francés, el Estatuto de la Corte pone énfasis no en el carácter *provisional* sino en la naturaleza *cautelar* de estas medidas (*mesures conservatoires du droit de chacun*). Pero, adicionalmente, lo que justifica la adopción de medidas provisionales es la necesidad de evitar que la controversia se agrave, o que se extienda más allá de sus límites originales.

En el caso *Guyana v. Venezuela*, si finalmente se declarara que el laudo de París es nulo, como sostiene Venezuela, y si, como consecuencia de esa nulidad, se determinara que todo o parte del territorio en disputa es de Venezuela, de no adoptarse medidas provisionales, sus derechos ya habrían sido lesionados, y algunos de ellos de manera irreparable. Mientras Guyana está, *de facto*, en posición del territorio en disputa, explotando sus recursos naturales, dañando el medio ambiente, acabando con la biodiversidad, y generando condiciones para que opere el narcotráfico y el crimen organizado, Venezuela está impedida de ejercer su soberanía sobre un territorio que reclama como suyo y sobre los recursos naturales que en él se encuentran. De no dictarse medidas provisionales, el conflicto se agravará, extendiéndose a las consecuencias derivadas de la explotación de recursos naturales por la parte actora en este procedimiento judicial, y extendiéndose a espacios que originalmente no estaban en disputa, como es el caso de parte de la zona marítima correspondiente al estado Delta Amacuro.

En el caso de Guinea-Bissau c. Senegal, la Corte se negó a dictar las medidas provisionales solicitadas por Guinea-Bissau respecto de los derechos de pesca en la zona marítima, teniendo en cuenta que el propósito de las mismas es preservar *los derechos de las partes que son objeto de disputa* en los procedimientos judiciales ante ella, y que -en dicho caso- el objeto de la controversia era, simplemente, la determinación de la nulidad o validez del laudo del 31 de julio de 1989, y no una delimitación marítima. Por el contrario, en el caso Guyana c. Venezuela, debe recordarse que, según la sentencia de la CIJ sobre excepciones preliminares, su competencia se extiende no solo a la determinación de la nulidad o validez del laudo de París, sino también a la cuestión relacionada con el arreglo definitivo de la disputa relativa a la frontera terrestre entre Guyana y Venezuela. Es de esa cuestión conexa que derivan los derechos de las partes que la Corte tiene el deber de preservar, y es de la proyección en el mar de esa frontera terrestre que derivan, para las partes en esta controversia, derechos sobre la exploración y explotación de los recursos del mar y de las áreas submarinas, así como derechos soberanos para el pleno ejercicio de su autoridad en ese territorio. En este sentido, en el párrafo 125 de su sentencia, la Corte observó que, según Guyana, desde el momento en que se dictó el laudo de 1899 *la controversia entre las partes era territorial*, y que la Corte debía, necesariamente, determinar la frontera entre ambos Estados, aunque primero debía decidir sobre la validez del laudo.

Ni el Estatuto de la Corte ni el Reglamento de la misma requieren que, para que sea procedente dictar medidas provisionales, sea indispensable acreditar el riesgo de un daño irreparable. Ese es un elemento que ha desarrollado la práctica de la Corte, al cual no siempre se hace mención, y al que, a veces, el Tribunal ignora por completo en sus ordenanzas o resoluciones. Pero, en el caso que nos ocupa, la exploración y explotación de recursos gasíferos o petroleros, así como las actividades forestales o mineras desarrolla-das por Guyana en el territorio en disputa o permitidas por ella, están causando un daño irreparable para los eventuales derechos de Venezuela que deriven de la sentencia definitiva que pueda dictar la Corte.

II. LA REGULACIÓN NORMATIVA

Es para situaciones como las que están ocurriendo en el territorio del Esequibo, hoy en disputa ante la CIJ, que el artículo 41.1 del Estatuto de la Corte Internacional de Justicia dispone que ésta "tendrá la facultad para indicar, si considera que las circunstancias así lo exigen, las medidas provisionales que deban tomarse para resguardar los derechos de cada una de las partes." De acuerdo con el artículo 73.1 del Reglamento de la Corte, un Estado parte en el caso puede, en cualquier etapa del procedimiento, hacer una petición escrita para que se dicten medidas provisionales en relación con el caso. Según el párrafo 2 del artículo antes referido, la petición debe indicar las razones de la misma, las medidas solicitadas, y las posibles consecuencias que derivarían de su no otorgamiento. Las medidas provisionales no prejuzgan sobre lo que la Corte pueda decidir en su sentencia definitiva; sencillamente, su propósito es asegurar los derechos de las partes mientras está pendiente la controversia, y que luego pueda determinarse que corresponden al demandante o al demandado.

Si bien la Corte ha sido muy prudente en el uso de esta atribución, de acuerdo con el propósito de las mismas, y según la jurisprudencia constante del Tribunal, en el caso *Guyana c. Venezuela*, dichas medidas son imprescindibles para preservar los derechos de las partes, y para evitar que la controversia se agrave o se extienda

Hasta la fecha de esta presentación, Venezuela, como Estado demandado, no ha comparecido en el procedimiento ante la Corte y es altamente improbable que lo haga en el futuro. Incluso, si finalmente decidiera hacerlo, ya será tarde para preparar una defensa adecuada a los derechos e intereses del país. Sin embargo, aunque lo normal será que las medidas provisionales sean *solicitadas* por una de las partes, el artículo 41.1 del Estatuto no descarta que dichas medidas sean *dispuestas por la propia Corte,* "si considera que las circunstancias así lo exigen". En el presente caso, las circunstancias así lo exigen. La Corte puede, por lo tanto, disponer de oficio las medidas provisionales que considere pertinentes, y así lo subraya, también, el artículo 75 de su Reglamento, al señalar que, en cualquier momento, la Corte puede decidir examinar, *proprio motu*, si las circunstancias del caso requieren la indicación de medidas provisionales que deban ser tomadas o acatadas por cualquiera de las partes, o por todas ellas. Que una de las partes no comparezca en el procedimiento ante la Corte, o que, por las razones que sea, no defienda sus derechos, no significa que la Corte deba abdicar de su obligación de "resguardar los derechos de las partes" y de garantizar que la ejecución de su sentencia definitiva no se vea frustrada por las acciones de una de las partes mientras la controversia está pendiente.

III. LAS CIRCUNSTANCIAS QUE HACEN NECESARIO DICTAR MEDIDAS PROVISIONALES

Teniendo en cuenta el objeto de la controversia, es posible que la Corte decida que el laudo arbitral de 1899 es nulo, y que, en relación con la cuestión conexa sobre la frontera entre Guyana y Venezuela, determine que ésta está marcada por el río Esequibo, como sistemáticamente ha reclamado Venezuela, o que dicha frontera se sitúa en un punto intermedio en el territorio en disputa.

A menos que la Corte decida indicar medidas provisionales en este caso, si se adoptara un fallo acogiendo total o parcialmente la tesis de Venezuela, ya se habrían producido daños irreparables en perjuicio de Venezuela, los cuales no podrían ser reparados ni siquiera con la ejecución de una sentencia que reconociera su soberanía sobre el territorio en disputa. Ya se habría causado un inmenso daño ambiental, y ya se habrían explotado recursos forestales, minerales, gasíferos y petroleros, situados en la zona en disputa o en la proyección marítima de la zona en disputa, e incluso en territorio venezolano que no está en discusión. Las medidas requeridas no tienen el propósito de evitar *un riesgo inminente*, sino evitar *un daño muy concreto* que se está produciendo *en este momento*, y que se viene causando por lo menos desde 1965, cuando Gran Bretaña le otorgó concesiones a una empresa canadiense para explotar un campo petrolero en el distrito de Rupununi; luego, en 2009, la Guyana independiente le otorgó concesiones a Shell y Exxon para la explotación de gas y petróleo en el denominado bloque Stabroek, en el que -más allá de líneas ideológicas- también tiene participación la empresa china Cnooc. Por eso, no tiene nada de extraño que, por ahora, Exxon Mobil haya hecho a Guyana un aporte de 18 millones de dólares para financiar los honorarios de sus abogados en esta controversia, detrás de la cual están los intereses de grandes corporaciones transnacionales. Es necesario que se sepa que ésta no es una disputa entre Venezuela y Guyana; ésta es una disputa entre Venezuela y los intereses económicos que se esconden detrás de Guyana, y que litigan en su nombre.

Con la complicidad de grandes corporaciones transnacionales, la explotación forestal de bosques tropicales está acabando con pueblos indígenas que se han visto desplazados de su hogar natural; la minería del oro, de diamantes, bauxita, coltán, manganeso y otros minerales, está destruyendo los ríos, acabando con los peces que sirven de alimento a las comunidades locales, y está teniendo efectos irreversibles para la biodiversidad y para la preservación de los recursos hídricos (Guyana significa "tierra de aguas", surcada por numerosos y grandes ríos, y regada por lluvias torrenciales), en una región que forma parte del pulmón de la humanidad. Hermann González sostiene que "La fragilidad de la capa vegetal hace que la ruptura del delicado equilibrio ecológico, debido a talas indiscriminadas, pueda ocasionar la desaparición de la selva y el surgimiento de áreas desérticas."[1] En fin, la actividad petrolera desarrollada por Guyana, en el territorio en disputa y en la proyección de ese territorio en el mar -como si éste estuviera bajo la soberanía de Guyana- puede causar un desastre ecológico de proporciones descomunales, y un daño adicional al espacio geográfico en el que Venezuela ejerce soberanía indiscutida.

Mediante el otorgamiento de concesiones para la explotación forestal, minera o petrolera, en la zona en disputa o en la proyección marítima de esa zona, de manera incompatible con su demanda, Guyana está dando por sentado que, en ese territorio, ejerce derechos soberanos, o está anticipando la sentencia que pueda dictar la CIJ, lo que causará a Venezuela daños irreparables aún en el caso de que ésta obtenga una sentencia favorable. De continuar esas actividades por parte de Guyana o sus empresas concesionarias, eso agravará la controversia pendiente ante la CIJ, extendiéndola a espacios

---

1 Hermann González, nota sobre *El territorio del Esequibo*, en *Diccionario de Historia de Venezuela*, Fundación Polar, Caracas, 1988, Tomo II, p. 100.

territoriales que no estaban en disputa, y generando un clima de tensión entre ambas naciones que podría tener peligrosas consecuencias para la paz de la región.

Las circunstancias antes referidas perjudican -en algunos aspectos de manera irreparable- los derechos de Venezuela sobre el territorio en disputa, afectando la posibilidad de una plena reparación, incluso en el evento de un fallo favorable.

Mientras no se decida el fondo de la controversia, en relación con la determinación de la nulidad o validez del laudo de París y la cuestión conexa sobre la frontera entre Guyana y Venezuela, no hay una determinación de los derechos de las partes a la exploración y explotación de los recursos forestales, minerales, gasíferos y petroleros que haya en la zona en disputa, o en la zona marina y submarina adyacente que les corresponda, según la aplicación de los principios y reglas del Derecho Internacional sobre la materia. Mientras eso no ocurra, ninguna de las partes en esta controversia tiene *derecho* a emprender ninguna actividad en el territorio en disputa, o en la proyección marítima del mismo.

IV. QUÉ SE PUEDE PEDIR A TÍTULO DE MEDIDAS PROVISIONALES EN ESTE CASO

Si Venezuela estuviera participando en el proceso, con la debida argumentación y con el aporte de las pruebas correspondientes, podría pedir, como medidas provisionales

1. Que Guyana deba abstenerse de la realización de cualquier acto que pueda violar la soberanía o la integridad territorial de Venezuela en espacios que ***no*** son objeto de la presente controversia, y que son enteramente ajenos al territorio en disputa;
2. Que Guyana deba cesar, en forma inmediata, la exploración y explotación de petróleo, gas, recursos minerales, así como toda actividad maderera o forestal, tanto de la zona en disputa como de la franja marítima adyacente a sus costas, ya sea en forma directa o a través de concesionarios;

3. Que Guyana deba proporcionar a la CIJ toda la información relevante sobre las actividades antes referidas, incluyendo contratos de concesión, y que, mientras no se dicte sentencia definitiva en este caso, deba desistir de realizar tales actividades;
4. Que se declare que es nulo, *ab initio*, cualquier contrato de concesión otorgado por Guyana para la exploración o explotación de los recursos naturales situados en el territorio en disputa; o, en subsidio, que la Corte ordene suspender la ejecución de dichos contratos hasta que se dicte sentencia definitiva en este caso;
5. Que Guyana deba abstenerse de disponer -en cualquier forma y con cualquier fin- de cualquier ingreso proveniente de concesiones otorgadas, o de la exploración o explotación de los recursos forestales, minerales, gasíferos o petroleros de la zona en disputa o de la proyección marítima de la misma; y
6. Que, para los efectos anteriores, la Corte deba disponer los mecanismos adecuados para realizar una auditoría internacional de los ingresos que tales actividades puedan haber generado tanto para Guyana como para las compañías concesionarias que hayan llevado a cabo esas actividades, y que dichos ingresos sean depositados en un fondo fiduciario, a disposición de la parte que resulte ganadora en esta controversia.

Existe un estrecho vínculo entre los derechos de Venezuela, las medidas sugeridas y el objeto de la controversia. En las presentes circunstancias, no actuar supone un riesgo para los derechos de Venezuela, así como para la ejecución de la sentencia definitiva que la Corte pueda dictar en este caso. Pero, sin una solicitud expresa de las autoridades del Estado parte en esta controversia, sin la debida argumentación jurídica, y sin el aporte de evidencia que refleje, al menos *prima facie*, la existencia del daño o el riesgo de daño a los derechos de Venezuela, y sin una explicación de *las circunstancias que exigen medidas cautelares*, es muy difícil -si no francamente inconcebible- asumir que, por propia iniciativa, la Corte vaya a disponer alguna de las medidas antes sugeridas. No le corresponde al

Tribunal poner remedio a la torpeza de los Estados litigantes, o suplir las deficiencias de los abogados de una de las partes.

Sin embargo, en su práctica reiterada, lo que la Corte suele hacer es adoptar sus resoluciones sobre medidas provisionales indicando las obligaciones que le corresponden *a ambas partes*, antes de que se dicte la sentencia definitiva. En ese sentido, lo que sí parece razonable es esperar que el Tribunal acuerde, por propia iniciativa, las siguientes medidas, que están en sintonía con la práctica reiterada de la Corte:

1. Que *ambas partes* deben abstenerse de realizar cualquier acto que pueda impedir la plena ejecución de la sentencia definitiva que dicte la Corte;
2. Que *las partes* deben abstenerse de realizar cualquier acto que pueda agravar la situación, extendiendo la controversia a la zona marítima adyacente a la zona en disputa y que no ha sido delimitada, o que pueda agravar o extender la controversia hoy pendiente ante la CIJ, haciendo que ésta sea más difícil de resolver;
3. Que *ambas partes* deben abstenerse de interferir con la circulación o las actividades pesqueras de los nacionales de las partes en el caso, en la zona marítima que corresponda a una proyección del territorio en disputa;
4. Que *ambas partes* deben abstenerse de obstaculizar o impedir las actividades de patrullaje policial desplegadas por cualquiera de las partes en disputa para impedir actos de piratería o narcotráfico en la proyección marítima de la zona en disputa; y
5. Que *las partes* en la controversia deberán abstenerse de realizar actos de administración en el territorio en disputa, incluyendo la proyección del mismo en las áreas marinas y submarinas adyacentes.

Por otra parte, teniendo en cuenta que es Guyana quien tiene el control del territorio en disputa, que es Guyana quien está contaminando y causando un desastre ecológico, que es Guyana quien está acabando con pueblos originarios asentados en la zona en disputa, y que es Guyana quien está explotando los recursos naturales del territorio en disputa y de su proyección en la fachada atlántica, no sería mucho pedir que, adicionalmente, por propia iniciativa, la Corte dispusiera:

1. *Que Guyana* debe abstenerse de interferir con la circulación o las actividades pesqueras de naves venezolanas en la zona marítima que corresponda a una proyección del territorio en disputa, de acuerdo con los principios y reglas del Derecho Internacional sobre esta materia;

2. *Que Guyana* debe abstenerse de obstaculizar o impedir las actividades de patrullaje policial desplegadas por Venezuela para impedir actos de piratería o narcotráfico en la proyección marítima de la zona en disputa; y

3. Para evitar el agravamiento de la controversia, *que Guyana* debe abstenerse de la realización de cualquier acto que pueda violar la soberanía o la integridad territorial de Venezuela en espacios que no son objeto de la presente controversia, y que son enteramente ajenos al territorio en disputa.

Las medidas que estamos sugiriendo tienen una clara conexión con el objeto de la controversia hoy pendiente ante la CIJ, tienen como propósito proteger los derechos de las partes en dicha controversia, y pueden constituir la base de la sentencia que la Corte dicte en virtud del ejercicio de su competencia. Son medidas que tienen por objeto preservar los respectivos derechos de las partes, y que la Corte debería dictar de oficio. Por eso, en aplicación de los poderes que le confieren los artículos 41.1 del Estatuto y 75 de su Reglamento, las circunstancias del caso exigen que, *motu proprio*, la Corte proceda a dictar medidas provisionales, para evitar daños mayores y el agravamiento de la situación. En espera de que la Corte decida sobre el particular, la presidente de la Corte debería requerir a las partes comportarse de manera que sus actos no interfieran u obstaculicen los efectos propios de cualquier medida que pueda adoptar la Corte, incluyendo su sentencia sobre los méritos del caso.

9no. ENCUENTRO
LA COMPETENCIA DE LA CIJ Y LA CUESTIÓN RELACIONADA CON LA DETERMINACIÓN DE LA FRONTERA TERRESTRE ENTRE GUYANA Y VENEZUELA
20 DE ENERO DE 2022

PALABRAS DE APERTURA A CARGO DEL PROF. JULIO RODRÍGUEZ BERRIZBEITIA, PRESIDENTE DE LA ACADEMIA DE CIENCIAS POLÍTICAS Y SOCIALES

PALABRAS DE APERTURA A CARGO DEL PROF. JULIO RODRÍGUEZ BERRIZBEITIA, PRESIDENTE DE LA ACADEMIA DE CIENCIAS POLÍTICAS Y SOCIALES

*Julio Rodríguez Berrizbeitia**

El año que comienza nos aproxima a retos ineludibles en el proceso que la Corporación ha venido siguiendo a través del Ciclo de coloquios realizados bajo la diligente organización de nuestro Académico Dr. Héctor Faúndez. En efecto, el 8 de marzo del presente año la República de Guyana debe presentar ante la Corte Internacional de Justicia la Memoria relativa a la demanda que sigue frente a Venezuela. Por otra parte, la República Bolivariana de Venezuela debe cumplir con lo suyo, sin que hasta los momentos sepamos con total claridad cuál va a ser la línea de acción frente a dicha situación, dentro de un año. No es un secreto que el tema se le presenta al país en una coyuntura internacional compleja en la cual el actual gobierno de nuestro país no cuenta con el reconocimiento, de al menos treinta y ocho países.

Ante dicha situación la Corporación continúa proporcionando a través de este Ciclo de coloquios toda la información requerida, expresada a través de competentes figuras nacionales y extranjeras,

---

* Presidente de la Academia de Ciencias Políticas y Sociales. Maestría en Filosofía en el Instituto Independiente de Investigaciones Filosóficas en Toulouse Francia, en el año 1977. Doctor en derecho por la Universidad de Salamanca. Maestría en Administración Pública y Gerencia en Países en Vías de Desarrollo en la Universidad de Harvard. Actualmente es Profesor de Derecho Mercantil Parte General en la Universidad Católica Andrés Bello y Profesor de Filosofía Jurídica en la Universidad Monteávila.

para proporcionar claridad con respecto a las líneas de acción que deben orientar nuestro actuar en pos de la defensa de los mejores intereses del país. Nos encontramos frente a un tema, como ha insistido la Academia a través de sus distintos comunicados, que debe ser factor de unión entre todos los venezolanos para garantizar todo un patrimonio que forma parte del ser de los venezolanos. En tal sentido, a modo ejemplificativo, queremos ratificar en el día de hoy frente a ustedes lo expresado en nuestro "Pronunciamiento sobre la necesidad imperiosa de defender judicialmente ante la CIJ, los derechos e intereses de Venezuela sobre el territorio Esequibo". En dicho texto académico señalábamos sobre el asunto a profundizar en el coloquio de hoy:

> En virtud de la decisión de la CIJ en la cual afirmó su competencia y la continuación del juicio ante dicha instancia, la Academia exhorta a quienes ejercen el poder político en el país como responsables de la defensa de los derechos de Venezuela, a ejercer efectiva y responsablemente la tutela de los derechos de Venezuela sobre el Esequibo por todos los medios legítimos a su alcance. La orden del presidente de la CIJ de fecha 8 de marzo de 2021, fijó el 8 de marzo de 2023 para que Venezuela presente su contra-memorial en el juicio. En virtud de ello, la Academia considera que Venezuela debe participar activamente en el proceso, –así sea bajo protesta o reserva– a fin de desplegar en plenitud todos los derechos procesales que le asisten, en particular: a) rechazar los argumentos y pretensiones de Guyana; b) hacer valer los argumentos y pruebas válidas que demuestran los justos títulos de Venezuela respecto al territorio en disputa y la nulidad del Laudo Arbitral de 1899; c) nombrar un juez ad-hoc; y d) estudiar la conveniencia de contra-demandar a Guayana, a fin de que sea condenada a cumplir de buena fe sus obligaciones bajo el Acuerdo de Ginebra de negociar una solución práctica y mutuamente aceptable a la controversia.

El texto anterior del cual lo citado forma parte, es una manifestación de la Corporación de exigir al país representado por quien ejerce el Gobierno y la oposición como un todo, sin vueltas a un pasado que contiene elementos que ya no son, a pesar de su valor histórico-político, relevantes para el ejercicio de las acciones a tomar en defensa del territorio de todos los venezolanos. La Academia en nombre del país agradece el esfuerzo de nuestro Coordinador de este Ciclo de coloquios, Dr. Héctor Faúndez, de nuestra moderadora Académica Cecilia Sosa y de los calificados ponentes que nos acompañan hoy: Juan Carlos Sainz, Víctor Rodríguez Cedeño, Asdrúbal Aguiar y Héctor Faúndez Ledesma en la realización de este evento que ratifica el compromiso de la Corporación frente al país en una discusión que une al presente con el pasado pero que compromete el futuro de todos los venezolanos.

En tal sentido quiero repetir las líneas con las cuales concluye el Dr. Héctor Faúndez su libro sobre la controversia con Guyana:

> No hacer honor a los compromisos internacionales no forma parte del ADN de los venezolanos. A menos que alguien tenga otra solución, lo patriótico será seguir defendiendo los derechos de Venezuela, si es necesario incluso en la fase de fondo ante la Corte Internacional de Justicia, respetando las reglas del juego, y aceptando que, tal vez no siempre tenemos la razón.[1]

El tal vez de nuestro respetado Académico, tenemos la esperanza de que al menos ahora, se traduzca en una atribución de razón a nuestras exigencias.

---

1 Héctor Faúndez Ledezma, *La competencia contenciosa de la Corte Internacional de Justicia y el Caso Guyana vs Venezuela*, Editorial Jurídica Venezolana, Academia de Ciencias Políticas y Sociales, Serie Estudios, N° 126, Caracas, 2020, p. 333.

LA REPRESENTACIÓN DEL GOBIERNO DE VENEZUELA EN LA DEMANDA DE GUYANA ANTE LA CORTE INTERNACIONAL DE JUSTICIA

JUAN CARLOS SAINZ BORGO

LA REPRESENTACIÓN DEL GOBIERNO DE VENEZUELA EN LA DEMANDA DE GUYANA ANTE LA CORTE INTERNACIONAL DE JUSTICIA

Dr. Juan Carlos Sainz Borgo[*]

INTRODUCCIÓN

La representación en el litigio incoado por Guyana contra Venezuela ante la Corte Internacional de Justicia (CIJ) ha sido conducido, de forma pública y oficiosa, por parte del Gobierno encabezado por Nicolás Maduro, a través de las gestiones de la Vicepresidenta Ejecutiva. Esto se ha materializado en la entrega de diversas comunicaciones a la CIJ, sin que hasta la fecha la República se haya hecho parte en el caso.

Sin embargo, la representación del Gobierno de Venezuela es un hecho disputado en la esfera internacional, tanto a nivel político como a nivel jurídico y diplomático. Por tanto, la representación oficial de la República Bolivariana podría ser ejercida también por el Gobierno encabezado por Juan Guaido, basado en un conjunto de argumentos jurídicos, procesales y diplomáticos que presentaremos de forma sucinta a continuación. Esta posible doble representación se produce como la consecuencia de la aplicación de las normas

---

* Dr. Juan Carlos Sainz Borgo. Abogado, Especialista y Doctor en Derecho por la Universidad Central de Venezuela. Master por la Universidad de Oxford. Investigador del Instituto de Derecho Público de la Universidad Central de Venezuela. Profesor y Decano de la Universidad para la Paz. Naciones Unidas. San José Costa Rica. Las opiniones expresadas son a título individual y no comprometen a ninguna de las instituciones mencionadas.

procedimientos aprobadas por la propia Corte y la ambigua situación política que presenta el gobierno de la República Bolivariana de Venezuela en el entorno internacional. El propósito de este artículo es evaluar algunas de las soluciones que podrían ser tomadas en cuenta por la propia Secretaría de la Corte Internacional de Justicia o incluso por la propia Corte en una decisión como parte del caso.

LA CORTE INTERNACIONAL DE JUSTICIA

La Corte Internacional de Justicia (CIJ) es el órgano judicial principal de la Organización de las Naciones Unidas (ONU), según su Carta Fundacional, tal y como lo explica el Art. 2 del Estatuto de la CIJ: "*La Corte será un cuerpo de magistrados independientes...*". Como podemos observar, el tratado fundacional en la materia deja claro que la CIJ es un tribunal de derecho, independiente de los criterios y decisiones del trabajo político que desarrolla la ONU en sus diferentes foros.

Este hecho es, además, común en el trabajo de la ONU. Por una parte es el trabajo político y la toma de decisión que representa la voluntad creada a partir de la conjunción de voluntades de todos sus miembros. Pero al mismo tiempo, por la otra, existe una ONU que es técnica y jurídica, como imperativo de los mandatos producidos por los estados miembros. La organización ha establecido tribunales, comités de expertos, comités de investigaciones, relatores y un sinnúmero de entidades con mandatos técnicos o judiciales. Estas entidades, provienen de un mandato político, pero que se deben a su naturaleza técnica o jurídica, como órganos independientes.

En relación con la Corte Internacional de Justicia, la Carta de la ONU establece los fundamentos del funcionamiento de la institución e igualmente regula quienes pueden participar como partes en la Corte en el Artículo 93:

> *"Todos los Miembros de las Naciones Unidas son ipso facto partes en el Estatuto de la Corte Internacional de Justicia. Un Estado que no sea Miembro de las Naciones Unidas podrá llegar a ser parte en el Estatuto de la Corte Internacional de Justicia, de acuerdo con las condiciones que determine en cada caso la Asamblea General a recomendación del Consejo de Seguridad."*

En seguimiento de la Carta de la ONU, para que un estado pueda participar en la Corte debería ser en primer lugar miembro de la Organización de las Naciones Unidas, aunque no está excluido que un país no miembro pueda ser llevado a juicio o presentar un caso, ya que cada situación sería manejado de acuerdo a la casuística política por parte del Consejo de Seguridad como deja claro el texto de la Carta.

Es interesante señalar, que esta referencia de la capacidad de un estado para participar en un proceso ante la Corte Internacional de Justicia según el criterio del Consejo de Seguridad, es una de las varias referencias que existen en el derecho internacional al máximo órgano del sistema de la ONU. Por ejemplo, según el Estatuto de Roma que rige la Corte Penal Internacional, según el artículo 13.b. el Consejo de Seguridad puede remitir "*al Fiscal una situación en que parezca haberse cometido uno o varios de esos crímenes*". Igualmente puede suspender, según el artículo 16, hasta por un año una investigación o juicio que pudieran abrir tanto la Corte Penal Internacional como su Fiscalía

Sin embargo, en este caso no está en debate la membresía por parte del estado en la organización, sino el gobierno o el poder ejecutivo, que representa a este estado. Este tema es parte de uno de los perennes debates del derecho internacional público, sobre la diferencia entre reconocimiento de estado y de gobierno.

RECONOCIMIENTO DE ESTADO, GOBIERNO Y LA PARTICIPACIÓN EN UN JUICIO INTERNACIONAL

Las relaciones internacionales son un elemento fundamental en el mundo contemporáneo, donde los estados son los sujetos primarios, pero en ningún caso los únicos. El intercambio que genera la globalización obliga a los estados a desarrollar un conjunto de acciones y obligaciones para poder administrar este complejo proceso. En este escenario formulado para los estados, conviven un conjunto de entidades no gubernamentales de toda índole, públicas y privadas, que articulan el proceso de globalización que vivimos. En este contexto, el ejercicio de la función del estado viene liderada en gran medida por el gobierno o poder ejecutivo, aunque otros agentes del estado también desarrollan una función más limitada pero no menos importantes, como el caso del poder ejecutivo y los tribunales.

La legalidad y legitimidad de quien ejerce el poder ejecutivo bien sea la presidencia o la jefatura del estado es un problema de derecho interno. Según afirma Antonio Remiro Bretons, cuando hay un problema de reconocimiento de gobierno, "el problema es, esencialmente, de representación del Estado. Si una de las partes cuenta con una legitimidad constitucional de origen, lo que procede es mantener su reconocimiento como representante del Estado, reconociendo a la otra u otras, en su caso, según la efectividad de su control territorial, el estatuto de insurrectos o beligerantes".[1]

La legitimidad constitucional es entonces un tema de carácter interno y que los miembros de la comunidad internacional deben decidir en el marco de sus relaciones con el resto de los miembros de esta. Para algunos estados quien ejerza el gobierno es un asunto de carácter interno, no sujeto a debate político, basado en el antiguo principio de no intervención en los asuntos del estado. Para otro grupo, en este caso mayoritario en el mundo occidental, monitorear la forma como se eligen los gobiernos, a través de la observación electoral y el establecimiento de criterios para esos gobiernos, como en las llamadas clausulas democráticas, se constituye en eje fundamental de su gestión, como en el caso de los organismos regionales como la Organización de los Estados Americanos (OEA), el Mercado Común del Sur (MERCOSUR), la Unión Europea, por mencionar algunas de las agrupaciones que mantienen estrictos criterios para admitir gobiernos o con los cuales desarrollar una cooperación.

En el caso de la Organización de las Naciones Unidas, como ente global y universal, se ha planteado siempre un postural neutral. Se explica de esta forma:

> "El reconocimiento de un nuevo Estado o Gobierno es un acto exclusivamente atribuido a otros Estados y Gobiernos. Generalmente implica la disposición a establecer relaciones diplomá-

[1] Antonio Remiro Bretons. *Derecho Internacional.* Editorial Tirant Lo Blanch. Valencia. Pagina 81.

ticas. Las Naciones Unidas no son un Estado ni un Gobierno, y por lo tanto, no tienen la autoridad para reconocer un Estado o Gobierno. Como organización de Estados independientes, puede admitir nuevos Estados como miembros o aceptar las credenciales de los representantes de un nuevo gobierno."[2]

Asimismo, la ONU explica en su página web la forma como los Gobiernos son admitidos en el seno de la Organización, lo cual se realiza por una decisión de los propios estados, en una entidad que se denomina Comisión de Verificación de Poderes.

> "En cada período de sesiones, la Asamblea General examina las credenciales de todos los representantes de los Estados Miembros que participan en el período de sesiones. Este examen se lleva a cabo en la Comisión de Verificación de Poderes, compuesta por nueve miembros, pero puede ocurrir en otros momentos; se puede plantear la cuestión de si un representante ha sido acreditado por el Gobierno que está en el poder. Esta cuestión se decide en última instancia por una mayoría de votos en la Asamblea. Cabe mencionar que los cambios normales de gobierno, por ejemplo, mediante elecciones democráticas, no plantean problemas con respecto a las credenciales de los representantes del Estado de que se trate."[3]

Como se puede evidenciar, el tema de los cambios de gobiernos es un hecho normal de las relaciones internacionales y en general se resuelve de manera sencilla en la mayoría de los casos, aunque hay algunos casos que han representado un gran problema en el mundo de las relaciones internacionales y que han sucedido sido por la naturaleza del nuevo estado o por el caso de un gobierno. Por ejemplo, el caso de la República Española frente a la España Franquista; el caso de la China Nacionalista, luego devenida en Taiwán y la China Comunista. Otros casos famosos fueron el caso de

---

2 Organización de las Naciones Unidas. ¿Cómo obtiene un nuevo Estado o Gobierno el reconocimiento de las Naciones Unidas? Disponible en https://www.un.org/es/about-us/about-un-membership. Consultado Mayo 2022.

3 Ibidem.

Camboya bajo el régimen de Pol-Pot o los cambios en el régimen talibán en el caso de Afganistán.

El caso de Venezuela en este sentido no es único o nuevo, pero que procede de una profunda crisis política interna, donde un conjunto de estados reconoce por un lado al Gobierno interino del Presidente de la Asamblea Nacional Juan Guaido y otro conjunto de países que reconoce al Gobierno de Nicolas Maduro. El propósito de este artículo no es analizar el caso interno venezolano, si no señalar las consecuencias que esta crisis de legitimidad interna podría representar para el caso en litigio ante la CIJ.

LA REPRESENTACIÓN ANTE LA ONU Y OTROS ORGANISMOS INTERNACIONALES

La representación del Gobierno Interino encabezado por Juan Guaido está avalado por un conjunto de países, fundamentalmente democráticos y occidentales que le han dado la visibilidad y estabilidad para el establecimiento de representaciones diplomáticos. Hasta la fecha unos 50 estados reconocen el Gobierno de Juan Guaido[4], donde destacan países fronterizos de Venezuela, Estados Unidos, Canadá y europeos, especialmente el Reino de los Países Bajos, sede la CIJ.

En el ámbito multilateral, el problema dista de ser una posición pacífica. En los organismos multilaterales de carácter regional donde Venezuela desarrolla sus acciones, la representación está en manos del Gobierno liderado por Juan Guiado. Por ejemplo, en el caso de la Organización de Estados Americanos, el tema fue sometido a votación en el seno del Consejo Permanente el 9 de abril del 2019 con la Resolución CP/RES. 1124 (2217/19). La votación que se obtuvo de la totalidad de los miembros de la organización fue: dieciocho votos afirmativos, nueve negativos, seis abstenciones y una ausencia. Es interesante destacar que Guyana, país con el cual presentó el caso objeto del presente artículo se abstuvo de votar.

---

4 Politica Exterior Juan Guaido. Wikipedia. Disponible https://es.wikipedia.org/wiki/Juan_Guaidó. Consultado Mayo 2022.

Es interesante revisar, brevemente las consideraciones de la Resolución CP/RES.1124 antes mencionada, en las cuales se explica las razones de la aceptación del representante del Gobierno interino, Gustavo Tarre Briceño. El preámbulo de la Resolución[5] establece 4 motivos fundamentales, basados en 6 considerandos, que son la base de la decisión:

1. La importancia de la democracia en la región y las obligaciones que se derivan del artículo 1 de la Carta Democrática Interamericana.
2. Las previas resoluciones de la Asamblea General de la OEA, en las cuales declaraban las faltas de garantías del proceso electoral que declaró presidente a Nicolas Maduro, en particular AG/RES. 2929 (XLVIII-O/18) del 5 de junio de 2018.

---

5 Organización de Estados Americanos. Consejo Permanente el 9 de abril del 2019. Resolución CP/RES. 1124 (2217/19). "REAFIRMANDO el derecho de los pueblos de las Américas a la democracia y la obligación de sus Gobiernos de promoverla y defenderla, como se establece en el artículo 1 de la Carta Democrática Interamericana; RECORDANDO que a través de la resolución AG/RES. 2929 (XLVIII-O/18) del 5 de junio de 2018, la Asamblea General declaró que el proceso electoral del 20 de mayo de 2018 en Venezuela carecía de legitimidad por no haber contado con la participación de todos los actores políticos venezolanos, el incumplimiento de los estándares internacionales y por llevarse a cabo sin las garantías necesarias para un proceso democrático libre, justo y transparente; TOMANDO NOTA que a través de la resolución CP/RES. 1117 (2200/19) del 10 de enero de 2019, la OEA destacó la autoridad constitucional de la Asamblea Nacional de Venezuela, elegida democráticamente, y resolvió no reconocer la legitimidad del nuevo mandato de Nicolás Maduro; TENIENDO PRESENTE el artículo 80 de la Carta de la Organización de los Estados Americanos, así como el artículo 3 del Estatuto del Consejo Permanente; TOMANDO NOTA de la carta del 22 de enero de 2019 enviada por la Asamblea Nacional de Venezuela al Secretario General de la OEA; y

RECONOCIENDO que la autoridad presidencial de Nicolás Maduro carece de legitimidad y que sus nombramientos para cargos públicos, por lo tanto, carecen de la legitimidad necesaria. Disponible en www.oas.org. Consultado, Mayo 2022.

3. El reconocimiento de la autoridad constitucional de la Asamblea Nacional de Venezuela por parte del Consejo Permanente de la OEA CP/RES. 1117 (2200/19) del 10 de enero de 2019.
4. La decisión del Consejo Permanente de la OEA no reconocer la legitimidad del nuevo mandato de Nicolás Maduro, mediante la Resolución del Consejo Permanente de la OEA CP/RES. 1117 (2200/19) del 10 de enero de 2019.

Estas razones, basadas en resoluciones previas de la OEA, podrían ser trazadas antes de las mencionadas por la propia Resolución, ya que el tema de las elecciones en Venezuela había sido tratado reiteradamente por el organismo regional.

Es interesante mencionar que el Representante del Gobierno de Nicolas Maduro, expresó un conjunto de razones por las cuales no estaban de acuerdo con la decisión tomada por la OEA, en la cual reiteraban el concepto del reconocimiento de gobierno antes mencionado en el artículo de la siguiente forma:

> *"1. La República Bolivariana de Venezuela considera que la OEA no tiene autoridad para reconocer o desconocer a los gobiernos de sus Estados Miembros, esa autoridad no existe y no está prevista en ningún instrumento jurídico. La primera razón es muy sencilla, el acto de reconocer a un gobierno es una acción individual y soberana de cada Estado, y como acto político no puede ser impuesto a otros Estados pues estos perderían así su propio derecho soberano a gobernar sus relaciones internacionales. Esto explica que en ningún momento en el pasado se haya intentado poner en práctica esta violación del derecho internacional".*

La representación del Gobierno de Venezuela en la ONU se produjo a través del Comité de Verificación de Credenciales, conformado por 9 estados en el año 2019 en la ocasión de la presentación de la presentación del Gobierno de Maduro. El Comité de Verificación integrado por los siguientes países: Barbados, Botsuana, China, Estados Unidos de América, Federación de Rusia, Mauricio, Nepal, San Marino y Uruguay. La presidencia del mencionado Comité la obtuvo la representante de Barbados, la Sra. H. Elizabeth Thompson[6].

En la Resolución A/74/572 se explica en procedimiento, de la siguiente manera:

> *"Como se indica en el párrafo 1 del memorando del Secretario General, habían presentado credenciales oficiales emitidas por el Jefe de Estado o de Gobierno o por el Ministro de Relaciones Exteriores, en la forma dispuesta en el artículo 27 del reglamento de la Asamblea General."*

La decisión de la aceptación de un gobierno por parte del Comité de Verificación se somete a votación en el plenario de la ONU. La decisión se presenta en forma de proyecto de resolución que será votado al inicio de las sesiones de la Asamblea General.

En este caso, en el seno del Comité solo los Estados Unidos de América expresaron reservas sobre la representación en manos Gobierno de Nicolas Maduro en los siguientes términos:

> *"La delegación de los Estados Unidos de América se desvinculó de la aprobación de la resolución de la Comisión únicamente en lo relativo a la aceptación de las credenciales presentadas por la representación de Maduro en nombre de la República Bolivariana de Venezuela, e indicó además que, en cuanto a las notas distribuidas por la Comisión con respecto al Estado Plurinacional de Bolivia, los Estados Unidos tenían entendido que las notas diplomáticas presentadas debidamente serían tramitadas por Protocolo con arreglo a la práctica habitual."*

Como se puede evidenciar el proceso de toma de decisiones entre el organismo universal, ONU y el organismo regional OEA es muy diverso y esta podría ser una de las razones que explicará la dualidad de la decisión y el gran desafío que representa para la comunidad internacional tener a un gobierno que en un foro regional esta representado por un gobierno y en otro foro esta representado por otro.

---

6 United Nations. Report of the Credentials Committee: General Assembly, 74th sesión. Disponible en https://digitallibrary.un.org/record/3838802?ln=es. Consultado en Mayo 2022.

En la OEA el proceso de acreditación de gobiernos es parte de las deliberaciones del órgano ejecutivo de la organización, el Consejo Permanente. Las decisiones son razonadas por cada uno de los gobiernos en el proceso de votación. En el caso de la ONU es un mecanismo formal, delegado por razones prácticas a un comité que "verifica", es decir, toma en cuenta las formalidades de las acreditaciones remitidas por los gobiernos según los gobiernos y las prácticas diplomáticas. Este mecanismo meramente formal, funciona probablemente por razones de carácter práctico, ya que los más de 190 estados que conforman la ONU, no podrían expresarse uno por uno sobre cada una de las acreditaciones sin que se invirtieran horas innecesarias de trabajo.

Sin embargo, creemos que es muy importante destacar la representación en la OEA, ya que, en virtud de la propia Carta de la ONU, en el Capitulo VIII, le da la mayor preponderancia para la búsqueda de soluciones a las controversias que pudieran presentarse en el seno de los organismos regionales de la siguiente forma:

> *"Los Miembros de las Naciones Unidas que sean partes en dichos acuerdos o que constituyan dichos organismos, harán todos los esfuerzos posibles para lograr el arreglo pacífico de las controversias de carácter local por medio de tales acuerdos u organismos regionales antes de someterlas al Consejo de Seguridad".*

Este mandato jurídico de la Carta de la ONU, en el cual se da preponderancia a las resoluciones regionales, podría representar un criterio valido para el establecimiento de la legitimidad del gobierno que representa a un estado internacionalmente.

LA REPRESENTACIÓN ANTE LA CORTE INTERNACIONAL DE JUSTICIA

Como hemos afirmado a lo largo del presente artículo la CIJ es un tribunal en derecho, independiente de las racionalidades políticas de la ONU y que opera como una corte en derecho de cualquier parte del mundo. Las normas procesales de la CIJ están establecidas en su Estatuto y Reglamento.

El artículo 42 del Estatuto establece que las partes estarán representadas por agentes y podrán tener ante la Corte, consejeros o abogados. El Reglamento de la Corte desarrolla el Estatuto y explica en su artículo 38.5 que "*todos los actos realizados en nombre de las partes después de haberse incoado un procedimiento serán efectuados por agentes*". En el párrafo 2 del artículo "*se establece que cada agente deberá indicar un domicilio en la ciudad de La Haya al que se enviarán todas las comunicaciones relativas al asunto de que se trate y se precisa que las comunicaciones enviadas a los agentes de las partes se considerarán que han sido enviadas a las propias partes*"[7].

En este sentido, el tratadista J.J. Quintana explica las diferencias entre el agente y la representación legal. "Se distingue entre la representación política del Estado que es parte en un caso, la cual es llevada a cabo por un "agente" y la representación legal, encarnada en aquellos profesionales del derecho internacional que son contratados por los Estados para que les presten sus servicios profesionales en calidad de abogados"[8].

El agente del estado, "es el único representante autorizado de cada Estado parte ante la Corte", además es el "canal de comunicación oficial entre el gobierno y tribunal". Agrega además el antes mencionado autor: "En la práctica, el agente supervisa y coordina el equipo de la defensa y tiene la responsabilidad de trazar la estrategia de defensa y de firmar todos los **alegatos** y comunicaciones que se dirijan a la Corte. Firma también las **conclusiones** finales (*submissions* o *conclusions*) del Estado que representa ante la Corte, las cuales pueden constituir la parte más importante de cada alegato de defensa"[9].

En la práctica desarrollada ante la Corte, los estados designan como agente al Embajador del Estado acreditado ante el Reino de los Países Bajos, con sede en la Haya. También es común que designen como agentes "una alta autoridad interna en el plano jurídico, como

---

7 Juan José Quintana. *Diccionario Jurídico de la Corte Internacional de Justicia*. Editorial Tirant Lo Blanch. Bogota 2021, p. 360.

8 Ibidem.

9 Ibidem.

el Ministro de Justicia, el Fiscal General o el Asesor Jurídico del Ministerio de Relaciones Exteriores. También sucede frecuentemente que se designa a uno o más co-agentes, quienes deben compartir con el agente la tarea de representar al Estado ante la Corte.[10]

El papel del representante del Estado ante el país anfitrión de la Corte, en este caso el Reino de los Países Bajos, tiene un papel fundamental, desde el punto de vista práctico porque se establece una dirección para el envío de las correspondencias o comunicaciones, tal y como establece el Reglamento de la Corte, pero también desde la perspectiva política porque se afianza la legitimidad del aparato diplomático del estado. En el caso que nos ocupa, el Reino de los Países Bajos reconoció al Gobierno interino de Juan Guaido, este reconocimiento se realizó, además, de forma bilateral y luego como uno de los países que conforma la Unión Europea.

El Gobierno Holandes ha sido muy claro respecto al cumplimiento de los requisitos democráticos en el caso de Nicolas Maduro. "En un comunicado, el ministro holandés de Exteriores, Stef Blok, explicó que, "tras la expiración del ultimátum puesto a (el presidente venezolano Nicolás) Maduro el 26 de enero" para que convocara elecciones "libres, transparentes y democráticas", Holanda procede a cumplir con su advertencia y reconoce a Guaidó como "presidente interino" de Venezuela".[11]

Es importante registrar en este artículo, asimismo, la adhesión del Reino de los Países Bajos a las sanciones aprobadas por la Unión Europea contra miembros del Gobierno encabezado por Nicolas Maduro. La prensa internacional reportó en Diciembre del año 2021 la negativa del Gobierno Holandés en permitir el aterrizaje de un avión propiedad del Gobierno de Venezuela y que viajaría, según informaciones ofrecidas por el Gobierno encabezado por Nicolas Maduro como un "vuelo diplomático". En palabras de los oficiales del Gobierno se explica de la siguiente forma: "Nuestra delegación

---

10 Ibidem.

11 La vanguardia. Holanda reconoce a Guaidó como "presidente interino" de Venezuela. Disponible en: https://www.lavanguardia.com/politica/20190204/46194407884/merkel-reconoce-a-guaido-como-presidente-interino-legitimo-de-venezuela.html. Consultado en Mayo 2022.

sería trasladada en un vuelo no comercial de Conviasa (aerolínea estatal sancionada por Estados Unidos), en un vuelo oficial, con condición de vuelo diplomático, este avión se mueve por el mundo"[12].

El cumplimiento de las sanciones aprobadas por la Unión Europea, en virtud del proceso antes mencionado de no cumplimiento de los minimos democráticos en cuanto a la celebración de elecciones en Venezuela, en un criterio importante de carácter jurídico para determinar la legitimidad y legalidad del Gobierno que representa a Venezuela en la sede del tribunal.

En ningún caso, el Estatuto de la Corte Internacional de Justicia o el Reglamento de la Corte hace referencia al reconocimiento por parte de la Organización de las Naciones Unidas o ningún otro criterio particular para poder otorgar la posibilidad de presentarse en el juicio.

LA SITUACIÓN ACTUAL

El Gobierno de Venezuela ha decidido no hacerse parte en el caso, es decir, no litigar el caso presentado por Guyana. Ni el Gobierno encabezado por Nicolas Maduro, ni el Gobierno liderado por Juan Guaido.

En la primera fase del caso, el Gobierno de Venezuela encabezado por Nicolas Maduro estuvo en permanente comunicación con la Secretaría de la Corte enviando cinco comunicaciones, junio de 2018, abril del 2019, en noviembre del 2019, en febrero del 2020 y en julio del 2020. En relación con la Memoria presentada por Guyana, presentó un memorandun como respuesta[13]. En el caso del Gobierno

---

12 Venezuela denuncia que Países Bajos negó vuelo a delegación de Maduro que viajaría a la CPI. Disponible en https://www.france24.com/es/minuto-a-minuto/20211213-venezuela-denuncia-que-pa%C3%ADses-bajos-negó-vuelo-a-delegación-de-maduro-que-viajar%C3%ADa-a-la-cpi. Consultado en Mayo 2022.

13 Memorandum of the Bolivarian Republic of Venezuela on the Application filed before the International Court of Justice by the Cooperative Republic of Guyana on March 29th, 2018. Disponible en https://www.icj-cij.org/public/files/case-related/171/171-20191128-WRI-01-00-EN.pdf. Consultado, Mayo 2022.

liderado por Juan Guaido no ha presentado ningún acto procesal o documentación ante la Secretaria de la Corte.

Es importante mencionar que los dos gobiernos, tanto el que lidera Maduro como Guaido, llamados en los medios de comunicación como oposición y gobierno, en el marco de una de las periódicas reuniones de dialogo, celebrada en Septiembre del año 2021 firmaron un "**Acuerdo para la ratificación y defensa de la soberanía de Venezuela sobre la Guayana Esequiba**".[14]

En el acuerdo se plantea la ratificación de los derechos históricos sobre el territorio Esequibo y acordó lo siguiente:

> "Segundo: Expresar nuestro desacuerdo con la decisión de la Corte Internacional de Justicia de atribuirse jurisdicción para conocer sobre la validez del Laudo Arbitral de 1899, a partir de la demanda unilateral de Guyana.
>
> Tercero: Realizar un nuevo llamado a Guyana para que retome el camino de las negociaciones directas con el Estado venezolano, a fin de alcanzar un arreglo práctico y mutuamente satisfactorio, canalizando de esa manera de forma amistosa la resolución de la controversia, en apego al Derecho Internacional y con base en el Acuerdo de ginebra de 1966."[15]

Este acuerdo político es parte del proceso de dialogo entre el llamado Gobierno de la República Bolivariana y la Plataforma Unitaria de Venezuela, en el marco de los acuerdos firmados en México el 13 de agosto de 2021 y ratificado por la Asamblea Legislativa y publicado en la Gaceta Oficial de la República Bolivariana de Venezuela.

En el texto se rechaza la decisión de la Corte Internacional de Justicia y solicita a los dos países que busquen un arreglo amistoso

---

14 Venezuela. Asamblea Legislativa. Acuerdo para la ratificación y defensa de la soberanía de Venezuela sobre la Guayana Esequiba. Disponible en: http://www.asambleanacional.gob.ve/storage/documentos/acto/acuerdo-en-respaldo-y-ratificacion-a-guayana-esequiba-20210921223812.pdf. Consultado en Mayo 2022.

15 Ibidem.

en el marco del derecho internacional. En este caso, en cumplimiento de derecho internacional, el camino abierto es continuar con el litigio ante la Corte Internacional de Justicia[16]. La idea de que el Gobierno de Guyana negocie con Venezuela un retiro del caso de la Corte Internacional de Justicia, para adelantar negociaciones bilaterales directas no parece posible en este momento. Sin embargo, la diplomacia es el arte de lograr acuerdos.

Este acuerdo político ratifica la posición de la representación del Gobierno que lidera Nicolas Maduro, pero al mismo tiempo valida la idea que ambas representaciones tienen la legitimidad necesaria para presentarse ante la Corte Internacional de Justicia para litigar el caso iniciado por Guyana.

CONCLUSIONES:

La dualidad de la existencia de dos gobiernos en el territorio de Venezuela es una situación poco común e irregular en el marco de las relaciones internacionales, en especial en América Latina. El proceso que desembocó en la perdida de la legitimidad del Gobierno que encabeza Nicolas Maduro, estaba basado en un conjunto de anuncios, resoluciones y decisiones adoptadas por la comunidad internacional y que estaban basados en graves situaciones sobre las elecciones desarrolladas en ese país, documentadas ampliamente en misiones de observación internacionales. Igualmente, en el país se vive una crisis en materia de derechos humanos que ameritó la apertura de una investigación por parte de la Fiscalía de la Corte Penal Internacional y la activación de diversos mecanismos internacionales, como la "Misión Internacional Independiente de determinación de los hechos sobre la República Bolivariana de Venezuela" creada por el Consejo de Derechos Humanos de la ONU o las acciones tomadas por la Secretaría General de la OEA.

---

16 Para una ampliación del litigio en el caso Guyana vs. Venezuela ante la Corte Internacional de Justicia, ver: Sainz Borgo, Juan Carlos. "La recuperación del Esequibo. Anotaciones desde la perspectiva procesal". *Revista de Derecho Público,* No. 167-168. Editorial Jurídica Venezolana. Caracas.

El Gobierno liderado por Juan Guaido tiene una clara legitimidad internacional, por el apoyo que le ofrece el Gobierno de los Estados Unidos y la Unión Europea. Sin embargo, el Gobierno encabezado por Nicolas Maduro, disfruta de los criterios de efectividad en el control del territorio y del gobierno del país, y también cuenta con un número de apoyos internacionales importantes, como el caso de Rusia y China. Pero elaborar sobre cuál es la mejor representación o las opciones que ofrecen no es el objeto de este artículo.

La idea que queremos expresar en este artículo es visibilizar las consecuencias de esta dualidad de gobiernos, reconocidos por diversos países y organismos de la comunidad internacional, y presenta el desafío para el trabajo de la Corte Internacional de Justicia, ya que a nuestro juicio cualquiera de los dos gobiernos podría presentarse ante la Secretaría y ejercer la defensa de los intereses del Estado.

En este sentido, quisiera concluir con las siguientes ideas:

1. La representación ante la Secretaría de la Corte Internacional de Justicia no es un hecho que dependa exclusivamente del reconocimiento que el Gobierno respectivo tenga en el seno de la Organización de las Naciones Unidas. Una cosa es la representación política en el seno de la ONU y otra son sus dictámenes en órganos jurídicos e independientes que forman parte del Sistema.

2. Los criterios para determinar que gobierno puede ejercer la representación de Venezuela ante el caso presentado por Guyana ante la Corte Internacional de Justicia, deben ser criterios jurídicos tomados en consideración por la Secretaría de la Corte o por la Corte Internacional de Justicia en pleno.

3. El derecho aplicable para determinar la legalidad de la representación de Venezuela, debe considerar el mandato de la Carta de la ONU en su Capitulo VIII cuando le otorga preeminencia a las soluciones regionales antes que las globales, así como el conjunto de decisiones adoptadas por el órgano regional hemisférico, en el marco de la protección de la democracia basadas en la Carta Democrática Interamericana. Asimismo, es importante tomar en consideración las decisiones de otros órganos regionales, como el Parlamento Europeo, MERCOSUR, el Parlamento Latinoamericano, MERCOSUR, por nombrar algunos.

4. El reconocimiento del Gobierno de los Países Bajos del Gobierno encabezado por Juan Guaido le otorga a este la base jurídica necesaria para presentar las actuaciones procesales que se requieran para la defensa de los intereses de Venezuela, de acuerdo con lo establecido por el Reglamento y la práctica de la Corte Internacional de Justicia.

4. Los casos ante la Corte deben litigarse. El conjunto de decisiones de la Corte ha demostrado que la no comparecencia es una decisión que no contribuye con la administración de la justicia, la determinación de una solución y la construcción de una paz sustentable en el tiempo.

5. Las fuerzas políticas en controversia en Venezuela deben establecer un protocolo de actuación para que las mejores personas, con conocimiento en la materia, puedan presentarse de forma conjunta ante la Corte para defender los intereses del país. Las perdidas territoriales del país ocurridas en el siglo XIX fueron el fruto de grandes divisiones y conflictos internos. No hagamos del siglo XXI una continuación de esas graves decisiones.

SOBRE EL PRINCIPIO DEL *UTI POSSIDETIS IURIS* EN EL CONTEXTO DE LA CONTROVERSIA TERRITORIAL SOBRE EL ESEQUIBO

VÍCTOR RODRÍGUEZ CEDEÑO

SOBRE EL PRINCIPIO DEL *UTI POSSIDETIS IURIS* EN EL CONTEXTO DE LA CONTROVERSIA TERRITORIAL SOBRE EL ESEQUIBO

*Víctor Rodríguez Cedeño**

SUMARIO: INTRODUCCIÓN. I. ASPECTOS GENERALES: 1. *El concepto del uti possidetis iuris.* 2. *Un principio de Derecho Internacional general de alcance universal.* 3. *La posesión de derecho y la posesión de hecho.* 4. *La ocupación y las efectividades: pacifica, continua, constante. Los actos estatales de la potencia colonizadora y del estado sucesor.* 5. *El valor de los mapas (cartas geográficas) según la jurisprudencia internacional. El principio del uti possidetis iuris y su no aplicación en la delimitación marítima.* **II. LA CONSIDERACIÓN DEL PRINCIPIO EN EL CONTEXTO DE LA CONTROVERSIA SOBRE EL ESEQUIBO:** 1. *Las pretensiones británicas y las protestas y planteamientos de Venezuela desde 1830 hasta 1897.* 2. *El compromiso arbitral de 1897 y la inclusión abusiva y de mala fe del principio de la prescripción adquisitiva del territorio, en perjuicio del principio fundamental del uti posssidetis iuris.*

INTRODUCCIÓN

Las formas de adquisición y formación del territorio han variado a través de la historia. Conquista, ocupación, posesión de facto, tratados o acuerdos internacionales e incluso mediante decisiones jurisdiccionales ajustadas a Derecho. Su determinación, como vemos en la práctica, ha sido objeto recurrente de controversias entre los Estados, muchas de ellas derivadas del surgimiento de nuevos

---

* Abogado y diplomático. Fue representante permanente alterno de Venezuela ante la ONU. Ex presidente del Comité Ejecutivo del ACNUR.

Estados que han accedido a su independencia, especialmente, después de comienzos del siglo XIX en América Latina y después en el siglo XX en África.

La soberanía o el ejercicio exclusivo del poder estatal del Estado sobre su territorio reposa en varios principios y conceptos que en su conjunto permiten determinar la frontera entre los Estados. La ocupación, la posesión o control efectivo, los títulos jurídicos y el principio del *uti possidetis juris* son criterios que, aunque a veces con diversas acepciones, son de fundamental consideración para la delimitación de territorios. La ocupación debe responder a ciertas condiciones, como la posesión efectiva, para que puedan ser consideradas bases de titularidad jurídica sobre un territorio. Los títulos jurídicos no tienen un significado único pudiendo ser una prueba documental como también cualquier otro modo de prueba susceptible de establecer la existencia de un derecho, como la fuente misma de ese derecho. En definitiva, títulos jurídicos y efectividades van a determinar cuándo se plantean dudas, el trazado de las fronteras entre Estados.

El *uti possidetis iuris* no es solo un principio importante de Derecho Internacional, sino que el mismo contiene una norma de Derecho Internacional general que como veremos regula el establecimiento de las fronteras de los países que acceden a su independencia, lo que le diferencia de la posesión de hecho que se relaciona, más bien, con la ocupación legal y la posesión. Por supuesto, hablamos de actos, tratados, acuerdos; pero también de comportamientos como el silencio, el *estoppel,* el reconocimiento, la aquiescencia que de alguna manera van a jugar todos en su conjunto un rol central en el tratamiento del tema.

El descubrimiento de tierras consideradas sin dueño o *terra nullius* en el siglo XV permitió a las potencias europeas, España y Portugal principalmente, ocupar los territorios y actuar como potencias estatales tanto políticamente, como administrativa, militar y religiosamente. Mediante distintos instrumentos legales la Corona española formalizó los límites de las distintas entidades administrativas a la vez que en gran parte de esos territorios se adoptaron medidas en relación con el territorio y las personas que lo habitaban. En pocas palabras, la Corona como potencia colonial ejercía funciones estatales, muy distintas como veremos a la ocupación de colonos de otras potencias, que no constituye efectividades válidas y que no generan evidentemente títulos de soberanía.

En esta oportunidad me refiero, por supuesto, de manera muy general, en primer lugar (A) al principio del *uti possidetis iuris*, a su naturaleza, a la importancia regional y universal como norma reguladora del establecimiento de las fronteras entre Estados, en particular, a la preeminencia del título jurídico sobre las efectividades territoriales; y, en segundo lugar, para trasladar los aspectos teóricos a la realidad, a la consideración del principio en el marco de la controversia territorial con Guyana sobre el territorio Esequibo.

Debemos recordar, para centrar nuestros comentarios sobre el principio, que el objeto de la demanda de Guyana es la nulidad/validez del laudo arbitral de 1899, lo que no obvia que debemos abordar los aspectos íntimamente relacionados, uno de ellos la no consideración por el tribunal arbitral del principio, en el que debía haberse basado como principio jurídico regulador o normativo, clara expresión de la titularidad jurídica, el trazado de los límites entre Venezuela y la ex colonia británica de Guayana. Además, como concluye la Corte «la demanda de Guyana se relaciona con la validez de la sentencia de 1899 relativa a la frontera entre Guayana Británica y Venezuela, así como con las cuestiones conexas de la solución pacífica de la controversia (…) que constituyen el objeto de la controversia…"[1]

Recordemos también que como se recoge en la Decisión sobre admisibilidad de la controversia de la CIJ del 18 de diciembre de 2020, Venezuela considera ha considerado que "la sentencia arbitral (del 3 de octubre de 1899) fue el fruto de una transacción política concluida a espaldas de Venezuela y sacrificando sus derechos legítimos. La frontera fue demarcada de manera arbitraria, sin tomar en cuenta las reglas específicas establecidas por el Acuerdo de arbitraje ni los principios pertinentes de derecho internacional."[2]

---

1 CIJ, *Rec. 2020*, par. 135.

2 CIJ, *Rec. 2020*, par. 35.

El principio del *uti possidetis iuris* estaba vigente entonces y referido en el compromiso arbitral como veremos, lo que exige la aplicación del Derecho intertemporal definido en la Decisión del Árbitro único Max Huber en el Caso de *Isla de Palmas,* como "... la regla general según la cual el derecho que se aplica a una situación determinada, debe ser el que estaba en vigor, en el momento en que esa situación se produce".[3]

I. ASPECTOS GENERALES

El principio del *uti possidetis iuris,* inspirado en el derecho romano y argumentado una vez en relación con el derecho de la guerra en el siglo XVII, se esboza y se aplica en Hispanoamérica a partir de 1810 y 1826, fechas críticas que marcan la independencia de Sur y Centroamérica, para garantizar a los nuevos Estados sudamericanos y centroamericanos que se emancipan de la Corona española, los límites que tenían entonces como unidades administrativas de España que habían sido establecidos, en el caso de Venezuela, en la Real Cédula de Carlos III de 1777, cuando se crea la Capitanía General de Venezuela,[4] territorios que serían confirmados posteriormente por la Real Orden que creaba la Audiencia de Caracas en 1786 y que serán reconocidos más adelante por España, el 30 de marzo de 1845.[5]

---

3 RSA, Vol. II, p. 845, cit. Decisión arbitral del 31 de julio de 1989, par. 54.

4 "...Por tanto, para evitar éstos y los mayores que se ocasionarían en el caso de una invasión, he tenido a bien resolver la absoluta separación de las mencionadas provincias de Cumaná, Guayana y Maracaibo, e islas de Trinidad y Margarita, Virreinato de y Capitanía General del Nuevo Reino de Nueva Granada, y agregarlas en lo gubernativo y militar a la Capitanía General de Venezuela..." Fuente: Blanco José Félix y Azpurua Ramón, compiladores. Documentos para la Historia de la Vida Pública del Libertador.

5 España renuncia mediante el Tratado de Paz y Amistad suscrito con Venezuela en 1845 "a los derechos y acciones que le corresponden sobre el territorio americano de la Capitanía General de Venezuela, hoy República de Venezuela, compuesta por las Provincias y territorios expresados en su Constitución y en otros cualesquiera territorios e islas que puedan corresponderle."

El territorio de la Capitanía General y de Venezuela como Estado se precisó en las distintas Constituciones de la República desde 1819 cuando se incluyó por primera vez, en el texto adoptado en el Congreso de Angostura. Pocos años más tarde, en 1821, en la Constitución de Cúcuta se le incorpora en el artículo 6 que precisa que "el territorio de Colombia es el mismo que comprendía el antiguo Virreinato de Nueva Granada y de la Capitanía General de Venezuela."

Y en la Constitución de 1830, cuando se separa de la Gran Colombia, se precisa que "el territorio de Venezuela comprende todo lo que antes de la transformación política de 1810 se denominaba la Capitanía General de Venezuela."

En la Constitución de 1881, en particular, se establece que "los límites de los Estados Unidos de la Federación venezolana son los mismos que en el año 1810 correspondían a la antigua Capitanía General de Venezuela". Y, más recientemente en la Constitución de 1999, actualmente en vigor, se precisa en su artículo 10 que "el territorio y demás espacios geográficos de la Republica son los que correspondían a la Capitanía General de Venezuela antes de la transformación política iniciada el 19 de abril de 1810 con las modificaciones resultantes de los tratados y laudos arbitrales no viciados de nulidad."

El territorio heredado de la Corona, en aplicación del principio del *uti possidetis iuris*, será igualmente considerado como tal en decisiones arbitrales importantes como el de la Reina María Cristina de España en relación con Isla de Aves, en 1865; y, más adelante, en términos más generales, en el laudo arbitral del presidente de Francia Emile Loupet, del 11 de septiembre de 1900, en el que reconoce la vigencia de los títulos heredados de la Corona.

1. *El concepto y el alcance del uti possidetis iuris*

El principio del *uti possidetis iuris* que en pocas palabras significaría: Lo que poseías, lo seguirás poseyendo, se concibe -como dijimos- con el fin de garantizar, por una parte, a los Estados hispanoamericanos que habían logrado su independencia de la Corona española, las fronteras que se habían acordado a las diferentes entidades administrativas sometidas al poder colonial y por otra parte que en América Hispana no había más territorios sin dueño o *terra nullius* lo que es muy relevante en cuanto a la ocupación y la posesión como base de titularidad jurídica.

En 1922 el Consejo Federal Suizo en su sentencia arbitral sobre algunas cuestiones fronterizas entre Venezuela y Colombia definió el principio como sigue:

> "Cuando las colonias españolas de América Central y meridional se proclamaron independientes, en la segunda mitad del siglo XIX, adoptaron un principio de derecho constitucional e internacional al que darían el nombre de uti possidetis iuris de 1810, a los efectos de considerar que los límites de las Repúblicas recientemente constituidas serían las fronteras de las provincias españolas a las cuales habían sustituido."[6]

A la vez, la aplicación del principio del principio garantizaba, como veremos, que en América Hispana no había más territorios sin dueño, por lo que cualquier ocupación sobre alguno de ellos o de alguna de sus partes solo podía ser considerada válida si la Corona o el Estado sucesor lo consentían y si tal ocupación era tal como lo prevé el Derecho Internacional, permanente, constante y pacífica que se pudiere traducir en una posesión legitima.

El principio es de aplicación retroactiva. Su contenido más que de Derecho Internacional en estricto sentido, es de Derecho Constitucional y Administrativo de la Corona, es decir, el Derecho de Indias, pues el refleja los distintos actos jurídicos por los que se establecieron esas fronteras.

a) Mantener las fronteras administrativas que jurídicamente le pertenecían al nuevo Estado independiente

En la Decisión de la Corte de 1986 sobre la *Controversia fronteriza* entre Burkina Faso y Mali, se reiteró el significado del principio cuando dice:

---

6 R.S.A, Vol. I, p. 228.

"bajo su aspecto esencial el principio buscar asegurar el respeto de los límites territoriales al momento de la accesión de la independencia. Estos límites territoriales podían no ser sino delimitaciones entre divisiones administrativas o colonias que relevaban todas de la misma soberanía. En esta hipótesis, la aplicación del principio (...) convertiría la transformación de límites administrativos en fronteras internacionales propiamente dichas." [7]

b) No hay más territorios sin dueño o terra nullius

El principio reconoce a su vez que en América hispana no hay más tierra sin dueño, *terra nullius,* incluso, si no hubiese una posesión clara sobre un determinado territorio o parte del mismo. La posesión jurídica era lo importante, lo que desde luego va a contrastar con la posesión de facto que sobre tierras sin dueño podría lograrse si ella resultaba pacífica, consentida, continua, constante como lo exigía el Derecho Internacional.

En su Decisión del 11 de setiembre de 1992 en el Caso de la *Controversia territorial, insular y marítima* entre Honduras y El Salvador (Intervención de Nicaragua como tercero) la CIJ dijo que la finalidad del principio en la época de la accesión a la independencia de las antiguas colonias españolas de América:

"... era privar de efecto las intenciones eventuales de potencias colonizadoras no americanas sobre regiones que la antigua metrópoli había asignado a una u otra de las circunscripciones y que habían quedado no ocupadas o inexploradas".

Y en la citada sentencia arbitral del Consejo Federal Suizo del 24 de marzo de 1922 sobre diversas cuestiones de límites entre Colombia y Venezuela, se había observado que:

"Este principio general ofrecía la ventaja de presentar en una regla absoluta que no hay en Derecho, en la antigua América Española, territorio sin dueño; aunque existían regiones inexploradas o inhabitadas por indígenas no civilizados, estas

---

7 CIJ, *Rec. 1986*, p. 566, par. 23.

regiones eran consideradas como pertenecientes, en derecho, a cada una de las Repúblicas que habían sucedido a la provincia española a la cual esos territorios estaban vinculados en virtud de antiguas ordenanzas reales de la madre patria española. Estos territorios, aunque no estuviesen ocupados de hecho, eran considerados de común acuerdo como ocupados jurídicamente desde el primer momento, por la nueva República." [8]

2. *Un principio universal de derecho internacional general*

a) Un principio universal

Si bien el principio del *uti possidetis iuris* tiene, en los términos que se interpreta hoy, un origen hispanoamericano, el mismo ha sido considerado y aplicado en el establecimiento de fronteras y en procesos de delimitación en otras regiones, particularmente en África, aunque también se ha aplicado con ciertas especificidades, en otros procesos de creación de nuevos Estados más recientes, como los derivados de la disolución de la antigua Yugoslavia[9] y del desmembramiento de Unión Soviética.[10]

La CIJ en su Decisión de 1986 sobre la *Controversia territorial* entre Burkina Faso y Mali, referida en la citada Opinión del 11 de enero de 1992 de la Conferencia de Paz de Yugoslavia, precisa que:

> "...aunque este principio fue invocado por primera vez en América Hispana, no es una norma que pertenezca solamente a un sistema particular del Derecho Internacional, se trata de un principio de alcance general, conectado lógicamente al fenómeno del acceso a la independencia, donde quiera que ocurra. Su finalidad evidente es impedir que la independencia y la

---

8 CIJ, *Rec. 1992*, p. 42.

9 La Comisión de arbitraje establecida por la Conferencia de Paz para la ex Yugoslavia en su Opinión del 11 de enero de 1992 afirmó que los limites anteriores adquieren el carácter de fronteras protegidas por el derecho internacional y que ellas solo pueden ser modificadas por acuerdos libre y mutual afirmando expresamente la aplicabilidad del *uti possidetis iuris*.

10 M. Kohen, Possession contestée et souveraineté territoriale, pp. 428 y ss. PUF, IUHEI, 1997.

estabilidad de los nuevos Estados sean amenazadas por luchas fratricidas surgidas de controversias fronterizas [...] El hecho de que los nuevos Estados africanos hayan respetado el statu quo territorial que existía cuando obtuvieron la independencia no debe considerarse, por lo tanto, como una simple práctica, sino como la aplicación en África de una norma de alcance general que está firmemente establecida en cuestiones de descolonización...”[11]

b) El *uti possidetis* y la intangibilidad de las fronteras

En África el principio se traslada y se esboza como el principio de la **intangibilidad de las fronteras**, aunque éste las presenta como inmutables, distintamente al *uti possidetis iuris* que no impediría que los Estados sucesores puedan mediante actos jurídicos, incluso unilaterales; o comportamientos o hechos jurídicos, como la ocupación efectiva, convenir o acordar fronteras distintas a las heredadas de la colonia, excluyendo toda modificación unilateral. Ese caso, el titulo jurídico sobre el territorio no es más el *uti possidetis* sino lo que se deriva del nuevo acto o comportamiento[12], lo que confirma la Corte en su citada Decisión de 1986 de cuando no consideró que:

> ...la aplicación del principio (...) en América española tenía por objeto congelar para siempre los límites de las provincias que, con la independencia, constituyeron las fronteras entre los nuevos Estados. Es posible para esos Estados modificar por acuerdo las fronteras que les separan.

Los principios en su visión hispanoamericana y africana han sido sin embargo considerados idénticos por la Corte, particularmente, en el Caso de la *Controversia fronteriza* entre Benín y Níger en cuya Decisión del 12 de julio de 2005 lo reconoce al recordar que las partes solicitaron expresamente que:

---

11 CIJ. *Rec. 1986*, par. 20.

12 M. Kamto, La volonté de l’Etat en droit international, RCADI, Martinus Neijhoff Pub., 2007.

realizara su tarea aplicando en particular, el principio de la sucesión de Estados de las fronteras heredadas de la colonización, a saber, el principio de la intangibilidad de dichas fronteras o principio del *uti possidetis iuris*[13].

El principio del *uti possidetis se aplica* a las controversias planteadas por la delimitación de fronteras de ex colonias de una misma potencia colonial y de nuevos Estados independizados de distinta potencia colonial como lo reconocen las partes en la Controversia sobre la *Delimitación de la frontera marítima entre Guinea Bissau y Senegal*, Estados sucesores de potencias distintas, Portugal y Francia respectivamente.[14]

En la Decisión del 31 de julio de 1989 el tribunal arbitral señaló que el *uti possidetis* latinoamericano se referiría únicamente a las divisiones territoriales intracoloniales, mientras que en África el principio se aplicaría a las divisiones territoriales establecidas tanto por una autoridad colonial dentro de su territorio como por diferentes potencias coloniales, ello por cuanto el principio se aplicó en gran medida en América Latina, en las relaciones entre países anteriormente bajo la dominación colonial española.[15] Esta afirmación ha sido sin embargo criticada por considerar que también en América Hispana el principio se había aplicado en controversias planteadas entre países como Brasil e incluso extrarregionales como Reino Unido y Países Bajos.[16]

El principio del *uti possidetis iuris*, lejos de ser un simple principio político para delimitar las fronteras entre Estados que acceden a la independencia, es de naturaleza jurídica como ha sido reconocido por la doctrina y la jurisprudencia internacionales, en particular la CIJ que precisa a ese respecto que:

---

13 CIJ, *Rec. 2005*, p.108, par. 23.

14 Caso relativo a la delimitación de la frontera marítima entre Guinea Bissau y Senegal. RSA, Vol. XX, pp: 119-213.

15 Sentencia arbitral del 31 de julio de 1989 relativa a la *Delimitación marítima entre Guinea Bissau y Senegal*, par. 61.

16 G. Nessi. *The Uti possidetis Doctrine*, EPIL, Oxford Press, Max Planck, 2018.

En el respeto por los nuevos Estados africanos de los limites administrativos y de frontera establecidos por las potencias coloniales debemos ver no una simple práctica que habría contribuido a la formación gradual de un principio de derecho internacional consuetudinario cuyo valor estaría limitado al continente africano como la habría sido antes en América hispana, sino más bien como la aplicación en África de una norma de contenido general.[17]

De acuerdo con lo afirmado por la Corte en su citada Decisión de 1986 "el genitivo latín *iuris* otorga al título jurídico la preminencia sobre la posesión efectiva como base de soberanía."[18]

3. *La posesión de derecho y la posesión de hecho*

Debemos distinguir la posesión jurídica de la posesión de hecho. En la primera son los títulos las principales referencias, mientras que en la segunda es la ocupación misma la que se considera, aunque ello es aplicable, vale precisarlo, a la ocupación y posesión en los términos que reconoce el Derecho Internacional, de las tierras sin dueño o *terra nullius*.

El principio del *uti possidetis* de facto planteado por Brasil que consideraba que el *uti possidetis iuris* era aplicable solamente entre Estados hispanoamericanos, mientras que las relaciones entre esos Estados y Brasil serian reguladas por el *uti possidetis de facto*, es decir, daba prioridad a la posesión más que al título jurídico lo que fue rechazado por algunos, en particular, por el Congreso Nacional, cuando en 1852 debía aprobar el Tratado de Límites con Brasil. El Congreso de la Republica afirmo entonces, al desaprobar el texto, que "el *uti possidetis* al que se refería la Convención no podía ser otro que el derivado de los tratados en vigor entre España y Portugal al momento de la independencia de Venezuela (...) recordó también

---

17 CIJ, *Rec. 1986*, p. 565, par. 23.

18 CIJ, *Rec. 1986*, p. 565, par. 23.

que el territorio de Venezuela es el que correspondía antes de 1810 a la Capitanía General de Venezuela…"[19]

4. *La ocupación, la posesión y las efectividades: la ocupación debe ser pacifica o consentida por el o los estados interesados, continua y constante. Los actos estatales de la potencia colonizadora y del estado sucesor*

La ocupación, en estricto sentido, fue un modo de adquisición del territorio que se realizaba o materializaba con la posesión y el ejercicio de la soberanía de un territorio sin dueño o en otras épocas tras un conflicto o guerra, formas hoy superadas; la primera por que no existen tierras sin dueño y la segunda por cuanto la adquisición de territorio por la fuerza está prohibida por el Derecho Internacional.

Para que la ocupación del territorio pueda tener efectos jurídicos, pueda fundamentar la relación jurídica, debe ser además de pacífica, constante, continua, estar sujeta al control o poder sobre el mismo. La presencia del Estado se expresa necesariamente mediante los actos de autoridad, una exigencia que desde luego es relativa en función de la extensión del territorio, de las comunicaciones, de la geografía, como lo dijo la Corte Permanente de Justicia Internacional (CPJI), en el Caso de *Groenlandia Oriental*. Pero esos actos deben ser, además, consentidos, aceptados por todos, lo que se expresa mediante el silencio o aceptación o aquiescencia o falta de protesta como lo observa la CPJI en el mismo Caso de *Groenlandia oriental* cuando se constata la ausencia de protestas de Noruega y de otros Estados. Son en definitiva los actos del Estado los que se consideran al momento de determinar la efectividad de la posesión como base de la titularidad sobre un territorio.[20]

Ante un título jurídico sea un tratado, un acuerdo, un acto jurídico cualquiera, las efectividades no producirían efectos jurídicos. Es claro que ellas son útiles para confirmar el control por el Estado del

---

19 J. Barberis. La conception brasilienne de l'*uti possidetis,* In. *Liber Amicorum* en honor de Mohammed Bedjaoui, p. 56, Kluwer Lwa International, The Hague, 1999.

20 Cit. Ch. De Visscher. *Les effectivités du Droit international public*, Pédone, Paris, 1967.

territorio o para a falta de título claro ellas pueden reflejar tal control. Es también claro que cuando esa posesión es cuestionada o hay una posición adversa de otro Estado, como lo dijo la Corte Permanente en el mismo Caso de *Groenlandia Oriental,* las exigencias de efectividades serían más estrictas.

El título jurídico, es decir, un tratado o los actos administrativos y legales del Estado colonizador en los que se funda el principio del *uti possidetis*, prevalece y debe prevalecer ante la ocupación por un Estado de un territorio. Solo en casos excepcionales podrían tales efectividades prevalecer, como lo dijo la CIJ en el Caso de la *Soberanía sobre algunas parcelas fronterizas* entre Bélgica y Países Bajos que consideró que los actos alegados por éste no eran suficientes para desplazar la soberanía establecida por un texto convencional.

La Sala de la CIJ que conoció el Caso de la *Controversia fronteriza* entre Benín y Níger reiteró lo antes expresado por la Sala que conoció la *Controversia territorial* entre Burkina Faso y Mali (CIJ, Rec. 1986, pp: 586-587, par 63 y p. 566, par. 23) que el principio del *uti possidetis iuris* "acuerda como título jurídico la preeminencia sobre la posesión efectiva como base de la soberanía" y que el mismo "busca ante todo asegurar el respeto de los límites territoriales en el momento de la accesión a la independencia incluidas las antiguas delimitaciones administrativas establecidas durante la época colonial y convertidas en fronteras interna-cionales."[21]

Es claro también que los títulos gozan de mayor solidez y credibilidad cuando se agregan las efectividades, lo que no es en todos los casos. La efectividad debe ser entendida como los comportamientos que atestiguan un cierto dominio sobre el territorio de que se trata. Debe haber, por supuesto, la intención de ejercer el dominio y el poder de autoridad, en pocas palabras, deben reflejar la expresión de la voluntad de ese Estado de ejercer el control. Debe haber además un elemento material, es decir, el hecho de la ocupación misma, de la presencia mediante actos, como dijimos, que provengan de cualquiera de los poderes del Estado.

---

21 CIJ, *Rec. 2005*, p. 108, par. 23.

Tal como observamos antes, la ocupación no puede ser contestada. De lo contrario estaríamos ante el silencio y la aquiescencia y el reconocimiento de una situación.[22]

5. *El principio del uti possidetis iuris y su no aplicación en la delimitación marítima*

El principio del *uti possidetis iuris* se aplicaría solamente a la delimitación de los territorios heredados formalmente de la Corona española o del Estado colonizador y no a otros espacios, como los marítimos como lo dijo la Corte en su Decisión en relación con el caso de la *Controversia territorial y marítima* entre Nicaragua y Colombia la Corte cuando afirma que:

> ninguna Ordenanza de la época colonial citadas por las partes hace referencia específica a las formaciones marítimas en litigio

La Corte confirma lo dicho antes en su Decisión en relación con el Caso de la *Controversia territorial, insular y marítima*[23]*:* que

> cuando el principio del *uti possidetis* iuris está en juego, el Derecho en cuestión no es el Derecho Internacional, sino el Derecho constitucional o administrativo del soberano antes de la independencia, en este caso, el Derecho colonial español y ese derecho no aportaba ninguna respuesta clara y categórica a la cuestión de saber a cuál entidad pertenecían las zonas marginales o zonas pobladas (…) La Corte estima en consecuencia que ni Nicaragua ni Colombia han establecido que detentaban un título sobre las formaciones marítimas en litigio, en virtud del *uti possidetis iuris*.[24]

---

22 Ver : CIJ, *Rec. 1992*, p. 408, par. 80.

23 CIJ, *Rec. 1992*, p. 559, par. 333.

24 CIJ, *Rec. 2012*, p. 31, par. 64.

6. *El valor de los mapas (Cartas Geográficas) según la jurisprudencia internacional*

Por último, para concluir esta breve apreciación sobre el principio y algunos de sus aspectos, me refiero a los mapas o cartas geográficas que pueden tener un papel relevante, aunque no determinante, para establecer la soberanía sobre un territorio. Muchas veces los mapas y las referencias no son tan claras como lo dice la Corte en su Decisión en el Caso de la *Controversia territorial, insular y marítima* entre Honduras y El Salvador por lo que tiene que recurrir a otros medios e informaciones.

Los mapas, como dijimos, tienen sin duda un valor importante pero no son constitutivos equivalentes a un título jurídico, como lo ha dicho la Corte en algunas de sus decisiones, en especial, en la de 1986 en el Caso de la *Controversia territorial* entre Burkina Faso y Mali cuando dice que:

> En materia de delimitación de fronteras o de conflictos territoriales internacionales los mapas no son más que simple indicaciones, más o menos exactas según los casos; ellos no constituyen jamás -por ellos mismos y por el solo hecho de su existencia- un título territorial, es decir, un documento al que el Derecho Internacional confiere un valor jurídico intrínseco a los fines del establecimiento de los derechos territoriales. Es verdad -agrega la Corte- que en algunos casos los mapas pueden adquirir un valor jurídico, pero este valor no emana de sus solas cualidades intrínsecas; ello resulta del hecho de que esos mapas han sido integrados entre los elementos que constituyen la voluntad del Estado o de los Estados concernidos. Así, por ejemplo, cuando ellos están anexos a un texto oficial del que forman parte integrante. Fuera de esta hipótesis claramente definida los mapas no más que elementos de prueba extrínsecos más o menos fiables a los cuales se puede recurrir, entre otros elementos de prueba de naturaleza circunstancial para establecer o reconstruir la materialidad de los hechos.[25]

---

[25] CIJ, *Rec. 1986*, pp: 29-30.

II. LA CONSIDERACIÓN DEL PRINCIPIO EN EL CONTEXTO DE LA CONTROVERSIA SOBRE EL ESEQUIBO

Tras esta presentación general del principio del *uti possidetis iuris*, me refiero en términos generales a su consideración en el proceso arbitral de 1899. Antes, a los hechos desde 1841 que se tradujeron en penetraciones y marcas de territorio abusivas del gobierno británico; y al compromiso arbitral de 1897 en el que se introduce la regla de la prescripción adquisitiva y después en el tribunal arbitral de Paris de 1899 que no consideró el principio al momento de establecer la frontera entre la República de Venezuela y la colonia británica de Guayana, limitándose, sin motivación alguna, a fijar las referencias que había considerado a tales fines. El tribunal habría basado su decisión en el Tratado de Washington de 1897 (compromiso arbitral), dando prioridad al cuestionado principio de la prescripción, desconociendo que la ocupación británica no había sido pacífica, tampoco continua, menos aún consentida por Venezuela que había expresado, como veremos, protestas muy claras que llevaron incluso a la ruptura de relaciones con el Reino Unido.

1. *Las pretensiones británicas y las protestas y planteamientos de venezuela desde 1830 hasta 1897*

La penetración de ingleses en territorio venezolano fue una constante desde 1840, como también lo fue la reacción permanente y contundente la de las autoridades venezolanas que se expresaron muy claramente en contra de las pretensiones inglesas. En 1840 el Reino Unido pretende establecer la frontera entre Venezuela, cuya independencia había sido reconocida en 1834, y la Guayana británica con base en las líneas establecidas por Schomburgk lo que Venezuela protesta inmediatamente por considerar que se habían puesto marcas en el territorio venezolano. En 1841, cuando el gobierno se entera de las marcas colocadas por Schomburgk en el territorio venezolano, Venezuela propone la conclusión de un tratado de límites.

En 1841 se instruye a Alejo Fortique para que negocie con Gran Bretaña[26] en las que se le dice textualmente:

> Aunque el derecho de Venezuela sobre Guayana deba establecerse por V.S. hasta las riberas del Esequibo, no pretende el Gobierno que se haga valer en toda esta extensión porque desea allanar por su parte todos los obstáculos para un pronto arreglo, y claro es que el gobierno inglés no convendría en ceder sus establecimientos del Pumarón y Moroco. Así, pues, podrá V.S. dirigir el curso de la negociación, cediendo por grados hasta convenir en que los límites entre Venezuela y la Guayana Inglesa queden fijados en los puntos siguientes:- el río Moroco hasta sus cabeceras en las montañas de Imataca; la fila más alta de éstas, siguiendo hacia el Sur a encontrar el caño Tupuro; las aguas de éste hasta entrar en el Cuyuní; y continuando por la orilla septentrional de éste hasta su desembocadura sobre la boca del río Esequibo y la margen izquierda de este último hacia el Sur, hasta su confluencia con el Rupununi, en que concluye esta línea.

En 1842 el gobierno británico decide retirar las marcas establecidas antes en el territorio venezolano, según lo comunicara Alejo Fortique a la Cancillería venezolana.[27] Más tarde, en enero de 1844, Venezuela propone el rio Esequibo para delimitar los dos territorios. Alejo Fortique le precisa al Canciller británico que:

> El Gobierno de Venezuela tuvo que quejarse de la conducta del Comisionado porque, entrando en su territorio, fijó a su antojo postes y elevó pabellones que, por orden expresa del Gobierno de Su Majestad, se removieron luego, y desde entonces el que suscribe, Ministro Plenipotenciario de la República de Venezuela, no ha cesado de instar al Sr. Conde de Aberdeen, para que, cuanto antes, se principie la negociación de un tratado que fije definitivamente la línea que ha de dividir los dos países.[28]

---

26 Fuente: MRE, *Historia Oficial de la Discusión entre Venezuela y la Gran Bretaña sobre sus Límites en la Guayana*, Colección Fronteras, Tomo 6, Caracas, 1981, Pp. 9 y 10.

27 A. Rojas. *Los Papeles de Alejo Fortique*, Caracas, 1997, p. 192.

28 Ibíd., p. 174.

Y así, durante esos años, el poder británico llevo incursiones, amenazas, sobre Venezuela hasta llegar a la conclusión del Tratado de Arbitraje en el que Estados Unidos habría jugado un papel importante, más en defensa de sus intereses que de los de Venezuela.

2. *El compromiso arbitral de 1897 y la inclusión abusiva y de mala fe del principio de la prescripción adquisitiva del territorio, en perjuicio del principio fundamental del uti posssidetis iuris*

En el compromiso arbitral de febrero de 1897, suscrito entre Venezuela y el Reino Unido, en el que se ignoran las posiciones y opiniones de Venezuela como lo vemos en las notas oficiales de la época, se acuerda que al tribunal que "se cerciore de la extensión de los territorios (...) y determine la línea divisoria entre los dos países"[29] con base a las reglas aplicables que se describen en el artículo 4 del mismo texto, entre ellas, en el párrafo (a) el principio de la "prescripción por el término de cincuenta años"[30] y en el párrafo (b), a título complementario, el recurso a "cualquier fundamento valido conforme al Derecho Internacional y a cualesquiera principios de derecho internacional que los árbitros estimen aplicables que no contravengan a la regla precedente."[31]

---

29 Art. 3. "... el Tribunal investigará y se cerciorará de la extensión de los territorios respectivamente, o que pudieran ser legítimamente reclamados por aquellas o éste, al tiempo de la adquisición de la Colonia de la Guayana Británica por la Gran Bretaña, y determinará la línea divisoria entre los Estados Unidos de Venezuela y la Colonia de la Guayana Británica."

30 a) Una posesión adversa o prescripción por el término de cincuenta años constituirá un buen título. Los árbitros podrán estimar que la dominación política exclusiva de un Distrito, así como la efectiva colonización de él son suficientes para constituir una posesión adversa o crear títulos de prescripción.

31 b) Los Árbitros podrán reconocer y hacer efectivos derechos y reivindicaciones que se apoyen en cualquier otro fundamento válido conforme al derecho internacional y en cualesquiera principios de derecho internacional que los Árbitros estimen aplicables al caso y que no contravengan a la regla precedente.

Se considera también ese artículo del compromiso de 1897 la ocupación por ciudadanos o súbditos de la otra parte que "en opinión del tribunal requieran la razón, la justicia, los principios de derecho internacional y la equidad del caso."[32]

En el compromiso, pese a la posición y el criterio de Venezuela, se incluye esta disposición en la que se da preeminencia a la regla de la prescripción, la única que podía justificar la ocupación arbitraria de Gran Bretaña, ignorando el principio del *uti possidetis iuris,* valido y aplicable entonces, que era el que tenía que prevalecer pero lógicamente no respondía a los intereses del tribunal presto a una componenda jurídica para formalizar el despojo territorial.

Si bien el tribunal, de acuerdo con el compromiso arbitral, podía considerar la ocupación del territorio por más de cincuenta años como base de la posesión jurídica, ésta no podía ser una ocupación ilegal contraria a los títulos derivados del *uti possidetis iuris*, es decir, una ocupación que no siendo pacífica ni consentida por el Estado con título de soberanía, tal como se observa en los numerosos actos de protesta que había emitido el gobierno venezolano especialmente entre 1841 cuando se inicia la penetración de colonos británicos apoyada por el gobierno inglés.

La forma en que concluyó el Tratado de 1897 o compromiso arbitral evidencia la intención perversa del imperio británico de lograr mediante una componenda arbitral extender sus posesiones en el continente americano, el territorio de la Guayana británica, mucho más allá de los límites que se habían reconocido y heredado de la colonia española para Venezuela.

El gobierno venezolano expreso siempre sus protestas y respondió a las amenazas inglesas con claridad y decisión. Cuando se negociaba el Tratado de Washington o compromiso arbitral de 1897, Venezuela planteó modificaciones importantes al proyecto en relación con la composición del tribunal, otras cuestiones de

---

32 c) Al determinar la línea divisoria, si el Tribunal hallare que territorio de una parte ha estado en la fecha de este Tratado ocupado por los ciudadanos o súbditos de la otra parte, se dará a tal ocupación el efecto, que en opinión del Tribunal, requieran la razón, la justicia, los principios del derecho internacional y la equidad del caso."

procedimiento, pero sobre todo en lo relativo a la "prescripción" que se introduce en forma abusiva y de mala fe, en contra de todos los principios vigentes entonces y de la posición de Venezuela.

El gobierno venezolano planteó sus dudas en forma expresa, como se observa en la correspondencia oficial del gobierno de Venezuela[33], sobre la incorporación del "principio" de la posesión adversa por cincuenta años enfatizando su rechazo por la academia y destacando que ella, en todo caso, tenía que ser legitima. En una de esas Notas oficiales Venezuela destaca que "la posesión debe ser tal que anuncie la pretensión de un pueblo propietario y soberano del territorio; y que no bastaría, por ejemplo, que algunos particulares pertenecientes a la nación hubieran ejecutado en su propio nombre actos de propiedad privada en ese territorio; es preciso que la posesión se efectúe en nombre del Estado" con actos expresos. La posesión se reitera "deberá ser pública, pacífica, continua y no interrumpida y en calidad de propietario."

---

[33] Nota del 9 de diciembre de 1896, Comunicación 1835 de Ezequiel Rojas al Enviados Extraordinario de Venezuela en Estados Unidos señor José Andrade.

LA COMPETENCIA DE LA
CORTE INTERNACIONAL DE JUSTICIA Y
LA CUESTIÓN CONEXA SOBRE LA FRONTERA
ENTRE GUYANA Y VENEZUELA
ASDRÚBAL AGUIAR A.

LA COMPETENCIA DE LA CORTE INTERNACIONAL DE JUSTICIA Y LA CUESTIÓN CONEXA SOBRE LA FRONTERA ENTRE GUYANA Y VENEZUELA

*Asdrúbal Aguiar A.**

PRELIMINAR

El 31 de enero de 2018, Antonio Guterres, sucesor de Ban Ki-Moon en la Secretaría General de la ONU, con fundamento en lo previsto en el artículo 33 de la Carta de Naciones Unidas y en cumplimiento del encargo que le formulasen las partes, a tenor de lo que dispone el artículo IV (2) del Acuerdo de Ginebra ("Acuerdo para resolver la controversia entre Venezuela y el Reino Unido de Gran Bretaña e Irlanda del Norte sobre la frontera entre Venezuela y Guayana Británica", suscrito el 17 de febrero de 1966 a partir de la declaración venezolana sobre el carácter "nulo e írrito" del Laudo arbitral de 1899), decidió que estas trasladasen el conocimiento y resolución del diferendo territorial al que se refiere dicho Convenio a la Corte Internacional de Justicia.

La actuación del secretario de Naciones Unidas en la cuestión tiene como fuente práctica e inmediata la iniciativa del ministro de relaciones exteriores de Venezuela, José Alberto Zambrano Velasco,

---

* Profesor Titular de Derecho Internacional (UCAB, Caracas y USAL, Buenos Aires); Miembro de la Real Academia Hispanoamericana de Ciencias, Artes y Letras de España; Expresidente encargado de Venezuela (1998).

durante el quinquenio 1979-1984. Tal y como lo explico en la reciente edición de mi manual sobre Derecho internacional[1]:

> "En el último año del gobierno de Herrera Campíns ofrece Venezuela a Guyana la negociación directa o encomendar la cuestión al Secretario General de la ONU; pero no aceptándolo esta, que prefiere referirla a la Corte Internacional de Justicia, a la Asamblea General o al Consejo de Seguridad de la ONU, por iniciativa del primero y su Canciller, José Alberto Zambrano Velazco, es llevada directamente al patrocinio del Secretario General de la ONU conforme a lo dispuesto en el artículo IV, numeral 2 del Acuerdo. Este ya había aceptado intervenir en el desarrollo del Acuerdo de Ginebra si se le llegase a solicitar, desde 1966.[2] La gestión de Zambrano Velasco quedará consignada en una obra de su autoría titulada The Esequibo: Our historic claim (1983) y desde entonces, se encomienda la cuestión a un Buen Oficiante elegido por aquél y aceptado por las partes sin que se haya alcanzado resultado alguno."

Así, Guterres, en la misiva que dirige a los presidentes guyanés, David Arthur Granger y a Nicolás Maduro, de Venezuela, el día 30 anterior les expresa que:

> "De acuerdo con el marco definido por mi predecesor, he analizado la evolución del procedimiento de buenos oficios durante 2017. Como resultado, he cumplido con mi responsabi-

---

1 Asdrúbal Aguiar A., *Código de Derecho Internacional*, 3ª. Edición digital e impresa, Caracas, UCAB/Editorial Jurídica Venezolana, 2021.

2 U Thant, Secretario General de la ONU, el 4 de abril de 1966 se dirige a los ministros de relaciones exteriores de Gran Bretaña y de Venezuela, haciéndoles ver la consistencia de la previsión contenida en el artículo IV, numeral 2 del Acuerdo de Ginebra con la naturaleza de sus funciones, y así lo recoge la Corte Internacional de Justicia en el párrafo 44 de su sentencia de 18 de noviembre de 2020 (*Sentence arbitral du 3 octobre 1899 / Guyana c. Venezuela*): "*«J'ai pris note des responsabilités que le Secrétaire général de l'Organisation des Nations Unies pourrait être appelé à assumer au titre du paragraphe 2 de l'article IV de l'accord et je souhaite vous informer que je considère celles-ci comme étant de nature à pouvoir être assumées de manière appropriée par le Secrétaire général.*».

lidad dentro de dicho marco y, sin que se hayan realizado avances significativos hacia un pleno acuerdo sobre la solución de la controversia, elegí la Corte Internacional de Justicia como el próximo medio para lograr este objetivo".

Venezuela, en comunicado oficial del Ministerio de Relaciones Exteriores, el mismo 31 de enero señala que lo decidido por el secretario de la ONU "sobrepasa el carácter sucesivo de los medios de solución pacífica que establece el Acuerdo de Ginebra como metodología establecida para alcanzar una solución aceptable, práctica y satisfactoria de la controversia".

Guyana, en su demanda ante la Corte, hace ver que la ratificación venezolana sobre la validez del Acuerdo de Ginebra, de suyo implica que ratifica lo así decidido por el secretario de la ONU.

Ahora bien, apreciar lo anterior, en su conjunto, para despejar prejuicios y luego entender el alcance de lo ya decidido por la Corte Internacional de Justicia en sentencia sobre su competencia y para determinar si puede o no conocer, exige no pasar por alto algunas precisiones conceptuales que son pacíficas dentro del Derecho internacional.

LA COMPETENCIA DE LA CORTE DE LA HAYA Y LA LIBRE ELECCIÓN DE MEDIOS

En primer término, cabe señalar que, en el Estatuto de la Corte la expresión competencia -llamada jurisdicción en el texto en inglés- refiere "la facultad de la Corte para decidir en un caso que se le someta a su consideración"[3]. Y si bien se precisa que tal ejercicio tiene carácter obligatorio, el que la Corte pueda contar con dicha competencia depende de su aceptación previa por los Estados litigantes, no bastando que los mismos ya sean Estados parte del mencionado Estatuto al ser, a la vez, Estados parte de la Carta de San Francisco que instituye a Naciones Unidas.

---

3 Gabriela Teresita Mastaglia, "Jurisdicción de la Corte Internacional de Justicia: Análisis de los casos entablados contra Chile", Ars boni et Aquí (12 Nro.1), pp. 147-170.

En suma, la competencia de la Corte, que sólo corresponde a la Corte decidir sobre la misma, es, por ende, voluntaria o facultativa.

En este orden, fundándose la competencia de la Corte sobre el consentimiento de los Estados, la forma en que estos lo expresen obviamente determina que la Corte pueda decidir, constando lo anterior, si conoce o no *ratione materiae*. No por azar, el artículo 38, numeral 2 del Reglamento de la Corte estipula que, al incoarse ante ella un procedimiento, han de señalarse "los fundamentos de derecho en que se basa el demandante para considerar competente a la Corte; indicará, además, la naturaleza precisa de lo demandado…".

Las hipótesis de tal consentimiento pueden constar, al efecto, de varias maneras: La existencia de un acuerdo o *compromis* entre las partes, en el que se indique el objeto de la diferencia a ser resuelta; la previsión expresa de la competencia de la Corte para conocer de las cuestiones previstas en tratados y acuerdos, bajo instancia de uno de los Estados parte; el reconocimiento expreso por las partes de la competencia obligatoria de la Corte para resolver sobre cuestiones jurídicas, conocida como cláusula facultativa de jurisdicción obligatoria; o el llamado *fórum prorogatum*, es decir, la aceptación por un Estado de la competencia de la Corte una vez como haya sido demandado ante la misma.

Son las variantes que se señalan en el Estatuto y el Reglamento de la Corte, sobre las que esta tiene potestad para decidir si proceden o no, y si impone o no su competencia para conocer, según lo establecido en el artículo 36, párrafo 6 del Estatuto; al caso, siguiendo lo que reza el artículo 79 del Reglamento de la misma Corte a propósito de las excepciones preliminares opuestas al conocimiento o el establecimiento de la jurisdicción de la Corte Internacional de Justicia, cuyas condiciones enumera la indicada previsión normativa.[4]

De suyo y sin más, la Corte es competente no solo para resolver las controversias que se le planteen sino, además, para interpretar y revisar sus propias sentencias.

---

4 Fuente: Corte Internacional de Justicia.

En segundo término, el otro asunto conceptual a tener en cuenta es el relativo a las reglas para resolver sobre los distintos medios de solución pacífica de controversias, entre los que cuenta la solución judicial internacional.

La Resolución 2625 de la Asamblea General de la ONU, que contiene a la Declaración sobre los principios del Derecho internacional referentes a las relaciones de amistad y a la cooperación entre los Estados de conformidad con la Carta de Naciones Unidas, que de suyo es interpretativa de esta en forma auténtica, consagra "el principio de libre elección de los medios" de solución pacífica de controversias.

En suma, así como el respeto por la soberanía de cada Estado asegura el principio de la igualdad al que también se refiere la citada Declaración, la elección libre de medios para la resolución de las controversias en modo alguno puede entenderse de "incompatible con la igualdad soberana".

Estos principios y en su relación, sobre todo el vinculado con la libre elección de medios, de ordinario son olvidados por los países latinoamericanos por atados a prejuicios políticos más que a una tradición normativa regional distinta; si bien predica ésta el carácter sucesivo o la progresividad en la selección de las opciones diplomáticas o adjudicativas, arbitrales o judicial que se pueden disponer para resolver entre los Estados americanos sus entuertos jurídicos y políticos, en especial los territoriales.

A diferencia del texto de la Carta de San Francisco, el Pacto de Bogotá que establece a la Organización de los Estados Americanos, en su artículo 27 refiere a la formulación por sus Estados parte de "un tratado especial" el establecimiento de los medios adecuados para resolver las controversias; y se trata, exactamente, del Tratado Americano de Soluciones Pacíficas, adoptado junto a la Carta de la OEA en 1948. Firmado aquél por 20 Estados lo han ratificado 16 al presente, siendo hoy 35 los miembros de la Organización, sin que cuente dentro de aquellos a Venezuela o a la República Cooperativa de Guyana.

Pues bien, en el artículo XXXI del Tratado Americano se establece que las partes aceptan "como obligatoria *ipso facto*, sin necesidad de un convenio especial", la jurisdicción de la Corte Internacional de Justicia; siempre y cuando, habiendo fallado el procedimiento de conciliación, las partes "no hubieren convenido en un procedimiento arbitral", como lo indica el artículo XXXII *ejusdem.*

Esa condicional, por ende, ha permanecido como resabio sin que sea compatible con las disposiciones del Derecho internacional general o las enerve como especialidad; pues, al cabo, como lo establece en su artículo 52 la Carta de la ONU, por una parte exige que los acuerdos regionales se adecuen a los principios establecidos por ella o con fundamento en la misma, y por la otra, que se apliquen estos con preferencia en los asuntos relativos al mantenimiento de la paz y la seguridad internacionales, antes de someterlas a la instancia competente de la ONU sobre las cuestiones mencionadas, como el Consejo de Seguridad.

Dicho lo anterior, cabe subrayar, que el Acuerdo de Ginebra, fue adoptado en el marco de un proceso que tiene lugar dentro del sistema de Naciones Unidas y en su texto, en el precitado artículo IV, se invoca la aplicación del artículo 33 de la Carta de San Francisco.

Es pertinente también considerar, como hace decenios atrás el eminente ius internacionalista René-Jean Dupuy, invocando los trabajos del Instituto de Derecho Internacional en 1959, que "el recurso a la Corte debe ser considerado como un método normal para la solución de controversias jurídicas y en ningún caso debe ser asumido como un acto poco amigable vis-a-vis por el Estado demandado".[5] Antes bien, en el caso de Venezuela, el recurso a dicho medio judicial hizo parte sostenida de sus propuestas, rechazadas entonces por Guyana, durante el proceso de negociación del Acuerdo de Ginebra.

---

5 René-Jean Dupuy, "L'adaptation de la Cour Internationale de Justice au monde d'aujord'hui", *Colloque international de Nice sur l'Adaptation de l'Organisation des Nations Unies au monde d'aujourd'hui*, Juillet 1965.

LA CORTE INTERNACIONAL DE JUSTICIA CONOCE DEL LAUDO DE 1899

1. *La primera sentencia*

Bajo instancia de Guyana, así, consignada ante la Secretaría de la Corte el 29 de marzo de 2018 y titulada *Sentencia arbitral de 3 de octubre de 1899 (Guyana c. Venezuela),* haciendo aquella entrega de su memoria dentro del plazo establecido (19 de noviembre de 2018); mediando escrito venezolano del 18 de junio anterior en el que se le informa que la Corte Internacional de Justicia "carecía manifiestamente de competencia para conocer del asunto y que había decidido no participar en el procedimiento" - lo que ratifica el 12 de abril de 2019, no obstante que consigna el siguiente 28 de noviembre "un memorándum" para ayudarla "a cumplir su deber en virtud del Artículo 53, párrafo 2, de su Estatuto - en sentencia de 18 de diciembre de 2020 la Corte Internacional de Justicia se declara competente para conocer en los términos que siguen:

> *1) Par douze voix contre quatre,*
>
> *Dit qu'elle a compétence pour connaître de la requête déposée par la République coopérative du Guyana le 29 mars 2018 dans la mesure où elle se rapporte à la validité de la sentence arbitrale du 3 octobre 1899 et à la question connexe du règlement définitif du différend concernant la frontière terrestre entre la République coopérative du Guyana et la République bolivarienne du Venezuela;*
>
> *2) A l'unanimité, Dit qu'elle n'a pas compétence pour connaître des demandes de la République coopérative du Guyana qui sont fondées sur des faits survenus après la signature de l'accord de Genève.*

En el texto de su sentencia lamenta el tribunal la decisión venezolana de no tomar parte en el procedimiento y ante lo dicho precisa, con fundamento en sus precedentes (*Activités militaires et paramilitaires au Nicaragua et contre celui-ci* (Nicaragua c. Etats-Unis d'Amérique), fond, arrêt, C.I.J. Recueil 1986, p. 23, par. 27, se référant notamment à *Essais nucléaires* (Australie c. France), arrêt,

C.I.J. Recueil 1974, p. 257, par. 15; *Compétence en matière de pêcheries* (République fédérale d'Allemagne c. Islande), compétence de la Cour, arrêt, C.I.J. Recueil 1973, p. 54, par. 13), que la no comparecencia de una parte ante ella comporta consecuencias negativas para una buena administración de Justicia. Hace constar que tal contumacia no afectaría en modo alguno la validez de su sentencia y agrega en el texto de su fallo, además, que "a la parte que se abstiene de comparecer no le será admitido aprovecharse luego de su ausencia".

Analizado el fallo de la Corte, son dos, en efecto, los únicos puntos resolutorios sobre su competencia, pudiendo observarse que la unanimidad, que incluye al voto de la jueza ad hoc designada por Guyana, Hilary Charlesworth (Australia), es con relación al conocimiento por ella de los hechos anteriores a 1966, es decir, los que concluyen con la firma del Acuerdo de Ginebra, y "no a hechos posteriores como lo sostenía aventuradamente Guyana".

Un hecho resulta relevante, sin bien escapa a lo así decidido por la Corte, pero que matiza la complejidad de la cuestión que ahora tendrá en sus manos con relación al fondo de la cuestión mencionada: la validez o no del Laudo arbitral, y en subsidio, si cabe, la resolución definitiva del diferendo fronterizo.

Guyana, sin que pueda obviar la cláusula de salvaguardia que prescribe el artículo V, numeral 1 del Acuerdo de Ginebra: "Ningún acto o actividad que se lleve a cabo mientras se halle en vigencia este Acuerdo constituirá fundamento para hacer valer, apoyar o negar una reclamación de soberanía territorial en los Territorios de Venezuela o la Guayana Británica, ni para crear derechos de soberanía en dichos Territorios", no obstante ha hecho un acto de disposición unilateral sobre el territorio en reclamación.

Ha concedido derechos de explotación petrolera en las áreas marinas y submarinas de la Guayana Esequiba, en el llamado Bloque Stabroek, extendiendo este sobre las aguas territoriales indiscutidas de Venezuela en el Delta Amacuro, que le permiten su salida al océano Atlántico. Lo ha entregado a manos de las empresas transnacionales petroleras Exxon Mobile, Hess, y la petrolera china CNPC, habiendo anunciado la primera, en 2015, haber encontrado importantes yacimientos de hidrocarburos. La revista Guyana Times recoge el 21 de diciembre de 2018 la declaración del gobierno guyanés a cuyo tenor pagarán los honorarios de abogados que cause la controversia, con el bono de 18 millones de dólares que le fuera entregado por Exxon.

2. *El análisis de la Corte sobre su competencia*

En varios tramos sucesivos, que pueden irse eliminando uno a los precedentes de considerarse negativo el que sigue, va resolviendo la Corte Internacional de Justicia acerca de su competencia y a la luz de las disposiciones del Acuerdo de Ginebra.

El primero tiene que ver con el objeto mismo del señalado tratado, que al cabo considera la Corte es el diferendo -o la controversia, según el texto inglés- sobre "la cuestión de la validez [arbitral] de la sentencia de 1899 y sobre sus implicaciones jurídicas para el trazado de la frontera entre Guyana y Venezuela".[6] Lo que resuelve aquella estimando que, si bien Venezuela, como presupuesto del Acuerdo, da por nula la sentencia arbitral, a la vez Gran Bretaña, en su momento y luego Guyana, suponen lo contrario; a cuyo efecto, observa la Corte que el artículo 5, parágrafo 1 precisa que "ninguna de las disposiciones del [...] Acuerdo será interpretada como constituyendo una renuncia total y parcial por el Reino Unido, la Guayana británica o Venezuela, de ninguno de los principios que invocan para reivindicar la soberanía sobre los territorios [objeto del diferendo y el acuerdo]".

Seguidamente, se ocupa de saber si las partes han dado o no su consentimiento para que la Corte pueda resolver en el plano judicial internacional el diferendo, en virtud del parágrafo 2 del artículo IV del Acuerdo Ginebra, observando ella que, a diferencia de otras disposiciones contenidas en tratados o convenciones que reenvían de un modo directo el conocimiento de sus cuestiones a la solución judicial por la Corte de La Haya, esta vez se confía el poder de decidir a un tercero; en el caso al Secretario General de la ONU. Y en tal orden, se pregunta a sí, si la tal decisión tiene o no un carácter vinculante para las partes.

---

6 Párrs. 64 a 66.

Al respecto Venezuela señala que el Alto funcionario de la ONU sólo puede recomendar y al caso, a diferencia de cuanto opina Guyana, el objeto y finalidad del Acuerdo de Ginebra, según su Preámbulo, no es sólo resolver el diferendo sino de hacerlo "a través de medios prácticos, aceptables y recíprocamente satisfactorios, de común acuerdo entre las partes". Y al fin, según el criterio venezolano expuesto ante la Corte, la escogencia del medio de solución que las partes deban utilizar no basta para que dicho recurso a tal o cual medio pueda "materializarse".[7]

La Corte opina, en tal orden, que las partes dieron al secretario de la ONU el "poder de elegir, mediante una decisión que las obliga", tal y como lo confirma la primera frase del artículo IV, parágrafo 2 del Acuerdo de Ginebra: "*«shall refer the decision ... to the Secretary-General»*"; recordando la misma Corte que, en su jurisprudencia constante ella ha concluido que: "*l'emploi du terme «shall» dans les dispositions d'une convention devrait être interprété comme imposant une obligation aux Etats parties*".

Invoca como precedente para su conclusión, auxiliada por los artículos 31 y 32 de la Convención de Viena sobre Derechos de los Tratados (Reglas de interpretación), la propia afirmación de Venezuela en la Exposición de Motivos del proyecto de ley aprobatoria del Protocolo de Puerto España, considerado por el Congreso en 1970 a fin de suspender la reclamación durante un período de 12 años al objeto de que las partes pudiesen crear un ambiente de amistad y cooperación propicio para una solución negociada:

> "Existía la posibilidad de que [...] un asunto de vital importancia... como la determinación de los medios de solución de la controversia quedara fuera del control de ambas Partes directamente interesados y que la decisión recayese en una institución internacional elegida por ellos o, en su defecto, por el secretario general de las Naciones Unidas".[8]

---

7 Párrafo 69.

8 Párrafo 75.

Agrega, asimismo, para reforzar su argumentación lo señalado por el ministro de relaciones exteriores venezolano, Ignacio Iribarren Borges, al momento de referirse al Acuerdo de Ginebra ante el congreso de su país al ratificarlo, en cuanto a que Guyana pedía referir tal poder de decisión a la Asamblea General de la ONU mientras Venezuela sugirió confiar dicho rol al secretario general.

Siendo exigente la Corte, no bastándole lo anterior, quiso responderse si las partes, en lo concreto, habían consentido en la escogencia por el secretario general de la ONU del medio judicial.

Guyana esgrime que tal medio está previsto en el artículo 33 de la Carta de San Francisco y que omitirlo o excluirlo implicaría quitarle toda su eficacia al Acuerdo de Ginebra, al dejarlo condenado sine die a un proceso sin término de disposición de medios diplomáticos, cuyos resultados puede bloquear constantemente una de las partes; lo que, al caso, quedaba demostrado con el propio comportamiento guyanés desde la firma del Acuerdo, durante la vigencia de la Comisión Mixta y la práctica de Buenos Oficios realizada por personas designadas por el Secretario General de la ONU.

Venezuela, por su parte, aceptando la previsión del medio judicial dentro de las opciones contempladas por el citado artículo 33, no obstante, ha esgrimido que aquél resulta incompatible con la "búsqueda de soluciones satisfactorias para la solución práctica de la controversia", a menos que las partes consientan en aquella a través de un *compromis*.

La Corte, de entrada, cree que, si las partes hubiesen decidido la exclusión de tal medio, así lo hubiesen dispuesto en el Acuerdo de Ginebra, enumerando los medios aceptados y evitando remitir al contenido del artículo 33 de la Carta de la ONU. Y añade que la frase contenida en el artículo IV del Acuerdo de Ginebra, parágrafo 2 -"«*et ainsi de suite, jusqu'à ce que le différend ait été résolu*»"- autoriza al Secretario de la ONU autoridad para escoger el medio apropiado para "la resolución definitiva del diferendo".

No obvia, sin embargo, que la frase citada: "y así sucesivamente, hasta que la controversia haya sido resuelta" agrega otra, a saber, hasta que "los medios de solución pacífica contemplados en dicho

Artículo hayan sido agotados", lo que puede sugerir un galimatías, que la misma Corte resuelve con una lógica irrefutable. Observa, por una parte, que esa hipótesis de no quedar resuelto el diferendo a pesar de haberse acudido a todos los medios previstos por el artículo 33 invocado por el Acuerdo de Ginebra, se da si la misma Corte declara inválido el laudo arbitral de 1899, sin que se pasase a la delimitación de la frontera; lo que mal puede hacer la propia Corte, pues en esa hipótesis contrariaría el objeto y la finalidad del Acuerdo.

Tiene presente, en tal orden, lo que consta en el Comunicado Conjunto de Venezuela, Gran Bretaña y el primer ministro de la Guayana Británica, adoptado por estos al anunciar la suscripción del Acuerdo de Ginebra luego de las negociaciones tenidas entre el 16 y 17 de febrero de 1966, que conducirá, según ellos, a una "solución definitiva". Y lo corrobora, además y según la Corte, el enunciado de la ley de ratificación venezolana: "con miras a resolver el desacuerdo entre Venezuela y Reino Unido sobre la ruta de la frontera con la Guayana Británica [que] ha sido aprobada en todas sus disposiciones y para todos los fines jurídicos pertinentes".[9]

Finalmente, en cuanto a la cuestión preliminar, saber si ha mediado el consentimiento para que conozca la Corta, analiza ella si existe o no alguna condición a la que estuviese normativamente atado el Secretario General de la ONU para su decisión; visto que Venezuela arguye, por una parte, que ha de escoger los medios "sucesivamente" como indica la última frase del apartado 2 del artículo IV del Acuerdo de Ginebra, y por la otra, que al hacer su selección debe seguir la práctica de consultar a las partes. A lo que Guyana riposta que el secretario general tiene el poder de escoger "uno de los medios" como reza el Acuerdo, pues de lo contrario no haría falta su participación de haberse establecido el carácter sucesivo ante el agotamiento de cada medio precedente.

La Corte simplifica la cuestión y la resuelve de una manera simple, ya que al conferírsele poder para «choisir», se alude a una acción para escoger y decidir entre varias opciones; tanto como la referencia a su carácter sucesivo, lo que indica es que ha de escoger hasta uno de los medios logre resolver el diferendo.

---

9 Párrafo 87.

Sobre la cuestión, nos hemos referido de manera cabal en nuestro preliminar al abordar el principio de la libre elección de medios consagrado por la Resolución 2625 de la ONU. La misma Corte recuerda que acudir a la vía judicial no requiere, dentro del marco del sistema universal de solución de controversias del agotamiento de negociaciones diplomáticas, e invoca su propia jurisprudencia (*Frontière terrestre et maritime entre le Cameroun et le Nigéria, Exceptions Préliminaires*, Arrêt, C.I.J. *Recueil* 1998, p. 303, par. 56). Y en lo relativo a consultar o no a las partes para decidir, hace presente que nada de esto lo prevé el Acuerdo de Ginebra. En efecto, la escogencia del secretario general, según las normas de este, ha lugar cuando cede o se hace imposible que las partes se acuerden sobre los medios de solución del diferendo. Refiere, como sustento, la carta que Javier Pérez de Cuellar, secretario de la ONU, le envía a Guyana el 31 de agosto de 1983, sólo para requerir de información, una vez como Venezuela le pide interponer su acción decisoria en cuanto a medios, tal y como lo prevé el artículo IV, parágrafo 2 del Acuerdo de Ginebra.

Dos conclusiones preliminares son adoptadas por la Corte en su motiva, luego de otras argumentaciones particulares que adiciona, relacionadas con el tema central del consentimiento; sea en lo relativo a la aceptación por las partes de la vía judicial, sea en cuanto al efecto jurídico de la decisión del secretario general de la ONU, a saber:

> Que, "al celebrar el Acuerdo de Ginebra, las dos Partes han aceptado la posibilidad de que, en virtud del párrafo 2 del artículo IV de este instrumento, el secretario general puede, para resolver la controversia, elegir la solución judicial mediante la Corte Internacional de Justicia como uno de los medios previstos en el Artículo 33 de la Carta de Naciones Unidas".[10]
>
> Que, "al conferir al secretario general la autoridad para elegir los medios apropiados para resolver su disputa, el recurso a la solución judicial por la Corte Internacional de Justicia contando entre los posibles medios, Guyana y Venezuela han dado su consentimiento a la jurisdicción de este último". [11]

---

10 Párrafo 108.

11 Párrafo 115.

Así, aceptado por la Corte que ha mediado el consentimiento de las partes para que conozca, ello no impide que ambas, como se los ha recomendado el secretario general de la ONU, puedan avanzar en negociaciones de un modo paralelo al avance de la solución judicial, tal y como ha ocurrido en otros casos (*Passage par le Grand-Belt, Finlande c. Danemark, Mesures Conservatoires*, Ordonnance du 29 juillet 1991, C.I.J. *Recueil* 1991, p. 20, par. 35).[12]

Luego de lo anterior, la Corte determina que ha sido válidamente introducida la demanda por Guyana, apoyándose en el artículo 40 de su Estatuto, y a cuyo efecto hace constar que validado el consentimiento de las partes una vez como mediase la decisión del secretario general en cuanto a señalar la vía judicial para resolver sobre el diferendo, una u otra parte, unilateralmente, podían ya demandar ante la Corte sin un *compromis*.[13]

Dado ello, aborda a fondo e *in extensu* la cuestión sobre el alcance material de su competencia, es decir, si confirmada, por una parte, su competencia para conocer y, por la otra, el haber sido instada conforme a Derecho, le cabe determinar en lo sucesivo sí las demandas planteadas por Guyana pueden o no entrar dentro del marco de sus competencias para conocer.

Venezuela ha argumentado ante la misma que el Acuerdo de Ginebra no tuvo como propósito discutir si el laudo arbitral de 1899 era o no nulo; cuestión en la que se empeña Guyana al pedirle a la Corte decidir al respecto y, adicionalmente, sobre todas aquellas cuestiones que se derivan como consecuencias del planteamiento venezolano en cuanto a que dicho laudo es nulo de toda nulidad, y que han de llevar a la Corte a decidir también sobre los efectos del comportamiento írrito venezolano y su responsabilidad internacional por haber estado afectando la soberanía guyanesa. Dado lo cual Venezuela insiste en que el Acuerdo de Ginebra de suyo ha excluido todo debate de orden jurídico al haberse avenido las partes al encuentro de un medio práctico para resolver el diferendo: "*«les innombrables références faites àun règlement pratique, acceptable et satisfaisant» dans l'accord de Genève seraient privées de tout effet*

[12] Párrafo 109.

[13] Párrafos 116 a 121.

juridique si l'on devait considérer que la question de la validité de la sentence de 1899 fait partie du différend visé par cet Accord", es su predicado.[14]

La Corte, al motivar su decisión de conocer, en los términos ya expuestos supra sobre su sentencia, hace revisión cuidadosa del debate sostenido entre las partes a propósito de la negociación, suscripción y posterior ratificación del Acuerdo de Ginebra. Y encuentra sustento sólido para señalar que así como Venezuela asume la tesis de la nulidad del laudo arbitral de 1899, su contraparte en momento alguno la acepto, antes bien, afirmó siempre la validez del laudo; dado lo cual, justamente, el propósito del Acuerdo era y es encontrar una solución al respecto y, de suyo, resolver de manera definitiva sobre el diferendo territorial.

Planteadas las cosas de esa manera, la Corte estima que la cuestión o el debate sobre la nulidad está en el corazón del objeto y finalidad del tratado, con vistas a la resolución definitiva que el mismo plantea: "*Cela confirme que les parties à l'accord de Genève considéraient que la question de la validité de la sentence de 1899 se trouvait au cœur du différend à résoudre conformément au paragraphe 2 de l'article IV de cet instrument, en vue de parvenir à un règlement définitif de la question de la frontière terrestre entre le Guyana et le Venezuela*".[15] Y es que, luego de remitir a lo previsto expresamente en el artículo I del Acuerdo, en cuanto a que es Venezuela la que sostiene esa tesis; no ambas partes: "como consecuencia de la contención venezolana de que el Laudo arbitral de 1899 sobre la frontera entre Venezuela y Guayana Británica es nulo e irrito", acto seguido toma como concluyente lo que admite el propio ministro de relaciones exteriores venezolano al momento de presentar el Acuerdo para su aprobación por el Congreso de la República, a saber la posibilidad de que una autoridad internacional declare nulo el arbitraje bajo diferendo: "*«[à] supposer que la sentence de 1899 soit déclarée nulle, que ce soit d'un commun accord entre les parties concernées ou par une décision rendue par une autorité internationale compétente communément désignée, la question se poserait de nouveau dans les termes initiaux».*"

---

14 Párr. 127.

15 Párrafo 134.

3. *Los votos separados*

Los votos separados de la señalada sentencia, sin mengua de lo decidido por la mayoría, muestran la complejidad de los distintos asuntos que abordó en la ocasión o los que deberá abordar la Corte al momento de conocer el fondo.

a) El Juez *Peter Tomka*, advierte que el Acuerdo de Ginebra se refiere a la solución de una cuestión fronteriza no resuelta entre las partes, admitiendo que dentro de la misma se encuentra la cuestión de la nulidad o no del Laudo arbitral de 1899; y advierte a la Corte que si se llegase a declarar nulo, así como la Corte necesitaría de probanzas y nuevos argumentos para resolver sobre la delimitación de la frontera, la cuestión quedaría igual que al principio, a saber, que el Secretario de la ONU tendría que volver a indicar a través de cual medio se habría de resolver dicha controversia subsidiaria.

b) El juez francés *Ronny Abraham*, por su parte, sin cuestionar la competencia del secretario de la ONU para señalar la vía judicial como apropiada para resolver la controversia, si considera que la competencia de la Corte sólo se puede fundar en la aceptación de esta por ambas partes, sin que pueda presumirse la misma por virtud de la autorización dada por estas al alto funcionario de Naciones Unidas. Y cita ejemplo la posibilidad de que este hubiese optado por la vía arbitral, que obligaba, para ser puesta en práctica, de un acuerdo previo entre las partes conviniendo sobre la conformación del respectivo tribunal y sobre la materia a ser decidida y la extensión de su competencia. Todavía más cuanto que, en el proceso de selección y agotamiento de los medios se estima, en el Acuerdo de Ginebra, como posibilidad, que ninguno de ellos ponga fin inmediato a la controversia ("hasta que la disputa se haya resuelto o se hayan agotado todos los medios"), obligando ello, entonces, a seguir ejercitando esas vías. La Corte por el contrario, acepta su competencia sin el expreso consentimiento de la contraparte y suponiéndolo ya dado, obviando al efecto tal expresión del Acuerdo y suponiendo que su segunda parte no existe o carece de efecto útil: “hasta que se hayan agotado todos los medios”. Si las partes hubiesen tenido esa intención, según el voto, el texto del Acuerdo sería otro, invirtiendo sus términos: “hasta que la disputa se haya resuelto”, y punto.

c) El juez marroquí *Mohamed Bennouna* considera que la ausencia de Venezuela hace más exigente que la Corte verifique su consentimiento a la competencia de esta, sin deducirlo. Supone, al igual que Abraham, que el señalamiento de que puedan agotarse los medios sin que se haya resuelto la controversia, como posibilidad que abre el texto del Acuerdo de Ginebra, impide a la Corte, sin más, darla por concluida restándole todo efecto útil a esa posibilidad, aceptada por las partes. De modo que, si concluye que el Laudo es nulo, no podrá impedir la Corte que sean las partes las que deban proveer para arreglar consensualmente su diferendo fronterizo, y por el contrario ella ha abierto la posibilidad de decidir, subsidiariamente, sobre la resolución del diferendo fronterizo. Precisa, además, que no existe ningún precedente internacional en el que las partes hayan confiado a un tercero dar por ellas su consentimiento para un arreglo judicial, que en el caso de la Corte y su jurisprudencia es requisito insalvable para que se declare competente para conocer. Advierte a sus colegas, finalmente, sobre la fuerte carga política del asunto por venir de un componente de colonización.

d) El juez *Kirill Gervorgian*, ruso, indica que estando de acuerdo con la Corte en cuanto a que no puede conocer de hechos posteriores a la entrada en vigor del Acuerdo de Ginebra, como lo propone Guyana en su demanda, mal puede conocer sobre la nulidad del Laudo y, eventualmente, de la delimitación fronteriza, en ausencia de un consentimiento “cierto, inequívoco, e indiscutible” de la contraparte, Venezuela. No puede hacerlo sobre presunciones, todavía más constando que esta se ha opuesto reiteradamente a esa posibilidad en todos sus asuntos territoriales y siendo manifiesta su ausencia en estrados. Cuestiona que fije un precedente como el actual, sin tradición alguna en la misma Corte, tratando de encontrar el consentimiento del caso sobre la base de un tratado que ni siquiera la menciona, mucho menos contiene una cláusula de compromiso entre las partes respecto del arreglo judicial. Siendo ello más preocupante si se considera que "en el contexto de esta controversia, debería haberse tenido en cuenta que el caso involucra intereses nacionales del orden más alto, como los derechos sobre grandes extensiones de territorio". Lo que es más importante, aborda el tema del objeto y fin del Acuerdo de Ginebra para subrayar que el mismo, expresamente indica que debe ser resuelto amistosamente y de una manera aceptable para ambas partes; a cuyo efecto invoca la jurisprudencia de la Corte en caso reciente de Ucrania vs. Rusia, a cuyo tenor al hablarse de soluciones amistosas en un tratado ha de entender la Corte que las mismas exigen que sean los Estados interesados quienes se avengan al respecto. Subraya que la incorporación del secretario de la ONU en los mecanismos del Acuerdo, dada la naturaleza y el objeto y fines de este, es la propia de un órgano de conciliación encargado de ayudar a las partes hasta que logren entenderse. Eso lo confirma, según el juez, la propia declaración del Canciller de Venezuela, uno de los firmantes del acuerdo, ante el Congreso, el 17 de marzo de 1966: "[l] a única función confiada al Secretario General de las Naciones Unidas [era] indicar a las partes los medios de solución pacífica de controversias. . . proporcionada en el Artículo 33".

e) El juez italiano *Giorgio Gaja*, en su declaración, que no califica de voto disidente, reflexiona sobre la opción de recurrir al arreglo judicial como medio para resolver y considera que, en el caso, el consentimiento resulta de la determinación de un tercero. Señala que mal puede entenderse, según el Acuerdo de Ginebra, que las Partes, al confiar la selección del medio apropiado al Secretario General, hayan expresado anticipadamente su voluntad común de someter su disputa a la Corte. Precisa que ellas están obligadas a dar su consentimiento a la Corte, cualquiera que sea la forma que adopte tal consentimiento. Ajusta a su argumentación lo que ve como posibilidad, a saber, que, si la contraparte no consiente en la competencia de la Corte el medio judicial fracasaría; pero al cabo, esa posibilidad siempre existe en caso de que las partes no estén de acuerdo en implementar el medio escogido por el Secretario General de la ONU, tal y como ocurrió con los buenos oficios y haciéndose útil la expresión del párrafo 2 del artículo IV del Acuerdo: "y así hasta que se resuelva la controversia".

f) El juez *Patrick Lipton Robinson* de Jamaica, por el contrario, observa que la norma del párrafo 2 del artículo IV no puede analizarse aisladamente dentro del Acuerdo de Ginebra, sin entender que este fija un conjunto sistemático y progresivo que parte de una Comisión Mixta que ha de resolver; que caso de no hacerlo ella en el término previsto ha de informar a las partes para que escojan un medio de solución apropiado dentro de los previstos en el artículo 33 de la Carta de la ONU; y que caso de no lograr ese objetivo, de común acuerdo referirán la "decisión" – no el pedido de una recomendación – a un órgano internacional, o al secretario de la ONU. Pero no alcanzándose este, al final, una de las partes puede pedir que tal "decisión" la haga por ellos el secretario de la ONU, con plena facultad al haberse agotado el proceso previsto a lo largo de su normativa por el Acuerdo. Todavía más cuanto que, dentro de tales medios se contemplan al arbitraje y la solución judicial, capaces por su naturaleza de resolver la controversia de un modo definitivo, resultando falaz otra interpretación destinada a mantenerla sine die.

Si cabe una síntesis breve, puede decirse que los votos separados coinciden en la identificación de varias cuestiones que chocan con lo decido por la Corte: (1) La ausencia de un consentimiento "cierto, inequívoco, e indiscutible" por Venezuela en cuanto a la solución judicial, lo que se complica, aún más, dado que (2) "el consentimiento resulta de la determinación de un tercero", que en el caso, está llamado a fungir (el Secretario de la ONU) como "un órgano de conciliación encargado de ayudar a las partes"; (3) pierde así, su "efecto útil" la norma del Acuerdo de Ginebra a cuyo tenor se pide sostener la búsqueda de una solución práctica hasta que se hayan agotado todos los medios: "y así hasta que se resuelva la controversia"; y que (4), de declararse nulo el Laudo por parte de la Corte "la cuestión quedaría igual que al principio".

Quedando al margen, dado lo decidido por la Corte, las tres primeras cuestiones, sí es de observar y tener muy presente que, la argumentación del juez Tomka, en cuanto a la posibilidad de que una decisión de la Corte regrese las cosas al estado en que se encontraban antes del Laudo de 1899, encuentra claro asidero en lo que expone a manera de interpretación auténtica, si bien unilateral, el canciller Iribarren Borges ante el Congreso de Venezuela una vez firmado el Acuerdo de Ginebra:

> "El ser declarada, ya por convenio entre las partes, o por decisión de una autoridad competente internacional prevista en el Acuerdo, la nulidad del Laudo de 1899, la cuestión se retrotrae al estado en que se hallaba la controversia en sus orígenes".

Ello, en efecto y según lo decidido por la mayoría de la Corte, es una posibilidad abierta, al plantearse decidir ella como eventual "cuestión conexa" a la nulidad del Laudo, sobre el diferendo entre las partes acerca de la frontera terrestre.

Pero lo esencial, en nuestro criterio, reside en lo que apunta el canciller venezolano textualmente e interpretando al Acuerdo de Ginebra, a saber, que por "decisión" de una autoridad competente internacional puede haber lugar a "la nulidad del Laudo".

Y eso de la "decisión", que la subraya en su voto el juez Robinson como hipótesis en caso de que el proceso del artículo IV no logre el objetivo de resolver sobre una solución práctica, y que este considera que no se trata de una "recomendación", al término sitúa al secretario de la ONU en un plano distinto del que corresponde a un conciliador como lo cree el juez Gervorgian. Aún más, si se sostiene como posibilidad que, decidido como fue por dicho órgano internacional el referir el asunto a la Corte Internacional de Justicia, cabía esperar que las partes así lo aceptasen previamente, ese ángulo queda resuelto, en nuestro criterio – ello abona en favor de la decisión de mayoría – con la otra interpretación crucial que hace del acuerdo su firmante, el canciller Iribarren Borges en la ocasión antes señalada.

Luego de explicar que, habiéndole ofrecido a Guyana como alternativa al momento de redactarse el artículo IV, que la elección de los medios de solución previstos en el artículo 33 de la Carta de San Francisco quedase en manos del Secretario General de la ONU

-al que el mismo Iribarren le asigna como única función "ir señalando a las partes, para que estas los utilicen"- la misma rechazó tal posibilidad. Pidió, antes bien, que fuese la Asamblea General, en su defecto. Venezuela, antes bien, consideraba inconveniente dejar en manos de un órgano político y deliberante, acostumbrado a las dilaciones, un asunto tan delicado. La Corte, para Iribarren Borges, ofrecía la ventaja de ser un "órgano permanente y exento de inconvenientes". De allí que, al interpretar el alcance del artículo IV del Acuerdo *in comento* discierne en dos instantes separados como procesos, el de alcanzar a través de medios diplomáticos la "solución satisfactoria" previa y, de no ser posible, el de revisar el Laudo de 1899 a través de medios adjudicativos, como ha ocurrido. Lo explica así, meridianamente:

> "Por último, de acuerdo con los términos del artículo 4°, el llamado Laudo de 1899, en el caso de no llegarse antes a una solución satisfactoria para Venezuela, deberá ser revisado por medio del arbitraje o del recurso judicial" (Cursivas nuestras).

NEGOCIACIONES Y SOLUCIONES DE EQUIDAD Y JUSTICIA SEGÚN LA JURISPRUDENCIA INTERNACIONAL

Precisado lo anterior, dada la decisión de la CIJ y la posibilidad de que decida, en la hipótesis de sentenciar la nulidad del Laudo de 1899, sobre la delimitación territorial entre Guyana y Venezuela, al quedar las cosas en "el estado en que se hallaba la controversia en los orígenes" – el Acuerdo precisa que ha de tratarse de "soluciones satisfactorias para el arreglo práctico de la controversia". Y es aquí, en este punto, en el que probablemente adquiere su sentido el señalado postulado, la "solución práctica y satisfactoria".

No huelga referir, en primer término y a título hipotético, que llegada la controversia a ese estadio, las opciones a las que puede remitir la Corte pueden ser distintas e imposibles de prever con exactitud.

En su decisión declara la Corte ser competente, sea para conocer de la nulidad o no del Laudo de 1899, sea para abordar "*à la question connexe du règlement définitif du différend concernant la frontière terrestre entre la République coopérative du Guyana et la République bolivarienne du Venezuela*".

De suyo, entonces, si el laudo es válido según la Corte, puede decirse que con él queda resuelta la cuestión conexa citada y según lo previsto, mediante "la solución definitiva del diferendo". Empero, no siéndolo así, como lo prevé en su momento el canciller venezolano Iribarren Borges ante el Congreso venezolano, la situación, en teoría, quedaría como al principio, antes de haber sido dictado el laudo.

Pero leída la primera sentencia de la Corte, se advierte que ella está convencida de que su intervención ha de apuntar hacia "la solución definitiva", sin dejarla en el limbo, o en el plano de una diferencia o contención no resuelta y que seguiría permaneciendo como hasta ahora, *sine die*. Ello contrariaría, como cabe destacarlo, el objeto y finalidad del sistema universal de solución de controversias del que hace parte la Corte, y que a tenor del mismo artículo 33 de la Carta de la ONU le impone buscarle solución a toda controversia susceptible de "poner en peligro el mantenimiento de la paz y seguridad internacionales".

De modo que, o bien la Corte -ello es una posibilidad- en tal estadio hipotético le impone a las partes negociar una "solución práctica" bajo su tutela, tal y como lo ha sugerido el propio Secretario General de la ONU, o avanza ella a resolver directamente *ex aequeo et bono*.

La primera opción, que acaso y antes de que ocurra podría también anticiparse -¿demandándolo desde ahora Venezuela y ya admitida por la Corte su indiscutible competencia?- tendría como supuesto el deber de las partes, impuesto por el Acuerdo y que al no cumplirse llevó la cuestión al plano de la solución judicial, de negociar de buena fe y aceptando el carácter obligatorio de la negociación.

Ilustra mucho, en este orden, el precedente de la demanda interpuesta por Bolivia contra Chile ante la Corte Internacional de Justicia, sin mengua de la decisión negativa pero con base en un argumento que puede mirarse de manera distinta en el caso que nos ocupa, por mediar el Acuerdo de Ginebra: "*la Cour observe que les relations entre la Bolivie et le Chili se caractérisent depuis fort longtemps par un dialogue, des échanges et des négociations visant à trouver une solution adéquate à l'enclavement de la Bolivie né de la guerre du Pacifique et du traité de paix de 1904. Elle n'est toutefois pas en mesure de conclure, au vu des éléments qui lui ont été présentés, que le Chili a «l'obligation de négocier avec la Bolivie en vue de parvenir à un accord octroyant à celle-ci un accès pleinement souverain à l'océan Pacifique*".[16]

Cabe, entonces, que nos detengamos un instante, para ir concluyendo, en lo relativo a las relaciones de la equidad con el Derecho, siendo esta la probable vía en la que al término quede situada la Corte en el asunto de la demanda de Guayana contra Venezuela que conoce.

Ello puede sugerir tautología, pues el artículo 38, numeral 2 del estatuto de la Corte Internacional de Justicia, que es una norma de Derecho, es la que autoriza al juez a decidir *et aequo et bono* las controversias que le sean sometidas, o a hacerlo con apego en los principios generales del Derecho, conforme al numeral 1 *ejusdem.*

Se trata, en concreto, de resolver cuanto le preocupa o sugiere Dominique Carreau, es decir, que la importancia de la noción, usada de modo creciente por la Corte de La Haya, se sitúe en medio de dos vías que se cruzan, una, la de juzgar conforme a Derecho, otra, la de aplicar el viejo principio de Salomón.

No se olvide que, la Corte Internacional de Justicia, en el caso de la *Delimitación de la plataforma continental entre Túnez y la Jamahiriya Árabe Libia* (CIJ, 1982), afirma que "en la historia de los sistemas jurídicos, el término equidad se ha utilizado para referirse a varios conceptos jurídicos, y la equidad se ha opuesto a menudo a las rígidas reglas de la ley positiva, cuyo rigor debe atenuarse para que se haga justicia".

La posibilidad de excluir la norma de Derecho y en su defecto decidir de acuerdo a la equidad, parecería rechazarla, en efecto, la misma Corte de La Haya en su sentencia de *La plataforma continental del Mar del Norte* (1969), al señalar que "no se trata de aplicar la equidad simplemente como una representación de la justicia abstracta, sino de aplicar una norma de derecho que prescribe el uso de principios equitativos de conformidad con las ideas que

---

16 CIJ, *Obligation de négotier un accès à l'ocean pacifique (Bolivie c. Chili)*, 1er. Octobre 2018, párr. 175.

siempre han inspirado el desarrollo del régimen jurídico de la plataforma continental ... ". La cuestión o esta perspectiva la precisa, de modo directo, el juez ad hoc Evensen al señalar que "aunque la equidad formaba parte del Derecho internacional, no podía operar en un vacío jurídico" (*Caso Túnez vs. Jamahiriya Árabe Libia*, 1982, cit.).

Sin embargo, como luego lo aclara la misma Corte en fallo posterior sobre la *Delimitación marítima en el Golfo de Maine* (1984), dictado bajo la dirección del juez Roberto Ago, se trata de "la aplicación de criterios equitativos, es decir, criterios tomados de la equidad pero que, si se los llama principios "o" criterios, como la Cámara lo considera preferible por motivos de claridad, no son en sí mismos principios y normas de derecho internacional".

En otras palabras, tratándose de la materia que aborda la Corte, su criterio es que resulta erróneo buscar en el Derecho internacional general reglas que el mismo no provee, a cuyo efecto, como reza su decisión, lo que corresponde es "que la delimitación no se lleve a cabo unilateralmente y que se lleve a cabo en todos los casos mediante la aplicación de criterios equitativos y mediante el uso de métodos prácticos capaces de garantizar dada la configuración geográfica de la región y las otras circunstancias relevantes del caso, un resultado justo".

M. Virally, mencionado, subraya asimismo que el Estatuto de la Corte pide del juez sentencias *ex aequo*, pero a la vez *et bono*; de donde ambos términos son inseparables, dentro de la mejor perspectiva aristotélica. Ha de resolver conforme a la equidad, pero su decisión ha de ser buena, razonable, proclive al *apaisement* (apaciguamiento, normalización) de las relaciones entre las partes en controversia. Se trata de decidir con sentido de clausura, o sea, dando por finalizada la controversia de un modo sustantivo y no solamente formal.

> "La equidad se usa a menudo como sinónimo de justicia, lo que no hace fácil su definición. De ordinario el juez (o el árbitro) administra justicia. Sus decisiones deben ser correctas. Y, en la mayoría de los casos, la justicia surge de la aplicación exacta de la ley, a la que ambas partes están igualmente sujetas y que debe regular sus comportamientos. De donde la exclusión del Derecho

sería una injusticia hacia la parte que le era fiel, en beneficio de quien no la respeta. De allí que, en cuanto a su uso más común, la equidad ha de entenderse como una intuición directa de lo que está bien o mal en una situación particular", señala el autor.

Advierte éste, a la vez, que la expresión, por su raíz, a menudo se usa como sinónimo de igualdad, lo que apareja consecuencias concretas sobre la particularidad de la situación en la que se aplica. La equidad requiere, así, que las cosas iguales sean tratadas como iguales, y las desiguales de un modo desigual, con lo que una decisión en equidad, por tener que ver con la otra idea que le es necesaria, la de proporcionalidad, vale sólo para el caso concreto juzgado o decidido, sin que pueda extenderse su solución a otros casos.

Ambas perspectivas, la de Hudson por una parte y la de Ago, por la otra, recogidas ambas en la explicación de Virally, ya el Instituto de Derecho Internacional, en 1937, bajo relación que presenta Eugène Borel, las sistematiza mediante una resolución sobre la competencia del juez internacional para aplicar la equidad, disponiendo lo siguiente:

1. Que la equidad es inherente, normalmente, a una sana aplicación del derecho, y que, al juez internacional, tanto como el juez nacional, se le debe pedir tomarla en cuenta en una medida compatible con el resto del derecho.

2. Que el juez internacional tiene que encontrarse autorizado por el derecho en vigor para dictar su sentencia en equidad, a menos que reciba una autorización clara y expresa de las partes en sentido contrario.

Un ejemplo preciso, que sirve de experiencia adecuada acerca de lo anterior, lo representa, como lo creemos, la norma, que es de Derecho, contenida en el llamado Acuerdo de Ginebra o Acuerdo para resolver la controversia entre Venezuela y el Reino Unido de Gran Bretaña e Irlanda del Norte sobre la frontera entre Venezuela y Guayana Británica (hoy Guyana), de 17 de febrero de 1966, que funda en Derecho -las disposiciones del citado Acuerdo- la posibilidad de resolver «al margen del Derecho» estricto.

En efecto, arguyéndose por la parte venezolana la nulidad del Laudo arbitral de 1899, que fija la frontera geográfica entre ambas entidades políticas y dada la contención así planteada, se acordó, sean cuales fueren los medios para la solución (de suyo la solución judicial por ante la CIJ), "buscar soluciones satisfactorias para el arreglo práctico de la controversia", a la vez que "completo", tal y como lo prescriben los artículos I y IV del señalado instrumento normativo internacional.

LA COMPETENCIA DE LA CIJ RESPECTO DE LA CUESTIÓN RELACIONADA CON EL ARREGLO DEFINITIVO DE LA CONTROVERSIA SOBRE LA FRONTERA ENTRE GUYANA Y VENEZUELA

HÉCTOR FAÚNDEZ LEDESMA

LA COMPETENCIA DE LA CIJ RESPECTO DE LA CUESTIÓN RELACIONADA CON EL ARREGLO DEFINITIVO DE LA CONTROVERSIA SOBRE LA FRONTERA ENTRE GUYANA Y VENEZUELA

Héctor Faúndez Ledesma[*]

En su sentencia del 18 de diciembre de 2020, la Corte dispuso que ella es competente para conocer de la demanda de Guyana en lo que concierne a: 1) la validez del laudo arbitral del 3 de octubre de 1899, y 2) la cuestión relacionada con el arreglo definitivo de la controversia sobre la frontera terrestre entre Guyana y Venezuela. Cualquier pronunciamiento de la Corte sobre esa cuestión conexa depende de la respuesta que ella dé a la cuestión principal, sobre la nulidad o validez del laudo. Si se decide que el laudo es válido, ese es el fin del asunto, y la Corte no tiene que entrar a pronunciarse sobre la cuestión conexa.

Sólo si se decide que el laudo es nulo la CIJ podrá entrar a conocer de la cuestión relacionada con el arreglo definitivo de la controversia sobre la frontera entre Guyana y Venezuela. Pero es importante aclarar que este asunto no es una cuestión secundaria. Éste es, sin duda, el elemento central de esta controversia.

---

* Abogado. Licenciado en Ciencias Jurídicas y Sociales, con 'distinción máxima', de la Universidad de Chile. Diplomado en Derecho Internacional y Comparado de los Derechos Humanos, Estrasburgo, Francia; Master en Leyes (LL.M.), Escuela de Derecho de la Universidad de Harvard; Doctor of Philosophy (PhD), King's College, Universidad de Londres. Profesor titular de Derecho Internacional Público en la Universidad Central de Venezuela. Individuo de número de la Academia de Ciencias Políticas y Sociales.

Es lo que interesa a ambas partes. Otra cosa es que su examen dependa de la respuesta que se dé a la cuestión previa.

I. FONDO Y FORMA

Esta cuestión conexa tiene dos aspectos igualmente relevantes. Por una parte, este asunto colateral concierne a lo que, para Venezuela, es el eje central de esta disputa: La controversia territorial propiamente tal, con la determinación de quién es el legítimo titular del territorio del Esequibo. En segundo lugar, hay, también una cuestión de forma, que tiene que ver con el procedimiento a seguir para resolver la controversia territorial.

El objeto de la controversia es la cuestión de fondo, que tiene que ver con el "*territorio*" o con la "*frontera*". En este sentido, la parte dispositiva de la sentencia se refiere a la controversia sobre "*la frontera*" terrestre entre Guyana y Venezuela.

Parte de la doctrina distingue entre controversias territoriales y controversias fronterizas. En el primer caso, se está disputando un territorio como un todo: una isla, una provincia, o una región. Como ejemplos de disputas por la soberanía de islas, tenemos los casos de la isla de Palmas, la isla de Aves, las islas Minquiers y Echréhos, las Malvinas, o las islas del Canal de Beagle.

Como ejemplo de la disputa por provincias o extensas regiones, tenemos los casos de Alsacia y Lorena, Tacna y Arica, Laguna del desierto, Campos de Hielo, El Chamizal, o Cachemira. En tales casos, lo que está en disputa es *quién* posee un justo título sobre esos territorios.

En cuanto a las disputas fronterizas, lo que está en discusión es la línea que separa los respectivos dominios de dos Estados, según sus antecedentes históricos, de acuerdo a criterios acordados en un tratado, o de acuerdo con el Derecho Internacional general. Sirvan de ejemplos, la delimitación de la frontera marítima en el Golfo de Maine, el caso de la frontera en la parte norte de la isla Portillos, entre Costa Rica y Nicaragua, la disputa fronteriza entre Burkina Faso y Niger, o la disputa fronteriza entre Benin y Niger.

Huelga decir que la frontera está determinada por el Derecho, y no por la voluntad unilateral de las partes en la controversia.

Las diferencias fronterizas suelen ser desviaciones más o menos pequeñas del límite que separa a ambos Estados; en cambio, las disputas territoriales suelen involucrar espacios más vastos, no delimitados.

II. LAS DISPUTAS EN EL CONTINENTE AMERICANO

La mayor parte de los conflictos territoriales en América Latina son diferencias limítrofes, en las que, con frecuencia, se alega el respeto de las fronteras administrativas existentes en tiempos de la colonia, lo cual se ha traducido en el principio del *uti possidetis*. Sin embargo, cuando se trata de disputas entre potencias herederas de distintos imperios coloniales, el objeto de la controversia recae sobre la determinación de quién es el soberano sobre extensas porciones de territorio y no sobre el trazado de una línea fronteriza.

Puede que la distinción entre controversias territoriales y controversias fronterizas sea muy tenue y, quizás, carente de efectos prácticos. Por supuesto, la resolución de una controversia territorial también requiere trazar una frontera. Lo que permite distinguir entre el territorio de unos y de otros es, precisamente, la existencia de una frontera que separa a los Estados. Es por eso que la distinción entre ambos tipos de controversias es muy sutil. En realidad, el caso de las islas Minquiers y Ecréhos, al igual que el de las islas del canal de Beagle, se planteó en torno a determinar *el lado de la frontera* en que se encontraban situadas esas islas.

III. EL CASO DEL ESEQUIBO

Puede que la Corte considere necesario determinar si ésta es una controversia territorial o fronteriza, puede que haga una referencia al pasar sobre este punto, o lo más probable es que no le parezca relevante para decidir lo que tiene que decidir.

En cualquier caso, en la contienda sobre el Esequibo, el elemento central es la soberanía sobre el territorio en disputa. La nulidad o validez del laudo de París es una cuestión previa; pero lo que está en juego es el territorio en disputa. La controversia del Esequibo es, en lo fundamental, una controversia territorial. Una controversia sobre una extensa porción de territorio situado al oeste del río Esequibo, más grande que Bélgica, Holanda y Suiza juntos. Lo que está en disputa es un espacio mayor que la superficie conjunta de Inglaterra y Gales.

Pero es igualmente válido afirmar que ésta es una controversia limítrofe, o fronteriza, en que Venezuela reivindica, como frontera histórica, el río Esequibo, y en la que Guyana alega que la frontera está situada bastante más al oeste del Esequibo.

En el párrafo 125 de su sentencia sobre jurisdicción, la Corte observó que, según Guyana, desde el momento en que se dictó el laudo de 1899, *la controversia entre las partes es territorial*, y que la Corte debía, necesariamente, determinar *la frontera* entre ambos Estados, aunque primero debía decidir sobre la validez del laudo.

Como quiera que sea, si la Corte llega a examinar esta "cuestión conexa", el objeto de la controversia versará sobre los títulos que las partes puedan exhibir sobre ese territorio, situado en el pulmón de la humanidad, abundante en recursos hídricos y biodiversidad, rico en recursos naturales, y tan apetecido por las grandes corporaciones transnacionales.

De manera que hay que estar alerta. Si bien la determinación de la nulidad o validez del laudo es el objeto principal de la controversia, del que depende cualquier otra determinación, no podemos perder de vista que *la controversia sobre la frontera* entre ambos países es un asunto que puede surgir, y para lo cual debemos estar preparados. Los argumentos de Venezuela deben versar sobre ambas cuestiones: la nulidad o validez del laudo, y la soberanía sobre el territorio en disputa. Después, puede ser demasiado tarde.

Sería lamentable que, por la negligencia de quienes tienen la capacidad procesal para actuar en nombre de Venezuela, la Corte dijera que el laudo es nulo y, sin embargo, al no comparecer en el procedimiento ante ella, por falta de argumentos de nuestra parte, la Corte decidiera que el territorio en disputa pertenece a Guyana.

Determinar quién tiene un justo título, o quién tiene un "mejor" título al territorio en disputa, es lo que cuenta, y es lo que debería resolver definitivamente esta controversia. A ese punto ya se han referido, con brillo, quienes me han antecedido en el uso de la palabra.

Sin embargo, en los minutos que restan, quiero referirme específicamente a la forma como la Corte podría abordar esa cuestión relacionada con la solución de la controversia sobre la frontera terrestre entre Guyana y Venezuela.

IV. LA FORMA Y EL FONDO

Lo que interesa a las partes es saber cuál de las dos tiene derecho a ejercer su soberanía sobre el territorio en disputa. Pero, con frecuencia, es la forma la que determina el fondo.

La forma como se resuelva esta controversia puede anticipar cuál será la decisión sobre el fondo. No es lo mismo decidir la cuestión de fondo ateniéndose a las reglas de Derecho previstas en el compromiso arbitral, en cuya redacción Venezuela no participó, que decidir ateniéndose a los términos del Acuerdo de Ginebra, en cuyas negociaciones participaron ambas partes en esta controversia, además del Reino Unido de Gran Bretaña e Irlanda del Norte.

La Corte no indica, en su sentencia, cómo abordará la cuestión relacionada con el arreglo definitivo de la controversia sobre la frontera entre Guyana y Venezuela, si es que se llega a ese punto. Ella dice que es competente para conocer sobre la misma, pero no dice cómo lo hará. En teoría, la Corte podría:

1. Pronunciarse sobre ella en la misma sentencia sobre el fondo, en la que decida sobre la nulidad o validez del laudo, o
2. Podría decidir conocer de la misma en una fase subsiguiente, fijando plazos para la presentación de memorias y contra memorias, y convocando a las partes a una audiencia pública.

En casos en que se ha decidido que uno de los Estados partes en la controversia ha incurrido en responsabilidad internacional, la CIJ ha pospuesto fijar la naturaleza de las reparaciones -o el monto de eventuales indemnizaciones- para una etapa subsiguiente, en el evento de que las partes no llegaran a ponerse de acuerdo en las mismas. Así ocurrió, por ejemplo, en el caso Nicaragua contra Estados Unidos, y en el caso de la República Democrática del Congo contra Uganda. En este caso, la Corte podría actuar de manera semejante.

En cualquier caso, para decidir sobre el arreglo definitivo de esta controversia, la Corte puede seguir alguno de los siguientes caminos:

1. Lo obvio, que se desprende de la sentencia de la CIJ sobre jurisdicción, es que la Corte podría asumir por sí misma la decisión sobre la determinación de quién es el legítimo soberano del territorio en disputa y de cuál es la frontera entre ambos países;

2. La CIJ podría devolver el asunto al Secretario General de la ONU, para que –en los términos del artículo IV, párrafo 2, del Acuerdo de Ginebra- sea éste quien decida sobre el medio adecuado para resolver la controversia;

3. La Corte podría reenviar el caso a los Estados partes para que, en los términos del Tratado de Washington de 1897, designen a un nuevo Tribunal arbitral; o

4. La Corte podría reenviar el caso a los Estados partes en la controversia para que sean ellos quienes la resuelvan, en términos compatibles con el Acuerdo de Ginebra.

En cualquiera de esas hipótesis, hay cosas que estarían descartadas:

En principio, y a la luz de lo dispuesto por el Acuerdo de Ginebra, la CIJ no podría *escoger* otro medio de solución de controversias y *disponer que las partes deban recurrir a él*. Según el Acuerdo de Ginebra, esa es una atribución que corresponde exclusivamente al Secretario General de la ONU; no a la Corte.

Sin embargo, si la Corte decidiera que, como consecuencia de la nulidad del laudo, las partes deben recurrir nuevamente al arbitraje, en los términos del Tratado de 1897, tal decisión sería perfectamente compatible con los términos del Acuerdo de Ginebra. Pero la CIJ no podría ser quien designe a los árbitros.

Veamos las distintas opciones que tiene la Corte:

Opción 1: Que la Corte decida

Una primera hipótesis, que se desprende de la propia sentencia sobre jurisdicción, es que la Corte decida directamente la controversia fronteriza.

De ser este el caso, la CIJ tendrá que fijar la frontera "*terrestre*" definitiva entre ambos países. Ya hemos señalado que la Corte podría decidir sobre esta cuestión en su misma sentencia sobre el fondo, o abriendo una fase posterior reservada únicamente para este fin, en la que se recibirían escritos de las partes y se les convocaría a una audiencia pública.

Quedaría pendiente la cuestión de la denominada "fachada atlántica".

La Corte ha excluido pronunciarse sobre los espacios marinos y submarinos adyacentes al territorio en disputa; pero, obviamente, según el Derecho Internacional, su decisión generará derechos sobre los espacios marinos y submarinos adyacentes a la costa.

Todo Estado costero tiene derecho a una franja de mar territorial, en la que ejerce soberanía absoluta, a una zona contigua, para ejercer funciones de policía, migración y aduana, a una zona económica exclusiva, y a una plataforma continental, respecto de la cual tiene soberanía plena. En consecuencia, la decisión de la Corte tendría un efecto directo en el contenido de cualquier acuerdo para delimitar esos espacios. Y, si las partes no llegan a un acuerdo sobre la delimitación de los mismos, el Derecho Internacional proporciona principios y reglas subsidiarias.

La Corte ha excluido pronunciarse sobre la delimitación de los espacios marinos y submarinos. Pero no es lo mismo que la frontera terrestre comience en una costa cóncava que en una costa recta, o convexa. No es lo mismo que la frontera terrestre sea perpendicular, formando un ángulo recto con la costa, o que sea una línea oblicua que, antes de llegar a la costa, se interna hacia el este o el oeste del territorio en disputa. No es lo mismo que *la proyección* de la frontera terrestre se interne en el mar hacia el este o hacia el oeste.

Opción 2: Devolver el asunto al Secretario General de la ONU

La CIJ podría devolver el caso al Secretario General, con el argumento de que, si bien la cuestión de la nulidad o validez del laudo es una cuestión jurídica, en los términos del Acuerdo de Ginebra, la solución definitiva de la controversia fronteriza no lo es. Buscar soluciones satisfactorias para el arreglo práctico de la controversia no es una función de la Corte, y el arreglo judicial no es el medio idóneo para hacerlo. En consecuencia, en aplicación del artículo IV, párrafo 2, del Acuerdo de Ginebra, la Corte podría decidir que el Secretario General de la ONU debe escoger otro medio de solución.

Opción 3: Un nuevo Tribunal arbitral designado por las partes

Si el laudo es nulo, la situación vuelve al estado anterior al pronunciamiento del mismo y, por lo tanto, habría que designar un nuevo Tribunal arbitral para que decida sobre la frontera entre ambos países. Lo lógico es que, en los términos del compromiso arbitral -suponiendo que éste sea válido-, sean las partes quienes designen a los nuevos árbitros.

No hay, en mi opinión, ningún elemento que permita a la Corte o al Secretario General de la ONU escoger a los integrantes del tribunal arbitral. Si el asunto vuelve a manos del Secretario General, él podría escoger el arbitraje *como medio* de solución, pero no podría ser quien designe a los árbitros.

Opción 4: Dejar que resuelvan las partes

Una cuarta opción es que la CIJ reenvíe el caso a las partes, para que sean ellas mismas quienes resuelvan la controversia fronteriza, en los términos del Acuerdo de Ginebra. Esta opción, aunque está dentro de lo posible, parece poco probable, puesto que sería el equivalente a imponer la obligación de negociar, cosa que las partes ya han hecho, sin éxito, durante más de medio siglo. Si se ha llegado hasta la Corte es porque no hay posibilidades de alcanzar una solución negociada.

Sin embargo, si hubiera la posibilidad de negociar, ¿negociar qué? ¿Ceder territorio, o perderlo? En una controversia territorial, lo que está en juego es demasiado importante, y nadie quiere aparecer ante la historia como el que cedió territorio. Por otra parte, la perspectiva de perder territorio ante una instancia judicial o arbitral internacional genera demasiada ansiedad, y puede impulsar a una de las partes –o a ambas- a buscar una solución negociada antes de que se dicte sentencia. Pero, por el momento, éste no parece ser el caso. Quien está convencido de que va a ganar en los tribunales, no tiene ningún incentivo para negociar. Quien tiene razones para creer que va a perder, preferirá que sea así por decisión de un tercero, y no por su propia incapacidad para negociar y recuperar el territorio en disputa.

V. EL DERECHO APLICABLE EN LO QUE CONCIERNE A LO QUE LA CORTE LLAMA "LA CUESTIÓN CONEXA"

Casi en cualquiera de las hipótesis anteriores, la Corte tendrá que decidir cuál es el Derecho aplicable para resolver la controversia fronteriza. Acordada la nulidad del laudo, la Corte puede decidir que el Derecho aplicable para resolver la controversia fronteriza es:

1. El Derecho acordado por las partes en el compromiso arbitral de 1897;

2. El Derecho convenido en el Acuerdo de Ginebra, o

3. En una hipótesis menos probable, la Corte podría decidir que el Derecho aplicable son los principios y reglas del Derecho Internacional general.

VI. EL DERECHO DEL COMPROMISO ARBITRAL

Si el Derecho aplicable es el acordado en el compromiso arbitral, para los efectos de resolver esta controversia, los artículos III y IV del mismo contienen reglas claras y precisas.

Según el Art. III. "El Tribunal investigará y se cerciorará de la extensión de los territorios que, al momento de la adquisición por Gran Bretaña de la Colonia de Guyana Británica, pertenecieran a, o que legalmente pudieran ser reclamados por las Provincias Unidas de los Países Bajos o por España, y determinará la frontera entre la Colonia de Guyana Británica y Venezuela."

Según el Art. IV. Los árbitros se cerciorarán de todos los hechos que estimen necesarios para la solución de la controversia y se ceñirán a las siguientes reglas, además de los principios de Derecho Internacional que no sean incompatibles con ellas:

a) Una posesión adversa o prescripción por 50 años constituirá justo título. Se podrá estimar que la dominación política exclusiva de un distrito, así como la efectiva colonización del mismo, son suficientes para constituir una posesión adversa o crear títulos de prescripción.

b) Los árbitros podrán reconocer y hacer efectivos derechos y reivindicaciones que se apoyen en cualquier otro fundamento válido conforme al Derecho Internacional, y en cualquier principio de Derecho Internacional que estimen aplicable al caso, siempre que no contravengan la regla anterior.

c) Al determinar la línea divisoria, si el Tribunal hallare que el territorio de una parte ha estado, en la fecha del tratado de 1897, ocupado por los ciudadanos o súbditos de la otra parte, se dará a tal ocupación el efecto que, en opinión del Tribunal, requieran la razón, la justicia, los principios del Derecho Internacional, y la equidad del caso.

Si tales reglas son justas o no lo son, o si tales reglas eran compatibles con el Derecho Internacional general de la época en que se suscribió el compromiso arbitral, *parece ser* irrelevante. Lo cierto es que Venezuela consintió en esas reglas, aunque bajo engaño, lo cual podría tener algún efecto respecto de la validez de ese Tratado. Pero, si el tratado es válido, las reglas allí convenidas son las deben aplicarse para decidir la controversia.

VII. EL DERECHO DEL ACUERDO DE GINEBRA

Si el Derecho aplicable es el que indica el Acuerdo de Ginebra, éste refleja el compromiso más reciente de las partes en lo que concierne a las reglas de procedimiento y de fondo para resolver la controversia fronteriza. De acuerdo con el compromiso asumido por las partes en dicho Tratado, éstas se han obligado a buscar "*soluciones satisfactorias*" para el "*arreglo práctico*" de la controversia.

Paradójicamente, el Acuerdo de Ginebra contempla mecanismos de solución de la controversia, pero ajenos a reglas de Derecho. En este caso, el Derecho es la voluntad común de las Partes, manifestada en una solución que sea mutuamente satisfactoria.

VIII. EN CONCLUSIÓN

La controversia del Esequibo, hoy pendiente ante la CIJ, puede seguir distintos caminos. Si bien Venezuela tiene el Derecho y la justicia de su parte, ninguno de esos caminos plantea una salida fácil. Pero, el no comparecer, y el no hacer valer ante la Corte los derechos de Venezuela, conduce a una derrota segura.

La responsabilidad por lo que pueda ocurrir en este caso está enteramente en manos de quienes hoy dirigen los destinos de Venezuela. La historia dirá si ellos han realizado un esfuerzo serio en defensa del territorio venezolano, o si, por ignorancia o negligencia de su parte, son los responsables de que se haya perdido definitivamente la oportunidad de recuperar el territorio del Esequibo.

10$^{mo.}$ ENCUENTRO
LA PLATAFORMA CONTINENTAL Y LA FRONTERA MARÍTIMA ENTRE GUYANA Y VENEZUELA
17 DE FEBRERO DE 2022

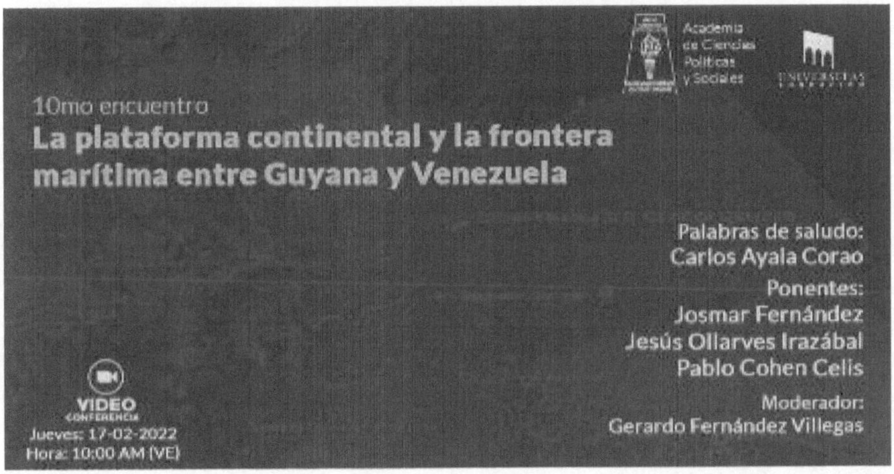

PALABRAS DEL ACADÉMICO CARLOS AYALA CORAO, EN LA APERTURA DE DEL DÉCIMO ENCUENTRO SOBRE LA PLATAFORMA CONTINENTAL Y LA FRONTERA MARÍTIMA ENTRE GUYANA Y VENEZUELA

PALABRAS DEL ACADÉMICO CARLOS AYALA CORAO, EN LA APERTURA DEL DÉCIMO ENCUENTRO SOBRE LA PLATAFORMA CONTINENTAL Y LA FRONTERA MARÍTIMA ENTRE GUYANA Y VENEZUELA

*Carlos Ayala Corao**

Es para mí un honor dirigirme a ustedes en el día de hoy, en nombre de la Academia de Ciencias Políticas y Sociales, para dar inicio a este décimo encuentro del ciclo de Coloquios sobre la controversia del Esequibo sobre el tema de la plataforma continental y la frontera marítima entre Guyana y Venezuela.

Hemos analizado durante este ciclo, gracias a la excelente organización a cargo del académico Héctor Faúndez Ledesma, distintos aspectos de la controversia de Venezuela con la República Cooperativa de Guyana (Guyana) sobre el Territorio Esequibo. El tema de hoy tiene dos dimensiones, que vale la pena diferenciar: en primer lugar, las consecuencias para Venezuela de la recuperación total o parcial del Territorio Esequibo del cual fuimos arbitrariamente despojados, en relación con la proyección continental de los derechos sobre las áreas marinas y submarinas. Y, en segundo lugar, que aún bajo la situación del estatus al día de hoy, de la delimitación del territorio continental arbitrariamente impuesta por el Laudo de París en Punta Playa, estado Delta Amacuro, Venezuela tiene derecho, conforme al Derecho internacional, a la proyección de su fachada Atlántica generada por los territorios de los estados Delta Amacuro

---

* Abogado especialista en Derecho Público y en Derechos Humanos. Profesor de Derecho Constitucional y Derechos Humanos en la Universidad Católica "Andrés Bello", la Universidad Central de Venezuela, University of Oxford (UK); Georgetown University, American University Washington of College of Law (USA), y Universidad Iberoamericana (México).

y Sucre, a partir de la línea de base recta y de la delimitación acordada con Trinidad y Tobago. Es decir, aún bajo el estatus quo actual, los derechos de Venezuela forman parte de su soberanía territorial y deben ser por tanto afirmados y defendidos.

En efecto, conforme al Derecho Internacional, Venezuela, como todo Estado ribereño, tiene derecho no sólo al *mar territorial* de doce millas náuticas, sino además a una *zona económica exclusiva* de hasta 200 millas náuticas de la costa, para aprovechar con carácter exclusivo los recursos económicos de la superficie del fondo del mar y de las aguas que lo cubren; y de la *plataforma continental*, la cual se extiende más allá de las doscientas millas hasta el talud continental, en la cual tiene el derecho exclusivo de explotar los recursos del subsuelo. En ese sentido, es determinante el hecho jurídico de que Venezuela acordó con Trinidad y Tobago, mediante un tratado suscrito en 1990 (publicado en la Gaceta Oficial No 34.588 de 6 de noviembre de 1990), la línea de frontera marina que separa los espacios que respectivamente les corresponden, y en él se reconoce la proyección hasta el talud continental, el cual está a más de 360 millas náuticas de la costa.

No obstante, Guyana ha pretendido unilateralmente usurpar ese territorio marítimo venezolano, mediante el otorgamiento de concesiones de hidrocarburos a empresas transnacionales sobre bloques, especialmente el Stabroek, el Roraima, el Kaiteur y el Pomerón, que por encima del acimut a 70º, cierran la proyección de nuestra fachada Atlántica a las aguas internacionales, cercenando así nuestros derechos de mar territorial, zona económica contigua y plataforma continental.

En este sentido, es importante recordar que conforme a la Constitución de Venezuela, la soberanía y la integridad territorial, son derechos irrenunciables de la Nación (art. 1); que la soberanía plena de la República se ejerce en los espacios continental e insular, lacustre y fluvial, mar territorial, áreas marinas interiores, históricas y vitales y las comprendidas dentro de las líneas de base rectas que ha adoptado o adopte la República; el suelo y subsuelo de éstos; el espacio aéreo continental, insular y marítimo y los recursos que en ellos se encuentran, incluidos los genéticos, los de las especies migratorias, sus productos derivados y los componentes intangibles que por causas naturales allí se hallen; y sobre los espacios acuáticos constituidos por la zona marítima contigua, la plataforma continental y la zona económica exclusiva, la República ejerce derechos exclusivos de soberanía y jurisdicción en los términos, extensión y condiciones que determinen el derecho internacional público y la ley (art. 11). Y que, como consecuencia de ello, la Constitución declara que los yacimientos mineros y de hidrocarburos, cualquiera que sea su naturaleza, existentes en el territorio nacional, bajo el lecho del mar territorial, en la zona económica exclusiva y en la plataforma continental, pertenecen a la República, son bienes del dominio público y, por tanto, inalienables e imprescriptibles (art. 12). De allí se deriva entonces, la expresa obligación constitucional del Estado venezolano, de establecer una política integral en los espacios fronterizos terrestres, insulares y marítimos, preservando la integridad territorial, la soberanía, la seguridad, la defensa, la identidad nacional, la diversidad y el ambiente, de acuerdo con el desarrollo cultural, económico, social y la integración (art. 15).

La Academia de Ciencias Políticas y Sociales ha sido constante desde hace muchas décadas, en estudiar el tema e informar a la comunidad nacional sobre los derechos de Venezuela sobre del mar territorial, en la zona económica exclusiva y en la plataforma continental que proyecta el actual territorio continental venezolano en su fachada Atlántica. Particularmente desde hace una década, la Academia se ha dirigido públicamente a las autoridades del Estado venezolano mediante Pronunciamientos y directamente mediante comunicaciones, para llevar a su atención la importancia y la necesidad de la defensa de los derechos de Venezuela frente a las amenazas y agresiones por parte de Guyana a nuestra integridad territorial en su fachada Atlántica, los cuales pueden ser consultados en nuestro portal digital o página web. A continuación, haré una breve referencia a los pronunciamientos de la Academia sobre el tema que hoy nos ocupa:

1. El 1 de octubre de 2013, la Academia denunció la pretensión de Guyana de delimitar, sin la participación de Venezuela, sus áreas marítimas en perjuicio de los claros derechos que a ésta corresponden de proyección marítima de su territorio con acceso al Océano Atlántico, así como su pretensión de extender el límite exterior de la plataforma continental hasta las 350 millas marítimas, sin tomar en cuenta ni los derechos

actuales ni los derechos reclamados por Venezuela. En ese pronunciamiento, hecho nueve días antes de la interceptación del buque Teknik Perdana, la Academia manifestaba su honda preocupación ante el inexplicable silencio del Gobierno Nacional frente a las recientes acciones llevadas a cabo por Guyana, en violación directa del Acuerdo de Ginebra y en detrimento de la soberanía territorial de Venezuela, al llegar a otorgar concesiones a terceros en la fachada Atlántica de la exclusiva jurisdicción de Venezuela. La Academia advertía, que la inacción del Estado venezolano y su abstención ante este nuevo atropello a la soberanía nacional por parte del Gobierno de Guyana, podía traer consecuencias negativas bajo el Derecho Internacional, por lo cual solicitaba al Gobierno de Venezuela que elevara su más rotunda protesta ante el Gobierno de Guyana.

Este Pronunciamiento contó con el respaldo del Comité Interacadémico de las Academias Nacionales, el cual fue suscrito por varios de sus presidentes.

2. El 22 de octubre de 2013, ante la interceptación por el Patrullero Oceánico de Vigilancia Armada Bolivariana "Yekuana" (PO-13) del buque Teknik Perdana, el cual se encontraba navegando en espacio marítimo que corresponde a la Zona Económica Exclusiva de Venezuela por encima del acimut 70° (al RV 259°, a una velocidad de 7 nudos, en posición geográfica, latitud: 1Ø°20'3Ø"N y longitud: Ø57°3Ø'Ø7"W), la Academia se pronunció manifestando que el Gobierno de Venezuela no puede contentarse con el acto aislado y plausible de la interceptación del buque Teknik Perdana, sino que además está obligado, constitucionalmente, a conminar al Gobierno de Guyana a revocar las concesiones otorgadas en zonas de la exclusiva soberanía de Venezuela, y a expresarle formalmente que Venezuela desconocerá cualquier acto jurídico y toda situación de hecho de cualquier país, que contradiga su soberanía sobre los espacios marítimos. En dicha ocasión la Academia concluyó exhortando al Gobierno de Venezuela, a intensificar el patrullaje del mar territorial y la zona económica exclusiva de su fachada Atlántica.

3. El 21 de abril de 2015, ante el otorgamiento por parte del Gobierno de Guyana de "bloques exploratorios" y concesiones a empresas transnacionales petroleras sobre el territorio continental en reclamación y sobre áreas submarinas en la fachada Atlántica, la Academia una vez más manifestó su preocupación ante la inacción del Estado venezolano, ya que podía acarrear consecuencias negativas bajo los principios que rigen el Derecho Internacional Público; razón por la cual, la Academia una vez más instó al Gobierno venezolano a elevar su más rotunda protesta ante el Gobierno de Guyana.

4. El 29 de julio de 2015, luego de la alocución presidencial de fecha 6 de julio de 2015 -e independientemente de no compartir la totalidad del mensaje político expresado en esa oportunidad-, la Academia nuevamente hizo un llamado público y exhortó al Gobierno de Venezuela sobre la necesidad de diferenciar y afirmar claramente la defensa de nuestra soberanía sobre las áreas marinas y submarinas que son proyección de nuestro actual territorio continental, ya que es un derecho soberano del país que no depende en modo alguno del resultado de la justa reclamación sobre el territorio Esequibo.

   En este sentido la Academia reiteró una vez más, que Venezuela como Estado con una fachada Atlántica, tiene derechos exclusivos de soberanía en los espacios de la proyección de su territorio continental en el mar territorial, la plataforma continental, la zona marítima contigua y la zona económica exclusiva, reconocidos, entre otros, por los tratados de delimitación de áreas marinas con Trinidad y Tobago.

   En segundo lugar, ante el desarrollo actual del Derecho Internacional del Mar y los mecanismos establecidos a nivel de las Naciones Unidas bajo la Convención sobre el Derecho del Mar, la Academia consideró que Venezuela debe llevar a cabo un estudio jurídico y estratégico comprensivo con expertos nacionales e internacionales, a fin de determinar la conveniencia para el Estado venezolano de ratificar dichos instrumentos y participar de los respectivos foros multilaterales para vigilar, afirmar, resolver y consolidar sus derechos sobre esas áreas.

5. En fecha 7 de diciembre de 2018, tuvo lugar en la sede de la Academia una reunión de trabajo entre la Academia y la Sub Comisión Especial Mixta designada por la Asamblea Nacional para la Defensa de la Soberanía sobre el Territorio Esequibo y su fachada Atlántica, en la cual, los académicos expusieron y compartieron la posición de la Academia con relación, tanto a la demanda interpuesta por Guyana contra Venezuela ante la Corte Internacional de Justicia (CIJ), como a la situación presentada por la violación de la soberanía marítima de Venezuela, en virtud de las actividades de exploración, llevadas a cabo por empresas concesionarias del Estado Guyanés en zonas de indubitable jurisdicción venezolana.

6. El 13 de enero de 2021 la Academia fijó posición en relación con la decisión de la CIJ de fecha 18 de diciembre de 2020, por medio de la cual se declaró competente para conocer parcialmente de la demanda incoada por Guyana contra Venezuela, y las acciones y estrategias jurídicas que debe seguir Venezuela para ejercer su mejor defensa.

   En esa oportunidad, la Academia además exhortó una vez más a las autoridades, a defender la soberanía de Venezuela en los espacios marinos, submarinos y la plataforma continental que forman parte de su territorio, conforme a los principios de derecho internacional. Por ello, reiteró que el otorgamiento de concesiones petroleras por parte del gobierno guyanés en esas áreas que son de indiscutible proyección del territorio continental venezolano hace necesarias las acciones de afirmación y salvaguarda de éstas, así como otras acciones diplomáticas y jurídicas en defensa de nuestra soberanía.

7. Finalmente, el 13 de septiembre de 2021 reiterando y desarrollando algunos aspectos del anterior pronunciamiento, la Academia afirmó que, siendo un asunto de Estado, la elección del camino más adecuado para la defensa de los derechos de Venezuela les concierne a todos los venezolanos.

Por lo cual, ello debe hacerse mediante el estudio, la evaluación estratégica, el diálogo y la concertación entre todos los sectores nacionales, sin exclusiones y sin vetos. Así, el país debe unirse en torno a la defensa de su territorio, para lo cual es necesario que quienes ejercen el poder político, y que por tanto tienen esa responsabilidad histórica, convoquen de manera responsable, transparente y despolitizada a toda la sociedad. Para ello, debe llamar a los mejores expertos nacionales e internacionales para formar el mejor equipo idóneo de defensa, a fin de fijar la estrategia jurídica, procesal, diplomática y comunicacional más conveniente a los intereses del país.

*

De esta forma, como hemos visto, para la Academia de Ciencias Políticas y Sociales ha sido una prioridad ética e histórica la defensa de la integridad territorial del país, como ha sido expresada en su abundante y consistente doctrina contenida en sus conferencias, pronunciamientos y demás publicaciones, no solo frente al despojo histórico perpetrado por el imperio británico durante el siglo XIX y ante los graves vicios de nulidad del Laudo Arbitral; sino también, frente a los continuos atropellos por el Gobierno de Guyana a la soberanía venezolana sobre el territorio marítimo de su fachada Atlántica.

17 de febrero de 2022

LA PLATAFORMA CONTINENTAL Y LA FRONTERA MARÍTIMA ENTRE GUYANA Y VENEZUELA

JOSMAR FERNÁNDEZ

LA PLATAFORMA CONTINENTAL Y LA FRONTERA MARÍTIMA ENTRE GUYANA Y VENEZUELA

*Josmar Fernández**

Buenos días, ante todo quiero agradecer la invitación que me extiende la Academia de Ciencias Políticas y Sociales, en conjunto con la Fundación Universitas.

En esta oportunidad toca referirse a "La Plataforma Continental y la Frontera Marítima entre Venezuela y Guyana", la cual, de acuerdo con una conversación previa con el Dr. Jesús Ollarves, estaría orientada a poner en contexto el tema, y esbozar algunos elementos de análisis que, permitan comprender la situación marítima latente entre ambos estados.

Como antecedente es bueno recordar que, en 1966 se firmó el Acuerdo de Ginebra, sobre el particular, se identifican dos interpretaciones mutuamente excluyentes, Venezuela sostiene que se reconoce una disputa territorial, mientras que Guyana lo asume como una disputa jurídica, en donde se cuestiona la nulidad o no del Laudo de 1899. En todo caso, ni el mecanismo de los Buenos Oficios (1989) pudo conciliar ambas posiciones, mucho menos lograr un "acuerdo práctico y satisfactorio para ambas partes" al extremo de haber elevado el caso ante la Corte Internacional de Justicia, en el año 2018.

Mediante sentencia del 18 de diciembre del año 2020, la CIJ aceptó tener competencia para conocer el caso entre Guyana y Venezuela y dio curso a la demanda incoada por Guayana.

---

* Doctorando en Ciencias Políticas (UCV). MSc. Planificación del Desarrollo. Esp. Negociación y Resolución de Conflictos.

Sea reconocida o no la nulidad del Laudo, por parte de la CIJ, resulta muy probable que, Venezuela y Guyana procedan a la delimitación de sus espacios marítimos, por la vía de la negociación directa, tal y como ha sido la práctica de Venezuela desde 1978 o bien, por la vía judicial y/o arbitral, acción que ha acudido recientemente Guyana con Surinam, cuyo dictamen se dio en el año 2007.

Es oportuno destacar en principio, el valor geopolítico que tienen Venezuela y Guyana respecto a su ubicación geográfica: Ambos países se encuentran al extremo norte de América del Sur, tienen salida directa al océano Atlántico (Venezuela a su vez al mar Caribe), son extensión de una parte del Macizo Guayanés, y comparten una porción de la fachada amazónica, a través de la cuenca hidrográfica del río Amazonas. A partir de la reclamación territorial que sostiene Venezuela ante Guyana, por el territorio Esequibo, implicaría considerar la proyección marítima que de este se deriva, a partir de la línea de costa de 291 Km de distancia medida entre Punta Playa y el río Esequibo, la cual se estima alrededor de 75.533 km^2 de superficie.

A pesar que Venezuela es el Estado continental con más costas en el mar Caribe, éste, debido a su configuración de mar semicerrado, representa para Venezuela, vías de acceso subordinadas a estrechos bajo jurisdicción de otros países, principalmente: Paraguaná-Aruba, Canal de Panamá, Canal de Yucatán (México-Cuba), Paso de los Vientos (Cuba-Haití), Paso de La Mona (EE. UU a través de Puerto Rico y República Dominicana), Paso Anegada (Islas Vírgenes) y Paso de Grenada (Grenada y Trinidad y Tobago). Por tal razón, la zona atlántica no solo permite salida abierta a la Alta Mar, sino que es el único sector geográfico donde se puede llegar hasta las 200MN de ZEE y ejercer jurisdicción sobre el suelo y subsuelo marino hasta el borde exterior del margen continental. Esto le otorga a Venezuela derechos sobre la proyección marítima atlántica, cuya administración demanda la correcta identificación de sus dominios entre los Estados ribereños, conociendo las implicaciones económicas que de ello se deriva.

En virtud de ello, se identificaron ocho puntos de interés, para dar una visión general sobre el tema:

I. LA PLATAFORMA CONTINENTAL (PC):

Como es de conocimiento público, la evolución histórico-jurídica del Derecho del Mar ha permitido definir los espacios marinos y submarinos de los Estados ribereños, a partir del criterio de distancia. En tal sentido, se identifica, a partir de la línea de base[1] o línea de base recta[2]: tomando como referencia la línea base: el Mar Territorial (12 millas náuticas de anchura a partir de la línea de base), Zona Contigua (24 millas náuticas), Zona Económica Exclusiva (ZEE) (con ensanchamiento no mayor a 200 millas náuticas, la Plataforma Continental con una prolongación de hasta 200 millas náuticas y posibilidad de extensión de hasta 350 millas náuticas) y Alta Mar (espacio abierto a todos los Estados ribereños o no, es decir, son zonas fuera de la jurisdicción nacional). Así ha sido recogido por Venezuela, según lo estipulado en la Ley Orgánica de Espacios Acuáticos, publicada en Gaceta Oficial N° 6.153 Extraordinario del 18 de noviembre de 2014, en cuyo artículo 56 estatuye respecto a la Plataforma Continental:

> Artículo 56. La plataforma continental de la República Bolivariana de Venezuela comprende el lecho y el subsuelo de las áreas submarinas que se extienden más allá de su mar territorial y a todo lo largo de la prolongación natural de su territorio hasta el borde exterior del margen continental o bien hasta una distancia de doscientas millas náuticas (200 MN), contadas desde la línea de más baja marea o desde las líneas de base, a partir de las cuales se mide la extensión del mar territorial, en los casos en que el borde exterior del margen continental, no llegue a esa distancia. Cuando el borde exterior del margen continental sobrepasare la distancia de doscientas millas náuticas (200 MN), la República Bolivariana de Venezuela establecerá dicho borde, el cual fijará el límite de la Plataforma Continental con la zona internacional de los fondos marinos y oceánicos, conforme al Derecho Internacional.

---

1 Línea de bajamar o a lo largo de la costa.

2 Unión de puntos apropiados, a ser definidos por el Estado. Las aguas situadas por debajo de esta línea son las aguas interiores de un Estado.

Esto nos obliga a poner en contexto los derechos de soberanía sobre la prolongación natural del territorio bajo el mar, en cuyo artículo 57 refiere que los mismos se entienden "a los efectos de la exploración y explotación sostenible de sus recursos naturales (minerales y vivos). Nadie podrá emprender estas actividades sin su expreso consentimiento".

Definida e identificada la Plataforma Continental, conviene abordar algunos elementos que permitirían ampliar el espectro de análisis de un caso tan interesante como complejo, como lo representa la reclamación del territorio Esequibo y lo que se avecina, luego de avanzar la segunda fase del procedimiento adelantado por la Corte Internacional de Justicia (CIJ), ante la sugerencia del secretario general de la ONU, Antonio Guterres y la demanda incoada por Guyana en el año 2018.

II. IMPORTANCIA DE LA CONFIGURACIÓN GEOGRÁFICA DE LA FACHADA ATLÁNTICA VENEZOLANA:

Partiendo del hecho que "la tierra es la fuente legal del poder que un Estado puede ejercer sobre las extensiones terrestres hacia el mar"[3] y dada las particularidades de cada espacio, la configuración geográfica (y geológica) se ha convertido en un factor decisivo, para precisar la adopción de principios y considerar los diferentes métodos de delimitación aplicables para cada caso particular. En este sentido y conforme con las características geográficas de la fachada atlántica venezolana, ésta podría concebirse en tres sectores:

A. Golfo de Paria: prácticamente delimitado por el Tratado sobre la Delimitación de Áreas Marinas y Submarinas entre Venezuela y Trinidad y Tobago (18 de abril de 1990). De acuerdo con Daniels (2013: 27), este sector:

Se inicia en un punto, en el mar, al NORTE de las Bocas del Dragón, sobre el meridiano 61° 43´46" W, Punto N°1, hasta un punto al SUR, ubicado en el Golfo de Paria (Punto N°9 del Tratado Delimitación Marítima del 18 ABRIL 1990 Lat.

---

3 CIJ. Caso del Mar del Norte. 29 de febrero de 1969. Parágrafo 96.

10°02´46” N, Long. 62°04´59” W). Es de hacer notar que el Punto N° 1 ubicado al NORTE de las Bocas del Dragón, está pendiente de la delimitación con Granada.

B. Proyección Delta del Orinoco: Comprendido por las costas del estado Delta Amacuro hasta Punta Playa y su proyección marítima. Más específicamente, según Daniels (2013: 28):

> Este sector se extiende hacia el SUR hasta Punta Playa (Lat. 8°32´22” N, 59°59´48´´W). Hacia el ESTE se extiende por la línea de demarcación del Tratado del 18ABR1990 hasta el Punto 22 (Lat. 11°24´00” N, Long. 56°06’30” W); ubicado aproximadamente en el borde exterior el margen continental, quedando pendiente la línea de proyección de Punta Playa por estar sujeta a la solución de la reclamación Esequiba.

C. Proyección de la Zona en Reclamación (dada a conocer así desde 1965) y/o territorio Esequibo: Se refiere al área entre Punta Playa y la desembocadura del río Esequibo (espacio pendiente por delimitar), la cual se encuentra bajo control de la República Cooperativa de Guyana, pero sujeta a la reclamación sostenida por Venezuela sobre el territorio y su correspondiente proyección marítima.

El escenario nos permite identificar las particularidades de cada uno de estos espacios geográficos, en donde, el sector A y B comprende una longitud de costa de 814 Kms aproximadamente, con una proyección de áreas marinas y submarinas de 45.926 Km^2 de superficie, mientras que, el sector C correspondiente al Esequibo, posee una longitud de costa de 291 Kms[4] estimados con una proyección marítima estimada de 75.553 Km^2 de superficie[5].

Atendiendo a las consideraciones geográficas de los sectores B y C, éstos presentan una configuración de costas adyacentes, característica de particular atención toda vez que, esta singularidad jugó un papel importante sobre el tratamiento de las delimitaciones,

---

[4] Guyana manifiesta tener 459 Km de costa, estaría bajo cuestionamiento, debido a la reclamación, 168 Km aproximadamente.

[5] Véase Saúl Chacín, *Venezuela país marítimo. Su costa, áreas marinas y submarinas e islas*, Dirección de Hidrografía y Navegación. pp. 5-8.

ya que estas dependían de si las costas de los estados en litigio se enfrentan o son limítrofes[6]. Sobre este particular, situación especial se presenta con el caso de delimitación pendiente al noroeste del golfo de Venezuela, ya que, se pueden identificar costas combinadas, es decir, costas adyacentes y opuestas en este mismo espacio geográfico.

Por otro lado, siendo las formaciones insulares un factor importante en la definición de los límites marítimos entre los países ribereños[7], conviene destacar la ausencia de islas, islotes o archipiélagos dentro de la proyección marítima de los sectores B y C, asunto que facilitaría, en medio de tantas complejidades, la futura delimitación marítima entre Venezuela y Guyana, sin embargo, es obligatorio atender la cercanía geográfica de Trinidad y Tobago y Barbados, así como los vecinos continentales Guyana y Surinam, principalmente por las implicaciones jurídicas, sobre la adopción de principios y la aplicación de los posibles métodos de delimitación marítima, considerando las acciones adelantadas por estos Estados, en materia de fijación de los límites marítimos y lo determinado por la jurisprudencia internacional, cuestiones que también figuran como puntos de interés para efectos de este análisis.

Se advierten también aspectos polémicos, con repercusión directa sobre nuestros derechos soberanos en la proyección marítima del Delta del Orinoco. Evoco las palabras del Dr. Juan Carlos Rey (1981): "no quiero crear desánimo, sino, por el contrario, aspiro a que nos preparemos adecuadamente..." Entre ellos se pueden identificar *a priori*:

III. PRESENCIA DE RECURSOS NATURALES EN LA ZONA:

Aunque es importante el potencial pesquero de este sector, merece especial atención el desarrollo de la actividad petrolera.

---

6 CIJ. Caso del Mar del Norte. 1969. p. 36. Parágrafo 57.

7 Véase CIJ. Caso Pesquerías (Reino Unido vs Noruega). 18 de diciembre de 1951. p. 131-132.

La Guayana Inglesa intentó iniciar su política de concesiones en el espacio marítimo, en el año 1965, un año antes de su independencia.

Venezuela por su parte, sostuvo una actuación sólida por más de 40 años, sobre su reclamación y el interés por neutralizar cualquier actividad, sobre todo aquellas que implicaran inversiones extranjeras o de organismos internacionales, en el territorio Esequibo.

En 1993, Guyana entrega concesión de un bloque a la empresa Mobil, para exploración en la costa del territorio Esequibo y un pequeño sector de la proyección marítima del Delta del Orinoco y posteriormente se deja sin efecto. Posteriormente a las empresas Century GY y Exxon (1999), cuya disposición cerraba por completo la salida abierta de Venezuela al Atlántico, razón por la cual Venezuela protestó debidamente. Para el año 2012 inició, propiamente, las labores de otorgamiento de concesiones petroleras a la empresa la canadiense CGX Energy (Bloque Pomeroon), la norteamericana Anadarko (Bloque Roraima), la holandesa Shell y la norteamericana Exxon (Bloque Stabroek). La situación empeoró cuando, en el año 2015 la empresa norteamericana ExxonMobil anunció que se realizó un importante descubrimiento de reservas de petróleo, especialmente en la proyección marítima del territorio Esequibo, extendiéndolo inclusive hasta la proyección marítima venezolana del Delta del Orinoco, al ser el principal operador en el bloque Stabroek y Kaiteur.

Evidentemente, ha avanzado el creciente interés de empresas trans y multinacionales, en la exploración y explotación de recursos naturales en la fachada caribeña y atlántica de la región suramericana, donde países como Colombia, Martinica, Grenada, Barbados, Trinidad y Tobago, Brasil, Guyana, Surinam y Guayana Francesa, quienes, a propósito de incursionar en la actividad de exploración y explotación petrolera dentro de su jurisdicción, han asumido como impostergable, llevar a término cualquier tipo de disputa territorial/marítima pendiente con sus vecinos.

Indudablemente, el petróleo interviene potencialmente como un elemento de conflicto dentro de los procesos de delimitación marítima pendientes en la fachada caribeña, pero muy especialmente en la fachada atlántica, debido a la necesidad de promover libremente las operaciones de exploración y explotación *offshore*.

Una iniciativa importante de Venezuela fue la firma del Acuerdo de unificación y desarrollo de los yacimientos de hidrocarburos del "Campo Manakin-Coquina" (2015) que se extiende a través de la línea de delimitación entre la República Bolivariana de Venezuela y la República de Trinidad y Tobago[8], como una medida de fortalecimiento de las relaciones con Trinidad y Tobago (no miembro de Petrocaribe) y al mismo tiempo para garantizar y fortalecer su presencia en el área del Atlántico. Sin embargo, se desconoce el estatus de este Acuerdo.

Del mismo modo, esto permite develar los intereses subyacentes que se ciernen en torno a este espacio geográfico pendiente por delimitar, por parte de otros actores externos, como las empresas transnacionales o multinacionales y los estados que éstas representan. Sobre tan delicado particular, se puede distinguir no solo público interés por parte de Estados Unidos, a través de la empresa *ExxonMobil* y *Hess Corporation* (exsocio de PDVSA), sino China como segundo socio comercial a través de la empresa *China National OffShore Oil Company* -actual socia de PDVSA-, *Repsol* (española, cuyos accionistas mayoritarios son de Reino Unido y Estados Unidos), *Tullow* (británica, también en Guyana, Surinam y Guayana Francesa), *DEA* (alemana, también en Surinam), las canadienses *CGX*[9], *Nexen, JHI y Eco (atlantic) oil and gas* y la empresa francesa *Total* (hasta ahora en la fachada marítima de la Guayana Francesa).

Aunque desde la perspectiva jurídica este factor no tendría repercusión directa sobre el caso planteado entre Venezuela y Guyana, representa un factor de atención cuando, empresas como la ExxonMobil manifiesta pública y reiteradamente "dispuesta a asistir a Guyana en los gastos judiciales resultantes de una eventual controversia con Venezuela por el bloque Stabroek" afirmando además "que ha reservado alrededor de 20 millones de dólares para asistir a Guyana, una vez el país suramericano active el acuerdo judicial" (EFE citado por El Nacional, diciembre 3, 2017). Esto

---

8 Gaceta Oficial 40.620 del 13 de marzo de 2015.

9 Proporcionó $8.5 millones, a su subsidiaria en Guyana (ON Energy), para exploración de petróleo y gas en la región de Berbice (https://embvenezuelaenguyana.es.tl/Pol%EDtica-Exterior.htm)

demuestra una clara injerencia en asuntos estrictamente bilaterales por parte de una trasnacional y un evidente apoyo internacional hacia Guyana, de acuerdo con las acciones emprendidas por ese Estado.

IV. PROCESOS DE DELIMITACIÓN MARÍTIMA:

Son varios los venezolanos que han escrito referente al tema de las delimitaciones: Velázquez (1973), Zambrano Velazco (1983), Morales Paúl (1983, 1989), Hernández Carstens (1989), Nweihed (1990, 1992, 2013), Jaffé (1996). El abogado Raúl Curiel (2010) en su trabajo sobre reclamaciones marítimas en el océano Atlántico, identifica metódicamente las acciones emprendidas por los estados con presencia en la zona atlántica. En este sentido, Guyana ha encontrado aliados estratégicos, para el establecimiento de las delimitaciones marítimas en el área del Caribe y el Atlántico, pretendiendo desestimar la disputa con Venezuela. Teniendo como antecedente el tratado de delimitación marítima entre Venezuela y Trinidad y Tobago (1990), conviene referirse sobre algunos hechos ocurridos *a posteriori* que, no solo cuestionan dicho tratado, sino que vulneran nuestros derechos soberanos sobre nuestra proyección marítima, en el atlántico. De ello se destaca:

Entre los Estados ribereños países suramericanos con costas en el océano Atlántico se encuentran Venezuela, Guyana, Surinam, Guayana Francesa, Brasil, Uruguay y Argentina. De los países del Caribe, como Trinidad & Tobago y Barbados la fachada atlántica están. De ellos, la República Federativa de Brasil y la República de Francia a través de la Guayana Francesa establecieron sus límites el 30 de enero de 1981, a partir de una línea loxodrómica con azimut de 41° 30', proyectada hasta el fin de la plataforma continental. Venezuela y Trinidad & Tobago hicieron lo propio en 1990, producto del compromiso del Dr. Isidro Morales Paúl y su equipo de trabajo, por tratar de concretar por la vía pacífica, las delimitaciones marítimas pendientes, a través de la negociación directa, cuestión que hizo con cuatro de los cinco procesos de delimitación celebrados por Venezuela[10].

Barbados por su parte, inició el 16 de febrero de 2004, un procedimiento de arbitraje ante el Tribunal Arbitral de Derecho del Mar, a los fines de fijar los límites marítimos con Trinidad & Tobago. El Tribunal *in comento*, el 11 de abril de 2006 dictó sentencia, precisando la construcción de una línea equidistante, conformada por once puntos geodésicos.

Seguidamente, por falta de acuerdo entre las partes, en 2004 Guyana y Surinam iniciaron el procedimiento de arbitraje ante el Tribunal Arbitral de Derecho del Mar, a propósito de delimitar las áreas marinas y submarinas entre ambos Estados. El 17 de septiembre de 2007 se dictó sentencia, donde se establece la delimitación marítima, aplicando los principios equitativos. Este caso tiene particular relevancia toda vez que, para la construcción de la línea equidistante, se tomaron en consideración dos puntos ubicados en la costa del territorio Esequibo.

Ante este escenario, las delimitaciones marítimas concretadas en este ámbito geográfico reducen la posibilidad de considerar la tesis de Venezuela respecto al criterio de la proporcionalidad[11], asunto considerado, por cierto, en la delimitación celebrada entre Venezuela y los Países Bajos (1978).

- **Cuestionamiento de la delimitación marítima entre Venezuela y Trinidad & Tobago (1990):**

En el año 2002, es decir, 12 años después de celebrado, Guyana cuestiona la delimitación marítima entre Venezuela – Trinidad & Tobago. El 14 de febrero de 2004, Barbados aprovecha la oportunidad

---

10 Estados Unidos (28 de marzo de 1978), Países Bajos (31 de marzo de 1978), República Dominicana (3 de marzo de 1979) y Trinidad y Tobago (18 de abril de 1990).

11 Definida en el Manual de Delimitación de fronteras marítimas como "relación entre las longitudes de las costas pertinentes de dos o más Estados cuyas zonas marítimas han de delimitarse, por una parte, y la superficie del espacio marítimo que la delimitación ha de asignar a cada una de las partes, por la otra". p. 24.

para cuestionar la delimitación marítima entre Venezuela y Trinidad y Tobago (1990), dos años después que Guyana.

El 2 de diciembre del año 2003, Barbados y Guyana, de forma inconsulta con Venezuela, firmaron un Tratado de Cooperación en lo que ellos asumieron Zona Económica Exclusiva, la cual se solapa con la proyección marítima del Delta del Orinoco. Acción que amenaza, indiscutiblemente los derechos soberanos de Venezuela, sobre su propia proyección marítima en el Atlántico.

- **Solicitud de extensión de la Plataforma Continental:**

Barbados, en el año 2007, entrega una serie de concesiones para la exploración y explotación de yacimientos de hidrocarburos, sin embargo, sobrepasan y se solapan con las áreas marinas y submarinas ya delimitadas entre Venezuela y Trinidad y Tobago. Al tiempo que solicita la extensión de su plataforma continental, de manera inconsulta con Venezuela.

Asimismo, Francia a través de la Guayana Francesa, interpuso en el mismo año, una petición ante la Comisión de Límites de la Plataforma Continental para la extensión de su plataforma continental.

Guyana consulta sobre la extensión de su plataforma continental a 350 millas, con Trinidad y Tobago, Surinam y Barbados, entre los años 2008 y 2010.

En el año 2008 Surinam y seguidamente el 6 de septiembre del año 2011 Guyana, solicitan ante la Comisión de Límites de la Plataforma Continental de las Naciones Unidas, la extensión de su Plataforma Continental más allá de las 200 millas náuticas, ignorando -este último- la reclamación territorial por parte de Venezuela. Sobre tan delicado particular, seis meses después, Venezuela remitió sus reservas sobre la propuesta de "*límite a la plataforma continental generada por el territorio ubicado al este del río Esequibo, el cual es objeto de una controversia de soberanía territorial*" al secretario general de la Organización de las Naciones Unidas, Ban Ki-Moon, en una misiva con fecha del 9 de marzo del 2012, en la cual se mencionaba además que, Guyana lo hizo de forma inconsulta con Venezuela. En este mismo instrumento, Venezuela objetó la presentación y la información entregada por Guayan ante la Comisión de Límites de la Plataforma Continental, reivindicando su derecho sobre la plataforma continental en la región atlántica.

De los Estados que conforman la región suramericana, solicitaron la extensión de la Plataforma Continental: Argentina (solicitada en abril de 2009 y aprobada en agosto 2015, con enmiendas en marzo de 2016), Barbados, Brasil (presenta antecedentes en mayo 2004, aprobado en 2007), Chile (entrega informe preliminar en mayo 2009, en diciembre de 2020 presenta el informe que establece una plataforma continental extendida en la provincia de Isla de Pascua y en febrero 2022 presentó el informe sobre la Plataforma Continental Extendida al oeste de la península Antártica), Uruguay (entrega antecedentes en abril de 2009, aprobada en noviembre de 2015, con enmiendas en agosto de 2016) y recientemente Ecuador elevó ante las Naciones Unidas, la primera presentación conjunta con Costa Rica (diciembre 2020), para la definición del límite exterior de su plataforma continental.

A la vista, la aspiración de nuestros vecinos inmediatos, para extender su plataforma continental no solo compromete los derechos soberanos del Estado venezolano en su proyección marítima atlántica, sino que, podría aumentar las posibilidades de conflicto con sus vecinos. En tal sentido, aun cuando Venezuela no es signataria de la Convención de las Naciones Unidas sobre el Derecho del Mar (CONVEMAR), ha tenido como asunto pendiente, establecer una estrategia que le permita determinar el borde exterior del margen continental, definiendo así el límite de su plataforma continental.

V. LÍNEA AZIMUT[12] 070°:

La base técnica para la construcción de dicha línea pareciera haber sido el trazado de una paralela al límite entre Venezuela y Trinidad y Tobago (1990). Esta fue establecida en 1996, partiendo de Punta Playa "para definir el alcance espacial de las operaciones de vigilancia y control de la Armada venezolana; y de las demás autoridades competentes en dichas áreas marinas y submarinas (proyección marítima atlántica)", adoptada como la posición venezolana en lo que respecta a:

---

12 El azimut es entendido como el ángulo de orientación y/o dirección, medido desde el punto cardinal norte, en sentido de las agujas del reloj.

...ejercicio efectivo y pleno de la soberanía y jurisdicción, sobre todo el espacio marítimo correspondiente a la costa del estado Delta Amacuro, entre Punta Playa y Punta Aguarapiche, extendiéndose hasta el borde exterior de la zona económica exclusiva de 200 millas y, más allá, hasta el borde exterior del margen continental, es decir, hasta el límite de la jurisdicción venezolana con el alta mar y la Zona Internacional de los Fondos Marinos.

Al respecto conviene hacer una revisión sobre la forma en que fue establecida y el carácter vinculante que tendría, ante una eventual defensa en la CIJ, partiendo del hecho que, fue una iniciativa con fines administrativos y no un intento de delimitación marítima unilateral por parte de Venezuela.

VI. LEGISLACIÓN NACIONAL E INTERNACIONAL, EN MATERIA DE ESPACIOS MARÍTIMOS:

En el caso de Venezuela, el Acuerdo de Ginebra (1966) es el instrumento jurídico sobre el cual gravita la maniobra del Estado venezolano respecto a Guyana, entre tantas cosas porque, en respeto de lo estipulado en el Artículo V, numeral 2[13], Venezuela, no ha intentado promover ningún tipo de acciones en la zona terrestre ni marítima, hasta tanto no se solvente el diferendo. Sin embargo, Guyana prácticamente desde su independencia ha entregado diversas concesiones en el ámbito petrolero, minero y maderero, a los fines de explotar los recursos naturales que se encuentran en el territorio Esequibo.

---

13 Ningún acto o actividad que se lleve a cabo mientras se halle en vigencia este Acuerdo constituirá fundamento para hacer valer, apoyar o negar el derecho a la soberanía territorial en los territorios de Venezuela o la Guayana Británica, ni para crear derechos de soberanía en dichos territorios, excepto en cuanto tales actos o actividades sean resultado de cualquier convenio logrado por la Comisión Mixta y aceptado por escrito por el Gobierno de Venezuela y el Gobierno de Guyana. Ninguna nueva reclamación o ampliación de una reclamación existente a la soberanía territorial en dichos territorios será hecha valer mientras este Acuerdo esté en vigencia, ni se hará valer reclamación alguna sino en la Comisión Mixta mientras esa Comisión exista.

Por otro lado, la Ley de espacios acuáticos e insulares. Decreto N° 1.446 del 17 de noviembre de 2014, regula el uso de los espacios acuáticos, sin embargo, tiene especial interés el decreto presidencial N° 1.152 de 9 de julio de 1968, por el cual se traza la línea de base recta en el sector de las costas de Venezuela comprendido entre la línea divisoria del río Esequibo y Punta Araguapiche en el Territorio Federal Delta Amacuro (hoy estado Delta Amacuro), al declarar la única línea de base recta, explícitamente establecida por Venezuela.

Guyana por su parte, centra su atención en la Ley de Fronteras Marítimas de 1977, donde definen su mar territorial y plataforma continental, así como destacan aspectos relacionados con la actividad pesquera, pero más llamativo resulta el parágrafo 35 "la determinación de los límites marítimos por acuerdo"[14] donde instauran la aplicación del método de la equidistancia, en aquellas áreas pendientes por delimitar, como maniobra concebida a partir de la existencia de costas adyacentes con sus vecinos.

Esta ley fue derogada y sustituida en el año 2010 por la Ley de Zonas Marítimas, donde se incorporan algunas disposiciones de la CONVEMAR y la Convención de la UNESCO sobre la Protección del Patrimonio Cultural Subacuático (2001), destacando los temas referidos a la regulación de la investigación científica marina, la zona cultural marítima, ecoturismo, parques y reservas marinas y la maricultura, protección y preservación del medio marino y asuntos conexos.

De igual manera, conforme a la G.O.E. 1.629 fechada el 23 de julio de 2015, Guyana establece la línea base de cierre de las bocas de los ríos y aguas interiores, en respuesta quizás al cuestionado decreto 1.859 publicado en G.O 40.696 de fecha 6 de julio de 2015, mediante el cual Venezuela crea y activa las Zonas Operativas de

---

14 Maritime boundaries determined by agreement: "The maritime boundaries between Guyana and any State whose coast is adjacent to that of Guyana in regard to their respective territorial seas, continental shelves, exclusive economic zones, fishery and other maritime zones shall be determined by agreement between Guyana and such States and pending such agreement shall not extend beyond the line every point of which is equidistant from the nearest point on the baseline from which the breadth of the territorial sea of Guyana and such State is measured".

Defensa Integral Marítimas e Insulares (ZODIMAIN), adscritas a la Región Estratégica de Defensa Integral Marítima e Insular (REDIMAIN), cuyas áreas establecidas se adentraban inclusive en el espacio marítimo de Guyana y Surinam[15].

Esta situación sugiere un análisis acucioso, toda vez que, el cierre de las bocas de los ríos y aguas interiores, establecido por Guyana en el año 2015, contradice de alguna manera, lo dispuesto en el decreto 1.152 de 1968 publicado por Venezuela.

Como afirma Morales Paúl "los conflictos de carácter limítrofe son, por definición, conflictos de carácter legal, susceptibles de ser resueltos mediante la aplicación de reglas de derecho"[16]. Lógicamente, ajustados a lo dispuesto en el Estatuto de la Corte Internacional de Justicia, instancia en que se encuentra el caso entre Guayana y Venezuela, conforme al artículo 38, es menester analizar la situación expuesta, conforme al Derecho Internacional, a la luz de las convenciones internacionales, la costumbre, los principios generales de derecho, las decisiones judiciales y las doctrinas como medio auxiliar.

VII. AMENAZAS PRESENTES EN LA ZONA DEL ATLÁNTICO:

La reclamación del territorio Esequibo. Apoyados en el principio que la tierra domina el mar, resulta evidente que, Venezuela poco puede adelantar en materia de delimitación marítima en el atlántico, hasta tanto no se resuelva la situación de la reclamación territorial, así como lo que se pueda establecer en la sentencia de la CIJ, como producto de esta segunda etapa del procedimiento iniciado en el año 2018.

Del mismo modo, se debe hacer referencia a las operaciones de narcotráfico, contrabando y piratería en la zona atlántica que al mismo tiempo han dado pie a la implementación de acciones con-

---

15 Razón por la cual fue modificada mediante decreto 1.787 publicado en Gaceta Oficial 40.669 del 27 de mayo de 2015.

16 Isidro Morales Paúl, *Política Exterior y Relaciones Internacionales*, Anauco Ediciones, C.A, Academia de Ciencias Políticas y Sociales, Caracas-Venezuela, 1989. p. 251.

juntas, por parte de Guyana con los Estados Unidos, Brasil y algunas islas del Caribe, para ejercer control efectivo sobre el espacio marítimo, quedando Venezuela prácticamente ajena a estas iniciativas.

Los incidentes marítimos reiterados, producto de la pesca ilegal, inmigración y/o migración ilegal, navegación de embarcaciones asociadas a la actividad exploratoria petrolera en la proyección marítima del Delta del Orinoco. Los daños ecológicos que potencialmente podrían devenir del desarrollo de la actividad petrolera, así como asuntos relacionados con el control de tráfico marítimo en la zona.

VIII. ACTUACIÓN DEL ESTADO VENEZOLANO EN EL ESPACIO MARÍTIMO ATLÁNTICO:

Así como la Posición Nacional requiere de solidez, la actuación del Estado venezolano debería demostrar el ejercicio continuo e ininterrumpido de soberanía y jurisdicción sobre su proyección marítima, esto es actos de soberanía, cuestiones que tienen que ver con el desarrollo de actividades de investigación científica, pesca, exploración y extracción de recursos, patrullaje sostenido por parte de la Armada y la Aviación Nacional y manejo oportuno de los incidentes marítimos en la fachada atlántica, tal y como lo identificamos en años recientes con la interceptación del buque Teknik Perdana en el año 2013 y con la identificación del buque Prospector en el año 2014, en la proyección marítima del territorio en reclamación.

Visto esto, no queda más que exhortar a la revisión exhaustiva de cada uno de estos elementos que, directa o indirectamente tienen que ver también con las gestiones que eventualmente se vayan a adelantar en materia de delimitación marítima entre Venezuela y Guyana. Acción que evidentemente es ineludible para ambos Estados.

Con esto hago el cierre de mi presentación, agradeciendo nuevamente la invitación. Muchas gracias y feliz día.

LA PLATAFORMA CONTINENTAL Y LA FRONTERA MARÍTIMA ENTRE GUYANA Y VENEZUELA REFLEXIONES SOBRE LOS PROBLEMAS EN TORNO A LA DELIMITACIÓN DE LA FRONTERA MARÍTIMA ENTRE VENEZUELA Y GUYANA Y EL DERECHO APLICABLE

JESÚS OLLARVES IRAZÁBAL

LA PLATAFORMA CONTINENTAL Y LA FRONTERA MARÍTIMA ENTRE GUYANA Y VENEZUELA REFLEXIONES SOBRE LOS PROBLEMAS EN TORNO A LA DELIMITACIÓN DE LA FRONTERA MARÍTIMA ENTRE VENEZUELA Y GUYANA Y EL DERECHO APLICABLE

*Jesús Ollarves Irazábal**

SUMARIO: INTRODUCCIÓN. I. EL PROBLEMA TERRITORIAL CON GUYANA. II. LA FACHADA ATLÁNTICA, UN ESPACIO VITAL. III. LOS PROBLEMAS EN TORNO A LA CONTROVERSIA. 1. *El otorgamiento arbitrario de concesiones por parte de Guyana.* 2. *Dos procesos de arbitraje sobre las delimitaciones marítimas que afectan la posibilidad de Venezuela de garantizar su salida al océano Atlántico.* A. *La delimitación entre Barbados y Trinidad.* B. *La delimitación entre Guyana y Surinam.* C. *La pasividad o complicidad de Guyana frente al crimen organizado en la Fachada Atlántica*; **IV. LOS ESTÁNDARES Y NORMAS APLICABLES A LAS DELIMITACIONES DE FRONTERAS MARÍTIMAS. CONCLUSIÓN**

---

* Doctor en Derecho, grado que le confirió con honores la ilustre Universidad Central de Venezuela. También es especialista en Derecho y Política Internacionales y especialista en Derecho Internacional Económico y de la Integración. Ejerce la docencia como profesor de Derecho Penal, Derecho Internacional y Derechos Humanos, en cursos de pregrado, postgrado y doctorado tanto en universidades nacionales como extranjeras. Profesor invitado en la Universidad para la Paz (Costa Rica), investigador invitado en el Instituto Max-Planck de Derecho Público Comparado y Derecho Internacional de Heidelberg (Alemania).

INTRODUCCIÓN

La controversia territorial entre Venezuela y Guyana tiene más de un siglo amenazada por el olvido, pues muy esporádicamente aparece en la agenda política y mediática de Venezuela, a pesar de sus trascendentales implicaciones en términos políticos, económicos y, sobre todo, de derechos humanos.

La academia y la comunidad jurídica venezolana están emplazadas a profundizar en el estudio de la delimitación de áreas marinas y submarinas a efectos de lograr soluciones prácticas, satisfactorias y duraderas que, en nuestra opinión, solo es posible a través de la correcta aplicación del Derecho Internacional.

Las últimas dos décadas han estado caracterizadas por dos circunstancias: por un lado, los incesantes intentos de Guyana de apoderarse de la "zona en reclamación"; y, por el otro, la remisión del asunto a la Corte Internacional de Justicia, que hizo el secretario general de la ONU en 2018[1].

Desde 2018, el gobierno venezolano ha adoptado una estrategia procesal de incomparecencia ante la Corte Internacional de Justicia, lo cual ha creado mayor incertidumbre sobre la situación de la plataforma continental del país, particularmente en cuanto a las violaciones de derechos humanos asociadas a los intereses crematísticos que han determinado las marchas y contramarchas de la disputa.

---

1 El secretario general de la ONU, Antonio Guterres, consideró que no se había alcanzado un progreso significativo en el proceso de buenos oficios. Guterres, siguiendo la recomendación que había hecho su antecesor, Ban Ki-moon, escogió a la Corte Internacional de Justicia como el medio para la resolución de la controversia.

Muchas han sido las críticas sobre la decisión relacionada con la competencia de la Corte Internacional de Justicia sobre el caso del Esequibo. El hecho concreto es que es una "cuestión de Derecho Internacional" que nace del artículo IV, párrafo 2 del Acuerdo de Ginebra, según el cual el secretario general de la ONU tiene la facultad de elegir, de los medios referidos en el artículo 33, párrafo 1, de la Carta de la ONU, el mecanismo de solución de la controversia fronteriza entre Venezuela y Guyana.

Este ensayo tiene como objetivos: resaltar la importancia de la Fachada Atlántica, identificar los problemas relacionados con la delimitación de la frontera marítima entre Venezuela y Guyana y hacer visibles los estándares jurídicos aplicables a las delimitaciones de fronteras marítimas.

I. EL PROBLEMA TERRITORIAL CON GUYANA

La disputa por el Esequibo ha estado signada por las aspiraciones expansionistas de Gran Bretaña en América y el desenfreno por expoliar los recursos minerales en ese territorio.

En agosto de 1814, fracasa la Primera República al término de la llamada Guerra a Muerte. Venezuela no disponía de una flota marítima, sino apenas unos pocos barcos corsarios. En contraste, Gran Bretaña, la principal potencia del mundo para la época y conocida como la Reina de los Mares, tomó posesión del Esequibo, convertido en Guyana Británica, a través del tratado de Londres, celebrado con Holanda, específicamente el 13 de agosto de aquel año.

Además de la debilidad militar de Venezuela para defender el territorio, el cartógrafo Robert Schomburgk se excedió en su labor como técnico: en los mapas levantó postes, marcó árboles e hizo actos de posesión del territorio en favor de Guyana.

La única posibilidad que tenía Venezuela para reclamar el territorio que le pertenecía era recurrir al arbitraje, pero esa propuesta nunca fue aceptada por los ingleses. Sin embargo, en virtud de la Doctrina Monroe, Estados Unidos hizo suya la reclamación venezolana y logró que Gran Bretaña aceptara someterse al arbitraje. Para ser más precisos, sin la participación de Venezuela, Estados Unidos negoció con Gran Bretaña el compromiso arbitral de 1897, que luego suscribió Venezuela, obligándose a cumplir lo pactado.

En 1899 se dictó el Laudo de París, que debía ser el "arreglo completo, perfecto y definitivo" de la controversia territorial entre Venezuela y Gran Bretaña. Pero resultó todo lo contrario: un fallo arbitrario, producto del capricho, la colusión y de negociaciones a espaldas de Venezuela.

Venezuela nunca aceptó esa decisión que, por sus vicios, era nula e inexistente en el plano jurídico. Por esta razón, las partes suscribieron el Acuerdo de Ginebra de 1966, para buscar "soluciones satisfactorias" para "el arreglo práctico" de la controversia, que hoy conoce la Corte Internacional de Justicia.

II. LA FACHADA ATLÁNTICA, UN ESPACIO VITAL

No existe un criterio uniforme sobre la longitud costera de la Zona en Reclamación. Según Manuel Donís Ríos, Venezuela posee 3.499 km de costas continentales sobre el Mar Caribe y el Océano Atlántico, de los cuales 2.394 km están ubicados en el Caribe y 1.105 km en el Atlántico (incluidos los 291 kilómetros de costa que posee la Zona en Reclamación)[2]. Simón Molina Duarte y Alicia Moreau afirman que Venezuela posee 4.006 km. de costas continentales, de los cuales 2.718 km. están en el Mar Caribe, 1.008 km en la Fachada Atlántica hasta Punta Playa y 280 km. en la Zona en Reclamación[3].

La Fachada Atlántica es un espacio vital para Venezuela desde el punto de vista geopolítico y geoestratégico y está dividida en tres espacios. El primero corresponde al sector que divide al mar Caribe del océano Atlántico entre Granada, Trinidad y Tobago y Venezuela, aún pendiente por resolver. El segundo comprende el golfo de Paria, definido en dos oportunidades (1942 y 1990). Y el tercero constituye la Zona en Reclamación, en espera de la solución práctica y satisfactoria para Venezuela y Guyana[4].

Isidro Pérez Villalobos sostiene que Venezuela realiza más del 95% de su comercio internacional a través del Atlántico. La Fachada Atlántica es el extremo oriental del sistema hidrográfico Orinoco-

---

2 Cfr. Manuel Donís Ríos, "Soberanía y fronteras marítimas de Venezuela". *El problema de la soberanía: Su historia ante el siglo XXI,* Caracas, Editorial Equinoccio, 2007, p. 129.

3 Cfr. Simón Molina Duarte, "Venezuela y la cuenca del gran Caribe", *Geo Venezuela*, Caracas, Fundación Empresas Polar, tomo IX, 2009, p. 305.

4 Cfr. Elías Daniels Hernández. *Apreciación naval de la Reclamación del Territorio Esequibo*. Documento elaborado por el Estado Mayor General de la Armada, 17 de junio de 1991, p. 10.

Apure y, en ese sentido, un trecho clave de las rutas marítimas de Venezuela hacia los espacios oceánicos. Adicionalmente, esa zona posee una extensa red hidrográfica y la desembocadura del río Orinoco favorece las condiciones de navegabilidad[5].

Desde la perspectiva económica, la Fachada Atlántica posee grandes recursos petroleros, yacimientos de gas, manganeso, hierro y otros metales de gran valor económico. Además, las extensas costas facilitan la construcción de puertos y excelentes condiciones para la pesca, especialmente en el área deltaica.

III. LOS PROBLEMAS EN TORNO A LA CONTROVERSIA

1. *El otorgamiento arbitrario de concesiones por parte de Guyana*

El otorgamiento de concesiones por parte de la República Cooperativa de Guyana, de forma unilateral e inconsulta, es una práctica recurrente que viola el acuerdo de Ginebra de 1966 y que ha sido advertida por algunos organismos multilaterales.

El 30 de septiembre de 2019, el Parlamento del Mercosur exhortó a la República Cooperativa de Guyana a frenar las actividades petroleras y mineras en el Territorio Esequibo y su proyección marítima. Asimismo, expresó su preocupación por la continua política de otorgamiento de concesiones petroleras a empresas trasnacionales en la zona, la cual añade elementos extraños a la controversia, contraviniendo el espíritu del Acuerdo de Ginebra[6].

La primera concesión en el Esequibo fue otorgada por el gobierno británico, el 24 de mayo de 1965, confiriéndole permiso a la empresa canadiense Phoenix Canadá Oil Co. para realizar explotaciones petroleras en el Distrito de Rupununi, región del Esequibo. Frente a tal circunstancia, la Cancillería venezolana emitió

5 Cfr. Isidro Pérez Villalobos. *Formulación del Concepto Geopolítico Nacional y su Aproximación al Frente Atlántico de Venezuela.* Trabajo de Grado, Escuela de Geografía, Facultad de Humanidades y Educación, Universidad Central de Venezuela. 1988.

6 Cfr. Acuerdo del Parlamento del Mercosur, MERCOSUR/PM/SO/DELC.49/2019, 30 de septiembre de 2019, artículo 3.

un comunicado de prensa y una nota de protesta a la embajada británica en Caracas: (...) Declara a las partes interesadas que Venezuela no reconoce las concesiones otorgadas sobre el territorio en disputa, y por consiguiente formula la debida reserva para los efectos a que haya lugar[7].

Guyana, desde que obtuvo su independencia en 1966, se ha convertido en un centro de atracción para el capital extractivo, y ha ejecutado una política para comprometer los recursos naturales en territorio venezolano.

En 1967 el gobierno de Guyana otorgó a un consorcio anglocanadiense concesiones para explorar petróleo en pleno territorio Esequibo y en su inmediata plataforma continental. En respuesta, el Ministerio de Relaciones Exteriores de Venezuela formuló oficialmente su debida reserva desconociendo las concesiones otorgadas sobre el territorio y la plataforma continental reclamada por Venezuela. El gobierno venezolano se opuso al otorgamiento de las concesiones y advirtió que no otorgaría más adjudicaciones a las empresas petroleras que operaban en Venezuela que estuvieran vinculadas a las que habían recibido las concesiones guyanesas. En esa oportunidad la reacción diplomática detuvo la explotación de hidrocarburos en la zona en reclamación[8].

En el sector petrolero existe suficiente evidencia de la política de otorgamiento de concesiones a empresas transnacionales en la Zona en reclamación.

En la cuenca de Takutú operan las empresas Canacol Energy Ltd. y Togi Inc., que en sociedad con Groundstar Resources, se encargan de realizar las perforaciones y extracciones de petróleo ligero (42° API) encontrado en esta cuenca petrolífera.

En la Cuenca de Guyana, cuyo norte está en la Zona en Reclamación, se encuentran operando las empresas concesionarias

---

7 Cfr. Ministerio de Relaciones Exteriores. *Reclamación de la Guayana Esequiba*. Documentos 1962-1981, Caracas, 1982, p. 45.

8 Cfr. Claudio Alberto Briceño Monzón; José Alberto Olivar; Luis Alberto Buttó. *La Cuestión Esequibo Memoria y Soberanía*. Universidad Metropolitana, Caracas, Venezuela, 2016, p. 249.

Nabi Oil & Gas Inc y On Energy Inc. Desde 1967, en la costa afuera de dicha cuenca, han perforado 12 pozos y las empresas involucradas son: Exxon Mobil, Repsol Exploration, Tullow Guyana B.V., YPF Guyana Ltd., CGX Resources Inc., y CGX Resources Inc. Actualmente tienen actividad en tierra y costa afuera las empresas Anadarko, Esso/Shell, CGX, Repsol, Nabi Oil, On Energy, Canacol/Togi y Petroleum Geoservices.

En el Bloque Roraima, ubicado en la Fachada Atlántica del Delta, opera desde 2012 la empresa Anadarko Guyana Company, una subsidiaria de Anadarko Petroleum Corporation, la cual se encarga de adquirir y explorar petróleo y gas natural destinado al comercio.

El Bloque Pomerón de la Zona en reclamación ocupa aproximadamente 23.000 kilómetros cuadrados del territorio venezolano y en 2012 fue entregado a la empresa canadiense de exploración de petróleo y gas CGX Energy Inc.

El Bloque Stabroek de la Zona en Reclamación se extiende desde el límite Este al Oeste abarcando una superficie 26.800 kilómetros cuadrados, a unos 160 y 320 kilómetros de la costa, siendo el más grande de todos los bloques. Por tal razón, solapa todas las líneas de pretensión de Fachada Atlántica de Venezuela. Además, en su margen Noroeste solapa con el Bloque 5 de la Plataforma Deltana asignado por Venezuela a PDVSA. Desde 1965, en el Bloque Stabroek se han realizado más de 22 perforaciones y allí mantienen operaciones las empresas transnacionales Esso Exploration and Production Guyana Limited, (filial de ExxonMobil), Hess Guyana Exploration Ltd., (filial de Hess Corp.) y Nexen Petroleum Guyana Limited (filial de CNOOC).

El 29 de septiembre de 2000, Exxon Corp. anunció su renuncia temporal de la exploración en el Bloque Stabroek, por reconocer la existencia de una disputa internacional entre Venezuela y Guyana por el espacio marítima donde se encontraba la concesión. El vicepresidente de Esso, G.A Worthington, alegó que la situación de la reclamación venezolana comprometía las labores de la compañía, que según el artículo 24.2 del Contrato de Producción Compartida de 1999, definía como causante de suspensión o retraso de labores por "fuerza mayor" cualquier disputa territorial en el mismo espacio donde estuviese establecida la concesión. Debido a esto, y según lo estipulado en el artículo 24.3 del mismo contrato, la compañía abandonaba las labores esperando que los gobiernos asumieran la pronta solución de la controversia.

Después de la ruptura comercial, en 2008 ExxonMobil retomó las labores exploratorias en el Bloque Stabroek debido a la delimitación que había entrado en vigor en 2007 con Surinam.

El 10 de octubre 2013, Venezuela reaccionó con el arresto del barco de prospección sísmica RV Teknik Perdana, lo cual significó un cambio de la política internacional de Venezuela su frente a la controversia territorial con Guyana[9].

En 2015, el gobierno venezolano, a través de un decreto presidencial, estableció las Zonas de Defensa Integral Marítima Insular (Zodimain)[10] las cuales fueron concebidas en función de la planificación, conducción y ejecución de operaciones de defensa del espacio marítimo, insular, continental y aeroespacial del Estado, con el fin de garantizar la independencia, la soberanía, la seguridad, la integridad territorial y el desarrollo de la nación.

El decreto que creó las Zodimain delimita la "Fachada Atlántica de Venezuela", con coordenadas específicas que reivindican la soberanía histórica venezolana sobre las aguas del territorio Esequibo.

---

9 La Armada de la República Bolivariana de Venezuela (ARBV) a cargo del jefe de la Región Estratégica de Defensa Integral Marítima e Insular (REDIMAIN), Almirante Ángel Martínez, declaró que el barco Teknik Perdana "se encontraba realizando labores científicas no autorizadas por el Estado venezolano en espacio marítimo correspondiente a zona económica exclusiva, delito por el cual fue conminado a dirigirse a puerto". Al buque se "le invitó a cesar los trabajos de investigación, detener las máquinas y posteriormente se les solicitó acompañar a las autoridades venezolanas al muelle del Morro de Valdez, ubicado en la Isla de Margarita".

10 Cfr. Decreto Presidencial N° 1.787 publicado en la Gaceta Oficial N° 40.699 de fecha 27 de mayo de 2015. La Gaceta Oficial 40.677, de 6 de junio de 2015, volvió a publicar el Decreto Presidencial 1.787 sobre las Zonas Operativas de Defensa Integral Marítima e Insular (Zodimain), que ya había sido divulgado en la Gaceta Oficial 40.669 del 27 de mayo. Se lee en la primera página de la gaceta, "se reimprime por fallas en los originales".

También en 2015, la cancillería venezolana envió una nota formal de protesta al Gerente de Operaciones de Eepgl, en la que condena las "operaciones no autorizadas dentro del espacio marítima colindante con Venezuela"[11].

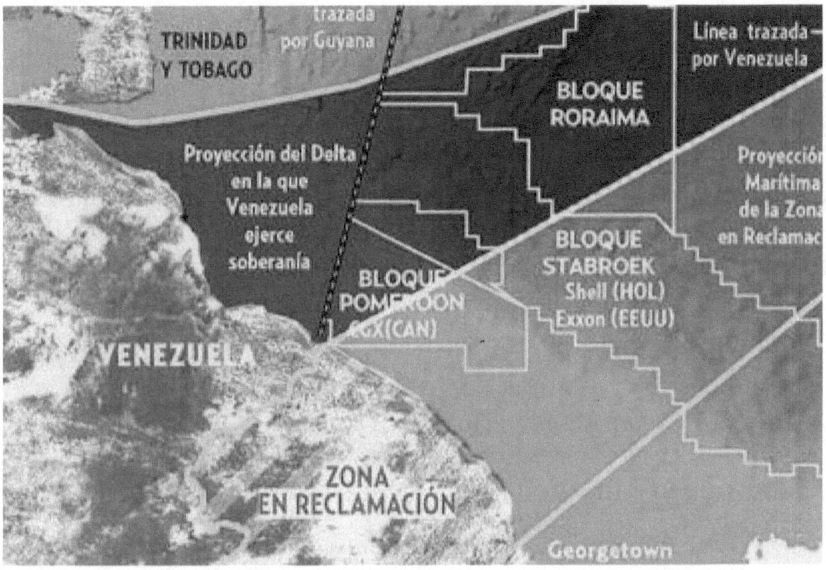

2. *Dos procesos de arbitraje sobre las delimitaciones marítimas que afectan la posibilidad de Venezuela de garantizar su salida al océano Atlántico*

Al margen de la política unilateral de otorgamiento de concesiones desarrollada por Guyana, Venezuela debe considerar los efectos de dos procesos de arbitraje sobre las delimitaciones marítimas que podrían afectar la posibilidad de garantizar la salida al océano Atlántico.

---

11 Carta de Protesta dirigida al Gerente de Esso Exploration And Production Guyana Ltd. Jeff Simons, por la Canciller Delcy Rodríguez Gómez del 7 de abril de 2015. Comunicaciones N°000153 MPPRE.

A. *La delimitación entre Barbados y Trinidad*

La discordia entre Barbados y Trinidad y Tobago se debió a los efectos del tratado de delimitación de áreas marinas y submarinas firmado entre Venezuela y Trinidad-Tobago el 18 de abril de 1990. Este acuerdo benefició a Venezuela y Trinidad-Tobago en las actividades pesqueras y en el otorgamiento de concesiones petroleras y explorado el subsuelo en función de las líneas de delimitación[12]. Sin embargo, para Venezuela fue especialmente relevante, pues definió los límites físicos superiores en el Atlántico hasta alta mar y la zona internacional de los fondos marinos, patrimonio común de la humanidad, asegurándose de esta forma una salida libre al Atlántico, en caso de una solución desfavorable de su controversia por los territorios del Esequibo[13].

Barbados, en noviembre de 1990, (el mismo año en que se firmó el Tratado de Delimitación de Áreas y Submarinas entre Venezuela y Trinidad-Tobago), suscribió con Trinidad y Tobago un Acuerdo Pesquero. En esa oportunidad Barbados no objetó el contenido del tratado firmado entre Venezuela y Trinidad y Tobago.

En julio de 2000, Barbados y Trinidad y Tobago iniciaron negociaciones para convenir un nuevo acuerdo pesquero, las cuales cesaron cuando Barbados se enteró del contenido de un memorando

---

12 *Article 7. If any single geological petroleum structure or petroleum field, or any single geological structure or field of any other mineral deposit, including sand and gravel, extends across the delimitation line and the part of such structure or field which is situated on one side of the delimitation line is exploitable, wholly or in part, from the other side of the said line, the Contracting Parties shall, after holding the appropriate technical consultations, seek to reach agreement as to the manner in which the structure or field shall be most effectively exploited and the manner in which the costs and benefits arising from such exploitation shall be apportioned.*

Article 8 In cases where either of the two Contracting Parties decides to carry out or to permit drilling activities for exploration or exploitation in areas five hundred metres (500m) away from the delimitation line, such activities should be made known to the other Party.

13 Cfr. Oscar José Márquez. La venezolanidad del Esequibo. Reclamación, desarrollo unilateral, nacionalidad de los esequibanos, Caracas, 2002, p. 129.

de entendimiento entre Trinidad y Venezuela, suscrito en 2003 y relacionado con la explotación comercial de petróleo del área en disputa. En ese mismo año, las tensiones aumentaron con la detención de tres embarcaciones pesqueras en la isla de Tobago, por lo cual el primer ministro de Barbados, Owen Arthur, amenazó con imponer sanciones comerciales a Trinidad. Por su parte, Trinidad argumentó que su tratado con Venezuela era válido y que no perjudicaba los derechos de otros países.[14]

En estas circunstancias, el 16 de febrero de 2004 Barbados formalizó un procedimiento de arbitraje relativo a la delimitación de un límite marítimo único entre las zonas económicas exclusivas y las plataformas continentales pertenecientes a Barbados y Trinidad y Tobago, respectivamente, de conformidad con los artículos 74 y 83 de la Convención sobre el Derecho del Mar de 1982[15].

Barbados consideraba que el tratado de delimitación de áreas marinas y submarinas firmado entre Venezuela y Trinidad-Tobago el 18 de abril de 1990 perjudicaba sus intereses[16].

Ante el tribunal arbitral Barbados alegó que "... este acuerdo pretendía repartir territorio marítimo de Barbados entre Trinidad-

---

14 Cfr. El estado del mundo. Anuario económico geopolítico mundial 2005. Ediciones Akal, S. A. Traducción: Rosa Mecha López, Alicia Álvarez Fernández y Pedro Mecha López con la colaboración técnica de A. David Velayos Huerta. Madrid – España, 2004, p. 400.

15 Cfr. Laudo Arbitral en caso del arbitraje entre Barbados y la República de Trinidad y Tobago del 11 de abril de 2006, párrafo 57.

16 Venezuela y Trinidad y Tobago, en el tratado utilizaron principios equitativos y una pluralidad de métodos de delimitación para demarcar la Fachada Atlántica venezolana. La delimitación quedó establecida de la siguiente manera: *desde el Punto 11 (Lat. 09° 59' 12" NORTE, Long. 61° 51' 18" OESTE) siguiendo una línea poligonal hasta el borde exterior de la zona económica exclusiva y más allá hacia el Punto 22 (Lat. 11°24'00" NORTE, Long. 56°06'18" OESTE) el cual está aproximadamente ubicado en el borde exterior del margen continental que delimita las áreas de jurisdicción nacional de la República de Venezuela y las de la República de Trinidad y Tobago con la Zona Internacional de los Fondos Marinos que es Patrimonio Común de la Humanidad.*

Tobago y Venezuela, ya que no tuvo en cuenta los derechos geográficos de Barbados…[17]".

Por su parte, Trinidad y Tobago refutó que ningún tercer Estado ha hecho alguna reclamación en cuanto a las áreas ubicadas al norte y sur de la línea trazada por el acuerdo. El tratado establece que: 'ninguna disposición del presente Tratado deberá, en ningún modo, perjudicar o limitar estos derechos (…) o los derechos de terceros'. El acuerdo es, por lo tanto, no oponible a Barbados… la delimitación marítima reflejada en el acuerdo puede ser tomada en consideración por el Tribunal como una 'circunstancia regional relevante'... el tratado de 1990 también marca el límite de la jurisdicción del Tribunal. Cualquier reclamación que Barbados desee hacer a las áreas al sur de esta línea es un asunto de discusión entre Barbados y Venezuela o entre Barbados y Guyana".

Por su parte, Trinidad y Tobago alegó que ningún tercer Estado hizo alguna reclamación sobre las áreas ubicadas al norte y sur de la línea trazada por el acuerdo. Además, recalcó que ninguna disposición convencional puede perjudicar o limitar derechos de terceros Estados.

El acuerdo es, por lo tanto, no oponible a Barbados. La delimitación marítima reflejada en el acuerdo puede ser tomada en consideración por el Tribunal como una 'circunstancia regional relevante' Adicionalmente, el tratado de 1990 también marca el límite de la jurisdicción del Tribunal. Cualquier reclamación que

---

17 Cfr. Laudo Arbitral en caso del arbitraje entre Barbados y la República de Trinidad y Tobago del 11 de abril de 2006, párrafo 168: "*Barbados argues further that the 1990 Trinidad-Venezuela Agreement has no role in the current delimitation and can only operate and be given recognition within the maritime areas that unquestionably belong to Trinidad and Tobago and Venezuela, the parties to that agreement. According to Barbados, that agreement purported to apportion Barbados' maritime territory between Trinidad and Tobago and Venezuela as it disregarded the geographical entitlements of Barbados in clear violation of the principle of law of nemo dat quod non habet. Barbados adduces evidence contemporaneous with the negotiation of the agreement in the form of comments by Prime Minister Manning, then leader of the opposition in Trinidad and Tobago, contesting the propriety of the 1990 Trinidad-Venezuela Agreement on that very ground.*"

Barbados desee hacer a las áreas al sur de esta línea es un asunto de discusión entre Barbados y Venezuela o entre Barbados y Guyana[18].

Trinidad y Tobago sostuvo que uno de los propósitos del acuerdo suscrito entre Trinidad y Venezuela en 1990 era permitir el acceso de Venezuela al Atlántico, un acceso que se ve obstaculizado por una delimitación de línea equidistante entre Trinidad y Tobago y Barbados en esa área[19].

A su vez, Barbados cuestionó el Acuerdo de 1990, al afirmar que: "no puede proporcionar válidamente a Venezuela un corredor hacia el Atlántico, como tal, un corredor podría incidir en los derechos marítimos de terceros países"[20].

---

18 Cfr. Laudo Arbitral en caso del arbitraje entre Barbados y la República de Trinidad y Tobago del 11 de abril de 2006, párrafo 164: "*With respect to the 1990 Trinidad-Venezuela Agreement, Trinidad and Tobago argues that no third State has made any claim as to the areas north and south of the line drawn by the agreement. Trinidad and Tobago also quotes language from the treaty that states: "no provision of the present treaty shall in any way prejudice or limit these rights [...] or the rights of third parties". The agreement is thus not "opposable" to Barbados. Nevertheless, Trinidad and Tobago argues, the maritime delimitation reflected in that agreement may be taken into account by the Tribunal as a "relevant regional circumstance". Moreover, in Trinidad and Tobago's view, the 1990 treaty also "marks the limit" of the Tribunal's jurisdiction. "Any claim Barbados may wish to make to areas south of this line is a matter for discussion between Barbados and Venezuela or between Barbados and Guyana*".

19 Cfr. Laudo Arbitral en caso del arbitraje entre Barbados y la República de Trinidad y Tobago del 11 de abril de 2006, párrafo 341: "Trinidad and Tobago explains that one purpose of the 1990 Trinidad-Venezuela *Agreement is to allow Venezuela access to the Atlantic* ("salida al Atlántico"), *an access that would be impeded by an equidistance line delimitation between Trinidad and Tobago and Barbados in that area. Trinidad and Tobago further explains that Point A on the delimitation line it proposes in the present case, and the vector it claims in respect of delimitation with Barbados, discussed below, also find a justification in the contribution that they make to facilitation of the* "salida al Atlántico".

20 Cfr. Laudo Arbitral en caso del arbitraje entre Barbados y la República de Trinidad y Tobago del 11 de abril de 2006, párrafo 343: "*Barbados argues, to the contrary, that the Guinea/Guinea-Bissau decision (77 I.L.R.*

Respecto al Tratado de 1990, el tribunal consideró que "este tratado, aunque no es vinculante para Barbados, sí establece el límite sur de Trinidad y Tobago del derecho a las áreas marítimas; y por lo tanto el Tribunal está obligado a tener en cuenta este tratado pero en cuanto determina lo que podrían ser las reclamaciones marítimas de Trinidad y Tobago[21].

---

p. 635) has a different significance since it concerned geographical and historical circumstances entirely different from those relevant to this dispute. Yet, not even in that different context did the arbitral tribunal purport to formulate a rule of delimitation requiring that "regional implications" be taken into account. Nor does the France (Guadeloupe and Martinique) agreement with Dominica have any relevance, Barbados further argues, since the EEZ of Dominica resulting from the adjustment is still encircled by that of France and does not extend as far as the open Atlantic. Similarly, Barbados asserts, the 1990 Trinidad-Venezuela Agreement cannot validly provide Venezuela with a corridor out to the Atlantic as such a corridor would impinge upon the maritime entitlements of third countries".

21 Cfr. Laudo Arbitral en caso del arbitraje entre Barbados y la República de Trinidad y Tobago del 11 de abril de 2006, párrafo 345: "*The position in respect of the 1990 Trinidad-Venezuela Agreement is different. This treaty, while not binding on Barbados, does establish the southern limit of Trinidad and Tobago's entitlement to maritime areas. Trinidad and Tobago has so argued before the Tribunal and various maps it has introduced in evidence clearly indicate the Trinidad and Tobago-Venezuela delimitation line as the agreed maritime boundary between the two countries (i.e. Trinidad and Tobago's claim line, illustrated in Figure 7.5 of Trinidad and Tobago's Counter-Memorial, reproduced as Map II and referred to above at paragraph 64). Trinidad and Tobago has described this delimitation line as one that "involved a northwards shift in the median line between Trinidad and Tobago and Venezuela" (i.e. a shift which was adverse to Trinidad and Tobago).*

El párrafo 347 señala: "*The Tribunal, however, is bound to take into account this treaty, not as opposed in any way to Barbados or any other third country, but in so far as it determines what the maritime claims of Trinidad and Tobago might be. The maritime areas which Trinidad and Tobago has, in the 1990 Trinidad-Venezuela Agreement, given up in favour of Venezuela do not any longer appertain to Trinidad and Tobago and thus the Tribunal could not draw a delimitation line the effect of which would be to attribute to Trinidad and Tobago areas it no longer claims. Nor has this been requested by Trinidad and Tobago.*"

El tribunal fundamentó su laudo en dos fallos: el relativo a la delimitación marítima y cuestiones territoriales entre Catar y Bahréin (16 de marzo de 2001), y el relativo a la frontera terrestre y marítima entre el Camerún y Nigeria (10 de octubre de 2002). El criterio jurisprudencial se fundamentó en el método de la "equidistancia-circunstancias pertinentes".

Además, consideró que normalmente hay dos pasos a seguir en la determinación de la línea de delimitación: primero, trazar una línea de equidistancia provisional como hipótesis y punto de partida práctico; y segundo, examinar la línea provisional teniendo en cuenta las circunstancias pertinentes, específicas al caso, para determinar si se necesita un reajuste de la línea provisional a fin de lograr un resultado equitativo.

El resultado fue el establecimiento de los límites marítimos entre Barbados y Trinidad-Tobago, a través de una línea equidistante de once puntos geodésicos[22], es decir la demarcación se realizó hasta el punto geodésico 11°[23], que se convertía en un punto limítrofe trifinio entre Venezuela, Trinidad y Tobago y Barbados.

De acuerdo con el tratado de delimitación de aguas marinas y submarinas que firmaron Venezuela y Trinidad y Tobago en 1990, las costas de Delta Amacuro generan Plataforma Continental y se prolongan hasta el punto geodésico 22°; pero, el laudo que dirimió el pleito entre Barbados y Trinidad y Tobago establece como límite hasta el punto geodésico 11°. En términos de distancia, la diferencia entre el punto geodésico 11° (laudo arbitral de 2006) y el punto geodésico 22° (tratado de delimitación de 1990) son 63,17 millas

---

22 Los puntos o vértices geodésicos son puntos de georeferenciación calculados con gran precisión. Estos puntos están colocados sobre estructuras, y en ellos aparecen reflejados datos y coordenadas que permiten saber cuál es la localización exacta y la altura sobre el nivel del mar de dicho punto.

23 Durante el proceso arbitral Trinidad-Tobago dijo que "*...la línea de reclamo de Barbados ignora las implicaciones regionales de todos los Estados, al norte y al sur*". Por su parte, Barbados argumentó "*... que el Derecho Internacional no reconoce "implicaciones regionales" como una circunstancia relevante para el propósito de la delimitación marítima*". Véase párrafos 162° y 166° del Laudo Arbitral de 2006.

náuticas que se le arrebatan a Venezuela, con el agravante de que el laudo legitima jurídicamente el otorgamiento unilateral de concesiones por parte de Barbados para la exploración y explotación de hidrocarburos en un área de 2.027 millas cuadradas[24].

El otro agravio para Venezuela es que el Tribunal se pronunció sobre el establecimiento de su jurisdicción para conocer sobre la ampliación de la plataforma continental más allá de las 200 millas marinas[25].

El laudo sostiene que "la plataforma continental y la zona económica exclusiva coexisten como instituciones separadas, ya que esta no ha absorbido a la primera y la primera no ha desplazado a esta última"[26].

Los derechos soberanos a efectos de exploración y explotación se aplican a toda la plataforma continental, sin diferencias más allá

---

24 Los bloques Ad-I y Ad-II de Bottom Bay se encuentran por debajo del punto 11 y, por tanto, invaden el espacio marítimo venezolano. Aníbal R. Martínez, presidente de la Academia Nacional de Ingeniería y Hábitat, denunció públicamente que el 22 de junio de 2007 se abrió una licitación internacional, por Barbados que incluye dos bloques que están en aguas venezolanas, al sur del límite nacional del margen continental proclamado en 1990, que "…es sin la menor duda, un acto hostil de parte de Barbados contra Venezuela, al no reconocer las áreas marinas y submarinas que son territorio nuestro…" Cfr. Diario 2001 del 28 de junio de 2008.

25 Cfr. Laudo Arbitral en caso del arbitraje entre Barbados y la República de Trinidad y Tobago del 11 de abril de 2006, párrafo 384 (ii).

26 Cfr. Laudo Arbitral en caso del arbitraje entre Barbados y la República de Trinidad y Tobago del 11 de abril de 2006, párrafo 234: "*In fact, the continental shelf and the EEZ coexist as separate institutions, as the latter has not absorbed the former (Libya/Malta, I.C.J. Reports 1985, p. 13) and as the former does not displace the latter. Trinidad and Tobago has correctly noted in its argument that the decisions of courts and tribunals on the determination of a single boundary line have been based on the agreement of the parties. As the International Court of Justice held in Qatar v. Bahrain, The Court observes that the concept of a single maritime boundary does not stem from multilateral treaty law but from State practice, and that it finds its explanation in the wish of States to establish one uninterrupted boundary line delimiting the various –partially coincident– zones of maritime jurisdiction appertaining to them* (I.C.J. Reports 2001, p. 40, at p. 93, para. 173)."

del límite de las 200 millas marinas. En palabras del Tribunal Arbitral: "En derecho existe una única 'plataforma continental', en lugar de una plataforma continental interior y una plataforma continental separada y extendida o exterior"[27].

No obstante, el tribunal da cuenta que no existe una frontera marítima más allá de las 200 millas marinas, por lo que no se pronunciará respecto del fondo del problema planteado por Trinidad y Tobago[28].

En definitiva, el laudo al establecer el punto geodésico 11° como límite, puso término a las aspiraciones de Trinidad y Tobago y Barbados, pero no se pronunció sobre los derechos más allá de las 200 millas náuticas. Por tal motivo, ambos países solicitaron entre 2008-2009 ante la Comisión de Límites de la Plataforma Continental de las Naciones Unidas "extender el límite exterior de la plataforma continental más allá de las 200 millas náuticas".

Barbados presentó su solicitud el 8 de mayo de 2008[29]y Venezuela declaró tener derechos sobre la zona sur descrita en la presentación, por lo que pidió a la Comisión de Límites que no prejuzgue su delimitación[30].

---

27 Cfr. Laudo Arbitral en caso del arbitraje entre Barbados y la República de Trinidad y Tobago del 11 de abril de 2006, párrafo 213: "*there is in law only a single «continental shelf" rather than an inner continental shelf and a separate extended or outer continental shelf*". Sin embargo, aclara a pie de página que "aunque las Partes han utilizado el término «plataforma continental ampliada», el Tribunal considera que es más preciso referirse a la «plataforma continental exterior», ya que la plataforma continental no está siendo ampliada".

28 Cfr. Laudo Arbitral en caso del arbitraje entre Barbados y la República de Trinidad y Tobago del 11 de abril de 2006, párrafo 368.

29 Cfr. CLCS.10.2008.LOS. Continental Shelf Notification del 8 de mayo 2008.

30 Cfr. Nota diplomática emanada de la Misión Permanente de la República Bolivariana de Venezuela ante las naciones Unidas, N° 0615 del 17 de septiembre de 2008, dirigida al Secretario General de las Naciones Unidas, Ban Ki-moon, señalando que tiene derechos sobre la Plataforma Continental en el área "referida en el Resumen de Barbados como "Área Sur", los cuales son exclusivos independientemente de su ocupación real

En sus recomendaciones del 13 de abril de 2011 (aprobadas por consenso), la Comisión de Límites mostró su disconformidad con la metodología aplicada para calcular algunos puntos del pie del talud continental. Estos habían sido determinados sobre la base de la prueba en contrario, toda vez que la Comisión de Límites de la Plataforma Continental consideró que la regla general del máximo cambio de gradiente resulta de aplicación[31].

De la misma manera, la Comisión de Límites de la Plataforma Continental consideró que Venezuela no presentó objeciones "formales" a la presentación de Barbados y en consecuencia emitió sus recomendaciones el 15 de abril de 2010.

El 5 de julio del año siguiente Barbados entregó otra versión considerando las recomendaciones de la Comisión. Venezuela no se pronunció al respecto. En respuesta, Barbados realizó una presentación revisada el 25 de julio de 2011[32], que la Comisión de Límites validó en sus recomendaciones del 13 de abril de 2011 (aprobadas por consenso).

B. *La delimitación entre Guyana y Surinam*

El segundo laudo es del 17 de septiembre de 2007, a través del cual se decidió la delimitación entre Guyana y Surinam y se estableció la demarcación sobre la base de la construcción de una línea equidistante de dos puntos ubicados en la costa del Esequibo.

---

o ficticia" y señaló que las actuaciones de la Comisión de Límites de la Plataforma Continental "no deberán prejuzgar los asuntos relativos a las fijaciones de los límites entre la República Bolivariana de Venezuela y sus Estados vecinos en el Océano Atlántico". Venezuela expresó que Barbados no le consultó su presentación, a pesar de lo establecido en el Reglamento de la Comisión y afirmó que se reservaba todos los derechos "incluyendo realizar futuras objeciones u observaciones a la presentación de Barbados".

31 Cfr. Ángeles Jiménez García-Carriazo. "La ampliación de la plataforma continental más allá de las doscientas millas marinas. Especial referencia a España". Editorial DYKINSON, S. L., Madrid. 2018, p. 328.

32 Cfr. Doc. CLCS.10.Rev.2011.LOS.

De esta forma, Guyana y Surinam afectaron la jurisdicción de la Fachada Atlántica venezolana, debido a que dos puntos geodésicos fueron ubicados en la costa del Esequibo y forman parte de la línea equidistante entre Guyana y Surinam.

Así mismo, hace referencia a esta zona del Esequibo como la frontera terrestre con Venezuela[33]. Es decir, Guyana en sus alegatos desconoce la reclamación venezolana y la validez del Acuerdo de Ginebra del 17 de febrero de 1966.

La falla de origen de este laudo es que no hace señalamiento alguno sobre la zona en reclamación y de plano acepta como válidos los argumentos artificiosos de Guyana, los cuales incidieron para el trazado de la línea de equidistancia.[34]

Adicionalmente, en 2008 y 2011 Surinam y Guyana comparecieron ante la Comisión de Límites de la Plataforma Continental de las Naciones Unidas a los fines de solicitar la extensión de la plataforma continental[35].

El 9 de marzo de 2012, Venezuela se presentó ante la Comisión de Límites de la Plataforma Continental y objetó la información presentada por Guyana. En esa oportunidad argumentó que "le resulta inexplicable la falta de consulta por parte de Guyana, debido a que para efectuar la pretendida extensión a 350 millas náuticas se

---

[33] Cfr. Laudo Arbitral en caso del arbitraje entre Guyana y Surinam del 17 de septiembre de 2007, párrafo 262. "*...In this connection Guyana made clear that its land boundary with Venezuela was fixed in 1899 by a competent international arbitral tribunal and as a member of CARICOM, Suriname itself has repeatedly confirmed its full support of Guyana's sovereignty over this territory.*"

[34] Cfr. Laudo Arbitral en caso del arbitraje entre Guyana y Surinam del 17 de septiembre de 2007, párrafo 393. "*The Tribunal accepts the basepoints for the low-water lines of Suriname and Guyana provided by the Parties that are relevant to the drawing of the equidistance line beyond the territorial sea.*"

[35] Cfr. Surinam: CLCS.15.2008.LOS; Guyana CLCS.57.2011.LOS. La tarea de la Comisión es doble, pues, por un lado, realizan el examen de las solicitudes presentadas por los Estados ribereños y emiten sus correspondientes recomendaciones; y por otro, prestan asesoramiento científico y técnico dirigido a la formulación de las presentaciones.

utilizaría la proyección marítima que genera la costa de la Guayana Esequiba, la cual, aunque Guyana no quiera reconocer, es un territorio que está en disputa con Venezuela y sujeto al Acuerdo de Ginebra...Por lo anteriormente expuesto, y considerando las reglas pertinentes que rigen las labores de la Comisión de Límites de la Plataforma Continental, el Gobierno de la República Bolivariana de Venezuela objeta la presentación hecha por la República Cooperativa de Guyana y objeta que la información presentada sea considerada o calificada por la Comisión de Límites de la Plataforma Continental."[36]

Ahora bien, cabe señalar que la nota enviada por Venezuela se fundamenta en las reglas que rigen a la Comisión de Límites de la Plataforma Continental en el anexo 1, artículo 5°: "*...en caso de que haya una controversia territorial o marítima, la Comisión no considerará ni calificará la presentación hecha por cualquiera de los Estados Parte en esa controversia*".

La pretensión guyanesa de ejercer, a toda costa, soberanía en la proyección marítima del territorio de la Fachada Atlántica de la Zona en Reclamación se fundamenta en la información emanada del Servicio Geológico de Estados Unidos, en su Providencia No. 6021 de 20003, a través de la cual señala que la Cuenca Guyana-Surinam es la segunda más atractiva de las no exploradas en el mundo, con una estimación de al menos 15.2 mmmbpce[37] (F50: 13.937 mmbo) y 41.8 mmmmpc[38] (F50: 36.601 bcfg). Las prospecciones señalan (USGS, 2012)[39] un potencial de al menos 117 campos petroleros con más de 1 millón de barriles (mmb), 24 con más de 100 mmb y 6 con más de 500 mmb.

---

36 Cfr. Comunicación N° 0024, emanada de la Cancillería venezolana del 9 de marzo de 2012 dirigida al secretario general de las Naciones Unidas.

37 mmmbpce = miles de millones de barriles de petróleo crudo equivalente.

38 mmmmpc = billones de pies cúbicos.

39 Según la actualización de 2012: Petróleo (F95: 5,167; F50: 12,494; F5: 25,981; Total: 13,608) millones de barriles de petróleo; Gas (F95: 6,998; F50: 18,284; F5: 45,230; Total: 21,196) Billones de pies cúbicos de gas.

Con esta actuación, una vez más se evidencia que Guyana intenta disfrazar el problema que existe con Venezuela, omitiendo su obligación de lograr un "arreglo práctico" de la controversia.

C. *La pasividad o complicidad de Guyana frente al crimen organizado en la Fachada Atlántica*

Desde hace mucho tiempo, Guyana ha servido a grupos de delincuencia organizada, especialmente a piratas, traficantes de personas y narcotraficantes que se aprovechan de la ubicación geográfica como punto de tránsito crucial para la cocaína en dirección a Estados Unidos y Europa.

En la Fachada Atlántica que se extiende desde Punta de Playa, en Delta Amacuro, hasta la desembocadura del río Esequibo, el crimen organizado ataca a embarcaciones con equipos de guerra, como fusiles AR15 y AK47 y también trafican drogas, materiales estratégicos y personas.

La oficina antinarcóticos del Departamento de Estado de Estados Unidos, desde el 2014 ha señalado que "Guyana es una ruta de transbordo de cocaína y heroína sudamericana con destino a Estados Unidos y de efectivo que regresa a Sudamérica. El contrabando de los precursores de la metanfetamina también es un problema. Además, hay informes que indican que el tráfico de estupefacientes puede estar cada vez más vinculado al tráfico de armas que involucra a Europa y el hemisferio occidental[40]".

Del mismo modo, desde 2013 el Departamento de Estado ha advertido que en la Zona en Reclamación "*los traficantes son atraídos por los puertos poco vigilados del país, pistas aéreas remotas, intrincada red fluvial, fronteras terrestres porosas y poca capacidad en el sector de seguridad por lo que los contrabandistas también atraviesan las fronteras terrestres con Brasil, Venezuela y Surinam. La cocaína a menudo se oculta en productos legítimos y se*

---

40 Cfr. United States. Department of State. Bureau of International Narcotics and Law Enforcement Affairs. International Narcotics Control Strategy Report. Volume II. Drug and Chemical Control March 2014.

contrabandea por medio de barcos comerciales, transporte aéreo, mensajeros o servicios postales[41]".

En el caso del tráfico de drogas por mar los grupos de delincuencia organizada han sustituido el uso de embarcaciones tradicionales por submarinos o lanchas rápidas que escapan al control de los radares[42]. Un caso revelador de esta situación ocurrió el 14 de agosto de 2014, cuando la unidad antinarcóticos de Guyana (*Customs Anti Narcotics Unit*-CANU) y el Ministerio de Defensa encontraron una embarcación semisumergible en un afluente del río Waini, cerca de la frontera con Venezuela, al noroeste del país[43].

La situación es tan grave que el expresidente de Guyana David Granger[44] ha advertido que "Guyana está caminando dormida, paso a paso, hacia un narcoestado,… y que el narcotráfico es el motor del crecimiento que está impulsando la economía del país"[45].

---

41 Cfr. United States. Department of State. Bureau of International Narcotics and Law Enforcement Affairs. International Narcotics Control Strategy Report. Volume I. Drug and Chemical Control March 2021, p. 144.

42 Cfr. Sarah Percy. *Maritime Crime and Naval Response*. Survival, vol. 58. 2016, No. 3, p. 161.

43 Guyana es conocida como un punto de tránsito para las drogas que por lo general van hacia Europa, a menudo por África. El descubrimiento de un submarino allí podría indicar que este método de transporte -alguna vez reservado para mover drogas hacia el norte rumbo a Estados Unidos- puede estar siendo utilizado ahora para transportar las drogas que van hacia el mercado europeo. Cfr. InSight Crime. *Guyana encuentra un 'narco' submarino.* 18 de agosto 2014.

44 David Granger fue presidente de Guyana desde 2015 hasta 2020. Se desempeñó durante un tiempo como comandante de la Fuerza de Defensa de Guyana y posteriormente como asesor de Seguridad Nacional de 1990 a 1992. Fue jefe de la oposición en la Asamblea Nacional de Guyana entre 2012 y 2015.

45 Cfr. InSight Crime. Guyana se está convirtiendo en un 'narco-Estado': Ex comandante militar. 11 de abril de 2014.

Los efectos del crimen organizado no pueden ser soslayados en la disputa territorial y deben ser afrontados con las herramientas que ofrece el Derecho Internacional[46].

IV. LOS ESTÁNDARES Y NORMAS APLICABLES A LAS DELIMITACIONES DE FRONTERAS MARÍTIMAS

Hacer referencia a delimitaciones de fronteras marítimas o a arreglo práctico y satisfactorio para las partes, tal como lo establece el artículo I del Acuerdo de Ginebra de 1966[47], amerita hacer algunas precisiones para facilitar un mejor entendimiento del Derecho Internacional del Mar, y la orientación sobre la interpretación de sus normas.

La delimitación de fronteras marítimas pertenece a la categoría de procesos políticamente delicados. Tiene efectos directos no sólo sobre las zonas marítimas sometidas a la jurisdicción nacional de los Estados interesados, sino también sobre los derechos e intereses de esos Estados respecto a la pesca y los recursos marinos vivos, los recursos minerales y de hidrocarburos, la navegación y otros usos del mar.

Por tal razón, es imprescindible que los Estados cumplan con su obligación primordial de cumplir de buena fe con los compromisos internacionalmente aceptados (pacta sunt servanda) y, consecuentemente, aplicar los estándares y normas relacionados con las delimitaciones de fronteras marítimas.

Los estándares sobresalientes por su importancia son:

---

46 La normativa aplicable en estos casos establecida en la Convención sobre el Derecho del Mar; la Convención contra la Delincuencia Organizada Transnacional y sus tres protocolos, así como en la Convención contra el tráfico ilícito de estupefacientes y sustancias psicotrópicas.

47 El artículo I del Acuerdo de Ginebra de 1966 dice: "Se establece una Comisión Mixta con el encargo de buscar soluciones satisfactorias para el arreglo práctico de la controversia entre Venezuela y el Reino Unido surgida como consecuencia de la contención venezolana de que el Laudo Arbitral de 1899 sobre la frontera entre Venezuela y Guayana Británica es nulo e irrito."

a) La obligación de negociar. La Corte Internacional de Justicia en el fallo sobre el asunto de la delimitación de la frontera marítima en la región del Golfo de Maine en 1984, ha señalado que: "... cualquier delimitación debe efectuarse por acuerdo entre los Estados interesados, bien sea mediante la concertación de un acuerdo directo o, si es necesario, mediante algún método alternativo, el cual debe basarse, sin embargo, en el consentimiento".

Conforme a esta regla, los Estados tienen "la obligación de negociar de buena fe, con la intención genuina de lograr un resultado positivo". Por lo tanto, las partes están obligadas a iniciar negociaciones, pero también a continuarlas con miras a concertar acuerdos. Y este principio es compatible con la voluntad de Guyana y Venezuela establecida en el artículo I del Acuerdo de Ginebra, el cual establece la obligación de negociar un acuerdo práctico satisfactorio para las partes.

b) Las delimitaciones unilaterales de espacios marítimos no son vinculantes para terceros Estados. Al respecto: la Corte Internacional de Justicia declaró en 1951, en el caso de las Pesquerías que: "La delimitación de espacios marítimos tiene siempre un aspecto internacional; no puede depender solamente de la voluntad del Estado ribereño expresada en su derecho interno y no es vinculante para terceros Estados".

c) El logro de una solución equitativa. Este principio apareció por primera vez en la Proclamación de Truman, en 1945, y desde entonces se ha convertido en el derecho consuetudinario aplicable a toda delimitación de fronteras marítimas.

Es un principio confirmado por la jurisprudencia de la Corte Internacional en el caso de Jan Mayen, en 1993, cuando señaló que "la referencia a una 'solución equitativa' como la finalidad de cualquier proceso de delimitación refleja las exigencias del derecho consuetudinario respecto a la delimitación tanto de la plataforma continental como de las zonas económicas exclusivas".

Del mismo modo, la jurisprudencia internacional ha confirmado que existe una distinción entre la delimitación basada en normas jurídicas y la delimitación realizada por los Estados mediante negociaciones, que entrañan, entre otras, consideraciones de índole política.

La Corte Internacional de Justicia y los tribunales arbitrales han interpretado siempre que los criterios y factores equitativos "pertinentes" aplicables a la delimitación de fronteras deben circunscribirse *a la operación de delimitación* y, por lo tanto, deben excluir consideraciones de carácter político o económico.

d) La tierra domina al mar. La Corte Internacional de Justicia se refirió a este principio en el caso de la Plataforma continental del Mar del Norte, en 1969, entre otros, y ha afirmado que "la tierra es la fuente jurídica del dominio que un Estado puede ejercer sobre sus extensiones territoriales hacia el mar".

e) Prolongación natural y no intrusión. A los efectos de evaluar la equidad de la línea de delimitación se debe tomar en consideración el criterio de la prolongación natural y no intrusión.

Este criterio fue mencionado por la Corte Internacional de Justicia en el caso de la Plataforma continental del Mar del Norte, en 1969, cuando sostuvo que "la delimitación de la plataforma continental debía efectuarse de tal modo que asignara a cada una de las partes tanta extensión como fuera posible de las partes de la plataforma continental que constituyen una prolongación natural de su dominio terrestre hacia el mar y bajo este, sin intrusión en la prolongación natural del dominio terrestre de la otra parte".

f) Proporcionalidad. Esta regla suele ser aplicable por la Corte Internacional de Justicia a fin de remediar resultados poco equitativos producidos por las características geográficas, como ciertos grados de concavidad o convexidad de una línea costera determinada.

Así pues, este conjunto de principios son los que el órgano judicial o arbitral deberá tomar en consideración al momento de efectuar la delimitación de la plataforma continental entre Venezuela y Guyana.

Hay que tener presente que en el curso de un proceso de negociación los Estados tienen un amplio margen de flexibilidad al tratar de influir en el resultado de las negociaciones en favor de sus derechos e intereses, y procurarán utilizar todos los factores que consideren apropiados para la construcción de la línea o líneas que crean equitativas y satisfactorias.

CONCLUSIÓN

El 8 de diciembre del 2020, la Corte Internacional de Justicia decidió que tiene jurisdicción para resolver el litigio entre Venezuela y Guyana y especialmente dirimir la controversia fronteriza.

Al decidir directamente la controversia fronteriza, la Corte tendría que fijar la frontera "terrestre" definitiva entre Venezuela y Guyana. Esto lo podría hacer en su sentencia sobre el fondo o abriendo una fase posterior reservada únicamente para este fin, en la que se recibirán nuevos escritos de las partes y en la que se les convocaría a una audiencia pública para ese efecto.

La Corte ha dicho ser competente para pronunciarse sobre "la frontera terrestre" entre Venezuela y Guyana, con lo cual queda excluida la Fachada Atlántica; pero, obviamente, según el Derecho Internacional General, su decisión creará derechos sobre los espacios marinos y submarinos adyacentes a la costa.

Todo Estado costero tiene derecho: 1) a una franja de mar territorial, en la que ejerce soberanía absoluta, 2) a una zona contigua para ejercer competencias en materia de migración y aduana, 3) a una zona económica exclusiva, y 4) a una plataforma continental, respecto de la cual tiene soberanía plena. Consecuentemente, la decisión de la Corte tendrá un efecto directo en el contenido de cualquier acuerdo para delimitar estos espacios marinos y submarinos.

En el caso que nos ocupa hay dos opciones:

1) En el supuesto de que Venezuela decida comparecer al juicio, la Corte Internacional de Justicia podrá pedir a las partes que negocien la delimitación de sus respectivas plataformas continentales. En este caso Venezuela y Guyana tendrán un amplio margen de flexibilidad y podrán utilizar todos los factores que consideren apropiados para la construcción de la línea o líneas que crean equitativas y satisfactorias. En otras palabras, no existe límite a los factores que puedan tener en cuenta al negociar.

2) Como segunda opción, la Corte podrá fijar la delimitación, a cuyos efectos utilizará conceptos flexibles, como equidad y proporcionalidad, los cuales deberá sopesar y balancear adecuadamente

para llegar a una conclusión satisfactoria para las partes. Esto implica que la Corte Internacional de Justicia podría pedir a las partes que negocien la delimitación de sus respectivas plataformas continentales, aplicando principios de equidad, de tal modo que eviten el efecto de estrangulamiento, que tendría la aplicación de la equidistancia en ese caso. Así lo hizo, por ejemplo, en el caso de las plataformas continentales de Alemania, los Países Bajos y Dinamarca.

La delimitación de la plataforma continental de Venezuela con Guyana es una cuestión que debe ser decidida con fundamento en el Derecho Internacional.

Las delimitaciones procurarán el consenso entre las partes, ya sea por un acuerdo directo o por algún medio alternativo. En los acuerdos de delimitación, ese consenso puede alcanzarse directamente entre las partes o mediante la intervención de un juez un árbitro para establecer la línea fronteriza, con el compromiso de aceptar el fallo o el laudo.

La pretensión de Guyana de imponer sus límites de forma arbitraria es contraria a los estándares jurisprudenciales firmemente arraigados en el Derecho Internacional. Por ejemplo, la Corte Internacional de Justicia ha hecho valer el principio "la tierra domina al mar" en el caso de la Plataforma continental del Mar del Norte, en 1969, cuando reafirmó que "la tierra es la fuente jurídica del dominio que un Estado puede ejercer sobre sus extensiones territoriales hacia el mar".

Para Venezuela, el derecho a zonas marítimas procede de la existencia de una costa, por lo cual las consideraciones geográficas son de una importancia primaria y fundamental para evaluar si una línea de delimitación de cualquiera de las zonas marítimas existentes es equitativa o no.

Respecto a la plataforma continental, los derechos se basan también en elementos geológicos o geomorfológicos. La jurisprudencia de la Corte se ha desarrollado sobre la base del criterio de la "prolongación natural/no intrusión", en relación con la plataforma continental, a fin de tener en cuenta los elementos geológicos o geomorfológicos pertinentes.

Con referencia a las reglas aplicables a la delimitación de la frontera marítima, la Corte no toma en consideración factores de carácter político o económico. De tal manera que debería realizar la delimitación asignándoles, tanto a Venezuela como a Guyana, tanta extensión marítima como fuera posible en la lógica de la prolongación natural de su dominio terrestre hacia el mar y bajo éste, sin intrusión en la prolongación natural del dominio terrestre de la otra parte.

Al momento de decidir la delimitación, la Corte Internacional de Justicia, consecuente con su jurisprudencia, debe señalar: 1) que el objetivo de lograr un resultado equitativo se ha convertido en el derecho consuetudinario aplicable a toda delimitación de fronteras marítimas, y 2) que el método para trazar la frontera marítima entre Venezuela y Guyana se realizará en tres etapas: i) equidistancia, ii) circunstancias especiales, y iii) principios equitativos.

El control efectivo y el ejercicio de soberanía sobre la Fachada Atlántica, también dependerá de la solución de las controversias generadas por los arbitrajes sobre las delimitaciones marítimas entre Trinidad y Barbados, así como entre Surinam y Guyana. Esto implica que, si bien la delimitación con Trinidad y Tobago garantiza en cierto modo la proyección atlántica de la costa continental venezolana, la Corte Internacional de Justicia tendrá que considerar el solapamiento de la plataforma continental que se deriva de las delimitaciones realizadas por Guyana y otros Estados como Barbados, Trinidad y Tobago y Surinam, los cuales no son vinculantes para Venezuela.

Hay que recalcar que la delimitación de espacios marítimos no puede depender únicamente de la voluntad del Estado ribereño expresada en su Derecho interno. Esto significa que la validez de la delimitación con respecto a otros Estados depende del Derecho Internacional y no puede ser efectuada unilateralmente por uno de esos Estados.

Así las cosas, las determinaciones unilaterales de la frontera marítima de Guyana y otros Estados vecinos no tienen valor jurídico y se pueden considerar únicamente como indicaciones de aspiraciones de los Estados que las han hecho.

También la Corte Internacional de Justicia deberá pronunciarse sobre el Bloque Stabroek y las líneas de facto establecidas por Guyana, mediante las cuales otorgó de forma unilateral y arbitraria concesiones para la exploración y la explotación de yacimientos submarinos de petróleo y de gas. Este bloque se encuentra en el territorio de la plataforma continental venezolana generada por el estado Delta Amacuro, además de un área de la plataforma continental correspondiente al territorio en disputa entre Venezuela y Guyana.

En este tipo de situaciones, la jurisprudencia de la Corte Internacional de Justicia ha sugerido la viabilidad de las negociaciones; sin mencionarlo de forma expresa, ha dicho que frente a la existencia de los problemas que conlleva una delimitación las partes tendrán la capacidad de solucionarlos de diversas maneras.

En el caso de potenciales descubrimientos futuros yacimientos de hidrocarburos o los descubiertos en la zona cruzan la línea de delimitación, la solución deberá estar subordinada a la ejecución de diversos modos de cooperación entre las partes para la explotación de los yacimientos situados a ambos lados de la línea de delimitación.

Frente a la incomparecencia contumaz del gobierno venezolano a efectos de comparecer ante la Corte Internacional de Justicia, es imprescindible que este tribunal proceda, por propia iniciativa, a dictar medidas provisionales de conformidad con los poderes que le confieren los artículos 41.1 de su Estatuto y 75 de su Reglamento, para para evitar daños mayores y el agravamiento de la situación.

La realidad es que Guyana está, *de facto*, en posesión del territorio en disputa, y ha otorgado concesiones a transnacionales, ha explotado los recursos naturales, ha dañado el medio ambiente, y ha acabado con la biodiversidad, generando condiciones para que opere el crimen organizado y el narcotráfico entre sus más graves expresiones.

De no dictarse medidas provisionales, el conflicto se agravará y se extenderán las consecuencias derivadas de la explotación de recursos naturales por parte de Guyana. El riesgo es que Guyana, también de facto, extienda su control sobre espacios que originalmente no estaban en disputa, como es el caso de parte de la zona marítima correspondiente al estado Delta Amacuro.

Venezuela debe insistir en la proyección atlántica de su masa terrestre continental, que le permita una salida directa y sin interferencia alguna al océano Atlántico y el respeto a la delimitación efectuada con Trinidad. Mientras dure el litigio, Venezuela debe adoptar medidas eficientes que permitan el resguardo de la soberanía territorial en la Fachada Atlántica.

BIBLIOGRAFÍA

ARMAS PFIRTER, Frida M. *El Derecho Internacional de Pesquerías y el frente marítimo del Río de la Plata.* Consejo Argentino para las Relaciones Internacionales, Buenos Aires, 1994.

BRICEÑO MONZÓN, Claudio Alberto; Olivar, José Alberto; Buttó Luis Alberto. *La Cuestión Esequibo Memoria y Soberanía.* Universidad Metropolitana, Caracas, Venezuela, 2016.

BURKE, William T., *Evolution in the Fisheries Provisions of UNCLOS*, en Ando, Nisuke [et al], *Liber Amicorum* Judge Shigeru Oda, Kluwer Law International, The Hague-London-New York, 2002.

CAMINOS, Hugo, *The legal régime of straits in the 1982.* United Nations Convention on the Law of the Sea, Recueil des Cours, Vol. 205, 1987. ‘

CHURCHILL, Robin R. y Lowe, Alan V. *The Law of the Sea.* Manchester Publishing Press, Manchester, 1999.

DANIELS HERNÁNDEZ, Elías. *Apreciación naval de la Reclamación del Territorio Esequibo.* Documento elaborado por el Estado Mayor General de la Armada, 17 de junio de 1991, 10.

DONÍS RÍOS, Manuel. “Soberanía y fronteras marítimas de Venezuela”, *El problema de la soberanía: Su historia ante el siglo XXI,* Caracas, Editorial Equinoccio, 2007.

FAÚNDEZ LEDESMA, Héctor. *La competencia contenciosa de la Corte Internacional de Justicia y el caso Guyana vs. Venezuela.* Colección Estudios No 126. Academia de Ciencias Políticas y Sociales. Editorial Jurídica Venezolana International, 2020.

FLEISCHER, Carl. "The new régime of maritime fisheries", *Recueil des Cours*, Vol. 209.

FORNARI, Matteo, *Il regime giuridico degli stretti utilizzati per la navigazione internazionale*, Giuffrè Editore, Milano, 2010.

MÁRQUEZ, Oscar José. *La venezolanidad del Esequibo. Reclamación, desarrollo unilateral, nacionalidad de los esequibanos*, Caracas, 2002.

MOLINA DUARTE, Simón. *Venezuela y la cuenca del gran Caribe*, *Geo Venezuela*, Caracas, Fundación Empresas Polar, tomo IX, 2009.

ORREGO VICUÑA, Francisco, *La zone économique exclusive: régime et nature juridique dans le droit internationa*l, Recueil des Cours, Vol. 199, 1986.

PERCY, Sarah. *Maritime Crime and Naval Response*. Survival, vol. 58. 2016, No.3.

PÉREZ VILLALOBOS, Isidro. *Formulación del Concepto Geopolítico Nacional y su Aproximación al Frente Atlántico de Venezuela.* Trabajo de Grado, Escuela de Geografía, Facultad de Humanidades y Educación, Universidad Central de Venezuela. 1988.

TEITELBOIM, Sergio. *Chile y la soberanía en el mar*, Editorial Andrés Bello, Santiago de Chile, 1966.

TREVES, Tullio. *Convención de las Naciones Unidas sobre el Derecho del Mar,* United Nations Audiovisual Library of International Law, Nueva York, 2008.

UNITED STATES. Department of State. Bureau of International Narcotics and Law Enforcement Affairs. International Narcotics Control Strategy Report. Volume II. Drug and Chemical Control March 2014.

UNITED STATES. Department of State. Bureau of International Narcotics and Law Enforcement Affairs. International Narcotics Control Strategy Report. Volume I. Drug and Chemical Control March 2021.

DE YTURRIAGA BARBERÁN, José Antonio. *La actual revisión del Derecho del Mar. Una perspectiva española*. Textos y documentos, vol. 2, Madrid, 1975.

ZABALA, Jorge. *Consenso y confrontación en la delimitación de la ZEE (Zona Económica Exclusiva) y de la plataforma continental*, Dykinson, Madrid, 1998.

Documentos

Acuerdo del Parlamento del Mercosur, MERCOSUR/PM/SO /DELC.49/2019, 30 de septiembre de 2019.

Ministerio de Relaciones Exteriores. *Reclamación de la Guayana Esequiba*. Documentos 1962-1981, Caracas, 1982.

Decreto Presidencial N° 1.787 publicado en la Gaceta Oficial N° 40.699 de fecha 27 de mayo de 2015.

Carta de Protesta dirigida al Gerente de Esso Exploration And Production Guyana Ltd. Jeff Simons, por la Canciller Delcy Rodríguez Gómez del 7 de abril De 2015. Comunicación N°000153 MPPRE.

Nota diplomática emanada de la Misión Permanente de la República Bolivariana de Venezuela ante las naciones Unidas, N° 0615 del 17 de septiembre de 2008, dirigida al secretario general de las Naciones Unidas, Ban Ki-moon.

CLCS.10.2008.LOS. Continental Shelf Notification del 8 de mayo 2008.

CLCS.10.Rev.2011.LOS

Surinam: CLCS.15.2008.LOS

Guyana CLCS.57.2011.LOS.

Comunicación N° 0024, emanada de la Cancillería venezolana del 9 de marzo de 2012 dirigida al secretario general de las Naciones Unidas.

InSight Crime. *Guyana encuentra un 'narco' submarino.* 18 de agosto 2014

InSight Crime. *Guyana se está convirtiendo en un 'narcoestado': Excomandante militar*. 11 de abril de 2014.

Convenciones internacionales

Convención de Ginebra sobre el Mar territorial y la Zona contigua, Ginebra (Suiza) 29 de abril de 1958.

Convención de Ginebra sobre la Plataforma continental, Ginebra (Suiza) 29 de abril de 1958.

Convención de las Naciones Unidas sobre el Derecho del Mar, Montego Bay (Jamaica) 10 de diciembre de 1982.

Jurisprudencia

Corte Internacional de Justicia. Plataforma continental del mar del norte (República Federal de Alemania/Dinamarca; República Federal de Alemania/Países Bajos), sentencia del 20 de febrero de 1969.

Corte Internacional de Justicia. Caso relativo a la plataforma continental (Túnez/ Jamahiriya árabe libia), sentencia del 24 de febrero de 1982.

Corte Internacional de Justicia. Delimitación de la frontera marítima en la región del Golfo de Maine (Canadá/ Estados Unidos de América), sentencia del 12 de octubre de 1984.

Corte Internacional de Justicia. Delimitación de la plataforma continental (Jamahiriyaarabe Libia/ Malta), sentencia del 3 de junio de 1985.

Corte Internacional de Justicia. Delimitación marítima en el área entre Groenlandia y Jan Mayen (Dinamarca vs. Noruega), sentencia del 14 de junio de 1993.

Corte Internacional de Justicia. Frontera terrestre y marítima entre Camerún y Nigeria (Camerún y Nigeria; Guinea Ecuatorial (interviniente)), sentencia del 10 de octubre de 2002.

Corte Internacional de Justicia. Diferendo territorial y marítimo entre Nicaragua y Honduras en el mar Caribe (Nicaragua vs. honduras) sentencia del 8 de octubre de 2007.

Corte Internacional de Justicia. Delimitación marítima en Mar Negro (Rumania vs. Ucrania) sentencia del 3 de febrero de 2009.

Corte Internacional de Justicia. Diferendo territorial y marítimo (Nicaragua vs. Colombia), sentencia del 19 de noviembre de 2012.

Corte Internacional de Justicia. Diferendo marítimo (Perú vs. Chile) sentencia del 27 de enero de 2014.

Corte Permanente de Arbitraje. Caso Grisbadarna (Noruega vs. Suecia), Laudo del 23 de octubre de 1909.

Laudo arbitral, caso de la delimitación de la plataforma continental entre el Reino Unido de Gran Bretaña e Irlanda del Norte y Francia, del 30 de junio de 1977, marzo 14 de 1978, colección de laudos arbitrales, volumen XVIII.

Laudo arbitral relativa a la delimitación de la frontera marítima Guinea/Guinea Bissau, del 14 de febrero de 1985.

Laudo arbitral, caso relativo a la delimitación de la zona económica exclusiva y la plataforma continental (Barbados vs. República de Trinidad y Tobago), del 11 de abril del 2006, Vol. XXVII.

Laudo arbitral sobre la delimitación de zonas marítimas (Guyana/Surinam), del 17 de septiembre de 2007.

Tribunal Internacional del Derecho del Mar de Hamburgo. Caso No 16. Diferendo relativo a la delimitación de la frontera marítima entre Bangladesh y Myanmar, sentencia del 14 de marzo de 2012.

LA PLATAFORMA CONTINENTAL Y LA FRONTERA MARÍTIMA ENTRE GUYANA Y VENEZUELA

PABLO E. COHEN CELIS

LA PLATAFORMA CONTINENTAL Y LA FRONTERA MARÍTIMA ENTRE GUYANA Y VENEZUELA

*Pablo E. Cohen Celis**

INTRODUCCIÓN

Para tratar el tema de la plataforma continental y relacionarlo con la frontera marítima entre Guyana y Venezuela, que está totalmente indefinida, hay que considerar primeramente los aspectos de la plataforma continental que se encuentra entre ambos Estados. En ese orden de ideas se necesita identificar la conformación de la referida plataforma a la luz del derecho internacional y luego analizar los derechos que asisten tanto a Guyana como a Venezuela.

De acuerdo a la Convención de las Naciones Unidas sobre el Derecho del Mar, que entró en vigor en 1994[1] y que se constituyó en un cuerpo jurídico o base legal del Derecho Internacional, quedó contemplada la normativa actual que rige los derechos y responsabilidades de los Estados rivereños y no rivereños de las

---

* Capitán de Navío, graduado en la Escuela Naval de Venezuela en 1970, es oficial de submarinos, graduado en la escuela de submarinos del Brasil (1973/74), es autor de la obra para adolecentes "Conociendo nuestro Esequibo" y la novela de la vida real "El último reporte" sobre el hundimiento del submarino argentino ARA San Juan (2017).

1 Con la ratificación de la Convención de Las Naciones Unidas sobre el Derecho del mar, del Estado número 60 en 1993, doce (12) meses después entró en vigor como lo contempló la propia Convención. Boletín N° 74 de la División de Asuntos Oceánicos y del Derecho del Mar, p.9 de la Organización de las Naciones Unidas. (ONU).

naciones del mundo, en ese sentido hay que plantear primero, que Guyana es signatario de la Convención desde 1993 y Venezuela que no es Estado parte la Convención,[2] posee una legislación interna (la ley Orgánica de los Espacios Acuáticos[3]) que contempla prácticamente todo el articulado de la Convención del derecho del mar, excluyendo los artículos que no favorecen a la República Bolivariana de Venezuela.[4]

LAS 200 MILLAS SOBERANAS

La primera disposición que hay que resaltar y considerar en este tema, son las 200 millas marinas que le otorga en forma soberana el nuevo derecho del mar a todos los Estados rivereños[5], a partir de la línea base de donde se mide el mar territorial, (Ver figura 1) esta condición no requiere ser anunciada ni señalada, solamente debe ser delimitada con los Estados vecinos a través de los mecanismos contemplados para tal fin.[6] En las referidas 200 millas que a su vez quedaron definidas como la zona económica exclusiva (ZEE) están incluidos: el mar territorial, la zona contigua, las zonas de pesca y la plataforma continental, que constituye el lecho marino con todas sus características geomorfológicas (plataforma originaria[7], talud conti-

---

2 Los Estados parte de la Convención son todos aquellos países que ratificaron la respectiva Convención.

3 Ley Orgánica de los Espacios Acuáticos promulgada en Gaceta oficial N° 5.890 extraordinario del 31 de julio del 2008.

4 Los artículos de la Convención, que no favorecen a Venezuela son: 15, 74,83 y 121 que están relacionados con la manera de realizar las delimitaciones de las áreas marinas y submarinas y la definición de islas respectivamente y quedó expreso en la declaración hecha por Venezuela en la Tercera reunión de las Naciones Unidas sobre el derecho del mar en Montego Bay Jamaica en 1982.

5 Estados rivereños son los que poseen costas o rivera.

6 Las delimitaciones marítimas contempladas en la Convención de acuerdo con los artículos 15, 74 y 86.

7 Plataforma continental originaria, fue definida en 1945 por los Estados Unidos de Norte América y comprende la extensión del continente sumergido hasta el inicio del talud continental o hasta los 200 metros de profundidad.

nental, pie del talud y sedimentos) hasta las 200 millas. Luego de la ZEE es posible extender solo la plataforma continental sin incluir las aguas supra yacentes a ella, evidentemente siempre que se cumplan con algunos parámetros técnicos contemplados en el derecho del mar,[8] siendo estos la distancia más corta de por lo menos el 1% de los sedimentos al pie del talud, esta condición tiene tres límites , el primero es que la distancia que se logre de por lo menos del 1% de los sedimentos al pie del talud no debe superar las 60 millas (Ver figura 2) y los otros límites están relacionadas con dos topes máximos, uno son las 350 millas medidas desde la línea base de donde se mide el mar territorial y la otra son las 100 millas mas allá de la isobata de los 2.500 metros, estos topes son los que limitan o impiden que la plataforma se extienda mas allá en el caso de presentarse la distancia del 1% del pie del talud este mas allá de los topes, pudiéndose utilizar cualquiera de los casos o la combinación de ambos. En ese orden de ideas refiriéndose ya a la plataforma continental ubicada en la llamada fachada atlántica de las Guayanas, se ha determinado que el pie del talud está mas allá de las 100 millas de la isobata de las 2.500 metros, razón por la cual en el tratado de límites las áreas marinas y submarinas entre Trinidad & Tobago con Venezuela firmado en 1990 se determinó y estableció llegar al borde exterior del margen continental[9] a las 100 millas de la isobata de los 2.500 metros y se identificó como el punto 22 del tratado, advirtiéndose en el mismo tratado la posibilidad de poder extenderlo en el futuro más allá hacia las 350 millas de determinarse esa condición.[10]

Al referirnos en el párrafo anterior al Tratado de límites de las áreas marinas y submarinas entre Trinidad & Tobago con Venezuela del año 1990[11], es importante hacer algunas acotaciones: La primera, es que fue un tratado innovador y precursor, igual al tratado de límites marítimos entre Gran Bretaña y Venezuela en el año 1942,

---

8 Artículo 76 y anexo II de la Convención del Derecho del Mar.

9 El borde exterior del margen continental es el final de la plataforma continental extendida.

10 Artículo 2 del Tratado Trinidad/ Venezuela 1990.

11 Tratado entre la república de Venezuela y la república de Trinidad y Tobago sobre la delimitación de áreas marinas y submarinas 1990.

frente a las costas de Trinidad y el Golfo de Paria. Valga la oportunidad para referir que las siguientes líneas que se trazaron en el Atlántico, (después de la instalación del hito fronterizo de Punta playa en 1900) fueron las líneas de base recta que definieron el sector Atlántico venezolano desde el medio del río Esequibo hasta Punta Araguapiche en el delta del Orinoco (decreto N°1.152 del año 1968. Regresando al tratado de Trinidad/Venezuela de 1990, era la primera vez a nivel mundial que se delimitaban áreas marinas y submarinas hasta un posible borde exterior del margen continental, sin embargo se presentaron algunos aspectos que pudiéramos definirlos como criterios jurídicos obviados.

De los aspectos más resaltantes como criterios jurídicos obviados, se encuentran el desconocimiento de la presencia de Guyana con su zona económica exclusiva y luego la omisión de los derechos de la zona económica exclusiva de Barbados, razón por la cual el Tribunal Internacional del mar al dictar el laudo que definió la frontera entre Barbados y Trinidad & Tobago en el 2007, seccionó la línea del tratado de Trinidad / Venezuela de 1990 en un punto denominado el punto11, que es donde llega Trinidad & Tobago con sus 200 millas de zona económica exclusiva, y le imposibilita llegar al punto 22. (Ver figura 3)

Con esta actuación el Tribunal Internacional del Derecho del Mar puso en evidencia que en el Tratado de Trinidad/Venezuela (1990) se había obviado un criterio jurídico sin precedentes. El otro caso corresponde a la posibilidad que tiene Venezuela de alcanzar el punto 22 del tratado Trinidad / Venezuela que evidentemente requiere de la negociación, paralela tanto con Guyana como con Barbados, pues no hay forma de llegar al punto 22 sin pasar con una posible extensión de plataforma continental por las zonas económicas exclusivas soberanas de ambos Estados mencionados anteriormente. En el caso de Guyana, Venezuela acepta y ha aceptado que Guyana empieza en Punta Playa y por ende en el Tratado Trinidad / Venezuela (1990) cuando se venía calculando el trazando que fue con una línea equidistante entre ambos Estados, en el punto 20 hubo que detener la equidistancia y trazar una línea de 6 millas hacia el norte hasta el punto 21 para evitar coincidir con el punto trifinio (Trinidad, Guyana y Venezuela) (Ver figura 4) con esta actuación se trató de evitar la presencia de Guyana en el en el referido tratado, pero en el resto del trazado que es en el azimut 067° hay un solapamiento con Guyana y luego antes de alcanzar el paralelo 11°00' 00" N, Guyana supera cualquier posibilidad de Venezuela con su trazado de su ZEE desde Punta Playa y para ello Guyana se apoya en la costa siguiente específicamente en Punta Cocali que se encuentra en la zona en reclamación mas al noreste. Estos criterios jurídicos obviados son suficientes impedir (A la luz del Derecho Internacional) que Venezuela alcance al punto 22. (Ver figura 5)

Un año después (1991) El Gobierno de Guyana al analizar el Tratado binacional entre Trinidad & Tobago con Venezuela (1990), establece el área de su de zona económica exclusiva[12] y en ella se contemplan los límites vecinales[13] (Ver figura 6) con Surinam y Venezuela. En el caso del límite con Surinam al no quedar definido el punto de partida con exactitud sobre la costa en el río Corentyne, Guyana se extralimitó en el trazado y otorgó una concesión a la empresa CGX canadiense, muy próximo a ese límite, lo que produjo un conflicto fronterizo donde Surinam actuó enérgicamente amenazando a la plataforma petrolera, razón por la cual Guyana demandó a Surinam ante el Tribunal Internacional del Derecho del Mar, obteniendo como resultado el laudo arbitral del 2007, quedando corregido el límite a favor de Surinam. El caso del límite unilateral con Venezuela, resultó en una línea en azimut 023° desde Punta Playa ajustándose al artículo 15 de la Convención del derecho del mar, (línea de equidistancias) sin embargo en esa oportunidad Venezuela no lo objetó y fue hasta el año1996 cuando el gobierno venezolano protestó el otorgamiento de concesiones de hidrocarburos, alegando que invadían la zona en reclamación e inclusive la proyección marítima del delta del Orinoco e inmediatamente trazó una línea en azimut constante 070° desde Punta Playa. (Ver figura 7) Se aclara que el azimut en cuestión fue una línea establecida por el Gobierno venezolano definida como línea de Patrullaje y Navegación, para que puedan efectuarse

---

12 Disposición reglamentaria de la República Cooperativa de Guyana N°19 de 1991 sobre la designación del área de la zona económica exclusiva.

13 Límite vecinal corresponde a: Delimitar un área marítima de manera unilateral y provisional ajustada a la interpretación legal que asiste al Estado que establece el límite.

actividades de vigilancia y control de las áreas marinas y sub-marinas del Atlántico venezolano, sin embargo nunca se estableció como un límite.[14]

EL PETRÓLEO

En la plataforma continental entre Guyana y Venezuela existe una importante cantidad de yacimientos de hidrocarburos calculada como una de las reservas más grandes del mundo y, las grandes transnacionales (Exxon Mobil, Conoco, Anadarco, CGX y otras) las han identificado como la gran cuenca petrolera de Guyana y está ubicada frente a las costas desde Punta Playa hasta el río Corentyne, dividida en dos grandes sectores, el primero corresponde a los yacimientos que parten desde la propia costa inclusive en ella hasta el inicio del talud continental y el segundo comprende, los yacimientos ubicados en el talud continental y que los han agrupado en el famoso bloque Stabroek que se caracteriza por tener profundidades promedio de 2.500 metros de profundidad, ahora bien, parte de esa plataforma que es la que corresponde a la costa desde Punta Playa hasta el río Esequibo, corresponde a la zona en reclamación, espacio que se encuentra en un proceso judicial a la espera del pronunciamiento de la Corte Internacional de Justicia, sobre la valides o no del laudo arbitral de Paris del 3 de octubre de 1899. El resultado del futuro pronunciamiento, producirá las condiciones apropiadas para realizar un proceso que defina la delimitación de las áreas marinas y sub marinas entre Guyana y Venezuela, sin embargo mientras esto no ocurra, el Gobierno de la República Bolivariana de Venezuela, ha tomado una serie de actuaciones estratégicas que se iniciaron a partir de año 2013 con la detención de un buque de prospección petrolera, de nombre Tecnik Perdana, seguido por actos administrativos como el establecimiento en el 2015 de las Zonas de Defensa Integral[15] de toda la costa venezolana (Ver figura 8), y luego en el 2018 por disposición decretada se garantizó el ejercicio de los derechos de soberanía y

---

14 Oficio confidencial N° 01134 del 28 de agosto de 1996, del Ministerio de Relaciones Exteriores al Ministerio de la Defensa.

15 Decreto N° 1.787 del 8 de junio del 2015.

jurisdicción exclusiva sobre toda la plataforma continental que proyecta el delta del Orinoco hacia el borde continental[16] y posteriormente en enero del 2021, se creó el territorio para el desarrollo de la fachada atlántica[17] y poder ejercer la soberanía y administración de los recursos allí presentes. El Gobierno de la República Cooperativa de Guyana en su plan estratégico, ha continuado otorgando concesiones en el espacio que considera propio incrementando el proceso a partir del año 2015 con los programas de prospección y producción en los pozos que se encuentran más hacia el lado del mar de Guyana. La actividad petrolera ha estado acompañada paralelamente con programas de adquisición de unidades navales y operaciones conjuntas con la marina norteamericana, en la búsqueda de programas de adiestramiento y protección y seguridad de sus espacios marítimos; En ese sentido Guyana, siempre a respetando lo que corresponde a la luz del Derecho Internacional como venezolano que es el triangulo equilátero marcado frente a la desembocadura del río Orinoco formado desde el azimut 023° desde Punta Playa hasta la línea equidistante entre Trinidad y la costa del estado Delta Amacuro. (Ver figura 9)

Es importante resaltar que el decreto presidencial 1.152 de 1968[18] y que fue utilizado en los actos administrativos indicados anteriormente como punto de referencia especialmente para establecer el área del Territorio Marítimo de la Fachada Atlántica, el decreto en cuestión (1.152), no se ajusta a las nuevas disposiciones establecidas en el Derecho del mar, sin embargo hasta tanto no exista el pronunciamiento de la Corte Internacional de Justicia y posteriormente se delimite el mar entre ambas naciones, el referido territorio marítimo servirá como referencia para la actuación de los órganos de seguridad del estado venezolano, especialmente la Armada Bolivariana ante cualquier eventualidad.

---

16 Decreto N° 3.732 28 de diciembre del 2018.

17 Decreto N°4.415 enero del 2021.

18 Decreto presidencial 1.152 según Gaceta Oficial N° 28.672 del 9 de julio de 1968.

CONCLUSIÓN

En resumen las características geo-morfológicas de la plataforma continental que abarca el Atlántico de las Guayanas y la legislación del derecho del mar, no favorecen ni a Trinidad &Tobago ni a Venezuela, en ese sentido ya el mar de Trinidad & Tobado quedó prácticamente cerrado con Barbados (2006) y Granada (2010) por el norte y con Venezuela (1990) por el sur; y luego en el año 2003, Barbados y Guyana firmaron un tratado de explotación conjunta, donde sus zonas económicas exclusivas se solapan (Ver figura 3), que es donde Venezuela recientemente (2021) decretó su territorio marítimo de la fachada Atlántica. En ese sentido el Estado venezolano debe preparar una estrategia de negociación con los Estados vecinos para no quedar cerrada entre Barbados, Trinidad &Tobago y Guyana.

ANEXOS

Figura 1

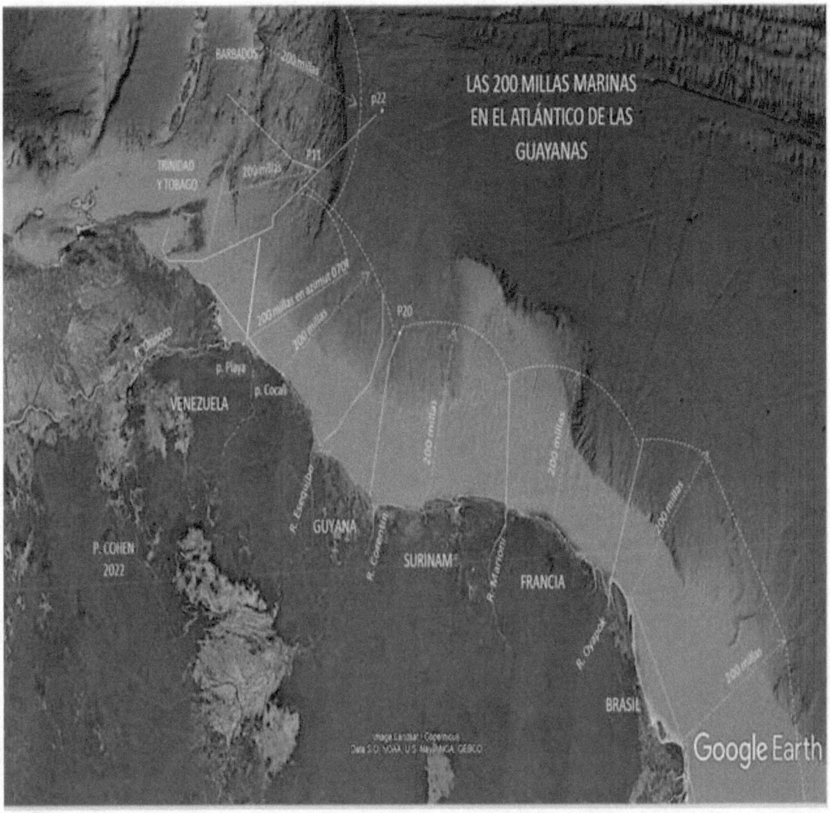

Elaborado por el autor, con escala aproximada, sobre un plano de la fachada atlántica, de Google Earth, señalando las 200 millas soberanas de cada estado con sus líneas de base recta establecidas a la fecha de este trabajo

Figura 2

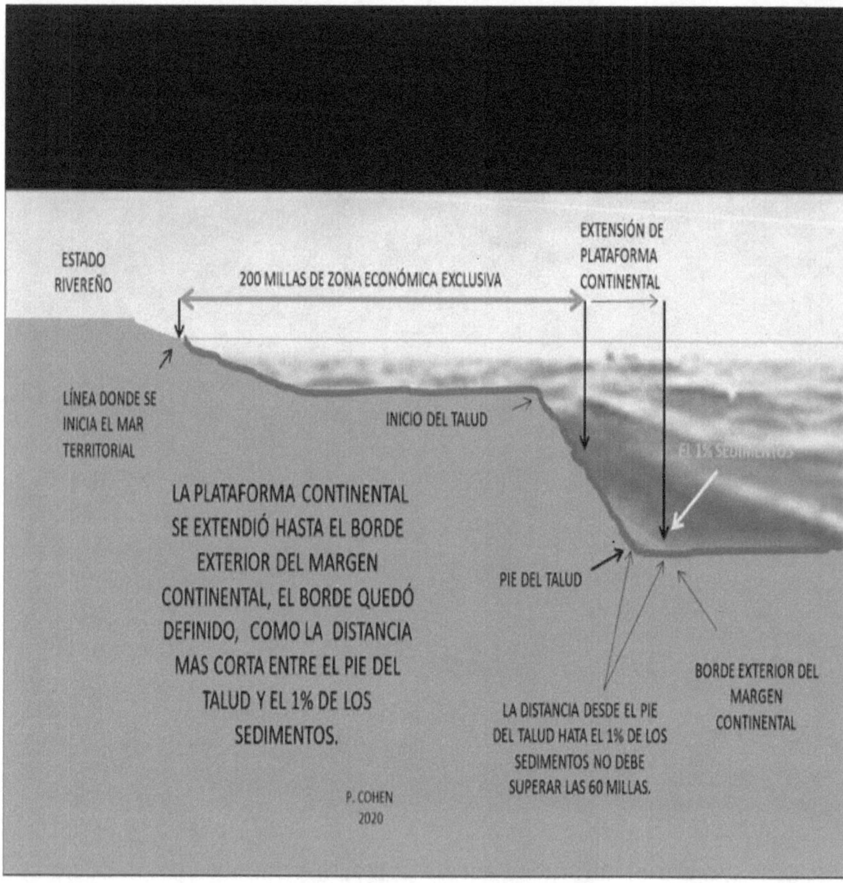

Elaborado por el autor, sobre un dibujo de un perfil de costa como ejemplo.

Figura 3

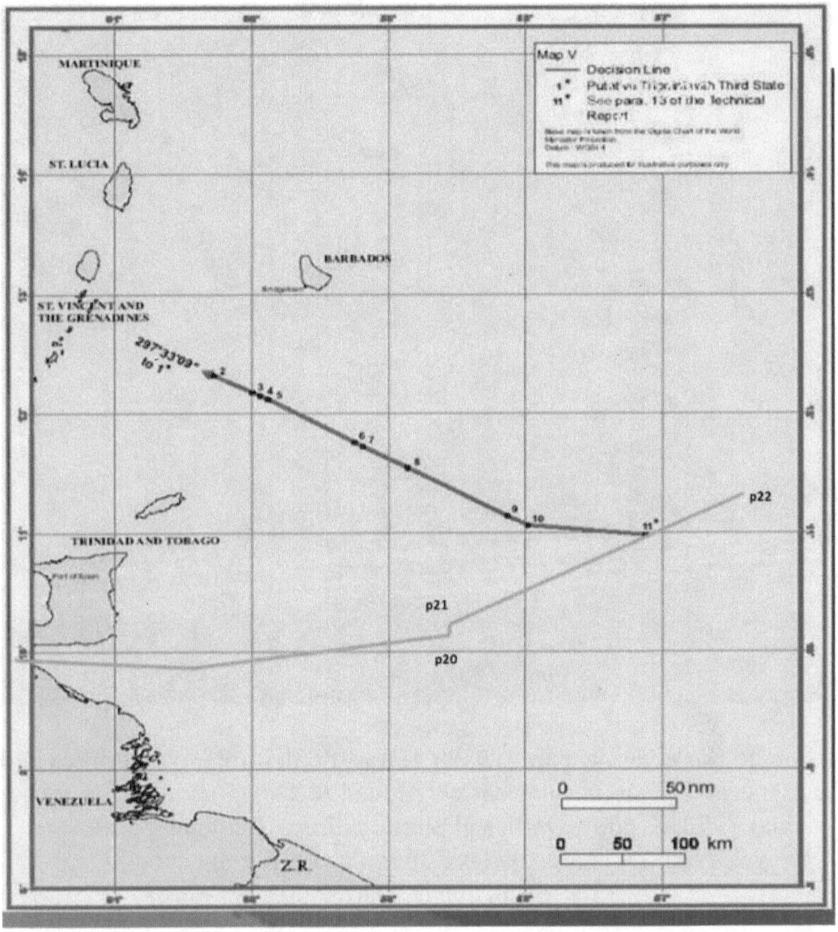

Mapa elaborado por el tribunal internacional del derecho del mar, para señalar el trazado del límite del laudo arbitral del 2006, de Barbados con Trinidad & Tobago.

Figura 4

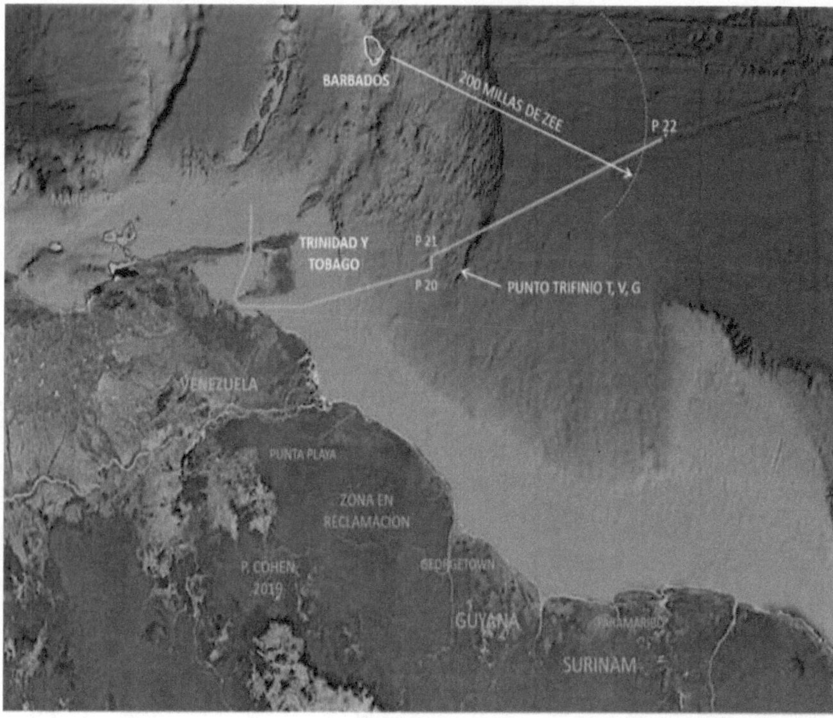

Elaborado por el autor, para señalar el trazado del tratado de lìmites de las áreas marinas y submarinas entre Trinidad & Tobago con Venezuela del año 1990, donde se indica el punto trifinio (Trinidad,Venezuela y Guyana) y el área de las 200 millas de la zona económica exclusiva de Barbados.

Figura 5

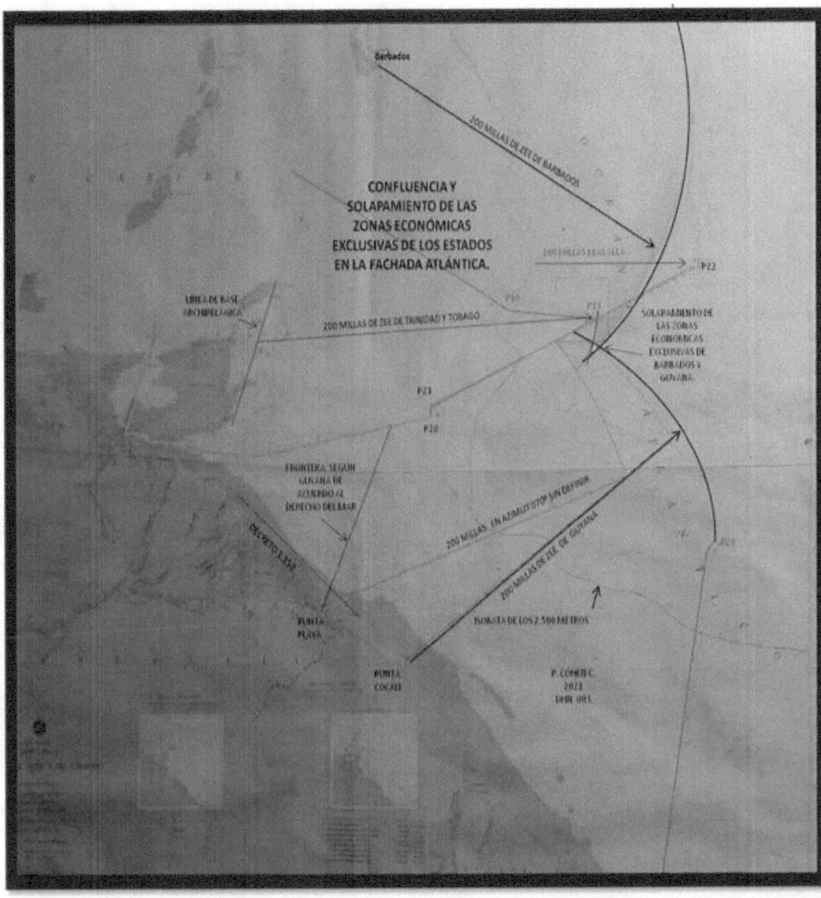

Trabajo elaborado por el autor, sobre una carta de navegacion (DHN003) donde se indica el solapamiento de las zonas económicas exclusivas de Barbados con Guyana , el alcance de las 200 millas del azimut 070° desde Punta Playa y la isobata de los 2.500 metros con las 100 millas mas allá , donde se calculò el punto 22 del tratado Trinidad/Venezuela de 1990.

Figura 6

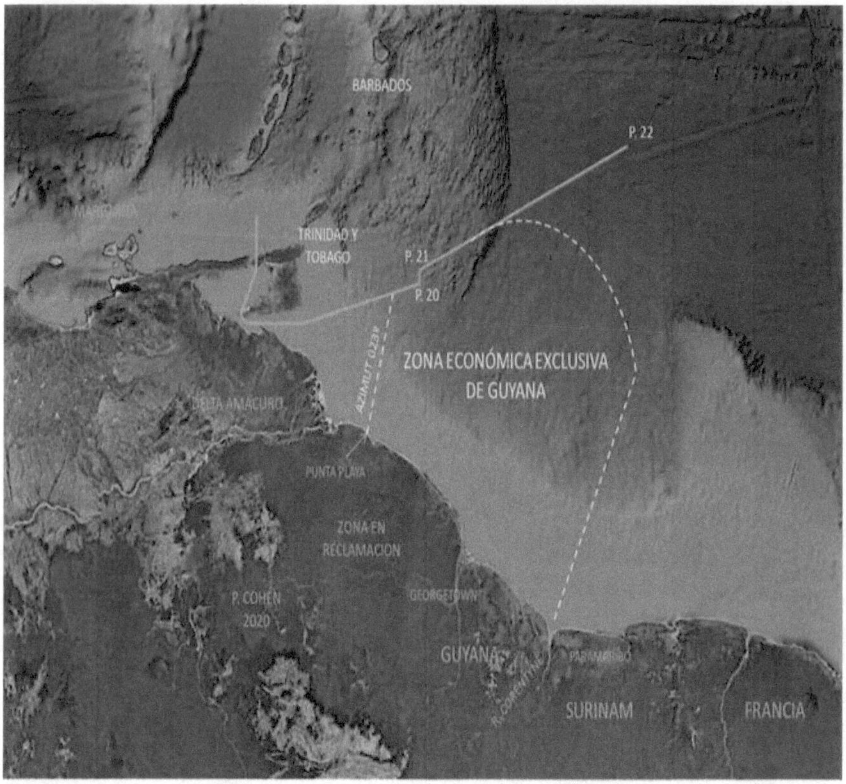

Elaborado por el autor, donde se indica el área de la zona económica exclusiva establecida por Guyana contemplado en su reglamento nº 19 de 1991.

Figura 7

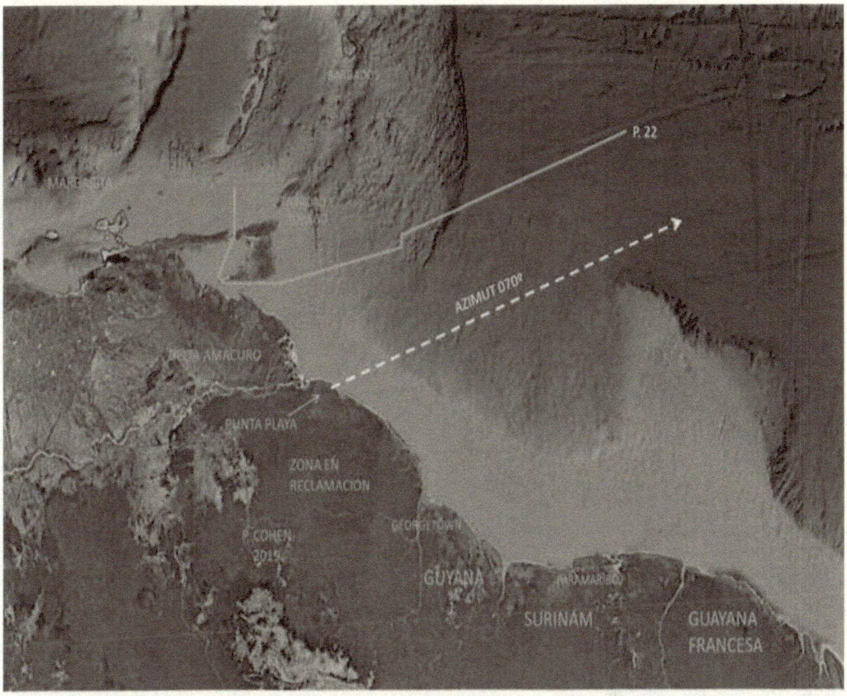

Elaborado por el autor, donde se indica el trazado del azimut 070° partiendo desde Punta Playa.

Figura 8

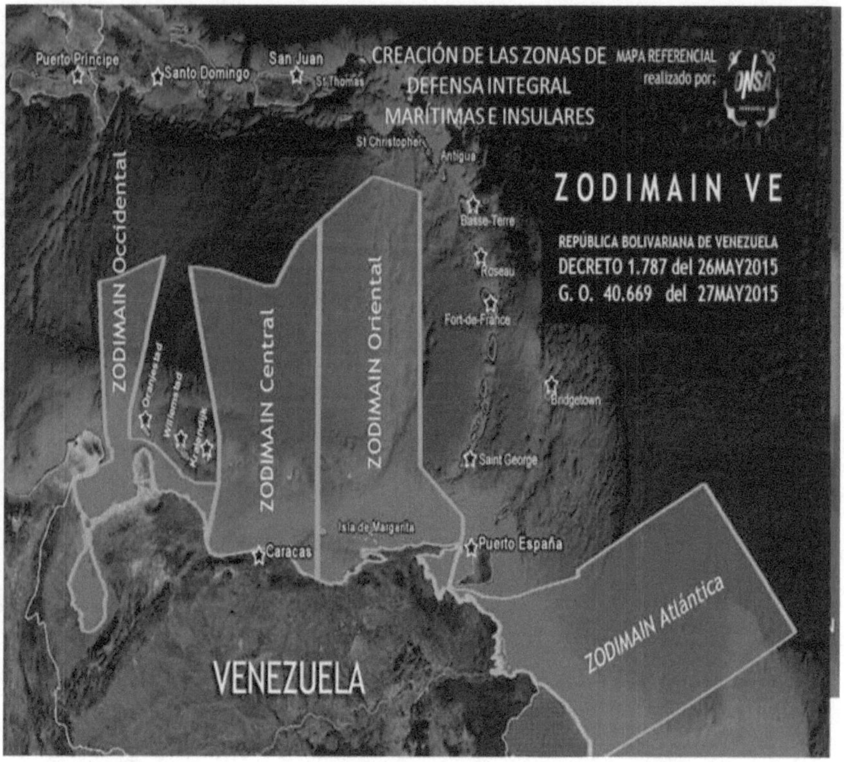

Mapa elaborado por la Organización Nacional de Salvamento Acuático (ONSA) mostrando las zonas de defensa integral de la costa venezolana.

Figura 9

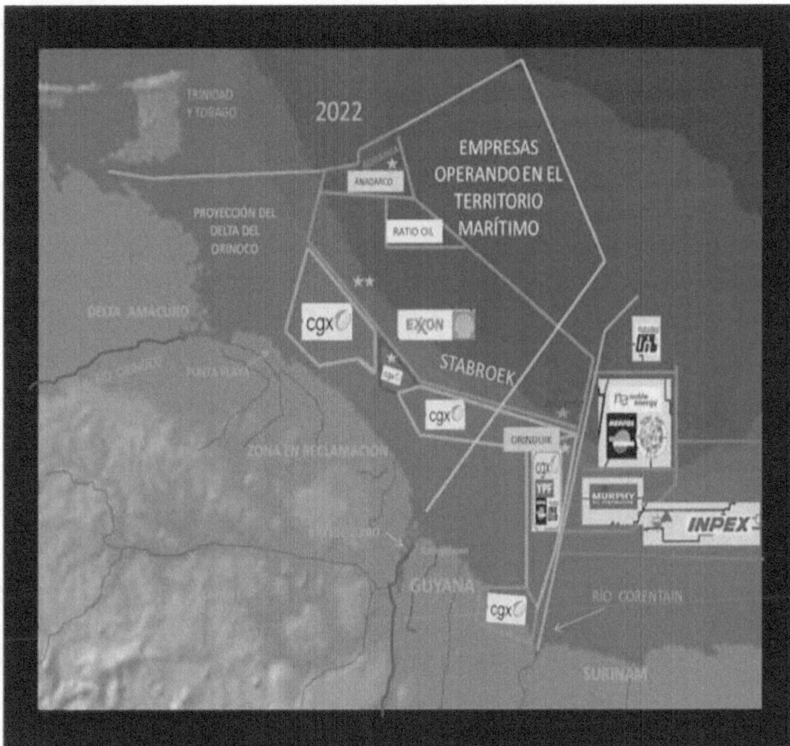

Elaborado por el autor, indicando las áreas y empresas que operan el territorio marítimo, mostrando a su vez el triángulo equilátero de soberanía exclusiva venezolana sin discusión.

BIBLIOGRAFÍA

- Organización De Las Naciones Unidas (ONU). "*Laudo Arbitral entre la República de Barbados y la República de Trinidad y Tobago*", Hamburgo, 2006. Disponible en: www.pca-cpa.org; consultado en fecha 14 noviembre de 2015.

- Organización De Las Naciones Unidas (ONU), "*Convención de las Naciones Unidas sobre Derecho del Mar*", Nueva York, 1982. Disponible en: www.un.org/Depts/los/conventio_agreements/texts/.../convemar_es.pdf; consultado en fecha 23 de mayo de 2018.

- Guyana. "*Exclusive Economic Zone (Designation of Area) Order 1991 - Order No. 19 of 1991 made under the Maritime Boundaries Act 1977 (No. 10 of 1977)*", Georgetown, 23 de febrero, 1991. Disponible en: http://extwprlegs1.fao.org/docs/pdf/guy 33056.pdf; consultado en fecha 19 octubre de 2018.

- Organización De Las Naciones Unidas (ONU), "*División de Asuntos Oceánicos y del Derecho del Mar Oficina de Asuntos Jurídicos*", Boletín N° 74 Nueva York, 2011. p. 9. Disponible en: https://www.un.org/depts/los/doalos_publications/LOSBulletins/bulletinsp/bul74sp.pdf ; consultado en fecha 26 de febrero de 2020.

- Venezuela. *Tratado entre la República de Venezuela y la República de Trinidad y Tobago sobre la delimitación de áreas marinas y submarinas*, publicada en Gaceta Oficial No. 34.588, del 06 de noviembre de 1990.

- Venezuela. *Presidencia De La República, Decreto N° 1.152*, publicada en Gaceta Oficial No. 28.672, del 9 de julio de 1968.

- Venezuela. *Ley Orgánica de los Espacios Acuáticos*, publicada en Gaceta Oficial No. 6.153, del 18 de noviembre de 2014.

- Venezuela. *Presidencia De La República, Decreto N° 1.787*, publicada en Gaceta Oficial No. 40677, del 8 de junio de 2015.

- Venezuela. *Presidencia De La República, Decreto N° 3.732*, publicada en Gaceta Oficial No. 41.554, del 28 de diciembre de 2018.

- Venezuela. *Presidencia De La República, Decreto N° 4.415*, publicada en Gaceta Oficial No. 42.046, del 13 de enero de 2021.

- Venezuela. Oficio confidencial N° 01134 del Ministerio de Relaciones Exteriores al Ministerio de la Defensa, del 28 de agosto de 1996.

11° ENCUENTRO
LA NULIDAD O VALIDEZ DEL LAUDO DE PARÍS
17 DE MARZO DE 2022

PALABRAS DEL ACADÉMICO RAFAEL BADELL MADRID EN LA APERTURA DEL UNDÉCIMO ENCUENTRO SOBRE LA NULIDAD O VALIDEZ DEL LAUDO DE PARÍS

PALABRAS DEL ACADÉMICO RAFAEL BADELL MADRID EN LA APERTURA DEL UNDÉCIMO ENCUENTRO SOBRE LA NULIDAD O VALIDEZ DEL LAUDO DE PARÍS

Rafael Badell Madrid[*]

Señor Presidente, miembros de la Junta Directiva y Numerarios de la Academia de Ciencias Políticas y Sociales.

Señoras y señores participantes en este undécimo encuentro del ciclo de Coloquios organizados por la Academia de Ciencias Políticas y Sociales, bajo la brillante coordinación del académico Héctor Faúndez Ledesma, sobre la controversia del Esequibo que hoy, precisamente, versará sobre la nulidad o validez del laudo de París emitido el 3 de octubre de 1899.

Es para mí un honor dirigirme a ustedes en esta oportunidad para darles la bienvenida en nombre de la Academia de Ciencias Políticas y Sociales y formular las palabras introductorias de este evento que contará con la participación de cuatro calificados especialistas en el delicado tema: estos son, los doctores: Orlando Guerrero Mayorga[1],

---

* Profesor titular de la Universidad Católica Andrés Bello. Jefe de la Cátedra Derecho Procesal Constitucional. Individuo de Número de la Academia de Ciencias Políticas y Sociales. Miembro Correspondiente Extranjero de la Academia Colombiana de Jurisprudencia. Socio fundador de Badell & Grau Despacho de Abogados.

1 Secretario General de la Corte Centroamericana de Justicia.

Ricardo Abello Galvis[2], Víctor Rodríguez Cedeño[3] y el académico Dr. Héctor Faúndez Ledesma[4]. El evento de hoy estará moderado por el distinguido académico Dr. Ramón Escovar León.

Desde hace un año, marzo 2021, la Academia ha venido desarrollando esta serie de foros donde hemos estudiado los aspectos trascendentales de la controversia de Venezuela con la República Cooperativa de Guyana sobre el Territorio Esequibo. Todas las conferencias, en las que hemos participado, tanto miembros de esta Corporación, como notables especialistas en este tema, han sido muy importantes, esclarecedoras y valiosas.

Hoy analizaremos un asunto que es tema central de la controversia y de importancia trascendental: la nulidad o validez del Laudo Arbitral de París.

Hemos sostenido que el Laudo Arbitral de París adolece de múltiples vicios que pasan por la violación del debido proceso; el vicio de exceso de poder, en especial, con relación a la interpretación errónea y parcializada de las disposiciones del tratado de arbitraje; el vicio de ultra petita, desde que se trata de una decisión que formula consideraciones que van más allá de los límites de la controversia fijados en el tratado de arbitraje; la falta total y absoluta de motivación del laudo que adjudicó a Gran Bretaña 159.500 kilómetros cuadrados de territorio y la falta al deber de imparcialidad e independencia de los árbitros.

Incluso se predica también la invalidez del laudo de París en atención a la invalidez del propio Tratado de Washington suscrito entre los Estados Unidos y el Reino Unido el 2 de febrero de 1897.

A pesar de los vicios previamente relatados, abiertamente en contra de los títulos históricos y jurídicos de Venezuela y en

---

2 Profesor y Máster en Derecho Internacional y Relaciones Internacionales del Instituto de Altos Estudios Internacionales de Ginebra.

3 Exembajador de Venezuela, abogado, profesor de derecho internacional, fue representante permanente alterno de Venezuela ante la ONU. Ex presidente del Comité Ejecutivo del ACNUR.

4 Individuo de Número de la Academia de Ciencias Políticas y Sociales y Profesor de Derecho Internacional Público.

contradicción con los contundentes elementos que evidencian que el Laudo Arbitral de París no fue una decisión de derecho sino más bien una componenda, donde lo político privó sobre lo jurídico, la República Cooperativa de Guyana ha solicitado a la Corte Internacional de Justicia que confirme la validez del laudo.

La República Cooperativa de Guyana decidió iniciar la vía judicial mediante una demanda presentada en fecha del 29 de marzo de 2018.

El 18 de diciembre de 2020 la Corte Internacional de Justicia dictó una sentencia a través de la cual se declaró competente para conocer la controversia. La República Cooperativa de Guyana recientemente -el 8 de marzo de este año- presentó su memorial de demanda sobre el fondo de la controversia.

Existen varios escenarios en cuanto al fondo de esta controversia.

(i) En primer lugar, la Corte Internacional de Justicia puede declarar válido el Laudo Arbitral de París y de esta forma quedaría firme la frontera establecida en ese laudo y terminaría así un conflicto que lleva ya casi doscientos años.

(ii) Podría también la Corte Internacional de Justicia declarar nulo el Laudo Arbitral de París, y con ello se abriría la cuestión conexa de cómo y de qué manera debe determinarse la línea fronteriza entre ambos países.

(iii) En ese caso la delimitación podría ser efectuada por la misma Corte Internacional de Justicia mediante un procedimiento incidental.

(iv) La delimitación podría remitirse a un tribunal arbitral o, en su defecto, los Estados partes en la controversia podrán valerse de los medios admitidos por el derecho internacional, especialmente por el artículo IV.2 del Acuerdo de Ginebra y por la Carta de las Naciones Unidas.

(v) En el supuesto de que sea declarada la nulidad del Laudo Arbitral de París, la necesidad una futura demarcación generará también la cuestión muy importante de la delimitación de las áreas marinas y submarinas. Este es un tema al que debe prestarse especial atención. Suele olvidarse la importancia de la proyección de los derechos territoriales y la soberanía que tiene Venezuela, en tanto Estado ribereño, sobre el mar territorial, la zona económica exclusiva y la plataforma continental, todas fuentes muy importantes de riqueza. Recuérdese que el artículo 11 de la Constitución establece el alcance de la soberanía territorial:

"La soberanía plena de la República se ejerce en los espacios continental e insular, lacustre y fluvial, mar territorial, áreas marinas interiores, históricas y vitales y las comprendidas dentro de las líneas de base recta que ha adoptado o adopte la República; el suelo y subsuelo de éstos; el espacio aéreo continental, insular y marítimo y los recursos que en ellos se encuentran, incluidos los genéticos, los de las especies migratorias, sus productos derivados y los componentes intangibles que por causas naturales allí se hallen..."

En este año que queda, después que Guyana ha presentado todos sus alegatos y defensas, se abren varios escenarios para Venezuela referidos a la estrategia procesal para la mejor defensa de sus derechos.

El procedimiento fijado en el Estatuto de la Corte Internacional de Justicia y en su Reglamento deja abierta la posibilidad de que (i) Venezuela reconvenga o contrademande a la República Cooperativa de Guyana; (ii) Venezuela puede, y esto no excluye lo anterior, solicitar medidas cautelares, vistos los graves daños que ocasionan las actividades de su contraparte en el territorio controvertido.

En todo caso Venezuela debe, antes del 8 de marzo del año 2023, producir sus alegatos y defensas. Estos eventos organizados por la Academia son de utilidad especial para ese propósito.

Para la Academia de Ciencias Políticas y Sociales ha sido una prioridad la defensa de la integridad territorial del país, como ha sido expresado en su abundante y consistente doctrina contenida en sus conferencias, pronunciamientos y demás publicaciones, no solo frente al despojo histórico perpetrado por el imperio británico durante el siglo XIX y ante los graves vicios de nulidad del Laudo Arbitral; sino también, frente a los continuos atropellos por parte del Gobierno de Guyana a la soberanía venezolana sobre el territorio marítimo de su fachada Atlántica.

En efecto, a lo largo de muchos años, han manifestado su preocupación sobre este asunto mediante valiosos trabajos de investigación los Académicos: Carlos Álamo Ybarra[5], Isidro Morales Paúl[6], Carlos Sosa Rodríguez[7], René De Sola[8], Allan Brewer-Carías[9],

---

5 Carlos Álamo Ybarra, *Fronteras de Venezuela con la Guayana Británica*, Academia de Ciencias Políticas y Sociales - Editorial Élite, Caracas, 1938.

6 Isidro Morales Paúl, "Análisis crítico del problema fronterizo «Venezuela-Gran Bretaña»", *Boletín de la Academia de Ciencias Políticas y Sociales*, número 91, Academia de Ciencias Políticas y Sociales, Caracas, 1983; Véase también Isidro Morales Paúl, "El juicio arbitral sobre la Guayana Esequiba de 1899 y la violación de los principios del debido proceso en perjuicio de Venezuela", en Tomás Enrique Carrillo Batalla, *La reclamación venezolana sobre la Guayana Esequiba*, Academia de Ciencias Políticas y Sociales, Serie Eventos 2, Caracas, 2008.

7 Carlos Sosa Rodríguez, "El acta de Washington y el laudo de París", *Boletín de la Academia de Ciencias Políticas y Sociales*, número 91, Academia de Ciencias Políticas y Sociales, Caracas, 1983.

8 René De Sola, "Valuación actualizada del Acuerdo de Ginebra", *Boletín de la Academia de Ciencias Políticas y Sociales*, número 91, Academia de Ciencias Políticas y Sociales, Caracas, 1983.

9 Allan Brewer-Carías, "La formación de la república y de su territorio en las constituciones del siglo XIX. Un legado del proceso constitucional que comenzó con la Ley Fundamental de la República de Colombia promulgada por Simón Bolívar, en Angostura, el 17 de diciembre de 1819", en *Boletín de la Academia de Ciencias Políticas y Sociales*, número 164, abril-junio 2021, Academia de Ciencias Políticas y Sociales, Caracas, 2021.

Luis Cova Arria[10], Eugenio Hernández-Bretón[11], Gabriel Ruan Santos[12], Humberto Romero-Muci[13], Héctor Faúndez Ledesma[14],

---

[10] Luis Cova Arria, "Principales aspectos de la situación jurídica de la reclamación venezolana sobre la Guyana Esequiba", en Cecilia Sosa Gómez y Jesús María Casal (Coord.), *¿Qué hacer con la justicia? El caso venezolano*, Academia de Ciencias Políticas y Sociales - Centro para la Integración y el Derecho Público, Caracas, 2020; y del mismo autor "La Academia de Ciencias Políticas y Sociales y la defensa del territorio Esequibo", *Boletín de la Academia de Ciencias Políticas y Sociales*, número 164, abril-junio 2021, Academia de Ciencias Políticas y Sociales, Caracas, 2021.

[11] Eugenio Hernández-Bretón, "La necesaria defensa del territorio Esequibo", en *Boletín de la Academia de Ciencias Políticas y Sociales*, número 164, abril-junio 2021, Academia de Ciencias Políticas y Sociales, Caracas, 2021.

[12] Gabriel Ruan Santos, "La Academia de Ciencias Políticas y Sociales y la reclamación de Venezuela por la Guayana Esequiba. Algunos antecedentes" en *Boletín de la Academia de Ciencias Políticas y Sociales*, número 164, abril-junio 2021, Academia de Ciencias Políticas y Sociales, Caracas, 2021.

[13] Humberto Romero-Muci, "Palabras del Dr. Humberto Romero-Muci para el coloquio sobre la Academia de Ciencias Políticas y Sociales en la defensa del territorio Esequibo", en *Boletín de la Academia de Ciencias Políticas y Sociales*, número 164, abril-junio 2021, Academia de Ciencias Políticas y Sociales, Caracas, 2021.

[14] Héctor Faúndez Ledesma, *La competencia contenciosa de la Corte Internacional de Justicia y el caso Guayana vs. Venezuela*, Serie Estudios 126, Academia de Ciencias Políticas y Sociales - Editorial Jurídica Venezolana, Caracas, 2020.

Carlos Ayala Corao[15], Cecilia Sosa Gómez[16], Jesús María Casal[17] y quien les habla, Rafael Badell Madrid[18].

Además, están publicados en los Boletines de la Corporación importantes estudios y documentos sobre el tema, entre ellos, el memorándum póstumo de Severo Mallet-Prevost[19] y los trabajos publicados por varios expertos en el tema como: Marcos Falcón

---

15 En varias conferencias celebradas dentro del ciclo de coloquios sobre la controversia del Esequibo, véase "La Academia de Ciencias Políticas y Sociales y la defensa de territorio Esequibo" de fecha 6 de mayo de 2021, disponible en https://www.youtube.com/watch?v=tYYwRUGV-7Y; "La formación de la República y el territorio venezolano en las constituciones de Venezuela", de fecha 20 de mayo de 2021, disponible en https://www.youtube.com/watch?v=QjmXTxgqIHk&t=2866s; "El laudo arbitral del 3 de octubre de 1899 y el memorándum Mallet-Prevost", de fecha 19 de agosto de 2021, disponible en https://www.youtube.com/watch?v=YAuecChpzHg&t=2901s.

16 Cecilia Sosa Gómez, "Formación de la República y el territorio venezolano en las constituciones de Venezuela", en *Boletín de la Academia de Ciencias Políticas y Sociales*, número 164, abril-junio 2021, Academia de Ciencias Políticas y Sociales, Caracas, 2021.

17 Jesús María Casal, "Cinco vertientes constitucionales de la reclamación del Esequibo" en *Boletín de la Academia de Ciencias Políticas y Sociales*, número 164, abril-junio 2021, Academia de Ciencias Políticas y Sociales, Caracas, 2021.

18 Rafael Badell Madrid, "Comentarios sobre la controversia con Guyana", en Rafael Badell Madrid, Henrique Iribarren Monteverde, Juan Cristóbal Carmona Borjas y José Antonio Muci Borjas (Coords.) *Libro Homenaje a Cecilia Sosa Gómez*, Academia de Ciencias Políticas y Sociales, Caracas, 2021, pp. 731 y ss.; Véase también Rafael Badell Madrid, "La Nulidad del Laudo de París del 3 de octubre de 1899", en Boletín de la Academia de Ciencias Políticas y Sociales, número 165, Academia de Ciencias Políticas y Sociales, Caracas, 2021, pp. 279 y ss.

19 Otto Schoenrich, "Materia de excepcional importancia para la historia diplomática de Venezuela. La disputa de límites entre Venezuela y La Guayana Británica", en *Boletín de la Academia de Ciencias Políticas y Sociales*, Vol. 14, No. 1-2-3-4, Academia de Ciencias Políticas y Sociales, Caracas, 1949.

Briceño[20], Armando Rojas[21], Elbano Provenzali[22], Sadio Garavini[23] y Gerson Revanales[24]. Destaca también la publicación del libro *La reclamación venezolana sobre la Guayana Esequiba,* coordinado por el académico Tomás Enrique Carrillo Batalla en el año 2008[25].

Asimismo, la Corporación ha emitido varios pronunciamientos sobre la controversia que tienen hoy una gran importancia y que se encuentran compilados y publicados en orden cronológico en la obra *Doctrina Académica Institucional* del año 2019 y, por supuesto, que desde ese año en adelante la Academia ha seguido emitiendo comunicados y pronunciamientos sobre el tema que están disponibles en la página web de la Corporación.

En esta línea se inscribe este evento que estamos presentando la mañana de hoy. Reitero la bienvenida al público asistente y a nuestros expertos conferencistas. Cedo la palabra al notable académico Dr. Ramón Escovar León para que lo conduzca.

---

20 Marcos Falcón Briceño, "Orígenes de la actual reclamación de la Guayana Esequiba", en *Boletín de la Academia de Ciencias Políticas y Sociales*, número 91, Academia de Ciencias Políticas y Sociales, Caracas, 1983.

21 Armando Rojas, "La reclamación de la Guayana Esequiba. Gestiones diplomáticas realizadas por Venezuela durante el siglo XIX" en *Boletín de la Academia de Ciencias Políticas y Sociales*, número 91, Academia de Ciencias Políticas y Sociales, Caracas, 1983.

22 Elbano Provenzali Heredia, "Cronología de una solidaridad. Documentos brasileños revelan los derechos de Venezuela sobre la Guyana Esequiba", en *Boletín de la Academia de Ciencias Políticas y Sociales*, número 93-94, Academia de Ciencias Políticas y Sociales, Caracas, 1983.

23 Sadio Garavini di Turno, "Guyana: El Acuerdo de Ginebra en la actualidad", en *Boletín de la Academia de Ciencias Políticas y Sociales*, número 153, Academia de Ciencias Políticas y Sociales, Caracas, 2014.

24 Gerson Revanales, "Venezuela: un caso de debilidad jurídica, política, y diplomática en la reclamación del Esequibo", en *Boletín de la Academia de Ciencias Políticas y Sociales*, número 158, Academia de Ciencias Políticas y Sociales, Caracas, 2019.

25 Tomás Enrique Carrillo Batalla (coord.), *La reclamación venezolana sobre la Guayana Esequiba*, Academia de Ciencias Políticas y Sociales, Serie Eventos 2, Caracas, 2008.

EL LAUDO DEL REY DE ESPAÑA ALFONSO XIII
DEL 23 DE DICIEMBRE DE 1906
ORLANDO GUERRERO MAYORGA

EL LAUDO DEL REY DE ESPAÑA ALFONSO XIII DEL 23 DE DICIEMBRE DE 1906

*Orlando Guerrero Mayorga**

I. BREVES ANTECEDENTES

Se trata del Laudo Arbitral del Rey de España Alfonso XIII y el Tratado Americano de Soluciones Pacíficas de Controversias (Pacto de Bogotá), como base de la jurisdicción obligatoria de la Corte Internacional de Justicia de la Haya para resolver de la impugnación de dicho Laudo por Nicaragua en 1960.

En 1884 se firmó el Tratado Gámez Bonilla que entró en vigor, mediante el canje de instrumentos por los Estados de Nicaragua y Honduras, el 24 de diciembre de 1896. En dicho Tratado se establece que estos países nombraran una Comisión Mixta para demarcar la frontera siguiendo el *Uti Possidetis Juris* de 1821, sin reconocer ningún valor a la posesión de hecho y a falta de pruebas consultando los mapas y documentos de cualquier naturaleza sobre la posesión jurídica que existía en 1821.

En caso de que La Comisión no llegase a un acuerdo el punto o puntos serían sometidos a la decisión de un representante de

---

* Doctor en Derecho con la Calificación de Apto "CUM LAUDE" por la Universidad Complutense de Madrid. Diplomado en Relaciones Internacionales por la Escuela Diplomática de Madrid España y licenciado en derecho por la Universidad Nacional Autónoma de Nicaragua en León. Catedrático de Derecho Internacional Público en la Universidad Centroamericana (UCA), Universidad Americana (UAM) y Universidad American College (UAC). Actual Secretario General de la Corte Centroamericana de Justicia (CCJ).

Honduras, otro de Nicaragua y el tercero sería un miembro del cuerpo diplomático acreditado en Guatemala, escogido por los dos primeros o sorteado de dos listas de tres nombres cada una, propuestas una por cada país. El tribunal sería organizado en Guatemala.

Para el nombramiento del tercero se debía agotar los miembros del Cuerpo Diplomático propuesto y de no conseguirse se podría buscar cualquier personalidad extranjera o centroamericana y si no fuera posible el acuerdo, la cuestión sería sometida al Gobierno de España y a falta de éste, al de América del Sur que convengan las cancillerías. La duración del Tratado Gámez Bonilla se fijó en diez años.

II. TRABAJO DE LA COMISIÓN MIXTA

Esta comenzó a trabajar el 24 de febrero de 1900 y convino la frontera desde el Golfo de Fonseca hasta el Portillo Teotecacinte, pero el 4 de julio de 1901 no pudo continuar por falta de acuerdo.

Entonces se reorganizó el arbitraje, con Don José Dolores Gámez, por Nicaragua y Don Alberto Membreño, por Honduras, quienes eligieron como tercero al Ministro de España en Centroamérica, Don Pedro de Carrera y Lembeye.

Reunidos estos eligieron como árbitro al Rey de España, Don Alfonso XIII, a quien se le envió telegrama comunicando la elección, lo mismo que a los Presidentes de Nicaragua y Honduras, quienes contestaron manifestando su complacencia. En la Memoria presentada al Congreso de Nicaragua en 1905 el Ministro de Relaciones Exteriores informó de esa elección.

La pretensión de Honduras consistía en que la frontera seguiría el curso del Río Coco, pero 100 millas antes de su desembocadura continuaría una línea en dirección al sur, hasta juntarse con el paralelo que pasa por *Sandy Bay* y para luego seguir dicho paralelo.

En su pretensión Nicaragua afirmaba que la frontera seguía el Río Patuca hasta llegar al meridiano que pasa por el Cabo Camarón y luego continuaba la línea de dicho meridiano.

III. EL LAUDO DEL REY DE ESPAÑA

El Laudo fue dictado por el Rey el 23 de diciembre de 1906 y en él se fijó la frontera partiendo del Atlántico y siguiendo el curso del Río Coco hasta su confluencia con el Patuca, desde este Río hasta su confluencia con el Guineo, y de ese punto siguiendo la demarcación del sitio nicaragüense de Teotecacinte de acuerdo con sus deslindes hasta llegar al Portillo de Teotecacinte.

No fue sino hasta el 25 de abril de 1911 que Honduras propuso a Nicaragua la demarcación de ciertas partes de la frontera de acuerdo con el Laudo. El Ministro de Relaciones Exteriores de Nicaragua en nota del 19 de marzo de 1912 impugnó la validez y fuerza obligatoria de éste.

IV. SOMETIMIENTO A LA CORTE INTERNACIONAL DE JUSTICIA

El 1 de mayo de 1957, Honduras atacó el puesto fronterizo de Mokorón, lo que provocó la intervención de la OEA conforme el Tratado de Río de Janeiro. Se propusieron algunos mecanismos de solución pacífica de las controversias por parte de Nicaragua, pero Honduras solicitó que se diera cumplimiento al Laudo.

Finalmente, la OEA resolvió que no habiendo acuerdo sobre otro medio de solución de conformidad con el Pacto de Bogotá, debía someterse la cuestión a la Corte Internacional de Justicia, lo que fue aceptado por Nicaragua y por Honduras.

El 21 de julio de 1957 se firmó en Washington un acuerdo entre los dos países respecto a la forma y plazos del sometimiento del asunto a la Corte, estableciendo que cada país presentaría el aspecto del diferendo que estimara conveniente. En declaraciones anexas al acuerdo Honduras dijo que pediría el cumplimiento del Laudo y Nicaragua la declaratoria de nulidad del mismo y que sus límites con Honduras seguían en la misma situación que antes que el Laudo fuera dictado.

V. JUICIO ANTE LA CORTE

Nicaragua alegó la existencia de irregularidades en la designación del Rey como árbitro y que el Tratado Gámez Bonilla había expirado antes de la aceptación del Rey de España. Además, alegó defectos del Laudo que lo hacían nulo y no susceptible de ejecución, tales como el error esencial, el exceso de poder, la falta de suficiente motivación, oscuridad y contradicción.

En cuanto al nombramiento del Rey de España como árbitro, saltándose las disposiciones del Tratado Gámez Bonillla, La Corte estimó que los árbitros nacionales tenían el poder de interpretar y aplicar el Tratado; Y el que ellos no hayan efectivamente agotado la lista del cuerpo diplomático en Guatemala y no se hayan puesto de acuerdo en la elección de una personalidad, o que hayan considerado esas medidas como facultativas, lo cierto es que ellos convinieron en que el Tratado había sido cumplido. Además, los Presidentes de Nicaragua y Honduras se dirigieron al Ministro de España en Guatemala expresando su satisfacción por la elección del Rey y cuando el Rey aceptó el Ministro de Relaciones de Nicaragua se dirigió al Ministro de Estado español expresando su satisfacción y lo informó a la Asamblea Nacional Legislativa. (Aquiescencia). Conforme al diccionario de Derecho Internacional organizado y dirigido por el Doctor Víctor Rodríguez Cedeño, se puede entender la "aquiescencia" como el comportamiento unilateral de un Estado que implica su consentimiento y que puede producir determinados efectos jurídicos. El silencio o la falta de protesta (inacción) de un Estado en determinadas condiciones, cuando el Estado debe reaccionar, pueden significar aquiescencia o consentimiento tácito. Pero también, el Doctor Mauricio Herdocia Sacasa (QEPD) en su obra "Participación de Nicaragua ante la Corte Internacional de Justicia" cita que: "una posición afirmativa puede comprometer a futuro."

En cuanto a la Fecha de expiración del Tratado, Nicaragua alegó que el plazo de los años se contaba a partir de la firma, o sea el 7 de octubre de 1894 y que el Rey aceptó el 17 de octubre de 1904, mientras Honduras sostuvo que se contaba a partir del canje de ratificaciones, o sea el 24 de diciembre de 1896.

La Corte estimó que la intención de las partes se había inclinado por la segunda fecha, que la designación del Rey había sido válida antes de la expiración del Tratado y que además el procedimiento arbitral continuó sin objeción y no fue sino hasta 1912 que se alegó su invalidez.

Según la Corte, Nicaragua aceptó la validez del Laudo por sus declaraciones expresas y por no haberlo impugnado, sino hasta varios años después, por lo tanto, no tenía ahora derecho de objetar el laudo. (*Stoppel*).

El *Stoppel* es una figura jurídica que según el Profesor Pecourt García son tres los elementos que entran en la noción del *Stoppel*, a saber: "1) Una situación creada por la actitud de un Estado (actitud primaria); 2) Una conducta seguida por otro Estado (actitud secundaria) que está basada directamente en la primera actitud; 3) La imposibilidad por parte del Estado que adoptó la actitud primaria de hacer alegaciones contra la misma o de manifestarse en sentido contrario." Entonces el *Stoppel* tiene un carácter de límite, ya que cumple realmente una función de privación o pérdida de derecho. La Corte resolvió por 14 votos de que el Laudo era válido y obligatorio para Nicaragua.

En su opinión, el Juez Spender consideró que el nombramiento del Rey fue irregular, y que la conducta de Nicaragua durante el curso del juicio arbitral y después de él, le impide alegar la nulidad y lo mismo se aplica a las alegaciones de exceso de poder, error esencial y falta o insuficiencia de motivación.

El Laudo del Rey de España delimitó solamente la frontera terrestre y no los espacios marítimos en el Mar Caribe, por lo que posteriormente el 21 de marzo del 2001, Nicaragua demandó a Honduras ante la Corte Internacional de Justicia, a fin de que ese tribunal hiciera la delimitación. El juicio fue resuelto el 8 de octubre de 2007 en beneficio de Nicaragua.

BIBLIOGRÁFICAS

GUERRERO MAYORGA, Orlando, Nicaragua en la Defensa de su Soberanía y de los principios fundamentales del Derecho Internacional Público, Tomo I, Universitaria, León, 2012.

HERDOCIA SACASA, Mauricio, Participación de Nicaragua ante la Corte Internacional de Justicia, Amerrisque, Managua, 2018.

LAUDO DEL REY DE ESPAÑA ALFONSO XLLL DE 23 DE DICIEMBRE DE 1906. Disponible en https://www.dipublico.org/cij/doc/36.pdf.

PASTOR RIDRUEJO, José A., Curso de Derecho Internacional Público y Organizaciones Internacionales, 17°, Tecnos, Madrid, 2013.

RODRÍGUEZ CEDEÑO, Víctor; BETANCOURT CATALÁ, Milagros; TORRES CAZORLA, María Isabel, Diccionario de Derecho Internacional, 2ª ed., El Nacional, Caracas, 2011.

TRATADO AMERICANO DE SOLUCIONES PACÍFICAS (PACTO DE BOGOTÁ) DE 30 DE ABRIL DE 1948. Disponible en https://www.oas.org/xxxvga/espanol/doc_referencia/Tratado_SolucionesPacificas.pdf

TRATADO GÁMEZ BONILLA DE 7 DE OCTUBRE DE 1984. Disponible en https://www.facebook.com/Nicaragua-En-La-Historia-123079084521688/photos/a.601306626698929/601306756698916

VALIDEZ/NULIDAD DEL LAUDO ARBITRAL
DEL 3 DE OCTUBRE DE 1899
VICTOR RODRIGUEZ CEDEÑO

VALIDEZ/NULIDAD DEL LAUDO ARBITRAL DEL 3 DE OCTUBRE DE 1899

Víctor Rodríguez Cedeño

Ante todo, mi agradecimiento a la Academia y a su presidente doctor Rodríguez Berrizbeitia, al académico doctor Ramón Escovar León, por la oportunidad que nos brindan de participar de nuevo en los Foros que con tanto empeño y acierto ha organizado el profesor y también académico Héctor Faúndez, esta vez sobre el tema central de la controversia con Guyana sobre el territorio esequibo, la validez/nulidad del laudo arbitral del 3 de octubre de 1899 que, como sabemos, está en curso ante la Corte Internacional de Justicia, por demanda de Guyana de marzo de 2018. Aprovecho para saludar a mis queridos amigos y excelentes juristas Orlando Guerrero Mayorga, de Nicaragua y Ricardo Abello, de Colombia.

Recordemos ante todo que el caso ha sido registrado por la Secretaria de la Corte como la "sentencia arbitral del 3 de octubre de 1899" y que Guyana en su demanda solicita principalmente a la Corte que decida que " la sentencia de 1899 es válida y es vinculante para Guyana y para Venezuela y que la frontera establecida por dicha sentencia y el Acuerdo de 1905 es válida y vinculante..."[1] Guyana presento su Memoria el pasado 8 de marzo, de conformidad con la Ordenanza de la Corte del 8 de marzo de 2021, mientras que Venezuela debería hacerlo el 8 de marzo de 2023 lo que lamentablemente no ha sido aun decidido.

El tema central de la controversia planteada es la "validez/ nulidad del laudo arbitral del 3 de octubre de 1899", lo que no significa que el tema de la titularidad jurídica que pretende Venezuela

---

1 Demanda de Guyana, de marzo de 2018, par. 55.

sobre el territorio sea menos importante y determinante. Es en base a ello que Venezuela puede demostrar que el arbitraje de 1899, lejos de ser jurídico, fue un proceso político que resultó para muchos y con razón una componenda con el resultado que conocemos: un despojo territorial de más de 150 mil kilómetros que pertenece por títulos jurídicos incuestionables a la Republica de Venezuela.

INTERPRETACIÓN DEL TRATADO ARBITRAL DE 1897

El laudo arbitral del 3 de octubre de 1899 está basado en un compromiso arbitral alejado del Derecho Internacional y de las normas vigentes de entonces, cuestionado en cuanto a la falta de transparencia del proceso de su adopción. Adoptado sin una mayor participación de Venezuela, en el compromiso arbitral se incluyen reglas de procedimiento impuestas a Venezuela, en las cuales el tribunal basa su sentencia desconociendo reglas fundamentales como la relativa al *uti posidettis iuris*, aplicando una cláusula de prescripción inaceptable por el derecho internacional entonces y todavía, reviviendo la existencia de *terra nullius*, de territorios sin dueño; incurriendo en exceso de poder, eludiendo la motivación a la que estaban obligados los órganos arbitrales de entonces, todas causales de nulidad del laudo, que abordo en esta oportunidad de manera muy general para motivar la reflexión.

Algunos han planteado la nulidad del compromiso arbitral de 1897 lo que haría nulo *de iure* -nulidad absoluta- el laudo arbitral de 1899. Independientemente de ello, debemos precisar en términos generales, que la nulidad del compromiso arbitral es una causal de nulidad del laudo, como lo reconoce la doctrina internacional, en particular, desde 1875, cuando el Instituto de Derecho Internacional incluye en su resolución de ese año, en su artículo 27, una disposición que dice que la sentencia arbitral es nula cuando el compromiso es nulo, cuando el árbitro ha incurrido en exceso de poder, cuando se ha comprobado corrupción de uno de los árbitros o cuando se ha constatado un error esencial.

En el caso de la *Sentencia arbitral de 1906*, entre Honduras y Nicaragua, ésta argumentó la nulidad del compromiso arbitral, por la designación del Rey Alfonso XIII como Arbitro Único. Nicaragua indico en su Contramemoria que la sentencia era inexistente toda vez que ella tendría que haber sido emitida por una persona escogida por las partes; y que sería solamente después que se constate la legitimidad de origen del árbitro que se puede abordar la cuestión de la nulidad.[2] El buen sentido- señala Nicaragua- indica que la fuerza obligatoria de una decisión calificada de sentencia depende de la existencia de un compromiso valido y de la observación por el árbitro de las reglas que directa o indirectamente el compromiso le impone como condición de validez de la decisión.[3]

En una situacion muy distinta a la planteada en el procedimiento de Paris, en donde Venezuela estuvo ausente, representada por abogados, agentes extranjeros, en su Decisión de 1960 la Corte rechazó la pretensión de Nicaragua al precisar que "ni la validez de la designación del rey como árbitro, ni su competencia (...) fueron cuestionadas durante el procedimiento arbitral que se desarrolló ante él. Las partes -precisa el tribunal- siguieron delante del rey el procedimiento convenido por la presentación de sus respectivas tesis. La Corte señala que «no puede concluir en la invalidez de la designación del rey de España como árbitro para resolver la cuestión de los límites entre las dos partes."[4]

La decisión arbitral seria automáticamente nula, lo que haría innecesario un recurso, tal como sería considerado más adelante en algunos instrumentos internacionales, como la Convención que crea el tribunal centroamericano del 7 de febrero de 1923 en la que se precisa en su artículo 1 que "la decisión del tribunal establecido (...) será nula y sin valor y cualquiera de las partes interesadas puede rechazar ejecutarla."

Dejando de lado el tema de la revisión de la sentencia que obedece a reglas distintas, me refiero a la posibilidad de que una sentencia arbitral internacional pueda ser considerada nula, es decir, a los recursos que se prevén para ello, al momento en que se puede o se debe plantear el recurso, a las causales de nulidad que podrían

---

2 Contramemoria de Nicaragua en el Caso de la *Sentencia arbitral del Rey de España 1906,* par. 53.

3 Contramemoria de Nicaragua cit.

4 CIJ, Rec. 1960, p.19/207.

argumentarse en este caso concreto, en particular, al exceso de poder y a la no motivación. Finalmente me refiero al rechazo reiterado de Venezuela en aceptar el laudo lo que supone una breve reflexión sobre los comportamientos y actos unilaterales del Estado, en especial, el silencio; y a las declaraciones formuladas desde entonces que no pueden ser interpretadas como actos que de alguna manera expresen la voluntad del Estado de aceptar el laudo y reconocer su obligatoriedad, lo que a su vez imposibilita la aplicación del *estoppel.*

LA NULIDAD EN EL DERECHO INTERNACIONAL

Una decisión arbitral puede ser anulada; en qué momento y quien o que órgano o autoridad puede considerar el recurso y decidir sobre el mismo.

Es importante recordar, al considerar esta posibilidad, la evolución del arbitraje entonces. Así, vemos que a partir de la segunda mitad del siglo XIX el arbitraje, de su forma eminentemente política pasa a ser un mecanismo basado en el derecho. Del monarca, el jefe de Estado o personalidades políticas importantes, cuyas decisiones eran incuestionables por la naturaleza y personalidad mismas del árbitro, pasamos al arbitraje dictado por juristas, generalmente en forma colectiva, un tribunal u órgano arbitral, nueva concepción del arbitraje que abre el espacio a la consideración por la doctrina de las nulidades, de la posibilidad de que una sentencia arbitral pudiese ser anulada.

En 1874, el Instituto de Derecho Internacional -expresión importante de la doctrina prevaleciente- elaboró un proyecto de Reglamento en el que se incluían 11 causales de nulidad que no fue aprobado, lográndose solamente la adopción de una disposición que contenía causales limitadas y precisas de nulidad, en concreto, las referidas antes sobre la nulidad del compromiso, el exceso de poder, corrupción probada y error esencial. Esta propuesta fue tomada por la delegación de Rusia en la Conferencia de La Haya de 1899 que propuso un proyecto de artículo (artículo 26) que no fue aprobado por cuanto si bien se reconocía que las sentencias arbitrales eran anulables y que podían establecerse algunas causales precisas de nulidad, no había un órgano o mecanismo al que se podía recurrir para plantear la nulidad de la sentencia. Por ello, en las Convenciones de 1899 y de 1907 no se incluye ninguna disposición sobre la nulidad, aunque si del carácter de cosa juzgada de la sentencia, en particular, en el artículo 18 de la Convención que dice que "la sentencia arbitral es definitiva y soberana..."

La doctrina, sin embargo, mantuvo entonces una opinión contraria que se fundaba en el hecho de que en la época de las dos Conferencias de Paz el principio de que una sentencia arbitral estaba viciada si el árbitro había decidido más allá de sus competencias o incurrido en exceso de poder estaba ya virtualmente adquirido en derecho internacional y había sido además consagrado por la práctica.[5]

La jurisprudencia muestra también la posibilidad desde entonces de que una sentencia arbitral pueda ser declarada nula. En el Caso de la *Orinoco Steamship*, por ejemplo, el tribunal constituido en base al acuerdo entre Estados Unidos y Venezuela del 13 de febrero de 1909 conoció la validez/nulidad de la sentencia del árbitro Burge del 22 de febrero de 1904. Las partes habían considerado implícitamente como vicios de nulidad el exceso de poder y el error esencial lo que consideró el juez para decidir su nulidad parcial en decisión del 25 de octubre de 1910.

La posibilidad de que las sentencias arbitrales puedan ser declaradas nulas se recoge mas adelante en las Reglas Modelo adoptadas en 1958 por la Comisión de Derecho Internacional de las Naciones Unidas que representan, por lo demás, la codificación del derecho existente[6], en las que se incluye una disposición concreta (art. 35), relativa a la nulidad de las sentencias arbitrales que dice concretamente que:

> "Cualquiera de las partes podrá impugnar la validez de una sentencia por una o varias de las causas siguientes:
>
> a) Exceso de poder del tribunal

---

5 E. Borel. « Les voies de recours contre les sentences arbitrales », RCADI, 1935, p.10.

6 La Comisión de Derecho Internacional y su obra, Sexta ed. Vol. I, 2005, p. 134.

b) Corrupción de un miembro del tribunal

c) Falta de motivación de la sentencia o infracción grave de una regla fundamental de procedimiento;

d) Nulidad de la estipulación de recurrir al arbitraje o del compromiso"

EL ÓRGANO ANTE EL CUAL RECURRIR PARA PLANTEAR LA NULIDAD DE UNA DECISIÓN ARBITRAL

Ahora bien, ante qué entidad o autoridad puede una de las partes recurrir para plantear la nulidad de una sentencia arbitral.

Partimos de la base de que no hay una relación jerárquica en el sistema de justicia internacional. No hay, dada la estructura de la sociedad internacional, órganos jurisdiccionales superiores, estando sometidos más bien al consentimiento de las partes para que puedan funcionar. Las decisiones son definitivas y vinculantes, en principio, lo que fortalece el papel de los medios como el arbitraje para resolver pacíficamente las controversias internacionales, sin excluir como hemos visto, que una parte pueda alegar su nulidad, su revisión e incluso su interpretación. El recurso a un tribunal o un órgano jurisdiccional abre solamente la posibilidad de que sin entrar en el fondo se pueda constatar la validez del procedimiento, de la aplicación de las reglas acordadas por las partes. Es decir, no se trata en ningún caso como lo ha dicho la misma CIJ, de un recurso de apelación.

Ahora bien, ante quien se puede alegar la nulidad. Que autoridad u órgano puede hacerlo. Lo menos deseable sería -como lo dicen algunos autores- que la parte que alega la nulidad pueda ser juez de su propia causa. Otros consideran que el mismo tribunal podría examinar el recurso y decidir, pero ello llevaría al tribunal u órgano arbitral a juzgar sobre sus propias faltas. Además, no en todos los casos el tribunal existe cuando se plantea la nulidad como es el caso del tribunal de parís de 1899. La otra posibilidad es que se plantee la cuestión a otro tribunal para que decida, para lo cual también evidentemente tendría que haber un acuerdo entre las partes. Finalmente, podría autorizarse a una jurisdicción obligatoria como es el caso de la CIJ que conozca la cuestión tal como lo expresa el artículo 36 de las Reglas Modelo que señala que "la Corte Internacional de Justicia será competente para pronunciar, a instancia de cualquiera de las partes, la nulidad total o parcial de la sentencia."[7]

La jurisprudencia ha evolucionado en relación con esta cuestión. Si bien en el caso de la *Société Commerciale de Belgique*[8] la CPJI concluyó que no podía anular o confirmar la decisión porque ella era definitiva y final de acuerdo con la cláusula arbitral y por qué no había un mandato especial de nulidad otorgado a la Corte, la CIJ consideró más tarde en el Caso de la *Sentencia arbitral* entre Guinea Bissau y Senegal que no debía pronunciarse sobre el fondo o sus aspectos materiales, sino sobre algunas cuestiones relacionadas con la validez del laudo.

EL PLANTEAMIENTO DE LA NULIDAD: EL MOMENTO, EL SILENCIO, LA AQUIESCENCIA, EL *ESTOPPEL*

Es claro entonces que la nulidad de una decisión arbitral es posible si se dan ciertas condiciones y que la Corte Internacional de Justicia puede conocer un recurso siempre que las partes evidentemente convengan en ello, lo que sería el caso, según la Corte, cuando interpretó el Acuerdo de Ginebra de 1966 y decidió que las partes habían aceptado la jurisdicción de la Corte y que en consecuencia era competente para conocer la demanda de Guyana, lo que ha sido criticado por muchos, por las razones expuestas antes en estos mismos Foros.

Habría sin embargo que considerar algunos aspectos en relación con el recurso entre ellos la oportunidad, es decir, el momento en que se puede presentar; y si ha habido o no consentimiento o aquiescencia por el Estado que alega la nulidad, lo que podría hacer funcionar el *estoppel*, es decir, la obligación que tendría ese Estado, por un

---

7 K. Oellers Frahm. *Judicial and arbitral decisions, validity and nullity*, EPIL, 2019.

8 *The 'Société Commerciale de Belgique' [Belgium v Greece] [Judgment]* PCIJ Rep Series A/B No 78, 174). Cit. Por Oellers-Frahm, K., Judicial and arbitral decisions, Validity and nullity, EPIL, 2019.

comportamiento o un acto que hace presumir a otros Estado (destinatario) una posición, de la cual este se vale o confía, lo que le inhabilita a actuar de forma contraria en el futuro.

Los documentos históricos muestran que desde el mismo día de la publicación del laudo en octubre de1899 Venezuela lo rechazó. Hay evidencias, aunque es cierto que pudiere haber habido silencios prolongados, que no podrían significar aquiescencia según el Derecho Internacional.

En este contexto conviene una referencia a los comportamientos y actos del Estado que pueden significar aquiescencia. Los comportamientos, en particular el silencio, y actos unilaterales del Estado en estricto sentido pudieren significar la expresión de un acto jurídico cuando el representante del Estado actúa o deja de actuar con el fin de comprometer al Estado. Es decir, que tales comportamientos como el silencio o las declaraciones de representantes autorizados solo surtirían efectos jurídicos cuando ellos son adoptados o formulados con la intención de producir un efecto jurídico. La aquiescencia se determina pues cuando por una inacción o silencio el Estado, un comportamiento cualquiera, una declaración, se compromete a actuar de alguna manera, con los efectos jurídicos que se derivan.

De manera que un silencio prolongado no significa en todos los casos ni necesariamente la aceptación de una pretensión jurídica o de una situacion de hecho. Las declaraciones del Estado, objeto de una labor de codificación por la CDI y en relación con la cual se adoptaron principios rectores muy importantes que la misma Corte ha considerado, surten o pueden surtir efectos jurídicos cuando son formulados o realizados por un representante del Estado con capacidad de hacerlo, en forma clara e inequívoca, con además la intención de producir mediante ellos determinados efectos jurídicos, como la aceptación o el reconocimiento de una situacion de hecho o de una pretensión jurídica de uno u otros Estados. De manera que no todo comportamiento, toda acción o inacción o toda declaración unilateral son necesariamente actos jurídicos oponibles al Estado actuante o declarante.

Distintamente al caso en examen del laudo arbitral de 1899, Nicaragua habría actuado y se habría comportado de manera que aceptaba la sentencia de 1906. En la decisión sobre el Caso presentado por Honduras, la Corte considero que "por sus declaraciones expresas y por sus comportamientos, Nicaragua había reconocido el carácter válido de la sentencia y no tiene el derecho de revenir sobre este reconocimiento para contestar la validez de la sentencia." Y agrega la Corte que "el hecho de que Nicaragua no haya emitido dudas en cuanto a la validez de la sentencia sino varios años después haber conocido el texto completo, confirma la decisión a la que ha llegado la Corte."[9] En su Decisión la Corte concluye que "el laudo era válido y obligatorio y que Nicaragua debía ejecutarlo".

Por otra parte, Guyana fundamenta la validez del laudo de 1899, además, en el Acta de demarcación o ejecución del laudo de 1899, en relación con lo cual debemos señalar que, aunque se pudiere considerar un "acuerdo" que podría significar el reconocimiento del laudo, su adopción respondió, como puede apreciarse en documentos oficiales del gobierno de Venezuela, a presiones ejercidas sobre el país por potencias extranjeras.

LAS CAUSALES DE NULIDAD: EL EXCESO DE PODER Y LA NO MOTIVACIÓN

La práctica arbitral -como sabemos- se desarrolla principalmente desde mediados del siglo XIX en los Estados Unidos que concluye más de 200 acuerdos, en los que se incluyen como causales de nulidad, más desde 1899, la falsificación de documentos y el error de hecho. En ese periodo se mencionan las causas, algunas antes mencionadas: el exceso de poder y la no motivación, a las que me refiero enseguida e incluso a la corrupción, causa que según documentos y opiniones de algunos estudiosos podría plantearse en el contexto de la controversia con Guyana, al sufrir el tribunal la presión sobre los otros árbitros, de su presidente De Martens, por lo que el laudo habría sido impuesto, para evitar una decisión más favorable aun a la Gran Bretaña.

Respecto a la corrupción, independientemente de que pueda ser alegada en este Caso como causal de nulidad, debemos precisar que

---

9 CIJ, Rec. 1960, p. 25.

una sentencia viciada por acto de corrupción o de chantaje o de presiones indebidas de uno o varios de los árbitros seria también, como cuando se constata la nulidad del compromiso arbitral, nula *de iure*. Tal como dice Borel en su Curso en la Academia de La Haya: "no dudamos en reconocer que la sentencia viciada no podría ser reconocida valida. En el estado actual del derecho -afirma el autor suizo- esto autoriza al Estado que se considera lesionado a rechazar la ejecución sin que la otra parte pueda oponerse."[10] En el caso del laudo arbitral de 1899 documentos oficiales mostrarían que el laudo fue adoptado, además de en ausencia de la parte venezolana, bajo presión del presidente, Federico de Martens, como dijimos antes.

Pero me centro en dos de las causales a mi juicio más relevantes en este contexto: el exceso de poder y en la no motivación.

EL EXCESO DE PODER

El exceso de poder puede consistir no solamente en decidir una cuestión no sometida a los árbitros, sino al desconocimiento de las disposiciones imperativas del compromiso en cuanto a las vías según las cuales debe adoptar sus decisiones, especialmente a los principios jurídicos, como lo expresara el arbitro en el citado Caso de la *Orinoco Steamship* cuya sentencia, como dijimos, fue objeto de un recurso y anulada parcialmente. El exceso de poder ha sido considerado en varios casos, entre ellos, el relativo a la *Frontera Argentina-Chile*, de 1966; y de la *Frontera entre Honduras y Nicaragua*, en 1906. En este último Caso Nicaragua fundo su planteamiento principal en la inobservancia por el tribunal del principio del *uti possidetis iuris*, un principio como lo dijo el juez Quintana Moreno en su Declaración adjunta a la Decisión de la Corte "rige desde hace mas de un siglo la situacion territorial de los Estados hispanoamericanos."[11]

No solo el tribunal puede incurrir en exceso de poder por actuar más allá de los límites de su competencia, sino por no ejercerlas a

---

10 E. Borel. « Les voies de recours contre les sentences arbitrales », *RCADI*, 1935-11, p. 36.

11 Declaración Individual adjunta del Juez Moreno Quintana a la Decision de la CIJ de 1960.

cabalidad o plenitud, como sería el Caso de la *Sentencia arbitral del 31 de julio de 1989* en el que Guinea alegó que el tribunal no había respondido a las preguntas que se habían planteado en el compromiso arbitral.

En el caso del laudo arbitral del 3 de octubre de 1899 cuya nulidad ha planteado Venezuela siempre, observamos que el tribunal actuó más allá de las competencias que le habrían acordado las partes, al desconocer el compromiso arbitral, que debe ser interpretado en forma correcta conforme a las reglas aceptadas, de origen consuetudinario.

En efecto, en su decisión el tribunal abarca asuntos que no se habían planteado en el compromiso arbitral, como la internacionalzación y regulación de la navegación de los rios Amacuro y Barima.

Además, si interpretamos adecuada y ampliamente el tratado de Washington o compromiso arbitral de 1897, podemos constatar que el articulo IV que establece las reglas aplicables no descarta la aplicación del principio normativo fundamental del *uti possidetis iuris* que el tribunal ignora incurriendo en exceso de poder.

LA NO MOTIVACIÓN

La otra causal de nulidad que debemos examinar es la no motivación, considerada como tal por la doctrina y la jurisprudencia internacionales incluso en la época de la adopción del laudo y antes, de conformidad con lo cual la sentencia debe ser motivada y además en forma detallada, para fundamentarla.

El laudo arbitral del 3 de octubre de 1899 no fue motivado y ello como se ha argumentado porque habría sido difícil sino imposible que fundamentar una decisión política. Tal como lo dice el profesor Reuter "una sentencia arbitral que no es motivada en consideraciones jurídicas puede en efecto ser difícilmente motivada..."[12]

Las sentencias tenían que ser motivadas en la época. Era una regla de derecho internacional general o consuetudinario que los

---

12 P. Reuter. Art. Cit. p.589.

órganos arbitrales tenían que respetar, en favor de la validez de la decisión. Antes de 1899 algunos tribunales arbitrales lo habían considerado, como en el caso de la *Costa Rica Paquet* en el que el mismo De Martens apenas dos años antes había sido arbitro único. Sin embargo, en el caso de la frontera con Guayana De Martens descarto la motivación pues como dijimos no podía hacerlo para motivar la decisión política qu se adoptaba entonces.

A título de conclusión de esta reflexión general es que las sentencias arbitrales pueden ser anuladas total o parcialmente a pesar de su carácter definitivo y vinculantes cuando se demuestran los vicios reconocidos por la doctrina, la practica y la jurisprudencia internacional. Que cuando la nulidad es de iure o de pleno derecho, el laudo es nulo sin que sea necesario algún procedimiento ante un órgano jurisdiccional en particular, como pudiere ser la nulidad del compromiso arbitral o corrupción del tribunal.

Que el laudo arbitral de 1899 no fue motivado como se exigía y se exige hoy para fundamentarlo jurídicamente y que el arbitro habría incurrido al desconocer la aplicación del principio del *uti posidettis iuris* y aplicar la regla de prescripción con base en ocupaciones no pacíficas, más bien violentas, no consentidas por Venezuela, todo lo cual reposa en documentos escritos definitivamente convincentes.

Igualmente, que el silencio prolongado no es necesariamente elocuente, es decir, que no en todos los casos opera la aquiescencia toda vez que el Estado en sus comportamientos y en sus actos o declaraciones unilaterales debe tener al comportarse o declarar la intención clara e inequívoca de asumir un compromiso jurídico todo lo cual debe ser planteado con la mayor responsabilidad y contundencia a la Corte en un proceso contradictorio.

Muchas gracias

LA NULIDAD DEL LAUDO DE PARÍS, DEL 3 DE OCTUBRE DE 1899
HÉCTOR FAÚNDEZ LEDESMA

LA NULIDAD DEL LAUDO DE PARÍS, DEL 3 DE OCTUBRE DE 1899

*Héctor Faúndez Ledesma**

Señor Presidente de la Academia de Ciencias Políticas y Sociales,
Distinguidos académicos,
Señoras y señores:

Cerrando el siglo XIX, el 3 de octubre de 1899, se dictó en París el laudo arbitral que debía poner fin a la controversia territorial entre Venezuela y Gran Bretaña, fijando la frontera entre la primera y la ex colonia de Guyana Británica. Puesto que Venezuela considera que esa decisión es nula y carente de valor jurídico, en virtud de una demanda introducida por Guyana en contra de Venezuela, dicha controversia se encuentra pendiente ante la Corte Internacional de Justicia, para que ésta determine la nulidad o validez del laudo arbitral dictado en París, en la fecha antes indicada. En su demanda del 29 de marzo de 2018, Guyana pide a la Corte Internacional de Justicia que confirme la validez legal y el carácter vinculante del laudo arbitral del 3 de octubre de 1899, mediante el cual se fijó la frontera entre la antigua colonia de la Guyana Británica y Venezuela.

---

* Abogado. Licenciado en Ciencias Jurídicas y Sociales, con 'distinción máxima', de la Universidad de Chile. Diplomado en Derecho Internacional y Comparado de los Derechos Humanos, Estrasburgo, Francia; Master en Leyes (LL.M.), Escuela de Derecho de la Universidad de Harvard; Doctor of Philosophy (PhD.), King's College, Universidad de Londres. Profesor titular de Derecho Internacional Público en la Universidad Central de Venezuela. Individuo de número de la Academia de Ciencias Políticas y Sociales.

En su sentencia sobre jurisdicción, del 18 de diciembre de 2020, la Corte Internacional de Justicia determinó que ella es competente para pronunciarse sobre la validez del laudo y sobre la cuestión relacionada con el arreglo definitivo de la disputa sobre la frontera terrestre entre Guyana y Venezuela. Pero, en este momento, el aspecto medular de esta controversia tiene que ver con la nulidad o validez del laudo; lo otro -la cuestión relacionada con el arreglo definitivo de la frontera terrestre entre ambos países- es un asunto colateral, que sólo surgirá si la Corte declara que el laudo es nulo. Por el contrario, si se determina que el laudo es válido, éste ya habría fijado la frontera entre ambos países, y sólo restaría acatarlo.

Ante una sentencia obligatoria, como lo es la sentencia dictada por la CIJ en la fase jurisdiccional, es ocioso insistir en que la Corte no tiene competencia para conocer de este caso. Y dado que la sentencia sobre el fondo de la controversia, que podría dictarse en unos cuatro años, será igualmente obligatoria, lo más sensato es exponer, ante esa instancia, las razones por las cuales creemos que el laudo es nulo.

Como tuvo oportunidad de observar la Corte Internacional de Justicia, en su sentencia en el caso del laudo arbitral del Rey de España, en este tipo de procedimientos, la Corte no está llamada a pronunciarse sobre si la decisión del árbitro es correcta o incorrecta -justa o injusta-, sino a decidir *si el laudo* es nulo y carente de efectos, o si, por el contrario, es plenamente válido y obligatorio para las partes.

De acuerdo con la teoría, un laudo arbitral -al igual que una sentencia- es definitivo y produce el efecto de cosa juzgada, y eso es lo que alega Guyana.

El principio de la intangibilidad de la cosa juzgada significa que una decisión judicial o arbitral que ha puesto fin a un proceso no puede ser revisada. En este sentido, el artículo 54 de la Convención de La Haya de 1899, para el arreglo pacífico de controversias internacionales, disponía que un laudo debidamente pronunciado decidía la controversia "*definitivamente y sin apelación*". Asimismo, en lo que concierne a la controversia del Esequibo, en el artículo XIII del Tratado de Washington de 1897, las partes acordaron que el resultado de los procedimientos desarrollados ante el Tribunal

Arbitral sería considerado por ellas como "un arreglo pleno, perfecto y *definitivo*" de todas las cuestiones referidas a dicho Tribunal. No hay, en lo que allí se sostiene, nada incompatible con el principio de la cosa juzgada. Pero, en los términos de las disposiciones antes citadas -y particularmente del artículo 54 de la Convención de La Haya-, lo que produce el efecto de cosa juzgada es "*un laudo debidamente pronunciado*".

Para atribuir a un documento los efectos de la cosa juzgada, se supone que estamos frente a un documento que, *prima facie*, presenta las características de un laudo arbitral y no de un acto de naturaleza diferente, como sería un documento apócrifo, uno que emana de una de las partes en la controversia, la declaración de un tercero que no tiene el carácter de árbitro, o un documento que no fue aprobado como la decisión de la mayoría de los miembros del Tribunal arbitral. Pero tampoco produce el efecto de cosa juzgada un laudo que resuelve *una controversia distinta* a la que le fue encomendada al Tribunal, o un laudo que resolvió la controversia *aplicando reglas distintas* a las acordadas por las partes.

La cosa juzgada no es incompatible con un mínimo de control, que permita verificar que, en efecto, dicho acto emana de un tribunal debidamente constituido según un compromiso arbitral, que lo decidido corresponde al objeto de la controversia según lo pactado por las partes, que se haya oído a las partes en un proceso desarrollado con las debidas garantías judiciales, que las partes hayan tenido oportunidad de confrontar la evidencia y de presentar alegatos en su defensa, que se haya decidido según las reglas de Derecho sustantivo acordadas por las partes, y que no haya elementos que permitan dudar de la imparcialidad del tribunal o de fraude de alguna de las partes. No se trata de discutir si el laudo es manifiestamente equivocado o injusto, sino si se ajusta a lo que las partes le encomendaron al tribunal y si se observaron las reglas de procedimiento inherentes al debido proceso. Aunque cualquiera de estas irregularidades no es algo demasiado frecuente en la vida internacional, tampoco es inusual que ellas puedan estar presentes en un caso particular, como atestigua la jurisprudencia internacional. No es por casualidad que el artículo 54 de la Convención de La Haya de 1899 atribuye el efecto de cosa juzgada sólo a "*un laudo debidamente pronunciado*". En el caso del laudo arbitral del rey de España,

Honduras alegó que el laudo tenía toda la apariencia externa de haberse adoptado apropiadamente, lo cual, implícitamente, parece haber sido aceptado por la Corte; además, en el caso de Guinea Bissau c. Senegal, la Corte se ha pronunciado en favor de la presunción de validez de un laudo que haya sido dictado "*sin violación manifiesta*" de la competencia conferida al Tribunal. Puesto que tales condiciones no se han satisfecho en el caso del laudo de París, no puede esperarse que éste produzca el efecto de cosa juzgada.

No cabe duda que la sociedad internacional ha sabido valorar el papel del arbitraje internacional en la solución pacífica de controversias internacionales, y que está consciente de la necesidad de proteger el carácter definitivo de sus decisiones, protegiéndolas de impugnaciones frívolas e interminables. Pero la necesidad de preservar el arbitraje como medio para resolver los conflictos internacionales está estrechamente ligado a su credibilidad, por lo que sería equivocado defender a ultranza la decisión de un Tribunal que ha errado gravemente en el cumplimiento de la tarea que se le encomendó, y sería igualmente equivocado no disponer de un remedio para reparar la injusticia cometida.

Es una gran responsabilidad la que recae sobre un tribunal internacional al que se le pide declarar que un laudo arbitral, dictado en virtud de un compromiso libremente contraído entre las partes, es nulo y sin valor. Tal declaración no puede ser formulada con ligereza por ningún tribunal. Pero debe haber un adecuado equilibrio entre el respeto por el arbitraje internacional y el laudo que emana de éste, así como por el compromiso arbitral que sirve de fundamento al laudo. Por lo tanto, la deferencia al laudo y la presunción de su validez no puede pasar por alto las graves discrepancias que pueda haber entre el rumbo trazado por el compromiso arbitral y la forma como se condujo el arbitraje, o el contenido de lo decidido. De lo contrario, lejos de preservar el respeto por el arbitraje internacional, se socavaría el debido respeto que esa institución debe inspirar. La total sumisión al laudo, sin tener en cuenta *la forma* como se llegó a él o *la naturaleza* de lo decidido -incluso si ofende el sentido de la justicia-, daña la credibilidad del arbitraje como institución. En el presente caso, la Corte está llamada a sopesar los beneficios del carácter definitivo del laudo y el peligro de apartarse del compromiso arbitral. Cuando, como en este caso, hay consideraciones tan sólidas en favor de la nulidad del laudo, el principio de cosa juzgada necesariamente tiene que retroceder ante las exigencias de la justicia.

A pesar del principio de la cosa juzgada, la doctrina ha desarrollado una larga lista de causales de nulidad de los laudos, que incluyen la nulidad del compromiso arbitral, la composición irregular del Tribunal, la falta de imparcialidad del Tribunal, vicios de procedimiento, falta de capacidad moral del árbitro, soborno, corrupción del árbitro, colusión, conflicto de intereses, laudo concertado por engaño, prevaricación, injusticia evidente, laudo contrario a la buena fe, error esencial, exceso de poder, y falta de fundamentación. En el caso del laudo de París, no hay evidencia de que alguno de los árbitros haya sido sobornado, y se puede descartar, de plano, el error esencial, de hecho o de Derecho. Pero todas las otras causales mencionadas por la doctrina merecen ser examinadas con atención. Además, hay otros dos elementos que son dignos de consideración: la coacción ejercida sobre alguno de los árbitros, y la circunstancia de que el laudo sea el fruto de la intriga para beneficiar a una de las partes, o de una transacción entre los árbitros.

Atendiendo al momento en que surgen y a su naturaleza, las causales de nulidad de un laudo se pueden clasificar en tres categorías: 1) las derivadas de la falta de condiciones previas al proceso arbitral, 2) las que suponen una violación del debido proceso, y 3) las que derivan de vicios intrínsecos al laudo. La mayor parte de ellas son de naturaleza puramente formal, sin entrar a considerar la justicia del caso, mientras que otras apuntan al contenido mismo de la decisión, teniendo en cuenta su compatibilidad con el compromiso arbitral o con la idea que se tiene de la justicia en el Derecho Internacional. Por otra parte, algunas causales (como la falta de imparcialidad o el exceso de poder) pueden ser difíciles de encasillar como cuestión de forma o de fondo, pues, con frecuencia, la forma determina el fondo. Con el tiempo tasado, sólo puedo hacer algunas consideraciones muy generales sobre lo que indica la teoría en torno a la nulidad de un laudo, y que son relevantes en este caso.

En cuanto a la primera categoría, relativa a la falta de condiciones previas al proceso arbitral, lo primero que se requiere es la existencia de un compromiso arbitral válido, libremente concertado y aceptado por las partes. No dispongo de tiempo para elaborar sobre este punto; pero baste decir que el Tratado de Washington, de 1897, fue negociado por los Estados Unidos y por Gran Bretaña, a espaldas de Venezuela, y que fue presentado a ésta sólo para que lo firmara, como si se tratara de un Estado sujeto a vasallaje, o de un protectorado. Es bueno recordar que Venezuela no fue informada del entendimiento tácito entre Estados Unidos y Gran Bretaña sobre la interpretación de algunas de las disposiciones del Tratado, distinta de las que correspondía en el Derecho Internacional de la época, particularmente en lo concerniente a la prescripción como medio de adquisición de territorios, o al compromiso para no hacer referencia al Acuerdo de 1850, que congelaba las reclamaciones territoriales de ambas partes en el punto en que se encontraban en esa fecha. De ahí que pueda afirmarse que Venezuela suscribió el Tratado mediante engaño y que, por lo tanto, es nulo. La consecuencia lógica es que, si el compromiso arbitral era nulo, el laudo arbitral también lo es. Puede que éste no sea el argumento más fuerte de Venezuela porque, mal que mal, ella firmó y ratificó ese tratado; pero, como quiera que sea, esta circunstancia es sólo el principio de lo que iba a transformarse en una gran avalancha de irregularidades, de agravios, y de una injusticia manifiesta.

En segundo lugar, como parte de las condiciones previas al procedimiento arbitral, debe mencionarse el principio de la igualdad de partes en la integración del Tribunal. Asumiendo que el compromiso arbitral es válido, incorporar en él una disposición que permitía a una de las partes designar a dos de los árbitros, mientras, durante las negociaciones, se había acordado que no podría haber un juez venezolano -aunque, en teoría, Venezuela pudiera elegir a otros dos árbitros-, constituye una violación del principio de igualdad de partes. Gracias a eso, mientras Gran Bretaña participó directamente en la elección del súper árbitro, Venezuela estuvo enteramente al margen de esa decisión trascendental. No hay ninguna justificación para que una de las partes tuviera más derechos que la otra en la integración del Tribunal, convirtiendo a Venezuela en un débil jurídico, y creando las condiciones para que, desde los estrados, se cometiera una iniquidad.

Un tercer elemento es la entrada en escena de Federico de Martens. Con la participación y el voto de los árbitros designados por

Inglaterra, sin el acuerdo de Venezuela, que no estaba representada en el Tribunal, se designó como presidente del mismo a un personaje conocidamente anglófilo, funcionario del Ministerio de Asuntos Exteriores ruso, y que, en este caso, no podía actuar con independencia e imparcialidad. Sería demasiado ingenuo asumir que, en un arbitraje de esta naturaleza, podía ser imparcial un Tribunal presidido por un personaje como Martens, que discriminaba entre Estados civilizados y semi-civilizados -reservando la condición de sujetos del Derecho Internacional únicamente a los primeros-, que veía en los ciudadanos europeos una raza superior que -por lo menos en los países de Oriente- estaba exenta de las leyes locales de terceros países, que defendía el colonialismo y la misión civilizadora de la Europa cristiana, que propiciaba un entendimiento entre Rusia e Inglaterra a fin de acabar con la desconfianza recíproca entre ambas naciones, que creía que el Derecho Internacional debía interpretarse en función de las relaciones de poder, y que estaba formado para buscar soluciones prácticas, ajenas a la estricta aplicación del Derecho. Y no está de más recordar que, a veces, las cosas *son* lo que parecen. Por eso, desde muy temprano, la jurisprudencia de la Corte Europea de Derechos Humanos ha sostenido que *la mera apariencia de parcialidad del tribunal* constituye una violación de las garantías del debido proceso, y vicia el procedimiento.

La segunda categoría de causales de nulidad del laudo tiene que ver con las reglas del debido proceso y con el comportamiento del Tribunal para los efectos de garantizarlo. En el Derecho Internacional, el derecho al debido proceso es un derecho fundamental, que tiene carácter instrumental, y que forma parte de la idea de justicia que ha echado raíces en la sociedad internacional. En el presente caso, desde la partida, las partes no dispusieron de igualdad de medios para participar en el proceso y hacer valer sus derechos. Según ha observado Bluhdorn, la práctica ha demostrado que la parte que puede valerse de su lengua materna tiene -*caeteris paribus*- más posibilidades de ganar el caso. Pero este procedimiento se condujo sólo en inglés, el idioma de una de las partes en el caso. Más allá de eso, se violaron reglas fundamentales del debido proceso, particularmente en lo concerniente a la prueba. Los árbitros ingleses asumieron el papel de *representantes* de su Estado, incluso dirigiendo los debates e interrogando a los abogados de las partes, mientras

Venezuela había sido excluida de los estrados. Después de 54 audiencias, un expediente voluminoso, con muchos mapas, a veces contradictorios, y luego varias jornadas de largos alegatos, bastaron sólo 6 días para que el Tribunal comunicara su decisión. Durante esos 6 días, más que deliberaciones sobre puntos de hecho y de Derecho, lo que hubo fue una colusión entre los árbitros, o una transacción fraudulenta, carente de todo fundamento, que condujo a un laudo concertado por engaño.

En el tercer bloque, relativo a las causales de nulidad intrínsecas al laudo, la doctrina menciona el error, la injusticia evidente, la existencia de un laudo contrario a la buena fe, el exceso de poder, y la falta de fundamentación del laudo. No hay cabida, en el presente caso, para ningún tipo de error, pues los árbitros sabían perfectamente lo que estaban haciendo; pero sí lo hay para distintas manifestaciones del exceso de poder, desdeñando las reglas previstas en el compromiso arbitral, ignorando los argumentos de las partes, desestimando el Derecho Internacional aplicable, y decidiendo sobre cuestiones que no formaban parte del objeto de la controversia, como era la libre navegación en los ríos fronterizos, o la determinación de tasas aduaneras. Además, la falta absoluta de motivación del laudo, en violación del Derecho Internacional de la época y del compromiso arbitral, no es un asunto menor; éste no era un asunto en el que el tribunal podía decidir caprichosamente. El valor de la jurisprudencia radica en el razonamiento de sus sentencias, construidas como si se tratara de un silogismo, en el que son las premisas las que sirven de fundamento a la conclusión; pero aquí, lo que hay es una decisión absolutamente inmotivada, para la que no había ningún fundamento. ¡Y no lo había, porque nada podía justificar esa decisión!

Un laudo unánime no exime al Tribunal de su obligación de motivar el laudo. Se supone que, si ha habido consenso en la decisión del Tribunal, es porque había poderosas razones para sentenciar como se hizo; pero esas razones tenían que hacerse explícitas. Por otra parte, el que todos estuvieran de acuerdo en la parte resolutiva, no excluye el que pudieran discrepar en los fundamentos de esa decisión. Las partes tenían derecho a conocer la posición particular de cada uno de los árbitros. Un laudo unánime nunca puede ser la coartada para callar los motivos de una infamia, o para servir de parapeto a la prevaricación.

Por supuesto, el cúmulo de circunstancias que rodean este caso reflejan una injusticia manifiesta, incompatible con esa idea de justicia que forma parte del Derecho Internacional. ¿Podrá la CIJ ignorar este detalle?

En síntesis, tenemos un compromiso arbitral plagado de defectos, cuya validez es más que dudosa. Un Tribunal arbitral integrado en forma contraria a lo que era la práctica internacional, en violación del principio de la igualdad de las partes. Un tribunal integrado por dos árbitros que, más que como tales, actuaron como *representantes* de Gran Bretaña. Un súper árbitro que no podía ser imparcial, que defendía el colonialismo y que, por lo menos, tenía un conflicto de intereses para participar en el arbitraje llamado a resolver una controversia entre la Inglaterra que reverenciaba y la Venezuela que despreciaba. Un procedimiento que se apartó de normas fundamentales del debido proceso, particularmente en lo que se refiere a la prueba disponible, y de cuya existencia el Tribunal tenía conocimiento. En fin, un laudo arbitral al que se llegó por medio de una transacción entre los jueces, que incurrió en una injusticia manifiesta, que fue dictado con exceso de poder, y sin ninguna fundamentación. ¿Qué más se necesita para que un laudo de estas características sea declarado nulo? ¿Cuánto más fraude e iniquidad es indispensable para que se reconozca lo evidente?

Lo que hace que un laudo sea nulo no es el hecho de que sea impugnado dentro de un plazo determinado o ante la instancia establecida para evaluar su validez (si es que la hubiera), sino la circunstancia de que adolece de irregularidades que no se pueden subsanar; si los vicios son de tal envergadura, no hay que alegar la nulidad para que ésta surta efectos. Si, como en el presente caso, el exceso de poder del Tribunal, las irregularidades en su composición, o la falta de motivación del laudo como consecuencia de su arbitrariedad, son tan evidentes, no es necesario que la validez del laudo tenga que ser impugnada, o que su nulidad deba ser judicialmente declarada. Jurídicamente, *ese es un acto inexistente*.

Por supuesto, la validez del laudo tiene que ser examinada a la luz del Derecho vigente en el momento en que se dictó, teniendo en cuenta que alguna nulidad relativa podría ser convalidada por la conducta posterior de la parte lesionada. Esto es lo que alega Guyana, quien sostiene, en su demanda, que, al haber guardado silencio durante 63 años después de dictado el laudo, Venezuela habría consentido en la validez del mismo. Pero, asumiendo que eso fuera cierto -que no lo es-, ¿por qué el Reino Unido y Guyana habrían suscrito el Acuerdo de Ginebra? Si es tan obvio que el laudo es válido, ¿por qué Guyana ha recurrido a la Corte Internacional de Justicia para que *confirme* su validez y no ha pedido, simplemente, que se ordene su ejecución? Si el laudo es válido, como sostiene Guyana, ¿para qué se necesita recurrir a la supuesta aquiescencia de Venezuela? Por el contrario, si el laudo fuera nulo, en su origen, como consecuencia de vicios insubsanables, ¿de qué sirve la supuesta aquiescencia de Venezuela? Si bien cada Estado tiene que pagar el precio de su propia torpeza, las normas de Derecho Internacional -y particularmente aquellas que tienen carácter de *ius cogens*- no pueden ser avasalladas impunemente, pretendiendo derivar derechos de lo que es un fraude procesal.

Según el relato de Guyana, esta controversia es consecuencia del enfrentamiento entre un país grande, rico y poderoso, que es Venezuela, y un país pequeño, pobre, y débil, que es ella; eso es falso. En el presente caso, la única víctima del colonialismo es Venezuela; quien está otorgando concesiones, a diestra y siniestra, es Guyana; y quien está recibiendo aportes millonarios de la EXXON, para financiar este litigio, es Guyana. Recurriendo a argumentos emocionales y políticos, con el pretexto de que no se despierten viejos conflictos territoriales en otras partes del globo, Guyana intenta preservar el *status quo*. Pero ésta es una controversia estrictamente jurídica, que debe ser resuelta sobre la base del Derecho, sin atender a consideraciones románticas, geopolíticas, o estratégicas. Lo contrario es, simplemente, no entender la función del Derecho en una sociedad, y es asumir que la tarea de los tribunales es resolver controversias políticas, atendiendo a criterios políticos. Después, por aplicación del Acuerdo de Ginebra, en la determinación de la frontera entre ambos países, habrá espacio para buscar soluciones prácticas y mutuamente satisfactorias; pero, ahora, lo que se está discutiendo -porque así lo quiso Guyana- es la determinación de la nulidad o validez del laudo, y eso es una cuestión puramente jurídica, en cuyo examen no hay espacio para la política. La razón está de nuestro lado; pero si Venezuela no comparece y no hace valer sus argumentos ante la Corte, le habremos dejado a Guyana el camino libre para obtener una sentencia favorable, que será obligatoria, y habremos desperdiciado la última oportunidad para recuperar el territorio Esequibo. Mientras tanto, el implacable cronos sigue acechando, y el régimen no parece estar enterado de qué es lo que está en juego o, si lo sabe, no le importa.

Muchas gracias por haberme escuchado.

12° ENCUENTRO
ASPECTOS ECONÓMICOS, POLÍTICOS Y ESTRATÉGICOS DE LA CONTROVERSIA DEL ESEQUIBO
21 DE ABRIL DE 2022

7

PALABRAS DE APERTURA DEL XII COLOQUIO SOBRE LA CONTROVERSIA DEL ESEQUIBO, PRONUNCIADAS POR EL PRIMER VICEPRESIDENTE DE LA ACADEMIA DE CIENCIAS POLÍTICAS Y SOCIALES, LUCIANO LUPINI BIANCHI, EL 21 DE ABRIL DE 2022

PALABRAS DE APERTURA DEL XII COLOQUIO SOBRE LA CONTROVERSIA DEL ESEQUIBO, PRONUNCIADAS POR EL PRIMER VICEPRESIDENTE DE LA ACADEMIA DE CIENCIAS POLÍTICAS Y SOCIALES, LUCIANO LUPINI BIANCHI, EL 21 DE ABRIL DE 2022

*Luciano Lupini Bianchi**

Distinguidos miembros de esta y otras Academias,
apreciados expositores,

Señoras y Señores,

Bienvenidos a este décimo segundo evento del ciclo de coloquios sobre la Guayana Esequiba cuyo motor principal ha sido el profesor y académico Héctor Faundez a quien le manifestamos nuestro profundo agradecimiento por haber sabido reunir a un grupo tan destacado de diplomáticos, historiadores, académicos, juristas y expertos sobre la cuestión de la controversia del Esequibo.

Tal como lo ha destacado ahora Cecilia Sosa, secretario de nuestra Academia, hemos celebrado ya con éxito once sesiones previas.

La inaugural fue en mayo del año pasado y versó sobre el tema de la Academia y la defensa del territorio del Esequibo. La segunda, en junio de 2021 se concentró en los antecedentes de la controversia del Esequibo. La tercera se refirió al laudo arbitral del 3 de octubre 1899 y al Memorándum de Severo Mallet Prevost. En la cuarta, se trató lo relativo a la demanda de Guyana, la competencia de la Corte Internacional de Justicia (CIJ) y las opciones de Venezuela.

---

* Primer Vicepresidente de la Academia de Ciencias Políticas y Sociales.

En el siguiente coloquio, se analizó la competencia específicamente hablando de la CIJ y "la cuestión conexa" sobre la frontera entre Guyana y Venezuela. Luego nos dedicamos a discutir el tema de la nulidad o validez del laudo de París, para dedicar el siguiente coloquio a la formación de la República y el territorio venezolano en nuestras constituciones. De seguidas, tratamos lo relativo a las reglas del tratado de Washington de 1897 y los títulos históricos sobre el territorio del Esequibo para luego pasar a considerar el Acuerdo de Ginebra y la controversia del Esequibo. En la siguiente sesión, la última de 2021, analizamos el tema relativo a la eventual solicitud de medias provisionales ante la CIJ. En el primer coloquio de este año, en febrero, se trató el tema de la plataforma continental y de la frontera marítima entre Guyana y Venezuela.

Hoy, en el décimo segundo y último coloquio del ciclo, nos toca considerar los aspectos económicos, políticos y estratégicos de la controversia del Esequibo para lo cual contamos con destacados expositores de reconocida competencia en la materia, al igual que en los anteriores eventos.

Deseo en esta oportunidad recordar que la participación de la Academia en el tema de la controversia con la Guyana Esequiba no es y no ha sido episódica o eventual, porque existe una larga tradición de participación de ella y de los académicos en este tema.

Si uno recorre apenas el segundo tomo libro que recoge nuestra doctrina académica institucional (publicado en 2019) que se refiere específicamente a los años 2012 - 2019, notará que hay no menos de ocho pronunciamientos y/o declaraciones conjuntas con otras academias sobre el tema de la Guyana Esequiba porque si bien es cierto que en el año 1981 se organizó un importante ciclo de conferencias sobre el tema, conjuntamente con la Academia de la Historia, que fue recogido en un libro publicado por la academia (cuya segunda reimpresión es de 2008) el tema recobró interés o particular actualidad a raíz de las conocidas actuaciones recientes del gobierno de Guyana. Me refiero al hecho de otorgar concesiones de manera unilateral e inconsulta, tanto en el territorio en reclamación como incluso sobre áreas que podrían corresponder a la proyección de la fachada marítima y de la zona económica exclusiva de Venezuela correspondientes a nuestro territorio (Delta Amacuro), el cual no está en discusión. Esto hizo que nos dedicáramos con especial énfasis a este problema, a través de los mencionados pronunciamientos, muy vigorosos en la defensa de los derechos de Venezuela. Igualmente, graves han sido las maniobras unilaterales de Guyana para judicializar la controversia, en franca violación del Acuerdo de Ginebra.

Pero la participación de los académicos en la cuestión del Esequibo tiene rancio abolengo. Ya desde octubre del año 1938, a partir del discurso que pronunció el académico Carlos Álamo Ibarra en los salones de la Academia, el gobierno de aquel momento tomó conciencia del problema, porque entonces estaba más que todo en el tapete el problema fronterizo con Colombia.

Podemos citar también las actuaciones del académico y Canciller José Loreto Arismendi en 1956 y la contundente intervención que hizo el también académico Carlos Sosa Rodríguez ante la Cuarta Comisión de la Asamblea General de las Naciones Unidas, el 22 de febrero de 1962, donde denunció claramente la nulidad del laudo de París. Fue esto lo que impulsó al gobierno, a través del canciller Marcos Falcón Briceño, a formular, de manera contundente ante la Comisión de Política Especial de la ONU, el 12 de noviembre de 1962, el reclamo venezolano para la restitución del territorio expoliado.

Hecha esta breve presentación, los dejo sin más con nuestros ilustres invitados de hoy.

Bienvenidos.

PONENCIA DE JOSÉ TORO HARDY ANTE LA ACADEMIA DE CIENCIAS POLÍTICAS Y SOCIALES

PONENCIA DE JOSÉ TORO HARDY ANTE LA ACADEMIA DE CIENCIAS POLÍTICAS Y SOCIALES

*José Toro Hardy**

Agradezco a la Dra. Cecilia Sosa su amable presentación y agradezco a la Academia de Ciencias Políticas y Sociales, a través de su presidente el Dr. Julio Rodríguez Berrizbeitia, la oportunidad que me brindan para analizar el tema de lo que viene ocurriendo en materia petrolera con motivo del diferendo con Guyana.

Como es bien sabido, Venezuela no aceptó ni acepta el Laudo Arbitral de 1899, por razones que han sido ampliamente analizadas en esta Academia y que son del conocimiento público. Venezuela ha sostenido que el Laudo Arbitral de 1899 es nulo e írrito en tanto que Guyana alegaba que es plenamente válido, que se trataba de cosa juzgada y que en todo caso tal nulidad debía ser demostrada. Tal como se convino en el Acuerdo de Ginebra de 1966, las partes debían buscar una solución recurriendo a mecanismos de negociación, buenos oficios, mediación y arbitrajes. En 1970 se firmó el Protocolo de Puerto España congelando la reclamación por un lapso de 12 años. En 1983 ambos países deciden recurrir a la figura de un "buen oficiante". Si no se lograba tal solución, en última instancia se recurriría a la Corte Internacional de Justicia.

---

* Economista (UCAB). Posgrado Instituto de Estudios Superiores de Administración. Profesor en el IESA. Profesor en el Instituto de Altos Estudios de Defensa Nacional. Profesor y presidente honorario de la Cátedra de Estudios Petroleros en la Universidad Fermín Toro. Fue Director del CEDICE y del IESA. Director del Centro Venezolano-Americano y del Instituto Cultural Venezolano Israelita.

Revisando los hechos, cabe recordar que, aunque no hay un acuerdo en torno a la disputa territorial, desde 1992 llega al gobierno en Guyana el *People's Progressive Party* (Ppp), de tendencia socialista, produciéndose años después una alineación ideológica con el gobierno de Venezuela a raíz de la llegada al poder de Hugo Chávez en 1999.

Tal alineación condujo a importantes grados de cooperación entre los dos países, que propiciaron que entre el año 2007 y 2015 Guyana fuese incluida en los planes venezolanos de Petrocaribe, recibiendo bajo condiciones preferenciales unos 25.000 barriles diarios de petróleo y derivados, lo cual constituía el 50% de sus requerimientos petroleros.

En el 2006, Guyana apoyó la candidatura de Venezuela al Consejo de Seguridad de la ONU, bajo la condición expresa de no aprovechar tal posición para favorecer la disputa territorial entre ambos países.

Coinciden estas circunstancias del alineamiento ideológico entre los dos gobiernos, con el establecimiento en 1999 por parte de Guyana de una línea arbitraria basada en sus aspiraciones y sin que esta fuese desde luego aceptada por Venezuela, delimitando de esta forma espacios marítimos entre la cuenca de la Guyana Esequiba y la del Delta del Orinoco. Procede entonces Guyana a dividir estos espacios en bloques que posteriormente entregó bajo la modalidad de concesiones a empresas petroleras transnacionales. Algunas de estas concesiones penetraban en áreas que formaban parte del diferendo y otras sencillamente se ubicaban en aguas venezolanas que nunca habían estado en discusión.

Vale la pena recalcar que, si bien Guyana tiene la posesión de la Zona en Reclamación, no por ello tiene la soberanía conforme a lo establecido en el Acuerdo de Ginebra suscrito en 1966. Frente a estas circunstancias, la actitud de Venezuela ha sido una preocupante pasividad que contrasta con sus políticas anteriores.

Mientras esto ocurría, revisemos los acontecimientos que se estaban desencadenando en Venezuela: El nuevo gobierno encabezado por el presidente Hugo Chávez se oponía al proceso de Apertura Petrolera que se adelantaba en el país en la década de los noventa y se profundizaban las diferencias con el personal de PDVSA. Aquello finalmente condujo al llamado paro petrolero con inmensas consecuencias políticas y económicas.

En el año 2006 se promulga una nueva Ley de Hidrocarburos, que modificaba las condiciones establecidas en los diferentes contratos suscritos con motivo de la Apertura Petrolera y se le exigió a las empresas acogerse a la nueva legislación. Entre las que no aceptaron y se marcharon del país estuvo la Exxon Mobil.

Severas tensiones internas y de carácter internacional habían estallado en el país que colocaron a Venezuela en riesgo de que la OEA le aplicase la Carta Democrática Interamericana. Para impedirlo, el presidente Chávez busca el apoyo de los países del Caricom, entre ellos Guyana. Se trataba de 15 votos en la Organización, capaces de bloquear la aplicación de medidas en contra de los intereses del gobierno venezolano.

Bajo esas circunstancias se produce en el año 2004 la visita del presidente Chávez a Georgetown, la capital de Guyana, y declara que "el gobierno venezolano no se opondrá a que empresas petroleras exploten yacimientos petroleros y gasíferos en el disputado territorio si es en beneficio de sus habitantes". Con ello, Venezuela parecía renunciar a lo que quizá era uno de los expedientes más importante en favor del éxito de sus aspiraciones en el diferendo territorial planteado en la Zona en reclamación.

En efecto, en 1967 el gobierno de Guyana había otorgado a un consorcio anglo-canadiense concesiones para explorar la existencia de yacimientos de petróleo, en pleno territorio Esequibo y en su inmediata plataforma continental. En aquel entonces el gobierno de Venezuela oficialmente desconoció las concesiones otorgadas sobre el territorio y la plataforma continental reclamada por Venezuela y prevista en el Acuerdo de Ginebra en su artículo V numeral 1 y 2:

> *"(1) Con el fin de facilitar la mayor medida posible de cooperación y mutuo entendimiento, nada de lo contenido en este Acuerdo será interpretado como una renuncia o disminución por parte de Venezuela, el Reino Unido o la Guayana Británica de cualesquiera bases de reclamación de soberanía territorial en los Territorios de Venezuela o Guayana Británica o de cuales*

quiera derechos que se hubiesen hecho valer previamente, o de reclamaciones de tal soberanía territorial o como prejuzgando su posición con respecte a su reconocimiento o no reconocimiento de un derecho a, reclame o base de reclame por cualquiera de ellos sobre tal soberanía territorial.

(2) Ningún acto o actividad que se lleve a cabo mientras se halle en vigencia este Acuerdo constituirá fundamento para hacer valer, apoyar o negar una reclamación de soberanía territorial en los Territorios de Venezuela o la Guayana Británica, ni para crear derechos de soberanía en dichos Territorios, excepto en cuanto tales actos o actividades sean resultado de cualquier convenio logrado por la Comisión Mixta y aceptado por escrito por el Gobierno de Venezuela y el Gobierno de Guyana. Ninguna nueva reclamación o ampliación de una reclamación existente a soberanía territorial en dichos Territorios será hecha valer mientras este Acuerdo esté en vigencia, ni se hará valer reclamación alguna sino en la Comisión Mixta mientras tal Comisión exista".

Bajo tales circunstancias el presidente Leoni aprueba el Decreto 1152 del 9 de julio de 1968 declarando como mar territorial de Venezuela la faja costera que se extiende desde Punta Araguapiche hasta la desembocadura del Río Esequibo, disponiendo el patrullaje de esos espacios acuáticos.

Contrastan evidentemente aquellas acciones que se desarrollaban en defensa de nuestros intereses, con las decisiones que décadas después tienen lugar a raíz de la antes citada visita de Chávez a Georgetown en el año 2004. La Exxon Mobil, ya excluida de Venezuela, desvía su interés hacia Guyana. En el año 2008 comienzan las evaluaciones preliminares y los estudios sísmicos. Finalmente, en el 2012 Guyana otorga a las empresas Exxon Mobil (estadounidense) y Shell (holandesa) la concesión Stabroek con 75.000 kilómetros cuadrados de superficie.

Ya libre de las objeciones venezolanas, Guyana otorga también el 27 de junio del 2012 a la empresa norteamericana Anadarko Petroleum una concesión sobre el bloque Roraima con 13.000 Km2 de superficie y otra sobre el bloque Pomerón con una superficie de

24.000 Km2 a la empresa canadiense CGX Energy. Ambas afectan de manera expresa gran parte de la plataforma continental del estado Delta Amacuro, claramente bajo soberanía venezolana.

Las tres concesiones citadas afectan zonas en disputa entre Venezuela y Guyana.

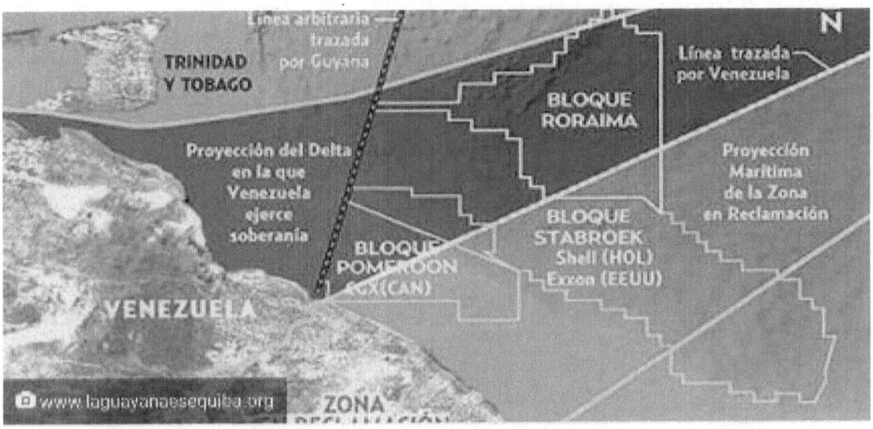

La delimitación de estos espacios y el otorgamiento de concesiones en los mismos fue adelantado por parte de Guyana en abierta contradicción con jurisprudencia emanada del Tribunal de La Haya, que ha establecido que, hasta tanto no se hayan resuelto controversias de carácter territorial, no se puede proceder a la delimitación de áreas marinas y submarinas.

Por otra parte, en agosto del 2013 el presidente Maduro viajó a Georgetown con el fin de estrechar lazos de cooperación con ese país, el cual llevó al presidente de Guyana, Donald Ramotar, a declarar su satisfacción con el manejo de las relaciones con su país, en momentos en que las tres concesionarias citadas adelantaban operaciones en aguas disputadas por Venezuela.

En todo caso, agotados por lo visto los procedimientos anteriores, el caso del Diferendo Territorial entre Venezuela y Guyana pasará próximamente a la Corte Internacional de Justicia.

EXXON MOBIL Y EL BLOQUE STARBROEK

El éxito de Exxon Mobil en el bloque Starbroek ha superado sus expectativas. En la actualidad el consorcio encargado de su desarrollo le pertenece en un 45%, en asociación con: Hess Guyana Exploration con una participación del 30% y CNOOC Nexen Petroleum Guyana Limited (China) con el restante 25%.

Los recursos recuperables del bloque Stabroek se estiman en unos 10.000 millones de barriles de petróleo de alta calidad. A 190 kilómetros de la costa se ha ubicado el campo Liza, en aguas cuya profundidad oscila entre 1.500 a 1.900 metros. En ese bloque se han realizado 18 descubrimientos en cinco años con un potencial combinado para producir 750.000 barriles diarios de crudo.

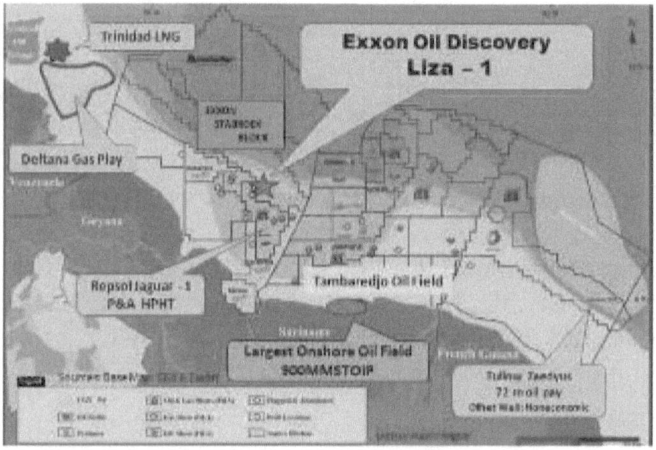

El pozo Liza 1 ya está produciendo unos 120.000 barriles diarios en tanto que se espera que en el 2022 el pozo Liza 2 produzca 220.000 b/d adicionales. Un tercer descubrimiento en el campo Payara podría empezar a producir 220.000 barriles por día a partir del 2024.

El pozo Fangtooth-1 fue perforado en aguas de 1.838 metros de profundidad a unos 19 kilómetros al noroeste del Campo Liza, donde se encontraron reservorios de arenisca de unos 50 metros que contienen petróleo de alta calidad. Por su parte el pozo Lau Lau -1 fue perforado en 1.461 metros de agua. Se sitúa a 68 kilómetros al sureste del referido Campo Liza.

Guyana espera alcanzar una producción de 1,2 millones de barriles diarios de petróleo al final de la presente década.

La explotación de estos yacimientos en alta mar requiere de grandes buques con capacidad para almacenar el petróleo producido conocidos como Unidades de Producción, Almacenamiento y Descarga (FPSO por sus siglas en inglés).

LA CORTE INTERNACIONAL DE JUSTICIA

Cabe destacar que las operaciones y desarrollos que hasta ahora se han venido adelantando en el bloque Stabroek, sólo se han ejecutado en aguas que pertenecen a Guyana y que no se verían afectadas por una eventual resolución del diferendo. Interesada en avanzar con su desarrollo petrolero, Guyana ha venido cambiando su estrategia. Hasta el momento insistía en la plena validez del Laudo Arbitral de 1899, exigiendo que su eventual nulidad debería ser demostrada por Venezuela; sin embargo, presionada posiblemente por la exigencia de las empresas petroleras a las cuales les ha otorgado concesiones, que requieren de una plena seguridad jurídica antes de realizar otras inversiones en zonas afectadas, Guyana ha decidido finalmente recurrir a la Corte Internacional de Justicia.

Ya presentó ante la misma su memoria ante el presente litigio y el plazo para que Venezuela consigne su contra memoria vencerá el 8 de marzo del 2023; no obstante, no se sabe aún si Venezuela va a comparecer.

Venezuela puede contar con sólidos argumentos en favor de su posición que, de no presentarse, no podrá esgrimir, lo cual la desfavorecería. En todo caso, en sentencia de fecha 8 de diciembre del 2020, la Corte declaró que es competente para conocer sobre este litigio, y decidir no sólo sobre la validez del Laudo Arbitral de 1899, sino también en relación con un arreglo definitivo en la controversia sobre la frontera terrestre entre Guyana y Venezuela.

Si Venezuela toma finalmente la decisión de no comparecer, no por ello la Corte Internacional de Justicia va a dejar de tomar una decisión y sus sentencias usualmente están bien fundamentadas. No comparecer argumentando que existen razones para suponer que el caso se decidirá en favor de Guyana, en nada cambia la posibilidad de que esto ocurra. Por el contrario, la comparecencia de Venezuela le permitiría profundizar y exponer a fondo las pruebas y argumentos a favor de su causa.

Pero más allá de este último razonamiento, Venezuela debería estar preparada para exigir ante la Corte Internacional de Justicia la aplicación de medidas provisionales que protejan sus derechos hasta tanto no se haya adoptado una decisión definitiva sobre el caso.

Con singular claridad el Dr. Héctor Faúndez Ledesma ha profundizado en este tema y ha planteado la conveniencia de solicitar un conjunto de medidas provisionales absolutamente necesarias. Desde un punto de vista estrictamente petrolero, quisiera insistir en la necesidad de este tipo de medidas provisionales en lo que concierne a la existencia de recursos de hidrocarburos en los yacimientos.

En el subsuelo, tales reservorios no conocen de fronteras. Esos recursos, ya sean petrolíferos o gasíferos, simplemente migran hacia la parte donde están siendo explotados. Es por ello que cuando en la superficie colindan dos operadores diferentes en un mismo yacimiento, se recurre a la firma de acuerdos para su explotación y aprovechamiento conjunto.

Ejemplo de este tipo de acuerdo los encontramos en los suscritos entre Venezuela con Trinidad y Tobago para la explotación conjunta de yacimientos gasíferos colindantes.

Imaginemos el caso de la concesión Starbroek que se extiende no sólo en aguas que corresponden a Guyana, sino que penetran en zonas reclamadas por Venezuela. Aunque hasta el momento Exxon Mobil sólo ha perforado pozos en zonas guyanesas, esos reservorios no conocen fronteras en el subsuelo y están conformados por areniscas ricas en hidrocarburos de alta calidad que sin duda migrarán hacia el lado a donde están siendo explotadas.

Es por ello que Venezuela debería solicitar ante la Corte la aplicación de medidas provisionales. Tal como lo plantea el Dr. Faúndez, se le debe pedir a la Corte que declare nulo cualquier contrato de concesión otorgado por Guyana para la exploración y explotación de recursos petroleros o gasíferos, mientras no se dicte sentencia definitiva en el caso del diferendo con Guyana que nos concierne.

PANORAMA Y CRÍTICA DE LOS INTERESES GEOPOLÍTICOS EN LA REGIÓN

RICARDO SALVADOR DE TOMA-GARCÍA

PANORAMA Y CRÍTICA DE LOS INTERESES GEOPOLÍTICOS EN LA REGIÓN

*Ricardo Salvador De Toma-García**

Quiero comenzar mis apreciaciones reconociendo la voluntad del Dr. Héctor Faundez Ledesma por la coordinación de un evento que ha logrado registrar las concepciones de diversos académicos e investigadores en torno a un tema trascendental para Venezuela, y que en razón de la muy cuestionable aceptación de la demanda presentada por Guyana ante la Corte Internacional de Justicia, ha venido captando la atención de los estudiosos del Derecho y de las Relaciones Internacionales a escala global.

Son amplias las posibilidades de prever las transiciones entre tensiones y crisis, mientras que es mucho más complejo restaurar el velo que preserva la paz o la estabilidad de las regiones ante la inminente deflagración de conflictos, momentos en los cuales el Derecho Internacional suele ser relevado a cuestiones protocolares y humanitarias.

El diagnóstico de esos procesos de escala entre tensión, crisis y conflicto, la proyección de escenarios -debidamente fundamentados- o la presentación de recomendaciones es una labor asumida de manera continua y serena por aquellos que reconocemos en tiempos de paz, los factores de riesgo asociados a situaciones no resueltas que

---

* Abogado por la Facultad de Derecho y Ciencias Políticas de la Universidad de Carabobo (Venezuela). Máster en Sociedad y Fronteras, Universidad Federal de Roraima (Brasil). Doctorando en Estudios Estratégicos Internacionales, Universidad Federal de Rio Grande do Sul (Brasil).

suelen ser ignoradas por la sociedad, sus medios de comunicación e incluso por representantes del alto gobierno.

La presentación de estas breves apreciaciones formuladas para el ciclo de coloquios sobre la controversia del Esequibo, organizado por la Academia de Ciencias Políticas y Sociales ha sido titulada **"panorama y critica de los intereses geopolíticos en la región"** y tiene por objetivo describir algunos aspectos económicos, políticos y estratégicos que en los últimos años han ido reconfigurando las dimensiones geoeconómicas del proceso de reclamación territorial, especialmente en cuanto a sus espacios marítimos, que a pesar de no estar sujetos a procesos de delimitación internacional entre Venezuela y Guyana han sido objeto de actos unilaterales por parte de esta última, que afectan las percepciones de soberanía, jurisdicción y exclusividad económica de Venezuela. Tales apreciaciones han sido organizadas en dos puntos:

I. LA ACTIVIDAD PETROLERA *OFFSHORE* EN EL ATLÁNTICO TROPICAL Y LA *'INVISIBILIZACION'* DE RIESGOS AMBIENTALES POR PARTE DE LAS CORPORACIONES AUTORIZADAS POR EL ESTADO GUYANÉS.

II. EL USO Y LA BÚSQUEDA DE ALIANZAS INTERNACIONALES POR PARTE DE GUYANA EN TORNO A LOS FACTORES DE DESPRESTIGIO DEL RÉGIMEN VENEZOLANO.

I. LA ACTIVIDAD PETROLERA *OFFSHORE* EN EL ATLÁNTICO TROPICAL Y LA 'INVISIBILIZACIÓN' DE RIESGOS AMBIENTALES POR PARTE DE LAS CORPORACIONES AUTORIZADAS POR EL ESTADO GUYANÉS

Una revisión de los planes de prospección petrolera autorizados por Guyana en el entorno marítimo adyacente a la Zona en Reclamación refiere a los estudios realizados por el Servicio Geológico de los Estados Unidos (USGS) en el año 2000, cuando dicha institución catalogó a la 'Cuenca Guyana-Suriname' como la segunda más prospectiva y poco explorada del mundo, estimando la existencia de más de 15.200 millones de barriles de petróleo y 42.000 millones de pies cúbicos de gas natural.[1]

Tras poco más de veinte años de presentadas tales estimaciones y al cabo del último trimestre del año 2021, *Exxonmobil* logró confirmar el hallazgo de 10.000 millones de barriles de petróleo en el bloque de concesiones *offshore* denominado *Stabroek*.[2] Desde entonces, Guyana pasó a convertirse en el tercer país con la mayor reserva de crudo de América Latina y el Caribe siendo superado apenas por Venezuela y el Brasil.[3]

A partir de los descubrimientos realizados desde el año 2015, tanto *Exxonmobil* en su condición de operador, como las corporaciones *HESS* y *CNOOC* que participan en la exploración del bloque *Stabroek* han ido estableciendo y actualizando metas de producción para el año 2025, basadas en la instalación de al menos cinco unidades de extracción *FPSO*[4] que podrían generar hasta 800.000 barriles de petróleo diarios, con costos de producción que en la actualidad se mantienen entre 5 a 10 dólares estadounidenses por debajo del promedio mundial.

La materialización de esas metas, en un país de aproximadamente 750.000 habitantes representaría una producción de 389 barriles de petróleo *per cápita* por año. Tal estimación elevaría a Guyana como

---

1 UNITED STATES. U.S. Geological Survey World Petroleum Assessment 2000.

2 *"ExxonMobil increases Stabroek resource estimate to approximately 10 billion barrels"*. Disponible en: https://corporate.exxonmobil.com/News/Newsroom/News-releases/2021/1007_ExxonMobil-increases-Stabroek-resource-estimate-to-approximately-10-billion-barrels Consultado el día: 14/02/2022.

3 GUYANA. Ministry of Natural Resources. *"Media Statement, Guyana's recoverable oil resources increased to approximately 10 billion oil equivalent barrels with newest Cataback-1 well discovery"*. Disponible en: https://nre.gov.gy/2021/10/07/media-statement-guyanas-recoverable-oil-resources-increased-to-approximately-10-billion-oil-equivalent-barrels-with-newest-cataback-1-well-discovery/#:~:text=Guyana%20currently%20has%20the%203rd,Discovery%20by%20Exxon%20Exploration%20and. Consultado el día: 14/02/2022.

4 Floating Production Storage and Offloading

el principal productor de petróleo *per cápita* del mundo, superando a países como Catar, Kuwait y los Emiratos Árabes Unidos. Es por ello que, tras el inicio de la producción petrolera a finales de 2019, desde Georgetown se han mantenido muy optimistas, confiando en un incremento de la capacidad de producción que los lleve a alcanzar picos de hasta 340.000 barriles de petróleo diarios luego de la entrada en funcionamiento del campo *Liza*.

Vale acotar que antes del alza en los precios del barril ocasionada por la Guerra en Ucrania, el gobierno guyanés había previsto la recaudación de 957 millones de dólares estadounidenses en ingresos petroleros para el año 2022 que serían transferidos a un Fondo de Recursos Naturales.[5] Esa cifra contrasta con una deuda externa que según el Banco de Guyana se situó en 1.350 millones de dólares durante marzo de 2021.[6]

De ese total, es conveniente destacar que la deuda con Venezuela derivada de convenios como Petrocaribe, en la actualidad asciende a 102 millones de dólares y esto a pesar de que nuestro país, tan solo bajo el gobierno de Hugo Chávez condonara la deuda en dos ocasiones. Tales medidas de asistencia y cooperación posicionaron a la nación venezolana como el segundo mayor acreedor de Guyana. Un tema que por cierto siempre fue tratado como una espada de Damocles entre los dirigentes de Georgetown.

Al respecto, conviene referir los recientes anuncios publicados desde la cancillería de Guyana consistentes en la creación de un fondo de 660 millones de dólares para el pago de honorarios legales en el caso ante la CIJ con Venezuela.[7]

---

5 GUYANA. Ministry of Finance. "Guyana expects US$957.6 million in oil revenues in 2022" Disponible en: https://dpi.gov.gy/guyana-expects-us957-6-million-in-oil-revenues-in-2022/#:~:text=Minister%20within %20the%20Office%20of,US%24100.5%20million%20from%20 royalties.%E2%80%9D Consultado el día: 17/02/2022.

6 BANK OF GUYANA. Half Year Report 2021. p. 31.

7 GUYANA. Department of Public Information. *"$660M approved to continue work on Guyana-Venezuela border case"* Disponible en: https://dpi.gov.gy/660m-approved-to-continue-work-on-guyana-vene-zuela-border-case/ Consultado el día: 15/02/2022.

Ahora bien, la actividad petrolera *offshore* autorizada por Guyana en el año 2015 -que paradójicamente inició en el mismo año de la firma del Acuerdo climático de París- dio paso a la primera demanda que ha sido presentada en la Comunidad del Caribe por parte de ciudadanos decididos a amparar los derechos de las generaciones futuras a un medio ambiente saludable.[8]

Esa demanda fue presentada en mayo de 2021 ante el Tribunal Superior del Demerara y trató asuntos como los riesgos de aumento del nivel del mar, la acidificación de los océanos o la emisión de 92 millones de toneladas de gases de efecto invernadero durante la ejecución de los primeros tres proyectos del bloque *Stabroek*.

Los demandantes manifestaron su preocupación por la emisión de 22 millones de toneladas de gases de efecto invernadero por parte de *ExxonMobil* durante el Desarrollo de la primera fase del campo *Liza* 1 y de 34 millones de toneladas en *Liza 2*. Otra de sus preocupaciones fue asociada a los riesgos de accidentes como el ocurrido en el Golfo de México o posibles derrames que podrían afectar amplias extensiones de la Cuenca del Caribe, desde las Antillas menores hasta Jamaica.

Pero ante esos factores de riesgos ambientales, el Estado guyanés optó por atenuar sus propias normas, normas que habían sido acordadas frente a las corporaciones petroleras durante el año 2020, tal atenuación supone un incentivo a las operaciones de extracción petrolera. De hecho, tan solo la corporación *Exxonmobil* planea perforar entre 40 y 70 pozos bajo una media de 1500 a 1900 metros de profundidad durante los próximos 20 años.

Delante de los hechos referidos, no cabe duda de que la relativización de los factores de riesgos ambientales, la '*invisibilización*' de los daños o la continua violación de acuerdos ambientales de carácter bilateral o multilateral en favor del *extractivismo* han sido prácticas ampliamente toleradas entre los sucesivos gobiernos de Georgetown, tornándose muy evidentes en

---

8 The Guardian. "Guyanese citizens challenge ExxonMobil offshore drilling on climate grounds" by Kaminski, Isabella. Disponible en: https://www.theguardian.com/world/2021/may/31/guyanese-citizens-challenge-exxon-mobil-offshore-drilling-on-climate-grounds

los bosques de la Guayana, donde la depredación causada por actividades auríferas y madereras contrastan con la vigencia de convenios de preservación de ecosistemas o la supuesta adopción de estrategias de desarrollo en bajo carbono que fueron asumidos ante países como Canadá o Noruega, países que paradójicamente mantienen cierta -miopía selectiva-, mientras participan activamente en la prospección o en la extracción de recursos.

II. EL USO Y LA BÚSQUEDA DE ALIANZAS INTERNACIONALES POR PARTE DE GUYANA EN TORNO A LOS FACTORES DE DESPRESTIGIO DEL RÉGIMEN VENEZOLANO

Los frutos de la alianza comercial que reúne a las corporaciones *ExxonMobil y HESS* con la estatal petrolera de China *CNOOC* en el bloque Stabroek podrían convertir a Guyana en el mayor polo de producción petrolera en el atlántico tropical e incluso en la Cuenca del Caribe, siendo esa una situación que contrasta con la caída de la producción venezolana, causada por el deterioro operacional de PDVSA, una corporación que fue sometida durante años al patrocinio de una gama de actividades totalmente ajenas al sector petrolero, que favoreció la corrupción administrativa mientras que evidenciaba la incapacidad técnica de sus gerentes, llevando a toda una industria nacional a un proceso de colapso que en los últimos años se aceleró, por las sanciones aplicadas desde los Estados Unidos en respuesta a la participación de autoridades venezolanas en ilícitos internacionales y como un medio de presión política ante las continuas denuncias de fraudes electorales y violación a los DD.HH.[9]

Mientras esas situaciones recrudecían el panorama económico, político y social de Venezuela, -al punto de alcanzar las consecuencias humanitarias evidenciadas por la diáspora continental- el entonces gobierno guyanés presidido por David Granger mantuvo una política

---

9 Conviene recordar que funcionarios del régimen de Caracas permanecen sometidos a denuncias que están siendo examinadas por la Corte Penal Internacional. Tales procesos pueden ser consultados en: https://www.icc-cpi.int/venezuela y https://www.icc-cpi.int/venezuelaII enlaces verificados el día 03/01/2022.

de confrontación ante Caracas que rápidamente incrementó las fricciones causadas por las operaciones petroleras que habían sido incentivadas por el gobierno anterior liderado por Donald Ramotar, cuyo partido, el PPP mantenía cierta aproximación ideológica con Hugo Chávez y su sucesor Nicolas Maduro.

Ahora bien, tanto el distanciamiento demarcado por Granger como las practicas discursivas reiterativas impulsadas desde su gobierno con la clara intención de *securitizar* la controversia, fueron secundadas por la búsqueda de apoyos internacionales en favor de la integridad territorial de Guyana, todo ello ocurrió en medio de un contexto caracterizado por el proceso de aislamiento del régimen de Caracas, un aislamiento que fue capitalizado por la cancillería guyanesa, que en todo momento denunció a Venezuela como una amenaza para la paz y la estabilidad regional.

Las tensiones entre ambos países alcanzaron mayor grado de complejidad luego del anuncio de un convenio de cooperación en materia de seguridad promovido por los Estados Unidos. Dicho convenio incluyó donativos destinados a fortalecer las capacidades logísticas de Georgetown, posibilitando operaciones conjuntas de patrullaje marítimo y aéreo en espacios que fueron presentados como la ZEE de Guyana.

Algunos detalles del referido convenio fueron mencionados en el mes de septiembre de 2020, durante la visita del Secretario de Estado de EE.UU. a Guyana, en aquel momento, Mike Pompeo destacó la necesidad de neutralizar operaciones ilícitas detectadas sobre el entorno caribeño venezolano.

Cabe destacar que el anuncio de ese convenio entre Estados Unidos y Guyana se produjo siete años después de que la cancillería guyanesa denunciara las acciones emprendidas por el patrullero Yekuana de la Armada de Venezuela como "una seria amenaza para la paz en la subregión" y cinco años después de que el gobierno estadounidense emitiese la orden ejecutiva 13692 en la que catalogó al régimen de Caracas como "una amenaza inusual y extraordinaria" para la seguridad nacional y la política exterior de los Estados Unidos, dicho decreto continua vigente.[10]

Aun cuando las razones que motivaron a los gobiernos de Guyana y Estados Unidos a emitir tales decisiones distan en fondo y forma, el gobierno guyanés evidenció su interés en vincularlas, a los fines de presentar las reivindicaciones que históricamente han sido ejercidas por Venezuela sobre la Guayana Esequiba, como un asunto que amenaza la estabilidad de la región caribeña y un obstáculo para el desarrollo económico guyanés. Fue así como Guyana apostó y logró *securitizar* la controversia a los fines de procurar la aceptación del caso ante la CIJ.

Lo anterior permite advertir que el convenio de patrullaje oceánico suscrito entre Guyana y EE.UU. sobre espacios marinos no delimitados entre Guyana y Venezuela afecta las percepciones de este último país sobre el ámbito espacial de sus derechos de jurisdicción y de exclusividad económica, envolviendo temores sobre un escenario dispuesto para eventuales agresiones a la soberanía venezolana, situación que lamentablemente es asociada y limitada -desde Caracas- a la propia continuidad del régimen y no a la real preservación de los intereses permanentes del Estado.

De igual modo, mientras diversos gobiernos latinoamericanos ejercieron presión política ante Caracas para tratar aspectos ligados a la crisis humanitaria, derechos humanos y participación democrática desde foros como el Grupo de Lima, el gobierno guyanés en todo momento optó por adherirse a tales iniciativas para presentar sus posicionamientos sobre la reclamación del Esequibo, todo ello con la clara intención de aprovechar el desprestigio del régimen venezolano en favor de los intereses guyaneses.

El panorama de fragilidad política interna y de aislamiento regional demarcado por el trienio 2018-2020 motivó al régimen de Caracas a incrementar sus convenios de cooperación militar con la Federación Rusa, país que envió bombarderos estratégicos TU-160 y flotillas navales al territorio venezolano, así como personal militar al

10 UNITED STATES. https://www.whitehouse.gov/briefing-room/statements-releases/2022/03/03/notice-on-the-continuation-of-the-national-emergency-with-respect-to-venezuela-2/

sur del Orinoco. Tampoco debemos olvidar el énfasis que diversos medios de comunicación internacionales dedicaron al envió de buques petroleros iraníes a Venezuela, buques que navegaron las aguas del Caribe bajo observación de la Marina estadounidense.

Tras la admisión de la Demanda de Guyana ante la CIJ, el cambio de gobierno en Georgetown -caracterizado por el retorno del PPP al poder- y el notorio apaciguamiento de la política exterior estadounidense hacia el régimen de Venezuela evidenciada por la administración Biden, las tensiones geopolíticas en el entorno caribeño-atlántico han disminuido. Aunque estas generaron un precedente que favoreció el involucramiento de actores extra regionales, como fue el caso de Rusia, lo que a su vez motivó la reacción de actores regionales, como es el caso del Brasil que publicó tanto en su libro Blanco de la Defensa Nacional (2020), como en el Plan Estratégico de su Marina de Guerra (2040) declaraciones que incluyen a la Cuenca del Caribe como parte del Entorno Estratégico Brasileño.

A esas declaraciones deben sumarse una serie de declaraciones y acciones prácticas, como la visita del Ministro de la Defensa brasileño Raul Jungmann a Georgetown. Jungmann formó parte del gabinete del Presidente Michael Termer, cuyo gobierno respaldó las demandas de apoyo y las practicas discursivas reiterativas formuladas por el gobierno de David Granger durante las tensiones entre Guyana y Venezuela de 2018.[11]

Otra de las acciones brasileñas que coincidió con una de las etapas más críticas del proceso de aislamiento regional aplicado al régimen de Caracas, -que incluyó su desconocimiento y procedió con el reconocimiento de un gobierno interino-, fue demarcada por el desarrollo de ejercicios militares por parte del Ejercito durante la

---

[11] BRASIL. Governo Federal. Ministério da Defesa. "Brasil só aceita saída pacífica para disputa entre Venezuela e Guiana, diz Jungmann". Disponible en: https://www.gov.br/defesa/pt-br/centrais-de-conteudo /noticias/ultimas-noticias/brasil-so-aceita-saida-pacifica-para-disputa-entre-venezuela-e-guiana-diz-jungmann. Ver também: "*Brasil e Guiana acordam reforçar suas áreas de defesa*". Disponible en: https://noticias.uol.com.br/ultimas-noticias/efe/2018/02/10/brasil-e-guiana-acordam-reforcar-suas-areas-de-defesa.htm enlaces consultados el día: 17/02/2022.

denominada *Operação Amazônia* 2020, una operación de guerra en selva que fue considerada 'inédita'[12] y que destacó por el despliegue del sistema de artillería de cohetes Astros.

Finalmente, durante la reciente visita del Presidente Bolsonaro a Surinam en enero de 2022, este último refirió el interés de Petrobras en las nuevas operaciones de prospección y extracción de petróleo que pretenden ser desarrolladas por Guyana sobre aguas que aún no han sido delimitadas. En aquel momento, la gira de Bolsonaro a Paramaribo incluiría una visita oficial a Georgetown aunque esta última fue suspendida por el fallecimiento de la madre del Presidente brasileño, situación que ocasionó la reprogramación de dicha actividad para mayo de 2022. A pesar de ello, el interés revelado por el Presidente brasileño no debe ser considerado como una manifestación espontánea o circunstancial, puesto que son vastos y diversos los intereses Geopolíticos del Brasil en el espacio geográfico de la Guayana Esequiba y del resto de los territorios ocupados Guyana, tal como lo hemos tratado en trabajos anteriores.[13]

REFERENCIAS

BANK OF GUYANA. Half Year Report 2021. P. 31.

BRASIL. Governo Federal. Ministério da Defesa. "Brasil só aceita saída pacífica para disputa entre Venezuela e Guiana, diz Jungmann". Disponible en: https://www.gov.br/defesa/pt-br/

---

12 O GLOBO. *"No auge da animosidade com Venezuela, Exército fez simulação de guerra sem precedentes na Amazônia"*. Disponible en: https://oglobo.globo.com/mundo/no-auge-da-animosidade-com-venezuela-exercito-fez-simulacao-de-guerra-sem-precedentes-na-amazonia-24690839

13 Entre ellos: "Brasil y La Pretensión Hidroeléctrica en el Alto Mazaruni: Análisis sobre los intereses energéticos guyaneses, la pretensión del Brasil y su impacto sobre el pueblo Akawaio" (2017), "*Os interesses Geopolíticos do Brasil na Guaiana Essequiba*; *Três períodos-chave na compreensão da posição brasileira diante da reclamação territorial empreendida pela Venezuela ante a Guyana* (2018), "La posición del Brasil frente a las usurpaciones Británicas en las Guayanas" (2020) "Apreciaciones geopolíticas sobre el caso Esequibo" (2021)

centrais-de-conteudo/noticias/ultimas-noticias/brasil-so-aceita-saida-pacifica-para-disputa-entre-venezuela-e-guiana-diz-jun gmann

BRASIL. Marinha do Brasil. Plano Estratégico da Marinha (PEM 2040). Marinha do Brasil. Estado-Maior da Armada. Brasilia DF. 2020. Disponible en: https://www.marinha.mil.br/sites/all/modules/pem_2040/book.html

BRASIL. Livro Branco de Defesa Nacional Brasil 2020. Disponible en: https://www.gov.br/defesa/pt-br/assuntos/copy_of_estado-e-defesa/livro_branco_congresso_nacional.pdf

De Toma, Ricardo. OS INTERESSES GEOPOLÍTICOS DO BRASIL NA GUAIANA ESSEQUIBA; Três períodos-chave na compreensão da posição brasileira diante da reclamação territorial empreendida pela Venezuela ante a Guyana. 2018. 310P. Dissertação de Mestrado Apresentada ao Programa de Pós-graduação em Sociedade e Fronteiras. Universidade Federal de Roraima. Boa Vista, março 2018

EXXONMOBIL. *"ExxonMobil increases Stabroek resource estimate to approximately 10 billion barrels"*. Disponible en: https://corporate.exxonmobil.com/News/Newsroom/News-releases/2021/1007_ExxonMobil-increases-Stabroek-resource-estimate-to-approximately-10-billion-barrels. Consultado el día: 14/02/2022.

EXXONMOBIL. GUYANA. ExxonMobil Announces Eighth Discovery Offshore Guyana Disponible en: news.exxonmobil.com/press-release/exxonmobil-announces-eighth-discoveryoffshore-guyana

EXXONMOBIL. GUYANA. ExxonMobil Announces Significant Oil Discovery Offshore Guyana. Disponible en: https://corporate.exxonmobil.com/locations/guyana

GUYANA. Department of Public Information. *"$660M approved to continue work on Guyana-Venezuela border case"* Disponible en: https://dpi.gov.gy/660m-approved-to-continue-work-on-guyana-venezuela-border-case/ Consultado el día: 15/02/2022.

GUYANA. Ministry of Finance. "Guyana expects US$957.6 million in oil revenues in 2022" Disponible en: https://dpi.gov.gy/guyana-expects-us957-6-million-in-oil-revenues-in-2022/#:~:text=Minister%20within%20the%20Office%20of,US%24100.5%20million%20from%20royalties.%E2%80%9D Consultado el día: 17/02/2022.

GUYANA. Ministry of Natural Resources. *"Media Statement, Guyana's recoverable oil resources increased to approximately 10 billion oil equivalent barrels with newest Cataback-1 well discovery"*. Disponible en: https://nre.gov.gy/2021/10/07/ media-statement-guyanas-recoverable-oil-resources-increased-to-approximately-10-billion-oil-equivalent-barrels-with-newest-cataback-1-well-discovery/#:~:text=Guyana%20currently%20has%20the%203rd,Discovery%20by%20Exxon%20Exploration%20and Consultado el día: 14/02/2022.

GUYANA. Parliament of the Cooperative Republic of Guyana. Act. N°3 of 1986, Petroleum Exploration and Production. Passed by the National Assembly on 14/04/1986. Disponible: http://parliament.gov.gy/publications/acts-of-parliament/petroleum-exploration-and-productionact-1986/

THE GUARDIAN. "Guyanese citizens challenge ExxonMobil offshore drilling on climate grounds" by Kaminski, Isabella. Disponible: https://www.theguardian.com/world/2021/ may/31/guyanese-citizens-challenge-exxon-mobil-offshore-drilling-on-climate-grounds

UNITED STATES. https://www.whitehouse.gov/briefing-room/statements-releases/2022/03/03/notice-on-the-continuation-of-the-national-emergency-with-respect-to-venezuela-2/

UNITED STATES. U.S. Geological Survey World Petroleum Assessment 2000.

CONCLUSIONES

COLOQUIOS DE LA ACADEMIA DE CIENCIAS POLÍTICAS Y SOCIALES SOBRE LA RECLAMACIÓN DEL TERRITORIO ESEQUIBO

ALLAN R. BREWER-CARÍAS

CONCLUSIONES

COLOQUIOS DE LA ACADEMIA DE CIENCIAS POLÍTICAS Y SOCIALES SOBRE LA RECLAMACIÓN DEL TERRITORIO ESEQUIBO 22 ABRIL 2022

*Allan R. Brewer-Carías**

I

Estos Coloquios sobre la Controversia con Guyana que hoy concluyen son, sin duda, como lo destacó el Vicepresidente de la Corporación Luciano Lupini en su presentación, una muestra más de la permanente atención que desde hace décadas la Academia de Ciencias Políticas y Sociales ha prestado al tema de la reclamación venezolana del territorio Esequibo. Y no podía ser de otro modo, tratándose, como se trata, de uno de los temas más importantes de la vida nacional, el cual ha sido analizado sin ninguna arista política, y más bien, como un asunto de interés nacional.

Sin embargo, concluir estos Coloquios hoy, podemos decir que nunca antes el tema se había analizado con tanta profundidad y exhaustividad como lo han hecho ahora en estos Coloquios, todos los Expositores que hemos tenido en todas las sesiones que se han desarrollado desde mayo de 2021 hasta el presente, bajo la certera coordinación del Académico y profesor de Derecho Internacional, doctor Héctor Faundez Ledesma, a quien una vez más todos queremos agradecer su dedicación en la organización de los eventos y su sabia conducción.

---

* Profesor emérito, Universidad Central de Venezuela. Individuo de Número de la Academia de Ciencias Políticas y Sociales.

Durante estos meses todos hemos tenido la oportunidad de escuchar a prestigiosos profesores y expertos venezolanos y extranjeros sobre los aspectos más importantes del tema, destacando, en el primer Coloquio, los aportes de los miembros de la Academia y de la Academia misma en la defensa del territorio Esequibo, con exposiciones y documentos que, siempre vigentes, constituyen referencias fundamentales al estudiar el origen y el tratamiento de la controversia.

II

La reclamación de Venezuela, hoy centrada procesalmente ante la Corte Internacional de Justicia en la validez y o nulidad del Laudo arbitral del 3 de octubre de 1899, se funda en los derechos que desde siempre ha tenido la Republica con base en un principio fundamental regulador de la determinación territorial de los Estados, afincado en nuestra región, como es el del *uti possidetis iuris.* Dicho principio fue recogido en todas las Constituciones que han regido en la Republica desde la Ley Fundamental dictada por el Congreso de Angostura a propuesta de Simón Bolívar, el 17 de diciembre de 1819, sobre la unión de los pueblos de Venezuela y Nueva Granada en lo que llamó la "República de Colombia." A partir de entonces se comenzó a definir nuestro territorio como el que correspondió a la Capitanía General de Venezuela – cuyas provincias fueron las que se declararon independientes en 1811–; tema que han desarrollado los expositores con profundidad y precisión, al abordar el proceso de formación del territorio de la Republica.

III

Aunque, según la demanda introducida por Guyana ante la Corte Internacional de Justicia, el objeto de la controversia sea la validez del Laudo arbitral de 1899, los expositores han examinado con detenimiento los títulos jurídicos sobre el territorio objeto de la controversia, que fue siempre parte de la provincia de Guayana de aquella capitanía general.

De allí la importancia de las exposiciones de los historiadores y expertos participantes en los Coloquios, en las cuales han mostrado los hechos, y han puesto de relieve la posesión jurídica del territorio del Esequibo por parte Venezuela, desde que se configuró el territorio de la Capitanía General de Venezuela mediante la Cedula Real de 1777, lo que quedó expresado en actos y comportamientos diversos que en todo momento significaron rechazó a la penetración y ocupación ilegal y violenta, o no pacífica, del territorio venezolano por parte de colonos extranjeros, ingleses y holandeses principalmente, en los que, inicialmente, la Corona británica basó sus aspiraciones territoriales, y hoy lo hace Guyana.

Las firmes protestas de Venezuela ante las penetraciones e invasiones del territorio nacional que llevaron incluso a la ruptura de relaciones diplomáticas con Londres reflejan una posición constante que, sin embargo, fue ignorada, sin justificación y motivación alguna, por parte del Tribunal arbitral de 1899.

Hay que recordar que, en 1897, después de un periodo de tensiones y negociaciones, se adoptó el Tratado de Washington o compromiso arbitral de ese año, en el que se establecieron - o más bien se impusieron - las reglas para el funcionamiento del tribunal arbitral que se reuniría más tarde, en 1899, en Paris. Un instrumento en cuya elaboración, como lo han mostrado los expositores, Venezuela no tuvo participación alguna, y que, más bien fue ignorada, al imponerse a ella reglas como las relativas a la prescripción adquisitiva y a la ocupación, aunque concebidas de manera distinta a la que se desprendía de los principios y reglas que según el Derecho Internacional de la época, regulaban la operación de esas instituciones.

IV

En los Coloquios, por supuesto, se consideraron todos los documentos de mayor relevancia, destacando - entre ellos - el Memorándum Severo Mallet-Prevost, publicado en 1949, en el cual se puso en evidencia que el Laudo arbitral del 3 de octubre de 1899 fue el producto de una componenda política, carente de todo fundamento de hecho o de Derecho, y que es la fuente de un despojo territorial perpetrado por la mayor potencia colonial e imperial de la época.

Ello fue lo que motivó, al instaurarse un régimen democrático en el país, y luego de intensa reflexión, que, mediante una política acertada se retomara activamente la reclamación territorial del

Esequibo, lo que se concretó en 1962, cuando Venezuela planteó este asunto en la Asamblea General de las Naciones Unidas. Gracias a eso, se iniciaron negociaciones con el Reino Unido y con los representantes de la aún colonia británica de Guayana, lo que condujo a la adopción del Acuerdo de Ginebra de 1966, que es el marco legal al que se sometieron las partes en esta controversia, y que es el que invoca la Corte Internacional de Justicia como fundamento de su competencia para conocer de este caso.

El Acuerdo de Ginebra de 1966 señala tanto las reglas sustantivas como el camino para resolver esta controversia de manera pacífica, práctica y mutuamente satisfactoria. Ese es, por lo tanto, el Derecho aplicable al que tendrá que remitirse la Corte.

V

En todo caso, en atención a la demanda de Guyana, la Corte Internacional de Justicia dictó su sentencia de 18 de diciembre de 2020, decidiendo respecto de su jurisdicción, declarándose competente para juzgar la validez del laudo arbitral de 1899, la cual es obligatoria, como también lo será la sentencia que ella dicte sobre el fondo de la controversia, en relación con la determinación de la frontera entre ambos países. La Carta de la Organización de las Naciones Unidas, al igual que el Estatuto de la Corte Internacional de Justicia y el Derecho Internacional general, son claros en cuanto al carácter y a los efectos de las sentencias del referido Tribunal.

Venezuela puede insistir en que la Corte Internacional de Justicia carece de competencia para conocer de este caso, y decidir no comparecer ante ella. Pero ello equivale no sólo a ignorar la obligatoriedad internacional de la sentencia, sino más grave aún a renunciar a defender los derechos e intereses de Venezuela, dejando pasar la última oportunidad que tiene el país de recuperar el territorio del Esequibo.

Si Venezuela ha sostenido sistemáticamente que el laudo arbitral de 1899 es nulo, es precisamente ahora, ante la Corte Internacional de Justicia, que ha decidido conocer precisamente sobre la validez o nulidad de dicho Laudo, que Venezuela tiene la oportunidad de presentar su caso y de hacer valer sus derechos.

Venezuela tiene buenas razones para afirmar que el Esequibo le pertenece; si comparecemos, podemos ganar o perder; pero, si no comparecemos, como nos lo ha recordado el profesor Héctor Faúndez, le habremos dejado el campo libre a Guyana, renunciando al derecho a exponer nuestros argumentos y a presentar las pruebas de que disponemos. En ese caso, con toda certeza, sólo podremos esperar una sentencia adversa, que acabará definitivamente con la justa reclamación venezolana sobre el territorio del Esequibo.

VI

En el caso *Guyana c. Venezuela*, si la Corte Internacional finalmente declarara que el Laudo de París es nulo, como ha sostenido Venezuela, y si, como consecuencia de esa nulidad, se determinara que todo o parte del territorio en disputa es de Venezuela, de no adoptarse medidas provisionales, sus derechos ya habrían sido lesionados, y algunos de ellos de manera irreparable.

Mientras Guyana está, *de facto*, en posesión del territorio en disputa, explotando sus recursos naturales evidenciado en el patético cuadro que nos han mostrado hoy os profesores Páez Pumar, De Toma y Toro Hardy, dañando el medio ambiente, acabando con la biodiversidad, y generando condiciones para que incluso pudieran operar el narcotráfico y el crimen organizado, Venezuela está impedida de ejercer su soberanía sobre un territorio que reclama como suyo, y sobre los recursos naturales que en él se encuentran.

De no dictarse medidas provisionales, el conflicto se agravará, extendiéndose a las consecuencias derivadas de la explotación de recursos naturales por la parte actora en el procedimiento judicial, y extendiéndose a espacios que originalmente no estaban en disputa, como es el caso de parte de la zona marítima correspondiente al estado Delta Amacuro.

En ausencia de un gobierno responsable, que defienda los derechos de Venezuela, aunque lo normal sea que las medidas provisionales sean *solicitadas* por una de las partes, el artículo 41.1 del Estatuto de la Corte Internacional de Justicia no descarta que dichas medidas puedan ser *dispuestas por la propia Corte,* "si considera que las circunstancias así lo exigen". En el presente caso, las circunstancias así lo exigen.

VII

Por otra parte, en su sentencia del 18 de diciembre de 2020, como antes indiqué, la Corte dispuso que ella es competente para conocer tanto de la validez del laudo arbitral del 3 de octubre de 1899, como respecto de la cuestión relacionada con el arreglo definitivo de la controversia sobre la frontera terrestre entre Guyana y Venezuela.

Cualquier pronunciamiento de la Corte sobre esa cuestión conexa depende de la respuesta que ella dé a la cuestión principal, sobre la nulidad o validez del Laudo. Si se decide que el laudo es válido, ese es el fin del asunto, y la Corte no tiene que entrar a pronunciarse sobre la cuestión conexa. Sólo si se decide que el laudo es nulo, la Corte Internacional de Justicia podrá entrar a conocer de la cuestión relacionada con el arreglo definitivo de la controversia sobre la frontera entre Guyana y Venezuela.

Pero lo cierto es que el objeto principal de la controversia tiene que ver con el "*territorio*" o con la "*frontera*". Si la Corte llega a examinar esta "cuestión conexa", el objeto de la controversia versará sobre los títulos que las partes puedan exhibir sobre el territorio en disputa. De manera que hay que estar alerta. Si bien la determinación de la nulidad o validez del Laudo es el objeto principal de la controversia, del que depende cualquier otra determinación, no debe perderse de vista que *la controversia sobre la frontera* entre ambos países es un asunto que puede surgir, y para lo cual debemos estar preparados.

Los argumentos de Venezuela deben versar sobre ambas cuestiones. Después, puede ser demasiado tarde. Sería lamentable que por la negligencia de quienes tienen la capacidad procesal para actuar en nombre de Venezuela, la Corte dijera que el laudo es nulo y, sin embargo, al no comparecer Venezuela en el procedimiento ante ella, por falta de argumentos de nuestra parte, la Corte decidiera que el territorio en disputa pertenece a Guyana.

VIII

La Corte ha dicho ser competente para pronunciarse sobre "*la frontera terrestre*" entre ambos países, excluyendo la llamada "fachada atlántica"; pero, obviamente, según el Derecho Internacional general, su decisión generará derechos sobre los espacios marinos y submarinos adyacentes a la costa.

Todo Estado costero tiene derecho a una franja de mar territorial, en la que ejerce soberanía absoluta; a una zona contigua - para ejercer competencias en materia de migración y aduana-; a una zona económica exclusiva; y a una plataforma continental, respecto de la cual tiene soberanía plena. En consecuencia, la decisión de la Corte -cualquiera que ella sea- tendrá un efecto directo en el contenido de cualquier acuerdo para delimitar esos espacios marinos y submarinos.

IX

En todo caso, en este momento, el aspecto medular de esta controversia ante la Corte Internacional de Justicia, como hemos dicho, tiene que ver con la nulidad o validez del Laudo de París. Guyana alega que el laudo es definitivo, y que ha producido el efecto de cosa juzgada. Pero, en los términos del artículo 54 de la Convención de La Haya sobre el arreglo pacífico de controversias, lo que produce el efecto de cosa juzgada es "un laudo debidamente pronunciado".

Sobre esto hay que señalar, por ejemplo, que en el caso del Laudo arbitral del rey de España dictado en 1906, en el caso *Honduras c. Nicaragua*, Honduras alegó que el laudo tenía toda la apariencia externa de haberse adoptado apropiadamente, lo cual, implícitamente parece haber sido aceptado por la Corte Internacional de Justicia, en su sentencia del 18 de noviembre de 1960; además, en el caso de *Guinea Bissau c. Senegal*, la Corte se pronunció en 1991 en favor de la presunción de validez de un laudo que haya sido dictado "*sin violación manifiesta*" de la competencia conferida al Tribunal.

Conforme a esta doctrina, en cambio, en el caso del Laudo de París de 1899, no puede afirmarse que éste "tenga toda la apariencia externa de haberse adoptado apropiadamente", y más bien es notorio que éste fue dictado con "violación manifiesta" de la competencia conferida al Tribunal. Al no haberse satisfecho esas condiciones, no puede esperarse que este Laudo produzca el efecto de cosa juzgada.

Según la doctrina, entre las causales de nulidad de los laudos están: la nulidad del compromiso arbitral; la composición irregular del Tribunal; la falta de imparcialidad del Tribunal; los vicios de procedimiento; la falta de capacidad moral del árbitro, soborno, corrupción del árbitro, colusión, conflicto de intereses; que el laudo se haya concertado por engaño, prevaricación, o injusticia evidente; y que el laudo sea contrario a la buena fe, o esté viciado de error esencial, exceso de poder, o falta de fundamentación.

En el caso del Laudo de París, no hay evidencia de que alguno de los árbitros haya sido sobornado, y se puede descartar, de plano, el error esencial. Pero todas las otras causales mencionadas por la doctrina merecen ser examinadas con atención. Un laudo unánime nunca puede ser la coartada para callar los motivos de una infamia, o para servir de parapeto a la prevaricación.

En el caso del Laudo de París de 1899, en realidad tuvimos un Tribunal arbitral integrado en forma contraria a lo que era la práctica internacional, en violación del principio de la igualdad de las partes. Un tribunal integrado por dos árbitros que más que como tales, actuaron como *representantes* de Gran Bretaña. Un súper árbitro que no podía ser imparcial, que defendía el colonialismo y que, por lo menos, tenía un conflicto de intereses para participar en el arbitraje llamado a resolver una controversia entre la Inglaterra que reverenciaba y la Venezuela que despreciaba. Un procedimiento que se apartó de normas fundamentales del debido proceso, particularmente en lo que se refiere a la prueba disponible, y de cuya existencia el Tribunal tenía conocimiento. En fin, un laudo arbitral al que se llegó por medio de una transacción entre los jueces, que incurrió en una injusticia manifiesta, que fue dictado con exceso de poder, y sin ninguna fundamentación.

Según Guyana, al haber Venezuela guardado silencio durante 63 años después de que el Laudo se dictó, Venezuela habría consentido en la validez del mismo. Pero, asumiendo que eso fuera cierto -que no lo es-, ¿por qué el Reino Unido y Guyana habrían entonces suscrito el Acuerdo de Ginebra?

Si es tan obvio que el Laudo es válido, ¿por qué Guyana ha recurrido a la Corte Internacional de Justicia para que *confirme* su validez y no ha pedido, simplemente, que se ordene su ejecución?

Si el laudo es válido, como sostiene Guyana, ¿para qué se necesita recurrir a la supuesta aquiescencia de Venezuela? Por el contrario, si el laudo fuera nulo, en su origen, como consecuencia de vicios insubsanables, ¿de qué sirve la supuesta aquiescencia de Venezuela?

X

En estos Coloquios que la Academia ha realizado y que ahora concluyen, hemos hecho precisamente todo el esfuerzo por alertar al país sobre esta grave situación. La Academia considera que una vez más ha cumplido con los mandatos de su Ley de creación, de dar su opinión sobre los asuntos de interés nacional, como en este caso es el que se refiere a la reclamación del territorio Esequibo, que es venezolano.

Venezuela tiene buenas razones para comparecer ante la Corte y hacer valer sus derechos. No hacerlo, sería renunciar a sus derechos en la Zona en Reclamación, lo que constituiría -por parte de quienes representa al Estado en sus relaciones internacionales- un crimen de lesa patria.

21 de abril de 2022.

LA CONTROVERSIA CON GUYANA: VENEZUELA DEBE PRESENTAR LA CONTRAMEMORIA

RAMÓN ESCOVAR LEÓN

LA CONTROVERSIA CON GUYANA: VENEZUELA DEBE PRESENTAR LA CONTRAMEMORIA

Ramon Escovar León *

La Academia de Ciencias Políticas y Sociales realizó doce foros sobre la disputa de Guyana con Venezuela. Estos encuentros fueron desde el 6 de mayo de 2021 hasta el 31 de marzo de 2022 y se caracterizaron por su elevado contenido histórico, jurídico y político. Las distintas sesiones fueron diseñadas y coordinadas por el académico Héctor Faúndez Ledesma, profesor titular de la Universidad Central de Venezuela y autor del libro *La competencia contenciosa de la Corte Internacional de Justicia y el caso Guyana vs Venezuela* (Editorial jurídica venezolana, Caracas, 2020), que es una valiosa contribución para la comprensión de esta materia.

Los foros sobre la controversia están disponibles en el canal de YouTube de la Academia de Ciencias Políticas y Sociales y en el canal de la Fundación *Universitas*. De esta manera, el conflicto puede ser examinado por todos. Cada cual podrá ponderar qué es lo que le conviene a nuestro país. Una conclusión fácil de extraer de estas jornadas es clara: Venezuela no puede cruzarse de brazos y debe comparecer ante la Corte Internacional de Justicia (CIJ) para defenderse. No hacerlo sería un error irreparable que afectaría la defensa de nuestros intereses.

Venezuela dispone hasta marzo de 2023 para presentar su "contramemoria". Y esto porque el 18 de diciembre de 2020, la CIJ declaró su competencia para conocer la demanda de Guyana contra

---

* Abogado summa cum laude de la UCAB (1974). Magister en Administración de Empresas (UCAB: 1997). Doctor en Derecho (UCV: 1990). Licenciado en Letras magna cum laude (UCV: 2016).

Venezuela, y con ello judicializó la disputa. Hasta ahora, el gobierno de Venezuela no sabe todavía qué hará, aunque parece no estar dispuesto a participar en el juicio y desconocer así la jurisdicción de la CIJ.

Al no participar se pierde la oportunidad de formular alegatos en la audiencia pública a la que se convocará a las partes, y de solicitar medidas provisionales para detener la explotación de los recursos minerales y petroleros situados en la zona en disputa. Si decidimos comparecer, estaremos habilitados para formular nuestros alegatos bajo protesta, y ratificar la plena validez y vigencia del Acuerdo de Ginebra, así como designar un juez *ad-hoc*. Son claras las ventajas de presentarnos en el proceso.

Si Venezuela participa tendría un tribunal del más alto nivel para demostrar la nulidad del Laudo Arbitral de 1899, puesto que este veredicto es inmotivado y fue producto de un fraude procesal, alcanzado mediante "la arbitrariedad y las transacciones a espaldas de uno de los Estados en litigio", como lo afirma Héctor Faúndez Ledesma en su citado libro (p. 328). Esto está suficientemente documentado, y se puede demostrar. Y en este contexto se dicta el Laudo que le arrebató a Venezuela "un territorio muy extenso e importante, sobre el cual Gran Bretaña no tenía, en mi opinión, la menor sombra de derecho", como lo afirma Severo Mallet-Prevost en memorando del 8 de febrero de 1944 y publicado, *post mortem*, en julio de 1949 en *The American Journal of International Law*. Pero para poder atacar el Laudo fraudulento es vital participar en el litigio.

En lo que atañe a la soberanía sobre el territorio en disputa, los venezolanos contamos con estudios seminales realizados por el sacerdote jesuita Hermann González Oropeza, quien, en su libro *Atlas de la historia cartográfica de Venezuela* (Fundación Diego Cisneros, Enzo Papi Editor, Caracas, 1987) demuestra la consistencia de nuestros títulos. Igualmente tenemos los valiosos aportes del profesor Manuel Donís Ríos, plasmados en *Venezuela y sus espacios marítimos en el Atlántico ayer y hoy* (Caracas, Abediciones, 2020), obra que ratifica con precisión la indubitable fuerza de los títulos venezolanos.

La presencia de Venezuela en el proceso que se sigue en la CIJ es una oportunidad para frenar la minería ilegal, así como la explotación del gas y del petróleo que actualmente se extrae de la zona en conflicto, o de la proyección marítima de la misma. Pero también está en juego la integridad territorial, el medio ambiente y la seguridad de los venezolanos. Por eso, se requiere el control de los espacios dominados por el crimen internacional, la piratería, la trata de mujeres y niños, el narcotráfico y demás actividades criminales trasnacionales. Este es un aspecto que no puede soslayarse.

Vale la pena recordar, que el mayor logro de nuestro país en el conflicto con Guyana ha sido el Acuerdo de Ginebra. Este éxito descansa en la actuación de líderes de la era civil. Entre ellos, Marcos Falcón Briceño, quien, como canciller de Rómulo Betancourt, denunció el 12 de noviembre de 1962 el Laudo Arbitral de 1899. Con el Acuerdo de Ginebra, el Reino Unido y Guyana reconocieron que tenían una disputa territorial con Venezuela.

El Acuerdo de Ginebra es un logro de los gobiernos civiles, en los cuales había un consenso alrededor de la disputa con Guyana, desprovisto de agendas circunstanciales y de solidaridades automáticas. Tanto Rómulo Betancourt, Raúl Leoni y Rafael Caldera manejaron este asunto con amplitud, sin lugares comunes y mirada de largo alcance. La exclusión no habría permitido este importante triunfo de nuestra diplomacia. Todo continuó por buen camino y en el gobierno de Raúl Leoni, el canciller Ignacio Iribarren Borges suscribió el 17 de febrero de 1966 el Acuerdo de Ginebra, que ha sido -repito- el mayor éxito venezolano en la controversia. Y todo ello porque el asunto fue manejado por estadistas.

Como obstáculo que se debe vencer tenemos el elemento ideológico que se ha involucrado en este asunto vital para Venezuela. En primer lugar, la posición cubana de apoyar a Guyana. En efecto, el castrismo no ha vacilado en exponer su posición desde hace años. Así ocurrió con la declaración del canciller cubano de Fidel Castro, Ricardo Alarcón, quien el 7 de octubre de 1981 afirmó: "El reclamo venezolano es prueba de expansionismo y Guayana [Guyana] tiene pleno derecho a gozar de su entero territorio con plena libertad". No podemos olvidar que Guyana sirvió de puente militar para las tropas cubanas en la guerra de Angola. Lo anterior debe ser recordado, en vista de la inapelable influencia del gobierno castrista sobre los asuntos venezolanos. En esta materia, Cuba tiene intereses opuestos a los de Venezuela. De lo que se trata es de defender nuestra integridad territorial sin doblegarse ante solidaridades políticas.

La segunda atadura ideológica está recogida en las imprudentes declaraciones del presidente Hugo Chávez en 2007, quien sorpresivamente afirmó que la reclamación venezolana se inició "por presiones de los Estados Unidos para desestabilizar el gobierno comunista de Chaddy Jagan". De esta manera, además de introducir el condimento político e ideológico, se desnaturaliza el fondo de lo debatido en este delicado asunto. Luego de las declaraciones del entonces presidente de Venezuela, el gobierno de la República Cooperativa de Guyana inició una serie de atropellos contra nuestra soberanía, al incursionar agresivamente en nuestro espacio marítimo. Esto fue denunciado por la Academia de Ciencias Políticas y Sociales en un pronunciamiento del 1 de octubre de 2013. Por fortuna, en ese mismo año la Armada venezolana detuvo unas embarcaciones que hacían estudios petroleros en el área en reclamación. Esta actuación de la Fuerza Armada merece ser reconocida.

A Venezuela le asiste la razón, pero no hay garantías de una sentencia favorable. Así funcionan los litigios: la verdad procesal debe ser debe demostrada con argumentos de hecho y de derecho. Abstenerse de participar en el proceso y renunciar a presentar alegatos es una mala decisión. No podemos abstenernos de pedir la nulidad del inmotivado y fraudulento Laudo de 1899. Y todo esto será responsabilidad de quienes gobiernan Venezuela.

En Guyana todos los sectores están unidos en relación con la disputa con Venezuela. Nosotros, al contrario, estamos divididos. Esta división interna constituye otro obstáculo que hay que superar. El gobierno ha manejado este asunto sin la participación de todos los sectores; más bien, con indiferencia por lo que pueda decidir la CIJ, y sin ponderar los efectos de una sentencia adversa. En esta disputa no cabe la discriminación por razones ideológicas o políticas. Lo que está en juego es parte de nuestro territorio, de nuestras riquezas y la salida de Venezuela al Atlántico.

La controversia con Guyana debe ser atendida con criterios de Estado, sin excluir a nadie por razones de política interna. De lo que se trata es de ejercer el liderazgo y convocar a los expertos para que puedan confeccionar la mejor defensa procesal y redactar la contramemoria que debe presentarse en la Corte Internacional de Justicia. El destino vital de Venezuela así lo exige.

CLAUSURA

PALABRAS DE CIERRE DEL PRESIDENTE DE LA ACADEMIA DE CIENCIAS POLÍTICAS Y SOCIALES JULIO RODRÍGUEZ BERRIZBEITIA EN EL DOCEAVO ENCUENTRO ASPECTOS POLÍTICOS Y ESTRATÉGICOS DE LA CONTROVERSIA DEL ESEQUIBO

ASPECTOS POLÍTICOS Y ESTRATÉGICOS DE LA CONTROVERSIA DEL ESEQUIBO (DOCEAVO ENCUENTRO) PALABRAS DE CIERRE DEL PRESIDENTE DE LA ACADEMIA DE CIENCIAS POLÍTICAS Y SOCIALES 21 DE ABRIL DE 2022

Julio Rodríguez Berrizbeitia

Es para mí motivo de particular satisfacción el dar por terminado este valioso evento del ciclo organizado por el Académico Héctor Faúndez Ledesma. Nuestro agradecimiento a los ponentes: José Toro Hardy, Eduardo Páez Pumar, Ricardo De Toma y a los académicos Allan Brewer Carías, Luciano Lupini Bianchi y Cecilia Sosa por su importante participación en este último foro del ciclo que hoy llega a su número doce. El acto de hoy ratifica esa unión duradera a lo largo de más de cien años entre la Academia y su preocupación por el Esequibo como parte del alma de la nación venezolana. En dicho esfuerzo no hemos estado solos, sin salir de casa hemos encontrado el sólido y valioso esfuerzo documental de la Academia Nacional de la Historia con la cual hemos contado a lo largo de los años con un apoyo que se fundamenta en las mismas patrióticas razones que inspiran nuestro esfuerzo. Pero además la valiosa y generosa participación de tantos ponentes en este ciclo que empezó el año pasado es el mejor testimonio de que hemos estado acompañados por importantes figuras nacionales y extranjeras que han comprendido la injusticia cometida contra Venezuela por el Laudo Arbitral de París de 1899. El cual para muchos de los que han considerado el tema en Venezuela y en el exterior es como señalaba el Académico Isidro Morales Paúl "el ejemplo más acabado de lo que no debe ser una Sentencia".

Pero el esfuerzo de la Academia de Ciencias Políticas y Sociales y de todos los que nos acompañan en esta cruzada por el Derecho de los venezolanos de ayer, de hoy y del futuro no termina con estos eventos. Hemos tratado de dar luz acerca de lo complicado de una situación que después de los eventos realizados con el aporte de tantos, ha dejado claro que Venezuela tiene un derecho indiscutible que tiene que ser defendido por quien ejerce el poder en el país bajo el juicio de todos los venezolanos, unidos por un tema que no podemos ignorar bajo el cargo que la historia le va a hacer a los actores de hoy. Desde esta perspectiva el trabajo no ha terminado, sigue hasta que tengamos una solución justa para los legítimos derechos exigidos por el país.

Valga la oportunidad de este evento y como despedida del mismo evocar en este acto la memoria de los Académicos Carlos Álamo Ibarra y Pedro Itriago Chacín, en el discurso de incorporación a esta Academia señaló el primero de ellos:

> *El Canciller Itriago Chacín, en la política de fronteras que desarrolló, agotó toda diligencia posible para que ni una pulgada de terreno dejara de pertenecer al sagrado territorio nacional... El doctor Itriago Chacín laboró en lo eterno al defender con éxito la santa carne de la Patria. Las generaciones venideras, al examinar serenamente su obra, le harán justicia y apartando la escoria extraerán de la tierra -de la tierra que él tanto amó- la pudorosa entraña que habrá de proclamar sus méritos.*

Los académicos de hoy al lado de todos los venezolanos continuamos con la misma lucha que no ha terminado.

Muchas gracias

www.ingramcontent.com/pod-product-compliance
Lightning Source LLC
LaVergne TN
LVHW090208051026
849517LV00001B/5